ISO9001国际质量体系认证企业
ISO14001环境管理体系认证企业
浙江省高新技术企业

质量保证
Qualitified Certificates

数控加工中心

户外配电开关生产流水线

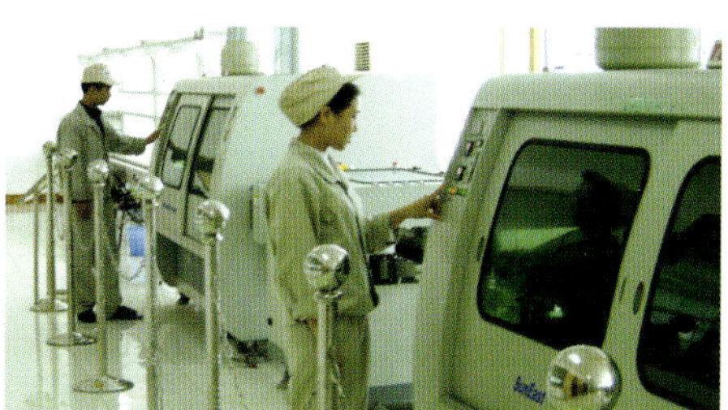
全自动免清洗波峰焊生产流水线

精密加工中心

CAD 辅助设计中心

喷装生产线

HEAG® 中国·华仪电器集团
HUAYI ELEC.APPARATUS GROUP CHINA
地址：浙江省乐清市宁康西路206号　邮编：325600
总机：(0577)62533888　传真：(0577)62527329
销售热线：800-857-7799　http://www.heag.com

HEAG® 华仪®

企业简介

Qiye Jianjie

华仪电器集团有限公司是国家定点生产高低压开关设备的企业、全国科技进步先进单位、浙江省高新技术企业、ISO9001国际质量体系认证企业、ISO14001环境管理体系认证企业、中国电器工业协会高压开关分会常务理事单位。主要生产40.5kV及以下成套开关设备、配电自动化开关及终端装置、高压开关元件、电能仪表等产品。其中，户外高压真空断路器被确定为全国重点推广新产品，市场占有率达25%以上，产销量连续3年在全国名列前茅。

公司创办于1986年，其前身是华仪开关厂，现有员工1200多人，工程技术人员占26%；总资产3.2亿元，2002年工业总产值7.1亿元。公司连年高速成长，目前，占地面积20万m²的“华仪工业园”已投入使用。公司与日本东芝公司、韩国日进公司、浙江大学、西安高压电器研究所及诸多电力部门建立了长期密切合作关系。公司在全国各主要城市设有160多个营销机构，产品畅销全国各地，并出口日本、南非、东南亚等国家和地区。

中国机械工业年鉴系列

中国电器工业年鉴

2003

中国机械工业年鉴编辑委员会
中　国　电　器　工　业　协　会　编

图书在版编目(CIP)数据

中国电器工业年鉴·2003/中国机械工业年鉴编辑委员会，中国电器工业协会编．—北京：机械工业出版社，2003．10

ISBN 7－111－12657－2

Ⅰ．中…　Ⅱ．①中…②中…　Ⅲ．电气工业—中国—2003—年鉴　Ⅳ．F426．6－54

中国版本图书馆 CIP 数据核字(2003)第 095703 号

机械工业出版社(北京市百万庄大街 22 号　邮政编码 100037)
责任编辑：朱彩绵
责任印制：王书来
北京蓝海印刷有限公司印制·新华书店北京发行所发行
2003 年 11 月第 1 版第 1 次印刷
890mm×1240mm 1/16·17．25 印张·26 插页·798 千字
定价：138．00 元

中国机械工业年鉴
编辑委员会

《中国机械工业年鉴》系列

作为『工业发展报告』

集成行业信息　为读者服务

中国电器工业年鉴
执行编辑委员会

记录企业成长的每一个阶段

《中国电器工业年鉴》编辑出版工作人员

总编辑：郭　锐
副总编辑：朱长福　李卫玲
执行副总编辑：粟东平
编辑部主任：粟东平
责任编辑：朱彩绵
美术编辑：张立营　荆　江
营销部主任：赵　敏
广告部副主任：王亚水
客户服务：汪信宏　胡建军　康凤文
编辑部地址：北京西城区百万庄大街22号
邮政编码：100037
电话：(010) 88379829
传真：(010) 68326039
E-mail：cmiy@mail.machineinfo.gov.cn
http://www.ageinfo.com.cn

《中国机械工业年鉴》系列

作为『工业发展报告』
集成行业信息　为读者服务

《中国电器工业年鉴》
特约顾问单位特约顾问

（排名不分先后）

中国电工设备总公司总裁	贾　丁
TCL 国际电工（惠州）有限公司总经理	温尚霖
北京北重汽轮电机有限责任公司董事长	孟祥聚
南京汽轮电机集团有限责任公司董事长	潘宗健
富春江富士水电设备有限公司董事长兼总经理	潘承东
沈阳电机股份有限公司董事长兼总经理	陈　伟
中国北车集团永济电机厂厂长	董　宇
南阳防爆集团有限公司董事长	魏华钧
江苏华鹏变压器有限公司总经理	钱洪金
常州变压器厂厂长	陈建国
九江整流器厂厂长	许立峰
中国北车集团永济电机厂元件分厂厂长	张红卫
株洲时代集团株洲电力机车研究所半导体厂厂长	童宗鉴
桂林电力电容器总厂厂长	王　锋
西安西开高压电气股份有限公司总经理	张雅林
江苏长江电气集团有限公司董事长	徐广福
平顶山天鹰集团有限责任公司董事长	张炳文
宁波天安（集团）股份有限公司董事长	蒋保民
沈阳高压开关有限责任公司总经理	张德本
华仪电器集团有限公司董事长兼总裁	陈道荣
北京北开电气股份有限公司董事长	于宗杰
天水长城开关厂厂长	梁国恒
宁波耐吉科技股份有限公司董事长	陈志校
浙江嘉控电气股份有限公司董事长	吴　勇
成都旭光电子股份有限公司董事长	何　琼
陕西宝光真空电器股份有限公司董事长	周　峰
西安西电高压电瓷有限责任公司董事长	陈元魁
常熟开关制造有限公司董事长	唐春潮
正泰集团公司董事长	南存辉
沈阳中兴防爆电器总厂厂长	李　旗
浙江福达合金材料股份有限公司董事长	王达武
锦州锦泰金属工业有限公司总经理	庄瑞池

《中国电器工业年鉴》
特约顾问单位特约编辑

（排名不分先后）

中国电工设备总公司	田培斌
TCL国际电工(惠州)有限公司	管荣福
北京北重汽轮电机有限责任公司	夏增周
南京汽轮电机集团有限责任公司	张　跃
富春江富士水电设备有限公司	赵志强
沈阳电机股份有限公司	陈　辉
中国北车集团永济电机厂	陈广泰
南阳防爆集团有限公司	苏成山
江苏华鹏变压器有限公司	钟　鸣
常州变压器厂	钱　鹏
九江整流器厂	廖　勇
中国北车集团永济电机厂元件分厂	柳凯清
株洲时代集团株洲电力机车研究所半导体厂	郭继军
桂林电力电容器总厂	周云慧
西安西开高压电气股份有限公司	王战田
江苏长江电气集团有限公司	蔡　彬
平顶山天鹰集团有限责任公司	罗干平
宁波天安（集团）股份有限公司	吴家骥
沈阳高压开关有限责任公司	李丕学
华仪电器集团有限公司	刘　冰
北京北开电气股份有限公司	杨　嫣
天水长城开关厂	霍大褚
宁波耐吉科技股份有限公司	韩晓冬
浙江嘉控电气股份有限公司	邓煜铭
成都旭光电子股份有限公司	赵广慧
陕西宝光真空电器股份有限公司	雷远望
西安西电高压电瓷有限责任公司	王树山
常熟开关制造有限公司	周坚新
正泰集团公司	王正红
沈阳中兴防爆电器总厂	朱永胜
浙江福达合金材料股份有限公司	林万桂
锦州锦泰金属工业有限公司	袁　明

广告索引

记录企业成长的每一个阶段

编辑说明

一、《中国机械工业年鉴》是由中国机械工业联合会主管、机械工业信息研究院主办的大型资料性、工具性年刊，创刊于1984年。

二、根据行业需要，1998年中国机械工业年鉴编辑委员会开始出版分行业年鉴，逐渐形成了“中国机械工业年鉴”系列。该系列现已出版了《中国电器工业年鉴》、《中国工程机械工业年鉴》、《中国机床工具工业年鉴》、《中国通用机械工业年鉴》、《中国机械通用零部件工业年鉴》、《中国齿轮工业年鉴》、《中国磨料模具工业年鉴》和《中国机电产品市场年鉴》。

三、《中国电器工业年鉴》作为该年鉴系列之一，1998年创刊，2003年为第6期，集中反映了电器工业33个分行业的发展情况，全面系统地提供了电器工业各分行业的主要经济指标。

四、《中国电器工业年鉴》2003年版由综述、行业概况、企业概况、质量与标准、统计资料、大事记、附录等内容构成。

五、本年鉴统计资料中的数据由国家统计局、中国机械工业联合会相关统计部门提供，数据截止到2002年12月31日。

六、本年鉴在编撰过程中得到了中国电器工业协会及所属33个分会、研究院所和企业的大力支持和帮助，在此表示衷心感谢。

七、由于水平有限，难免出现错误及疏漏，敬请批评指正。

《中国机械工业年鉴》编辑部

2003年10月

前　言

2002年，在党中央、国务院的正确领导下，国民经济保持着良好的增长势头，经济总量迈上新台阶；积极的财政政策和稳健的货币政策取得明显效果，国内需求持续增长；各项改革不断深化，对外开放水平进一步提高。入世又给我们带来了新的发展契机，潜力巨大的中国市场，吸引着无数国内外商家关注的目光。在激烈的市场竞争中，对于决策者来说，行业信息的重要性不言而喻。《中国电器工业年鉴》2003年版乘着这一契机，再次与广大读者见面了。

光阴荏苒，《中国电器工业年鉴》在广大热心读者的关心下，在激烈的信息市场中，脚踏实地地走过了五个春秋。自1998年创刊以来，我们始终遵循高质量、为用户服务的原则，受到广大用户的欢迎，受此鼓舞，本年鉴所有相关人员以更高的热情，一丝不苟的工作精神投入到《中国电器工业年鉴》2003年版的编辑出版工作中，希望以此来回报广大读者和用户的厚爱。

《中国电器工业年鉴》2003年版沿袭本书一贯的风格和架构，主要内容包括：综述、行业概况、企业概况、质量与标准、统计资料、大事记、附录七个部分。

在《中国电器工业年鉴》的编撰过程中，得到了电器工业许多企业和相关用户的大力支持，在此表示衷心的感谢！

中国电器工业协会秘书长　杨启明

2003年10月

目　　录

综　　述

第Ⅰ部分　行业概况

第Ⅱ部分　企业概况

第Ⅲ部分　质量与标准

第Ⅳ部分　统计资料

第Ⅴ部分　大事记

第Ⅵ部分　附　　录

Contents

Summary

Part Ⅰ Industry General

Part Ⅱ Enterprise General

Part Ⅲ Quality & Standards

Part Ⅳ Statistic Information

Part Ⅴ Calender

Part Ⅵ Appendix

中国北车集团永济

中国北车集团永济电机厂元件分厂是专门从事电力半导体器件及电力变流装置开发与生产的专业化工厂。主要产品有普通整流管、普通晶闸管、快速恢复整流管、快速晶闸管、双向晶闸管及各种组合式整流管和各类电力变流装置。产品主要用于铁路内燃机车和电力机车的整流装置，同时被广泛用于冶金、矿山、碳素等行业的整流装置中。

元件分厂现有职工 250 余人，其中各类专业技术人员 60 多人。分厂现有厂房 10 000m^2，其中拥有半导体生产所需的洁净厂房和净化设施，拥有国内外先进的半导体器件生产设备 300 多台（套），从产品设计到生产有一套完整严密的质量保证体系。

元件分厂的产品能以先进的指标、可靠的质量、稳定的性能、低廉的价格满足用户的需求。

电机厂元件分厂

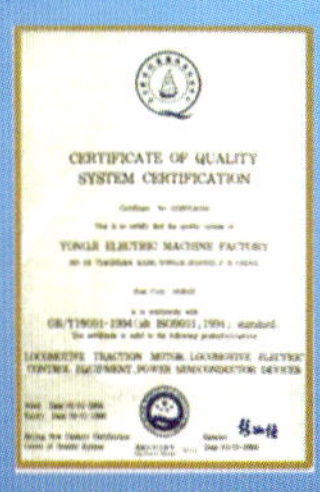

ISO9001 质量体系 1995 年 12 月通过国内认证

ISO9001 质量体系 1996 年 9 月通过国际认证

- 大功率晶闸管
- 大功率整流管
- 快速晶闸管
- 双向晶闸管
- 组合式晶闸管
- 组合式整流管
- 晶闸管、整流管模块
- 各种变流装置

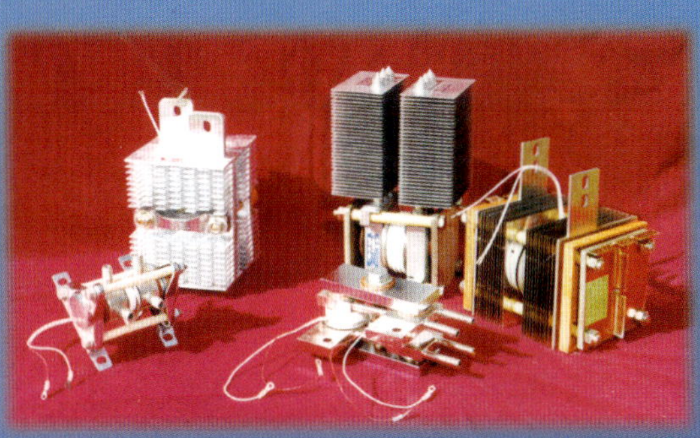

厂长：张红卫
地址：山西省永济市电机大街 18 号
邮编：044502
电话：(0359) 8023297
传真：(0359) 8023804
http：//www.YONGESEMI.com
E-mail：mail@YONGESEMI.com

常州牌变压器　东芝技术制造

MQS
中国机械工业质量体系认证中心
质量体系认证证书
兹证明
常州华电变压器集团公司
（常州变压器厂）
中国江苏省常州市常新路145号　213002
质量体系符合 GB/T19001-2000—ISO 9001:2000 标准
该质量体系适用于：
10kV、35kV、110kV、220kV 油浸式电力变压器及特种变压器的设计、开发、生产、安装和服务过程
注 册 号：1101Q10003R1L
颁证日期：2001年2月14日
换证日期：2001年6月19日
有效日期：2004年2月13日
中国机械工业质量体系认证中心（盖章）
本机构代表：

JHR
ISO14001 认证证书
证书编号：10-2003-114
兹证明
常州变压器厂
GB/T-24001~ISO14001:1996
位于江苏省常州市常新路145号的常州变压器厂220kV及以下电压等级各类变压器及其零部件的设计、开发、生产及相关管理活动。
发证日期：2003年3月26日
有效期至：2006年3月25日
签发人：

常州变压器厂创建于1958年，是国家相关部门定点生产大型变压器的重点骨干企业，中国500强电气机械及器材制造企业之一，全国变压器行业四强之一，江苏省高新技术企业，主要产品有6～220kV油浸式电力变压器和特种变压器，年生产能力12000MV·A，产品畅销27个省、市、自治区，远销14个国家。1997年获ISO9001质量体系认证，2001年通过ISO9001：2000标准复审，2002年获ISO14001环境管理体系认证。

为了提高变压器产品整体技术水平，缩短与先进国家变压器制造水平的差距，培育新的竞争优势，1998年全面引进日本东芝公司220kV及以下全套变压器设计软件和制造、检测技术及管理方法，并请日本专家全过程现场指导、培训、监督。主要生产车间按照日本东芝公司工艺要求布局整治、改造，实行全封闭、防尘作业环境管理。1999年以来，工厂在产品设计、制造、检测和管理方面，全面消化、吸收、应用了日本东芝公司技术和方法，从软件到硬件，从人员素质到现场管理，与日本东芝公司先进水平接轨，并形成了全电压系列产品自主开发的能力，产品具有外形美观，低损耗、低噪声、低局放、抗短路能力强的特点，各项技术性能指标达到国内领先和国际水平。

常州变压器厂

CHANGZHOUBIANYAQICHANG

SFPSZ10-X-180000/220 三绕组强油风冷有载调压组合式变压器

ZHSFPTB-112000/220 自耦有载调压整流变压器

地址：江苏省常州市常新路 145 号
邮编：213002
电话：(0519) 3269081　3260792
传真：(0519) 3265059
E-mail：ctwsales@163.com
　　　ctws@163.com

沈阳高压开关有限责任公司

Shenyang High Voltage Switchgear Co.,Ltd.

沈高公司消化ABB技术为三峡工程研制的ZF口.550GIS产品

封閉母綫

隔離開關、接地開關

断路器配 AHMA-8 型 液壓彈簧操動機構

▲ 在綏中電廠運行

ZF6-550/2000、3150、4000-50、63 型六氟化硫封閉式組合電器（斷路器配液壓操動機構）。

◄ 在天津市紅旗路變電站運行

ZF6-252/2000、2500、3150、-40、50 型六氟化硫封閉式組合電器（斷路器可配氣動操 動機構、ABB HMB-4 型液壓彈簧操動機構）。

在北京西客站變電站運行

ZF6-126/2000、2500、3150、-31.5、40 型六氟化硫封閉式組合電器（斷路器可配氣動操動機構、彈簧操動機構、ABB HMB-2 型液壓彈簧操動機構）。

地址：沈阳市铁西区景兴北街38号
邮编：110025
电话：(024) 25877911

沈阳高压开关有限责任公司
Shenyang High Voltage Switchgear Co.,Ltd.

LW12-550/3150、4000-50、63型六氟化硫罐式斷路器（配用液壓操動機構）

LW33-126/3150-31.5型六氟化硫斷路器（可配用彈簧操動機構、ABB HMB-2型液壓彈簧操動機構及國產液壓彈簧操動機構）

ZF6A-252(L)/Y2000、3150-50型六氟化硫封閉式組合電器用斷路器（配用ABB HMB-4型液壓彈簧操動機構

LW53-252/Y3150-50型瓷柱式六氟化硫斷路器（配用液壓操動機構）

LN6-18Ⅱ/6300、8000、10000-63、80型六氟化硫發電機斷路器（配用液壓操動機構）

GW6A-252D(W)/2000、2500、3150-40、50型戶外高壓隔離開關

居安思危　搏击奋进

LW39(LT6)-126
户外交流高压 SF_6 断路器

KYT2(KYN10A)-40.5 型
铠装移开式交流金属封闭开关设备

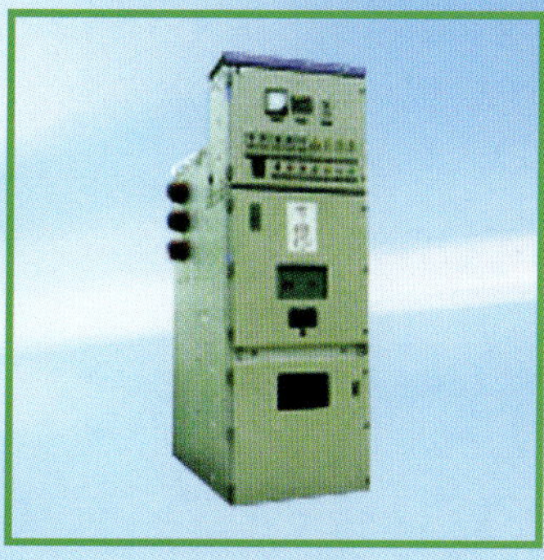

KYN28A(KZN)-12
铠装中置式交流金属封闭开关设备

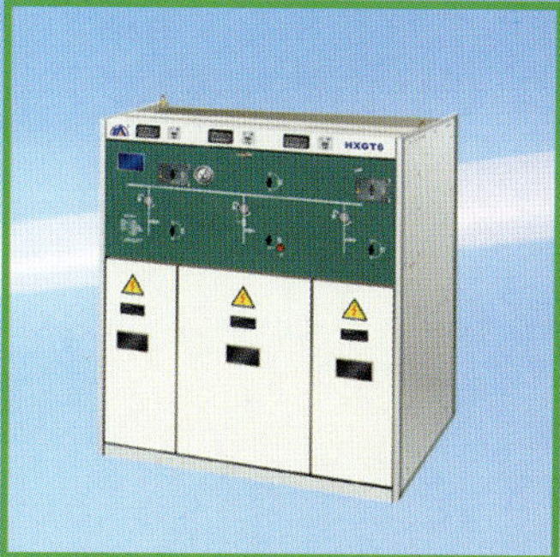

HXGT6-12
户内交流金属封闭充气式 SF_6 环网开关设备

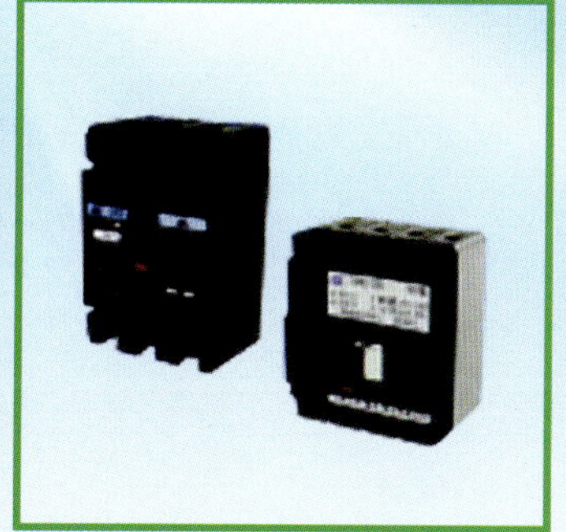

TANM1/TANM2
两大系列塑料外壳式断路器

SC 系列 35/20/10kV
树脂绝缘干式电力变压器

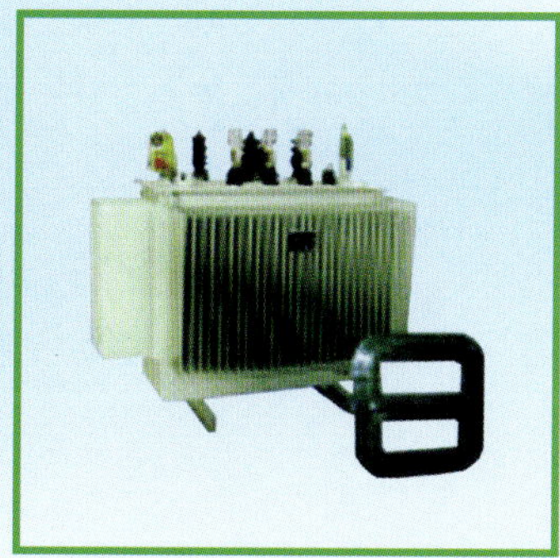

S11-MR
系列 10kV 油浸式卷铁芯电力变压器

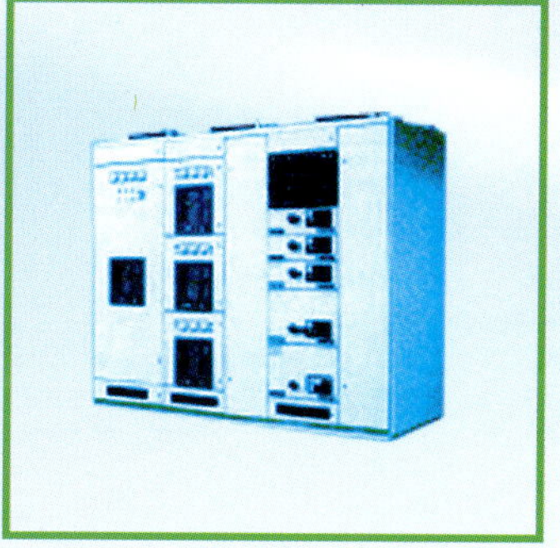

GCT
低压抽出式开关柜

邮编：315709　　电话：(0574)65700088　65701036　　传真：(0574)65700090
E-mail:tianan@mail.nbptt.zj.cn

常熟开关制造有限公司

（原常熟开关厂）

该公司始建于1974年，是专业生产各类高低压电器、电子产品及各类高低压成套开关设备的中型企业，总资产5.3亿元，占地面积20万m²，厂房面积12万m²。企业已通过ISO9001质量体系认证及中国国家强制性产品认证（3C认证），产品执行IEC标准，实施以ERP管理为重点的信息化、网络化管理，拥有各类进口自动化数控生产及检测设备105台（套），建有江苏省企业技术中心，日月图形商标为江苏省著名商标。

公司主要产品有CW1系列智能型万能式断路器、CW1G系列隔离开关、CM1系列塑壳式断路器、CM1L系列带剩余电流保护塑壳断路器、CM1E系列电子式塑壳断路器、CM1Z系列智能型可通讯塑壳断路器，各类高低压成套开关设备等。利用CAD/CAM/CAE系统自行研制开发的塑壳断路器及智能型万能式断路器，其主要技术性能指标均达到当代国际同类产品先进水平，被评为中国名牌产品、国家新产品、国家重点新产品。

中国名牌产品：CW1系列智能型万能式断路器

中国名牌产品：CM1系列塑料外壳式断路器

模具中心

计算机中心

检测、试验大楼

法人代表：唐春潮
地址：江苏省常熟市建业路8号
邮编：215500
电话：(0512)52842237(厂办)(0512)52841616(元件销售)、52840073(成套销售)
传真：(0512)52841606、52841465
http://www.riyue.com.cn　　//www.riyue.com
E-mail:cskg0001@public1.sz.js.cn

常熟富士电机有限公司

FUJI ELECTRIC

常熟富士电机有限公司是由全球著名的跨国公司——日本富士电机株式会社和常熟开关制造有限公司（原常熟开关厂）共同出资组建而成。是一个以生产智能型交流接触器和热过载继电器为主的低压电器企业，现已通过ISO9000质量体系认证及中国国家强制性产品认证（3C安全认证）。公司主要产品为SC系列交流接触器和TK系列热过载继电器。

公司采用日本富士电机专利技术，引进日本富士电机先进的设计技术、制造技术及生产管理模式。公司拥有日本富士电机自主开发设计的世界上先进的高速全自动铁芯生产线、产品特性全自动检测设备、机械寿命试验机、日本三丰公司的高精度三坐标测量设备等通用、专用设备，从而保证了产品质量的稳定性和一致性。

TK 系列热过载继电器

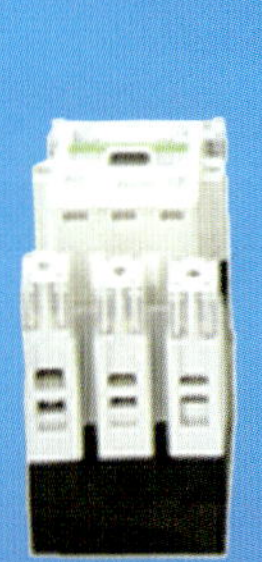

SC 系列交流接触器

地址：江苏省常熟市东山路 18 号　　邮编：215500
电话：(0512) 52845641　　传真：(0512) 52845640

沈阳市中兴防爆电器总厂

新标

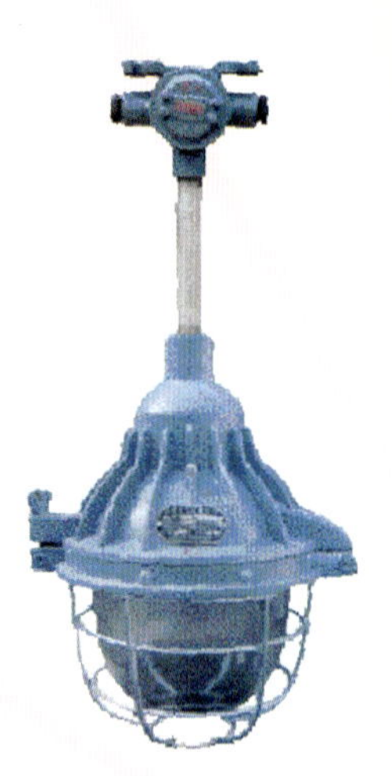

CBG-125G-D防爆灯

LBZ-10防爆操作柱

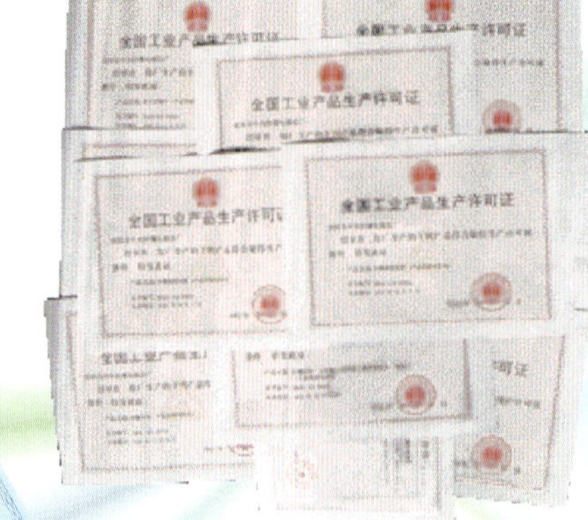

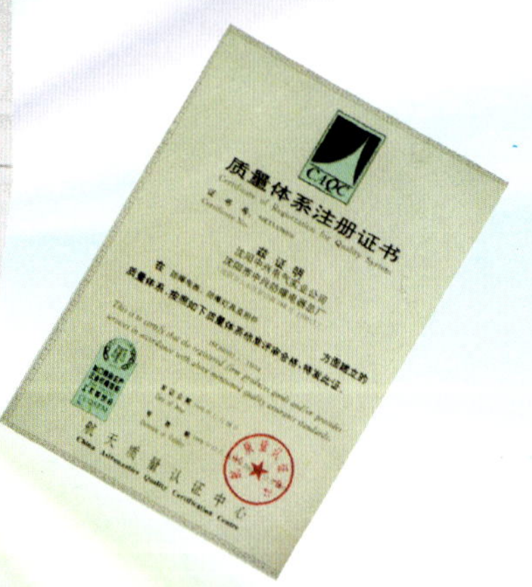

沈阳市中兴防爆电器总厂是中国化工装备总公司定点生产厂，是中石化、中石油等公司网络成员、辽宁省科技先导示范企业、沈阳市高新技术企业。

中兴防爆技术力量雄厚，开发新产品能力强。有完善的工艺装备和相应的检测手段，有微机管理及辅助设计、形成产品开发、设计、生产一条龙体系。现已开发生产30多个系列、上千种防爆电器产品。产品畅销全国各大石油、化工、医药、船舶、军工等企业，远销欧美、东南亚等17个国家和地区。

中兴防爆坚持质量第一，注重科技创新，1998年通过ISO9001质量体系认证、ISO10012计量确认，还取得自营出口和出口质量体系免检注册资格。在国家有关部门历次抽查中，中兴产品全项合格，曾获防爆电器国家产品质量监督抽查合格企业称号 。

沈阳市中兴防爆电器总厂于2002年5月在国内通过防爆电气产品生产许可证企业生产条件审查，其产品经国家有关机构检测和试验，于9月获“全国工业产品生产许可证”。

中兴防爆坚持以用户为关注焦点，重质量、守信用，多次获省市和国家的奖励，被誉为防爆电器行业的“排头兵”。

XMB-4G防爆配电箱

地址：沈阳市大东区联合路188号
邮编：110044
电话：(024) 88900223　88902543
传真：(024) 88900362
E-mail:sales@ex-proof.com

企业风采

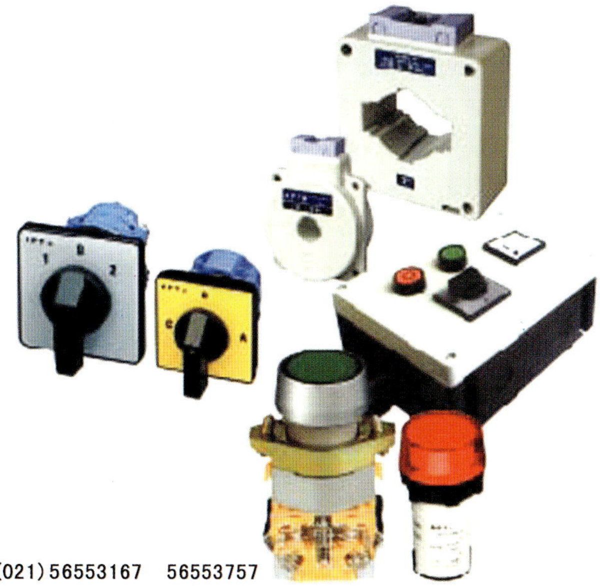

嘉控电气

2003 年新产品

JXM2-□/KT 额定电流可调式塑壳断路器

JXM2-630M/KT

JXM2-800M/KT

产品规格	160/KT	250/KT	400/KT	630/KT	800/KT
壳架电流 I_{nm}（A）	160	250	400	630	800
短路分断能力级别	L M H	L M H	L M H	L M H	L M H
整定电流 I_{r1}(A)	160～125、125～100、100～80、80～63、63～50、50～40、40～32、32～25、	250～200 200～160 160～125 125～100	400～315 315～250	630～500 500～400	800～630
极　数	2、3、4	2、3、4	2、3、4	2、3、4	2、3、4
额定绝缘电压 U_i	AC　690V				
额定工作电压 U_e	AC 400V 、440V、 690V				
	DC 250V				
额定冲击耐压 U_{imp}	8kV				
极限短路分断能力 I_{cu}（400V）(kA)	35、50、65	35、50、65	35、50、70	50、65、80	50、65、80
运行短路分断能力 I_{cu}（400V）(kA)	26、30、40	26、30、40	26、30、42	35、35、48	35、35、48
电寿命　（次数）	4 000	2 000	1 000	1 000	1 000
机械寿命（次数）	6 000	6 000	4 000	4 000	4 000
额定电流可调范围	1.0～0.8I_n				

JXM2-160L/KT

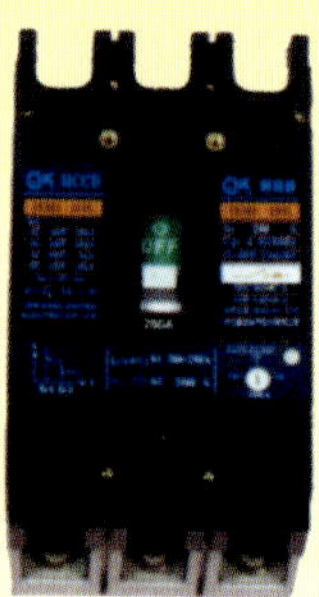
JXM2-250L/KT

JXM2-400M/KT

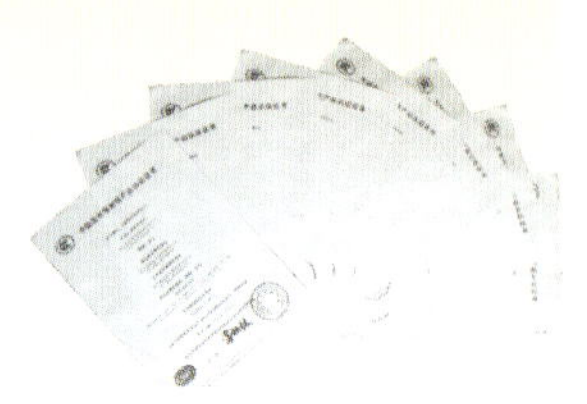

浙江嘉控电气股份有限公司　Zhejiang Jiakong Electrical Co.,Ltd.

地　址：浙江省嘉兴市洪波路58号

邮　编：314001

电　话：(0573)2084941（总机）

陕西宝光真空电器股份有限公司

陕西宝光真空电器股份有限公司是中国生产真空灭弧室和真空开关设备的重点高新技术企业。公司现有总资产5.2亿元，员工1443人，其中科技人员264人。总占地面积47万m^2，建筑面积15万m^2。企业资产信用等级为AAA。

公司主要产品包括真空灭弧室、真空断路器、开关柜等六大类300多个品种，产品参数电压等级覆盖0.38~40.5kV，电流等级为160~4000A，开断电流等级为2.5~80kA。产品具有标准化、系列化、小型化、多样化等特点。产品服务于电力、冶金、矿山、石化、铁路、广播、通讯、工业高频加热等配电系统，用户遍布国内所有省市，并出口到美国、英国、印度、韩国、中国台湾等国家和地区。

公司以科学的管理，优质的品牌迅猛发展，在中国电真空行业独占鳌头。真空灭弧室和真空断路器连续多年产销量均名列前茅。目前，公司真空灭弧室年生产能力17万只、真空断路器年生产能力8000台、真空开关设备年生产能力2000面。公司有多项产品被列入国家火炬计划和国家重点新产品计划，产品有50多项获得省优、部优产品称号和科技成果奖。

陕西宝光真空电器股份有限公司已通过了高新技术企业资格确认，公司于2001年12月24日在上交所挂牌上市(股票代码：600379)。

地址：陕西省宝鸡市8号信箱　邮编：721006
真空灭弧室销售部 电话：(0917)3561258　传真：(0917)3562430
开关设备销售处 电话：(0917)3561268　传真：(0917)3562431
市场部 电话：(0917)3562435　传真：(0917)3562436
http://www.baoguang.com.cn　E—mail：market@baoguang.com.cn

成都旭光电子股份有限公司
Chengdu Xuguang Electronics Co., Ltd.

成都旭光电子股份有限公司是中国较大的金属陶瓷电真空器件制造企业之一；并通过ISO9001质量体系认证，是国家有关机构认定的高新技术企业，上市公司，股票代码：600353。

公司主要生产：

（1）金属陶瓷发射管：包括大功率广播、通讯发射管；米波、分米波电视发射管（年生产能力5万只）。

（2）额定电压 0.38～40.5kV，额定电流30～4 000 A，额定短路开断电流12.5～63 kA系列陶瓷及玻璃外壳真空灭弧室（年生产能力13万只）。

（3）高低压配电成套装置及电器元件。

（4）消防安全产品：包括计算机火灾报警消防控制系统（含消防应急照明灯系列及红紫外复合探测器），119城市消防管理网络指挥系统，计算机工业测控系统，紫外火焰监控系列产品等。

公司新开发的产品：

* ZN63M(VS m1)(永磁机构)型真空断路器
* XGDK2-1600(DK5-1600)智能环保型低压真空断路器
* ZXC-1型真空在线监测装置
* XGK2-M型智能控制器

诚征代理商

发射管

电话：(028)83967157
传真：(028)83967030

高低压配电成套装置

电话：(028)83573151
传真：(028)83571747

消防安全产品

电话：(028)83967756
传真：(028)83967756

地址：成都市新都区电子路172号　邮编：610500　电话：(028)83967157　传真：(028)83967030

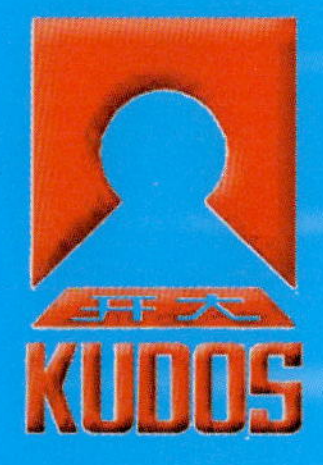

温州市开元电气有限公司

温州市开元电气有限公司（原温州市开元开关厂），专业从事主要12kV级的高压电器和高、低压开关成套设备，预装式变电站的研究和制造。公司始终遵循高起点、高科技、高投入、高产出、高效益的“五高”战略，坚定“技术进步，质量领先”的方针。拥有世界先进水平的制造和检测设备、高素质的技术开发、管理及质量检验队伍。公司于1999年通过了ISO9001质量体系认证，2003年公司生产的低压开关成套设备率先通过了“3C”认证。产品销售网络覆盖了全国29个省、市、自治区，高标准、高可靠性的产品，倍受用户赞誉。

公司坚持“制造顾客期望的开大电气”之宗旨，刻意追求产品质量的尽善尽美，竭诚为国内外顾客提供全方位优质服务，以不断开拓、创新、进取的精神，达到不断超越自我，超越同行之境界！竭诚欢迎国内外新老朋友携手合作，共创美好未来。

公司主导产品

高压电器：

ZN63A-12、ZN63A-12/D(配永磁机构)、ZW32-12、FN12-12、FN25-12、FLN36-12、FW18-12、FKW18D-12、PRW7-12等系列

高压成套开关设备：

KYN28A-12(配ZN63A-12、VD4)、XGN2-12(配ZN28-12)、XGN37-12(配ZN63A-12)、XGN15-12(配FLN36-12)、HXGN17-12(配FN12-12、FN25-12)、SM6(施耐德授权合作生产)、RM6、DF-12等系列

低压成套开关设备：

GCD27(MNS)、GCK、GGD等系列

预装式变电站：

ZBW1-12系列、YBP8-12等系列

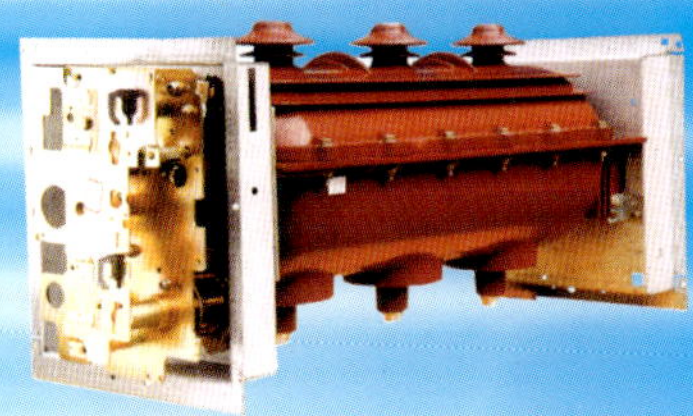

FLN36-12D户内交流高压SF_6负荷开关

YBP8-12型高压/低压预装式变电站

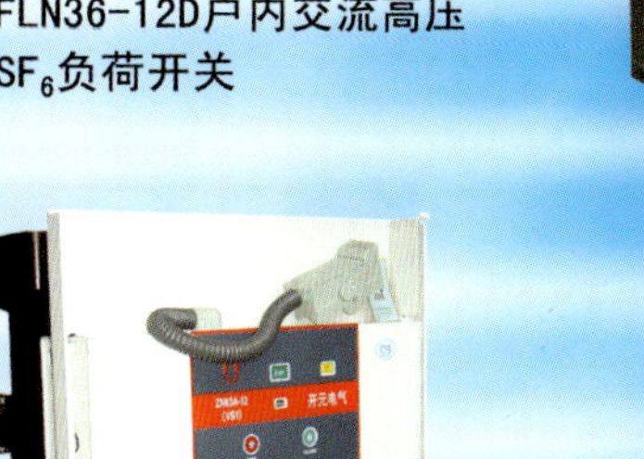

ZN63A-12型户内交流高压真空断路器

KYN28A-12型铠装移开式户内交流金属封闭开关设备

XGN15-12（F.R）箱型固定式户内交流金属封闭开关设备

FN25-12D型户内交流高压真空负荷开关

FN12-12D型户内交流高压负荷开关

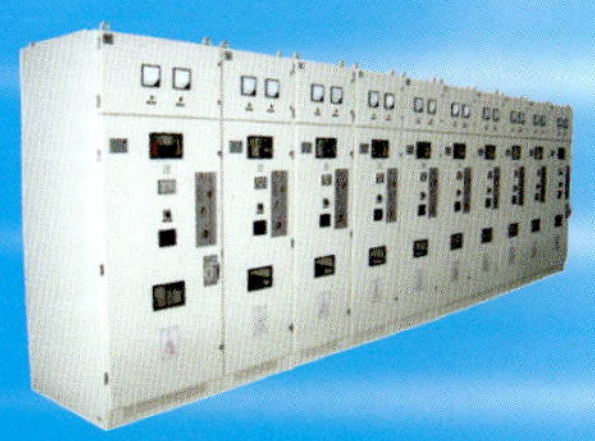

HXGN17-12型箱型固定式户内交流金属封闭开关设备

XGN37-12型箱型固定式户内交流金属封闭开关设备

地址：浙江省温州市产业园路2号
邮编：325028
电话：（0577）88638670、88638674
传真：（0577）88638673
http：//www.china-kaiyuan.com
E-mail：wzky@mail.wzptt.zj.cn

平顶山天鹰集团有限责任公司

中国装备制造业的脊梁

平顶山天鹰集团有限责任公司是1996年12月由原平顶山高压开关厂改制组建的，企业始建于1970年，是我国研发和生产高压及超高压开关设备基地之一。公司技术中心为国家认定企业技术中心。自改制以来，公司的产值、销售收入、利税和利润分别以年均30%、19%、39%和21%的速度递增，总资产从1996年的6.5亿元发展到2001年的22.5亿元，净资产从1.3亿元增加至10.4亿元。先后荣获全国“五一劳动奖状”和“全国精神文明建设先进单位”。

为了不断提高公司的核心竞争力，公司坚持以建立现代企业制度为方向，以改革开放和科技进步为动力，以发展为目标，进行了一系列的工作。构建了母子公司管理体制，先后组建13个子公司，3个中外合资公司，1个上市公司。还先后兼并和收购了4家国有企业，为搞活国有企业做出了贡献。公司搞混合经济，与民营企业联合，实现优势互补，组建了河南平高电气股份有限公司，并成功上市；与跨国公司合作实现了强强联合，先后与美国固珀公司、日本东芝公司和安川电机分别成立了3家合资公司。实施“以人为本，科技兴企”的战略，与清华大学成立北京平高电气清华研究所。“九五”以来，共有50种新产品通过鉴定，其中已有LW10B-550等9种产品列为国家重点新产品。

LW10B—550型SF_6断路器

LW10B—252型SF_6断路器

董事长：张炳文
地址：河南省平顶山市南环东路22号
邮编：467001
电话：（0375）3804032
传真：（0375）3933817
http://www.tianying.com

北京北开电气股份有限公司

BEIJING BEIKAI ELECTRIC CO., LTD.

ZW36—126/T1600—40型
户外真空断路器

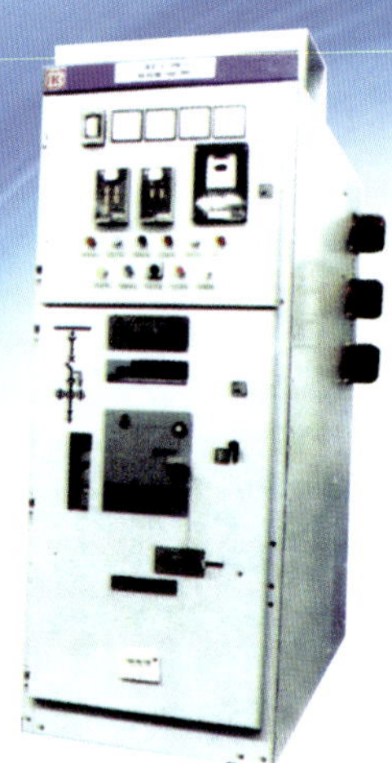

KYN18A—12铠装移开式金属
封闭开关设备

KYN814—12型铠装移开式金属
封闭开关设备

ZN12—12型真空断路器

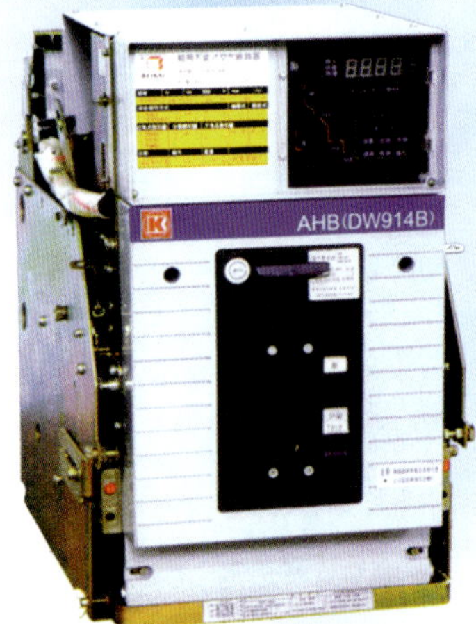

AHB(DW914B)系列万能式
空气断路器

地址:北京市经济技术开发区永昌南路5号
邮编:100176
电话:(010)67888838(总机)　67802876　67802878
　　　(010)67802315(售后服务)
传真:(010)67802622　67802878
http://www.bbe.com.cn
E-mail:bbe@vip.sina.com

Power to the point
致力于输配电
耐吉

宁波耐吉科技股份有限公司

宁波耐吉科技股份有限公司主要研制、生产、销售40.5kV及以下等级输变电成套开关设备。企业拥有从美、德、意等国购进的居于行业先进水平的立式加工中心、数控剪折机、焊接机器人、激光切割机等先进设备。产品已形成8大类60余种规格系列，其中有10项（只）产品被列入国家新产品、国家星火计划项目、国家火炬计划项目。企业积极推进科技创新，促使科技成果产业化，科技贡献率居于行业前矛，产品畅销北京、上海、浙江等全国二十多个省市，并出口东南亚及非洲等国际市场。公司承接了秦山核电站、上海宝钢、西电东送贵州纳雍电厂、大庆油田等国家重点工程项目，是国家有关机构认定的“重点高新技术企业”，是近年来国内中压领域较有实力的品牌企业。

KYN28A—12
铠装移开式交流金属封闭开关设备

KYN61—40.5(ZKS_2)
铠装移开式交流金属封闭开关设备

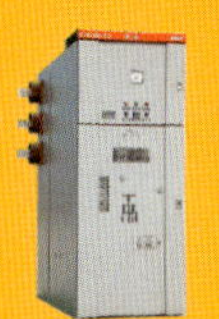
KYN100—12
铠装移开式交流金属封闭开关设备

GCS型低压抽出式开关柜

引进施耐德技术的Prisma低压开关柜

YBP—12/0.4
高压/低压预装式变电站

FTU控制箱及SF_6负荷开关

Zn63—12户内交流高压真空断路器

地址：浙江省慈溪市庵东镇镇东工业区　邮编：315327　电话：（0574）63458388　63486511
传真：（0574）63486222　http://www.china-nature.com　E-mail:nbnature@public.cx.nbptt.zj.cn

西瓷 西安西电高压电瓷有限责任公司

西安西电高压电瓷有限责任公司始建于1956年，是我国电瓷避雷器行业中的大型骨干企业之一，隶属于中国西电集团。2001年9月改制为有限责任公司，注册资金31865万元，现有职工1973人，其中，科技人员108人，2002年完成工业总产值3.8亿元。

公司于1997年10月顺利通过了ISO9001质量体系认证，2000年再次通过了ISO9001质量体系复审认证。公司的主导产品棒形支柱绝缘子、避雷器、油纸电容套管分别被陕西省、西安市有关部门认定为省、市名牌产品。

公司秉承“团结务实，开拓创新”的企业精神，本着“人无我有，人有我优、人优我廉”的经营理念，努力为电力行业提供永续不断的保障，生产经营持续稳定增长，1990年至今，平均每年以10%以上的速度增长。

董事长　陈元魁

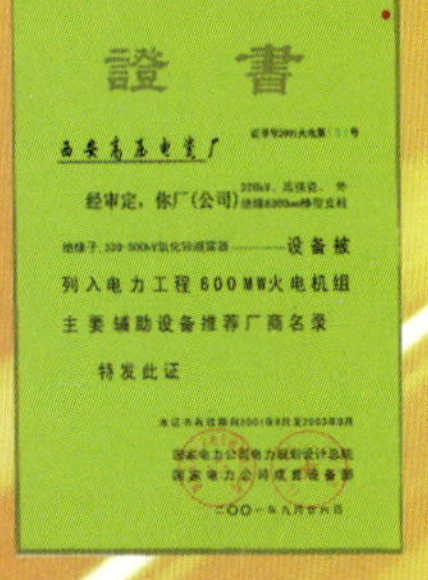

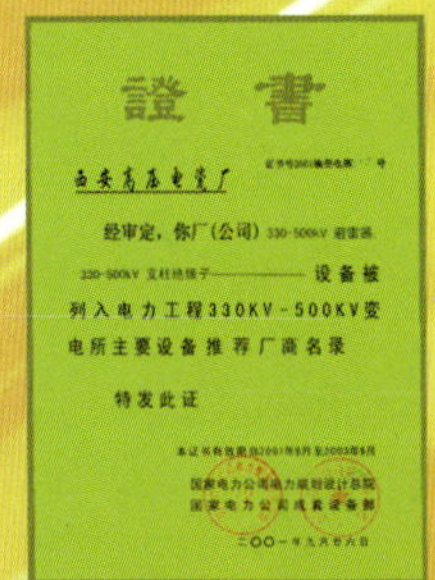

地址：西安市大庆路33号　电话：（029）4249052　传真：（029）4261456
http://www.xdxc.com　E-mail:xdxc@xd.com.cn

桂林电力电容器总厂

GUILIN POWER CAPACITOR WORKS

桂林电力电容器总厂是我国自行设计、建造的一家专业生产电力电容器的大型企业。工厂现有职工1200余人，资产总值2.8亿元，占地面积8.5万m^2，年生产能力1000万kvar。目前是我国电力电容器行业两大科研和制造基地之一，中国500家大型电气机械制造企业之一。

产品已达到27个系列，1000多个型号规格，产品在全国及东南亚各国500kV及以下变电站和各大电气化铁路中运行良好。该厂于1997年通过ISO9001质量体系认证；产品的技术经济水平及产品研究开发能力处于国内先进水平，自愈式无油高压并联电容器为国家新产品。企业曾荣获“国家重大技术装备一等奖”。

并补成套装置

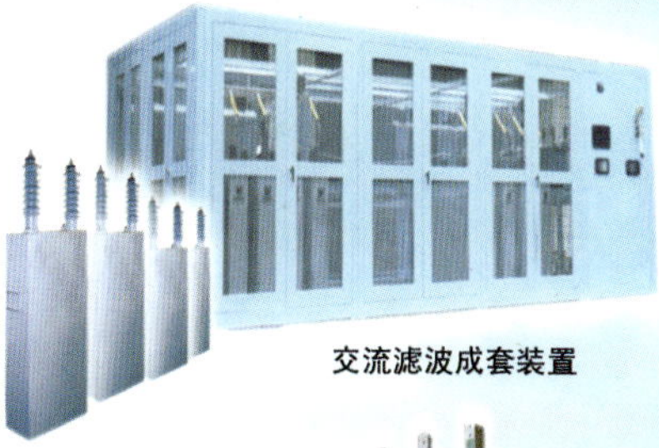

交流滤波成套装置

并联电容器

HVDC滤波电容器

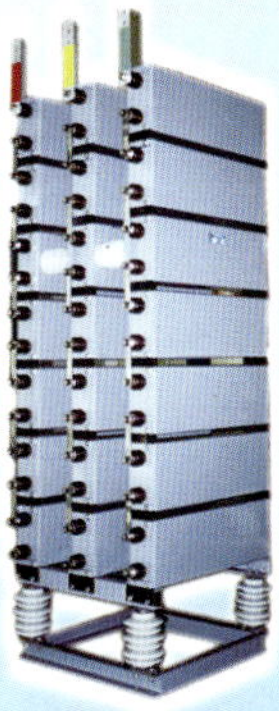

自愈式无油高压并联电容器

系列SVC控制柜

柱上式高压并联电容器装置

电容式电压互感器

集合式并联电容器

厂长：王锋
地址：广西省桂林市建干路16号
邮编：541004
电话：(0773) 5893070
传真：(0773) 5894993
E-mail:GLPCW@gl.gx.cninfo.net

永济电机厂

YONGE

ISO9001
ISO14001
OSHMS
六西格玛

www.yonge.com.cn

国际标准的产品质量
34年的不懈努力铸就了
尊贵品质

电机 控制系统 电力电子器件

沈阳电机股份有限公司

SHENYANG ELECTRIC MACHINE CO.,LTD.

沈阳电机股份有限公司的前身是沈阳电机厂，始建于 1950 年。公司为大一型企业，1994 年通过 ISO9000 质量体系认证，2001 年在行业中率先通过 ISO9001：2000 版验收；2003 年荣获“全国守合同、重信誉企业”称号；2003 年 6 月被中国机械工业协会认定为“中国机械 500 强企业”，是我国大中型电机的重要生产基地。

公司现有员工 1800 多人，其中工程技术人员 450 余人，资产总额 9 亿元。生产的产品主要为中心高 315mm 以上，48 个系列 2100 多个规格的低压、高压，异步、同步大中型交流电动机、中小汽轮发电机、大型柴油发电机及电控成套设备。产品主要为国家重点工程、重大机械设备配套，同时还为电站、石油化工、冶金、矿山、煤矿、建材等行业的水泵、风机、轧钢机、粉碎机、磨煤机等机械设备配套。作为我国大中型电机生产的重点骨干企业，大中型电机的年生产能力为 200 万 kW，国内市场占有率一直保持在 20% 左右，并出口到欧洲、北美、南美、非洲、亚洲的 40 多个国家和地区。

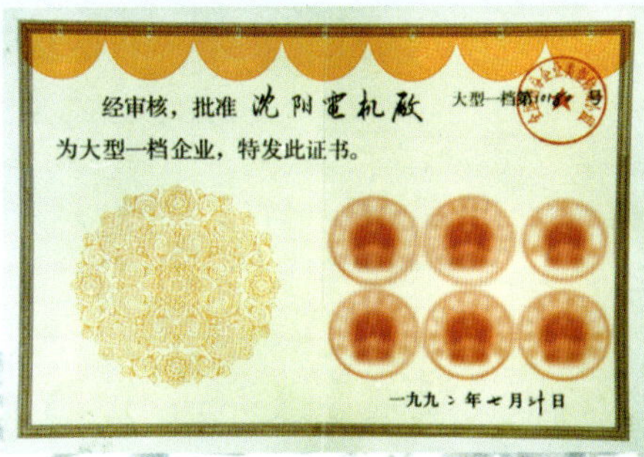

经审核，批准 沈阳電机廠 大型一档第 号

为大型一档企业，特发此证书。

一九九 年七月廿日

沈阳电机股份有限公司

中国机械500强

中国机械工业协会

2003 年 6 月

全国守合同重信用企业

公示证书

沈阳电机股份有限公司

荣获全国守合同重信用企业

特予公示。

国家工商行政管理总局

二零零三年一月

地址：沈阳市铁西区卫工北街 20 号　邮编：110026

电话：(024) 25518709　25820689　传真：(024) 25823946

http：//www.symotor.com　E-mail:symotor@163.com

FFEC 富春江富士水电设备有限公司

FUCHUNJIANG FUJI HYDROPOWER EQUIPMENT CO.,LTD.

富春江富士水电设备有限公司，简称“双富”，由原国电公司富春江水电设备总厂和日本富士电机株式会社共同投资兴建，投资总额2500万美元，注册资金1800万美元，是主要从事水电设备开发、设计、制造、安装和服务的大型合资企业。

双富公司一直坚持“追求完美品质，满足客户需求”的质量方针，奉行“产品与人品同在，质量和信誉并存”的质量管理理念。“质量”是双富品牌的灵魂。在稳定可靠的质量管理基础上，采用各种先进的经营管理理念和管理制度不断提升产品质量，5S就是其中一例。2000年初，双富公司从富士电机株式会社引进5S管理模式，经过长达两年多的贯彻执行，目前，5S的效果在双富公司已深入展现：工作环境井然有序，工作效率显著提高，员工素质大大提高，产品质量优良可靠。

质量是“双富”的生命，质量管理是“双富”永远不变的商业哲学与企业文化，“双富人”将持之以恒地为顾客提供高质量产品！

公司组织上至公司领导，下至各工厂项目经理的5S培训，让每一位员工都领会何为5S、为何要实施5S及如何做好5S。

停车位的画置。充分运用形迹管理、颜色管理等管理方法，规定一些常用物品的固定放置点。

堆放整齐的三峡弧门下料。将在制品归类整理放置，既可有效利用空间，又可迅速取出所需之物品，提高工作效率。

创造一个可以深呼吸的工作环境。公司结构工厂致力于工作环境的改善、提高，为工人创作良好的工作环境。

公司金工工厂总装车间全貌：物品井然有序地摆放，工人有条不紊地工作，一切高效率地运作。

地址：浙江省桐庐富春江工人路1号
邮编：311504
电话：(0571)64652303
传真：(0571)64651410
http://www.shuangfu.com
E-mail：FFEC@shuangfu.com

四川东风电机厂有限公司是由中国东方电气集团、中国华融资产管理公司、中国国家开发银行共同出资组建的有限公司，是国家发电设备制造行业的大型骨干企业、四川省工业企业500强企业和四川省电器机械及器材制造业10强企业、全国机械工业用户满意产品企业、全国发电设备制造行业售后服务优秀企业、国家定点生产环保设备的专业企业。

公司紧靠举世闻名的乐山大佛、峨嵋山，现有固定资产3.14亿元，员工2 500余人，其中各类专业技术人员1 100余人。公司占地面积79万m²，拥有各类设备3 800余台，其中包括一大批大、精、稀机电加工设备。

公司于1996年通过了ISO9001质量保证体系认证，2002年又通过了ISO9001:2000质量体系审核；获得国家一级计量、一级理化合格证书；拥有机电产品自营进出口权，公司具有年生产发电设备总装机容量60万kW以上的能力。

公司主要产品有：10万kW以下混流、轴流、贯流、冲击式及抽水蓄能式水轮发电机组，5万kW以下汽轮发电机组，小功率电机及龙王水泵，中频电机及各种特殊电机，汽车起动机、发电机，大、中型泵类设备，环保设备，大型水工金属结构件，一、二类压力容器，电站控制设备及电站设备安装、改造，军工产品，黑色、有色铸件等。

目前，公司生产的水、火电设备已在全国20多个省、市、自治区及日本、缅甸等10多个国家的400多个电站安全稳定运行。

公司竭诚欢迎国内外用户前来参观指导、洽谈合作事宜！

出口缅甸的无刷励磁水轮发电机组

汽轮发电机组

3x28MW水轮发电机组

四川东风电机厂有限公司

法人代表：唐建国
地址：四川省乐山市五通桥
邮编：614802
电话：(0833)3250677 3250607
传真：(0833)3250011
http：///www.dongfengem.com
E-mail：sale@dongfengem.com
scdfdjcyxgs@163.com

九江整流器厂

厂长　许立峰

九江整流器厂创建于1968年，是电力电子行业质量承诺单位、省级高新技术企业及CAD应用示范企业、ISO9001：2000认证企业，主营半导体器件、大型整流设备的生产和服务。该厂生产的电解电化学用整流设备产销量已连续8年居国内领先。2003年该厂大型整机产品的国内中期市场占有率已超过60%。

该厂多年来注重科技开发，积极与清华大学、华中科技大学、华中师范大学、南昌大学等高校进行横向技术联合，产品不断升级换代，独自拥有多项领先国内的应用技术成果，嵌入式现场总线监控系统的开发，极大地提升了整机产品的科技含量和市场竞争力。

该厂于2002年8月专门成立了新产品开发中心，开发的“整流所及厂站微机自动化电力监控系统”已通过省级鉴定，其中试制产品已获得用户的好评；近期又与华中科技大学签订联合开发“整流系列组态软件”的技术协议，从而全面展开了“基于现场总线的大型整流设备智能化、网络化的研究与开发”，该厂的中期目标是建设新一代整流技术产品研制中心。

开发中心仿真试验室

CAD设计室

监控系统在用户控制室

法人代表：许立峰
地址：江西省九江市滨湖路40号
邮编：332000
电话：(0792)8113072，8113077
传真：(0792)8221773
联系人：吴海芬、廖勇
http://www.jjzlqc.com.cn
E-mail:JJZLQC@public1.jjptt.jx.cn

株洲时代集团公司

ZHUZHOU TIMES ELECTRIC GROUP

株洲电力机车研究所半导体厂(ZESEM)

工厂从1964年开始从事大功率半导体器件的研究开发，现已成为国内较具实力的大功率半导体器件生产厂家，产品广泛应用于铁路、交通、冶金、矿山、机械、化工及电力等行业。工厂生产的半导体器件装备了我国各种型号电力机车和多种型号内燃机车，产品已开始批量销往美国及欧洲市场。

工厂1997年通过了上海质量体系审核中心的ISO9001:2000质量体系和ISO14000环境管理体系审核。

工厂质量方针："片片精良，只只合格，台台可靠，户户满意"

系列大功率半导体器件

器件类型	电流 / A	电压 / V
普通整流管	300~7400	300~6500
续流二极管	600~1600	2500~6000
吸收二极管	300~1000	2500~6000
普通晶闸管	300~4500	300~6500
快速晶闸管	200~1400	600~3500
非对称晶闸管	500~900	600~3000
门极可关断晶闸管	500~2000	1200~2500

2002年成功开发出3kA/4.5kV门极可关断晶闸管(GTO)

株洲电力机车研究所半导体厂(ZESEM)

地　　址：湖南株洲市田心

邮政编码：412001

电　　话：(0733)8498268　8498238

传　　真：(0733)8498851　8498494

http://www.zesem.com

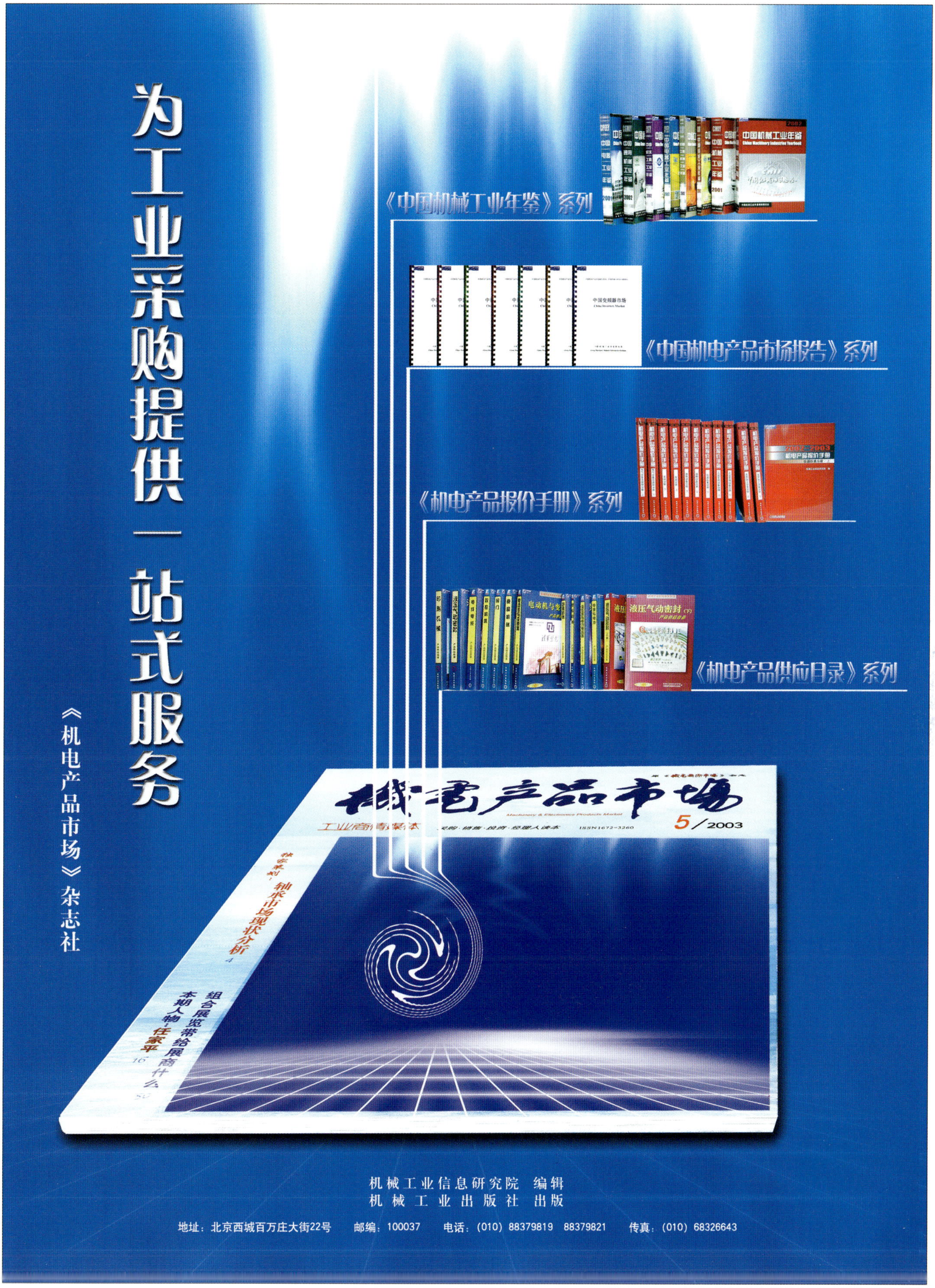

中国机械工业年鉴系列

中国电器工业年鉴

China Electrical Equipment Industry Yearbook

2003

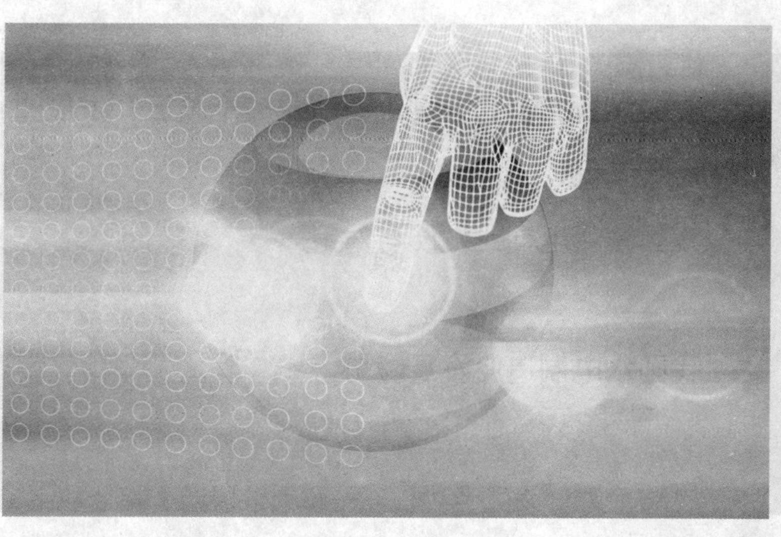

综述

综述

电器工业 2002 年经济形势分析

中国电器工业协会行业发展与咨询部

一、主要经济指标

根据国家统计局统计，2002 年全国电器工业行业独立核算企业及年销售收入 500 万元以上非国有独立核算企业共7 908个(2002 年的统计数据均不包括家电行业企业的数据)完成工业总产值(不变价)3 984.39亿元，同比增长 16.42%，占机械工业全行业19 097.53亿元的 20.86%；职工 184.6 万人，同比增长 4.64%，占机械工业全行业 835.34 万人的 21.1%；工业增加值 1 043.93 亿元，同比增长 16.22%，占机械工业全行业4 900.13亿元的 21.30%；产品销售收入3 716.73亿元，同比增长 17.49%，占机械工业全行业17 751.3亿元的 20.94%；利税总额 344.92 亿元，同比增长 19.44%，占机械工业全行业1 829.35亿元的 18.85%；利润总额 193.49 亿元，同比增长 22.94%，占机械工业全行业1 003.92亿元的 19.27%；固定资产原价合计1 780.15亿元，同比增长 7.50%，占机械工业全行业9 185.84亿元的 19.38%；固定资产净值年平均余额1 105.03亿元，同比增长 4.38%，占机械工业全行业5 759.74亿元的 19.19%；资产总计4 527.94亿元，同比增长 10.05%，占机械工业全行业 21 391.18亿元的 21.17%；负债总计2 761.03亿元，比上年增长 7.88%，占机械工业全行业12 956.27亿元的 21.31%；负债率为 61%，与机械工业全行业负债率相同。

在电器工业 25 个制造业中，2002 年工业总产值(不变价)超 100 亿元的有 15 个制造业。其中，电线电缆制造业 2 034个企业，工业总产值1 276.57亿元；开关控制设备制造业 942 个企业，工业总产值 430.83 亿元；变压器制造业 571 个企业，工业总产值 317.18 亿元；其他输配电及控制设备制造业 485 个企业，工业总产值 200.57 亿元；电动机制造业 451 个企业，工业总产值 194.12 亿元；锅炉制造业 481 个企业，工业总产值 191.24 亿元；电器设备元件制造业 428 个企业，工业总产值 182.11 亿元；蓄电池制造业 276 个企业，工业总产值 181.54 亿元；微电机制造业 313 个企业，工业总产值 174.91 亿元；电动工具制造业 258 个企业，工业总产值 153.83 亿元；其他电工器材制造业 257 个企业，工业总产值 112.58 亿元；发电机制造业 156 个企业，工业总产值 102.39 亿元。

2002 年电器工业在激烈的市场竞争中转变观念，调整产品结构，开发新产品，提高产品质量，提高服务质量，电器工业的经济效益比上年好转，实现利税 344.92 亿元，利润总额 193.49 亿元。利润总额超 5 亿元的制造业有 11 个。其中电线电缆制造业 53.04 亿元，开关控制设备制造业 30.26 亿元，其他输配电及控制设备制造业 18.40 亿元，变压器制造业 12.94 亿元，电器设备元件制造业 12.68 亿元，蓄电池制造业 10.29 亿元，微电机制造业 9.25 亿元，电动工具制造业 7.16 亿元，其他电工器材制造业 6.55 亿元，锅炉制造业 5.76 亿元，电动机制造业 5.73 亿元。发电机制造业和汽轮机制造业摆脱了上年的亏损局面，2002 年亏损的行业仅有水轮机制造业(亏损 0.27 亿元)。在电工电器行业中 2002 年亏损企业共有1 479个，占电工电器行业7 908个企业的 18.70%。

2002 年电工电器行业出口与 2001 年持平。据统计 2002 年出口交货值约 650 亿元，占工业总产值的 16.35%。出口超过 50 亿元的行业有电线电缆制造业 119.5 亿元，电动工具制造业 100.6 亿元，微电机制造业 84.3 亿元，变压器制造业 61 亿元，蓄电池制造业 47.4 亿元。电动工具制造业是电工电器行业出口比例最高的行业，其出口产值占总产值的 65.4%。2002 年电器工业企业经济指标见表 1。

表 1　2002 年电器工业企业经济指标

序号	行业名称	企业数(个)	亏损企业(个)	总产值(不变价)(亿元)	销售产值(当年价)(亿元)	工业增加值(亿元)	从业人员平均人数(万人)
1	工业用陶瓷制造业	213	42	50.19	52.44	18.31	5.21
2	电工用碳素制品业	50	8	13.83	13.00	4.56	1.00
3	焊条制造业	150	31	63.49	66.95	15.08	2.71
4	锅炉制造业	481	118	191.24	201.53	57.24	13.97
5	汽轮机制造业	32	7	58.92	52.71	15.17	3.60
6	水轮机制造业	23	7	4.39	4.44	1.11	0.53
7	其他锅炉及原动机制造业	45	9	13.43	11.93	3.93	0.79
8	电动工具制造业	258	44	153.83	139.77	34.06	5.89
9	电工专用设备制造业	46	8	18.53	17.56	6.39	0.98
10	发电机制造业	156	35	102.39	94.25	26.02	7.15
11	电动机制造业	451	97	194.12	189.65	54.11	15.64
12	微电机制造业	313	58	174.91	174.70	47.18	11.30

（续）

序号	行业名称	企业数（个）	亏损企业（个）	总产值（不变价）（亿元）	销售产值（当年价）（亿元）	工业增加值（亿元）	从业人员平均人数（万人）
13	变压器制造业	571	117	317.18	307.68	83.86	14.47
14	整流器制造业	57	16	19.30	20.20	6.00	1.00
15	电容器制造业	132	32	66.57	55.96	15.49	2.72
16	开关控制设备制造业	942	154	430.83	408.58	121.67	20.02
17	电气设备元件制造业	428	73	182.11	168.12	45.63	9.60
18	其他输配电及控制设备业	485	93	200.57	206.40	62.93	8.88
19	电线电缆制造业	2 034	332	1 276.57	1 238.38	305.36	37.75
20	绝缘制品业	188	36	63.88	56.75	16.11	2.88
21	蓄电池制造业	276	55	181.54	153.50	41.76	7.51
22	其他电工器材制造业	257	35	112.58	107.27	28.67	4.87
23	电气机械修理业	50	12	9.38	10.80	4.34	1.54
24	电焊机制造业	92	18	25.10	25.66	8.58	1.49
25	工业用电炉制造业	42	11	12.08	11.27	3.40	1.25
26	其他类未含的电气机械制造业	136	31	47.43	48.85	16.96	1.85
	全国电工电器行业企业合计	7 908	1 479	3 984.39	3 838.35	1 043.92	184.60

序号	行业名称	固定资产（亿元）		资产总计（亿元）	负债总计（亿元）	利润总额（亿元）	利税总额（亿元）
		原价合计	年平均余额（净值）				
1	工业用陶瓷制造业	44.93	28.63	85.69	51.40	1.58	4.33
2	电工用碳素制品业	9.63	6.98	19.75	11.97	0.47	1.15
3	焊条制造业	21.35	13.09	58.28	37.36	2.47	4.91
4	锅炉制造业	116.79	67.16	333.29	234.40	5.76	14.69
5	汽轮机制造业	58.30	31.72	134.54	86.26	0.10	2.48
6	水轮机制造业	5.45	3.67	9.78	7.31	—0.27	0.04
7	其他锅炉及原动机制造业	6.55	3.78	16.08	9.24	0.71	1.38
8	电动工具制造业	45.29	28.97	114.12	64.48	7.16	10.73
9	电工专用设备制造业	8.43	4.86	27.28	16.57	1.69	2.62
10	发电机制造业	81.95	43.22	223.87	150.59	0.99	5.63
11	电动机制造业	123.07	70.29	279.13	182.92	5.73	13.87
12	微电机制造业	79.41	45.88	139.04	75.38	9.25	13.54
13	变压器制造业	149.46	93.71	388.97	245.67	12.94	25.86
14	整流器制造业	9.79	6.20	26.39	19.34	1.02	1.56
15	电容器制造业	33.60	22.11	61.69	35.90	1.90	3.74
16	开关控制设备制造业	167.76	105.51	539.58	325.32	30.26	51.89
17	电气设备元件制造业	63.26	41.18	174.20	91.02	12.68	20.64
18	其他输配电及控制设备业	66.43	46.04	287.65	167.55	18.40	29.95
19	电线电缆制造业	504.62	323.62	1196.70	709.55	53.04	92.79
20	绝缘制品业	31.17	19.15	63.52	40.32	2.84	5.08
21	蓄电池制造业	65.39	43.35	124.49	75.68	10.29	16.24
22	其他电工器材制造业	38.51	24.17	94.29	52.14	6.55	9.61
23	电气机械修理业	4.35	2.25	11.44	5.50	0.82	1.43
24	电焊机制造业	11.29	7.93	27.18	15.17	2.07	3.13
25	工业用电炉制造业	11.77	6.74	26.53	21.95	0.16	0.55
26	其他类未含的电气机械制造业	21.60	14.82	64.46	28.04	4.88	7.08
	全国电工电器行业企业合计	1 780.15	1 105.03	4 527.94	2 761.03	193.49	344.92

注：本表数据摘自中国机械工业联合会“2002年全国机械工业统计资料”，未包括家电行业数据。

全国电工电器行业2002年有国有及国有控股企业1 051个，民营企业5 442个，三资企业1 415个，2002年电工电器行业企业分类见表2。

表2 2002年电工电器行业企业分类

序号	行业名称	合计	国有及国有控股企业	民营企业	三资企业
1	工业用陶瓷制造业	213	42	133	38

（续）

序号	行 业 名 称	合 计	国有及国有控股企业	民 营 企 业	三 资 企 业
2	电工用碳素制品业	50	6	33	11
3	焊条制造业	150	14	111	25
4	锅炉制造业	481	96	349	36
5	汽轮机制造业	32	9	19	4
6	水轮机制造业	23	14	7	2
7	其他锅炉及原动机制造业	45	8	33	4
8	电动工具制造业	258	17	181	60
9	电工专用设备制造业	46	11	29	6
10	发电机制造业	156	39	91	26
11	电动机制造业	451	109	288	54
12	微电机制造业	313	24	191	98
13	变压器制造业	571	108	339	124
14	整流器制造业	57	12	31	14
15	电容器制造业	132	7	62	63
16	开关控制设备制造业	942	137	650	155
17	电器设备元件制造业	428	48	286	94
18	其他输配电及控制设备业	485	58	359	68
19	电线电缆制造业	2 034	145	1 568	321
20	绝缘制品业	188	17	132	39
21	蓄电池制造业	276	21	183	72
22	其他电工器材制造业	257	23	180	54
23	电气机械修理业	50	29	19	2
24	电焊机制造业	92	23	58	11
25	工业用电炉制造业	42	12	26	4
26	其他类未含的电气机械制造业	136	22	84	30
	全国电工电器行业企业合计	7 908	1 051	5 442	1 415

注:本表数据摘自中国机械工业联合会“2002 年全国机械工业统计资料”,未包括家电行业数据。

二、主要产品产量

2002 年电工电器行业产品产量比上年有不同程度的增长。在统计的 19 大类电工电器产品中,比 2001 年增长的有 15 大类,比 2001 年下降的有 4 大类,2002 年电工电器行业主要产品产量见表 3。

表 3　2002 年电工电器行业主要产品产量

产 品 名 称	单 位	2001 年产量	2002 年产量	同比增长(%)
发电设备	MW	13 457	21 208	57.6
其中:水电设备	MW	3 104	3 533	13.8
汽轮发电机	MW	10 329	17 676	71.1
电站锅炉(蒸汽)	t	55 162	88 198	59.9
电站汽轮机	MW	7 983	16 667	108.8
工业锅炉(蒸汽)	t	87 222	92 411	6.0
交流电动机	MW	60 226	70 048	16.3
变压器	MV·A	260 179	296 058	13.8
其中:8 000kV·A 及以上变压器※	MV·A	136 450	118 816	−12.9
500kV·A 变压器※	MV·A	22 725	10 603	−53.3
高压断路器	万台	14	14	−2.1
互感器	万台	85	90	5.9
高压开关板	万面	14	22	53.6
低压开关板	万面	460	333	−27.6
电力电缆	万 km	220	255	15.9
通信电缆	万 km	4 304	4 213	−2.2
电线	万 km	1 493	1 627	8.9
钢芯铝绞线	万 t	56	66	18.7
裸铜线及铜电车线	万 t	24	26	5.6
绝缘材料	万 t	28	33	18.1
工业用电炉	台	10 583	7 541	−28.7

（续）

产品名称	单位	2001年产量	2002年产量	同比增长(%)
电焊机	台	197 986	212 536	7.4
电动工具	万台	7 722	9 332	20.9

注：除有※的产品数据是变压器分会网站的外，其余的数据均为国家统计局2002年统计数据，且未包括家电行业的统计数据。

发电设备产量大幅度增长，是历史最高水平，2002年完成21 208MW，同比增长57.6%。其中火电设备完成17 676MW，同比增长71.1%；水电设备完成3 533MW，同比增长13.8%；电站锅炉完成88 198t（蒸汽），同比增长59.9%。大型火电机组：600MW机组完成2台，300MW机组（含330MW、325MW）完成21台，200MW机组（含210MW）完成6台，125MW机组（含155MW、140MW、135MW）完成29台，100MW机组完成6台。

输变电行业2002年持续发展，变压器完成296 058MV·A，比上年同期增长13.8%。高压断路器完成14万台，比上年同期有所下降。其中SF_6断路器完成3 356台。高压开关板完成22万面，比上年同期增长53.6%。低压开关板完成33.3万面，比上年同期有所下降。

2002年电线电缆行业的产品产量比2001年同期有升有降。电力电缆、钢芯铝绞线、裸铜线及铜电车线、电线产品都有不同程度的增长，通讯电缆有所下降。

其他电器工业产品也有不同程度增长。交流电动机、绝缘材料、电焊机、电动工具比上年同期都有增长，只有工业用电炉有所下降。

三、2002年原机械工业系统电工电器行业大中型企业经济指标情况

据年报统计，2002年原机械工业系统大中型企业2 080个，其中电工电器行业443个，占原机械工业系统的21.29%。原机械工业系统工业总产值（不变价）8 618.1亿元，其中电工电器行业1 053.07亿元，占机械工业系统的12.22%。2002年原机械工业系统电工电器行业大中型企业见表4。

表4　2002年原机械工业系统电工电器行业大中型企业

序号	行业名称	合计	特大型	大一型	大二型	中一型	中二型
1	工业用陶瓷制造业	11		3	2	1	5
2	电工用碳素制品业	2			1		1
3	焊条制造业	16			6	1	9
4	锅炉制造业	46		7	8	14	17
5	汽轮机制造业	9		7	2		
6	水轮机制造业	4		1	1		2
7	其他锅炉及原动机制造业	0					
8	电动工具制造业	5			4		1
9	电工专用设备制造业	2				1	1
10	发电机制造业	24		8	5	5	6
11	电动机制造业	61		11	16	12	22
12	微电机制造业	5		1	1	1	2
13	变压器制造业	59		6	19	8	26
14	整流器制造业	2			1		1
15	电容器制造业	4			2		2
16	开关控制设备制造业	54	1	6	15	6	26
17	电器设备元件制造业	19		1	5	1	12
18	其他输配电及控制设备业	0					
19	电线电缆制造业	66		13	16	12	25
20	绝缘制品业	8			3	2	3
21	蓄电池制造业	9		2	3	3	1
22	其他电工器材制造业	0					
23	洗衣机制造业						
24	吸尘器制造业	1			1		
25	电冰箱制造业	2		1		1	
26	电风扇制造业	1			1		
27	空调器制造业	5		2	1	1	1
28	排抽烟机制造业						
29	其他日用电器制造业						
30	电气机械修理业	0					
31	电焊机制造业	3				1	2
32	工业用电炉制造业	3					3
33	其他电气机械及器材制造业	22		3	6	3	10

（续）

序号	行 业 名 称	合 计	特大型	大一型	大二型	中一型	中二型
	全国电工电器行业企业合计	443	1	72	119	73	178

注：本表数据摘自中国机械工业联合会“2002年机械工业大中型企业概况”，其中家电行业的统计数不全。

2002年原机械工业系统电工电器行业大中型企业工业总产值、销售产值和利税总额前20名的企业见表5、表6及表7。工业总产值（不变价）最高是西安电力机械制造公司38.88亿元，销售产值（当年价）最高是正泰集团公司37.28亿元，利税总额最高是许继集团有限公司4.10亿元。利税总额为负值的企业有90个，占电工电器行业大中型企业的20.3%。

表5　2002年原机械工业系统电工电器行业大中企业工业总产值前20名企业

序号	企 业 名 称	工业总产值（不变价）（亿元）	序号	企 业 名 称	工业总产值（不变价）（亿元）
1	西安电力机械制造公司	38.88	11	江苏无锡远东电缆厂	13.28
2	正泰集团公司	37.04	12	上海汽轮机有限公司	12.98
3	许继集团有限公司	31.80	13	新疆特变电工股份有限公司	11.89
4	上海日立家用电器公司	28.48	14	厦门ABB开关有限公司	11.77
5	德力西集团有限公司	22.99	15	汉缆集团有限公司	11.75
6	三菱电机上菱空调机电器有限公司	17.04	16	东方汽轮机厂	11.21
7	江苏上上电缆集团有限公司	14.79	17	保定天威集团有限公司	11.06
8	上海锅炉有限公司	14.74	18	东方锅炉厂	10.62
9	哈尔滨锅炉公司	13.80	19	浙江卧龙集团	10.61
10	佛山通宝股份有限公司	13.59	20	东方电机厂	10.55

注：本表数据摘自中国机械工业联合会“2002年机械工业大中型企业概况”。

表6　2002年原机械工业系统电工电器行业大中企业销售产值前20名企业

序号	企 业 名 称	销售产值（当年价）（亿元）	序号	企 业 名 称	销售产值（当年价）（亿元）
1	正泰集团公司	37.28	11	汉缆集团有限公司	11.46
2	许继集团有限公司	30.70	12	浙江卧龙集团	11.15
3	西安电力机械制造公司	28.56	13	厦门ABB低压电器设备有限公司	10.84
4	上海日立家用电器公司	15.45	14	新疆特变电工股份有限公司	10.83
5	哈尔滨锅炉公司	15.07	15	三菱电机上菱空调机电器有限公司	10.63
6	德力西集团有限公司	14.12	16	东方锅炉厂	10.62
7	山东鲁能泰山电缆股份有限公司	13.67	17	保定天威集团有限公司	10.01
8	上海锅炉有限公司	13.11	18	东方汽轮机厂	9.98
9	江苏无锡远东电缆厂	12.86	19	东方电机厂	9.46
10	青岛变压器集团有限公司	11.65	20	平顶山天鹰集团有限责任公司	9.38

注：本表数据摘自中国机械工业联合会“2002年机械工业大中型企业概况”。

表7　2002年原机械工业系统电工电器行业大中企业利税总额前20名企业

序号	企 业 名 称	利税总额（亿元）	序号	企 业 名 称	利税总额（亿元）
1	许继集团有限公司	4.10	11	三菱电机上菱空调机电器有限公司	1.31
2	正泰集团公司	3.97	12	新疆特变电工股份有限公司	1.31
3	厦门ABB低压电器设备有限公司	3.77	13	上海施耐德配电电器有限公司	1.28
4	山东鲁能泰山电缆股份有限公司	3.22	14	保定天威集团公司	1.21
5	上海上菱电器股份有限公司	2.34	15	江苏东源电器集团股份有限公司	1.21
6	德力西集团有限公司	2.15	16	东方电机厂	1.17
7	西安电力机械制造公司	2.06	17	天正集团有限公司	1.17
8	常熟开关厂	2.01	18	汉缆集团有限公司	1.15
9	浙江卧龙集团	1.48	19	江苏长江电器集团	1.10
10	宁波天安（集团）股份有限公司	1.40	20	青岛变压器集团有限公司	1.03

注：本表数据摘自中国机械工业联合会“2002年机械工业大中型企业概况”。

电器工业 2002 年进出口情况分析与发展预测

中国机械工业联合会　郑国伟

一、进出口快速增长，首次双双超过 100 亿美元

据海关统计，电器工业 2002 年进出口额合计 210 亿美元，比 2001 年（下同）增长 16.2%，占全国进出口总额 6 207.7亿美元的 4%，占全国机电产品进出口 3 126.7 亿美元的 7%，居机械工业内各行业的首位。进口和出口首次双双超过 100 亿美元，进口 108.2 亿美元，增长 13.3%；出口 101.8 亿美元，增长 19.3%。进口大于出口，逆差 6.4 亿美元（以上统计均不包括家用电器、绝缘材料、375kV · A 及以下压燃式内燃发电机组、点燃式内燃发电机组、风力发电机组）。

电器工业三大类产品中，进出口额最多的是输变电设备，达 117.6 亿美元，增长 14%，占电器工业进出口合计的 56%；其次是其他电器产品（包括电动机、直流发电机、内燃发电机组、蓄电池、焊接设备、工业用电炉、电动工具等）进出口 83.2 亿美元，增长 23.6%；发电设备进出口继续下降，为 9.2 亿美元，下降 2.3%。

进口产品中，金额最多的是开关及继电保护装置（含开关、断路器、熔断器、避雷器、全封闭组合式高压开关装置、电力控制和分配盘板等）；其次是电动机及直流发电机（含单相和多相交流电动机、玩具电动机、微电机、直流电动机和发电机）；再次是变压器。进口量大的还有电缆及电导体、互感器、蓄电池、工业用电炉、焊接机器、内燃发电机组、汽轮机等。

出口产品中，金额在 10 亿美元以上的有 5 种，居首位的是电动机及直流发电机，其次是开关及继电保护装置，再次是电动工具。出口较多的还有电缆及电导体、变压器。蓄电池是电器产品中出口增长速度最快的。2001～2002 年电器工业进出口情况见表 1。

表 1　2001～2002 年电器工业进出口情况

商品名称	进口金额（亿美元）			出口金额（亿美元）		
	2001 年	2002 年	增长（%）	2001 年	2002 年	增长（%）
总计	95.37	108.15	13.4	85.19	101.83	19.5
发电设备	7.96	6.91	−13.2	2.34	2.31	−1.3
锅炉（含工业锅炉）	4.26	2.00	−53.1	1.17	1.15	−1.7
汽轮机	2.22	2.56	15.3	0.30	0.36	20.0
水轮机	0.46	0.83	80.4	0.41	0.34	−17.1
交流发电机	1.02	1.52	49.0	0.46	0.46	0
输变电设备	58.95	66.17	12.3	44.18	51.6	16.3
变压器	7.88	8.31	5.5	10.55	10.80	2.4
互感器	4.58	5.79	26.4	4.16	5.41	30
开关及继电保护装置	38.20	41.74	9.3	18.22	21.39	17.4
电力电容器	0.73	2.28	212.3	0.26	0.16	−38.5
电缆及电导体	5.93	6.11	3.0	9.52	11.92	25.2
绝缘子	1.63	1.94	19.0	1.47	1.68	14.3
其他电器产品	28.46	35.07	23.2	38.67	48.16	24.5
电动机及直流发电机	13.69	17.11	25.0	19.11	22.43	17.4
内燃发电机组	2.85	3.12	9.5	0.59	0.83	40.7
蓄电池	4.27	5.42	26.9	4.67	8.93	91.2
电动工具	0.81	0.86	6.2	12.73	14.21	11.6
工业用电炉	2.89	4.28	48.1	0.24	0.27	12.5
焊接机器	3.65	3.86	5.8	0.83	0.90	8.4
其他（碳刷及制品、火花塞）	0.3	0.42	40.0	0.50	0.59	18.0

（1）发电设备（含工业锅炉）。进出口全面下降，进口 6.9亿美元，下降 13.5%；出口 2.3 亿美元，下降 3%。

进口产品中，锅炉进口大幅度下降，2001 年进口 4.26 亿美元，2002 年只进口 2 亿美元，下降 53.1%。其中蒸发量在 900t/h 及以上的电站用锅炉进口 3 台，52 万美元（2001 年进口 13 台，1 423 万美元），金额比上年下降 96.3%；蒸发量在 45～900t/h 的锅炉进口 91 台，183 万美元，金额下降 91%。进口金额多的有：锅炉零件 5 828 万美元，蒸汽锅炉和过热水锅炉的辅助设备 4 861 万美元，锅炉辅助设备和冷凝器的零件 3 738 万美元。

汽轮机、水轮机和交流发电机进口全面增长，350MW 以上的汽轮机和各种汽轮机零件各进口 1.1 亿美元；200MW 以上水泵水轮机进口 1 683 万美元，下降 14.5%；35MW 以上贯流式水轮机进口 927 万美元，增长 275.3%；

中小型交流发电机进口下降，大型交流发电机增长，665MV·A以上交流发电机进口4台，金额8 806万美元，金额增长572.7%。2002年发电设备(含工业锅炉)进口情况见表2。

表2 2002年发电设备(含工业锅炉)进口情况

商品名称	数量(台)	金额(万美元)	金额增长(%)
蒸发量在900t/h及以上的发电用锅炉	3	52	−96.4
蒸发量超过45t/h的其他水管锅炉	91	183	−91.0
蒸发量不超过45t/h的水管锅炉	82	370	−60.4
未列名蒸汽锅炉，包括混合式锅炉	537	3 294	−32.9
过热水锅炉	233	331	40.9
蒸汽及过热水锅炉零件		5 828	−47.9
集中供暖的热水锅炉零件		699	16.5
蒸汽锅炉和过热水锅炉的辅助设备	5 250 000	4 861	−26.1
集中供暖用锅炉的辅助设备	139 000	178	−54.7
水蒸汽或其他蒸汽动力装置的冷暖器	379 000	512	−14.5
100MW＜P≤350MW的汽轮机		2 069	150.5
P＞350MW的汽轮机		11 247	95.0
P＜40MW的汽轮机	12	710	−12.0
汽轮机零件		11 618	−21.7
水轮机及水轮，P≤1 000kW	56	59	25.5
P＞30 000kW的冲击式水轮机及水轮	1	70	
P＞35 000kW的贯流式水轮机及水轮	3	927	375.3
P＞200 000kW的水泵水轮机及水轮	1	1 683	−14.5
P＞10 000kW的其他水轮机及水轮		3 165	237.4
水轮机及水轮的调节器	133 000	318	224.5
其他水轮机及水轮的零件	1 923	1 869	34.3
交流发电机，P≤75kV·A	7 657	472	61.1
交流发电机，75kV·A＜P≤375kV·A	344	405	−20.3
交流发电机，375kV·A＜P≤750kV·A	207	585	−69.5
交流发电机，750kV·A＜P≤350kV·A	67	1 207	−24.8
交流发电机，350MV·A＜P≤665 MV·A	2	638	−67.9
交流发电机，P＞665MV·A	4	8 806	572.7
输出功率超过350MV·A交流发电机零件		3 179	21.1

出口产品中除汽轮机出口略有增长外，普遍下降。锅炉出口1.15亿美元，下降1.7%，出口量多的主要是：各种蒸汽锅炉、锅炉辅助设备及其零件，中小型汽轮机及零件，轴流式水轮机及零件，中小型交流发电机及零件。2002年发电设备出口情况见表3。

表3 2002年发电设备出口情况

商品名称	数量(台)	金额(万美元)	金额增长(%)
蒸发量超过45t/h的其他水管锅炉	10	495	2 993.8
蒸发量不超过45t/h的水管锅炉	1 262	226	−33.9
未列名蒸汽锅炉，包括混合式锅炉	465	2 517	202.2
过热水锅炉	60	42	425.0
蒸汽及过热水锅炉零件		2 717	−48.4
集中供暖用的热水锅炉零件		197	−43.7
蒸汽锅炉和过热水锅炉的辅助设备	3 730 000	1 165	53.1
集中供暖用锅炉的辅助设备	185 000	92	61.4
水蒸汽或其他蒸汽动力装置的冷凝器	69.9	351	−23.4
100WM＜P≤350MW的汽轮机	1	725	
P＜40MW的汽轮机	5	730	1277.4
汽轮机零件		2120	−7.7
水轮机及水轮，P≤1 000kV	1 220	38	2.7
1 000kW＜P≤10 000kV的水轮机及水轮	223	12	−91.6
P＞10 000kV其他水轮机及水轮	3	1 027	4 790.5
水轮机及水轮的调节器	36 861	22	−38.9
其他水轮机及水轮的零件		2 289	−41.5
交流发电机，P≤75kV·A	345 000	3222	−3.7
交流发电机，75kV·A＜P≤375kV·A	3 360	628	32.8
交流发电机，375kV·A＜P≤750kV·A	687	238	−8.8
交流发电机，750kV·A＜P≤350 MV·A	88	112	103.6
交流发电机，350MV·A＜P≤665MV·A	1	436	
输出功率超过350MV·A交流发电机零件		41	

(2)输变电设备。2002年输变电设备进出口全面增长，进口66.2亿美元，增长12.3%；出口51.4亿美元，增长16.2%。进口产品中，开关及继电保护装置进口41.7亿美元，占输变电设备进口额的63%，增长9.3%，进口金额居电器工业之首。有三大特点：一是断路器进口量大，全封闭组合式高压开关装置进口增长幅度很大。断路器进口1.57亿美元，全封闭组合式高压开关装置进口653台，1 714万美元，金额增长137.4%；二是1 000V及以下的开关、熔断器、继电器和其他电路保护装置进口量大，达16亿美元；三是各种电力控制和分配盘板、灯座、插座等零部件进口量更

大，而且增长很快，为22.8亿美元，增长率高达26%。

变压器进口8.31亿美元，增长5.4%，有二大特点：一是大中容量的进口增长很快，10MV·A以上的进口88台，1.2亿美元，增长35.4%；二是小容量及零部件进口仍然很猛，各类介质、1kV·A及以下的进口3.78亿美元，增长8.7%；零部件进口2.54亿美元。

电缆及电导体进口6.1亿美元，增长3%；互感器进口5.8亿美元，增长26.4%；绝缘子进口1.9亿美元，增长19%。尤其是电力电容器进口2.3亿美元，增长高达212.3%。

输变电设备进口量很大，有三方面原因：第一，我国电力投资增长快，城乡电网改造需求大；第二，国产产品在质量、可靠性方面存在差距和不足，需要国内企业继续努力，缩小差距；第三，电器配套产品种类繁多、品种规格复杂，尽管有许多产品国内可以供货，但用户在进口主机设备时，往往随同主机一起进口相关配套产品，以避免发生差错，保证及时投产。2002年输变电设备进口情况见表4。

表4　2002年输变电设备进口情况

商品名称	数量（台）	金额（万美元）	金额增长（%）
液体介质变压器 $P\leqslant$ 650kV·A	216 000	309	−67.9
650MV·A＜$P\leqslant$10MV·A	146	665	11.0
10MV·A＜P＜400MV·A	40	3 892	335.8
$P\geqslant$400MV·A	48	8 337	2.7
互感器 $P\leqslant$1kV·A	31 890 000	1 226	−40.1
未列名变压器 $P\leqslant$1kV·A	1 040 000 000	37 850	8.7
互感器 1kV·A＜$P\leqslant$16kV·A	564 000	182	−73.8
未列名变压器1kV·A＜$P\leqslant$16kV·A	627 000	91	−41.3
其他变压器，16kV·A＜$P\leqslant$500kV·A	80 000	2 004	35.5
其他变压器，P＞500kV·A	18 000	3 318	20.1
其他电感器	1 887 000	56 536	31.3
$P\geqslant$400MV·A的液体介质变压器的零件		443	−48.4
其他变压器的零件		25 416	−5.3
电力电容器，50/60Hz，$P\geqslant$0.5kvar	1 380 000	3 499	−30.6
电力电容器的零件		19 398	736.1
熔断器，线路 V＞1 000V	2 290 000	239	31.3
自动断路器，1 000V＜U＜72.5kV	11 000	3 216	1.8
断路器，$U\geqslant$72.5kV	8 703	3 801	−29.4
隔离开关及断续开关，U＞1 000V	566 000	5 749	141.7
避雷器、电压限幅器，U＞1 000V	4 000 000	742	−58.6
其他开关保护或连接装置，U＞1 000V	2 370 000	5 800	53.2
熔断器，$U\leqslant$1 000V	291 000	12 042	9.7
自动断路器，$U\leqslant$1 000V	86 180 000	8 777	28.4
其他电路保护装置，$U\leqslant$1 000V	227 510 000	7 536	6.2
继电器，$U\leqslant$60V	327 750 000	11 191	−1.9
继电器，60V＜$U\leqslant$1 000V	173 490 000	7 478	−10.7
开关，U＜1 000V	626 000	252	−99.4
灯座，$U\leqslant$1 000V	253 190 000	1 331	20.2
插头及插座，$U\leqslant$1 000V	993 000	57 565	61.4
其他连接用电气装置，$U\leqslant$1 000V	27 380 000	79 187	12.0
用于电压不超过1 000V路的数控装置	1 190 000	41 765	52.5
其他电力控制或分配盒板，$U\leqslant$1 000V	2 630 000	28 853	4.7
全封闭组合式高压开关装置，$U\geqslant$500kV	653	1 714	137.4
其他电力控制或分配盘板等，＞1 000V	13 800 000	33 465	4.1
有接头电缆，80V＜耐压$\leqslant$1 000V		13 122	35.7
其他有接头电导体，80V＜耐压＜1 000V		15 209	23.2
其他电缆，80V＜耐压$\leqslant$1 000V		5 274	7.7
未列名电导体，80V＜耐压$\leqslant$1 000V		19 629	10.2
电缆，耐压＞35kV		3 215	89.3
电缆，1 000V＜耐压$\leqslant$35kV	2 843	−10.0	
未列名电导体，耐压＞1 000V		1 791	83.3
玻璃制的绝缘子		541	49.9
输变电线路绝缘瓷套管		2 970	122.3
其他陶瓷制的绝缘子		1 691	9.6
其他绝缘子		926	50.6
陶瓷制绝缘零件		1 787	−47.1
塑料制绝缘零件		6 592	11.1
内衬绝缘材料的贱金属制线路导管及接头		1 646	23.6
未列名电气机器、器具或设备用绝缘配件		3 277	78.4

注：不包括绝缘材料。

出口产品中，除电力电容器出口大幅度下降外，普遍增长较快。出口金额最多的是开关及继电保护装置，达21.4亿美元，增长17.4%；变压器出口10.8亿美元，增长2.4%；电缆及电导体出口11.9亿美元，增长25.2%。出口产品的一个显著特点是小容量和低压的产品占绝大多数，主要是

1kV·A及以下的变压器8.4亿美元；1 000V及以下的开关、断路器、熔断器、继电器、电缆及电导体及各种电力控制和分配盘板、插头插座等共32.1亿美元。两项合计40.5亿美元，占输变电设备出口额的78.7%。是我国进入国际市场的优势产品，需要继续提高质量，扩大出口。2002年输变电设备出口情况见表5。

表5　2002年输变电设备出口情况

商品名称	数量（台）	金额（万美元）	金额增长（%）
液体介质变压器 P≤650kV·A	9 473	863	120.2
650kV·A＜P≤10MV·A	194	366	−31.7
10MV·A＜P＜400MV·A	126	4 741	−1.4
互感器 P≤1kV·A	25 580 000	646	−21.5
未列名变压器 P≤1kV·A	2 580 000 000	84 448	4.0
互感器 1kV·A＜P≤16kV·A	15 000	87	77.6
未列名变压器 1kV·A＜P≤16kV·A	2 620 000	1 675	−7.7
其他变压器，16 kV·A≤500kV·A	3 690	1 126	−1.6
其他变压器，P＞500kV·A	281	772	22.5
其他电感器	14 500 000 000	53 404	30.9
P≥400MV·A的液体介质变压器的零件		310	21.6
其他变压器的零件		13 662	−5.5
电力电容器，50/60Hz，P≥0.5kvar	2 130 000	1 610	−37.6
熔断器，U＞1 000V	468 000	250	73.6
断路器，1000V＜U＜72.5kV	2 272	317	88.7
断路器，U≥3725kV	10 192	1 136	128.1
隔离开关及断续开关，U＞1 000V	14 059	340	70.9
避雷器、电压限幅器，U＞1 000V	466 000	371	14.2
其他开关保护连接用电气装置，U＞1 000V	2 170 000	1 369	6.1
熔断器，U≤1 000V	2 050 000 000	4 138	51.9
断路器，U≤1 000V	73 370 000	7 940	6.9
其他电路保护装置，U≤1 000V	150 000 000	5 754	96.4
继电器，U≤60V	720 000 000	19 056	6.4
继电器，60V＜U≤1 000V	220 000 000	7 290	90.2
开关，U≤1 000V	6 320 000 000	33 057	12.6
灯座，U≤1 000V	430 000 000	4 499	11.1
插头及插座，U≤1 000V	3 660 000 000	41 284	14.4
其他连接用电气装置，U≤1 000V	42 610 000	40 678	23.8
用于电压不超过1 000V线路的数控装置	486 000	2 420	42.2
其他电力控制或分配盘饭，U≤1 000V	8 130 000	10 841	−17.3
全封闭组合式高压开关装置 U≥500kV	54	55	−48.6
其他电力控制或分配盘板，U＞1 000V	3 730 000	4 481	9.0
有接头电缆，80V＜耐压≤1 000V		18 399	39.8
其他有接头电导体，80V＜耐压≤1 000V		76 017	20.1
其他电缆，80V＜耐压≤1 000V		6 320	43.4
未列名电导体，80V＜耐压≤1 000V		14 417	32.9
电缆，耐压＞35kV		1 155	400.0
电缆，1 000V＜耐压≤35kV		1 971	−23.8
未列名电导体，耐压＞1 000V		996	45.0
玻璃制的绝缘子		186	−67.0
输变电线路绝缘瓷套管		354	22.5
其他陶瓷制的绝缘子		2 834	−16.7
其他绝缘子		908	13.6
陶瓷制绝缘零件		1 031	−19.6
塑料制绝缘零件		2 613	22.1
内衬绝缘材料的贱金属制线路导管及接头		2 004	22.0
未列名的电器、器具或设备用绝缘配件		6 903	48.6

(3)其他电器产品。进出口高速增长。进口35.1亿美元，增长23.1%；出口48.2亿美元，增长24.2%。进口产品中，电动机及直流发电机进口17.1亿美元，增长25%，其中37.5 W及以下电动机及零件进口13.3亿美元，占37.9%；蓄电池进口5.4亿美元，增长26.9%，其中镉镍蓄电池2.9亿美元，增长24.5%；工业用电炉进口4.3亿美元，增长48.1%，其中可控气氛热处理炉进口8 978万美元，增长73.6%；焊接机器进口3.9亿美元，增长5.8%，其中电弧焊机及装置0.8亿美元；375kV·A以上的内燃发电机组进口3.1亿美元，增长9.5%；电动工具进口0.9亿美元，增长6.2%。2002年其他电器产品进口情况见表6。

表6　2002年其他电器产品进口情况

商品名称	数量（台）	金额（万美元）	金额增长（%）
玩具电动机，P≤37.5W	17 000	2 028	−10.7
微电机 P≤37.5W，20mm≤座直径＜39mm	65 000	31 540	1.9
其他电动机，P≤37.5W	72 000	64 281	43.5
交直流两用电动机，P＞37.5W	4 800 000	2 012	−20.4
直流电动机及直流发电机，P≤750W	19 270 000	10 054	35.0

(续)

商品名称	数量（台）	金额（万美元）	金额增长（%）
直流电动机及发电机，$750\mathrm{W}<P\leq 75\mathrm{kW}$	134 000	1 997	7.0
直流电动机及发电机，$75\mathrm{KW}<P\leq 335\mathrm{kW}$	3 570	942	38.7
直流电动机及直流发电机，$P>375\mathrm{kW}$	136	463	42.0
其他单相交流电动机	9 540 000	5 897	13.6
三相交流电动机，$P\leq 750\mathrm{W}$	4 480 000	5 333	48.1
三相交流电动机，$750\mathrm{W}<P\leq 75\mathrm{kW}$	503 000	6 215	33.4
三相交流电动机，$P>75\mathrm{kW}$	2 437	5 371	20.5
旋转式变流机	141	163	1 937.5
玩具电动机和微电机的零件		34 988	24.3
压燃式内燃发电机组 $375\mathrm{kW\cdot A}<P\leq 2\mathrm{MW\cdot A}$	1 615	17 209	14.9
压燃式内燃机发电机组，$P>2\mathrm{MW\cdot A}$	56	9 371	137.8
装有点燃式活塞内燃发动机的发电机组	13 000	824	−3.6
未列名发电机组	132	3 844	−56.3
用于起动活塞式发动机的铅酸蓄电池	205 000	586	61.9
其他铅酸蓄电池	10 330 000	4 467	23.1
镉镍蓄电池	53 000	28 771	24.5
铁镍蓄电池	314 000	44	−13.7
铅酸蓄电池的零件	5 830 000	1 061	47.8
其他蓄电池的零件	6 400 000	19 285	29.4
手提式电钻	120 000	950	−4.6
手提式电动链锯	2 510	16	−94.8
手提式电动砂磨工具（包括砂轮机、磨光机）	280 000	833	12.6
手提式电刨	3 389	16	−33.3
其他手提式电动工具	56 000	675	−22.5
手提式其他电动工具零件		6 007	16.1
手提式电动链锯零件		81	−98.4
可控气氛热处理炉	483	8 978	73.6
其他工业或实验室用电阻加热炉及烘箱	11 837	9 736	35.1
工业或实验室用感应或电介质炉及烘箱	959	3 871	77.7
其他工业或实验室用炉及烘箱	10 620	15 009	40.2
其他工业实验室用感应或电介质加热设备	2 485	3 180	31.6
钎焊烙铁及焊枪	68 992	184	−14.8
其他钎焊机器及装置	20 811	2 686	47.0
全自动或半自动电阻直缝焊管机	368	1 102	440.2
其他全自动或半自动电阻焊接机器及装置	1 836	5 332	13.5
其他电阻焊接机器及装置	2 787	2 361	67.6

(续)

商品名称	数量（台）	金额（万美元）	金额增长（%）
全自动或半自动的螺旋焊管机	174	238	290.2
其他全自动或半自动电弧焊接机器及装置	3 991	6 243	−17.3
其他电弧焊接机器及装置	4 209	1 578	−18.8
其他焊机：热喷金属硬质合金的电气机器	11 595	14 194	−0.9
火花塞	8 010 000	893	67.9
碳刷	467 000	1 960	83.0
其他电气设备用石墨或碳精制品	1 800 000	1 338	−7.9

注：不包括家用电器，375kV·A及以下压燃式内燃发电机组，点燃式内燃发电机组、风力发电机组。

出口产品中，电动机和电动工具出口量大，也是我国的优势产品。电动机及直流发电机出口22.4亿美元，增长17.4%，其中37.5W电动机及零件出口16.1亿美元；电动工具出口14.2亿美元，增长11.6%，其中手提式电钻6.4亿美元，增长34.3%；焊接机器、内燃发电机组、工业用电炉三类产品出口都不到1亿美元。2002年其他电器产品出口情况见表7。

表7　2002年其他电器产品出口情况

商品名称	数量（台）	金额（万美元）	金额增长（%）
玩具电动机，$P\leq 37.5\mathrm{W}$	310 000 000	3 854	1.1
微电机 $P\leq 37.5\mathrm{W}$，$20\mathrm{mm}<$座直径$<39\mathrm{mm}$	650 000 000	53 314	23.7
其他电动机，$P\leq 37.5\mathrm{W}$	720 000 000	93 442	8.1
交直流两用电动机，$P>37.5\mathrm{W}$	13 380 000	2 832	−25.5
直流电动机及直流发电机，$P\leq 750\mathrm{W}$	25 290 000	9 719	126.1
直流电动机及发电机，$750\mathrm{W}<P\leq 75\mathrm{kW}$	1 850 000	2 542	91.7
直流电动机及发电机，$75\mathrm{kW}<P\leq 375\mathrm{kW}$	118	53	89.3
直流电动机及直流发电机，$P>375\mathrm{kW}$	30	53	−43.6
其他单相交流电动机	44 870 000	24 914	59.7
三相交流电动机，$P\leq 750\mathrm{W}$	8 630 000	5 524	11.4
三相交流电动机，$750\mathrm{W}<P\leq 75\mathrm{kW}$	1 460 000	15 640	7.0
三相交流电动机，$P>75\mathrm{kW}$	10 000	1 903	11.7
旋转式变流机	78	1	−94.7
玩具电动机和微电机的零件		10 549	−7.4
压燃式内燃发电机组 $375\mathrm{kV\cdot A}<P\leq 2\mathrm{MV\cdot A}$	152	1 670	−22.7

(续)

商品名称	数量（台）	金额（万美元）	金额增长（%）
压燃式内燃机发电机组，$P>2MV\cdot A$	8	380	2.4
装有点燃式活塞内燃发动机的发电机组	739 000	6 072	154.5
未列名发电机组	778	185	−82.0
用于起动活塞式发动机的铅酸蓄电池	8 960 000	6 826	−25.5
其他铅酸蓄电他	63 720 000	21 693	25.9
镉镍蓄电池	490 000 000	27 668	32.6
铁镍蓄电池	5 885	1	
镍氢电池	360 000 000	30 434	
铅酸蓄电池的零件		1 148	8.3
其他蓄电池的零件		1 590	−26.2
手提式电钻	47 890 000	64 349	34.4
手提式电动链锯	520 000	988	−94.8
手提式电动砂磨工具（包括砂轮机、磨光机）	33 880 000	32 301	17.6
手提式电刨	2 850 000	3 692	15.3
其他手提式电动工具	26 140 000	30 745	34.3
其他手提式电动工具零件		9 590	34.9
手提式电动链锯零件		433	
可控气氛热处理炉	32	192	−9.4
其他工业或实验室用电阻加热炉及烘箱	1 160	328	−23.5
工业或实验室用感应或电介质炉及烘箱	4 786	433	120.9
其他工业或实验室用炉及烘箱	159 000	1 040	24.1
其他工业实验室用感应或电介质加热设备	134	114	29.6
钎焊烙铁及焊枪	37 290 000	2 056	10.2
其他钎焊机器及装置	19 000	184	13.6
全自动或半自动电阻直缝焊管机	115	142	468.0
其他全自动或半自动电阻焊接机器及装置	1 047	72	−14.3
其他电阻焊接机器及装置	209 000	408	36.5
全自动或半自动的螺旋焊管机	19	34	−5.6
其他全自动或半自动电弧焊接机器及装置	1 718	318	66.5
其他电弧焊接机器及装置	126 000	766	39.5
其他焊机：热喷金属或硬质合金电气机器	28 674	2 705	−21.2
火花塞	83 920 000	1 780	7.4
碳刷	753 000	1 446	53.8
其他电气设备用石墨或碳精制品	24 250 000	2 650	−14.4

二、从进出口看电器工业发展

(1)改善产品结构，提高技术含量，大力扩大出口。出口是拉动电器工业发展的一个重要因素。2002 年首次达到 101.8 亿美元，按现行汇率计算，折合人民币为 842.6 亿元，占 2002 年电器工业销售产值(当年价)3 790.9 亿元的 23%，充分说明出口对电器工业发展的重要性。但是应该看到出口产品的结构很不理想。经统计分析，约有 70%左右是劳动密集型或技术含量较低的产品。例如发电设备出口，主要是零部件和中小型机组，大型成套机组很少；输变电设备出口中，有 75%是 1kV·A 及以下的变压器、互感器和 1000V 及以下开关及继电保护装置、电动工具等。随着我国入世和国际产业结构的调整和转移，今后这些产品的竞争将越来越激烈。因此，我们一方面要继续扩大这些优势产品的出口，另一方面要不断研制开发新产品，提高出口产品技术含量，改善产品结构。重点要发展两类产品出口，一是自行研制开发有相当技术含量的产品，或引进技术经过消化、吸收、创新，而且价格又有明显优势的产品，如大型火电成套设备，部分变压器、中高压开关、断路器、电动机、自动焊机等；二是近几年中外合资、合作生产的产品，如性能好的各种变压器、中高压开关、断路器及继电保护装置、全封闭组合式高压开关、水轮发电机组、汽车用蓄电池、镍氢电池、全自动及半自动电弧、电阻焊机等。

我国电器产品出口市场主要在美国、欧盟、日本、韩国和东盟，除继续巩固和扩大这些市场外，应努力向拉美、中东、俄罗斯、东欧、非洲市场扩展，大力推进市场多元化。有条件的企业应走出去，到境外去办厂设点，开展带料加工装配业务，把国内的半成品、零部件出口，就地加工装配。除做好自营出口外，要推行代理制，寻找信誉好的代理商、中间人，扩大出口。

(2)瞄准进口量大、技术含量较高的产品，积极研制开发或与外商合资、合作，加快发展。近几年来，电器产品进口持续增长，2002 年首次达到 108.2 亿美元，反映了国内经济建设发展的强劲需求，同时也说明我国电器工业中的许多产品，在性能、质量、可靠性方面存在的差距和不足。为此，我们要特别重视对进口产品的分析，从中寻找原因，筛选出我们需要发展的产品，列入企业开发新产品或提高现有产品质量的计划，并组织实施。

发电设备要继续重视引进型亚临界 300MW、600MW 火电机组的优化工作；采用技贸结合方式、与用户密切合作或与外商合资、合作，发展超临界大型火电机组、200MW 及以上抽水蓄能机组、循环硫化床锅炉、大型燃汽轮机。大型火电机组和抽水蓄能机组的技贸结合，需请国家主管部门明确依托工程，即在国家投资或国家贴息贷款建设项目的招标书中，明确规定对某种重大技术装备实行技贸结合、转让技术或合作生产的要求。对循环硫化床锅炉和燃汽轮机的技贸结合，需请国家主管部门主持，集中进口筹码，安排统一对外谈判，以市场换取技术。同时，对汽轮机、锅炉及其辅助设备的配套产品和零部件，也要尽快设法在国内能有较多供货，因为这些产品的进口额有 2.2 亿美元的市场份额。

输变电设备，一方面要继续发展 500kV·A 及以上的变压器、互感器、并联电抗器、交联电缆、组合式高压开关以及直流输电设备等国内缺门短线产品，通过引进技术，自行研制，或与外商合资、合作，组织实施；另一方面要重视解决小容量变压器和低压电器（包括 1 000V 及以下的开关、继电器、熔断器、电感器、电缆和电导体、电路保护和电力控制的盘、板以及插头、插座等）的质量和可靠性问题，并改善服务。开发缺门的新产品，缩小与国外的差距。因为这些产品 2002 年进口量高达 43.3 亿美元（其中 1kV·A 及以下变压器 3.78 亿美元，熔断器 1.2 亿美元，继电器 1.9 亿美元，电缆和电导体 3.3 亿美元，插头、插座 5.7 亿美元，其他连接用电气装置 7.9 亿美元），这是一块很大的市场份额，要努力把其中一部分转由国内制造供货。

其他电器产品中，要积极发展进口量大的变频调速电动机，玩具电动机，电动汽车用电动机，37.5kW 及以下的电动机，750kW 及以上的直流电动机和直流发电机，375kV·A～2MV·A 压燃式内燃发电机组，满足用户多种用途的电动工具、可控气氛热处理炉、全自动或半自动电弧焊机等。这些产品进口量较大，应根据用户需求，加快发展。

三、重视电器产品技术标准工作，认真执行部分产品的强制性认证，加快向国际标准转化

电器产品的标准化工作，在机械工业内是开展得比较好的，特别是汽轮机、低压电器、电气传动装置等技术标准，国际标准的转化率很高。但仍有大量工作要做，要加快技术标准的制定和转化，尤其是要加强中大容量变压器、中高压开关等输变电设备的标准化工作。

抓紧做好电器产品的强制性认证工作。按照国家质量监督检验检疫总局和国家认证认可监督管理委员会的规定，为了保护广大消费者人身健康和安全，保护动植物安全，保护环境，要对 19 大类、132 种产品实施强制性产品认证，其中电器产品有 6 类、52 种（低压电器 9 种、电路开关及保护或连接用电器装置 6 种、小功率电动机 1 种、电线电缆 5 种、电动工具 16 种、电焊机 15 种）。从 2003 年 8 月 1 日起、国内企业生产出厂或进口上述产品，必须具有经国家指定的认证机构检查合格后发给的证书，并贴有 3C 标志。据国家认证认可监督管理委员会 2003 年 7 月 18 日介绍，尚有一批企业未申请检查或未经检查合格。这些企业要尽快解决认证问题，否则，产品不能进入市场，将产生严重后果。

要加快将国内标准转化为国际标准，冲破国外对我出口产品的技术性贸易壁垒，使我国电器产品能顺利进入各贸易伙伴市场。

发电设备和输变电设备制造业“十一五”发展重点及 2020 年展望

中国电器工业协会

2003 年上半年 GDP 增长 8.2%，发电量增长 9.9%，原因是我国全社会用电量从 2000 年的 13 466 亿 kW·h 增加到 2001 年的 14 682 亿 kW·h，2002 年的 16 386 亿 kW·h，各年分别增长 10.9%、9.2%和 11.6%；2000 年装机容量 3.2 亿 kW，2001 年 3.38 亿 kW 和 2002 年 3.56 亿 kW，各年分别增长 6.8%、6.0%和 5.3%，装机容量增长速度明显低于用电量增长速度。当前我国电力供应总体上偏紧，电力消费仍继续保持高速增长。为缓解目前国家电力供应的紧张局面，“十五”电力计划必须调整，以适应当前经济发展和人民生活水平提高的需要。由此可见，为实现全面建设小康社会的宏伟目标，科学、合理地预测和规划我国未来 20 年的电力工业发展规模势在必行。

一、电力发展总量预测

改革开放 20 多年的发展历程证明，我国经济要持续、健康、快速地发展，电力工业必须超前发展。1978～2000 年，GDP 平均增长率达到 9.52%，电力年均增长 7.9%，电力弹性系数（发电量增长速度/GDP 增长速度）平均为 0.83。据此，2020 年我国发电量和装机容量预测见表 1。

表 1　2020 年我国发电量和装机容量预测

项目名称	2000 年	2010 年	2020 年	2001～2020 年
发电量（亿 kW·h）	13 685	26 300	42 500	
发电量增长率（%）		93	6.2	5.8

（续）

项目名称	2000 年	2010 年	2020 年	2001～2020 年
装机容量（MW）	319 32	590 00	960 00	
装机容量增长率（%）		6.5	4.6	5.7

各部门对电力发展总量预测虽有不同，但 2020 年总装机容量均在 9 亿 kW 以上，发电量在 40 000 亿 kW·h 以上，未来 20 年我国电力弹性系数大约保持在 0.81 左右。国际能源机构（IEA）对我国发电量和装机容量的预测见表 2。

表 2　国际能源机构（IEA）
对我国发电量和装机容量的预测

项目名称	2000 年	2010 年	2020 年	2030 年
GDP 增长（%）	100.0	174.5	276.6	406.4
GDP 年增长率（%）		5.7	5.2	4.8
发电量（亿 kW·h）	13 870	22 820	34 610	48 130
发电量增长率（%）		5.1	4.7	4.2
装机容量（万 kW）	31 900	51 700	78 700	10 870
装机容量增长率（%）		5.0	4.6	4.2
电力弹性系数为 0.88				

国际能源机构的预测数值偏低，原因是我国提出 2020 年实现小康社会的目标，而 IEA 预测我国在 2030 年才能达到。

二、发电用一次能源结构调整预测

我国在2020年以前仍以煤为主的能源结构不会有大的变化。但从煤的供应来看，将出现较大的缺口。2002年，煤消费量为13.1亿t，占世界消费量的1/4，占一次能源消费标准煤的66%，其中发电和供热消耗用煤7.2亿t，占总量的55%。2000年、2010年、2020年我国发电量构成见表3，装机容量构成见表4，按表3和表4发电量和装机容量构成测算，到2020年煤电比重从77.7%降低到66.7%，但目前产量与未来需求仍差7亿t，每年需新投产能力4 500～5 000万t。

表3 2000年、2010年、2020年我国发电量构成

项目名称	2000年	2010年	2020年
总发电量(亿kW·h)	13 685/100	26 300/100	42 500/100
水电占比(%)	17.8	17.5	18.8
煤电占比(%)	77.7	72.4	66.7
核电占比(%)	1.2	3.4	6.1
气电占比(%)	0.2	4.8	6.7
新能源占比(%)	0.1	0.4	0.7

表4 2000年、2010年、2020年我国装机容量构成

项目名称	2000年	2010年	2020年
装机容量(万kW)	31 932/100	59 000/100	96 000/100
水电占比(%)	24.8	25.8	27.1
煤电占比(%)	69.3	63.3	58.6
核电占比(%)	0.7	2.3	7.5
气电占比(%)	0.3	5.4	4.2
新能源占比(%)	0.1	0.7	0.1

注：水电装机中包括30 000MW抽水蓄能机组。

三、电力工业发展空间巨大

2000年，我国发电量、装机容量和GDP大体相当于美国1968年的水平，发电量14 360亿kW·h，装机容量31 018万kW，GDP8 637亿美元。2020年装机容量目标实现后，将超过美国2000年的水平。但由于我国人口多，按人均计算，仍仅达到世界平均水平，与发达国家的差距更大。为提高人民生活质量，实现全面建设小康社会的发展目标，我国未来在能源可供的限度内，仍需继续提高电力作为终端能源的比重。2020年我国人口按14.4亿计，每个家庭用电量仍仅为美国现在的1/4。2000年、2020年我国人均发电量、装机容量与1999年世界水平比较见表5。

四、发电设备行业发展战略

发电设备行业发展的重点领域是：水电、煤电、核电、气电、新能源(风电)。

发电设备行业发展的方针是：优先开发水电，优化发展煤电，积极发展核电，因地制宜发展天然气发电和新能源发电，提高能源利用效率，保护生态环境，实现可持续发展。

发电设备行业的发展策略是：①走拿来主义，高起点，跨越式发展之路。以市场换技术，消化吸收国外的先进技术，不断创新和发展，在较短时间内赶上国际先进水平。②走自主化发展之路。国家组织有关力量自行研发，掌握核心技术，造就一批拥有自主知识产权和自已品牌的产品，并具有组织大型成套装备工程能力的企业集团。③走低成本战略之路，以优异的性能价格比提高企业的竞争力。对于未来的重大工程项目，国内企业在依托工程完成后，必须以经济性、先进性、可靠性来参与新项目的投标，业主也必然会进行择优选购。当然，在努力提高本土企业制造的比率外，仍应充分利用全球资源作为补充。

表5 2000年、2020年我国人均发电量、装机容量与1999年世界水平比较

项目名称	中国		1999年世界平均水平	1999年发达国家平均水平
	2000年	2020年		
发电量(kW·h/人)	1 081	2 950	2 540	4 700～16 000
装机容量(kW/人)	0.2	0.7	0.6	1.3～1.6

五、发电设备行业的重大工程项目及关键技术

(1)水电领域。三峡工程左岸第一台机组已经投入运行。右岸机组4台国际招标，8台国内采购，这标志着大型混流水电机组将实现国产化目标，转轮模型的优化及制造关键技术已掌握。“十一五”的目标是大型抽水蓄能机组的国产化。国家发改委已决定将500m水头段的宝泉和惠州、217m水头段的白莲河3个项目打捆招标，引进技术使国内制造业取得设计和制造的资格。

(2)煤电领域。优化发展煤电，今后将以600MW机组为主力机组，鼓励建设超临界和超超临界机组，缺水地区建设空冷机组。2020年，新增煤电机组将以超临界、超超临界机组为主，发电煤耗低于300g/kW·h，这样，全国平均发电煤耗将降到330g/kW·h以下。国家发改委已经批准浙江玉环600MW机组为发展超超临界机组的依托工程。开发超临界和超超临界煤电机组同时要降低设备的制造成本，使得效率提高后节煤的效益高于设备成本增加的幅度。制约煤电发展的关键因素是污染物的排放问题，今后新建机组要建脱硫装置，老机组也要逐步增加脱硫装置。

(3)核电领域。我国早已确定采用压水堆，通过秦山二期及岭澳项目的合作生产，对主要部件已基本掌握了制造技术。现在主要问题是如何尽快实现自主化，建设一批百万千瓦级的压水堆核电站，降低建设费用，缩短建设周期，使上网电价能够与常规电价相竞争，改善沿海发达地区的环境。通过“九五”攻关，制造核电成套设备的工艺技术问题已解决。由于核电设备制造质保体系要求严格，并受核安全局的监督，对制造企业来说，关键是“管理”。今后核电站将采用“群堆”模式，大多建在沿海地区，作为电网未端支撑电源，与抽水蓄能电站配合运行，使核电机组提高负荷因子，如果年负荷达7 000h，核电的经济性将更好。

(4)气电领域。西气东输及LNG进口解决了燃机发电的气源，燃机捆绑招标引进了制造技术，但是天然气的价格却制约了气电的发展。到2020年，天然气发电占多大比重，各部门的预测差别较大，主要是对天然气开采量的预测不一，对天然气用于发电的数量预测不一，因此提出因地制

宜，适度发展的方针。目前引进的燃机技术只限于制造方面，为达到自主化的目标，必须在国家的资助下，建立燃机研发中心，集中力量掌握燃机的设计，并开发适合国内需要的系列产品。

这次引进燃机制造技术，其核心部分如高温部分仍掌握在外方控股的合资企业手中，期望供助航空工业的发展，共同攻克核心技术。我国的煤层天然气气储量丰富，随着开采集输工艺的成熟以及煤制气的推广，燃用煤气的燃机也会得到应用，特别是在多联产的能源系统性中得到应用。

(5)新能源领域，主要是风力发电。目前我国制造的风力发电机组最大容量为600kW，国外已达2 500kW，美国GE公司已研制出3 600kW的风力发电机。由于风力发电每千瓦投资达8 000元左右，而且1kW容量不能当1kW的电来用，发电成本高，因此风力发电发展很慢，“十五”原定的目标没有实现。发展风电必须在政策上大力支持，如规定必须采用可再生能源的比例，降低风电的税负，降低设备造价等。

六、电网建设及关键技术

我国煤炭资源集中分布在西北，水力资源集中分布在西南，而用电负荷中心在沿海，因此长距离输电的装备和技术，建设连接全国可靠的电网，必须尽快提上日程。

(1)今后20年，全国电网发展的目标是“西电东送、南北互供、全国联网”。西电东送3个通道建设：北通道主要包括①开发华北电网内部内蒙西部、山西煤电，分别建设相应的交流输电通道向京、津、冀、鲁送电；②开发陕北煤电，甘肃、青海、宁夏的水电、火电，建成2回交流500kV、1回直流向京、津、冀送电。2005年西电东送北通道送电规模约7 000MW，2010年18 000MW，2020年40 000MW。新疆电网将通过哈密煤电基地向甘肃河西走廊和青海送电，实现与西北主网的紧密联系。中通道主要是开发金沙江下游的向家坝、溪洛渡、白鹤滩、乌东德等大型水电站和四川雅砻江、大渡河上游的大型水电站，不断扩展相应的输电通道向华北、华中送电。此外，还有贵州三板溪水电以点对网方式送电华中电网。西电东送中通道送电规模在2005年达到700MW的基础上，2010年增加到21 800MW，2020年再增加到40 000～45 000MW。南通道主要是开发云南、贵州的水电和煤电，同步加强相应的输电通道，向广东、广西送电。西电东送南通道送电规模在2005年达到10 880MW，2010年增加到15 000MW，2020年再增加到20 000～25 000MW。全国西电东送送电规模在2005年约25 000MW，2010年增加到55 000MW，2020年再增加到1亿kW以上。

在南北互供、跨区电网互联方面，除在建的三广直流工程外，2015年前后随着三峡地下电站开发，建设向华北送电的直流输电工程，南北之间将形成以三峡为支撑的主干通道。此外，将加大山西阳城送电华东的力度并实现华北与华东联网，另外建设西北与川渝，川渝与南方电网之间的互联工程。

初步规划“十一五”期间，全国将新建330kV及以上交流线路3.6万km，变电容量1.8亿kV·A，平均每年新增7 000km、36 000MV·A。其中，建成750kV 1 700km、7 800MV·A；500kV、3.3万km、16亿MV·A；330kV、3 800km、14 000MV·A；并建成直流线路3～4回，输电线路总长2 600～3 800km，输电容量7 800～10 800MW。到2010年，330kV及以上交直流线路达到12万km，变电容量达到4.8亿kV·A。“十一五”期间330kV及以上输变电工程投资规模约1 600亿元左右，其中交流工程1 400亿元，直流工程200亿元。

(2)750kV交流输电技术。国家已决定，在西北300kV电网之上建设750kV电网，并将官亭—兰州东750kV输变电工程列为国家示范工程。工程建设内容包括157km的750kV线路和官亭、兰州东2座750kV变电所，容量分别为1 500MV·A。第一批国产化项目，变压器与电抗器已与保定、西安、衡阳的3个公司签订了合同。后续工程，如新疆哈密向甘南、青海的750kV输变电工程正在进行可行性研究。预计到2020年，初步形成覆盖兰州、白银、关中、银川、西宁负荷中心，并延伸到新疆哈密的西北750kV电网的主干网架，初步估算将建成750kV输电线路3 000～5 500km，变电容量20 000MV·A左右。

(3)直流输电工程。以三峡输变电工程、南方电网西电东送为契机，“十五”期间直流输电工程将达到6项，线路总长4 800km、输电容量12 360MW。“十一五”期间计划建设的直流输电工程有：三峡右岸至上海练塘直流工程；四川德阳—西北宝鸡直流工程；贵州兴仁—广东惠州直流工程；西北银南至华北天津东的直流输电工程。2011～2020年，初步规划建设的直流工程将有11个左右，输电容量将在37 000MW左右。总之，到2020年，我国直流输电工程将有22项，其总容量超过60 000MV·A。

大规模直流工程的建设，要求设备供应尽可能快地实现自主化和国产化，在已有几条直流引进技术、消化吸收基础上，逐步做到自主咨询研究、设计成套、制造供应、建设调试，并积极做好更高一级电压直流设备制造的前期工作。当前重点要搞好灵宝背靠背示范工程，并在三峡右岸直流工程的建设中，要努力做好以我为主，尽可能参与系统设计和设备成套设计，使国产化率达到70%以上。

(4)串联电容补偿等灵活交流输电技术(FACTS)。串补技术是一种提高输电通道能力的有效技术，可控串补可以抑制低频振荡、防止次同步谐振、控制线路潮流。近年来串补技术在我国500kV电网得到了较快的应用。目前在建的贵广交流，天广一、二回，天广三回线3项串补工程，其中我国第一套可控串补技术在南方电网的天广一、二回线路上即将投运。此外，还有二滩输出工程，万县—龙泉双回线，以及神木、托克托、伊敏电厂等外送上都拟安装串补装置。预计到2010年全国500kV电网将投产串补容量10 000～12 000MV。希望加快串补和可控串补设备的国产化进程，推动这项技术在我国的应用。

(5)大容量变压器。为适应大负荷中心，供电需要，节约变电所占地。我国目前主要在负荷密集的华东、南京电网已陆续采用1 000MV·A设备。初步统计，“十五”期间安排投产了25组1 000MV·A变压器。北京新增变电所也拟采用1 200～1 500MV·A变压器。西北电网随着负荷密度的增加,在西安部分330kV变电所也开始采用360MV·A变压器。

(6)紧凑型输电技术。紧凑型输电技术通过减少输电线相间距离和优化排列,达到减少线路电抗、增加容抗、提高线路自然功率,从而达到提高线路输电能力的目的。与常规线路相比,紧凑型线路采用六分裂布置,(6×240mm²),输电能力提高30%。紧凑型输电技术已经成熟,下一步将在西电东送长距离输电线路中进一步推广应用。

(7)其他电网新技术。大截面耐热导线的研制试验与应用;63kA开关设备的制造,紧凑型、智能化、数字化的简化GIS开关的研制;大容量(100MW左右)静止同步补偿器(STATCOM)的研究和设备制造;满足变电所设备数字化、网络化控制,免维护,在线诊断状态检修要求的设备;电网调度自动化及通信技术,电力市场计量、结算等市场支持技术。

电力是支撑国民经济建设与发展的最清洁的终端能源,是我国可持续发展的基础,也是提高人民生活质量的保证。电力工业发展促进发电设备与输变电设备制造业的发展,希望我国发电设备与输变电设备制造企业能够紧紧抓住电力工业快速发展的大好时机,以科技创新为动力,为我国电力工业提供安全可靠、性能稳定、技术含量高、价格合理的发电设备和输变电设备而努力。

我国输变电行业发展与对策

中国电器工业协会行业发展与咨询部

一、概述

(一)输变电装备与系统构成

众所周知,能源是国民经济发展、社会进步与人民生活水平提高所不可缺少的基本资源。电能是应用最为广泛、需求量最大、既可集中大量生产、又可经济方便快捷地远距离输送的重要能源。

现代电力系统是一个由电能生产、输送与分配、应用及控制四个子系统构成的相互关联、相互衔接、相互匹配与影响的大系统。其中电能的输送与分配即是本文详细论述的内容,它由各等级电压输电、变电与配电构成完整的电力网。

电网按输变电层次,可分为输电网和配电网。按运行电压的高低,输电又分为高压(60～220kV)、超高压(330～750kV)和特高压(750kV以上);配电又分为低压(380/220V)、中压(10～20 kV)和高压(35～110 kV)配电。电力系统的这种划分,不同的国家也不完全统一,没有严格的划分标准。

本文主要对电压110kV及以上的主要输变电设备进行分析研究。

输变电系统有交流输变电系统和直流输变电系统。

1. 交流输变电系统

交流输变电系统是目前世界各国广泛采用的输电网络。变电所(站)与输电线路是其基本组成单元。变电所(站)、输电线路使用的电器装备、导电体和绝缘器材就是交流输变电技术装备与系统构成的内容。

变电所(站)是联络不同电压等级电网的中间枢纽,起汇集电能、升压、降压和分配电力功能。为了使电能质量良好和安全运行,变电所要进行电压调整、电力潮流控制及运行线路和变电设备的保护、调度及监控等。变电所(站)的主要电器设备有主变压器、并联电抗器、高压断路器、隔离开关、电流互感器、电压互感器、消弧线圈、裸导体和电缆、高压电瓷、并联电容器、静止补偿器、串联补偿装置、避雷器、SF_6绝缘金属封闭式组合电器(GIS)、继电保护装置、载波设备等。

输变电线路作为电网输送电能的主干渠道,有时也是系统之间互送电力的联络渠道,电力系统只有通过输电线路的连接才构成输电网络。输电线路按其架设方式,可分为架空输电线路和电缆输电线路两大类。架空输电线路由导线、绝缘子、架空地线和接地装置以及金具、杆塔与基础等构成。电缆输电线路由高压电缆和电缆附件构成。

2. 直流输电系统

直流输电历经直流发电机、汞弧阀换流器和晶闸管换流器3个时期后,现已得到长足发展。20世纪70年代后大功率晶闸管研制成功,微电子和计算机技术的迅速发展从根本上改善了直流输电控制特性,提高了运行的可靠性,显示出了交流输电无法取代的优点,因而在世界上日益获得广泛应用。目前主要应用在以下3个方面:

(1)远距离直流输电。由于超高压线路直流损耗小,没有无功损耗。交流长距离输电的传输容量受到同步运行稳定性的限制,而直流不受此限制,输送容量可以很大,因此更为经济可靠。

(2)海底输电。用电缆从大陆向岛屿送电,如采用交流输电,其电容电流特别大,末端电压高到人们无法接受的程度,因此交流电缆送电受到电缆长度的制约,而直流输电无此问题。

(3)非同步联络站。可以联结频率和电压不同的两个交流网络,联络站有时称之为“背靠背”装置,既整流站和逆变站间没有线路。联络站平时可以传输调配两个网络之间的功率，任一个交流网络在短路故障情况下，由于联络站的隔离作用，不至于严重波及到另一网络，同时避免了大的短路电流值，减小了对开关开断能力的要求，所以直流输电技术在交流电力系统的联网及其分割功能上将充分发挥作用。

直流输电系统主要由整流站、直流线路和逆变站组成。

整流站和逆变站的主要电器设备有：交流断路器、无功功率补偿装置、交流滤波器、换流变压器、换流装置、直流开关、过电压吸收电容器、平波电抗器、避雷器、线路用保护装置、线路阻尼器等。直流线路可由架空线、地下电缆或海底电缆等多种方式组成，根据不同走线方式还需要相应配套器材如直流绝缘子、金具、塔架或电缆附件等器材。

（二）输变电系统与电网

电能的输送与分配是由电力系统承担和完成的。输变电装备是构成电力系统的物质基础、各种输变电装备在电力系统中各司其职缺一不可、装备的技术水平、质量、可靠性直接关系到电力系统的安全、平稳、高效、经济地运行。

电能的生产与消费是即时、随机、连续并遍布全国各地，电能（除蓄电池外）是不可储存的。为适应不同地区、不同类型用户的需要，电力系统必须以网络形式分布与延伸而形成电网。我国自 1981 年建成平（顶山）一武（汉）线 500kV 输变电线路至今，该高压等级线路总长已达 3.14 万 km，220kV 输变电线路总长已超过 14.39 万 km。目前我国除台湾、香港、澳门地区外，已形成华北、东北、华东、华中、西北、川渝和南方互联等七个跨省区电网，以及山东、福建、海南、新疆、西藏等 5 个独立电网。除西北电网主网架电压等级为 330kV 外，其他跨省电网和山东电网均已建成 500kV 主网架，其中华东电网装机容量已超过 5 000 万 kW。各大电网的计算机监控调度系统进入了实用化阶段，电网运行基本实现了自动化、现代化管理，电网运行的可靠性、稳定性和经济性均有显著提高。华东电网主网稳定性达到了三相故障不失稳、不损失负荷的水平，全国各主要电网频率合格率均达到 99.9%以上。

由此可见电力系统和电网在承担电能输送与分配过程中的重要作用。而电力系统的设计是否科学合理，选用的装备水平是否先进优良，设备间相互参数的协调配合是否相容匹配都会影响甚至危害电网安全、稳定、经济、可靠的运行。1997 年 7 月 29 日台湾省发生的大面积停电 22.35h 的事故，停电容量 16 700MW，殃及 846 万户，就说明了电网结构不合理，系统装备参数匹配不当给电网安全运行带来的危害和损失。

（三）在国民经济发展中的地位与作用

我国是一个能源消费大国，一次能源中煤矿产量的 80%，（2000 年为 5.5 亿 t 标煤）用于发电。而石油、天然气用于发电的比重也有上升趋势，1998 年已达到 600 万 kW 的装机容量。

2001 年全国发电装机容量已达 3.8 亿 kW。可见一次能源的消费大多是以电能的形式进行传输与分配，其应用范围涉及国民经济的各行各业和亿万家庭。电力工业作为国民经济和社会发展的基础产业和公用事业所占的重要地位是显而易见的。而输变电装备作为电力系统和电网安全运行的物质保证其重要性也是不容忽视的。在电力系统运行与电能分配的过程中，高性能、低损耗、安全、稳定、经济的运行相当程度上依赖于输变电装备的技术水平与可靠性。

二、输变电装备国内企业规模与生产能力

根据 2001 年全国机械工业统计资料分析，纳入国家统计局统计口径的电气机械及器材制造业（未包括：电瓷、电碳、锅炉、内燃机、汽轮机、水轮机、电动工具、焊条和电工专用设备 9 类产品——下同）共有 7 535 个企业，其中国有及国有控股企业 1 076 个，民营企业 4 974 个，三资企业 1 485 个；上述三类企业中，大型企业 425 个、中型企业 698 个，小型企业 6 412 个。2001 年电工行业工业总产值 5 657.48 亿元（不变价），425 个大型企业工业总产值为 2 791.7 亿元，仅占全部总产值的 49.3%，可见生产集中度不高。

在输配电及控制设备制造业中，纳入国家统计口径的企业 2 395 个，其中国有及国有控股企业 409 个，民营企业 1 529个、三资企业 457 个；2001 年工业总产值 993.25 亿元，而 409 个国有企业产值仅 211.27 亿元，占总产值的21.3%，而民营企业在这一领域的总产值 494.48 亿元，占49.8%的份额。一般来说，民营企业中的大型企业几乎没有，而国有及国有控股公司中大型企业也屈指可数，由此看来输配电行业的生产集中度也是很低的。从 2001 年国家统计年报中不难看出，输配电行业从总体上分析，企业的经营规模都不大，改革开放以来的 20 多年中，民营及三资企业的发展是相当迅速的，这两类企业共有 1 986 个，已占到企业总数的 83%，产值占到 71%以上。可见输配电行业生产集中度的提高还有一个相当缓慢的发展过程。

2001 年输变电行业共生产 7 500kV・A 以上大型电力变压器 97 687MV・A，库存 31 420MV・A；互感器 220kV 及以上 3 532 台，库存 1 154 台；110kV 11 825 台，库存 1 757台；电抗器 843 组、库存 127 组；SF_6 全封闭组合电器 500 个间隔，库存 45 个间隔，其中 220kV 及以上 71 个间隔，库存 9 个间隔；110kV 425 个间隔，库存 36 个间隔。SF_6 断路器 35kV 以上共生产 71 913 台，库存 2 994 台。其他诸如高压负荷开关、隔离开关、避雷器、熔断器、真空开关、高压开关柜（板）及继电保护屏等均有相当数量的库存。这完全可以说明输变电行业的生产能力是充裕的，除满足国内市场需要外，还有一定数量的产品或成套装置出口。据 2001 年全国统计年报公布的数据，输配电及控制设备行业年出口额 128.55 亿元。其中国有及国有控制企业 8.61 亿元占 6.7%；民营企业出口 21.71 亿元，占 16.89%；三资企业出口 98.23 亿元，占 76.4%。民营和三资企业已成为出口创汇的绝对主力。国有企业近几年的表现令人担忧。虽然国家对国有企业连续多年的大力支持和投入，但仍然给人一种江河日下的感觉与冲击。

三、国外现状与发展趋势

目前世界电力总装机容量已超过 30 亿 kW，大部分集中在欧美及日本等工业发达国家，目前世界年新增装机容量仍在 7 000～7 500 万 kW 左右。20 世纪 50 年代以后世界电力工业的发展十分迅速，新技术、新工艺、新装备的创新与应用相当迅速。随着世界经济的全球化和产业结构的调整与重组，美国已逐步放弃某些输变电设备的制造，技术已转移到其他国家。西欧与日本的输变电设备制造业发展很快，实力强大。原苏联解体后，俄罗斯的电力设备制造业虽有明显削弱，但在某些产品的制造水平和生产能力上仍具有较强优势（如大发电机、变压器和某些开关电器），特别是在特高压的研究与应用方面仍处于先进水平。

（一）企业规模与生产能力

输变电装备制造业自 20 世纪初逐步成型，经过近 100 年的发展，除在产品技术与工艺方面取得了长足进展外，在企业规模与生产能力方面也向集团化、规模化和国际化方向快速发展，如电力变压器行业已在世界上形成了几大集团，原苏联建有世界上最大的变压器公司——乌克兰扎布罗斯变压器厂，年生产能力已达 10MV·A，该公司建有 50 个各类产品生产车间，分别制造电力和配电变压器、电抗器、电压电流互感器、直流（DC）换流变压器，单相或三相封闭母线等多种产品，公司职工 5 000 余人。俄罗斯陶里亚第变压器厂，年生产能力为 40 000MV·A，上述二个企业规模分列全球一、二位。除此之外，ABB 公司下属 29 个变压器厂总生产能力为 80 000～100 000MV·A，英法 GEC－Alshtom 公司生产能力 40 000MV·A，日本四厂（三菱、东芝、日立、富士）总能力为 65 000MV·A，德国 TU 集团生产能力为 40 000MV·A。我国沈阳变压器厂生产能力约为 30 000～35 000MV·A，但因体制与管理，创新与竞争力等多方面因素的影响，其市场占有份额仍难与上述变压器生产大集团相抗衡。

高压开关行业、国外大集团主要有 ABB 公司、西门子公司（Siemens）日本三菱、东芝和日立公司等。由此可见，输变电装备中的主要产品在世界知名公司中已成为相互配套，可系统集成门类齐全主要产品，这有助于他们承接任何规模的输变电工程，竞争优势也十分明显，其产品规格与生产能力也十分可观，如 72.5～800kV GIS，自 1968 年问世以来，西门子公司已累计提供了 6 000 多间隔，Alshtom 公司销售了 8 000 多间隔，ABB 公司生产了 7 500 多间隔，日本三菱公司生产了 72.5～1 000kV GIS 7 000 多间隔，东芝和日立均为 4 500 多间隔。我国虽有 9 家企业通过技术引进与合作制造有能力生产 GIS 产品，但规模和产量都有不小差距，特别是 500kV GIS 产品国内市场占有率仍然较低。

再如电线电缆行业，日本虽有 400 多个电线电缆制造商，其中属于“日本电线电缆制造商协会”的 151 个企业电线电缆产量已占日本总产量的 90% 以上。而职工人数在 300 人以上的企业只有 30 个。其中住友电工、古河电工、日立电线、藤仓电线、三菱电线和昭河电线号称日本线缆行业“六大公司”，其线缆（含光纤、光缆）的产量占日本市场的份额高达 60%～70%。由此可见日本线缆行业生产集中度之高。按销售总额计算，住友电工和古河电工是世界电线电缆业的五强，其他三强为意大利比瑞利公司，法国内克森公司（前身为阿尔卡特公司）及美国通用电缆公司。日本线缆制造业在发展高技术、高附加值产品如光纤、光缆的同时，将通用线缆产品转移国外制造，截止到 2001 年 8 月的统计数字显示，日本六大线缆制造商，已在我国建立了 31 个全资或部分控股的企业，产品从电力电缆、电子线、汽车线束、光纤光缆、特种通信电缆及 OPGW 等多种产品。

绝缘子与避雷器是输变电设备中的重要组成部分。电瓷类产品作为传统产业，技术相对比较成熟，因而与其他新兴工业相比，技术发展比较缓慢，工厂格局、产品升级换代及设备更新没有实质性改变，发展重点依然放在提高电瓷材料强度利用率，产品向高电压、高强度等级方向发展。日本 NGK 公司、法国 SEDIVER 公司、意大利迪艾夫公司仍在瓷绝缘子和玻璃绝缘子产品领域占据优势地位，这两家企业已在我国建立了合资装配厂。而复合绝缘子则以美国可靠公司、德国 HONSTOR 公司和瑞典 CELLPACK 公司为主要制造商。这些企业不仅产量大，而且高压电瓷产品开发、应用速度快。如 1 200kV 特高压瓷绝缘子和 840kN 瓷悬式绝缘子都已进入工业实用阶段，国外整体单节瓷套高度已达 2.6m（国内为 2.2～2.3m）。

我国电瓷、避雷器行业虽然面对世界强手的激烈竞争，但通过合资、合作和引进技术与装备，深化体制改革和结构调整，市场竞争力与自主开发能力有了明显提高。目前 500kV 及以下避雷器市场占有率不断提升，且有部分产品出口。其他类电瓷及绝缘子产品的市场占有率已相对较高，产品也有不同数量的出口。

（二）发展趋势

输变电系统的发展趋势向超高压（330～750kV）和特高压（750kV 以上）方向发展，远距离和过海输电以及电网之间的联网则采用直流输电方式，这种发展趋势对输变电装备制造业提出了越来越高的要求，产品性能、技术工艺、自动化、智能化及可靠性水平也得迅速发展。

1. 变压器

国内外变压器产品总的发展方向是：大容量、高电压、组合化、无油化、智能化、抗短路、高可靠性、免维护。具有体积小、重量轻、低损耗、低温升、免维护、寿命长、低噪声、振动小、防爆、不燃以及智能化、故障报警显示等特点。

就产品而言，超高压大型变压器向大容量（超过 1 000 MV·A）、轻结构、三相式和组合式方向发展；城网用变压器向高阻抗方向发展；配电变压器向小型化、卷铁心、非晶合金、常温超导方向发展；SF_6 气体绝缘变压器已在 110kV 级产品中应用。

2. 高压开关

（1）72.5～800kV SF_6 气体绝缘金属封闭开关设备（GIS）。从 1965 年世界上第一台 SF_6 气体绝缘金属封闭开关设备（GIS）投运以来，GIS 产品技术得到很大发展，开断容量增大，技术参数水平不断提高。近年来，热膨胀式 SF_6 断路器的发展和弹簧操纵机构的应用，使 GIS 尺寸缩小和可靠性提高，同时，智能化技术大量应用于 GIS，可以说，GIS

发展已进入了一个新时代。国外部分公司的GIS主要技术参数见表1。

随着GIS研究的不断深入和电力系统发展需要，GIS的发展趋势：①小型化。通过采用小型化元件，提高单断口电压，元件功能复合化，三箱共筒，光电元件的使用和新型氧化锌避雷器的开发应用实现GIS的小型化。②提高对环境的适应性，减少对环境的污染。③深入开展对智能化的技术研究与应用。④整体变电站。通过GIS与变压器结合在一起，成为真正意义上的整体变电站。

(2)72.5～800kV高压SF_6断路器(简称GCB)。国外20世纪50年代开始研制GCB产品，经历了双压式——单压式——自能吹弧式3个阶段，国外罐式、瓷柱式SF_6断路器主要技术参数见表2、表3。

表1 国外部分公司的GIS主要技术参数

产品型号	EXK－01 Smart	ELK－0	EXK－1～EXK－3	EXK－4	8DN8	8DN9	8DP3	8DQ1	8DR1
额定电压(kV)	123(126)	72.5～170	252～525	800	～145	～245	～300	～550	～800
额定电流(A)	800～2 500	1 250～3 150	4 000	5 000	～3 150	～3 150	～5 000	～6 300	～8 000
额定短路开断电流(kA)	40	31.5～40	40～60	50～63	～40	～50	～50	～80	～63
额定雷电冲击耐受电压(峰值)(kV)	550(630)	385～860		2 100	～650	～1 050	～1 050	～1 800	～2 100
额定工频耐受电压(1min)(kV)	230(265)	195～376		960	～275	～460	～460	～740	～950
额定开断时间(周波)		2.5	2.5	2.5					
每极断口数(个)	1	1	1或2	2或4	1	1	1	1或2	2或4
配用机构	弹簧	液压	液压	液压	弹簧	弹簧	液压	液压	液压
断路器中额定SF_6气体压力(20℃)(MPa)	0.6	0.6			0.65	0.6	0.6	0.6	0.65
生产厂家	ABB	ABB	ABB	ABB	西门子	西门子	西门子	西门子	西门子
备注	智能化 小型化				小型化、二次控制 智能化	小型化、二次控制 智能化			

表2 国外罐式SF_6断路器主要技术参数

产品型号		GSR—550	OFPT(B)—550	SFMT—550	550PM	FX320
额定电压(kV)		550	550	550	550	550
额定电流(A)		4 000	4 000	4 000	4 000	3 150
额定短路开断电流(kA)		63	63	63	63	50
额定峰值耐受电流(kA)		160	160	160	170	125
额定短路持续时间(S)		3	3	3	3	3
额定雷电冲击耐受电压(峰值)(kV)	对地	1 675	1 550	1 675	1 800	1 550
	断口	1 675＋450		1 675＋450		
额定操作冲击耐受电压(峰值)(kV)	对地	1 175	1 175	1 175		
	断口		1 175＋450	1 175＋450		
额定工频耐受电压1min(有效值)(kV)	对地	680	680	760	860	680
	断口	800				
额定SF_6气体压力(20℃)(MPa)		0.6	0.5	0.5		0.5
每极断口数		1	1	2	2	4
合闸时间(ms)			120	100		100
分闸时间(ms)		16	16	20		20
操动机构型式		液压	液压	气动	液压 弹簧	液压
机械寿命(次)				10 000		
产品外形尺寸(三极)(长×宽×深)(mm×mm×mm)			7 971×7 605×1 870	7 400×6 100×17 120	7 137×6 490×17 000	
产品重量(三极 自重/气重)(kg)			45 000	24 000		
生产厂		东芝	日立	三菱	ABB	Alstom

（续）

产品型号		SFMT—420	GSR—363	OFPT—245	SFMT—245	242PA
额定电压(kV)		420	363	245	245	242
额定电流(A)		4 000	4 000	4 000	4 000	3 150
额定短路开断电流(kA)		50/63	50/63	50/63	50/63	50/63
额定峰值耐受电流(kA)		125/160	125/160	160	160	
额定短路持续时间(S)		3	3	3	3	3
额定雷电冲击耐受电压(峰值)(kV)	对地	1 425	1 425	900	1 050	900
	断口		1 425+246			
额定操作冲击耐受电压(峰值)(kV)	对地		1 050			
	断口					
额定工频耐受电压 1min(有效值)(kV)	对地	610	520	395	460	425
	断口		610			
额定 SF_6 气体压力(20℃)(MPa)		0.5	0.6	0.5	0.5	
每极断口数(个)		1	1	1	1	1
合闸时间(ms)				120	100	80
分闸时间(ms)			18	30	28	
操动机构型式		气动	液压	气动/液压	气动	
机械寿命(次)		10 000		10 000	10 000	
产品外形尺寸(三极)(长×宽×深)(mm×mm×mm)		6 200×4 500×12 000	5 040×4 150×1 020		5 200×2 800×5 800	4 876×3 632×5 334
产品重量(三极 自重/气重)(kg)		13 500			5 500	6 682
生产厂		三菱	东芝	日立	三菱	ABB

表 3 国外瓷柱式 SF_6 断路器主要技术参数

产品型号		SFM—550	OFPI—550—50	ELFSP7—2	3AT2	FXT16
额定电压(kV)		550	550	550	550	420
额定电流(A)		4 000	4 000	4 000	4 000	3 150
额定短路开断电流(kA)		50/63	50	50/63	50/63	50
额定峰值耐受电流(kA)		125/160	125	135	125/160	
额定短路持续时间(S)		3	3	3	3	3
额定雷电冲击耐受电压(峰值)(kV)	对地	1 550/1 800	1 550/1 800	1 800	1 550	1 425
	断口		1 550+317	1 550+300		1 425+240
额定操作冲击耐受电压(峰值)(kV)	对地	1 175	1 175	1 175	1 175	1 175
	断口		1 175+450	900+430		900+345
额定工频耐受电压 1min(有效值)(kV)	对地	760/860	760/860	860	860	520
	断口		860	860		610
额定 SF_6 气体压力(20℃)(MPa)		0.6	0.6	0.62		
每极断口数(个)		2	2	2	2	2
合闸时间 (ms)		100	120	55	80	
分闸时间 (ms)		20	20	18		
操动机构型式		气动	气动	液压弹簧	液压	弹簧
机械寿命(次)		10 000	10 000	10 000		
产品外形尺寸(三极)(长×宽×深)(mm×mm×mm)		8 300×6 400×1 600	8 400×4 800×16 600	7 137×5 462	6 720×5 140	6 720×4 800
产品重量(三极 自重/气重)(kg)		11 000	13 000		10 000	5 200
生产厂		三菱	日立	ABB	西门子	Alstom

产品型号		3AQI	SI245	3API—FG	SI—145	LTB—DI
额定电压(kV)		252	245	145	145	123
额定电流(A)		3 150/4 000	3 150	3 3/8	3 150	3 150
额定短路开断电流(kA)		40/50	40	40	31.5/40	40
额定峰值耐受电流(kA)		100/125	100	100	80/100	100
额定短路持续时间(S)		3	3	3	3	3
额定雷电冲击耐受电压(峰值)(kV)	对地	1 050	1 050	650	650	550
	断口	950+206		650		
额定工作耐受电压 1min(有效值)(kV)	对地	460	460	275	295	230
	断口	395+145		275		

(续)

产 品 型 号	3AQI	SI245	3API—FG	SI—145	LTB—DI
额定 SF_6 气体压力(20℃)(MPa)					0.5
每极断口数	1	1	1	1	1
合闸时间(ms)	100	100	55	90	65
分闸时间(ms)		30		40	30
操动机构型式	液压	弹簧	弹簧	弹簧	弹簧
机械寿命(次)	10 000		10 000	10 000	10 000
额定短路电流累计开断次数(次)	50				25
产品外形尺寸(三极)(宽×高×长)(mm×mm×mm)	5 735×1 410×7 510		3 290×520×3 880	5 245×4 140	5 405×3 900
产品重量(三极 自重/气重)(kg)	3 160	3 475	1 500	1 320	
生产厂	西门子	AEG	西门子	AEG	ABB

3.电力电缆及架空线

工业发达国家对电力电缆及架空线这类量大利薄的产品以合资、合作、技术转移等多种方式,将生产基地转移到发展中国家,承接输电工程后再采购的模式,以便腾出资金和人力开发高技术和特种需求产品,如大跨越导线、倍容量导线和 OPGW 等。这些公司另一种发展模式是以公司信誉实力承接输变电工程,将线路设计、产品制造供应和架设施工等整套工程内容以国际采购或分包方式组织实施以便取得更大的效益。

产品发展主要特点如下:

高压交联聚乙烯电缆和高压充油电缆是电力电缆中具有代表性的高技术产品,国外已生产到 500kV 级,电缆导体截面可做到 $50mm^2$。

铝合金在高强度铝合金绞线,铝合金芯绞线上得到广泛采用,特别中强度非热处理铝合金导线,由于工艺装备与普通铝导线相近,价格适中更受欢迎。此外各种耐热铝合金、高强度耐热铝合金、耐蚀耐热铝合金也得到广泛应用。

钢芯铝导线,大都采用中强度钢丝外覆铝锌合金层以提高抗腐蚀能力。

采用铝包钢线作加强芯,代替普通钢线,在海洋性气候和温热带国家应用极为普遍,可大大延长架空线的使用寿命。

产品规格种类繁多,以适应不同应用场合。如大跨越导线、自阻尼导线、倍容量导线、低弧垂导线、扩径导线和防冰雪导线等。光纤复合架空地线在欧美及日本等发达国家已得到广泛使用,品种有铝管式和不锈钢管式。

在工艺装备方面未见革命性变化,主要向大容量发展。如:10t 以上熔化和保温炉,高速拉线机及连铸连轧,炉前快速检测装置的配置,主要目标是提高生产效率和确保产品质量。

4. 绝缘子、避雷器

(1)瓷绝缘子。仍需进一步完善制造工艺和相关装备,对于强度要求高的大型产品采用了等静压成形技术。

(2)玻璃绝缘子。进一步完善工艺、降低自爆率,从单一盘式绝缘子向多种产品形状扩展,开展工艺装备的创新与发展,提高生产过程自动化水平。

(3)复合绝缘子。尚处于持续积累运行经验,考核长期运行性能阶段。与此同时继续开展工艺配方研究以提高产品可靠性、开发产品适应多样化的用户需求并发展大型产品,加强产品试验及可靠性判定方法的研究。

(4)避雷器。加快直流输变电系统产品的开发,继续开发高电位梯度氧化锌(ZnO)电阻片,以降低避雷器生产成本和减小体积,满足 GIS 的要求。开发组合电器用罐式避雷器产品。

5.直流换流技术

随着直流输变电技术与应用的发展,采用直流远距离输电和实现跨区电网互联的线路也日益增多,其中新一代直流输电技术已日臻成熟。采用新型电力电子器件大功率、大尺寸晶闸管、IGBT、IGCT 组件构成的变流与逆变装置将得以开发应用,与之配套的户外换流阀、连续调节交流滤波器、有源滤波器、深层接地极等技术也相继完善并获得应用,这可以进一步改善系统性能、大幅度简化设备、减少换流站占地面积和降低工程造价。但在高电压、大容量应用领域中,IGBT、IGCT 和 MCT 等新型电力半导体器件还有一个发展和突破的过程。在西电东送三条通道的建设中,将建设多条±500kV 直流输变电线路,势必会大大促进我国直流输变电设备制造水平的提高。

6.继电保护

继电保护与自动化装置的发展趋势是在硬件方面使保护用芯片向高集成度、快速、大容量方向发展,以功能强大的标准硬件平台以及相应支持的软件系统平台构成模块化设计,采用自适应原理辅之人工网络系统进一步提高保护功能。自动化、智能化、现场总线技术的应用及高可靠性都将得到应用与发展。

7.超高压输变电装备

对超高压输变电装备而言,国内产品在市场的竞争力处于攀升阶段,其中 220kV 和 330kV 超高压断路器国内企业产品占电力系统在线设备的 82.5%和 66.4%。而 550kV 超高压断路器国外产品所占比例仍高达 84.4%。全国 330kV 断路器在线产品总计 361 台。西安、平顶山两大开关厂共计提供 244 台;500kV 断路器在线产品总计 909 台,国内生产 241 台,进口 668 台。2000 年电力系统不同类型企业断路器在线设备所占比例见表 4。

超高压变压器市场占有率的趋势也是如此,其中 330kV 变压器全国共有 104 台,其中沈变 17 台,保变 10 台,西变 69 台 3 个企业共 96 台,已占到在线设备量的 92%;

550kV 变压器全国共556台，其中沈变95台，保变77台，西变23台，常(州)变19台，重(庆)变3台总计217台，只占在线设备量的39%。虽然550kV断路器和变压器国内市场占有率还有待提高，但这两类产品已有少量出口，如550kV变压器仅沈变和保变就有18台产品出口到伊朗和前南斯拉夫等国，550kV SF_6 断路器、隔离开关、棒型支柱绝缘子和避雷器均有不同数量的出口。

表4　2000年电力系统不同类型企业断路器在线设备所占比例

电压级数(kV)	统计台数(台)	产品所属企业数(个)	国内企业		合资企业		国外企业	
			企业数(个)	产品比例(%)	企业数(个)	产品比例(%)	企业数(个)	产品比例(%)
220	11 051	22	7	82.5	2	3.4	13	14.1
330	348	6	2	66.4			4	33.6
550	703	12	3	14.8	1	0.9	8	84.4

注：进入统计的企业其产品数量不少于：220kV　10台，330kV　10台，550kV　6台。

四、电力工业的发展与市场预测

(一)发展背景与面临的形势

经过"六五"到"九五"的四个五年计划，我国电力工业已有相当大的发展，发电设备总装机容量由1979年的63 020 MW提高到2001年的3.38亿kW，发电量由1979的2 820亿kW·h增加到2001年的1.478万亿kW·h，发电装机容量和发电量均居世界第2位。

2000年底，我国已建成35kV及以上输电线路75万多km，其中500kV线路2.74万km，330kV线路8 000多km，220kV线路14万多km，220kV及以上变电容量410 000 MV·A，其中500kV变电容量94 000MV·A；500kV直流线路1 045km，额定换流容量为1 200MW。就线路总长而言，居美国、俄罗斯之后，为世界第3位。

2005年，全国220kV及以上交直流输电线路将达到23万km，变电容量达到6.7亿kV·A。

按照发达国家的经验，人均收入5 000～6 000美元，人均发电设备装机容量超过1kW，电力供需才达到高档次的平衡。而我国1999年底，人均装机容量仅有0.22kW，与发达国家相差仍然较大。因此今后一段时间电力装备仍然有相当稳定的需求，预期我国电力发展至少要达到美国的水平，即总装机达到8亿kW。预计2005年装机容量将超过3.5亿kW，全国年发电量将超过17 500亿kW·h，2010年装机总容量达4.3亿kW，2020年达到6亿kW。可见电力建设将在今后相当长的一段时期内有稳定的发展。

在电力工业稳定发展的形势下，国民经济和社会发展对电力工业及电力装备制造业也提出了更高的要求，其主要特点如下：

(1)电力工业在保持适当增长率的同时，必须切实转变电力增长方式，实现从重视增加数量和规模到重视提高质量和效率的转变。

(2)随着经济全球化趋势的加快，外商在我国电力领域的投资将会进一步扩大，有外商投资合资经营的发电企业的数量会不断增加，从而加快电力领域市场化改革进程、提高电力工业整体运营及管理水平。

(3)科学技术日新月异，知识经济初见端倪，以互联网为基础的网络经济作用越来越大，国民经济信息化将促进电力工业的信息化进程。电力工业必须加快两个根本性转变，加快技术创新及其在结构调整中的贡献率，建立、发展电力工业的信息网络和体系。

(4)电力工业也是资源消耗大户，提高电力的生产和使用效率、降低消耗，特别是节约和降低水资源、石油资源的消耗，对我国重要战略资源的节约和优化配置具有重大意义。因此，电力工业在努力扩大市场有效需求、提高电气化程度的同时，要加大对水电等清洁能源的开发利用，加大环境保护力度，按照国家环保法规和标准，积极采用环保新技术，特别是煤炭的洁净燃烧技术，加快环保达标治理的步伐。

(5)电力工业的发展，离不开国内其他行业的支持，同时也带动国内机械制造等相关产业的发展。我国已具备60万kW等级及以下发电设备制造能力，其中30万千瓦级机组的产量已能够满足电力发展的需求，但火电机组的设备质量和调峰技术指标有待提高。超临界机组、洁净煤发电机组、大型联合循环机组以及大型抽水蓄能机组、大型灯泡式水电机组、高于75万kV·A的大容量变压器和超高电压等级及直流输电设备等国内尚不能完全自主制造，需要通过技贸结合方式，引进技术，逐步消化吸收，同时要努力增强自主开发能力，加快国产化的步伐。

(6)我国能源资源主要集中在西部地区。煤炭资源的60%集中在山西、陕西和内蒙古，其余也主要分布在河南、贵州等中西部地区；尚未开发的水电资源绝大部分集中在西南和黄河中上游地区。但是，我国的经济、人口和用电负荷主要集中在东部沿海地区。开发西部电力资源，尤其是开发西部水能资源，实施西电东送，不仅可以促进西部经济的发展，而且可以缓解东部地区的能源短缺问题和"两控区"范围内的环保压力。

(二)发展预测及对输变电系统的需求

根据我国"十五"能源发展规划内容分析，电力工业发展的指导思想是：

电力工业：加快体制改革，重点加强电网建设，积极发展水电，优化火电结构，适当发展核电，因地制宜发展新能源发电。

加快体制改革：从中国国情出发，借鉴国外成功经验，引入竞争机制，由市场配制资源，由供需决定价格。进一步加快体制创新步伐，为电力工业乃至整个国民经济的发展注入新的活力。目前国家电力公司已重新改组为5个独立的发电公司(中国电力投资集团公司、中国国电集团公司、中国华能集团公司、中国大唐集团公司、中国华电集团公司)、2个电网公司(国家电网公司、中国南方电网有限责任公司)和4个辅业公司(中国水电工程顾问集团公司、中国水利水电建设集团公司、中国电力工程顾问集团公司、中国葛洲坝集团公司)。

重点加强电网建设:"十五"期间,在继续安排好农网城网建设的同时,集中力量做好以下工作:一是抓紧建设北、中、南三个输电通道,形成"西电东送"的基本格局;二是重点发展跨省、跨地区输电线路,积极推进区域电网互联和全国联网进程,初步完成不同来水特点流域电网之间、不同峰谷时段电网之间的联系,实现电量补偿调度,装机互为备用,提高供电质量,优化电力资源配置;三是加强区域内主干电网建设;四是同步建设电网二次系统。

积极发展水电:水电是清洁的可再生能源,在水能资源丰富的中西部地区,根据西部大开发和电源结构调整的需要,优先安排调节性能好、水能指标优越的大中型水电站和流域综合开发项目的建设;在电网供电能力不足的地区,因地制宜开发小型水电站;在水能资源缺乏、电网调峰困难的地区安排一些抽水蓄能电站的建设。

优化火电结构:根据我国以煤为主的电力结构特点,"十五"期间要高度重视火电结构调整工作。首先有计划按步骤地关停超过经济寿命的小火电,提高大机组的比重。第二,推进超临界国产化、洁净煤发电示范工程建设,以促进电力产业技术升级;第三,对已运行的燃煤机组逐步安装环保设施,减少对大气的污染;第四,在有条件的地区,根据天然气资源的开发进展,适当建设天然气发电项目;第五,在缺水地区,研究启动大型空冷机组试点工程。

适当发展核电、加快核电国产化:充分利用我国已经形成的核电设计、制造、建设和运营能力,以我为主、中外合作,以有竞争力的电价为目标,实现核电国产化。同时,积极支持我国自行开发新一代核电站工作,为"十一五"及以后核电的发展奠定基础。

新能源和可再生能源:把新能源开发当作实施能源工业可持续发展的长远战略,在资源条件好、具备并网条件的地区,发展大型并网风力发电、太阳能热利用、太阳能光伏发电等。同时,以"乘风计划"为龙头,通过多种方式引进国外先进技术,努力实现风电设备国产化并形成产业。

继续加快农村能源商品化进程,在资源条件具备的地区,特别是偏远地区,大力推广太阳能光伏发电、风柴蓄独立供电系统和生物质能转化、地热、小水电、薪炭林等。

能效:"十五"期间,要在继续坚持合理使用资源的同时,把工作重点放到提高能源生产和消费效率,从而促进经济增长和提高人民生活水平上来。要不断完善节能提效法规体系建设,加强执法监督;制定能效标准和规范,强制淘汰高耗低效产品,大力推广高效节能产品;重点抓好高耗能产业和产品的节能工作,系统更新落后的高耗能装备。特别需要强调的是,要把节约石油作为一项战略任务抓紧抓好,采取各种措施,抑制不合理的石油消费。

1."十五"电力工业发展目标及2010年远景预测

(1)城乡电网建设与改造。"十五"期间要继续按照国家批准的规划方案,完成全国2 400个县、1 900亿元的农村电网建设与改造工程。理顺农电管理体制,降低损耗,提高供电能力与质量,实现城乡用电同价,在此基础上,"十五"期间还要根据小城镇建设的需要,进一步作好县城和乡镇电网的规划与建设。

城网建设与改造工作要在作好规划的基础上,完成全国270个地级以上城市、1 280亿元的城网改造工程,逐步在重要城市实现电网的双环网结构,不断提高城市中心区电缆化比例,同时,要加强中低压配电网络的改造,基本实现一户一表。

(2)输电网建设与改造。根据逐步形成北、中、南三个跨区互联电网的总体设想,结合近期"西电东送"的需要,"十五"期间,跨区送电和联网工程建设计划新增500kV交流线路2 500km、直流线路4 345km。

(3)水电建设。根据西部大开发的需要,在确保不恶化生态环境和电力市场落实的前提下,优先发展西部地区调节性能好、水能指标优越的大中型水电站和流域综合开发项目,如南部通道的澜沧江小湾水电站、红水河龙滩水电站,中部通道的长江三峡水电站,北部通道的黄河上游公伯峡水电站等。在水能资源贫乏、系统峰谷差大和电网调峰能力弱的华东及华北等地区,选择经济技术条件好的站址适当建设抽水蓄能电站。安排好水能资源的普查和河流资源规划等前期工作,为水电资源的进一步开发创造条件。"十五"期间,水电新开工规模约为27 300MW,其中抽水蓄能电站7 400MW;共计投产12 740MW,其中抽水蓄能电站1 100MW。

(4)火电建设。根据电力平衡测算,尽管个别地区到"十五"末期电力仍会相对富裕,但从全国来看,在消化了在建项目投产能力和关停14 200MW小火电的前提下,仍需开工并投产火电约25 700MW。优先建设大型超临界机组国产化和洁净煤发电依托项目,"西气东输"燃气电站及"西电东送"坑口电站项目等。为"十一五"及以后电力增长需要,必须做好前期工作并适时在"十五"后期开工的项目主要有山西、内蒙和贵州等地的"西电东送"项目,天然气开发配套燃气电站项目,以及必要的水火调剂和调峰项目等,这些项目将根据未来电力市场变化情况,在"十五"执行过程中适时进行调整。

(5)核电建设。在抓好在建核电项目的基础上,"十五"期间,择机开工建设核电国产化依托项目。

2.对输变电系统的需求

(1)变压器。西部大开发、西电东送及三峡工程建设对输变电设备的需求将呈现高峰局面,其中HVDC(高压直流)输电工程增多,750kV输变电网络工程将批准建设,配套的500kV及220kV多条输电网络相继开工,对500kV及以下电压等级变压器产品种类和质量需求均有大幅度增加,其中:①500kV以上等级的变压器产品主要配套

600MW 以上的大型发电机组，720MV·A 及以上大容量变压器将增多。②500kV 以上电压等级枢纽站，1 000MV·A 以上容量的联络变压器增多，且心式、壳式、组合式变压器都有需求。③500kV 级以下电压等级的并联电抗器需求量增多，且要求发展可控和抽能电抗器。④±500kV 直流输电工程用换流变压器和平波电抗器需求量增多。⑤220kV 直降式、大容量整流变压器需求量增多。⑥220kV、110kV 高阻抗、抗短路、低损耗、低噪声、无局放免维护、高可靠性变压器需求增多，并且产品种类多样化。⑦220kV 组合式变压器需求增多。⑧750kV 变压器和并联电抗器有了市场需求。

需求量及产品结构：变压器需求总量按照前几个五年计划的统计资料，变压器与新增装机量配比按 11∶1 测算，各电压等级变压器所占比例为 500kV、330kV 为 10%，220kV 为 20%，110kV 为 25%，其余为 110kV 及以下电压等级，则变压器年均需求总量约为：16 500～176 000MV·A。其中 500kV、330kV，变压器 16 500～17 600 MV·A，220kV，33 000～35 200MV·A，110kV，变压器 41 250～44 000MV·A。

“十五”前三年，城乡两网建设与改造工程年均需新增 34 000MV·A。

所以，“十五”前三年变压器年均需求总量为 200 000～210 000MV·A。

需求结构分析：①500kV 超高压、大容量变压器主要满足大型发电站及变电站的升压变压器、降压变压器、联络变压器的需要。容量一般在 250MV·A 以上单相自藕有载式或无载调压变压器，大力发展配 600MW 以上发电机组的大容量 720MV·A 及以上容量的变压器。当前三峡水电站采用的 500kV 三相容量 840MV·A 变压器是目前最高电压等级，最大容量的三相变压器。② 330kV 大容量变压器。西北电网需要的 330kV 变压器以 240MV·A 为主要生产对象，大力发展 360MV·A 以上的大容量变压器和组合式变压器。③220kV 大型电力变压器。主要满足 220kV 级大型变电站及发电厂升压变压器的需要，三相容量一般在 120～240MV·A。为适应偏远山区的运输条件，应发展三相组合式变压器。对城网用的 63～120MV·A 型电力变压器应发展高可靠性、低损耗、低噪声、高阻抗的变压器，以适应深入负荷中心的需要。④110kV 电力变压器。110kV 电力变压器广泛为城乡电网所采用，容量一般在 31.5～50MV·A，大力发展高阻抗、低损耗、高可靠性、低噪声的产品，发展免维修、全封焊等产品。⑤发展无油化变压器。为适应城网建设工程实现无油化、小型化的需求，发展 SF_6 气体绝缘变压器，以及研制和发展耗能更低的非晶合金变压器。⑥换流变压器和平波电抗器。根据直流输电的优点，我国的直流输电工程以三峡工程为依托，在引进 ABB 公司换流变压器和平波电抗器生产和制造技术的基础上，开发和制造±500kV 换流变压器和平波电抗器产品，逐步实现国产化，以适应国内直流输电工程建设的需要。

(2)高压开关。根据电力部门“十五”发展规划预测，2005 年装机容量为 3.9 亿 kW，2010 年装机容量达到 4.7 亿 kW，“十五”高压开关需求总量见表 5。

表 5 “十五”高压开关需求量

额定电压(kV)	产品名称	2000 年需求	2005 年需求	2010 年需求
363～550	断路器	160 台 (含 GIS48 间隔)	190 台 (含 GIS54 间隔)	262 台 (含 GIS63 间隔)
252	断路器	1 200 台 (含 GIS180 间隔)	1 433 台 (含 GIS198 间隔)	1 978 台 (含 GIS225 间隔)
126	断路器	4 200 台 (含 GIS180 间隔)	5 306 台 (含 GIS675 间隔)	7 326 台 (含 GIS750 间隔)
126～550	隔离开关	14 580 组	15 750 组	17 630 组

1)高压开关需求量、品种及结构型式。110kV 及以上电压等级高压开关中主要产品有断路器、隔离开关等。断路器中分封闭式组合电器(GIS)、SF_6 断路器、少油断路器等品种。

“十五”需求量，按新增发电设备装机容量相关的回归方程求得断路器合计 6 200～6 600 台。①500kV、330kV 断路器(GIS)。尽管“十五”期间年平均装机容量比“九五”略有下降，且城乡电网改造工程也不涉及这一电压等级产品，但“十五”期间三峡特大型水电站将开始发电，西北电网主网架也因适应西部大开发而进一步完善和建设，全国大区联网工程将逐步展开等因素，330～500kV 电压等级所需开关设备将比“九五”有所增长，预测“十五”期间年平均需求 180～200 台断路器(含 GIS)。从产品构成比例看，GIS 约占 30%。②110～220kV 断路器(GIS)。由于近几年中城乡电网改造仍将继续，110～220kV 断路器仍将有较大的需求，预测：“十五”期间年平均需要 110～220kV 断路器 6 000～6 400台左右。其中 220kV 为1 300～1 400台，110kV 为 4 700～5 000 台。从产品结构看 220kV 电压等级，SF_6 断路器市场需求占 90%，少油断路器占 10%。110kV 电压等级，SF_6 断路器市场需求占 80%，少油断路器占 20%。两个电压等级的 GIS 需求均为 15%或稍多些。

110～500kV 电压等级隔离开关需求总量为 18 300～20 000 组，其中 500、330kV 电压等级为 500～550 组，220kV 电压等级为 3 800～4 000 组，110kV 电压等级为 14 000～15 500 组。

2)高压开关产品需求结构分析。用户对主要产品的要求，首先是保证产品的高质量和高可靠性，以保证电力系统的安全运行，在此基础上要求产品向无油化、组合化、自动化(智能化)、小型化发展。

全封闭组合电器(GIS)是用户最关注的产品，因其体积小、占地少、不受环境影响、少维护、高可靠性等特点，成为电网建设与改造的重点产品，用户对其技术参数、制造质量均有较高的要求，同时迫切希望提供小型化 GIS 产品。

SF_6 断路器是替代油断路器的无油化产品，还具有维修周期长的优势，是高压断路器的发展方向。

少油断路器是我国高压开关的传统产品，生产历史最长，但技术水平受到介质的制约，且不符合无油化的要求，这些年市场占有率逐年下降。在中压领域，真空断路器市场占有率逐年攀升。

(3)直流输电用大功率半导体器件。三峡工程及“西电东送”项目均需建设多条±500kV 直流输电线路，换流站中的整流与逆变装置对国产大功率晶闸管器件的需求量很大。其中贵—广线(贵州安顺—广东肇庆)需要 800 只光控晶闸管，三—常线(湖北红花套—上海练塘)需要国产器件 4 200只(2007 年投运)，三—广线(湖北荆州—广东惠州)需要 2 100 只电控晶闸管，西北—华中背靠背联网工程(灵宝工程)需要国产器件 550 只。在西电东送、南北互送和全国联网的输电线路大格局中，直流输电项目的市场规模十分巨大，仅 Φ125mm(5 英寸)3 000A/7 200V 朝大功率晶闸管(电控与光控二种)需求量将达 16 000～20 000 支。

(4)绝缘子与避雷器。“十五”期间我国电力工业投资规模将达 8 000 亿元左右。电源建设和输配电方面投资比例将从过去的 1∶0.25～0.35 提高到 1∶0.7 左右，即 40%以上的投资，约 3 200 亿元的资金将投向输变电建设方面。“十五”期间，电力需求平均增长速度将保持在 5%～6%，2005 年全社会用电量将超过 17 660 亿 kW·h，装机容量规模为 9 930 万 kW。到“十五”末，全国发电装机容量将达到 3.88 亿 kW。220kV 及以上交直流线路达 23 万 km，变电容量达 6.7 亿 kV·A。根据高压绝缘子避雷器行业“十五”发展规划，每新增 10 000kW 装机容量需要高压绝缘子平均 63.5～80t，预计 2005 年绝缘子市场需求量 11.2 万～12.8 万 t。“十五”末绝缘避雷器市场需求预测见表 6。

表 6 “十五”末绝缘子避雷器市场需求量预测

产品名称	单位	需求量	备注
高压绝缘子	万 t	11.2～12.8	其中复合绝缘子约为 30%
线路绝缘子	万 t	7.8～9.0	其中复合绝缘子约为 40%，玻璃绝缘子 20%，瓷绝缘子 20%
其中：悬式绝缘子	万 t	5.5～6.3	约合 1 260 万片盘形悬式，其中复合绝缘子 45 万 110kV 标准只
电站电器绝缘子	万 t	3.4～3.8	其中复合绝缘子约为 10%
110kV 及以上空心绝缘子	万只	7.1～8.2	其中 SF_6 空心绝缘子 3.3 万～3.8 万只
110kV 及以上棒形绝缘子	万只	16.6～19.6	
110kV 及以上电容式套管	万只	0.9～1.1	
避雷器	万只/a	49～54	
110kV 及以上避雷器	万只/a	1～1.09	500kV 0.038 万～0.042 万只 220kV 0.29 万～0.32 万只

产品需求结构调整趋势。近年来，玻璃绝缘子、有机复合绝缘子在输电线路建设中得到了广泛应用，改变了过去瓷绝缘子一统市场的格局。预计这两类绝缘子产品还会进一步提高市场占有率。

绝缘子应注意加大提供 160kV 以上高强度绝缘子产品(含瓷、玻璃、有机复合绝缘子)的比例。为适应国内直流输电工程的发展，要注意直流线路用绝缘子和 300kV 以上绝缘子的开发。

电器电瓷中，110kV 及以上大瓷套、大棒型国内市场需求仍会呈上升趋势，特别是 366 断路器用瓷套国内供货的质量有待提高，价格应低于进口产品才能赢得市场。

避雷器：10kV 及以上电压等级基本上是氧化锌避雷器占有市场。预计有机复合外套氧化锌避雷器市场占有率将逐年扩大。此外，用户需要小型化的氧化锌避雷器应加快发展。

(5)架空输电线。“十五”期间乃至于 2020 年，全国电网建设的特点：三峡水电枢纽工程建立与送出工程建设；开辟西电东送大通道，形成西电东送的大格局；加速推进实现全国电力联网；开发金沙江、雅砻江等梯级电站，建设更高一级电压等级的输电网和线路。结合国家电力网的建设，对于架空输电线制造业来说，将要提供质量更优良，更符合实际需要的品种供电网建设使用。

“十五”、“十一五”期间架空线及电力电缆的需求数量：

预计“十五”末，钢芯铝绞线年需要量 80 万～100 万 t，其中三峡输电及其配套工程用导线年用量约 10 万 t。“十五”期间输变电系统用电缆及架空线主要产品需求预测见表 7。

“十五”至“十一五”期间。高强度铝合金 AL－Mg－Si 导体将会有很大的发展，比如华东—福建联网的 500kV 工程，便设计采用钢芯铝合金绞线；三峡电站枢纽工程中的地线采用 LHGJ－150/25 型绞线；大跨越工程，重冰及高载流量线路都将采用铝合金导线，如果至 2005 年时约有 5%的输电线采用铝合金导线，将需 3 万～4 万 t 的量。

从 20 世纪 90 年代引进国外技术后，铝包钢线的用量日增，除用作架空地线，铝包钢芯铝绞线以外，也用于 OPGW 的地线单元，2003 年约需 1 万 t，至 2005 年则应达到 2 万 t

的用量。

光纤复合架空地线(OPGW)拥有量,迅猛发展,2003 年已达 15 000km,2005 年预计需 20 000km 的量。

大跨越导线,随着三峡电站枢纽工程建设,输电线路不断延伸,并结合西电东送,全国电网联网,例如跨越长江、汉江,向广东送电时在湖南跨越澧水、沅水、资水和湘江,广东的珠江等,因此,每年几乎都有大跨越工程需要建设。

自 20 世纪 90 年代以来,我国每年新增发电装机容量以 1 700 万 kW 计,从现在到"十一五"末期,8 年期间还会新增 13 600 万 kW 的装机容量,若以每条 500kV 线路送 100 万 kW 计,则要增 136 条新线路,对输电线路会有更高要求,也是一个很好的商机。

表 7 "十五"期间输变电系统用电缆及架空线主要产品需求预测

产品名称	单位	1998 年	1999 年	"十五"末年需求
架空导线	万 t	55	120	80/100
1kV 及以下电力电缆	万 km	14	26	20/16
6～35kV 电力电缆	万 km	2.5	9	6/4
110～220kV 交联电缆	万 km	0.08	0.2	0.10～0.13/0.1
500kV 交联电缆	km			3/1
光纤复合架空地线	km/a	—	—	3 000～4 000

(6)电力电容器。电力电容器主要介绍电容式电压互感器和并联电容器。

1)电容式电压互感器。"十五"期间,110～500kV 电容式电压互感器市场年需求量为 6 100～6 800 台,各电压等级产品的需要量约为:330～500kV:350～390 台、220kV 电容互感器2 100～2 400台、110kV 电容互感器3 600～4 000台。

2)并联电容器。"十五"期间,年均需要并联电容器约为 24 000～26 200Mvar。我国电容式电压互感器因制造技术不断进步,产品参数不低于国外同类产品,总体上同国外水平相差不大(产品体积与重量较国外产品大),价格低,服务及时等优势,市场占有率越来越大。用户要求制造企业进一步提供准确度高,二次输出容量大,可靠性高,性能好,重量轻,外观质量好和免维护的产品。

对高压并联电容器及成套装置的要求是产品的场强余度较大,可靠性高。

(7)继电保护与自动化装置。

"十五"期间继电保护产品需要量与新增装机容量的配比关系为:继电保护屏 18 面/万 kW、继电器装置 600 台/万 kW、自动化装置 5 台(套)/万 kW。

据此得到需求量预测数为:

1)继电保护屏年需量为 3.14 万～3.42 万面,其中:配套新增装机用 2.6 万～2.88 万面,此外,两网改造延续至"十五"期间的涉及 10～220kV 电压等级的新建、改造各类变电站 8 085 座,年需用继电保护屏 5 400 面。

2)自动化装置年需求量为 7 200～8 000 台(套)。

产品需求结构分析:输电线路保护屏,整流型、晶体管型、集成道路型产品已经淘汰或即将淘汰,110～500kV 电压等级保护几乎全都选用微机保护成套装置。在继电器元件方面,由于微机型保护装置的迅速发展与应用,常规有触点继电器元件的使用场合越来越窄,从长远看有逐渐被淘汰的趋势。今后保护及自动化将向无触点静态化方向发展,以与飞速发展的微机保护产品相适应。由于城乡电网建设改造工程的推动,配电自动化产品,电力调度监控产品等市场将有较快的增长。

五、输变电制造业的发展与政策措施

(一)市场与目标

从 1998 年开始,国家实施积极的财政政策,加大国内基础设施建设的投资力度。对电力工业而言,城乡电网建设与改造工程也是基础设施建设的重点之一,全国直辖市、省会城市和地级市的 280 个城市电网和 2 400 多个县的农村电网投入的 3 700 多亿元巨额资金启动了两网建设与改造工程。此工程至 2001 年底,城市电网新增 35～220kV 变电站 1 100 多座,新增变电容量 1 亿 kV·A,10kV 变电容量 28 000MV·A。新增 35～220kV 输电线路 5 400km,10kV 线路 6 000km,其中电缆线路 1 000km,各类开关 4 万余台,城市中的架空绝缘电缆所占比重已高达 80%。10kV 城网配电线路基本实现了环网供电结构。农村电网新增 35～110kV 线路 1 160km,增加变电容量 1.64 亿 kV·A,新增农村各类线路总计 880 万 km,配电变压器新增 40 000 MV·A,还有相当庞大的各类开关成套设备投入农网运行。

通过城乡电网大规模建设和改造,大幅度提高各电压等级输配电装备的技术水平,大大提高了供电能力和供电可靠性水平。据国家电力公司可靠性中心发布的 2001 年数据显示,310 个供电企业用户平均供电可靠率(RS1,含市中心+市区+城镇)已提高至 99.87%。比改造前大多数 10kV 城市电网供电可靠率 98.8 %以下的水平提高了 1.07 个百分点,显现出了良好的社会和经济效益。

"十五"期间,城乡两网改造与建设仍有较大的资金投入。截止目前,城网投资已达 1 330 多亿元,农网 1 700 多亿元,2002 年又增加投资 700 多亿元,已累计达到 3 730 亿元的投资规模。这使得大型城市双环网的建设正在形成,抗扰动能力增强,电网的稳定性大大提高。110kV 和 220kV 电网入城下地提高了供电质量和可靠性,高、中压变电网点布局和供电半径趋于合理,适应了用电负荷发展的要求。在环网供电方式中,增加 10kV 出线,降低供电半径,增设线路分段开关,减少每段线路的用户数,提高线路电缆化率和绝缘水平,明显改善了电网输送能力和供电稳定性。

“十五”期间，除继续加强城乡电网的建设与改造外，对骨架电网的建设也是输变电建设的重点内容。骨架电网建设包括“十五”期间我国电源基地电力外送工程，即通常所说的“西电东送”工程和全国500kV骨架电网的联网工程两大内容。目前在建的“西电东送”大工程有贵州—广东的直流输电工程(总投资67.08亿元)、三峡—广东直流输电工程(总投资73.8亿元)、贵州—广东交流输变电工程(总投资45.53亿元)、三峡—华东直流输电工程(一回送常州、一回送上海)等，其中三峡—华东的直流输电工程完成了跨越长江的大跨度过江线段的架线工程，过江跨度近2km。其他“西电东送”的项目也在积极筹备中。实现全国骨架电网联网已成为电力建设一项极为重要的任务，是实现更大区域范围内资源优化配置和逐步缩小东、西部地区经济差距的客观需要。全国电力系统互联的目标格局可以概括为：基本上按地理位置分片形成北、中、南3个跨区互联电网，北、中、南之间再进行有限的互联，从而建成全国统一的联合电网。北部联网在2000年已实现了东北、华北联网，目前的目标是山东省网加入北部联网。中部联网将在2003年实现川、渝、华中、华东、福建等地的联网。南部联网已实现广东、广西、云南、贵州、香港、澳门的互联。

不管是城乡电网建设与改造，还是骨架电网的建设，都离不开工程建设必需的物质基础——输变电设备。国内电网建设的规模不断扩大，建设要求的不断提高，就呈现了国内输变电设备市场的兴旺，和对设备供货条件的升级提高，推动输变电设备市场的发展，为输变电设备制造行业带来发展空间的良好机遇。

(二) 输变电设备制造业存在的问题

为了扩大内需，国家对城乡电网改造投入大量资金，将极大地推动输变电设备及配套电器元件和材料制造业的发展与水平提高，产品需求将会大量增加，自1999年以来，输变电行业已出现了较高的增长势头。目前输配电系统已成为我国国民经济发展重要的制约因素，为此国家将用3～5年的时间，将投入3 730亿元，改造城乡电网。同时根据电力工业改革和发展的需要，利用三峡工程建设，加强跨区联网建设，建立电力市场，提高电网的经济效益和电能质量。因此，对输变电产品的技术性能和质量水平都有了更高的要求。加上产品进口和合资独资企业的竞争，特别是中国加入世界贸易组织，进入国际市场循环，将对国内输变电设备制造企业在资金、技术、管理、人员素质等方面都是严峻的考验。

(1)目前输变电设备制造行业生产能力过剩，技术含量低、竞争能力差的问题仍然存在，重复建设的势头没有根本扭转。随着城乡电网改造项目的启动，一些地方和部门的重复建设和盲目扩大生产能力的项目增加，资产管理机制不合理，使存量资产不能有效利用。

(2)国内市场和国家政策对国产新品的试验项目鼓励不够，严重阻碍了重大新产品的开发、研制和试运行。重大技术装备攻关与试验项目脱节，攻关项目时间安排不紧、经费不足、试验项目不落实、协调关系复杂，造成人力物力严重浪费、效率低下。新产品开发研制周期长。

(3)电力行业仍处于自然垄断地位，市场机制不健全，货款严重拖欠，招投标制度漏洞多，监督约束不够，造成设备制造企业效益差、技术开发投入低、竞相压价、竞争手段不规范、技术服务不到位、产品质量问题严重等。导致具有生产能力的重大技术装备产品进口数量仍占主导地位，如500kV大型变压器、高压开关进口超过70%以上。

(三)促进输变电设备制造业发展的措施

入世后，对输变电制造业的冲击虽然比较小，但为了保持输变电制造业持续发展，为电力工业发展作出贡献，提高市场应变能力和市场占有率，并在国内市场占主导地位，扩大产品出口，提高其在世界市场的占有率，我们建议采取以下措施及对策。

1.进一步加快企业改制，加强产业调整

利用企业重组，盘活存量资产，提高企业运营效率，特别对国有及国有控股企业，更要加快改制力度，才能适应入世后市场激烈竞争要求。据2001年统计，7 537个企业中，国有及国有控股企业1 076个，其中亏损企业416个，占38.6%，亏损额2.12亿元，所以入世后，国有及国有控股企业必须进一步深化改革，减员增效及调整产业结构，强化技术创新能力，加速开发新技术、新工艺、新产品，才能立于不败之地。

2.严格项目评估机制

打破部门和地方决策的局限性，加强投资的政策导向，对重大技术装备，应以对外项目合作为主，或建立中方控股的合资企业，避免外方以合资控股的方式，形成技术垄断和行业垄断，也使国内企业通过项目合作，引进技术和管理，保持技术来源的多样性和先进性。

3.加强新技术装备试验项目的市场激励措施和国家政策协调

把设备研制、技术创新、形成生产能力和试验工程项目等多个环节紧密结合起来，用利益机制鼓励新技术、新产品的生产和使用。

4.进一步加强市场监督约束机制

打破部门垄断地位，严格执行合同法和招投标法，为企业建立良好的市场环境，使企业走上正常发展的道路。

5.进一步提高劳动生产率，加强管理，降低成本

入世后，由于关税逐步降低，当前对输变电行业影响不太明显，但国外厂商为了打进中国市场，也利用中国廉价劳动力，在中国开办组装厂，价格也会降下来。目前有些输变电产品与国外价格比，空间已经很小，如SF_6敞开式开关，进口一台为200万元，而国产为170万元。

6.充分运用反倾销、反补贴保障措施，以及建立技术性贸易保护体系

入世后，反倾销规则在国内也同样有效，国内输变电产品多数供大于求，倾销十分严重，如中小变压器、电力电缆等产品在激烈的市场竞争中，企业互相压价，甚至低于成本价销售，造成国有企业亏损。利用反倾销、反补贴保障措施，技术性贸易保护体系，规范国内市场，科学、合理地维护

产业经济安全,为企业的改革和发展创造有利的国内外市场环境和秩序。

7.国家采取相关措施,使电力部门和输变电制造企业密切配合协调,促进相互理解和支持

输变电设备主要用户是电力部门,电力部门如何装备更新的技术政策直接影响输变电制造业的发展。政府应加强电力工业与制造工业的协调,为输变电行业发展创造条件,如目前国内输变电设备最高电压500kV。对750kV等级,电力部门已基本定下来,且做了许多前期研究工作,也进行了成果验收,但国家未最后定下来。下一个发展方向到底是750kV,还是1 000kV,应尽早确定下来,以便输变电制造业可以提前做好科研、试制及工厂装备等准备工作,这对国家对制造业都有利。

8.进一步加强市场监督,打破部门垄断,严格执行合同法和招投标法,为国内市场建立良好的市场环境

电力部门目前还是一个垄断部门,招投标不规范,使用部门自己制定标书,又自己招标。技术要求也不规范,对国内能满足要求的产品,标书中则提高标准,指明要国外产品,将国内产品排除在外。在议标时则竞相压价,如果国内中标了,也只能亏损制造。建议政府及有关部门加强监督或委托行业协会参与协调监督。

9.入世后,国家要继续加强对国内制造业的支持,为输变电设备出口创造条件

抓紧国际市场调查,主要针对东南亚地区和第三世界这个大市场。以前成套出口比较少,据了解东南亚地区和第三世界对输变电设备的需求,依据标准和所在国情大多与国内相同。建议国家在国内建立2～3个输变电设备成套出口基地,研究东南亚地区和第三世界的要求特点,对成套出口的产品从技改、出口信贷等方面给予支持。

10.鼓励企业联合兼并(包括与国外企业联合、合资)增强企业竞争力

为了适应入世后对输变电制造业的冲击和影响,建议打破地区、部门的界限,组建几个全国性的输变电技术装备集团公司,加强输变电技术装备测试基地的充实与提高。集中科技力量,增大投入资金,发展具有自主知识产权的产品。国家重点对输变电技术装备集团公司和输变电技术装备测试基地从技改、贷款资金、科研开发补助等方面给予支持。

我国水电制造业发展趋势

中国电器工业协会行业发展与咨询部

一、我中水电制造业的现状与发展

1. 我国水电制造业基本情况

电力工业是国民经济的基础产业和公用事业,关系着国民经济的发展和社会稳定,而发电设备是装备电力工业的主要关键设备。1949年以后,我国发电设备制造业得到了空前的发展,特别是近20年又有了突飞猛进地发展,其产品装备着我国80%的电力工业。到2001年全国发电设备总装机容量已达到 3.386×10^{5} MW,全国总发电量 1.4839×10^{9} MW,居世界第二位,其中常规水电总装机容量达到77 000MW,已超过美国居世界第一位。在装备电力工业的同时,电力工业也为军工、造船、石化、交通、环保等行业提供了重大装备。

我国的水电设备制造业现已具有较大的规模,年生产能力约8 000MW左右。三峡工程的建设,带动水电行业技术改造的实施。哈尔滨电机厂有限责任公司(简称哈电)和东方电机股份有限公司(简称东电)两厂大水电年生产能力6 000MW,中小水电的年生产能力约2 000MW。

按目前东电和哈电两厂的装备,生产中在进行合理扩散的情况下,如将不进行加工的金属结构件扩散到中型水电制造厂,两厂大机组的生产能力可达到8 000MW。

截止到2001年底,全行业职工人数40 716人,资产总额102.78亿元,完成水电设备产量2 466.5 MW,工业总产值32.25亿元(当年价),实现销售收入25.78亿元。企业资产总额、产品年销售收入超5亿元的企业有2个,超5 000万元的企业有16个,超1 000万元的企业约30余个,中外合资企业4个。

“九五”期间,全行业完成水电机组设备15 299MW,小水轮机2 605MW,小水轮发电机2 377MW。哈电完成水电机组4 845.5MW;东电完成水电机组4 799.1MW,两厂占全国总产量的63%。1996～2000年水电设备产量见表1。2001年水电设备行业大中型企业基本情况见表2。

2. 我国水电制造业的装备水平

通过“七五”、“八五”、“九五”与三峡工程的技术改造,各企业都扩建了大型加工(或大型综合)厂房,并装备了大型或重型加工设备。我国水电设备行业各企业主要厂房参数见表3,关键设备见表4。

表1 1996～2000年水电设备产量

产品名称	产量(MW)					
	1996年	1997年	1998年	1999年	2000年	合计
机组	3 137	2 714	3 734	2 963	2 751	15 299
小水轮机	443	487	573	529	573	2 605
小水轮发电机	430	550	443	443	511	2 377
合　计	3 567	3 264	4 177	3 406	3 262	17 676

表 2　2001 年水电设备行业大中型企业基本情况

序号	企业名称	资产总额（万元）	销售收入（万元）	利润总额（万元）
1	东方电机月份有限公司	282 493	37 615	
2	哈尔滨电机厂有限责任公司	282 334	74 270	606
3	武汉汽轮发电机厂	121 246	31 756	1 487
4	四川东风电机厂有限公司	52 524	17 229	18
5	重庆水轮机厂有限责任公司	33 318		
6	江西电机有限责任公司	23 296	9 509	130
7	昆明电机有限责任公司	22 220	8 257	421
8	杭州杭发集团公司	20 288	4 103	214
9	福建南平九州电机厂	17 921	6 054	－1 163
10	南宁发电设备厂	17 509	2 297	－1 461
11	广东省韶关众力发电设备有限公司	14 255	5 857	14
12	湖南零陵发电设备有限公司	10 662	2 506	－90
13	浙江金轮机电设备有限公司	10 273	5 000	252
14	江西赣州发电设备成套制造有限公司	8 375	5 053	170
15	重庆赛力盟电机有限责任公司	6 635	10 167	1 159
16	浙江临海电机有限公司	5 356	3 348	244
17	河南西峡水电设备有限责任公司	5 289	2 579	167
18	浙江临海机械有限公司	4 957	4 872	96
19	富春江富士水电设备有限公司	19 436	8 580	143
20	上海希科水电设备有限公司	29 523	12 314	－759
21	天津阿尔斯通水电设备有限公司	37 080	11 072	－666
22	克瓦纳(杭州)水电设备有限公司	41 648	15 917	71

表 3　水电设备行业各企业主要厂房参数

企 业 名 称	车 间 名 称	设计参数(m)	起吊能力(t)	备　注
哈尔滨电机厂				
	重型车间	168×33×22.6	2×220、100	1998 年建成
	大型车间	204×36×16	160、150	1958 年建成
	大型车间(二跨)	198×24×12.5	2×100	1954 年建成
	大型车间(三跨)	198×24×12.5	50	1954 年建成
	大型车间(四跨)	198×24×12.5	30	1954 年建成
	新焊接车间	180×36×23	2×200	火电合用
	老焊接车间(二跨)	180×30×15	2×100	火电合用
滨海大件厂				
	机加车间	120×36	2×320	
	焊接车间	138×30	2×250	
东方电机厂				
	重型	324×36×23	550、150	火电合用
	大厂房(一跨)	300×36×22	250	火电合用
	大厂房(二、三、四跨)	300×30×14	100	火电合用
	焊接厂房	300×36×20	125	火电合用
韶关群力厂				
	水轮机厂房		100	
	焊接厂房		75	
昆明电机厂	水轮机厂房		100	
杭州发电设备厂			100	
重庆水轮机厂				
	水轮机厂房		2×75	
	焊接厂房		2×50	
富春江水工厂			100	

表 4　我国水电设备行业各企业关键设备

企业名称	设备名称	规格型号	数量(台)	加工件主要参数	设备主要参数
哈尔滨电机厂					
	16m 单柱立车	CKS53160－CNC	1	16m×6.3m	8～16m、450t
	12.5m 双柱立车	SC100/125－CNC	1	12.5m×41m	10m、400t
	9m 双柱立车		1	13.1m×5m	8.75m、200t
	8.5m 双柱立车	SC50/85－CNC	1	8.5m×5m	5m、120t
	7.1m 单柱立车		1	7.1m	7.1m、70t
	6.3 双柱立车		2	6.3m×3m	6m、100t
	5m 双柱立车		3	5m×2.8m	4.5m、45t
	磁极压板加工中心	YCM－VMC165 YCM－H800	1 组	0.7m×1.65m 1.0m×1.3m	1.65m×1.7m 0.8m×0.8m
	4.3 卧车		1	4.1m×18m	4.3m
	20m		1	3.0m×20m	3.15m
	16m	STU250T	1	2.5m×16m	2.6m
	15m		1	2.5m×15m	2.5m
	10m		1	2m×10m	2m
	冲床		1	3m	2m×4m、1600t
	冲床		1	3m	2m×4m、1250t
	五轴龙门铣床	PMC5500	1	4.5m×4m×13m	4.5m×3m
	四轴龙门铣床	SP4016	1	1M×1.5m×4m	1.5m×4.2m
	数显龙门铣床	X2020X60－13	1	2m×2m×6m	2m×6m
	250 三轴铣镗床	W250HENC	1	6.5m×18m	10m×30m
	200 三轴铣镗床	W200HENC	1	3.75m×8m	3.15m×3.15m
	200 三轴铣镗床		1	5.5m×13m	10m×19.2m
	254 铣镗床		1	5m×14m	10m×21m
	五轴联动铣床	UCP1350	1	1.1×1.35m	1.1m
滨海大件厂					
	单柱立车	CK53160－CNC	1	16×6.3m	8m、450t
	滑坐式摇臂钻	Z33100	1	100mm×6m	
	可移式镗床	TX6211	1	110mm	
	落地镗铣床	T6925/1	1	250/360mm	
东方电机厂					
	12m 单柱立车	数控	1	22m×8m	10/22m、700t
	16m 单柱立车		1	16×6.3m	8m、450t
	15m 双柱立车		1	15m×5m	8m、250t
	12.5m 双柱立车	数控	1	12.5m×6m	8m、205t(内 4m)
	254 铣镗床		1		5.7m×14×2m
	250 铣镗床	数控	1		5m×12m×1.6m
	五轴桥式加工中心	5FZG600/600	1		6.6×15m×1.5m
	五轴桥式加工中心	PMC5000FG	1		5.5m×8.5m×1.5m
	卧车	WSD－210	1	4.2m×15m	110t/140t/160t
	卧车	DL125A,数控	1	2.5m×16m	120t
	冲床		1		1 600t
	冲床		1	3m	2m×4m、1 600t

我国现建有高水头水力试验台 7 座，其主要功能：①进行贯流、轴流、冲击式水轮机和水泵及水泵水轮机的水力性能试验，试验项目包括效率、空化、飞逸、压力脉动、轴向力、径向力、四象限特性等。②哈电 2# 台设有两个工位，一个侧重混流和可逆式试验；一个侧重轴流和贯流试验。可进行立式和卧式试验，设有大小两个流量计可提高测试精度，通过计算机控制可进行自动化试验。我国高水头水力试验台见表 5。哈电还建有 3 000t 推力轴承试验台，东电建有 1 000t 推力轴承试验台。

表 5　我国高水头水力试验台

单位名称 \ 主要参数	最高试验水头 (m)	最大流量 (m^3/s)	测功机功率 (kW)	供水泵功率 (kW)	试验综合误差 (%)
哈尔滨电机厂有限责任公司	1# 台 100	1.2	400	400×2	±0.3000
	2# 台 150	2.0	500	600×2	±0.200
东方电机股份有限公司	100	1.5	500	700×2	±2.470
富春江水电设备厂	50	1.5	400	400×2	±0.250
天津电气传动设计研究所	60	1.6	600	280×2	±0.250
中国水利水电科学研究院	1# 台 60	1.0	300	500	±0.250
	2# 台 100	1.0	250	500	±0.300

二、国外水电制造业发展

目前世界上运行和在建的装机容量在 10 000MW 以上的水电站有 50 座。混流式机组单机容量不断增大，最大为 700MW，最大转轮直径已超过 10m，转轮模型效率大于 94%，真机保证效率在 96%以上；轴流转桨式机组最大单机容量达 230MW；冲击式机组最大单机容量达 420MW(另报道 ABB 已研制 500MW 全水冷冲击式机组)；抽水蓄能机组最大单机容量达 475MW，最高水头达 723m；灯泡贯流式机组最大单机容量为 65.8MW，最大转轮直径 7.7m。

国外在发展大容量机组的同时，积极开发抽水蓄能机组和贯流式机组，全贯流式机组也得到发展。

1. 国外水电制造业发展现状

当今世界水电制造业的计算机设计软件强大，有世界著名的流体动力学分析软件 TASCFLOW、ICEM，当今世界上最先进的大型 FEA 结构分析专业软件 ANSYS，具有极强造型功能的 CAD、CAE 软件 IDEAS 和转子动力学和轴承系统分析软件 ARMD，专家系统软件等大型工程分析软件等。

目前，国外水电制造业为了做大做强已基本上实现重组，原 ABB 公司水电部于 2000 年与法国阿尔斯通公司合并组成 Alstom Power Hydro。原 ABB 公司设计制造的大型水电机组，最大容量为依泰普的 700MW，其电磁机械设计、斜支撑是自行开发研制的技术与结构，并在多台大容量水轮发电机上获得成功应用(三峡 700MW 级发电机也采用此结构)。

世界上最大的发电设备生产商通用电气(GE)动力系统集团，声称将在近年内将中国的业务量提高 4～5 倍，至今已向中国提供了共 80 台使用 GE 技术的水电机组(包括向三峡提供水电机组)。

俄罗斯电力股份有限公司最先开发了萨彦舒申斯克水电站的 640MW 水冷发电机和罗贡水电站的 600MW 发电机，还针对吐鲁汉斯克水电站(12－20×1 000MW)设计了单机容量为 1 000MW 的机组。

日本东芝公司为日本今市水电站制成单机容量为 390MW·A 的发电电动机。西门子制成单机容量为 447MW·A 的发电电动机(巴斯康蒂水电站)。到 1985 年，全世界投运的 300MW·A 及以上的发电电动电动机已达 70 台。日本东芝公司研制成功大河内电站 400MW·A 交流变速发电电动机组。大容量高转速发电电动机多采用外加通风机的强迫通风方式。

国外水轮机转轮制造模型转轮的最高效率一般比国内高 1%左右，目前混流式差距在 1%以内。其原因在于：①计算机水力分析。随着计算机技术的发展和流体力学理论的不断完善，水力机械过流部件内部流动分析取得重大进展，结合传统设计的经验已形成一套完整的现代水轮机水力设计方法，性能预估的相对精度在不断提高，特别是用三维粘性非常流动分析方法来设计和预测稳定性方面的技术有了较快发展。②模型转轮叶片采用数控加工，与上冠、下环采用无焊接组合装配，翼型精确、表面光滑、水力对称性能好；③模型装置关键部件(如蜗壳、尾水管和轴承装配)采用 NC 加工，轴承精度高，可以保证上冠迷宫间隙不大于 0.15mm、下环迷宫间隙不大于 0.17mm，运行稳定，容积损失小。

国外模型试验主要考虑市场竞争的需要，精度第一，有的公司用两大块硬铝，数控加工成蜗壳；有的公司用树脂加塑料纤维(玻璃钢)浇注蜗壳和尾水管，过流表面用数控加工；有的还用树脂加碳纤维制造模型转轮，上冠法兰盘加一块不锈钢数控加工叶片，然后与上冠、下环用螺钉合在一起。

为提高水轮机转轮叶片的材质和加工精度，减轻铲磨劳动强度，从 20 世纪 70 年代开始，国外一些厂商就开始采用模压叶片，其叶片的压模，国外已经过三代改进：实心铸钢结构，为空心铸钢水冷结构和钢板焊接格栅结构，后者因本身空气冷却，效果较好，热压过程中无需冷却。

叶片模压后，上冠、下环的焊接坡口(为减少焊接工作量，大型转轮叶片的上冠、下环可采用不焊透结构)，进、出水边及正、背面(必要时)采用数控加工。

转轮焊接主要采用半自动气体保护焊(CO_2＋A)或电渣焊，近年来机器人焊接的试验研究也得到很大进展。

冲击式转轮水斗承受变载荷，为解决铸造转轮断斗问题，已开发出用于锻造的转轮(节圆以内部分)，数控加工水斗的根部和节圆内水斗翼型，采用微焊技术机械手堆焊节圆外的水斗翼型，然后数控加工，增加了斗根强度，水斗型线准确，提高了机器性能。

2. 国外水电制造业发展方向

在加强理论研究和试验的基础上，提高机组的稳定性，不断增大机组的单机容量；电站建设向大容量、多品种发展；水轮机的使用参数和模型效率也逐步提高；在机组关键部件的设计和制造中不断采用新结构、新工艺、新材料，提高机组的性能和质量，提高机组水力稳定性。6m以上转轮裂纹问题倍受关注，有待于深入研究。

(1)大型混流式水轮发电机组。近年来，国外水轮发电机组向着高水头和低水头方向发展，呈现了单机容量及尺寸逐步增大的趋势。美国大古力水电站第一台世界上单机容量为700MW、推力轴承最大负荷为4 700t的半水冷水轮发电机组，委内瑞拉水电站的古里第二电厂单机容量为724MW(最大出力)空冷水轮发电机组、巴西一巴拉圭伊太普水电站单机容量为700MW的半水冷水轮发电机组都集中反映国外水电技术的水平及其发展趋势。

大型混流式水轮发电机多采用整体机座，盘式转子支架结构由于大轴直径的增大，出现了内法兰结构；为了提高水轮机的效率，改善水轮机的性能，出现了X形叶片转轮和大型整焊结构转轮。原ABB公司设计制造的瑞士BIEUDRON水电站500MW·A电机，其定子和转子绕组以及定子铁心均为水冷，这是世界上最大的全水冷水轮发电机。

(2)大中型抽水蓄能水轮发电机组。随着大型火电和核电机组的投入运行，电力系统的容量和日负荷峰谷差的急剧增加，为解决调峰填谷确保电力系统安全经济运行，抽水蓄能电站的建设受到世界各国的重视。目前，抽水蓄能电站迅速发展，并且高水头、高转速、大容量机组所占的比重越来越大，成为抽水蓄能机组发展的总趋势，在建的抽水蓄能电站中单级混流可逆式机组的使用最为广泛。抽水蓄能电站发展最快的是美国和日本，在抽水和发电两种运行工况下，单级可逆混流式水泵水轮机的最高效率均已超过93%。

(3)大型贯流式水轮发电机组。为了充分发挥低水头的水力资源，从20世纪60年代以来，国外灯泡贯流式发电机的研究日趋完善，灯泡贯流式机组得到了迅速发展，灯泡贯流式机组也由小到大，现世界各国生产的大型灯泡贯流式机组愈来愈多，单机容量也愈来愈大，使用水头也不断增高。单机容量最大的为1989年投入运行的日本只见电站的灯泡贯流式机组，单机容量65.8MW，转轮直径6.7m。机组直径最大的是1983年投运的美国雷辛电站机组，转轮直径7.7m。国外有的厂家正在研制单机容量100～180MW，转轮直径达10m的巨型灯泡式水电机组。

在灯泡式贯流式机组发展的同时，奥地利伊林公司还开发出全贯流式机组，可以适合更低的水头段，效率也更高，代表了当今世界贯流机组的高水平。

目前，国外贯流式水轮发电机组总的发展趋势是高转速、大流量、高效率，水轮机有着更好的空化性能，机组运行具有更好的可靠性和稳定性。

为了提高真机的效率，水轮机叶片均采用五轴铣对叶片进行加工，三坐标测量仪测量计算机数据处理；零部件焊接均采用CO_2或氩气加CO_2气体保护焊，为保证焊接质量的稳定性，自动焊程度高，机械人焊接也在一些工厂有所应用。

三、我国水电发展及市场情况

1. 我国水电资源

我国水力资源极为丰富，按1980年全国第五次水力资源普查统计，全国可开发利用的水能资源为3.785×10^5MW，年发电量1.923×10^9MW·h，其中单站容量在10MW以上的电站共1 920+26/2座，总装机容量3.571×10^5MW，年发电量1.818×10^9MW·h，分别占可开发资源的94.3%和94.5%，全国可开发水能资源分级规模结构见表6。

表6 全国可开发水能资源分级规模结构

单站装机容量(MW)	电站座数(座)	总装机容量		年发电量	
		数量(MW)	占比(%)	数量(MW·h)	占比(%)
10～250	1 726+17/2	7.5×10^4	19.9	3.7×10^8	19.0
250～750	110+5/2	4.5×10^4	12.3	2.2×10^8	11.6
750～2 000	51+4/2	6.5×10^4	17.2	3.2×10^8	16.5
>2 000	33	17.0×10^4	44.9	9.1×10^8	47.4
小计	1 920+26/2	35.7×10^4		18.2×10^8	

注：不包括单站装机容量10MW以下电站。

我国水力资源约有70%集中在西部。我国西部地区各省(市、区)可开发水力资源分布情况见表7。

我国可开发中小水电资源155GW，其中可开发小水电资源87 000MW，各种不同水力条件的水电站的建设，给中小水电设备产品的开发提供了广阔的领域。

根据国家发展水电的能源政策，2005年，全国水电装机9.5×10^4MW，占现有技术可开发量的25%；2010年，全国水电装机1.25×10^5MW，占现有技术可开发量的33%；2015年，全国水电装机1.50×10^5MW，占现有技术可开发量的40%；2020年，全国水电装机2×10^5MW，占现有技术可开发量的53%。按全国电力装机在2005年和2010年分别达到3.95×10^5 MW和4.90×10^5WM计算，则水电比重“十五”末达到24%，“十一五”末达到25.5%。

表7 我国西部地区各省(市、区)可开发水力资源分布情况

省(市、区)	可开发水力资源(MW)	年发电量(MW·h)	年发电量占全国百分数(%)
全国	37.853×10^4	19.233×10^8	100.0
四川	9.166×10^4	5.152×10^8	26.8
云南	7.117×10^4	3.944×10^8	20.5
贵州	1.292×10^4	0.652×10^8	3.4
西藏	5.659×10^4	3.30×10^8	17.1
陕西	0.551×10^4	0.217×10^8	1.1

（续）

省(市、区)	可开发水力资源(MW)	年发电量(MW·h)	年发电量占全国百分数(%)
甘肃	0.911×10^4	0.424×10^8	2.2
青海	1.799×10^4	0.772×10^8	4.0
新疆	0.854×10^4	0.460×10^8	2.4
宁夏	0.079×10^4	0.032×10^8	0.2
内蒙古西部	0.094×10^4	0.039×10^8	0.2
西部小计	27.522×10^4	2×10^8	77.9

与此同时，“十五”期间，水利系统新增水电装机8 000W(中、小型)，其中“十五”水电农村电气化县建设新增装机6 000MW，总装机达到39 000MW，年发电量达到12 000MW·h，均占全国水电总量的40%。

2. 我国水电的发展

根据我国电力工业的现状和电力市场的发展变化，以及全世界日益关注的“能源与环境”的主题，我国电力结构的调整和大力发展水电势在必行。今后除大力发展大型混流式水电机组外，重点要发展抽水蓄能机组，大型抽水蓄能电站是解决当前电网调峰的最有效手段。

我国低水头水力资源十分丰富，贯流式水电机组有着十分广阔的发展前景。随着中水头水力资源的先行开发，今后水力资源的开发将逐渐向高水头和低水头、大容量方面发展。全贯流机组和大型灯泡贯流机组是低水头水力资源开发的最佳机型。

根据有关规划资料介绍，到2010年，电站装机在1 000MW以上的抽水蓄能电站12座，预计到2010年，国外将研制500～600MW级的抽水蓄能机组和100MW级的灯泡贯流式机组；国内将自行研制300MW级以上的抽水蓄能机组和40MW级的灯泡贯流式机组。预计到2010年抽水蓄能机组新增10 000MW，40台(套)左右，灯泡贯流式机组新增3 000MW，近100台套。2000～2010年西部省区计划开工项目见表8。我国拟建的主要大型贯流式及抽水蓄能水电站见表9，我国近期(可能)建设的大型水电站见表10。

表8　2000～2010年西部省区计划开工项目

所在省	项目名称	河流	装机容量(MW)	开工计划(MW) 2000～2005年	开工计划(MW) 2006～2010年
西电东送南线				34 746	26 207
贵州	洪家渡	乌江	540	540	
贵州	乌江渡扩机	乌江	500	500	
贵州	引子渡	乌江	360	360	
贵州	索风营	乌江	540	540	
贵州	构皮滩	乌江	3 000	3 000	
贵州	思林	乌江	1 000		1 000
贵州	沙沱	乌江	800		800
贵州	东风扩机	乌江	100	100	
云南	小弯	澜沧江	4 200	4 200	
云南	糯扎渡	澜沧江	5 500		5 500
云南	景洪	澜沧江	1 500		1 500
贵州、广西	平班	红水河	405	405	
广西	龙滩	红水河	4 200	4 200	

（续）

所在省	项目名称	河流	装机容量(MW)	开工计划(MW) 2000～2005年	开工计划(MW) 2006～2010年
西电东送中线					
四川	溪洛渡	金沙江	12 600	12 600	
四川	瀑布沟	大渡河	2 000	2 000	
四川	锦屏一、二级	雅砻江	3 300		3 300
云南、四川	向家坝	金沙江	6 000		6 000
云南、四川	福堂坝	岷江	360	360	
四川	天龙湖	岷江	180	180	
四川	狮子坪	杂谷脑河	180	180	
四川	桐子林	雅砻江	450	450	
重庆	江口	芙蓉江	300	300	
西藏	雪卡	巴河	25	25	
西藏	狮泉河	狮泉河	6	6	
西藏	金河		60		60
西藏	813		12		12
西藏	直孔	拉萨河	100		100
西电东送北线					
青海	公伯峡	黄河上游	1 500	1 500	
青海	拉西瓦	黄河上游	3 720		3 720
青海	积石峡	黄河上游	1 000	1 000	
青海	直岗卡拉	黄河上游	180	180	
青海	尼娜	黄河上游	160	160	
宁夏	大柳树	黄河上游	2 900		2 900
甘肃	小观音	黄河上游	1 400		1 400
甘肃	多松	黄河上游	835		835
新疆	吉林台一级	开都河	460	460	
新疆	阿仁萨根托海	开都河	400		400
陕西	喜河	黄河上游	180		180
陕西	喷口	黄河上游	1 800		1 800

表9　我国拟建的主要大型贯流式及抽水蓄能水电站

电站名称	水头(m) 最大水头	水头(m) 额定水头	水头(m) 最小水头	单机容量(MW)	数量(台)
贯流式机组					
小峡	17.0	12.7	6.7	40	5
紫兰坝	19.9	16.4	13.3	34	3
长洲	16.4	9.5	3.8	32	19
百龙滩	18.0	9.7	0.7	32	6
乌金峡	12.6	10.0	5.4	30	5
泰合	12.1	8.6	4.5	30	6
抽水蓄能机组					
荒沟	437.0		392.0	333	4
张河湾	348.0		295.0	250	4
西龙池	681.0		599.0	250	4
三间房	296.9		267.9	250	4
响水涧	212.5		159.9	250	4
蒲石河	337.0		288.5	243	8
泰安	215.1		171.1	150	4
琅琊山	135.7		105.3	110	4

表10　我国近期(可能)建设的大型水电站

电站名称	河流	所在地	装机容量(MW)	年发电量(MW·h)	最大坝高(m)
三板溪	清水江	贵州锦屏	1 000	243	186
水布垭	清江	湖北巴东	1 600	392	233

（续）

电站名称	河流	所在地	装机容量（MW）	年发电量（MW·h）	最大坝高（m）
百色	右江	广西百色	540	160	130
尼尔基	嫩江	黑龙江嫩江	250	51	40
小峡	黄河	甘肃白银	230	100	47
杂谷脑梯级	杂谷脑河	四川理县汶川	230	145	
双沟		吉林	500		
紫坪铺		四川	760		
碗米坡		湖南	240		
锦屏二级		四川	3 200		
大藤峡		广西	1 204		
紫兰坝		四川	102		
长州		广西	610		
株洲		湖南	140		
张河湾		河北	1 000		
桐关山		江苏	1 000		
西龙池		山西	1 000		
辉州		广东	2 400		
宜兴*		江苏	1 000		
蒲石河*		辽宁	2 000		
板桥峪		北京	1 000		
山峡右岸		湖北	8 400		

注：代“*”号为抽水蓄能电站。

四、我国水电制造业发展目标、政策与措施

1. 我国水电制造业的发展目标

我国水电制造业的发展目标是：加强水轮机缺档品种的开发；加强水轮机制造工艺的研究；大力加强应用基础理论研究；提高水轮发电机参数水平，研制大容量发电电动机；发展变速电机。

2. 我国水电制造业的调整

(1)深化企业体制改革。我国水电设备制造业自改革开放以来，一直进行着自身改革，但还都不够彻底与完善，必须利用入世这一契机，要尽快在开放市场、引入竞争、参与国际分工的良好环境下，彻底解决那些阻碍市场经济的体制问题、结构矛盾，按市场经济体系，建立新的生产与管理机制，做到企业的自主发展，自我完善，自主创新，在竞争中增长综合竞争能力，使企业在大的竞争环境中不断发展。

(2)加强人才培养，提高人员素质

首先是留驻人才，完善激励机制。各企业在深入改革过程中，一定要搞好分配制度的改革，要在思想和实际中彻底根除计划经济时遗留下来的不合理的分配制度。提高思想觉悟和搞好分配制度是今后留住人才缺一不可的。搞不好，水电设备制造企业就可能成为外资企业的“人才培训部”。

重要的是培养人才，激发人才的最大能动性。在体制性、结构性改革中，还要搞好人才的培养工作。近几年发电设备发展很快，许多大型水电机组还未制造过，新产品有待开发，要求工程技术人员要不断更新知识，这就要求企业下大力气、花大本钱，培养出自己的高级专门人才，同时，企业也要创造条件吸引人才。

(3)加大科研技术投入。我国水电设备制造企业竞争力弱的主要问题是高级科技人才少，技术创新能力薄弱，产品档次不高，为此，要加大科研与技术投入。

在水轮机方面，能够不断开发出性能优良的模型转轮，在水力稳定性研究方面能预测稳定性，提高稳定性，防止机组共振设计方法，不断提高转轮可靠性及防裂纹措施与工艺方法，以及大型转轮制造技术等方面的新成果；在水轮发电机方面，高压绝缘材料与绝缘结构，定子线圈制造技术，大容量机组通风冷却技术，高速重载推力轴承设计制造等，要有自主知识产权的核心技术。

加大科研和新产品开发经费投入是企业取得技术进步的关键，但国内企业由于种种原因，这方面的投入比国外企业相对较多，因此，科研水平低，开发能力差。对此问题必须提高认识，要从战略发展的高度去考虑，要在获得应有利润的基础上，提高科研经费投入比例，并形成固定化，达到国际通常的合理数值或下限，一般要使科研经费达到销售收入的5%～10%。

(4)搞好技术引进与引资。我国水电设备有着广阔的市场，特别是入世后，世界上所有大的发电设备制造商都看好中国，现已先后进入中国。在此情况下，我国的水电设备行业必须做好工作，要通过技术引进发展我国发电设备制造业，调整产品结构，开发高技术含量的水电设备，使水电设备制造业赶上或超过世界先进水平。在这一方面，三峡机组的技术引进、合作生产的方式是非常成功的，失去部分市场，换来先进技术和自身发展。

入世后，世界上一些有实力的发电设备制造商有可能将一部分资金或产业转向中国，或是对企业进行收购，我国的水电设备制造企业有条件的要抓住机遇引进外资。但是，外资的进入一定要与先进技术的引进联系在一起，一定要一同进入引进，引资也是为了发展我国发电设备制造业。

(5)水电设备制造行业调整。我国水电设备制造业是在我国社会主义建设的特殊情况下发展的，除形成哈电和东电二大公司外，其他企业多为三线或小三线建设时发展起来的，由于受计划经济传统分割影响，使水电设备制造企业几乎遍布全国各省，形成十分分散的格局。一些企业虽经过几次技术改造，技术力量仍然比较薄弱，无产品开发能力；哈电和东电二大公司与国外水电制造企业相比，也还是弱者，这样的局面，在入世后的国内外市场竞争中是十分不利的。

水电设备制造业就其本身的技术、产品与技术特点，是经济效益较好的产业，国际上水电设备制造企业多是多元化经营的巨型跨国公司，巨大规模和产品多样化，为技术发展和抗风险提供了足够的支撑。我国水电设备制造企业由于资金分散，产品较为单一，大部分企业装备落后，工艺水平低，经营规模小，其结果必然是抵抗风险能力弱。国内企业资本、生产能力及销售收入等与国外差距很大，这也正是我国水电企业，特别是中、小发电设备制造企业受市场波动影响大的主要因素；就哈电和东电这样的大企业在一些大的工程项目联合投标，合作分包中，也常常受到外商的挤压，经营业绩受到极大影响，甚至造成企业亏损。

所以，在国内市场国际化的竞争中，站稳市场并使我国水电设备制造业得到发展，一定要打破现有格局，走我国水电企业自身联合或兼并的道路。联合或兼并并不是甩包袱，而是强强联合。也就是说，首先是要搞好本企业的经营管理、产品质量和服务工作，才能取得联合的条件，否则将会在市场竞争中被淘汰。在联合中发展专业化生产，改变大而全、小而全的现状，改变我国发电设备的产品结构，充分发挥现有生产要素的作用。

3. 搞好行业协会建设，发挥行业协会作用

在加入世贸组织后，政府对企业的各种保护措施和政策将全部撤消。所以，在新形势下要发挥好行业协会的作用，使行业协会在行业中成为一个自律性组织，发挥自我服务和监督功能，进行自我协调和维护市场竞争秩序。WTO规则并不完全禁止对国内市场的保护，在取消与WTO规则相冲突的保护国内市场方式的同时，行业协会要积极探索符合WTO规则、行之有效的保护国内市场的新方式，尽快与企业共同规范和完善我国的技术性贸易保护体系。当前急需解决的问题是：

(1)建立健全“技术壁垒”。要加速规范和完善我国的技术性贸易保护体系。当今，世界各国普遍采取技术性贸易措施保护本国市场和产业发展，世界贸易组织《技术性贸易壁垒协议》(WTO/TBT协议)也承认技术性贸易措施存在的合理性和必要性，允许各国可以基于维护国家安全、人类安全与健康、动植物安全与健康、环境保护、防止欺诈行为等正当理由而采取技术性贸易措施。

技术性贸易措施主要包括技术法规、技术标准、质量认证(合格评定)检查程序和检验手续等。具有合理性、灵活性、隐蔽性、复杂性和广泛性。

随着经济全球化和贸易自由化进程的加快，非关税措施日益受到约束和限制，但以技术法规、技术标准、认证制度、检验制度为主要内容的技术性贸易措施突出，其影响和作用越来越大。技术性贸易措施变得更加复杂和隐蔽，“技术壁垒”成为最普遍、最难以对付的贸易壁垒，这是我国发电设备行业发展特别要重视的问题。

在国外技术性贸易措施不断强化的今天，我国的技术性贸易保护体系已经不能适应我国对外贸易和经济发展的需要，特别是处于发展中的我国发电设备制造业，无论是从发展民族工业还是从国民经济发展需要出发，都应该予以保护，所以尽快规范和完善我国发电设备制造业的技术性贸易保护体系是非常紧迫的。

同时，要重视发挥行业协会作用，行业协会在市场经济运行中起着服务、协调的作用，有时比政府部门更具有权威性和可操作性。行业协会不仅要组织制定和执行行业标准，要引导行业协会承担起保护企业的职责，建立、健全适合WTO体系发电设备制造业的技术性贸易措施，并要形成一个利用技术性贸易措施进行行业和产品保护的快速反应机制。

(2)建立、健全市场经济秩序。我国在进入市场经济初期，在各种因素的影响下，出现了招投标不规范，地方性保护及超范围压价的恶性市场竞争，使我国水电企业受到了很大的损失，一些企业已极度亏损，在加入世贸组织后，对企业是极端不利的。所以，必须建立完善的市场经济秩序，必须建立起行业内的反倾销法规，保证企业应有的利润所得。只有这样，企业才能得到发展，职工才能增加收入，我国的水电业才能得到发展。

4. 我国水电制造业发展始终离不开政府支持

我国水电制造业发展一直是在政府的关心下得到发展壮大的，今后也依然如故。现就当前亟待解决的问题分述如下：

(1)消化和解决旧体制的遗留问题是国有企业取得平等竞争地位的当务之急。加入世贸组织不仅是中央政府行为，同时各级政府也要认真执行政企分开原则，要破除对企业行为的直接干预和地方、部门的保护主义。

解除国有企业的历史包袱，使企业真正从各种社会保障职能问题中解脱出来，轻装上阵，平等参与市场竞争。这也是各级政府要认真执行的政策。

(2)国家要协调电力工业技术装备与水电设备制造业的关系。在设备引进时，国家应根据我国发电设备制造业的技术发展全过程进行宏观控制，不应将国内制造企业排除在外。

在加入世贸组织后，国家更要为国产化的依托工程创造条件，建立风险投资基金，有组织地承担风险投入，使国内有自主知识产权的水电机组，能得到产业化、商业化，使我国从工业经济转向知识经济，使我国水电设备制造业早日赶上世界先进水平。

(3)在国内电力工业建设中规范招投标问题。在加入世贸组织后，要按WTO要求进行招投标。为此，首先要破除行业垄断行为和地方保护，破除招标随意性，应当建立招投标监理机制，监督招投标法公开、公平、公正地执行，使国内发电设备市场成为有序竞争大市场。

(4)建立发电设备开发中心。目前，我国虽然是水电设备制造大国，但不是强国，与世界先进的水电设备制造国家还有较大差距，特别是在大型混流式机组、全贯流机组、大型灯泡贯流机组和抽水蓄能机组制造上，我国还处在起步阶段。所以，我国发电设备制造业要在国内市场竞争中占主导地位，就要计划、有序、协调一致地搞好科研开发工作，充分发挥有限的资金和人才的作用。为此，建立发电设备开发中心，对大集团的科研开发工作，资金投入，进行统一管理协调发展，是非常必要的。也只有这样，才能在加入WTO后的国内外市场竞争中，搞好技术引进、消化吸收、优化设计，使企业不断增强竞争力，早日使我国发电设备制造水平赶上世界先进水平。

我国水电设备制造业，应实施进取性的应对战略，以适应WTO规则，解决深层体制和结构矛盾，加快制度创新；在“过渡期”内的国内市场的进一步开放、引入和加强竞争，以促进发电设备制造业的竞争力；把履行入世承诺作为建设企业信用关系和提高国际形象的准则。各企业一定要看到我国持续快速增长的水电设备制造业市场的潜在优势，劳动力低

成本优势，自身的技术优势和国内企业加工制造优势，并将其转化为入世后的竞争优势，争取自身收益的最大化。

在加入 WTO 后，搞好宏观调控，建立公平的市场竞争环境就更为重要。国家要支持水电制造业的发展，要为自主开发的产品走向市场创造条件。我国是一个 12 亿人口的大国，必须有充足的电力供应才能促进社会与经济的现代化发展；我国具有丰富的水力资源，在实现社会主义现代化建设中应充分发挥水电的优势，实现水电大、中、小并举。为达到此目的，只靠国外进口水电设备来发展电力工业是行不通的，必须建立和发展我国自己强大的水电设备研究、开发和生产体系，才能有充分的保障来实现我国四个现代化的宏伟目标。

战略应对，刻不容缓

——解读欧盟两个指令

中国电器工业协会　刘伯宇

提要：(1)“在电气电子设备中限制使用某些有害物质指令”、“电气电子设备回收指令”是欧盟环境保护政策的重要组成部分，将构成系统化的整体战略，“限制使用某些有害物质指令”是该系统的基础和技术内核。

(2)科学和技术信息的评估是欧盟指令的科学技术基础，虽然“保护人类健康、维护生态环境、争取可持续发展”是全球不容置疑的共同目标，科学技术水平和工业生产能力才是实现目标的保障。当欧盟指令为经济发达国家所采纳时，技术竞争实力决定了市场发展的空间，技术创新的速度决定了经济发展的机遇，一个超级 TBT 经济政策昭然若揭。

(3)欧盟指令将推动材料科学的发展和材料技术的更新换代。我国需要紧急启动对指令的战略研究，用材料科学技术的创新，迎接环保电气电子产品时代的到来。

一、欧盟指令的内容和发展趋势

众所周知，2003 年 2 月 13 日欧盟的“官方公报”公布了欧洲议会和欧盟部长理事会第 2002/95/EC 号“关于在电气电子设备中限制使用某些有害物质指令”和第 2002/96/EC 号“关于报废电子电气设备指令”，由环保人士与北欧国家发起，历时 10 年的努力终于以法律形式面世。

从保护人类健康和安全、维护生态环境、保障社会可持续发展的战略目标出发，欧盟已经公布了两个指令，新近又发布“生态设计指令”与世界各国磋商，表明欧盟将继续坚持采取一系列法规措施，建立完备的“环保战略”法律体系。

已公布两个指令主要内容：

(1)指令涉及正常运行而依赖于电流或电磁场工作的十类 101 种电气电子产品，或者其设计交流电压不超过 1 000V，直流电压不超过 1 500V，能够产生、传输和测量电流和电磁场的设备。

(2)欧盟成员国将确保，2006 年 7 月 1 日起投放于市场的新电气电子设备将不包含铅(Pb)、汞(Hg)、镉(Gd)、六价铬(Cr^{+6})、多溴二苯醚(PBDE)或多溴联苯(PBB)，(第 2002/95/EC)。

(3)报废电子电气设备应与市政废弃物分开处理。对于处理过程：分类收集、处理、回收的操作有明确规定。不论对私人家庭还是非私人家庭的使用者，报废电子电气设备的回收处理费均主要由生产者或者代表生产者的第三方承担。在 2006 年 12 月 31 日前，按不同产品类别其重量回收再利用率分别要达到 50%～80%。并且要求在 2008 年 12 月 31 日前建立报废电气、电子产品回收、再利用、再循环的新目标，(第 2002/96/EC)。

(4)欧盟各成员国应在 2004 年 8 月 13 日前使符合两指令所必要的法律、规则和行政规定生效。

(5)欧盟对两个指令的实施、检查、惩罚和过渡作出了明确规定。

可以预测，欧盟“人类健康、环境保护，可持续发展”的战略性法律法规的构架体系会继续发展下去。正在酝酿的“生态设计指令”旨在把设计、生产、回收、再利用等产品生命周期的全过程，完全置于法律监控之下。而且欧盟指令极可能成为日本、北美效仿的榜样。

二、欧盟两个指令的基础和内涵

科学和技术信息的评估是两个指令的科学技术基础，而限制使用某些有害物质的指令(第 2002/95/EC 号)是其科学技术内核，因此，重点解读该指令。

(1)指令具有充分的科学依据。6 种有害物质的危害是职业病研究和环保工作者的业务常识，甚至发现北极熊也因人类经济活动造成体内多溴化合物的沉积，影响其体型减小，繁殖能力下降。

(2)两个指令管辖的产品范围，表面上确定“有限”，实际上极其“宽泛”。指令虽然划订十类 101 种产品中限制使用 6 种有害物质，但文本正文中明确指令适用的“定义”为能够产生、传输和测量电流和电磁场的设备或者依赖于电流或电磁场工作的设备，而十类 101 种产品属于“附件”，附件从属于正文易于补充或修订。

(3)从技术层面解读或从产业链分析，6 种有害物质主要在基础性功能材料中，发挥着特殊的作用，例如，绝缘材料常使用硬脂酸铅、硬脂酸镉作热稳定剂，使用多溴二苯醚作为阻燃剂；银氧化镉(Ag－CdO)是应用面最广范的电触头材料，其用量占低压银基触头材料 60%以上。指令表面上仅限制了 6 种有害物质的使用，实质上统辖了所有应用基础性功能材料的电气电子设备。因为，所有用电、以电磁定律为基本规律的商品都依赖于导电和绝缘的功能材料。

此外，虽然指令限定设计电压 AC1 000V 以下，DC 1 500V 以下的电气电子设备，但绝不要以为限制的材料都是低压类型。因为电视机、微波炉、电脑、复印机、医用设备等装置都有高压发生器、高压线包等高电压部件。因此，高压绝缘材料也必须不使用 6 种有害物质才能满足指令要求，乃至低压工频条件下最常用的变频电机其绝缘等级也应超过 3 000～5 000V，才能可靠运行。

(4)限制措施的选择性。指令“限制”使用，实际上是想“禁止”使用 6 种有害物质，但是欧盟的科学技术还未先进到足以完全“禁止”的水平。表现在指令上，欧盟已经解决了的材料技术问题，严格禁止，如银氧化镉触头材料（Ag—GdO）。该材料最佳替代物是银氧化锡（Ag—SnO_2），最先突破又最成熟的公司是德国 Degussa，目前欧洲又有 AMI—DODUCO 等多个公司也能够批量产品出售。欧盟尚未解决或未较好解决的材料技术问题则放宽或预留今后修订的空间，如，对使用传感元件的监视和控制工具、医用装置则放宽对待，对使用铅的焊接材料、封结玻璃则不强求无铅化；据英国专家介绍，多溴二苯醚中的五溴、八溴二苯醚禁止使用，而十溴二苯醚又允许使用。显示出“我强则禁，我弱则松”的选择性。

在技术标准方面，对 6 种有害物质的测试方法，检测标准没有公布，还是开口的。没有统一的测试方法和检测标准，加上限制措施的选择性，都表明指令的实施必然具有主观随意性。

(5)指令政策目标的确定性、技术标准的开放性和限制措施的选择性，从中可以领悟到顶层战略设计的脉络，一种针对发展中国家的超级技术壁垒浮现而出。透过环保人士的执着，让我们也看到了企业家的精明和政治家的强权。这种技术壁垒自然乐于为具有强大科技竞争实力的经济强国所接受，变成共同的政策。事实上，许多美、日公司已经开始并正在执行着比欧盟更严格的标准。

三、对我国电气电子产品发展的影响

这里的“影响”是涉及、被限制、受到威胁或将会危及的意思，而真实的影响程度还取决于当时诸多因素的互动。

所有用电、以电磁定律为基本规律的商品都以导电和绝缘的功能材料为工作基础。除铜、铝、银和工程塑料等基础原材料之外，所有经过材料改性的导电性及绝缘性功能材料又主要由电工行业提供。所以，对电工用功能性基本材料的限制将影响各种各样，数量众多的用电商品。例如，欧盟新开列的十类 101 种电气电子设备，从生产链角度分析，均以电器基础件和功能材料技术为基本构成，涉及电器附件、电线电缆、低压电器、绝缘材料、电工合金、微特电机、中小电机、分马力电机、变压器、电控伺服、继电保护、防爆电器、防爆电机、热收缩材料等二十多个分行业的产品。可见，技术构成决定了几乎全部的电气电子产品，都会受到限制使用有害物质的波及。影响程度虽因专家视角差异，评估依据不同，但结论都是很大、很强的全局性振动。

我国机电产品出口按国别和地区分析：2002 年欧洲地区出口占出口总量的 17.93%，北美地区占 21.69%，日本地区占 14.58%，大洋洲地区占 1.39%。世界科技先进地区累计 55.59%。显然，当欧盟指令成为国际通行准则的时候，我国受其影响的出口市场份额高达 55.6%。

按出口金额计算，2002 年我国出口欧盟的机电产品约 269.7 亿美元；如果我国电气电子产品出口保持每年 20% 的递增幅度（2003 年 1～5 月份，我国单纯电工电器产品出口增幅 24.4%），那么到 2006 年，欧盟指令将影响我国单纯电器产品出口约 166.8 亿美元，超过我国 2001 年电器产品 145 亿美元的出口总额；将影响各种电气电子类产品出口额高达 750 亿美元，也超过了我国 2001 年全部电气电子产品的出口总额 651.19 亿美元。

虽然存在海关统计与行业管理的口径差异，但是态势分析的结论仍然是可信的。一位长期从事化学分析并且有着为世界级公司分析有害物质经历的专家认为，欧盟限制指令的影响是很大的、全局性的，我国受限的产品 80%～90% 都不能通过指令限制。当考虑到报废电气电子装置的处理环节，将由生产者承担责任时，则负担更加沉重。作为日益成为世界工业产品的主要加工地，我国无论如何不可能接受这样的结果，应该采取有力而有效的措施积极应对。

至此，我们联想到“欧盟化学品发展战略白皮书”，其直言不讳的第三个目标：发展欧盟化学工业的竞争力，保持其产品 400 亿欧元的销售收入。考虑工业链的增值作用，指令对欧盟经济利益保护作用非同小可。

四、迎接挑战，赢得机遇

站在行业协会的立场上，紧急启动战略应对，是唯一的选择。战略策划要用战略应对，技术壁垒利用技术创新破解，是最积极的策略。技术竞争的实力决定了市场发展空间，技术创新的速度决定了发展机遇，这是世界经济一体化时代的客观规律。客观上，欧盟指令将触发材料科学的发展和材料技术的更新换代，具备促进科学技术发展，早日进入电气电子产品环保化时代的积极意义。

我国具有高速发展的科学与教育事业，庞大的科学技术队伍，较好的科学技术设施和相当数量的科技成果储备；具有比较完备的工业体系，经济实力快速增强，改革开放、“三个代表”思想的深入人心，实干兴邦日益成为广大企业和民众的自觉行动，电工行业迎接挑战的应对条件前所未有。我们应在政府主管部门指导和支持下，从全局和发展的战略高度，紧急启动指令的战略研究，从科学技术高度和工业链的深度上开展应对措施的探索：

(1)发动企业，广泛宣传，提高积极应对的意识和作好应对措施的准备，使企业认识到既使不做出口产品生意，只供国内市场，有害物质的毒性也回避不了。回收指令对企业也是“躲过了初一，躲不过十五”，应予正视。

(2)在企业支持下展开电器工业行业调查。查清电工材料和电工基础件中含有 6 种有害物质的种类和含量，对出口量大的电气电子产品作出量化评估，掌握全行业受欧盟指令影响的深度和广度，作出各分行业的态势分析。

(3)提出有害物质替代材料技术和替代产品的科技发展规划及具有自主知识产权的新产品开发计划(建议),向政府有关部门提出建议,争取资金资助和政策优惠。规划重点是基础件和功能性材料。

(4)参与建立信息平台,广泛收集和研究世界先进国家实施两指令的动态、标准和法规。根据我国实际,适时建立环保化电工标准,用技术标准和标准化技术限制有害物质的使用,为保护人民健康和安全、保护环境,全时推进机电工业发展,适时建议和参与国家环保法规的修订。

(5)对于两指令不合理,不符合我国国情的实施规定,向我国政府反映,并代表行业向欧盟进行交涉。寻求解决方案或依照WTO规则,争取争端解决机制裁决。

(6)探索和实施应对举措时,要抓住重点,典型开路,坚持改革促发展,用机制变革推动企业发展的办法加快电工材料科技创新,迎接环保电器产品新时代。

欧盟两个指令对我国机电工业的影响与对策

中国机械工业联合会　郑国伟

2003年2月13日欧盟的《官方公报》公布了欧洲议会和欧盟部长理事会共同批准的两个指令,即《报废电子电器设备指令》和《关于在电子电器设备中禁止使用某些有害物质指令》,目的是应对日益严重的、由于电子电器设备使用某些有害物质和废弃产品引起的环境污染及其对人类健康和安全的危害。欧盟部长理事会和欧洲议会经历两年多的讨论、协商和修改,咨询了30多个相关组织与协会,于2002年10月11日就两个指令草案文本达成调解协议。

欧盟两个指令是统一欧盟内部各成员国关于处理报废电子电器设备和使用含有有害物质的电子电器设备的相关法规、政策及措施,也是对进口设备的一项技术壁垒,必将严重影响我国电子电器产品的出口;同时也将促进我国电子电器工业的技术进步,改进电子电器产品的技术构成,开发新产品,调整产品结构。

一、两个指令的主要内容

(一)、《报废电子电器设备指令》

1."指令"管辖的产品范围

"指令"管辖以下10类产品中交流电不超过1 000V,直流电不超过1 500V的设备:①大型家用器具,如冰箱等;②小型家用器具,如吸尘器等;③信息技术和通信设备,如计算机、传真机等;④用户设备,如电视机、录像机等;⑤照明设备,如荧光灯管等;⑥电子和电动工具,如钻孔机、割草或园林工具等;⑦玩具、休闲和运动设备;⑧医用设备,如体内诊断设备、分析仪等;⑨监测和控制器械,如烟雾探测器,家用或实验室用的测量、称重或校准设备等;⑩自动售货机。详见附件1。

2.报废设备的处理方法

(1)分类收集。上述10类报废设备要与普通市政垃圾分开收集。上述设备以外的设备中,含有有害物质的材料和组件的也要与普通市政垃圾分开收集,如含有水银组件的开关,含有多氯化联(二)苯的电容器、电池,含有石棉的组件,含有放射性物质的组件等。详见附件2。

(2)处理。按特殊处理程序处理报废设备和含有有害物质的材料和组件。如组件中含有消耗臭氧的气体,必须被正确地抽出和处理。详见附件3。

(3)这些设备和组件在处理前的储存方法和储存地点要按规定的技术要求进行选择,并要具有专门的标示符号。见附件4。

(4)回收。在2006年12月31日前,必须由生产者或者代表生产者的第三方,按回收产品的不同分别利用回收产品的50%~80%(按重量计,下同),并承担回收费用。其中复印机、计算机、电视机要回收再利用的组件和材料要达到65%以上,电动工具、金属和其他材料的加工设备、割草和园林工具、喷雾涂敷设备、监测和控制器械等要回收再利用50%以上。欧盟还要求各成员国在2008年12月31日前制定废弃物回收、再利用、再循环的新目标。

(5)成员国要建立信息体系,及时提供和交流有关信息,以便于监督,明确有关方的责任与义务。

(6)各成员国应在2004年8月13日前,使符合本指令所必须的法律、规则和行政规定生效,并立即将这些文件通报欧盟委员会。

(7)惩罚与强制措施及具体实施条款。

(二)、《关于在电子电器设备中禁止使用某些有害物质指令》

(1)指令管辖的产品范围。指令适用于《报废电子电器设备指令》管辖的10类设备中,除去第8类医用设备和第9类监测与控制器械以外的设备。

(2)禁止使用的6种有害物质。欧盟要求成员国在上述8类设备中含有铅、汞、镉、六价铬、聚溴二苯醚(PBDE)和聚溴联苯(PBB)有害物质的,从2006年7月1日起禁止在欧盟市场销售。在本指令生效至2006年7月1日前,各成员国必须遵照欧盟立法,在本国采取措施限制或禁止这些物质在电子电器设备中使用。

(3)各成员国应在2004年8月13日之前,使符合本指令所必须的法律、规则和行政规定生效,并立即将这些文件通报欧盟委员会

(4)惩罚和实施条款。

二、对我国机电工业机电产品出口的影响

1. 将严重影响我国机电产品出口

欧盟两“指令”所涉及的产品十分广泛，附件1列出了10类、101种设备，但与此有关的材料、组件已远远超出这个范围。电子产品中包括了电视机、录象机、收音机、个人电脑、传真机等信息技术和通信设备，以及通过电讯以外的发送声音和图像技术的录制和复制设备等。机械产品中包括多种电器产品、部分监测和控制器械、复印机、摄影机、割草机和部分机械加工设备，以及家用电器、照明设备和自动售货机等，这些产品多数是我国出口的主导产品。

欧盟是我国机电产品出口的重要市场之一，2002年我国机电产品出口欧盟269.7亿美元，占机电产品出口总额的17.2%，其中机械产品出口欧盟146亿美元，占机械产品出口总额的19%。2003年上半年机电产品出口欧盟181.8亿美元，同比增长59.1%，占机电产品出口总额的18.9%。其中机械产品出口欧盟92亿美元，同比增长43.8%，出口增长势头很好。但是欧盟采取的这一措施，必将对我国出口产品形成贸易壁垒，产生严重的负面影响。而且欧盟的这一行动，很可能被美国、日本等我国的其他主要贸易伙伴所借鉴并采取类似措施。这将对我国机电产品出口产生更为严重的影响。因此，我们要十分重视这个问题，积极采取切实有效的措施。

2. 促进我国电子电器工业技术进步，尤其将促进电器基础件和基础材料的快速发展

据业内有关人士介绍，欧盟禁用的6种有害物质，涉及到很多产品，从生产链角度分析，这10类电子电器产品的技术构成，离不开电器基础件和基础材料，它涉及到低压电器、电器附件、绝缘材料、电工合金、中小电动机、电控伺服装置、电线电缆、电动工具、电焊机、变压器、继电保护器、防爆电器、热收缩材料等20多个小行业，影响很大。例如，我国电触头材料中的银氧化镉（镉已被欧盟规定为禁用的6种有害物质之一），已被广泛用于交流接触器、直流接触器、空气断路器、限流及漏电开关、框架式断路器、继电器、按钮开关及家用电器等方面。在民用耗电设备中，几乎都有被欧盟禁止的有害物质。据有关资料介绍，银氧化镉最好的替代物是银氧化锡，这项技术最先突破又最为成熟的是德国Degussa公司。目前我国能解决这项技术问题的，只有一两个科研单位，产量也很少。因此，欧盟这些措施也将促进我国调整相关产业的发展，特别将更大地促进电器基础件和基础材料的技术进步，加快研究开发的进度，改进产品的技术构成，调整产品结构。

三、对策和建议

(1)积极应对技术壁垒。建议我国政府有关部门抓紧会同行业主管部门、行业协会等，研究分析我国出口欧盟机电产品的情况，进一步弄清两“指令”的产品范围（应要求欧盟提供国际通用的进出口商品关税税则号），首先对出口量大的产品，组织有关单位（如国家商检实验室、产品质量检测中心等）检测分析上述出口产品中含有6种有害物质的情况，对影响作出评估，并研究采取相应措施。

(2)紧急启动战略研究，制定发展规划。建议我国政府有关部门制定替代上述有害物质的科技发展规划和新产品开发计划，特别要重视电器基础件和基础材料的研制开发，重点包括绝缘材料、电工合金、电线电缆、蓄电池和其他电池等，组织重点攻关，并给以政策优惠和资金资助（这种资助WTO规则是允许的），须加快发展。

(3)我国有关企业要引起高度重视，认真采取措施。尽管欧盟规定最后期限在2006年（禁止有害物质进入市场从2006年7月1日起实行，生产者回收必须在2006年12月31日前达到规定比例），但欧盟要求在这期限之前就要逐步实行限制，由各成员国在2004年8月13日之前制定有关法规。因此时间仍是十分紧迫。

首先，要分析上述设备和组件、材料中是否含有以上有害物质，属于外购配套件的要提请有关制造厂、供应商进行分析、评估并采取措施；属于加工贸易进料或来料加工出口的，要提请合作方研究采取措施。

其次，含有上述有害物质产品的制造企业，要组织有关产品设计单位研究、寻找替代品，修改产品技术标准。尤其是电器产品，涉及范围很广，必须从基础件和基础材料抓起，通过自行研制或与外商合资合作，引进技术，在消化吸收的基础上有所创新。蓄电池和电动工具是电器工业中两个出口大户，尤其是铅酸蓄电池、镉镍蓄电池和部分电动工具（塑料机壳中含有镉，印制线路板中含有少量铅），需要尽快动手加强科研投入，寻找替代物，开发新产品，并修订产品技术标准和合格评定程序并早日实施。如果某些有害物质一时还找不到替代物，可据实向我国政府有关部门反映，与欧盟再进行磋商。

(4)对欧盟两个指令的不合理部分，要提出意见。如回收费用不应由生产者负担，回收应该社会化，回收率过高，尤其对发展中国家要求应有所区别，以及再利用、再循环问题等。建议我国政府有关部门与欧盟进行磋商，寻求解决方案。必要时提交世贸组织争端解决机制裁决。

(5)制定我国相应法规。为保护我国的环境，保护人民健康和安全，保护机电工业的发展，根据我国经济发展水平和产品技术水平，参照欧盟的做法，制定适合我国实际情况的环境保护相应法规，并制定规划，逐步实施。同时要重视收集研究其他国家与此有关的情况，了解欧盟成员国实行两个指令以及采用替代物的情况，建立信息平台，研究制定与此相适应的有关产品的国家技术标准和合格评定程序。

附件1 《报废电子电器设备指令》产品清单

1. 大型家用器具

大型制冷器具

冰箱

冷柜

其他大型食物冷藏、保存和贮存器具

洗衣机

衣服甩干机

洗盘机

烹饪设备

电炉

电热盘

微波炉

其他大型烹饪和食物加工器具

电热器具

电暖炉

其他大型加热房间、床、供坐家具的器具

电扇

空调装置

其他吹风、通风换气和空调设备

2.小型家用器具

真空吸尘器

地毯清扫器

其他清扫器具

缝纫、针织、编织和其他纺织加工器具

熨斗和其他熨平、轧平以及其他衣物护理器具

烤箱

煎锅

研磨机、咖啡机和开启或密封容器或包裹的设备

电动刀

理发、吹发、刷牙、剃须、按摩器具和其他身体护理器具

钟表、手表和其他测量、指示或记录时间的器具

比例尺

3.信息技术和通信设备

集中数据处理：

大型机

小型机

打印机单元

个人计算：

个人电脑(包括 CPU、鼠标、屏幕和键盘)

膝上电脑(包括 CPU、鼠标、屏幕和键盘)

笔记本电脑

记事本电脑

打印机

复印设备

电动和电子打字机

口袋式和台式计算机

其他通过电子方式进行信息收集、贮存、处理、演示或通信的产品和设备

用户终端和系统：

传真机

电报机

电话机

付费电话机

无绳电话机

移动电话

应答系统

其他通过电讯传输声音、图象和其他信息的产品或设备

4.用户设备

收音机

电视机

摄影机

录象机

高保真录音机

扩音器

音乐设备

其他通过电讯以外的发送声音和图像技术录制或复制声音或者图象的产品或设备

5.照明设备

荧光灯管,家用荧光灯除外

直线式荧光灯管

紧凑型荧光灯管

高强度放电管,包括压钠管和金属卤化管

低压钠管

其他照明或用于发射或者控制灯光的设备,白炽灯除外

6.电子和电气工具(大型固定工业工具除外)

钻孔机

电锯

缝纫机

对木材、金属和其他材料进行旋转、碾磨、磨光、研磨、锯开、切割、修剪、钻孔、打洞、打孔、折叠、弯曲或者类似加工的设备

用于铆接、打钉或者拧紧或者除去铆钉、钉子、螺钉或类似用途的工具

用于焊接或者类似用途的工具

通过其他方式对液体或者气体物质进行喷雾、涂敷、驱散或其他处理的设备

用于割草或者其他园林活动的工具

7.玩具、休闲和运动设备

电动火车或者赛车

手动图象游戏控制台

图象游戏机

用于自行车、跳水、跑步或者划船等的计算机

带有电子或者电气组件的运动设备

硬币投掷机

8.医用设备(所有被植入的和被感染的产品除外)

放射治疗设备

心脏病设备

透析设备

肺部通气机

放射医学设备

体内诊断实验设备

分析仪

冰柜

受精试验设备

其他诊断、预防、监测、处理、减轻疾病、伤痛或者残疾的器具

9. 监测和控制器械

烟雾探测器

温度调整器

自动调温器

家用或者实验用的测量、称重或者校准设备

其他用于工业装置(如在控制板上)的监测和控制器械

10. 自动售货机

热饮料自动售货机

冷热饮或者罐头自动售货机

固体产品自动售货机

自动取款机

自动售货所有产品的所有器具

附件2　除附件1中10类设备外,需要专门收集和处理的材料和组件清单

1. 至少下列物质、配制件和组件必须从任何分类收集的废弃电子电器设备中除去

根据理事会1996年9月16日关于处置多氯联苯和多氯三苯(PCB/PCT)的第96/59/EC号指令,含有多氯化联(二)苯(PCB)的电容器

含有水银的组件,如开关或者逆光灯管

电池

移动电话的印制电路板和印制电路板表面积大于$10cm^2$的其他装置的印制电路板

调色剂筒、液体、糊浆以及彩色调色剂

含溴化火阻剂的塑料

石棉废弃物和含石棉的组件

阴极放射管

含氯氟烃(CFC)、含氢氯氟烃(HCFC)、含氢氟烃(HFC)、碳氢化合物(HC)

气体放电管

表面积大于$100cm^2$的液晶显示屏(带有适当的包装)和所有的带有气体放电管逆光的显示屏,

外部电缆

欧盟委员会1997年12月5日关于适应理事会关于危险物质的分类、包装和标签的第67/548/EEC号指令规定的技术进步的第97/69/EC号指令描述的含有难熔陶瓷纤维的组件

含放射性物质的组件,低于理事会1996年5月13日关于规定保护工人健康和公众免受电离辐射危险的基本安全标准的第96/29/Euratom号指令第3条和附件1中设置的免除极限值的组件除外

含相关物质的电解电容器(高度>25mm,直径>25mm或者按比例类似容积)

这些物质、配制件和组件应根据第75/442/EEC号指令第4条规定进行处置或回收。

2. 分类收集的报废电子电器设备的下列组件要按所指示的方式进行处理

阴极放射管:要去除荧光外套

包含消耗臭氧或者全球变暖潜在值高过15的气体设备,例如包含于泡沫和冷藏电路中的设备:这些气体必须被正确地抽出和处理。消耗臭氧的气体必须按照2000年6月29日理事会和欧洲议会关于破坏臭氧层物质的第(EC) No 2037/2000号规则进行处理。

气体放电管:应除去水银

3. 考虑环保要求和再利用和再循环的愿望,第1款和第2款应该以不阻碍组件或整机以合乎环保要求的再利用和再循环的方式加以适用

4. 根据第14条2款提及的程序,欧盟委员会应首先评估与以下相关的条目是否要被修正

移动电话的印制电路板,和液晶显示屏

附件3　报废设备、材料、组件的储存和处理地点的技术要求

1. 报废电子电器设备处理前的储存(包括临时储存)地点(不违背第1999/31/EC号指令的要求)

适当面积的带有溢出物收集设施,如合适,提供滗[倾]析器和清洁去油剂的防渗透表面

能覆盖适当面积的防风雨设备

2. 报废电子电气设备处理地点

测量已处理废弃物的磅秤

适当面积的带有溢出物收集设施,如合适,提供滗[倾]析器和清洁去油剂的防渗透表面和防风雨设备

已分解部件的适当储存

用于储存电池、含PCB/PCT电容器和其他如放射性废物的有害废弃物的适当容器

按照健康和环境规定处理水的设备

附件4　报废设备、材料、组件标示符号

指示报废设备、材料、组件分类收集的符号由带十字叉的带轮垃圾桶组成。符号必须印刷醒目、清晰并且持久。

〔注:以上附件根据商务部科技司译文整理。〕

中国机械工业年鉴系列

中国电器工业年鉴

China Electrical Equipment Industry Yearbook

2003

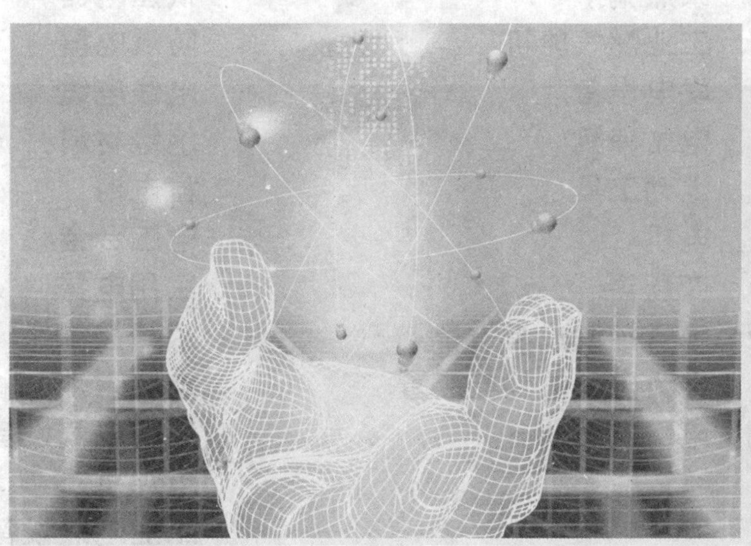

第Ⅰ部分

行业概况

行业概况

工业锅炉
余热锅炉
工业燃气轮机
发电设备
电站辅机
电动工具
电机
变压器
电气控制成套设备
电力电子器件与装置
电力电容器
高压电器
低压电器
防爆电器
电线电缆
绝缘材料
蓄电池
电工合金
家用电器
家用控制器
电器附件
牵引电气设备
电焊机
工业电热设备
电碳制品
焊接材料
工业机器人
电工专用设备

工业锅炉

生产发展情况 根据年度统计，2002 年锅炉主要生产企业 A、B 级锅炉生产厂家共完成工业锅炉约 9.06 万蒸 t，总计 2.36 万台，实现工业总产值（当年价）77.2 亿元（不变价 72.2 亿元），比上年增长 13.7%，工业增加值 21.1 亿元，比上年增长 13.4%，销售收入 66.8 亿元，利润 7 965 万元，行业实物劳动生产率 1.1 蒸 t/人。与上年相比，工业锅炉产量增加 0.56 万蒸 t，锅炉台数增加约 3 000 台。2002 年在上一年工业锅炉行业总体形势向上的基础上又迈进了一大步。

2002 年，工业锅炉行业共有 18 个企业出口 57 台、约合 488t/h 工业锅炉。出口锅炉产品以燃油、气锅炉和特种燃料锅炉为主，且出口东南亚国家居多。杭州锅炉集团有限公司、张家港海陆锅炉有限公司、无锡华光锅炉股份有限公司三个企业出口额较大。

随着国家和各地方政府对燃煤工业锅炉控制力度的加强，中小型燃煤锅炉市场进一步萎缩，而大容量燃煤工业锅炉的市场需求明显上升。产量名列前 50 名企业生产工业锅炉总和超过了总需求量的 50%，这一数据表明，工业锅炉行业生产集中度有所提高，而这一趋势在今后将会更加明显。

2002 年工业锅炉行业产量前 12 名企业见表 1。

表 1 2002 年工业锅炉行业产量前 12 名企业

序号	企业名称	总生产量		其中:130t/h 及以下		工业总产值	销售收入
		蒸汽(t)	数量(台)	蒸汽(t)	数量(台)	(当年价)(万元)	(万元)
1	无锡华光锅炉股份有限公司	6 475	111	5 565	105	155 137	151 395
2	济南锅炉集团有限公司	6 590	86	5 130	8	38 810	38 760
3	江苏太湖锅炉集团公司	3 379	574	3 379	574	30 659	26 888
4	四川锅炉厂	3 292	36	2 852	34	21 709	20 550
5	太原锅炉集团有限公司	2 825	197	2 825	197	15 668	11 850
6	上海四方锅炉厂	2 276	104	2 276	104	15 392	14 117
7	杭州锅炉集团有限公司	3 571	38	1 270	16	28 958	32 016
8	南京锅炉厂	1 716	250	1 716	250	10 912	11 237
9	江西锅炉化工石油机械联合有限责任公司	1 475	59	1 475	59	30 699	24 714
10	长沙锅炉厂	1 417	223	1 417	223	6 945	8 599
11	哈尔滨红光锅炉集团公司	1 295	360	1 295	360	10 132	9 293
12	福州锅炉厂	1 221	269	1 221	269	6 581	6 189

2002 年工业锅炉行业利润前 10 名企业见表 2。

表 2 2002 年工业锅炉行业利润前 10 名企业

序号	企业名称	工业总产值(不变价)(万元)	工业增加值(万元)	产品销售收入(万元)	年末资产总额(万元)	从业人员平均人数(人)	利润总额(万元)
1	江苏太湖锅炉集团公司	30 659	8 585	26 888	28 970	650	3 883
2	无锡华光锅炉股份有限公司	353 448	6 533	36 007	59 566	1 146	3 514
3	泰山集团股份有限公司	155 137	10 376	18 623	51 050	1 598	1 623
4	无锡太湖锅炉有限公司	14 200	4 585	13 605	12 082	548	1 579
5	杭州锅炉集团有限公司	33 908	4 065	32 016	56 053	1 126	1 410
6	济南锅炉集团有限公司	38 810	12 316	38 760	65 895	1 778	632
7	张家港海陆锅炉有限公司	14 953	4 366	11 833	16 467	850	600
8	哈尔滨红光锅炉集团公司	10 132	2 330	9 293	13 181	794	385
9	广州劲马锅炉实业有限公司	9 836	778	10 422	22 817	679	362
10	广州市天鹿锅炉厂	5 250	2 030	5 035	2 934	208	350

2002 年工业锅炉行业总体主要表现在几个方面：①国家质量技术监督局对锅炉制造许可证级别的划分进行了修改，一部分生产企业的锅炉制造等级范围有所扩展，使得有较多企业参与大容量锅炉的市场竞争。②锅炉生产企业依然过多，生产能力过大，许多中小企业步履维艰。从 2002 年锅炉制造许可证换发证工作分析，约有 12% 的企业存在诸多问题，从而转产或倒闭。③体制改革的成功给相关企业带来新的活力，在市场竞争中采用积极主动的应对措施。④大力发展大容量锅炉，使得产销对路的企业出现供不应求的局面。⑤作为洁净煤技术的开发和推广，循环流化床锅炉的市场得到广泛的应用。

产品分类产量 2002 年主要锅炉产品结构见表 3。工业锅炉（按单台容量分）生产台数见图 1，工业锅炉（按单台容量分）蒸汽吨数见图 2。

表 3 2002 年主要锅炉产品结构

产 品 名 称	数量(台)	占总产量的比例(%)	蒸汽(t)	占总产量的比例(%)
工业锅炉生产量	23 655	100	90 557	100
(一)按工质分类				
蒸汽锅炉	18 526	78.3	71 130	78.5
热水锅炉	5 077	21.5	19 374	21.4
(二)按锅炉类型分类				
单锅筒横置式水管锅炉	778	3.3	19 711	21.8
单锅筒纵置式水管锅炉	598	2.5	2 353	2.6
立式锅炉	2 522	10.7	726	0.8
强制循环水管锅炉	934	3.9	4 187	4.6
双锅筒横置式水管锅炉	1 353	5.7	12 004	13.3
双锅筒纵置式水管锅炉	4 608	19.5	23 693	26.2
水火管锅壳锅炉	7 811	33.0	15 797	17.4
卧式内燃锅壳锅炉	4 047	17.1	8 489	9.4
(三)按燃烧方式分类				
固定炉排	2 307	9.8	1 507	1.7
链条炉排	12 813	54.2	53 130	58.7
流化床、沸腾炉	588	2.5	18 734	20.7
室燃烧	5 289	22.4	11 000	12.1
往复推动炉排	585	2.5	1 466	1.6
活动手摇炉排	1 055	4.5	961	1.1
(四)按压力分类				
$P\leqslant0.4$MPa	2 273	9.6	823	0.9
0.4MPa$<P\leqslant$0.69MPa	3 273	13.8	3 181	3.5
0.69MPa$<P\leqslant$0.98MPa	5 442	23.0	11 135	12.3
0.98MPa$<P\leqslant$1.25MPa	10 945	46.3	45 070	49.8
1.25MPa$<P\leqslant$1.6MPa	851	3.6	9 336	10.3
1.6MPa$<P\leqslant$2.5MPa	443	1.9	4 017	4.4
2.5MPa$<P\leqslant$3.82MPa	294	1.2	10 140	11.2
$P\geqslant$5.4 MPa	135	0.6	6 854	7.6
(五)按出厂形式				
快装锅炉	15 342	64.9	23 093	25.5
组装锅炉	5 040	21.3	23 357	25.8
散装锅炉	3 273	13.8	44 120	48.7
(六)按燃烧分类				
无烟煤	1 000	4.2	3 322	3.7
烟煤	16 141	68.2	70 874	78.3
褐煤、劣质煤、贫煤等	211	0.9	1 470	1.6
油、气	5 206	22.0	10 824	12.0
蔗渣、草木等	93	0.4	422	0.5
余热锅炉	910	3.8	3 560	3.9
电热锅炉	93	0.4	85	0.1

注:统计数据以 A、B 级锅炉生产厂家统计资料为依据。

市场及销售 工业锅炉销售市场总体转好,但市场竞争依然严峻,经过几年的市场洗礼,有相当一部分企业经受住了市场的考验,确立了企业在市场中的地位,特别是一些具有一定生产规模和生产能力的厂家,近年来销售势头良好,目前市场格局基本形成,一些企业逐步占据了市场的龙头地位。热电联产锅炉得到大力的推广和应用,市场份额较以往有较大提高,分散式小锅炉的产热方式逐步被淘汰。各地政府积极改进城市能源消费结构,推广清洁能源,重点城市分阶段停止燃用高污染燃料,天然气、油、电的应用趋向合理。

科技成果及新产品 2002 年工业锅炉行业各企业科技活动费用 17 104.7 万元,比 2001 年的 12 986.99 万元增加 32%;2002 年工业锅炉行业研究与发展费用 6 044.6 万元,比 2001 年的 4 685.5 万元增长 29%。说明企业对科研日益重视,加大了科研投入,有利于提高企业竞争力和产品市场占有率。

由上海工业锅炉研究所主建的我国工业锅炉行业的门户网站——中国锅炉网正式开通,该网主要提供行业信息服务,发布国内外最新行业动态,新产品、新技术推广,宣传相关的法规、标准,提供行业企业单位的宣传介绍等。

质量及标准 全国锅炉标准化技术委员会锅壳锅炉分委会及机械工业工业锅炉标准网在上海组织召开了 2002 年度标准化会议暨标准网换届会议。会议修改并通过了第 7 届机械工业工业锅炉标准网章程。

国家经贸委于2002年7月16日颁布2002年第44号文，自2002年12月1日实施。2002年国家经贸委44号文颁布的工业锅炉行业标准见表4。

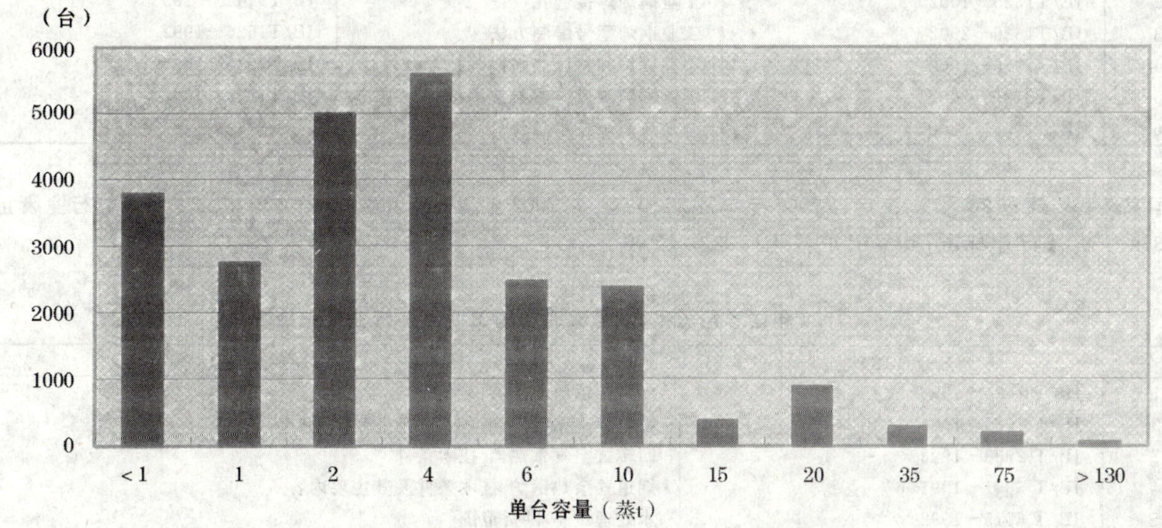

图1 工业锅炉（按单台容量分）生产台数

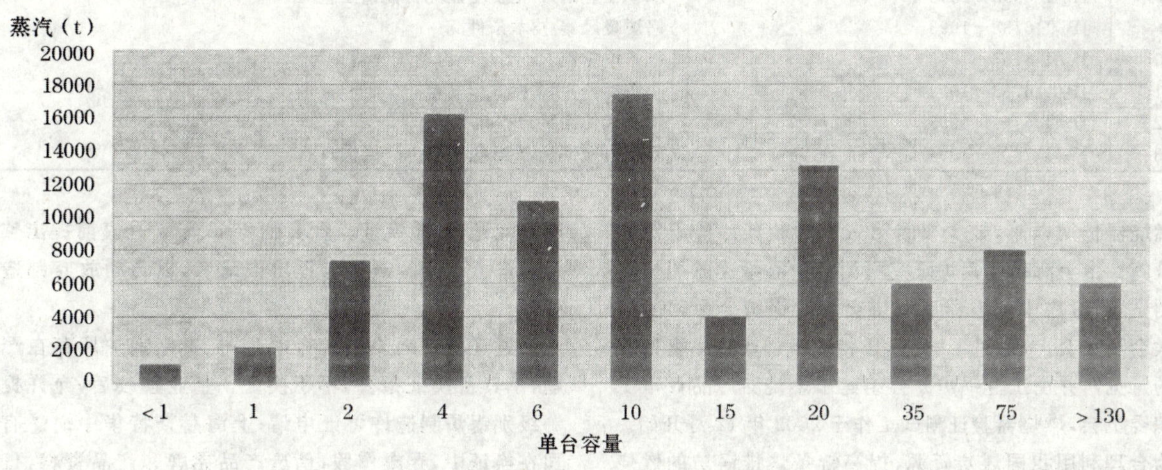

图2 工业锅炉（按单台容量分）蒸汽吨数

表4 2002年国家经贸委44号文颁布的工业锅炉行业标准

标准标号	标准名称	被代替标准号
JB/T3375—2002	锅炉用材料入厂验收规则	JB/T3375—1991
JB/T3271—2002	链条炉排技术条件	JB/T3271—1983
JB/T3595—2002	电站阀门一般要求	JB/T3595—1993
JB/T6323—2002	减温减压装置	JB/T6323—1992
JB/T10094—2002	工业锅炉通用技术条件	JB/T10094—1999
JB/T10354—2002	工业锅炉运行规程	
JB/T10355—2002	锅炉用抛煤机技术条件	
JB/T10356—2002	流化床燃烧设备技术条件	
JB/T10357—2002	恒力碟簧支吊架	

国家经贸委于2002年12月27日颁布2002年第104号公布，批准颁布78项机械行业标准，自2003年4月1日起实施，其中工业锅炉行业标准6项。2002年国家经贸委104号文颁布的工业锅炉行业标准见表5。

表5 2002年国家经贸委104号文颁布的工业锅炉行业标准

序号	标 准 号	标准名称	被代替标准号
1	JB/T1619—2002	锅壳锅炉本体制造技术条件	JB/T1618—1992 JB/T1619—1993

（续）

序号	标　准　号	标准名称	被代替标准号
2	JB/T1625－2002	工业锅炉焊接管孔	JB/T11625－1993
3	JB/T1626－2002	工业锅炉型号编制方法	JB/T1626－1992
4	JB/T7985－2002	小型锅炉和常压热水锅炉技术条件	JB/T7985－1995
5	JB/T8129－2002	工业锅炉旋风除尘器技术条件	JB/T1629－1995
6	JB/T10393－2002	电加热锅炉技术条件	

国家经贸委颁布26号文，决定自2002年5月22日起废止369项机械行业标准，其中锅炉行业标准有13项。2002年国家经贸委26号文颁布的工业锅炉行业废止标准见表6。

表6　2002年国家经贸委26号文颁布的工业锅炉行业废止标准

序号	标准标号	标准名称
1	JB/T 1624－1993	中低压锅炉管子弯曲半径
2	JB/T 2635－1993	锅炉膜式壁管屏(扎制鳍片管)技术条件
3	JB/T 2638－1993	回转式空气预热器 技术条件
4	JB/T 5341－1991	烟道式余热锅炉 技术条件及其主要内容
5	JB/T 6515－1992	水处理设备 供货范围
6	JB/T 6691－1993	锅炉用电接点水位计 技术条件
7	JB/T 6692－1993	锅炉水处理设备 参数系列
8	JB/T 6693－1993	水管工业锅炉 主要受压元件制造工艺
9	JB/T 6733－1993	锅炉暖风器 技术条件
10	JB/T 6767－1993	链条炉排用RP型行星齿轮减速器
11	JB/T 6768－1993	工业锅炉 可靠性试验规范
12	JB/T 6769－1993	工业锅炉用平台栅架
13	JB/T 7602－1994	卧式内燃锅炉 T形接头超声波探伤

燃烧器长期以来，缺少权威第三方的验证评价组织和测试设施。由上海工业锅炉研究所测试中心组建的燃烧器性能测试装置，在中国电器工业协会工业锅炉分会第三届第一次会员大会上，通过了“关于开展燃烧器产品评审推荐工作的意见”，并由工业锅炉分会组建了燃烧器产品评审工作组织委员会，燃烧器验证测试工作于2002年12月开始。

为合理利用我国煤炭资源、提高链条炉排锅炉的燃烧效率和保护环境质量，由国家质量技术监督局首次颁布，提出了GB/T18342－2001《链条炉排锅炉用煤技术条件》，规定了链条炉排锅炉用煤的技术要求。

2001年国家质量技术监督局发文对锅炉制造许可证级别的划分进行了修改，据此，2002年我国持有锅炉制造许可证的企业如下：持有A级证44个；持有B级证208个；持有C级证203个；持有D级证918个；持有YJ级证37个；其他证(单独取得部件)674个。另外持有锅炉安装许可证的单位3 917个，持有锅炉修理改造证的单位1 374个。

2002年国家质检总局组织了锅炉制造许可证换(发)证审查工作，并以质检办锅[2002]462号文件将其结果进行公布。其中，太原锅炉集团有限公司等11个企业换(发)A级锅炉(或部件)制造许可证；哈尔滨团结锅炉集团有限公司等141个企业换(发)B级锅炉制造许可证；天津凤起锅炉环保设备有限公司等26个企业换(发)C级锅炉制造许可证；安达市奇放锅炉制造有限责任公司等7个企业换(发)有机热载体炉制造许可证。

牡丹江双锅锅炉制造有限公司等10个企业存在较为严重问题，暂缓换证。要求在2003年4月底前提出整改报告和审查申请。逾期未提出申请者，以自动放弃制造资格处理。

通辽国东锅炉制造有限公司、贵阳锅炉厂存在严重问题，不具备换证条件，不予换证。企业整改后，允许提出低一级别锅炉制造许可证申请；上海赫斯特华中锅炉有限公司在换证中，弄虚作假，伪造产品铭牌和产品资料，任意提高锅炉热功率，欺骗用户，不予换证；启东锅炉厂因破产未接受审查，不予换证；济南市中锅炉厂与济南黄台煤气炉有限公司合并，注销济南市中锅炉厂的锅炉制造许可证；唐山市锅炉容器厂已并入唐山巴高克锅炉有限公司，不予换证；连云港石化机械厂以条件不具备为由，表示不接受审查，不予换证。

北京北方工业锅炉厂等8个企业，因未提出换证申请，制造许可证有效期满后，不再具备锅炉制造资格。

基本建设及技术改造　2002年工业锅炉行业投资额46 314.23万元，比2001年增长63%，主要用于购置新设备、增添生产加工工艺装备、充实检验测试手段，提高了工艺装备水平，改善了生产条件，提高了劳动生产率。

为适应大连市工业布局的调整，扩大生产规模，大连三鼎工业集团公司于2002年5月搬迁至大连市普兰店新厂区，该厂区投资1.3亿，占地面积12万m^2，建筑面积3.6万m^2(锅炉生产车间厂房面积1.4万m^2)。

企业结构调整　作为电站锅炉、余热锅炉和工业锅炉的主要生产企业杭州锅炉集团有限公司经过2001年的股份制改革，为谋求企业的更大发展，于2002年进行了企业的二次体制改革。经过改革，企业在生产和企业效益方面取得了良好的业绩，创造了历史最好成绩。

〔撰稿人：中国联合工程公司张　浩〕

生产发展情况　据对全国近百个锅炉制造企业统计，2002年生产各类余热锅炉328台，合计产生蒸汽5 761.9 t，实现产值35 524万元（当年价）。与上年相比，余热锅炉产量增长了14.7 %，产生蒸汽吨数上升48.5 %，产值上升20.8 %。

产品分类产量　2002年各类余热锅炉产量见表1，余热锅炉主要生产企业产量、产值见表2。

2002年，杭州锅炉集团有限公司继续保持余热锅炉产业优势，以余热锅炉年产值（当年价）14 122万元、生产余热锅炉合计蒸汽吨数1 471.1 t的业绩，名列全国首位。数据表明，各企业在生产各自的传统产品的同时，正积极谋求在新的领域有所发展。其中，杭州锅炉集团有限公司继续保持在燃气轮机余热锅炉、垃圾焚烧锅炉和高炉煤气余热锅炉等领域的行业优势地位；武汉锅炉股份有限公司在造纸碱回收锅炉、垃圾焚烧锅炉等方面具有优势；张家港海陆锅炉有限公司除硫酸余热锅炉和造纸碱回收余热锅炉等传统产品外，还开发了干熄焦余热锅炉等新品种。此外，四川锅炉厂生产的炼油催化余热锅炉和焦炉煤气余热锅炉，鞍山锅炉集团有限公司生产的水泥窑余热锅炉和低热值尾气余热锅炉，东方锅炉厂工业锅炉分厂生产的硫酸余热锅炉和水泥窑余热锅炉，无锡华光锅炉股份有限公司生产的高炉煤气余热锅炉和生活垃圾焚烧锅炉，盐城市锅炉厂和邯郸市锅炉厂生产的用于小化肥造气余热锅炉，以及青岛船用锅炉厂有限公司船用柴油机余热锅炉等产品均有出色业绩，产品得到市场认同。

需要强调的是，我国余热锅炉的生产和开发均由各电站锅炉和工业锅炉制造厂家完成。

表1　2002年各类余热锅炉产量

类别	产量		主要生产企业	类别	产量		主要生产企业
	数量（台）	蒸汽（t）			数量（台）	蒸汽（t）	
燃气轮机余热锅炉	8	489	杭州锅炉集团有限公司、张家港海陆锅炉有限公司、四川锅炉厂	硫酸余热锅炉	22	188	张家港海陆锅炉有限公司、东方锅炉厂工业锅炉分厂、邯郸市锅炉厂
垃圾焚烧锅炉	18	541	杭州锅炉集团有限公司、武汉锅炉股份有限公司、无锡华光锅炉股份有限公司	低热值尾气余热锅炉	9	135	鞍山锅炉集团有限公司、杭州锅炉集团有限公司
高炉煤气余热锅炉	10	810	杭州锅炉集团有限公司、无锡华光锅炉股份有限公司	玻璃窑余热锅炉	24	84	鞍山锅炉集团有限公司、邯郸市锅炉厂、杭州锅炉集团有限公司
焦炉煤气余热锅炉	5	212	无锡华光锅炉股份有限公司、四川锅炉厂、邯郸市锅炉厂	小化肥造气余热锅炉	57	818	盐城市锅炉厂、邯郸市锅炉厂、杭州锅炉集团有限公司
氧气转炉余热锅炉	5	89	杭州锅炉集团有限公司、四川锅炉厂	造纸碱回收余热锅炉	18	385	武汉锅炉股份有限公司、张家港海陆锅炉有限公司
干熄焦余热锅炉	4	335	张家港海陆锅炉有限公司	水泥窑余热锅炉	22	527	鞍山锅炉集团有限公司、东方锅炉厂工业锅炉分厂、济南锅炉集团有限公司、邯郸市锅炉厂、郑州锅炉厂
炼油催化余热锅炉	13	860	四川锅炉厂、盐城市锅炉厂	柴油机余热锅炉	75	92	张家港海陆锅炉有限公司、青岛船用锅炉厂有限公司
有色冶金余热锅炉	27	126	东方锅炉厂工业锅炉分厂、邯郸市锅炉厂、郑州锅炉厂、四川锅炉厂	其他余热锅炉	11	72	无锡华光锅炉股份有限公司、郑州锅炉厂、杭州锅炉集团有限公司、张家港海陆锅炉有限公司
合计	328台，5 763t						

表 2 2002 年余热锅炉主要生产企业产量、产值

企业名称	产量		产值
	数量(台)	蒸汽(t)	(当年价)(万元)
杭州锅炉集团有限公司	39	1 471	14 122
武汉锅炉股份有限公司	12	254	4 037
四川锅炉厂	19	1 036	4 003
盐城市锅炉厂	36	463	3 450
邯郸市锅炉厂	60	462	2 458
无锡华光锅炉股份有限公司	10	400	2 406
鞍山锅炉集团有限公司	26	430	1 595
张家港海陆锅炉有限公司	51	886	1 080
东方锅炉厂工业锅炉分厂	11	206	846.5
郑州锅炉厂	9	72	767

市场及销售 虽然市场竞争十分激烈，但各企业能以积极的姿态迎接挑战，依靠技术创新打造精品，不断推出一流产品开拓市场，余热锅炉销售保持持续增长态势。据统计，2002 年各企业销售余热锅炉 319 台(套)，合计蒸汽吨数 5 391 t；销售收入达 30 767 万元，收入较上年增长 5.66%。

张家港海陆锅炉有限公司还生产了 2 台燃气轮机余热锅炉，出口苏丹。

随着我国天然气资源的大力开发和“西气东送”工程的全面实施，以及整体煤气化联合循环(IGCC)和增压流化床联合循环(PFBC－CC)等煤的洁净燃烧技术的深入发展，燃气－蒸汽联合循环发电技术必将得以全面推广，大型燃气轮机余热锅炉的市场需求将进一步看好。此外，一批技术含量高、市场需求量大、符合现今国家环保政策的新型余热锅炉，尤其是处理城市生活垃圾和工业废物的垃圾焚烧锅炉、处理造纸黑液的碱回收锅炉，以及高炉煤气余热锅炉等适销对路的新产品正在不断推出。

科研成果及新产品 面对市场国际化进程的不断加速，余热锅炉行业各企业把握技术创新这一左右企业发展的根本因素，坚持以市场为导向，调整产品结构，加快新品开发的步伐，积极引进、消化吸收国外的先进技术，研制成功一批高科技含量、高附加值、高质量的新产品。

杭州锅炉集团有限公司继成功开发 9E 级燃气—蒸汽联合循环余热锅炉后，加快在该领域产品研发和市场拓展的步伐，通过国际招投标，最终赢得海南洋浦 V94.2 燃气轮机余热锅炉项目。该联合循环发电机组容量达 220MW，其中余热锅炉发电量≥82.9MW。机组采用德国西门子公司 V94.2 型燃气轮机，燃料为天然气，非常适合我国“西气东送”规划的实施。新开发的 Q1396/556－228(47)－8.14(0.588)/532(252)型余热锅炉为三压无再热、无补燃、卧式自然循环、露天布置结构，为目前国内容量最大的燃气轮机余热锅炉。按照标书要求，锅炉岛及仪表等将达到世界最先进水平，锅炉按 ASME 规范、AISC 规范或国家标准制造，目前锅炉正在安装之中。此外，该公司还开发了 BQ104/600－20(2.6)－3.92(0.2)/450 型有补燃燃气轮机余热锅炉，这是国产第一台补燃型燃气轮机余热锅炉。此外，杭州锅炉集团有限公司为满足城市垃圾处理的需求，新研制 LC225－20.5－3.82/400 等多种类型的城市生活垃圾焚烧锅炉和 QF28/1100－13.5－10 型工业废物焚烧锅炉。

鞍山锅炉集团有限公司研制的 QC 80/800—26.8—3.82/450 型水泥窑余热锅炉，通过了由辽宁省经济贸易委员会主持的技术鉴定。专家认为整体上属国内领先水平。

东方锅炉厂工业锅炉分厂成功地开发了 DG12/170/100－5.0(YR)型强制循环水泥窑尾余热锅炉，该炉承接了东锅厂多年余热锅炉设计、制造的成功经验，吸收国内外同类型锅炉的先进经验，锅炉高效地回收了水泥窑炉高浓度含尘烟气的余热，并能通过灰斗去除部分粉尘。锅炉产生的热水供工业用水或直接供热力发电车间。

郑州锅炉厂开发了 QC50/1000－22－2.5/400 型回转窑余热锅炉，用于回收有色冶金行业炉窑余热回收，并已形成系列产品，经济效益明显，已有多台成功运行的经验。该厂还开发了 QC164/350－8－4.41 型水泥窑余热锅炉。

邯郸市锅炉厂则针对市场需求，利用导热油技术开发了多种规格余热锅炉，并成功地进入了冶金行业，取得了较好的经济效益。

杭州锅炉集团有限公司 9E 级燃气—蒸汽联合循环余热锅炉被国家经贸委认定为“二〇〇二年度国家重点新产品”和“国家级技术创新项目”。该产品还荣获中国机械工程学会和中国机械工业联合会颁发的“二〇〇二年度中国机械工业科学技术奖二等奖”及杭州市人民政府颁发的“杭州市科技进步一等奖”。

郑州锅炉厂已与清华大学、西安交通大学等多所高校签订合作协议，该厂被郑州市政府授予“产学研基地”称号，该厂余热锅炉课题已列为郑州市重大科技攻关项目。

2002 年余热锅炉新品还有四川锅炉厂生产的与 PG6531B 燃气轮机配套的余热锅炉；济南锅炉集团有限公司生产的 AQC90－0.6/95/40 型和 SP6.5－4.4/饱和型水泥窑余热锅炉；杭州锅炉集团有限公司生产的 NG－150/3.82－Q 型高炉煤气余热锅炉等产品。

质量及标准 武汉锅炉股份有限公司荣获“湖北省质量效益型先进企业”。杭州锅炉集团有限公司荣获“二〇〇二年度浙江省机械产品百家质量管理优秀单位荣誉证书”。鞍山锅炉集团有限公司的水泥窑系列余热锅炉，获鞍山市名牌产品称号。

杭州锅炉集团有限公司通过了国际 ASME 换证机构的联检，再次获得 ASME“S”和“U”钢印及授权证书；邯郸市锅炉厂通过了国家质量监督检验检疫总局组织的 B 级锅炉制造许可证的审查，并获 B 级锅炉制造许可证。

由上海发电设备成套设计研究所归口的“《JB/T 6509—1992 小直径弯管 技术条件》已列入原国家经贸委下达的行业标准制修订项目计划，由杭州锅炉集团有限公司等单位负责的标准修订工作正在进行中。

基本建设及技术改造 2002 年各企业继续投入大量资金进行技术改造和基本建设，增加企业发展后劲。据统计，当年余热锅炉行业各企业完成固定资产投资 34 728 万元，2002 年余热锅炉主要企业固定生产投资情况见表 3。其

中,郑州锅炉厂耗资12 000万元的新厂区一期工程建设项目已完成,新厂区坐落在郑州市高新技术产业开发区,拥有生产车间29 888m²,科研办公楼8 200m²。预计,计划总投资达15 000万元的新厂区建成后,将使工厂年生产锅炉能力(折合蒸汽)达到3 000t,可实现收入17 700万元。

表3 2002年余热锅炉主要生产企业固定资产投资情况

企业名称	投资金额(万元)
武汉锅炉股份有限公司	16 128
郑州锅炉厂	12 000
无锡华光锅炉股份有限公司	2 541
济南锅炉集团有限公司	1 493
四川锅炉厂	1 106
杭州锅炉集团有限公司	706
张家港海陆锅炉有限公司	500
鞍山锅炉集团有限公司	200

武汉锅炉股份有限公司正在实施"大型碱回收锅炉技术改造"和"固体废弃物处理成套设备技术改造"项目,项目投资额分别达11 228万元和4 900万元,项目主要针对造纸工业对碱回收锅炉大型化的要求和城市发展中对垃圾处理的新需求,预计项目完成后将新增销售收入28 000万元。

杭州锅炉集团有限公司正在进行"大型燃气轮机余热锅炉技术引进技改项目"。该公司与美国N/E(NOOTER ERIKSEN)公司签订大型燃气轮机余热锅炉许可证和技术转让协议。N/E公司专业从事各种燃气轮机余热锅炉技术开发、设计及供货。至今已有480多台各种余热锅炉的供货业绩,燃气轮机余热锅炉的市场份额居全球首位,技术处于世界领先地位。预计项目完成后将形成年产10台9F级燃气轮机余热锅炉的生产能力,可实现销售收入达8亿元。

济南锅炉集团有限公司投资1 493万元,新建技术中心大楼和管子制造厂,以改善技术开发条件、提高新品研发能力,同时大大提升工厂管系生产能力,使管系生产能力(折合产生蒸汽)达到月产1 000t。

四川锅炉厂完成投资1 106万元用于"黑液炉国产化"项目,已累计完成投资2 565万元,主要用于提升造纸厂黑液锅炉的制造能力,预计每年可新增销售收入6 000万元。

张家港海陆锅炉有限公司正在进行"干熄焦锅炉制造技术改造项目",项目计划投资4 200万元,目前已完成70%的投资额。预计可形成年产7台干熄焦余热锅炉的生产能力,增加销售收入7 500万元。

企业结构调整 杭州锅炉集团有限公司根据杭州市政府已改制企业继续深化改革的总体要求,成功地进行了企业二次改制。公司职工转让了所持的股权,同时实行增资扩股,优化股权结构。公司的股东会、董事会、监事会也根据《公司法》做了相应调整。西子联合控股有限公司持有公司83.3%股份,国有股占16.7%。改制后的杭州锅炉集团有限公司将保持主业和经营范围不变。张家港海陆沙洲锅炉有限公司和英国热能工程国际有限公司合作组建张家港格林·沙洲锅炉有限公司,合资双方共投资100万美元,其中中方出资比例为51%。新公司经营范围为船用锅炉设计、制造和销售。

〔撰稿人:杭州余热锅炉研究所蒋建民 审稿人:杭州余热锅炉研究所屠柏锐〕

工业燃气轮机

生产发展情况 2002年我国工业燃气轮机发展速度与上年相比,有了较大的增长。截止至2002年底,简单循环和联合循环的燃气轮机总装机容量已达7 707.4MW。其中,燃气轮机容量为6 488.2MW,包括工业用重型燃气轮机的容量5 265MW,占燃气轮机总装机容量的81.15%。近几年来,由于燃气轮机的单机功率和热效率在很大程度上得到提高,特别是燃气/蒸汽联合循环的理论研究、产品开发和国内不少电厂运行实践更趋成熟,使得联合循环电厂向大型化和高效化方向发展。截止至上年末,我国燃气轮机电厂有30MW以上的联合循环发电装置42套,其中达到300MW等级的有4套。

2002年,随着我国天然气资源大规模开发利用,"西气东送"、近海天然气资源大规模开发和液化天然气(LNG)工程的进展,国家能源结构调整已进入实施阶段,加速发展燃气/蒸汽联合循环装置是战略调整的重要组成部分。以燃气轮机为核心的联合循环总能系统,具有高能源利用率、低污染、低成本以及少用水等突出优点,其市场前景十分广阔。目前,国内企业尚不具有大功率燃气/蒸汽联合循环发电厂(站)的设计能力,也未掌握F和E级燃气轮机装置的产品、制造和设计技术,这将制约我国能源结构战略调整和实施。鉴此,为满足国内市场对燃气轮机电站不断增长的需求,减少工程造价,降低运营成本,有必要采用统一组织国内市场资源,集中招标,引进技术,采用中外合资、合作或引进技术消化吸收的方式掌握F和E两个级别机型的燃气轮机产品制造技术。加上我国已有的南京汽轮电机集团有限责任公司与美国GE公司合作生产6000系列燃气轮机产品,再通过市场竞争,尽快建立起我国自己的燃气轮机产品的制造和配套格局,以形成多家企业配套的重型燃气轮机制造体系。2002年上半年对23套350MW燃气/蒸汽联合循环装置进行捆绑式招、投标工作。哈尔滨汽轮机厂有限责任公司与美国GE公司(美国通用电器),东方汽轮机厂与日本三菱公司(MITSUBISHI)分别组成的投标联合体投标成功。23套F级燃气轮机(350MW)及联合循环发电装置,通过技术转让将使哈尔滨汽轮机厂有限责任公司和东方汽轮机厂成为生产的制造企业。用户分布在我国华东、广东、西北等地区的电力部门所属的联合循环电厂(站)。我国将要生产F级燃气轮机及联合循环装置的技术性能见表1。

表 1　我国将要生产 F 级燃气轮机及联合循环装置的技术性能

燃气轮机型号	PG9351FA	M701F
净功率(MW)	255.6	270
净热耗(kJ/kW·h)	9 757	9 424
燃气初温(℃)	1 327	1400(第一级静叶前)
排气温度(℃)	609	586
净效率(%)	36.9	38.2
数量(台)	13	10
联合循环装置型号	S109FA	MPCP1－701F
净功率(MW)	391	398
净热耗(kJ/kW·h)	6 350	6 316
净效率(%)	56.7	57.0
系统配置	1＋1 三压再热	1＋1 三压再热

注：1＋1 表示 1 台燃气轮机带 1 台汽轮机。

为落实"十五"规划纲要中提出的"发挥资源优势，优化能源结构，提高利用效率，加强环境保护，提高天然气消费比重"要求，这次顺利地完成集中招标，引进先进的燃气轮机技术，促进了国内燃气轮机电站建设和燃气轮机产业的发展和制造水平的提高。

21 世纪初，我国工业燃气轮机的生产局面开始有了新的转折。虽然我国燃气轮机产品种类单一、产品产量很小，但国家通过扩大内需拉动经济增长的政策效应已初步显现，国内外电站市场需求呈明显上升态势。上年，由于"热夏"效应，使电力供应在广东、江苏、浙江等地明显不足，此时，除了向富电地区购电外，当地的燃气轮机及其联合循环电站则发挥其启动快的调峰优势，缓解了这些地区的用电紧张矛盾。南京汽轮电机(集团)有限责任公司、哈尔滨汽轮机厂有责任公司、上海汽轮机有限公司、东方汽轮机厂等企业面对生产任务重、周期紧、资金周转压力大等困难，加大了对生产组织协调和市场运作的力度，有效突破瓶颈制约，较好地完成各公司(厂)年初预定的主要经济指标。2002 年燃气轮机行业主要企业主要经济指标见表 2。

表 2　2002 年燃气轮机行业主要企业主要经济指标

指标名称 \ 企业名称	南京汽轮电机(集团)有限责任公司	哈尔滨汽轮机厂有限责任公司	上海汽轮机有限公司	东方汽轮机厂	合 计
从业人员平均人数(人)	3 013	5 628	4 409	8 042	21 092
工业总产值(万元)	52 143	69 015	90 527	99 769	311 454
工业增加值(万元)	14 255	10 000	17 629	34 452	76 336
固定资产净值平均余额(万元)	26 594	45 890	61 605	68 617	202 706
销售收入(万元)	51 933	66 776	94 711	95 190	308 610
利税/利润(万元)	3 577/1 016	2 866/291	－7 474/－10 458	4 485/522	3 454/－8 629
全员劳动生产率(元/人)	47 313	17 768	39 985	42 840	147 906
资本保值增值率(%)	102.0	215.6	70.0	107.6	495.2
总资产报酬率(%)	4.3	2.5	－2.4	3.1	7.5
产销率(%)	99.5	89.3	100.0	100.0	388.8
质量损失率(%)	0.3	1.1	0.6	0.3	2.3
燃机产品量(台/MW)	5/205				5/205
燃机出口量(台/MW)	2/82				2/82
燃机工业产值(万元)	47 328	69 015	129 768	112 128	358 239

2002 年，南京汽轮电机(集团)有限责任公司仍为国家定点的重型燃气轮机生产基地，江苏省和南京市高新技术企业，主导产品为重型燃气轮机发电机组、中小型热电联产汽轮发电机组和大中型同、异步交流电动机，年综合生产能力达 210 万 kW。公司以高新技术为依托，大力开发前景广阔的燃气轮机和燃气/蒸汽联合循环发电机组。2000 年 12 月同美国 GE 公司签订新的 10 年合作协议以来，全力组织 PG6581B 燃气轮机图纸的引进、消化和生产技术准备工作，在 2000 年出口苏丹项目中成功实现燃气轮机由 PG6561B 向 PG6581B 的转换升级，首次在自己配套的全套设备中完成了 S206B 联合循环装置的配置，并且配套汽轮机在设计中采用了全三维技术，使该公司联合循环电站水平又有了提高，巩固了在国内这方面的领先优势。为了能使燃气轮机在冶金行业中得到应用，利用钢铁厂排放的高炉煤气为主要燃料，开发出燃用合成气(以低热值煤气为主)的低热值煤气燃气轮机。这种燃气轮机可有效实现能源的综合利用，明显降低对环境的污染，提高了经济效益。2002 年，南京汽轮电机(集团)有限责任公司又与济南钢铁股份有限公司签订了 2 套 S106B(燃气轮机型号为 PG6561B—L)低热值煤气联合循环电站供货合同。截止至 2002 年底，南京汽轮电机(集团)有限责任公司已同美国 GE 公司合作生产 6000 系列燃气轮机 22 台，我国自行制造的 6000 系列燃气轮机简况见表 3，单机功率达 42.1MW，热效率 32.08%，机组性能已达到国际 20 世纪 90 年代的水平。

2002 年南京汽轮电机(集团)有限公司全年任务繁重，但该企业认真抓好生产组织协调工作，全力跟进市场需求。①制订生产大准备计划，加强对重点长周期产品生产的统筹安排；②对一般加工能力不足部分通过市场化运作，满足生产需要，关键设备开足必要班次，有效突破生产瓶颈；③大型铸锻件毛坯进厂复检环节和粗加工工序逐步向供货厂家前移，减轻公司内大型关键件的加工压力；④对总装装配场地及其配套设施进行改造，提高工作效率；⑤关闭经济效益差的铸钢车间，自制铸钢工件毛坯全部批量外扩生产；⑥调整工艺路线，整合资源要素。由于上述管理和设备、工艺的改造，使其生产力得以良性发展，燃气轮机及其相关产品生产周期大大缩短，满足了用户的需要。该厂着眼于未来重型燃气轮机的开发，为生产9E燃气轮机及其联合循环发电装置进行了技术改造。

表3　我国自行制造的6000系列燃气轮机简况

燃气轮机型号	4种燃料功率(MW)				制造单位	循环方式	数量(台)
	轻柴油	天然气	合成气	重　油			
PG6531	36.50	37.500	——	可燃用	南京汽轮电机(集团)有限责任公司	简单循环	2
PG6541	38.23	38.230	——	可燃用	南京汽轮电机(集团)有限责任公司	联合循环	3
PG6551	38.48	39.160	——	可燃用	南京汽轮电机(集团)有限责任公司	联合循环	8
PG6561	38.82	39.620		可燃用	南京汽轮电机(集团)有限责任公司	联合循环	4
PG6561－L	38.82	——	49.350	可燃用	南京汽轮电机(集团)有限责任公司	联合循环	1
PG6581	41.16	42.100		可燃用	南京汽轮电机(集团)有限责任公司	联合循环	4

注：截止到2002年12月31日。

市场及销售　截止至2002年底，国内市场(不含港、澳、台地区)，燃气轮机电站总装机容量已达7 707.4MW，其中燃气轮机容量为6 488.2MW。在燃气轮机电站中，单机容量20MW以上的电站有55个，总装机88台，虽然大部分在上世纪八、九十年代建成的。但是，进入21世纪初，随着国内对燃气轮机特别是联合循环电站需求逐步加大，大功率、高效率的9F、9E级燃气轮机及其联合循环电站很快将大量进入我国市场。从我国燃气轮机现有的使用情况及“十五”国民经济发展趋势看，预计下列各主要领域仍将会对燃气轮机有较大的需求：电站基本负荷、尖峰负荷发电，冶金行业低热值高炉煤气(合成气)燃气轮机及其联合循环电站开发，用联合循环技术更新改造老(旧)电站设备，洁净煤发电技术，石油天然气开采和输送，天然气发展利用，舰船、坦克、铁路机车驱动动力等。

2002年5月14日，南京汽轮电机(集团)有限责任公司与济南钢铁股份有限公司签订了2台PG6561B－L型低热值煤气燃气轮机组成的2套S106B型联合循环发电装置有效合同，加快了在冶金行业中的运用。实现了向苏丹出口4套PG6581B燃气轮发电机组和2套联合循环汽轮发电机组的生产与发货。8月30日又与广东东莞天明/丰明电力有限公司签订了2套S106B型(燃气轮机型号为PG6581B)联合循环电站供货合同。此外，常州苏源电力开发有限责任公司还订购1套PG6561B燃气轮机电站，其中，常州苏源电力开发有限责任公司将在2003年上半年安装、调试后投入使用。尼日利亚电力部门多次与我国谈判拟与南京汽轮电机(集团)有限责任公司签订16套PG6581B燃气轮机发电装置合同，该项目成功签约将标志着我国6000系列的燃气轮机销售将开始稳定的走向国际市场。

科技成果及新产品　2002年除继续以生产MS6001系列机组作为重型燃气轮机的主导产品外，还于5月捆绑式招标将9F级重型燃气轮机制造技术引进我国，这标志着我国近几年内将由单一的MS6001系列改为能生产包括9F、9E在内的多种型号大容量高效率的新型燃气轮机的重要阶段。

由于燃气/蒸汽联合循环是利用燃气轮机做功后的高温排气在余热锅炉中产生蒸汽，再送到汽轮机中做功，充分利用两种循环的优点，使联合循环的效率大大提高，余热锅炉是联合循环极其重要的组成部分。上年，我国余热锅炉主导企业杭州锅炉集团有限公司制造的配套Q1153/526－174(33.9)－5.8 (0.62)/500(254.8)型和Q1153/526－173.6 (33.3)－5.9(0.67)/500(257)型余热锅炉，配套深圳月亮湾燃机电厂、南山燃机电厂的美国GE公司PG9171E型(即9E)燃气轮机(单机功率为123MW)。该系列锅炉为目前国内最大等级(即与9E级燃气轮机配套)三压和双压立式燃气轮机及联合循环用余热锅炉。锅炉采用露天塔式布置、全悬吊管箱结构，锅炉正压运行。经国内权威机构热工测试，运行考核后指标均超过或达到60MW(设计指标为55MW)，而价格仅达同类产品的1/3。该产品性能先进，高效节能。投运至今，运行稳定、安全可靠，整个装置匹配良好，发电功率超过设计指标，填补了我国空白，总体水平达到国际同类产品先进水平。

2002年，上海汽轮机有限公司充分运用老企业在联合循环装置中汽轮机设计、制造和运行的成熟经验，自行开发研制国产化首台9E级燃气/蒸汽联合循环用双压55MW汽轮机，技术上进行创新和优化，提高了机组经济性、安全可靠性和运行灵活性，使其符合联合循环电厂快速启停要求，热力性能考核试验证明汽轮机热耗为 10727.3kJ/kW·h，机组运行平稳，安全可靠，各主要参数均达到或优于设计值，为用户创造了较高的经济效益。

质量及标准 全国燃气轮机标准化技术委员会一届三次年会暨《燃气轮机 采购 第1部分：总则与定义》、《燃气轮机 采购 第2部分：标准参考条件与额定值》2个标准审查会于2002年12月和2003年3月在广西北海和桂林召开。会议总结了2002年我国燃气轮机标准化的主要工作：

(1)国家质监总局正式批准、发布、实施由全国燃气轮机标委会2002年组织制定的GB/T15135－2002《燃气轮机词汇》和GB/T18929－2002《燃气轮机验收试验修改件1：联合循环发电装置验收试验》两项国家标准。

(2)标准制、修订情况：截止到2002年12月，现行燃气轮机标准总数37个，其中国家标准10个，行业标准27个；现行国家标准中，强制性标准1个，等同采用国际标准4个，修改采用国际标准17个，采标率为63.3%。

(3)经ISO/TC192(国际标准化组织燃气轮机技术委员会)的批准，按照国际上的有关规定和程序，我国在ISO/TC192组织中由“O”成员(观察员国)改为“P”成员(正式成员国)身份。从此以后，我国燃气轮机标准化工作将真正融入到国际大家庭中，这将对我国燃气轮机标准化技术与国际接轨乃至燃气轮机制造业走向世界创造了更加有利的条件。

(4)2002年被审查的推荐性国家标准，《燃气轮机 采购 第1部分：总则与定义》是GB/T14099－93《燃气轮机 采购》最重要的基础标准。它部分地录入了GB/T14099中与燃气轮机系统的采购有关的术语和定义，同时还增加了定义附加术语。另一个被审查的推荐性国家标准《燃气轮机 采购 第2部分：标准的参考条件与额定值》，主要规定了燃气轮机的标准参考条件和ISO标准的额定值，为燃气轮机采购提出了最基本的方法标准。最后，会议通过了2个标准的审查，并一致认为所审查的2个标准达到了国际水平。

我国燃气轮机生产的主导厂南京汽轮电机(集团)有限责任公司在实施联产计酬经济责任制后，较好地促进了公司生产经营任务的完成，全年入库工时为588万h，比上年同期增长33.81%，电站资金回笼达48 112万元，比上年增加22 872万元。质量系统认真地把好质量关，严格执行奖惩兑现，使主产品质量有所提高，积极配合业主对出口苏丹4套燃气轮发电机组，2套联合循环汽轮发电机组的监造，保证机组按时顺利发货。按ISO9000:2000标准要求完成公司质量体系文件的转版修订，确立了新的质量方针，完成修改质量控制手册、企业规章制度和管理标准38大类197项，并制本下发。安全生产上坚持层层落实责任制，未出现重大人身、设备事故，产品质量和企业管理不断得到提高。南京汽轮电机(集团)有限责任公司因此获得江苏省质量管理奖，省内代表南京市企业获该殊荣仅此一家。

〔撰稿人：南京燃气轮机研究所涂庆国 审稿人：南京燃气轮机研究所娄马宝〕

发电设备

大型水电设备

生产发展情况 随着国家“十五”规划和“西电东送”工程的实施以及扩大内需力度的加强，大型水电设备行业经济形势进一步看好，产品订货较上年有所增长，但新产品多，技术难度大，加工能力不足，加之资金短缺，产品交货期短，仍给企业带来一定困难。对此，行业各厂家外拓市场，内抓管理，加大科研开发力度，加强了分包和外协以及技术准备和原材料配套，强化了生产组织中的协调与控制，合理组织生产，基本完成了企业当年生产经营指标。据不完全统计，大型水电设备行业4个企业全年完成工业总产值194 712万元，完成产品销售收入188 586万元，全员劳动生产率130 644元/人。

2002年生产单机容量在10MW以上水电机组的厂家有：东方电机股份有限公司、哈尔滨电机厂有限责任公司、天津阿尔斯通水电设备公司、富春江富士水电设备有限公司共4个(本文统计数字仅包含以上4个行业企业)。哈尔滨电机厂有限责任公司2002年完成水电机组7套，434MW；汽轮发电机20台，3 520MW；大中型交直流电机111台，224.5MW。工业总产值91 054万元，主营业务收入79 415万元，实现利润721万元。东方电机股份有限公司2002年完成水电机组19组，667.8MW；汽轮发电机18台，3 628MW；交流电机80台，176.66MW；直流电机42台，28.51MW。工业总产值85 510万元，主营业务收入92 090万元，实现利润2 042万元。2001～2002年大型水电设备行业4个企业水电机组产量、产值见表1。

表1 2001～2002年大型水电设备行业4个企业水电机组产量、产值

企业名称	产量				产值(万元)	
	2001年		2002年		2001年	2002年
	(套)	(MW)	(套)	(MW)		
东方电机股份有限公司	7	790	19	668	32 749	24 476
哈尔滨电机厂有限责任公司	6	320	7	434	17 481	29 762
天津阿尔斯通水电设备有限公司	10	156	10	164	12 347	9 318

（续）

企业名称	产量				产值(万元)	
	2001年		2002年		2001年	2002年
	(套)	(MW)	(套)	(MW)		
富春江富士水电设备有限公司	5	52	5	125	3 425	3 973
合　计	28	1 318	41	1 391	66 002	67 529

注：表内统计数字为单机容量在10MW以上者。

产品分类产量　2002年大型水电设备行业共生产大型水电机组41套，1391MW，配套励磁设备7台，配套冷却设备9台，配套调速器13台，配套油压装置13台。

市场及销售　2002年大型水电设备行业各厂家在市场竞争仍然十分激烈的情况下，强化营销管理，加强营销队伍建设，使营销工作保持了较好的发展势头。2002年共出口水电机组7套，634MW。2001～2002年大型水电设备行业4个企业国内外销售收入见表2。

表2　2001～2002年大型水电设备行业4个企业国内外销售收入

企业名称	国内销售收入(万元)		国外销售收入(万美元)	
	2001年	2002年	2001年	2002年
哈尔滨电机厂有限责任公司	17 114	35 166	469	828
东方电机股份有限公司	16 681	26 452	811	1 846
天津阿尔斯通水电设备有限公司	10 982	7 868	4	—
富春江富士水电设备有限公司	3 425	3 973	—	—
合　计	48 202	73 459	1 284	2 674

科技成果及新产品　2002年大型水电行业面临繁重的生产任务，普遍加大了科技力量的投入，保证了技术攻关项目的完成，研制出一批技术含量高、产品质量高，具有国内外先进技术水平的科研成果和新产品。哈尔滨电机厂有限责任公司和东方电机股份有限公司继续围绕三峡项目进行技术引进、合作生产，带动了其他新产品的研究与开发。列入国家"十五"科研攻关项目的"三峡水轮发电机组稳定性研究"、"三峡水轮机转轮可靠性及防裂纹研究"、"VGS三峡水轮发电机组研制"以及"AKA三峡水轮发电机组研制"项目的实施，促进了三峡水轮发电机组研制工作的顺利进行。

2002年哈尔滨电机厂有限责任公司主要完成了三峡水轮机转轮的叶片测量技术、数控加工技术、转轮加工工艺、静平衡装置改进、发电机定子线棒绝缘结构、材料及制造技术、三峡定子线圈绝缘前后热压模等项目的研究工作，解决了生产中的关键问题。三峡转轮因其结构新、尺寸大、精度高、吨位重，给制造增加了很大的难度。该公司投入一定人力物力，在转轮的组装、预热、焊接、变位、退火，转轮的吊运与翻身，流道的铲磨、抛光，机加工，尺寸测量，装运等诸多方面采用许多新技术，圆满地完成了制造任务。三峡发电机定子线圈制造技术研究和三峡发电机定子线棒绝缘结构和材料研究，历时数年，做了大量试验工作，经过ABB公司检验，实现具有我国特色的多胶环氧粉云母模压绝缘替代ABB少胶环氧云母真空浸渍绝缘，各项指标达到或超过国际先进水平。另外，该公司进行的巨型推力轴承的研究是针对三峡机组所进行的真机全模拟试验，采用了先进的光学传感器和光纤测试油膜厚度等技术，这标志着该公司在推力轴承研究领域已达到了国际先进水平。该公司还研制成功三峡转轮埋弧焊焊接材料，新研制的烧结型焊剂具有良好的焊接工艺和冶金特性，解决了马氏体不锈钢埋弧自动焊熔敷金属韧性偏低的技术关键。熔敷金属的力学性能，尤其是冲击韧度已经达到国外同类产品水平。该材料的研制成功，填补了国内13－5型埋弧焊焊丝和焊剂的空白，为大型转轮焊接提供了材料保证，替代了该材料的进口，降低了生产成本。

2002年该公司研制出了替代HL220转轮的、综合性能优异的A835转轮。该A835转轮经过CFD分析和模型试验，能量、出力、运行范围及稳定性等各项性能指标完全超过了HL220转轮。

2002年该公司还完成了500t混流式水轮机转轮液压静平衡装置改进，该装置在三峡4号机转轮平衡中，最终残余不平衡力矩仅351.19Nm，是设计允许值的1/10。该装置具有设计先进、结构合理、安全可靠、操作方便等优点，全部平衡工作一天完成。公司制造的"江口贯流水轮发电机组"的机组技术性能、技术经济指标和制造质量均达到了同类产品的国际先进水平，2002年通过了中国机械工业联合会组织的鉴定，并获黑龙江省省长特别奖和优秀新产品奖。此外，该公司共有6项优秀科研成果获省、市科技进步奖，其中"巨型推力轴承研究"、"三峡发电机定子线棒防晕材料的筛选和防晕结构的研究"、"高水头水力机械通用试验II台研制"获黑龙江省科技进步二等奖。

2002年东方电机股份有限公司进行了三峡右岸模型转轮的开发和700MW级水轮发电机定子线棒研制。完成了凤滩2(200MW)、吉林4(115MW)水轮机转轮水力开发；进行了三峡右岸、龙滩、小湾等巨型机组以及贯流、轴流转轮模型开发试验研究；完成了250m水头水轮机模型转轮长短叶片的开发试验研究以及700MW水轮发电机通风模拟试验研究。还进行了蒸发冷却技术的试验研究。为保证三峡主轴的加工精度和三峡转轮质量，该公司还开展了三峡主轴窄间隙焊接、加工工艺攻关、三峡转轮装焊及热处理工艺攻关研究。此外，还完成重大生产任务大朝山 5#、6#，桐子壕 1#、2#，卡杜里 1#、2#，蔺河口 1～3#，三峡部件 24 套。2002 年公司完成的新产品主要有 36MW 桐子壕贯流式水轮发电机组（GZD320－WP－680 SFWG36－72/7350）、12MW 卡杜里冲击式水轮发电机组（CJD322－L－180/4×15.1 SF12－16/3900）。该公司的"三峡水轮机焊接材料及工艺研究"成果 2002 年荣获四川省科技进步三等奖和中国机械工业科技进步三等奖，"三峡机组刚、强度与动力稳定性的技术引进消化吸收"获中国机械工业科技进步三等奖。该公司通过深入研究，在焊接接头的匹配原理、合金元素的合理配置、材料的抗裂性研究和工艺参数的选择等方面取得了重大突破，掌握了具有国际先进水平的大型发电设备焊接成套技术。

富春江富士水电设备有限公司 2002 年完成了应村、下岸、白水坑、乌溪江、GE 蜗壳等项目产品的生产。完成了大容量灯泡贯流式水轮发电机组的专有技术研究，高水头、高转速、大容量立轴混流式水轮发电机组的研制，转桨式叶片表面磨削设备与方法的研究开发等科研项目。此外，在生产中应用了一批新技术、新材料、新工艺。例如：新型接力器活塞环应用在白水坑机组水轮机上，研制出导叶摩擦保护装置，顶盖取水技术应用在应村机组水轮机上，混流式转轮叶片模压成形技术在下岸、应村、白水坑等电站应用，转轮径向补气方式在乌溪江 5 号机改造上应用，波形管伸缩节、水导瓦分块瓦等技术在碗米坡机组上应用，双岭水轮机叶片采用五轴联动数控加工，非磁性通风槽钢在碗米坡机组发电机上应用，条式线棒的模具新技术应用，铸造凝固电脑模拟技术应用等。

2002 年大型水电设备行业 4 个企业开发或生产的新产品见表 3。

表 3　2002 年大型水电设备行业 4 个企业开发或生产的新产品

电站名称	水轮机型号	水头范围（m）	额定功率（MW）	转轮直径（m）	额定转速（r/min）	发电机型号	额定容量（MW）	电压（kV）	功率因数	备注
哈尔滨电机厂有限责任公司										
缅甸邦朗水电站	HLA743－LJ－280	80～110	72	3	273	SF72.25－22/5800	72	11	0.9	
湖南洪江水电站	GZA818－WP－540	8～27	46	5	136	SFG45～44/5850	45	11	1.0	
河南回龙水电站	HLN111－LJ－221	364～416	66	2	750	SFD60－8/3800	60	11	0.9	
公伯峡水电站	HLA801－LJ－580	97～107	306	6	125				0.9	
重庆江口水电站						SF100－28/7650	100	14	0.9	
东方电机股份有限公司										
四川桐子壕水电站	GZD320－WP－680	4～15	37	7	83	SFWG36－72/7350	36	1	0.9	
格鲁吉亚卡杜里水电站	CJD322－L－180/4×15.1	278	15	2	375	SF－12－16/3900	12	6	0.9	
富春江富士水电设备有限公司										
辽宁双岭水电站	GZ(B14)－WP－560	8～13	26	6	107	SFWG25－56/5940	25	11	1.0	灯泡贯流式
四川青居水电站	GZ(B14)－WP－615	5～13	35	6	94	SFWG34－64/6650	34	11	0.9	灯泡贯流式
浙江开潭水电站	GZ(B14)－WP－495	7～11	17	5	107	SFWG16－56/5300	16	6	0.9	灯泡贯流式
广东蒙里水电站	GZ(B13a)－WP－530	3～8	13	5	100	SF12.5－60/5500	13	6	0.9	灯泡贯流式
浙江白水坑水电站	HL(F215)－LJ－180	82～115	21	2	375	SF20－16/4000	20	11	0.8	立轴混流式
浙江应村水电站	HL(F35.6V1)－LJ－135	203～258	17	1	750	SF16－8/3100	16	11	0.8	立轴混流式
湖南碗米坡水电站	HL(P050)－LJ－525	35～45	83	5	100	SF80－60/10400	80	14	0.8	立轴混流式
天津阿尔斯通水电设备有限公司										
尼那水电站	GZ4BN32－WP－600	12～18	40	6	107	SFWG40－56/6650	42	11	1.0	
峡阳水电站	GZ4BN28A－WP－550	5～8	15	6	86	SFWG14.6－70/5750	16	11	0.9	

质量及标准　2002 年大型电机行业各企业在质量和质量管理工作中，主要做了以下几方面工作：

（1）继续做好质量体系认证及认证后的监督审核工作。2002 年哈尔滨电机厂有限责任公司通过了华信技术检验公司 ISO9001 质量体系认证复评。东方电机股份有限公司通过了华信技术检验公司的 ISO9001：2000 质量体系换证审核。富春江富士水电设备有限公司 2002 年通过了 ISO9001 质量管理体系的监督审核，完成计量检测体系认证准备工作。

（2）强化贯彻企业质量保证手册及其程序文件，提高质量体系运行水平，认真做好质量控制文件的宣传培训及质量体系改进工作。哈尔滨电机厂有限责任公司以 ISO9001：2000 版标准转换为契机，先后举办了"由中层以上干部、质量员、内审员参加的 2000 版标准培训班"、"内部质量审核员培训班"、"2000 版标准质量体系文件编写培训班"，培训人员达 339 人次，这些工作有力地推进了产品质量稳定提高。

（3）对产品制造过程进行全程质量跟踪管理，严把生产中的质量关，加大对重点产品、重点工序的检查、检验力度，对部分特殊工序进行严格的质量控制，对重大质量问题进行质量攻关。

（4）广泛开展以"车间无废品"为主要内容的"质量信得

过班组”、“质量信得过个人”、“质量月”、“质量展览”等群众性质量管理活动。东方电机股份有限公司2002年申报QC小组67个，54个小组获得成果，QC小组成果率达80.1%，其中1个质量信得过班组荣获全国机械工业优秀小组。

2002年富春江富士水电设备有限公司完成了国家电力行业标准《灯泡贯流式水轮发电机启动试验规程》的起草工作。

2002年大型水电设备现有水轮机国标标准13项，其中已等效转化6项，非等效转化5项，转化率为84%。

基本建设及技术改造 2002年大型水电设备行业固定资产投资14 908万元，其中基本建设投资9 238万元，技术更新改造投资5 670万元。

哈尔滨电机厂有限责任公司2002年基建技改项目有：①继续执行“哈尔滨电机厂有限责任公司大型水电设备扩大生产能力建设措施”。2002年完成投资5 351万元，重型水轮发电机车间已完成全部重型设备的安装，葫芦岛滨海大件厂的焊接厂房建设及老厂房改造与设备安装已完成，使企业的水电设备生产能力翻了一番。②继续执行“超临界机组与抽水蓄能机组生产技术改造措施”，该项目由国家计委批准，总投资预算8 500万元，2002年完成投资3 376万元，为形成科研能力新增了1台五轴数控水轮机模型转轮加工中心，可为抽水蓄能转轮整体加工模型，提高了模型精度。还投资建造1台25t精炼炉，为提高转轮铸件质量提供了可靠保证。这些基建技改项目的完成，使得该公司水电生产能力大幅度提高。使混流式单机容量上升到700MW，贯流式单机容量上升到45MW，能独立生产单机容量60MW的抽水蓄能机组，使产品产值由2001年的2.8亿元上升到2002年的3.69亿元。

东方电机股份有限公司列入国家重点建设项目的“大水电”改造项目，2002年国家计划安排投资3 240万元，全年实际完成投资3 361万元，投资完成率103.73%。2002年完成技术改造投资1 292万元。实施了大贯流国产化创新项目。2002年富春江富士水电设备有限公司完成了T6920机床数控改造和圈式线圈模压(PLC)设备改造工作。

对外合作 随着我国加入WTO的日趋深入，市场国际化更加突出。采取合资或合作生产，引进国外同行业的先进管理经验和先进技术加速了企业技术水平的提高，增强了企业发展后劲。2002年大型水电设备行业各企业积极开拓国外市场，主动与外商沟通、洽谈，走访国外客户，与其建立起良好的合作伙伴关系，走“产、学、研”相结合道路。2002年哈尔滨电机厂有限责任公司的国际贸易多采取以技术合作、项目分包等形式进行，先后签约老挝、越南机组等，坚实了该公司在国际发电设备市场的地位。富春江富士水电设备有限公司采取产研结合机制，多方位、多渠道开展与国外水轮机专业厂家合作，先后与俄罗斯、奥地利等多家水轮机专业厂家合作，将国外先进的转轮技术应用在碗米坡、蒙里机组上。

管理及改革 2002年大型水电设备行业各企业进一步转换机制，注重实效，加强营销管理、物资采购管理和信用风险管理，积极进行内部市场化运作。深化人事制度改革和劳动用工制度改革，倡导兼职兼做，一专多能，竞聘上岗，分配逐步向技术、生产、经营骨干倾斜。2002年行业部分企业在工资结构改革的基础上，深化了分配制度改革，充分发挥了新工资结构中“活”的部分调整及激励作用。通过改革，增加了全员的危机意识、风险意识和主人翁意识，使广大职工的积极性、创造性得到充分发挥，促进了企业的健康发展。

〔撰稿人：哈尔滨大电机研究所赵卫红　审稿人：哈尔滨大电机研究所陶星明、付长虹〕

火电设备

生产发展情况 2002年，我国发电设备发展速度与上年相比有了快速增长。发电设备完成产量21 190MW，同比增长73.45%，其中火力发电设备17 660MW，同比增长73.82%；累计生产电站锅炉417台/86 858蒸t，电站汽轮机375台/16 889.1MW。从2002年完成的产量和订货合同来看，生产经营状况已表露出产量大、品种多、交货急的特点，这标志着我国火力发电设备制造业又一次步入市场高潮期。

哈尔滨汽轮机厂有限责任公司本着追求企业效益最大化的原则，以满足用户需要为宗旨，开创了生产经营工作的良好局面。2002年完成工业总产值69 015万元，比上年增长32.7%；主营业务收入66 591万元，比上年增长17%；电站汽轮机产量14台/2 595MW，比上年增长41.8%；电站汽轮机辅机5 012t，比上年增长84.7%；产品定额工时完成508.6万h，比上年增长37.5%；利润总额266万元，比上年增长52.9%。

上海锅炉厂有限公司以提高经济运行质量为中心工作，把追求经济效益作为首要目标，使公司保持稳定健康发展的局面。2002年完成工业总产值147 415万元，比上年增长4.93%；电站锅炉产量34台/24 249蒸t/6 793MW，比上年增长51.8%；销售收入16亿元，比上年增长54.55%；利润总额131万元。

东方汽轮机厂产量迈上新台阶，汽轮机2002年产量突破4 000MW。完成工业总产值112 127.81万元，比上年增长73%；产品销售收入95 189.97万元，比上年增长23.44%；工业增加值34 451.8万元，比上年增长35.95%；电站汽轮机24台/4 248MW，比上年增长84.6%。

上海汽轮机有限公司2002年生产能力超出5 000MW，完成工业总产值129 768万元，比上年增长11.5%；电站汽轮机产量29台/5 175MW，比上年增长123%；产品销售收入94 711万元，比上年增长49.5%。

南京汽轮电机(集团)有限责任公司2002年完成工业总产值52 142万元，比上年增长33.5%；产品销售收入51 933万元，比上年增长36.6%；工业增加值14 255.5万元，比上年增长26.6%；电站汽轮机58台/828MW，比上年增长16.6%。

北京巴布科克·威尔科克斯有限公司2002年完成工业总产值52 566万元，比上年增长26.78%；产品销售收入53 856万元，比上年增长37.41%，工业增加值11 348万元，比上年增长26.41%；电站锅炉21台/1 450MW/5 815蒸t。

2002年火力发电设备制造行业主要锅炉、汽轮机企业生产及经济指标见表1、表2。

表1 2002年火力发电设备制造行业主要锅炉企业生产及经济指标

指标名称 / 企业名称	工业总产值（不变价）（万元）	产品销售收入（万元）	利润总额（万元）	全员劳动生产率（元/人）	电站锅炉产量		
					数量（台）	蒸汽（t）	功率（MW）
哈尔滨锅炉厂有限责任公司	137 953	147 866	790	56 847	36	17 153	4 838
上海锅炉厂有限公司	147 415	160 135	131	85 261	34	24 249	6 793
东方锅炉(集团)股份有限公司	104 039	107 392		58 208	22	11 495	3 190
武汉锅炉集团有限公司	60 581	76 703	179	27 359	25	8 032	2 178
北京巴布科克·威尔科克斯有限公司	42 323	53 856	1 579	55 329	21	5 565	1 456
无锡华光锅炉股份有限公司	27 581	36 007	3 514	81 392	79	5 400	927
广西梧州锅炉股份有限公司	3 236	3 306	-485	10 322	8	240	31

表2 2002年火力发电设备制造行业主要汽轮机企业生产及经济指标

指标名称 / 企业名称	工业总产值（不变价）（万元）	产品销售收入（万元）	利润总额（万元）	全员劳动生产率（元/人）	电站汽轮机产量	
					数量（台）	功率（MW）
上海汽轮机有限公司	129 768	94 711	-10 458	39 985	29	5 175
哈尔滨汽轮机厂有限责任公司	69 015	66 776	266	20 769	14	2 595
东方汽轮机厂	112 127	95 190	662	42 840	24	4 248
北京北重汽轮电机有限责任公司	51 123	52 343	106	90 977	12	1 700
南京汽轮电机有限责任公司	47 328	51 933	933	47 313	58	820
杭州汽轮机股份有限公司	23 612	32 576	4 264	77 364	38	208
武汉汽轮发电机厂	62 705	43 383	1 372	78 600	44	996
青岛汽轮机股份有限公司	21 428	28 516	2 280	59 205	120	1 005

产品分类产量 2002年火电设备行业共生产600MW等级的电站锅炉5台，电站汽轮机3台，300MW等级的电站锅炉17台，电站汽轮机20台，200MW等级的电站锅炉8台、电站汽轮机6台，125MW等级的电站锅炉20台、电站汽轮机23台，100MW等级的电站锅炉5台、电站汽轮机7台，50MW等级的电站锅炉31台、电站汽轮机19台。

市场及销售 2002年发电设备行业企业迎来了新一轮发展机遇，火电设备需求量明显增长，锅炉制造行业本年累计定货量达到100多亿元，出口交货值6亿多元；汽轮机制造行业本年累计定货量达到70多亿元，出口交货值3亿多元。

南京汽轮电机(集团)有限责任公司抓住有利时机增产增销，始终保持12～30MW汽轮发电机组的国内市场占有率居于第一。

哈尔滨汽轮机厂有限责任公司在市场开发方面，以"巩固300MW等常规机组阵地，扩大改造机组战果、打破600MW机组僵局、拿到空冷、超临界出生证、大力争取燃机和百万核电"经营战略为指导，全年共拿到了包括大同空冷600MW、漳山空冷300MW、沁北超临界600MW、伊拉克萨拉哈丁300MW主机、海南82MW联合循环机组等在内的50多台机组，签订合同额257 773万元，比上年增长131.7%，创历史最好水平。

上海汽轮机有限公司2002年承接新机组定单总量超过22.4亿元，外高桥2台900MW火电分包项目，按西门子制造标准，确保制造进度和交货质量满足用户需要，提高了企业的竞争实力。

东方汽轮机厂抓住国内发电设备市场的大好发展机遇，积极开拓国内市场，取得了显著成效，订货量再创新高。全年生效国内订单达20亿元。特别是一批600MW机组的中标，为工厂系列开发生产600MW机组、扩大市场份额、产品结构调整、增强工厂竞争能力创造了条件。在抓国内市场的同时，积极开拓国外市场，全年外贸及分包项目订单达1.5亿元。

北京北重汽轮电机有限责任公司2002年签订了内蒙达旗三期、宁夏石嘴山二期及黄石两台汽轮机共6台(套)330MW汽轮发电机组，内蒙达旗三期的发电机是引进优化型330MW设计，该机型获得了市场的准入证，发电设备新增订货59 685.2万元，改造发电机新增订货20 422.5万元，超额完成了全年指标。

科技成果及新产品 随着"十五"计划的实施以及国民经济的稳定快速发展，火电设备制造企业围绕新产品的开发、引进与生产进行了大量科研工作，取得了一批具有一定国际先进水平的科研成果，有力地推动了企业的发展与科技进步。

哈尔滨汽轮机厂有限责任公司在技术引进方面，与日本三菱公司合作开发设计了国内首台 600MW 超临界汽轮机，并作为国家重大装备的依托工程项目进行研制；与 GE 公司就联合循环机组技术转让进行了谈判，并就我国第一批联合循环机组进行打捆招标项目联合投标。在重点项目与机组开发方面，完成为我国第一座商用核电站制造的我国首台国产化 650MW 核电汽轮机组，主要性能指标优于设计值，达到国际先进水平，并于 2002 年 4 月正式投入商业运行；公司独立开发的 125MW 改造机组，在田家庵、九江电厂经国家权威部门测试、评审，性能指标在全国同类机组中处于领先水平；西柏坡 300MW 机组改造取得圆满成功；开发了具有自主知识产权、性能领先的新一代 600MW 亚临界汽轮机(75B)，并通过了中国机械工业联合会和中国电机工程学会组织的专家评审，主要性能指标达到国际水平；完成国家“863”重点课题“核电快堆实验机组”技术设计和《超超临界火电技术研究》立项准备工作；开发了国内首台 600MW 直接空冷汽轮机组和公司首台 300MW 空冷汽轮机组；完成了国内容量最大的 82MW 联合循环机组蒸汽轮机的设计开发工作；“优化型 300MW 汽轮机性能质量研究”获黑龙江省科技进步三等奖。

东方汽轮机厂产品开发取得突破，重大科研项目进展顺利。国家 863 计划“超超临界汽轮机关键技术研究项目”、“东汽 MIE 总体方案设计、系统集成和关键技术及产品应用示范”项目、国家级技术创新项目“重型燃机热喷涂涂层国产化研制”项目、四川省技术创新项目“制造业信息化技术开发及应用示范”项目正在顺利进行。全年实施科研课题 77 项，完成科研课题 35 项。开发试制新产品 13 项，其中 300MW 抽汽式、凝汽式汽轮机，200MW 空冷供热凝汽式汽轮机，135MW、125MW、50MW 凝汽式汽轮机以及 300MW、50MW 汽轮机现代化改造等 10 项新产品完成开发试制，并通过鉴定。

南京汽轮电机(集团)有限责任公司与美国 GE 公司合作，完成使用低热值煤气作燃料的燃气轮机的研制，且应用于通钢高炉煤气燃气轮发电机组中，开拓了燃气轮机发电应用的新领域；试制成功 PG6581 型燃气轮机，使 6000 系列燃气轮机又上了一个台阶。与北京全三维公司等高校科研院所合作，完成采用全三维技术对汽轮机通流部分优化设计，实现了汽轮机产品的技术升级。与有关高校院所及燃机电厂等用户合作，已完成电站 ICS 控制系统研制模型，可尽快实现 ICS 控制系统国产化。

上海汽轮机有限公司加快高科技含量的新产品开发和科技力量储备，2002 年开发新项目 32 项，其中 9 项属全新设计的新型机组，包括 300MW 冷凝式、空冷式和抽汽式机组。新开发的吴泾 2 台亚临界 600MW 机组，主要技术性能超出进口同类机组，获中国机械工业、上海市科学技术一等奖。新研制开发的南山、月亮湾两台 50MW 联合循环汽轮机通过国家经贸委新产品鉴定，达到国际先进水平。为做好技术储备工作，还率先确立起 1 000MW 等级超超临界汽轮机和 1 000MW 等级核电汽轮机、燃气轮机及大容量联合循环汽轮机的研制，积极参与新能源的研制和开发的新目标，使企业继续成为国内汽轮机行业的领先者。

北京北重汽轮电机有限责任公司积极开展引进、合作生产的 330MW 机组的国产化工作，汽轮机末级叶片已进入国内制造阶段，330MW 机组国产化工作降低了制造成本，扭转了机组经营性亏损的局面；与新华公司合作的电调国产化工作已完成，并在宁夏石嘴山 1# 机组成功运用，且被多家用户认可并积极选用；主油泵国产化工作也取得长足进展。

无锡华光锅炉股份有限公司“新型高温分离循环硫化床锅炉”分别被江苏省科技厅和国家科技部列为 2002 年省级火炬计划项目和 2002 年国家级火炬计划项目(编号分别为 H2002091 和 2002EB010492)。该项目产业化进展情况良好，已按要求完成，并取得了很好的经济效益和社会效益。国家重点新产品试产计划项目中，开发研制的“75t/h 高温分离循环硫化床锅炉”、“58MW 强制循环硫化床热水锅炉”，2002 年均被国家经贸委以国经贸技术(2002)582 号文件批准列入国家重点新产品试产计划，并获《国家重点新产品证书》，产品还分别被评为无锡市科技进步二等奖、三等奖和江苏省高新技术产品。

东方锅炉(集团)股份有限公司为开拓国内新市场，提高企业的竞争力，坚持以市场需求为导向，加大科技投入。企业与 FW 公司合作开发设计完成了世界首台 600MW 级“W”型火焰锅炉方案设计和技术设计，之后 FW 公司将这些开发成果应用于河北邯峰电厂 2×660MW 机组的锅炉设计中。根据市场的需求，成功开发了具有自主知识产权的国产化首台超高压带中间再热 135MW、150MW 循环硫化床锅炉，均达到了公司目前最好技术水平，为能源综合利用和环境保护带来了显著的经济效益和社会效益。随着国家电力结构向高参数、高性能、大容量、低能耗机组发展，企业抓住时机，与日立巴布科克公司合资建立了东方－日立锅炉有限公司，并引进了日立公司300MW、600MW、1 000MW 本生型超临界锅炉全套技术，也是目前国内惟一一家拥有此项全套技术的制造厂家，并完成了 600MW 超临界本生炉方案的设计，初步形成了制造能力，并正式签订了华能沁北电厂一期工程 2×600MW 超临界火电机组合同。

上海锅炉厂有限公司进一步增强创新意识，一方面积极引进国外先进技术，另一方面加大自主开发的力度。2002 年公司完成了 CFB、HRSG 以及预热器 API 三大产品的技术引进工作。

上海发电设备成套设计研究所。2002 年承接国家科技部和上海市科研项目共 6 项，申请专利 6 项，其中 5 项为发明专利，箱式循环硫化床锅炉和高温涡旋分离器已获得批准；获得国家级新产品 2 项：BERS－1 微机励磁电压调节装置、GSES 大型汽轮发电机静态励磁系统装置；整体煤气化联合循环发电(IGCC)关键技术获中国电力科学技术三等奖、大型燃气轮机烧重油技术改造获机械工业联合会和机械工程学会颁发的三等奖、300MW 火电机组可靠性增长技术的研究和应用获得机械工业联合会和机械工程学会颁发的一等奖。

质量及标准　2002年火电设备制造行业主要骨干企业均通过ISO9000质量保证体系认证。

北京北重汽轮电机有限责任公司以产品质量为工作重点，强化实物质量管理，并指派企业领导专职负责质量管理工作。贯彻“一把手”工程的思想，建立部门负责人参加的质量工作月例会制度；根据市场要求，结合企业管理的需要，对人员、机构进行重新配置。

南京汽轮电机(集团)有限责任公司2002年获得“江苏省质量管理奖”，蓝鹊牌燃气轮发电机组获江苏省名牌产品称号，蓝鹊牌中小型汽轮发电机组获南京市名牌产品称号。配合业主做好出口苏丹机组的监造，确保质量，按时交货。

上海锅炉厂有限公司推进“查”、“管”结合工作，加大考核力度，使质量意识贯穿于产品制造全过程，以适应市场的新变化。企业已获得美国ASME颁发的S、U、U2授权证书和钢印。

上海汽轮机有限公司严格控制产品质量，通过质量体系内审、工艺纪律检查、NCR统计分析等方法反映体系和产品质量存在的问题，通过整改使产品质量持续改进。2002年完成的41台机组，其中300MW及以上机组7台，机组项次合格率在95%以上，300MW以下机组34台，机组项次合格率均在94%以上，全部达到考核要求，成品抽查合格率100%，关键项目合格率100%。300MW及以上机组均达到优等水平，300MW以下机组均达到一等品水平。企业“上汽牌”300MW、600MW汽轮机及6MW驱动给水泵汽轮机产品被推荐为上海市2002年度名牌产品。

无锡华光锅炉股份有限公司积极开展质量改进工作，针对产品制造质量中存在问题，进行分析，重点从提高产品的设计质量，改善工艺手段，提高工艺水平，完善工艺装备上下功夫，解决实际质量问题。广泛开展群众性的QC攻关活动，发动群众，针对各环节质量问题，各个击破，使产品质量水平稳定提高。

东方锅炉(集团)股份有限公司坚持“为用户提供世界一流产品和一流服务是公司全体员工至高无上孜孜不倦的追求”的用户理念，层层落实质量责任制。企业坚持“下道工序就是用户”的质量运行机制，实行“全天候”服务。企业向用户发出了以“十个保证，五个及时”为主要内容的质量承诺。

基本建设及技术改造　2002年火电设备制造行业(锅炉、汽轮机)完成基本建设及技术改造项目投资额数亿元。其中，汽轮机行业完成基本建设及技术改造项目投资额1.9亿元。各企业在市场需求高速增长的形势下，坚持把企业做精做强的原则，加快投资优势项目，使企业具有竞争优势。

哈尔滨汽轮机厂有限责任公司完成nx—254数控5轴联动叶片铣床、Φ125摇臂钻、hc—8龙门刨改造、Φ130落地镗床、动平衡机改造、轮槽铣床改造、Φ630立车改造、Φ260数控落地镗床及热加工车间改造近4 000万元。

东方汽轮机厂2002年，固定资产投入9 696万元进行基本建设和技术改造。国家重点技改项目——国家财政债券技改项目如期进行，该项目完成了19台设备的订货，其中17台设备陆续投入使用。通过投资建设，改善了基础设施，增强了设备加工能力，提高了工艺加工水平。

南京汽轮电机(集团)有限责任公司2002年技术改造完成投资3 500万元。其中国家重点技术改造项目2 800万元，企业一般技改项目700万元。列入国家重点技术改造项目的是“发展燃气蒸汽联合循环电站设备”。建装配试验厂房6 800m²。项目总投资15 400万元(含280万美元)。2002年完成的技术改造项目主要有：Φ5m数控立车、Φ5m数显立车、汽轮机总装配场地改造、发电机嵌线清洁房、线圈包带机等，既考虑到长远发展又密切结合当前生产，有力地促进了当年生产任务的完成。

无锡华光锅炉股份有限公司完成基建500万元，主要用于厂房及配套设备建设。国家重点技改＜垃圾焚烧炉项目＞当年完成投资2 301万元，新增意大利液压三辊卷板机、金属分析仪、膜式壁拼排机、160t冲床、林肯自动焊机，CO_2气体保护焊机，横钻等设备，管子电视自动线二条改造，引进日本荏原公司循环硫化床技术的垃圾焚烧炉技术，使公司的垃圾炉设计制造水平达国际20世纪90年代初期水平，年产150～400t/d垃圾炉20台的能力，年新增销售收入1.4亿元。

管理及改革　2002年火电设备制造行业一些企业加快了管理及改革力度，从而激发起企业活力，使企业得到进一步发展、壮大。

哈尔滨汽轮机厂有限责任公司在企业管理方面，以优化工艺体制为突破口，全面推进生产组织结构调整，完善生产计划与生产组织形式，对主要生产单位实行分厂制，使生产制造能够更适应市场经营需要；应用现代责任成本理论方法，设计了符合公司现状的成本控制业务流程图，制定了责任成本核算办法，全力推进成本控制工作；结合结构调整工作，全力推行干部制度改革；建立人才培训基地，注重对职工进行一专多能的培训，加强了一线职工队伍的建设。

北京巴布科克·威尔科克斯有限公司实行项目管理制，与行政管理构成公司内的矩阵式管理，每个合同均设有项目经理，项目经理对外代表公司，对内代表用户，对合同项目的进度、质量、成本、资金、服务负全方位全过程的责任。

北京北重汽轮电机有限责任公司遵循实际情况与目标管理相结合的原则，以公司整体管理为中心，实施全面预算管理为主线，通过完善公司财务管理制度，以金蝶K3管理软件为依托，搭建财务信息管理平台，推行资金相对封闭、费用与部门经责指标挂钩、资金平衡使用等管理方法，提高了资金使用效率，保证了生产运营需求，为完成全年经济指标提供了资金保证。2002年，公司将改革改制的工作作为年度的重点工作，在企业改制领导小组领导下，加快推进以产权制度改革为重点的中小企业改革改制、资金重组和减员分流工作。

东方汽轮机厂的改革改制稳步推进。年内组建成立了东方电气自动控制工程公司、东汽电站服务分公司和东方建筑设计审查公司，继续推进了多元化投资入股形式。推进了用工、分配制度和医疗制度改革，激发了员工的工作积极性，加强了内部核算、内部考核等基础管理工作，企业管理水平得到了提高。

南京汽轮电机（集团）有限责任公司结合国债技改项目提出内部资源要素整合的总体思路，并开始进行实际操作，对企业38大类规章制度和管理标准进行修改并下发，建立并完善财务分析会制度。

上海锅炉厂有限公司根据实际需要逐步调整组织体制框架。严肃全面预算管理，健全完善企业内控制度，将成本控制在目标范围内。同时改进完善公司内部分配机制，增强市场竞争力。企业还严格“物资采购管理”工作程序，进一步加大经济合同管理力度，规范企业经济运行程序。

上海汽轮机有限公司建立信息化管理平台带动内部管理方式的改变，采用IT网络技术，形成覆盖企业OA信息网络系统，实现数据共存信息共享，使资源得到充分利用。按SAP工程设计框架，进行内部业务流程重组缩短管理链，建立起财务、供应和生产计划三大管理模块。在积极引进国外先进技术的同时，大胆吸收和应用西门子先进的管理思想及方法，组织高层管理人员参加西门子学院战略目标培训，邀请国外高级管理专家进行管理诊断，提高企业整体管理素质。按照推进管理目标，企业加快内部生产结构调整和主、辅业剥离，增强核心竞争实力。2002年抓住技术设计和物资采购供应二大重点，累计节约资金1.84亿元。构筑人才高地抓好两个600人（技术人员、管理人员）核心队伍的建设。加快培养一批产品开发、市场拓展、工程管理的领头人，大胆选用最强、最优秀的人才。在企业内部建立起中高层管理干部和关键技术、管理人员业绩考核目标和评估办法，与个人利益、薪酬制度直接挂钩。

〔撰稿人：上海发电设备成套设计研究所倪佩伦、郑健富　审稿人：上海发电设备成套设计研究所张　瑞〕

内燃发电设备

生产发展情况　根据对37个内燃发电设备生产企业统计，2002年内燃发电设备销量11 023台/1 332 931kW。2002年内燃发电设备生产数量比上年有所增长。另外，内燃发电设备制造企业采用引进型、进口型及合资型发动机和发电机成套，内燃发电设备产品的数量有了较大增长，使内燃发电设备的产品技术水平和质量越来越接近国际同类产品的水平。同时有许多企业被国际知名公司授予OEM权利，利用国际知名公司的先进技术、成熟的市场，企业获得了更大的发展。

市场及销售　据对37个内燃发电设备生产企业的统计，2002年内燃发电设备产品分类销量见表1。

表1　2002年内燃发电设备产品分类销量

产品类别	功率范围（kW）	功率等级数（个）	内销数量（台/kW）	出口数量（台/kW）	合计（台/kW）
柴油发电机组	1.5～3 000	103	9 331/1 014 513	554/59 351	9 885/1 073 864
其他燃料发电机组	1～1 200	13	1 138/259 067	0	1 138/259 067
自动化发电机组	10～1 000	29	432/79 633	0	432/79 633
低噪声发电机组	30～404	8	190/11 158	2/808	192/11 966
船用发电机组	12～600	10	81/2 899	15/9 000	96/11 899
汽车电站	24～120	10	55/3 367	0	55/3 367
挂车电站	12～1 000	17	400/23 508	0	400/23 508
合计	1～3 000	105	10 469/1 273 580	554/59 351	11 023/1 332 931

其中14个企业出口功率范围5～1 600 kW共30个功率等级的内燃发电设备554台/59 351 kW。2002年内燃发电设备总销量千瓦数比上年有所增加，台数比上年有所减少。在各类产品的销售中，柴油发电机组仍占多数。气体燃料发电机组的销量则有较大增长，其中胜利石油管理局动力机械厂销售天然气发电机组330台/15 600 kW，可燃气体发电机组470台/228 600 kW；潍坊柴油机厂销售CNG、LGP、沼气燃料发电机组80台/14 425 kW；其他类产品的销售中各有一些代表企业，如自动化发电机组扬州英泰集团有限公司销售214台/34 945 kW，兰州电源车辆研究所销售165台/5 680 kW，扬州市飞鸿电材厂销售72台/12 240 kW，上海伊华电站工程有限公司销售34台/6 585 kW，重庆康明斯发动机有限公司销售34台/14 783 kW，兰州电机有限责任公司销售24台/4 350 kW，潍坊柴油机厂销售21台/2 700 kW；船用发电机组南昌华源凯马柴油机有限公司销售70台/1 739 kW，安庆船用柴油机厂销售15台/9 000kW；汽车电站兰州电源车辆研究所销售26台/1 402kW，郑州电气装备总厂销售28台/1 845 kW；挂车电站兰州电源车辆研究所销售154台/4 620 kW，扬州英泰集团有限公司销售71台/6 097 kW，扬州市飞鸿电材厂销售36台/4 545 kW，广州雅图机电有限公司销售40台/3 000 kW，黄山发电设备厂销售23台/1 270 kW，上海伊华电站工程有限公司销售18台/1 160 kW；低噪声发电机组兰州电源车辆研究所销售162台/5 080 kW，广州雅图机电有限公司销售13台/5 252 kW，深圳市赛瓦特动力科技有限公司销售13台/884 kW。在1～3 000 kW功率范围中，250～

500 kW 的产品销量达 1 190 台/433 259 kW，充分表明了我国内燃发电设备产品的生产格局正在发生显著变化，中大容量机组的市场逐年看好。2002 年内燃发电设备按功率范围统计销量见表 2。1 000 kW(含 1 000kW)以上大功率柴油发电机组销量有所增加，共计 132 台/165 354 kW。其中广州柴油机厂销售的 38 台/40 000 kW、无锡市四达实业公司销售的 29 台/48 050 kW 使用自产发动机配套。2002 年内燃发电设备 37 个企业总销量千瓦数前 10 名企业见表 3。

表 2　2002 年内燃发电设备按功率范围统计的销量

功率范围(kW)	功率等级数(个)	内销数量(台/kW)	出口数量(台/kW)	合计(台/kW)
1～20	19	3 165/33 339	106/1 024	3 271/34 363
21～90	21	3 562/166 186	318/10 537	3 880/176 723
91～250	19	2 348/417 091	55/8 130	2 403/425 221
251～500	23	1 154/423 267	36/9 992	1 190/4 332 590
501～1 000	15	158/121 143	32/19 868	190/141 011
1 001～3 000	8	82/112 554	7/9 800	89/122 354
合计	105	10 469/1 273 580	554/59 351	11 023/1 332 931

表 3　2002 年内燃发电设备 37 个企业总销量千瓦数前 10 名企业

序号	企业名称	内销数量(台/kW)	出口数量(台/kW)	合计(台/kW)
1	胜利石油管理局动力机械厂	1 140/345 700	0	1 140/345 700
2	扬州英泰集团有限公司	2798/186 329	19/729	2 817/187 058
3	扬州市飞鸿电材厂	1 297/1 267 920	23/1 550	1 320/128 340
4	广州雅图机电有限公司	361/93 344	9/3 508	370/96 852
5	深圳市沃尔奔达机器设备有限公司	194/56 936	36/12 738	230/69 674
6	广州柴油机厂	55/49 700	0	55/49 700
7	无锡动力工程股份有限公司	405/48 152	0	405/48 152
8	无锡市四达实业公司	22/38 250	7/9 800	29/48 050
9	常州顺风发电设备有限公司	218/40 268	26/5 780	244/46 048
10	泰州德锋柴油发电机组有限公司	473/44 189	0	473/44 189

科技成果及新产品　兰州电源车辆研究所与总后建筑工程研究所联合研制了自行式冷暖风机，该产品由车载电站、空调系统组成，集制冷、供热、供电于一体，其中电站部分余热利用系统为国内首创，充分利用柴油机冷却系统水箱散热器的热量和废气的热量组成供暖系统，提高了能源利用效率，具有很高的经济价值。

扬州市飞鸿电材厂开发了 75～500 kW 高原型发电机组，24～90 kW 船用柴油发电机组，20～500 kW 自动化微机集中监控机，整个系统通过调制解调器实现远程监控，并且通过人机界面，实现了无人值守和"三遥"功能，并在引黄工程中应用。

潍坊柴油机厂开发的内燃机电站新产品有 120GFZ－6 型、150GFZ－6 型自动化柴油发电机组，200GF 型(配 WD618 柴油机)柴油发电机组，400GF4－318 型闭式柴油发电机组，250GFT 型燃气发电机组，30GFT(配 226B 柴油机)燃气发电机组。其中 120GFZ－6、150GFZ－6 型自动化柴油发电机组通过了省级鉴定。

陕西柴油机厂先后以许可证方式引进生产了法国热机协会(SEMT)PA6、PC2－5、PC2－6 系列，日本大发柴油机株式会社（DAIHATSU）DS、DI 系列，德国 MTU 公司 MTU956/1163 系列，日本新泻 6M28BT 低速柴油机系列等世界著名品牌柴油机。2001 年生产的 1 000 kW6DL－26、600 kW 6DS－22S 发电机组采用日本大发的柴油机，该机组能燃烧重油，经济性好。

山西柴油机厂新开发的 200GF51C、250GF16C、320GF17C、400GF30C 柴油发电机组，采用半自动控制、自动安保系统、电子调速器，机组的运行参数可由 6～7in 液晶显示屏显示，机组采用盘片式联轴器、一体式立式控制屏。

郑州电气装备总厂新开发的 28kW 柴油发电机组于 2002 年 6 月 13 日通过鉴定，2×40kW 电源车于 2002 年 9 月 20 日通过评审验收，50kW 中频变频电源车、50kW 工频电源车于 2002 年 9 月 24 日通过了出厂质量评审。

广西玉柴机器股份有限公司 2002 年完成了 24～64kW 共 5 种规格船用柴油发电机组新产品的研制开发，其中 30kW、40kW、50kW 船用机组于 2003 年 1 月通过了区级鉴定。

重庆康明斯发动机有限公司研制的新产品高原发电机组。体积小、经济、工作可靠，稳态转速波动率为±0.25%，当水温过高、油压过低、超速时报警并能自动停机，具有过流、短路、逆功率等保护；机组调压精度高，电压波形畸变小。2002 年开始与康明斯发动机(北京)有限公司合作生产伟力系列发电机组，并通过信息产业部电信入网许可证。

山东明远机电设备有限公司 2002 年研制开发的 GFY 系列"三遥"自动化机组通过省级鉴定，其中 90GFY 机组被评为省优质产品。2002 年引进铁道部中频感应子发电机组，该机组在铁路客车上得到广泛应用。

兰州电机有限责任公司 2002 年开发了新产品高原型柴油发电机组、一体式自动化柴油发电机组并通过了厂内鉴定。高原型柴油发电机组适用于高海拔、大气压力低、空气密度小的环境条件，操作简单、工作可靠、维修方便。一体式自动化柴油发电机组结构紧凑、外形美观、自动化程度高。

深圳市沃尔奔达机器设备有限公司与韩国大宇重工合作开发出大宇系列柴油发电机组。该系列机组具有较高的性能价格比，排放符合美国环保局EPA及美国加州大气资源局CARB标准。

江西清华泰豪三波电机有限公司2002年有以下产品：12、24kW轴带发电机，50PQ中频汽车电站，3kW、12kW柴油发电机组，通过了由总装备部陆装定型委员会组织的鉴定。

天津市天发柴油发电设备制造有限公司2002年开发了120kW、200kW低噪声电站，1m处噪声值不大于75dB(A)。另外自动化机组功率范围由2001年的150～250kW拓宽到30～320kW，该系列机组在15s内可自动启动、自动切换、自动供电及关机。

无锡凯马动力有限公司开发了KGE900Ti、KGE2800Ti、KGE2800Xi数码汽油发电机组。该系列机组采用风冷汽油机，发电机采用飞轮发电机设计，电机转子与动力机轴采用刚性直联式，结构紧凑、体积小、重量轻；采用数码电子控制技术，把发电机输出的频率和电压随转速而变的三相中频电源，通过逆变控制器转换成单相230V/50Hz(或240V/60Hz)的工频电源给用户供电。电压波形达到真正正弦波水平；机组噪声低，静音型机组风道设计合理，噪降声同时不引起机组温度超标。另外2002年研制、验收的产品有KDE14T3、KDE17T、KDE21T专用柴油发电机组及KGE5000T、KGE5500X、KGE6000X3汽油发电机组，发电机采用无刷励磁，定子组采用正弦波绕组，转子采用斜槽加阻尼绕组，无线电干扰小，电压波形好，达到真正正弦波水平；发电机采用单轴承、无机座结构，由前后端盖直接锁在柴油机上，结构紧凑、体积小、重量轻；防音罩及风道设计合理，机组噪声低；保护功能完善，具有短路、过载、油压低、水温高、欠频、过频、欠压、过压、缺相、充电保护。

无锡华友发电设备有限公司开发了V－140GFZKB柴油发电机组。该机组采用VOLVO TWD710G型发动机，带电子调速器；发电机用斯坦福UCI274G，控制箱采用GCK标准系列，ABB框架式空气开关。该机组为具有自动并车功能的全自动化机组，用于国防重点施工工程，通过总参谋部工程兵部队军检验收。这项产品获本集团公司科技进步二等奖。另外集团公司内合资企业无锡HOLSET同步引进国外先进技术，年产15万台增压器，获得良好的经济效益。2002年9月，无锡动力工程股份有限公司生产的W12V138AZL柴油机通过省级鉴定。

黑龙江省绥化电机集团有限公司完成了直流电焊发电两用机组12、15kW两个规格的新产品，电焊、发电可同时使用，直流电焊，交流发电，额定电压为400V，相数为三相。另外还研制出8kW直流电焊发电两用汽油发电机组，机组采用美国B&S公司汽油机，电焊发电可同时使用，电焊直流、发电交流，额定电压为400V，相数为三相，携带方便，操作简单。

福州福发发电设备有限公司有2项产品通过了由福建省经贸委组织的福建省省级专家鉴定。20～1 000kW普通自动化柴油发电机组通过了省级专家鉴定，产品具有国内同类自动化柴油发电机组的领先水平。200kW汽车电站通过了省级专家鉴定。

基本建设及技术改造 泰州德锋柴油发电机组有限公司完成了公司测试中心的改造；福州福发发电设备有限公司投入了100多万元，改造了由工控机、高速数据采集卡、电阻负载、电感负载组成的10～600kW柴油发电机组测试台，使公司的柴油发电机组测试手段更加准确、可靠；上海豪麦发电设备有限公司投入资金约100万元用于购置基本生产设备和总检测设备；河南柴油机集团有限责任公司建成4×1 000kW大功率柴油机机组试验站，购置了2t中频电炉；山西柴油机厂引进德国MTU公司柴油机电控技术及检测设备、仪器仪表，提高了国产柴油机及机组的电控水平；南昌华源凯马柴油机有限公司2002年完成新建厂房并搬迁，完成设备更新；无锡动力工程股份有限公司完成发电机组生产车间修建及技术部门计算机局域网技术改造；潍坊柴油机厂进行了WD615、X6170、R系列柴油机技术改造项目；洛阳一拖环达动力机械公司2002年8月启动"中功率柴油机"项目，共投资8 000万元对场地、设备进行改造；无锡市四达实业公司2002年完成技术改造投资约3 000万元；扬州英泰集团有限公司2002年把过去的涂漆工艺改造为静电喷塑工艺，提高了产品的美观性；深圳市沃尔奔达机器设备有限公司2002年新建了工厂并投入使用，使生产能力提高到了一个新水平，2002年公司对机组测试中心也进行了技术改造，使试验平台更加完善；天津市天发柴油发电设备制造有限公司完成了电机车间、总装车间的技术改造及办公区的改造；无锡凯马动力有限公司新增投资500万元用于"数码发电机组扩大生产规模及增加自制件"的技术改造。

质量及标准 2002年8月南昌华源凯马柴油机有限公司通过了渔检局船用产品型式认可；2002年9月通过中国船级社船用产品型式认可；2002年11月获出口产品质量许可证；12月通过柴油机生产许可证验收。2002年郑州电气装备总厂通过了"中国新时代质量体系认证中心"对军品质量体系换证后的第一次监督抽查和"中国新时代质量体系认证中心"对民品质量体系换证后的第二次监督抽查，并通过了"中国机械工业质量体系认证中心"对民品质量体系换证后的第二次监督抽查。黄山发电设备厂于2002年11月通过了ISO9001：2000质量体系认证。2002年重庆康明斯发动机有限公司通过了法国BVQI认证公司按ISO9001：2000标准进行的换证审核。

2002年8月5日中国人民共和国国家质量监督检验检疫总局批准并发布了由兰州电源车辆研究所负责起草的GB/T2820.8－2002《往复式内燃机驱动的交流发电机组第8部分：对小功率发电机组的要求和试验》、GB/T2820.9－2002《往复式内燃机驱动的交流发电机组第9部分：机械振动的测量和评价》、GB/T2820.10－2002《往复式内燃机驱动的交流发电机组第10部分：噪声的测量(包面法)》、GB/T2820.12－2002《往复式内燃机驱动的交流发电机组第12部分：对安全装置的应急供电》，上述4项标准自2003年4月1日起实施。

管理及改革 2002年完成了新一届“军用移动电站改装车辆军标专业组”的组建工作，该专业组由23个单位的24名代表组成，兰州电源车辆研究所为组长单位。

2002年6月18日华源集团和南昌市机械国有资产控股经营有限公司合资组建南昌华源凯马柴油机有限公司，其前身为南昌柴油机有限公司；2002年山西柴油机厂进行了军品、民品分离改制；2002年广州雅图机电有限公司进行了股份重组；2002年无锡华源凯马机械有限公司更名为“无锡凯马动力有限公司”；2002年潍坊柴油机厂进行股份制改造，初步开始公司制运作，公司名称为“潍柴动力股份有限公司”；2002年兰州电源车辆研究所进行了股份制改制，初步开始公司制运作，公司名称为“兰州创力科技有限公司”；2002年江苏海星电机集团公司撤出了在无锡新时代交流发电机有限公司30%的股份，无锡新时代交流发电机有限公司现为外商独资企业。

〔撰稿人：兰州电源车辆研究所杨达敏　审稿人：中国电器工业协会内燃发电设备分会杨成林〕

电站辅机

生产发展情况 2002年全国共完成发电量16.4亿MW·h，比上年增长10.5%，全社会用电量16.2亿MW·h，同比增长10.3%，其中第一、二、三产业用电分别增长33.0%、11.2%、10.0%，城乡居民用电增长7.7%。全国新投发电机组容量11 650MW，其中水电1 550MW，火电10 100MW(包括以大代小项目1 385MW)，至2002年末，我国装机容量突破35万MW大关。但是由于我国近年来经济的快速增长，整个国家开始呈现缺电现象，有些省市电力缺口估计在20%以上，尤其是广东、浙江、江苏、四川、重庆地区特别明显。

电力发展的大好形势无疑对发电设备制造企业来讲是非常好的机遇，无论是主机制造厂或重要辅机制造厂，任务都比较饱满，有些企业甚至创历史新高，但是由于1∶8∶1付款方式和这两年钢材涨价，企业的经济效益仍不理想。2002年部分电站辅机制造企业经济指标见表1。

表1　2002年部分电站辅机制造企业经济指标

企业名称	全部职工人数(人)	工业总产值(万元)		产品销售收入(万元)	工业增加值(万元)	产品销售税金及附加(万元)	利润总额(万元)
		不变价	当年价				
上海鼓风机厂有限公司	1 238	26 674	19 652	19 512	5 524	69	72
中国华电工程(集团)公司	320	100 000		27 500			1 900
武汉鼓机厂	1 131	8 423	8 116	4 037	2 516	46	66
上海动力设备有限公司	1 491	63 024	54 778	51 665	13 063	3 027	315
北京电力设备总厂	2 310	51 837	44 941	42 963	10 168	213	466
西安电力机械厂	1 343		11 000	11 051	2 118	37	92
扬州电力设备厂	644	8 922	8 631	9 164	3 573	72	311
上海重型机器厂	4 035	63 008	56 676	52 654	9 212	99	1 018
浙江菲达机电集团公司	1 033	37 576	42 818	41 980	9 855	2 964	3 952
上海电力修造总厂有限公司	748	14 996	25 062	24 708	5 538	86	251
豪顿华工程有限公司	355		22 513	20 758	5 495		2 444
成都电力机械厂	543	48 882	5 555	5 078	2 291	435	52
江苏苏源电力装备有限公司	1 579	22 268	29 856	27 392	7 343	137	1 039
大连熵立得传热技术有限公司	350		9 600	7 800	3 120	1 560	750
兰州电力修造厂	1 007	12 817	11 099	15 022	1 133	102	5
上海发电设备成套设计研究所	439		6 830	6 830	2 185	763	323
中核苏州阀门厂	1 539	22 055	23 031	27 412	7 552	186	－660
南通高中压阀门厂	468	4 127	4 295	3 882	1 163	122	－4
海安阀门有限公司	401	2 319	2 315	1 875	655	114	32

市场及销售 近几年产品质量好、用户信誉高的电站辅机制造企业销售情况比较好，如北京电力设备总厂全年实现市场订货额8.4亿元，该厂生产的中速磨煤机不仅在电力系统广泛应用，而且已扩展至建材、冶金、化工、煤炭等行业。兰州电力修造厂全年定货额达1.6847亿元，2002年电除尘器市场占有率为29.26%。上海重型机器厂抓住国家拉动内需及西部大开发带来的市场机遇，按市场需求，大力开拓电站制粉设备、环保设备、水泥破碎设备等市场，通过中间代理等多种销售形式，扩大了市场。2002年承接合同额116 861万元，比上年增长59.2%，实现了历史性突破。

磨煤机的承接量超过百台，引进技术消化吸收开发的BBD双进双出磨煤机已有订单。由于经营指导思想符合实际，合同质量有了提高，使产品的吨价水平比上年提高20.6%。武汉鼓风机厂具有可靠的销售网络体系，为适应广泛的市场需求，采用全国范围划片经营，重点项目特别是电力项目专门突破的方法。该厂还为重点用户建立专门档案，不断提高产品的市场占有率。豪顿华工程有限公司也分别在上海、广州、武汉和西安设立办事处，保持与客户的紧密联系。上海电力修造总厂在拓展产品市场上采取了一系列新思路、新举措，取得了良好的业绩。该厂生产的给水泵中标率超过90%，全年为2 000多万kW装机容量的火电机组配套，并出口伊朗和马来西亚；泵类产品的市场已从原来单一的电力市场扩大到冶金和国际市场，2002年共生产给水泵119台(套)，同比增长156%；液力偶合器67台，为前3年生产量的总和；阀门产品同比增长165%；焊条通过优化产品结构，使耐热钢、不锈钢等产品销量进一步增加，高附加值焊条在销售比重中进一步上升。浙江菲达机电集团有限公司的电除尘器产品2002年继续获得较大的市场份额，当年新订电除尘器6亿元；烟气脱硫设备成为企业的新增长点，全年获得脱硫设备订单1亿元。成都电力机械厂2002年订货额达8 806万元，销售收入7 240万元，在华能沁北、鲁能河曲及华润常熟3个600MW项目上签订了12台完全自主生产的大型轴流静调引风机，并在26台300MW和10台600MW机组的引风机及9个脱硫项目的增压风机中，中标率分别为84.6%、80%和55.6%，产品交付的准时性和入库的完好率基本上满足了用户的要求。扬州电力设备修造厂2002年销售收入同比增长24%。上海动力设备有限公司在2002年参与全国63个电厂169个项目的招标工作，承接合同额8亿元(其中已生效合同6.9亿元)，提前一年接满2003年的合同；该厂还派出113人次为电厂服务1 546天，做到“前期、跟踪、24小时热线服务”，用户满意度达90.9%。中国华电工程(集团)公司2002年新签合同额10亿元，是年初计划额的一倍，其中有8个专业部门合同额超过亿元；以新技术作为突破或支持的市场项目不断增加，2002年新技术对公司市场的贡献率达30%，同时海外项目有重大突破。上海鼓风机厂有限公司2002年完成销售收入1.95亿元，同比增长8.3%，当年承接任务2.7亿元，比上年增加3 000多万元。

科研成果及新产品　近年来由于市场竞争激烈和电力系统采用大容量、高参数机组，各电站辅机企业也根据需要，研制开发了不少新产品，有些企业还引进了国外技术。上海电力修造总厂通过引进、消化、吸收英国WEIR和SULZER公司600MW机组给水泵技术，已形成配火电站50～600MW机组及600MW超临界机组给水泵的综合设计和配置能力，自主开发的给水泵设计选型软件系统获得成功并已投入使用。浙江菲达机电集团有限公司被列为国家重大技术装备创新研制项目“干式烟气脱硫技术成套设备研制”和“200～400t/d垃圾焚烧尾气处理成套设备研制”分别于2002年3月28日和9月1日通过专家鉴定；该厂还与美国DVCON公司签约以许可证贸易的形式引进湿式石灰/石灰石法烟气脱硫设备研制项目，获得中国机械工业联合会、中国机械工程学会颁发的中国机械工业科技进步一等奖。上海动力设备有限公司生产的高压加热器经国家电力机构测定，其可靠性率提高了0.38个百分点，连续6年保持行业第一；该公司消化吸收荷兰先进技术研制开发的一体化无头喷雾除氧器，已居于同类技术的世界先进水平，当年就接到17份价值3 000万元的合同。该厂对谏壁电厂300MW机组旧冷凝器采用不锈钢设计，填补了国内空白。扬州电力设备修造厂为核电站开发研制的1E级K1、K2、K3类电动执行机构完成全部型式试验并通过国家经贸委组织的产品鉴定；该厂另一种SDE型智能电动执行机构已完成设计和两个型号样机试制工作。西安电力机械厂对传统产品进行了优化设计改进。北京电力设备总厂根据市场的需求，对5种共8个规格的产品进行了立项考核开发研制或改进技术设计，提高了产品的系列化、标准化水平和使用性能，增强了稳定、可靠运行能力。江苏苏源电力装备有限公司研制的专利技术“排污堵箱旋转反冲洗型循环冷却水自动滤网”和“多仓泵正压密相气力输灰装置”2个项目获得实用专利；“PCE型输煤带中部采制样装置”和“P91钢管加工工艺性能试验研究”分别获得江省科技二等奖和三等奖；“电厂热力系统水汽品质监控SCADA系统”、“装配式管夹”、“碳钢药芯焊丝”项目，获得常州市技术改造二等奖和三等奖。成都电力机械厂和豪顿华工程有限公司开发研制的600MW静叶可调轴流式引风机已分别在托克托电厂1#、2#机和台山等电厂投入运行；成都电力机械厂还研制成300MW烟气脱硫静叶可调轴流式增压风机；豪顿华工程有限公司根据英国HOWDEN公司技术，为国内开发了大容量循环流化床锅炉配套的四分仓空气预热器。武汉鼓风机厂开发适销对路、技术含量高、经济效益好的新产品，不断更新、完善D系列离心鼓风机和AL(AH)系列双支承(单)双吸离心风机的设计和改型设计，特别是对耐磨要求高的风机，采取了新型的风机叶轮耐磨措施，以延长叶轮的使用寿命；该厂还设计制造了大型硫化床锅炉风机、曝气风机和大型电站风机。兰州电力修造厂完成了113m^{2}新型电除尘器设计，电除尘器电场采用500mm宽间距和烟气简易脱硫技术的研究与开发，还对800MW机组配套电除尘器技术方案的研究；该厂研制的“电除尘器前置烟道喷雾增湿系统”荣获国家电力公司科技三等奖。中国华电工程(集团)公司自主开发设计了国内最大的煤炭用斗轮堆取料机(取料能力6 000t/h，臂长55m)和圆型料均系统，管带机在秦皇岛化肥项目投入运行，开发的“高塔分离法”凝结水处理技术已申报专利，注册商标获得批准；成功开发的CAESER亚管道应力分析程序在国内最大单机容量机组(外高桥二期2×900MW超临界)项目上应用。上海鼓风机厂开发了国内最大的烧结风机(Φ4m叶轮)，最大的矿井风机(Φ3.75m)及核电快堆风机(转速高达1.2万r/min)。

质量及管理　近年来由于电站辅机企业加强了产品和质量管理，主要电站辅机的质量和运行情况有了很大的改善。从2002年参与全国200MW及以上容量的主要电站辅机可靠性统计评价的165个电站、466台机组的5种电站辅机主要可靠性指标运行系数和可用系数看，与2001年比较，运行系数都有了不同程度的提高，可用系数明显提高，非计划停运率则有所降低。

上海动力设备有限公司从控制“五大重点工程”实物质量着手(外高桥900MW、军209—111、台山、定洲、托克托600MW项目)，以质量管理5项复证(ASME、ISO9001、军工质量体系、民用核承压设备制造资格许可证、BR1级压力容量制造许可证)为重点，全面完成各项质量指标和质量管理目标，不但5大产品创优工程达标，5项复查也顺利通过，全年保持无用户质量投诉和质量事故“零”记录，并荣获上海市质量管理奖。扬州电力设备修造厂严格按质量管理计划对质量体系进行了内部审核，使过程质量稳定。2002年6月阀门电动装置产品通过扬州市产品质量监督检验所监督抽查，所有项目都符合DL/T641—1997标准，产品主要零部件合格率均在95%以上。7月5日按ISO9000：2000版新标准编制质量手册和程序文件正式发布，7月12日正式实施。《核电厂质量保证大纲安全规定》HAF003体系文件编制完成颁布实施，两次通过该级产品用户审核验收。西安电力机械厂组织全厂职工认真学习ISO9000：2000版要点，并严格按要求逐步落实，使产品质量明显提高，2002年末通过了中质协质量认证中心的审核。北京电力设备总厂对企业质量管理和内审人员进行ISO9000：2000版质量体系培训，在质量和质量管理过程中，强化了自检、互检和监督检察工作，年度内审检查1～2次，对检查出的问题限期整改并复核，同时列入经济责任制考核取得明显效果。该厂从产品施工设计开始，对产品加工、装配、喷漆、包装、标识等外形外观质量进行监控，重点工程项目实施专人监造制度，尽早实现企业的质量管理目标——“顾客满意百分之百”。上海重型机器厂从质保体系ISO9000：2000版为入手，制定了中长期的质量目标，通过组织内审和管理评审，2002年通过了质保体系的年度监审。在产品实物质量方面，通过加强控制，调整奖罚力度，使万元产值废品损失指标比上年下降了60%。该厂生产的253台中速磨煤机的可用系数平均达到93%，因此被推荐为“上海市名牌产品”及“上海市名牌产品100强”。武汉鼓风机厂在全面贯彻ISO9000：2000版的同时，狠抓质量管理，产品质量有很大提高，通过技术部门对产品的进一步改进，已完成解决了风机的漏油问题。上海电力修造总厂2002年取得了国家核安全局颁发的“100MW压水堆核电站泵、阀门设计、制造许可证”，并通过了英国摩迪公司ISO9000：2000质量管理体系的年度监督审核。苏源电力装备有限公司以贯标工作为契机，全面加强质量管理，增强了公司员工的质量意识，使产品质量始终控制在国家标准范围内。成都电力机械厂2002年初通过了中质协质量保证中心进行的质量体系认证第二次监督检查。4月四川省泵类及通用设备产品监督检验站对该厂的产品进行抽查，检验结论认为符合《电站锅炉离心风机送、引风机》标准。该厂还对《质量手册》和《程序文件》按GB/T9001：2000《质量管理体系标准》进行了全面改版，并于10月1日开始实施。兰州电力修造厂生产的电除尘器主件主项合格率为99.25%以上，主要结构件合格率达95%以上，极板、极线合格率达99%以上，关键项目合格率为100%。

中国华电工程(集团)公司组织完成了ISO9000：2000的内审和换版工作；出台了“项目经理资格分销管理规定”；完成了“采购合格范本”，并完成了公司ISO14001、OHSM18000管理体系文件讨论稿。中核苏州阀门厂正式通过了国家质量监督检验检疫局“国家质检免验产品”资格审查。上海鼓风机厂完成了ISO9001：2000的认证，正式颁布实施了质量手册和21个公司级程序文件，更改了大部分工艺守则和技术规范，通过华信公司的认证。

管理及改革 江苏苏源电力装备有限公司是由原常州电力修造厂、常州电力机械厂和常州线路器材厂3个企业合并后成立的新企业，资产重组后实现资源共享。公司提出“在磨合中调整，在调整中磨合”的工作思路，着力建立和健全公司的各项规章制度，用最短的时间，统一公司的管理模式和经营管理体系，保证了各项经营管理活动健康有序进行。上海电力修造总厂积极倡导“管理也是生产力”的理念，把强化管理作为提高企业经济效益和企业竞争力的重要途径。中国华电工程(集团)公司在国家电力公司撤消后，资产重组成为中国华电电力集团公司全资子公司，公司在2001年实行综合计划管理考核办法的基础上，把综合计划管理范围从本部和控股公司扩大涵盖到直属厂、所；配合控制费用的目的实现，第一次引入了费用预算指标和费用利润比指标。出台了《集团公司派出董事、监事及主管人员管理办法》，直属厂、所改革改制和经营工作均有实质性进展。上海鼓风机厂在强化企业管理方面，进行了专题调研和方案初步设计，主要包括“资金运作专题”、“干部考评考核激励专题”、“车间成本中心专题”、“三产后勤改革专题”等9项专题，完善和补充“厂纪厂规的有关规定”等16个制度。北京电力设备厂在管理上完善和加强了成本管理制度，定期对各类物资招标采购，并从设计和工艺入手，降低材料消耗，从提高工作、劳动质量与效率入手，严格成本控制；劳动报酬分配向工程技术和高级管理人员倾斜；为了提高职工的素质，举办了28期各种岗位培训班，培训员工1 755人次，提高了员工的素质和技能。兰州电力修造厂为适应市场需求，对厂属二级生产机构进行了整合，将市场关口移至各生产单位，落实各生产部门的经营职责，发挥二级单位的积极性，使二级单位最终实现自主经营、自负盈亏。西安电力机械厂改变机制，取得较好的效果，使该厂连续三年扭亏为盈。成都电力机械厂将理顺流程作为全年工作的一个重要内容，重新编制了流程，并对相关部门在生产流程中的职责范围和工作内容进行了细分。产品成本控制效果明显。上海动力设备有限公司继续运用责任制和“水桶效益”，进行经济指标与基础管理的双重考核的同时，近年来管理与改革遵循“有所为有所不为”和“主辅分离”的准则，推进企业内部结构调整、改组改制，2002年实现生产后方剥离转民营1个，退出国有资产3个，精简机构18%，分流减员9.06%(173人)。上海重型机器厂对企业的组织机构进行了调整，对13个企业所属子公司进行了转制，归并和歇业，同时积极推行生产辅助、生活服务社会化。通过盘活存量资产，开辟了企业生产辅助、生产服务部门为社会服务的渠道，减轻了企业的负担。该厂还采取缩小刚性收入，扩大弹性分配的原则加大分配制度的改革，对经营者实行其收入与本单位业绩挂钩的经营责任制。南京华宁阀门有限公司，通过体制改革，实施股份合作制，资产进行重组，出台新的人事改革方案，精简机构，提高了办事效率和职工的凝聚力，2002年产销分别增长35.9%和24.7%。

基本建设及技术改造 电站辅机制造企业为适应市场需求，加大了基本建设和技术改造的投入，一些重点企业还利用国债来建设和投入一些替代进口的产品，如上海动力设备有限公司为解决主导产品的生产效率和技术水平，解决生产瓶颈，投资320万元添置了一台数控双轴铣床和液压胀管器，5m立车也已安装调试后正式投入使用。浙江菲达机电集团公司的国债项目“干法烟气脱硫设备建设”项目已完工，实际累计完成投资4 290.21万元。扬州电力设备厂全年投入技改资金700万元，除添置关键设备外，还对零件清洗车间进行了改造，进一步提高了产品零件的清洁度。大连熵立得传热技术有限公司完成了三期扩建工作。上海重型机器厂实现固定资产投资7 596万元，其中6 650万元为国债项目“悬挂链暴气技术与成套设备国产化”。成都电力机械厂完成了风机部件加热炉；表面喷砂、除尘、油漆和厂房改造；热压成型模具、加热设备、试验台改造等技术改造工程，并已分期投入生产。兰州电力修造厂全年投入基础建设共380万元。北京电力设备总厂全年投资417万元，完成了磨煤机试验台、铸件喷洒室改造等，解决了部分生产急需和瓶颈问题。江苏苏源电力装备有限公司完成了自行设计、制造的40B弯管机、管道酸洗工艺技术改造等项目。温州南方阀门公司、环球阀门公司和海安正明阀门厂也都投资新建了厂房，增添了设备，武汉鼓风机厂根据城市规划，准备在郊区投资建新厂。中国华电工程(集团)公司的新建现代化制造基地和设计中心正分别在天津、北京酝酿。

〔撰稿人：中国电器工业协会电站辅机分会应静良、单宏胜〕

电动工具

生产发展情况 2002年我国电动工具行业又有了新的发展，出口及内销都有很大增长，出现产销持续增长的景象。

2002年电动工具产量5 776万台，销量5 714万台，总产值82亿元，实现利税6.39亿元，人均创税26 000元，比上年增长27%。据2002年列入行业统计年报的44个企业统计，主要经济指标见表1。

表1 2002年电动工具行业44个企业主要经济指标

指标名称	单位	数量	比上年增长(%)	项目名称	单位	数量	比上年增长(%)
企业总数	个	44		销售收入	亿元	80.45	
职工人数	人	24 574		其中出口交货额	亿元	73.74	
其中技术人员数	人	1 932		利税	亿元	6.39	
产量	万台	5 776	30.0	成本费总额	亿元	61.72	
销量	万台	5 714	29.8	固定资产原价	亿元	22.15	
其中出口量	万台	5 417	33.6	固定资产净值	亿元	14.77	
工业总产值	亿元	82.00	16.3	流动资产	亿元	25.03	

据海关总署数据，2002年我国出口电动工具共12 764.17万台、零部件22 229.9t，创汇共169 308.9万美元。由于列入年报统计的企业仅44个，还有许多未统计到的单位有相当数量的内销产品，估计全年国内销售电动工具约2 000万台，这样2002年我国电动工具产销总量约15 000万台，比上年大约增长40%。2002年我国电动工具出口量占年产量的85%，我国已持续多年成为世界电动工具生产和出口大国。

产品分类产量 2002年电动工具44个企业产品分类产量及占比见表2。产量最大的是砂磨类产品，占总产量的15.1%，其次是木工类工具占12.4%，电池式工具占11.8%，建筑类工具占8.7%，金属切削类工具占6.0%。

表2 2002年电动工具44个企业产品分类产量及占比

产品类别	产量(万台)	占比(%)
金属切削类工具	346	6.0
砂磨类工具	872	15.1
装配类工具	28	0.5
木工类工具	714	12.4
建筑类工具	500	8.7
电池式工具	683	11.8
其他类工具	2 634	45.6
总计	5 776	100.0

注：有些企业未将具体品种、类别写明，均列入其他产品。

市场及销售 2002年是电动工具产销两旺的一年。据行业年报统计，2002年电动工具销售量为5 714.46万台，销售收入80.45亿元，分别比上年增长29.8%、15.4[illegible]

销5 417.24万台，创汇73.74亿元，分别比上年增长33.6%、16.9%。

随着我国电动工具的发展，我国电动工具行业有一大批年销售额超5 000万元的企业。据年报统计，44个企业中销售收入超5 000万元的企业有25个，其中超亿元的有19个，超5亿元的有4个，超10亿元的有3个。2002年销售收入超亿元企业见表3。

表3　2002年销售收入超亿元企业

序号	企业名称	产品销售收入（万元）	总产值（万元）	总产量（台）	全年职工平均人数（人）
1	牧田(中国)有限公司	140 000	140 000	3 000 000	1 100
2	江苏金鼎电动工具集团有限公司	116 000	125 000	11 500 000	2 800
3	百得(苏州)电动工具有限公司	116 000	116 000	8 500 000	1 800
4	宁波经济技术开发区中强电动工具有限公司	70 000	70 000	4 500 000	2 018
5	苏州太湖企业有限公司	49 800	49 800	2 945 313	1 458
6	上海星特浩企业有限公司	33 700	29 900	2 697 984	508
7	浙江华丰电动工具有限公司	28 000	28 000	2 300 000	827
8	宁波协诚电动工具有限公司	22 100	23 500	2 500 000	870
9	浙江武义恒友机电有限公司	20 000	20 800	1 226 800	909
10	上海日立电动工具有限公司	17 700	17 700	937 000	1 022
11	福建日立工机有限公司	17 700	17 802	480 000	397
12	浙江弘大实业有限公司	15 900	15 900	2 139 900	506
13	浙江伦达实业有限公司	14 000	14 000	1 210 000	380
14	浙江博大电器集团有限公司	13 000	13 000	2 100 000	338
15	浙江金一电动工具有限公司	11 954	12 092	1 017 737	827
16	永康正大实业有限公司	10 888	11 000	1 500 000	597
17	宁波五元电动工具有限公司	10 717	10 935	591 269	386
18	浙江武义工力电器有限公司	10 904	10 013	2 112 414	409
19	浙江三锋工具制造有限公司	10 000	10 000	1 000 000	190

2002出口电动工具仍以手提式各式电钻、手提式砂磨工具为主，这两种产品共出口8 170.4万台，占出口总量的64%。2002年电动工具产品出口情况见表4。

表4　2002年电动工具产品出口情况

产品名称	出口数量（万台）	出口金额（万美元）
手提式各式电钻	4 790	64 348.6
手提式电锯	1 693	28 169.2
手提式砂磨工具	3 381	32 301.2
手提式电刨	286	3 692.4
未列名手提式电动工具	2 615	30 745.1

（续）

产品名称	出口数量（万台）	出口金额（万美元）
合计	12 764	159 255.5

2002年电动工具出口的主要地区仍以欧洲、北美为主，这两个地区共10 255.3万台，占80.3%，比上年增长了1.3个百分点；非洲最少，仅占0.8%，比上年增长0.1个百分点，而拉丁美洲从上年的占4.6%下降到占2002年的3.4%。2002年电动工具出口地区分布情况见表5。

表5　2002年电动工具出口地区分布

	欧洲	北美洲	亚洲	大洋洲	拉丁美洲	非洲
出口数量(万台)	5 977	4 279	1 611	361	432	105
出口金额(万美元)	74 371.7	6 1819.6	22 168.6	5 814.8	4 124.8	1 021.3

2002年出口的国家或地区中，仍以美国、德国、英国、比利时、荷兰等工业国家为主，美国占31%，比上年27.5%又上升了3.5个百分点，总金额为56 701.5万美元，占电动工具出口金额的35.6%，比上年上升了4.6个百分点。出口到德国、英国、比利时的数量分别占10.7%、8.2%和6.8%。2002年电动工具出口主要国家或地区情况见表6。

表6　2002年电动工具出口主要国家或地区情况

国家或地区	美国	德国	英国	比利时	荷兰	日本	法国	加拿大	澳大利亚	中国香港
出品金额(万美元)	56 701.5	17 001.7	16 336.0	11 563.7	8 518.8	5 641.9	5 254.3	5 178.0	5 119.9	3 195.9
出口数量(万台)	3 968	1 363	1 051	870	756	358	457	310	316	69

2002年出口的电动工具平均每台价格为12.47美元，比上年每台下降0.25美元，下降幅度为2%；而纳入行业年报统计的电动工具企业平均每台出口价格为136元，比上年下降20元，下降幅度为14%。我国出口的电动工具大部分是家用电动工具的轻型产品，这类工具在境外销售价格比较低，近年来也有一部分出口产品是专业工具，但主要是一些外资电动工具企业生产的产品。我国电动工具企业应增加专业工具的出口，提高国产电动工具的品牌效应，提高产品的技术含量，在增加出口电动工具数量的同时，相应地增加出口金额，使我国从电动工具生产大国转为世界电动工具强国。

2002年电动工具出口交货额超亿元企业见表7。

表7　2002年电动工具出口交货额超亿元企业

序号	企 业 名 称	出口交货金额（万元）	出口数量（台）
1	牧田(中国)有限公司	140 000	3 000 000
2	江苏金鼎电动工具集团有限公司	116 000	10 800 000
3	百得(苏州)电动工具有限公司	116 000	850 000
4	宁波经济技术开发区中强电动工具有限公司	70 000	4 500 000
5	苏州太湖企业有限公司	49 800	3 000 000
6	上海星特浩企业有限公司	33 746	2 698 000
7	浙江华丰电动工具有限公司	28 000	2 300 000
8	宁波协诚电动工具有限公司	23 500	2 500 000
9	浙江武义恒友机电有限公司	19 822	1 170 000
10	浙江弘大实业有限公司	15 936	1 985 000
11	浙江伦达实业有限公司	14 000	1 210 000
12	浙江博大电器集团有限公司	13 000	2 100 000
13	浙江金一电动工具有限公司	11 954	1 005 000
14	永康正大实业有限公司	10 888	1 496 000
15	宁波五元电动工具有限公司	10 280	541 000
16	浙江武义功电器有限公司	10 013	2 166 000

科技成果及新产品　2002年由上海电动工具研究所承担的上海市工业系统重点转制研究所技术创新专项“电机绕组综合参数自动测试系统”和“DZX—4动平衡自动修正机”通过了上海市经委组织的鉴定验收，测试系统能准确测量焊接和线圈电阻，其自动测试夹具一次装夹完成所有测试项目。动平衡修正机具有修正记忆功能，从而大大提高了第二次修正的精度和效率。两个项目的主要性能指标分别达到或接近同类产品国际先进水平，并已申请了发明和实用新型专利。

为扩大出口和提高市场竞争能力，电动工具行业积极自行开发新产品。如浙江武义恒友机电有限公司开发ZIC—DW—26F电锤，当年生产350 000台，创收6 538万元；宁波协诚电动工具有限公司开发的碎枝机、剪枝机，当年共生产28万台，创汇4 700万元；上海星特浩企业有限公司新开发的直流电钻，当年生产495 323台，全部出口，创汇4 625万元。

质量及标准　2002年5月1日《强制性产品认证管理规定》开始施行。根据规定“CCIB”、“长城”标志统一为“3C”标志，新老制度过渡1年，国家质量监督检验检疫总局和中国国家认证认可监督管理委员会发布的《第一批实施强制性产品认证的产品目录》中，列出需实施强制性产品认证的产品共19类132种，其中电动工具有16种。根据新规定，强制性产品认证将不再分“CCIB”和“长城”两种认证，而统一改为“3C”认证。过去获得的认证证书和标志将在一年内过渡为新证书和新标志，电动工具行业绝大部分企业都积极准备在2003年5月1日前将原“长城”标志换成“3C”标志。

2002年10月全国电动工具标准化技术委员会召开四届三次会议，审查了国家标准《电动工具的安全　步行控制的电动草坪松土机和松砂机》(送审稿)、国家标准《电动工具的安全　剪刀型草剪的专用要求》(送审稿)。这两项标准等效采用IEC60335—2相应标准，为强制性标准。

基本建设及技术改造　2002年列入行业年报统计的44个企业中，有33个企业进行了固定资产投入，投资总额20 466万元，其中用于技术改造投入14 390万元，在这33个进行固定资产投资的企业中，当年投资额超500万元的企业有13个，2002年电动工具行业固定资产投资额超500万元企业见表8。

表8　2002年电动工具行业固定资产投资额超500万元企业

序号	企 业 名 称	固定资产投资（万元）	其中技改投资（万元）
1	江苏金鼎电动工具集团有限公司	5 000	5 000
2	宁波协诚电动工具有限公司	2 100	1 500

（续）

序号	企业名称	固定资产投资（万元）	其中技改（万元）
3	宁波经济技术开发区中强电动工具有限公司	1 700	1 500
4	苏州太湖企业有限公司	1 618	329
5	牧田(中国)有限公司	1 100	
6	浙江弘大实业有限公司	986	986
7	福建日立工机有限公司	954	
8	浙江伦达实业有限公司	937	800
9	浙江武义恒友机电有限公司	775	775
10	浙江立邦电器有限公司	740	200
11	浙江恒丰电器集团有限公司	661	661
12	浙江华丰电动工具有限公司	570	500
13	宁波五元电动工具有限公司	540	350

对外合作　2002年在原有13个三资企业外又增加了1个合资企业和日本牧田公司在中国兴办的第二家独资企业。新的合资企业为江西鑫龙南方电动工具有限公司，该公司由鑫龙国际投资有限公司投入800万元、南方电动工具厂以部分厂房和设备入股，在南方电动工具厂内共同组建江西鑫龙南方电动工具有限公司，从事电动工具产品的生产与经营。

2002年10月17日～11月12日全国电动工具行业协会理事长、上海电动工具研究所所长刘世昌和电动工具行业协会秘书长张传富随中商集团公司组织的赴欧洲考察团考察了英国、葡萄牙、西班牙、法国，重点了解我国电动工具在欧洲市场销售情况。

企业结构调整　我国电动工具行业最老的企业之一——沈阳电动工具厂于年初经沈阳市中级人民法院判决，已宣告破产。

〔撰稿人：上海电动工具研究所马鸿喜　审稿人：上海电动工具研究所刘　江〕

大型电机

生产发展情况　2002年在国家拉动内需的宏观经济政策下，大型电机市场需求有较大幅度上升，经营形势趋于好转。但由于原材料涨价，仍存在资金短缺以及加工能力不足等困难。对此，行业各厂家根据市场需求，调整生产布局，优化资源配置，狠抓产品质量，加大科技开发力度，提高产品水平，积极开拓国内外市场，较好地完成了企业当年的生产经营指标。据不完全统计，2002年大型电机行业生产大型电机4 256台，3 852MW（包括中心高710mm及以上的大型交流电机和电枢直径423mm及以上的大中型直流电机），完成产值94 200.5万元。2002年大型电机行业10个生产企业主要经济指标见表1。

国有大型骨干企业哈尔滨电机厂有限责任公司2002年完成水电机组7套，434MW；汽轮发电机20台，3 520MW；大中型交直流电机111台，224.5MW。上海电机厂有限公司2002年完成汽轮发电机4台，54MW；交流电动机1 575.6MW，其中16及以上机座号的产品970.8MW；交流发电机33.1MW，直流电机209.7MW，其中大型直流电机31.5MW。东方电机股份有限公司2002年完成水电机组19套，667.8MW；汽轮发电机18台，3 628MW；交流电机80台，176.66MW；直流电机42台，28.51MW。

产品分类产量　2002年大型电机行业共生产大型同步电机1 129台，1 265MW；大型异步电动机1 483台，2 080MW；大型直流电机321台，244MW；中型直流电机1 323台，26.3MW。2002年大型电机行业10个企业产量、产值见表2。

市场及销售　2002年大型电机产销规模有所扩大，但由于外资企业的进入，使得大型电机市场的竞争仍然十分激烈。为此，行业各企业积极进行营销战略调整，加强营销管理，加快货款回收力度，降低产成品库存，实施比价采购管理，根据变化进行结构调整，销售收入明显好于上年。2002年共实现国内销售收入83 573.06万元，其中销售大型同步电机23 398.14万元，大型异步电动机38 737.92万元，大型直流电机8 256万元，中型直流电机13 181万元。实现国外销售收入731.35万美元，出口数量131台，179.16MW。2002年大型电机行业10个企业国内外销售收入见表3。

科技成果及新产品　2002年哈尔滨电机厂有限责任公司为马鞍山钢铁集团公司生产了13台轧钢电机，其中热轧电机7台，冷轧电机6台，总容量88 400kW。完成TBP7000—16/3150变频调速同步电机以及提升机用直流电机的研制。还为武汉钢铁公司生产了16台2250热连轧用电机，总容量81 500kW，其中同步电动机13台，采用了隐极式结构，该种结构填补了我国在交流变频电机领域内无隐极机的空白，把我国变频调速电机的科研生产推向更高的水平。

上海电机厂有限公司2002年完成单绕组变极近速比双速感应电动机、交流电机配套调速装置以及高速深槽交流电机定子主绝缘系统研究等15个科研项目的研究。还为唐山钢铁公司试制了SFS－EC电机、为广东东江深圳试制出了大型立式电机以及为上海宝钢钢铁公司生产了大型交流变频电机等11项新产品。

东方电机股份有限公司2002年为太原钢铁集团研制出了6 500kW大型交交变频调速同步电动机——变频调速同步电动机，为攀钢热轧板厂开发出了二期改造工程用900kW交－直－交变频调速异步电动机。

兰州电机有限责任公司2002年完成了交流变频调速三相异步电动机、超高滑差三相异步电动机、双中频无刷发电机等省级技术创新项目。完成新产品试制项目20项，新技术、新工艺项目25项。紧凑型异步电动机获国家外观设计专利证书，并通过甘肃省重大科技成果重点转化项目验收。

湘潭牵引电机股份有限公司2002年完成重点科研项目9项，新产品试制34项。此外还开发了YSPKS630－4、36－5变频调速异步电动机、T3200－4/1430三相高压励磁同步电动机、变极电动机、大型低速同步电动机等新产品，以及完成低噪声电机研制和降低电机温升等研究工作。

四通(江西)电机有限责任公司2002年完成YR系列大型高压三相异步电动机等5项新产品试制，其中与清华大学联合开发的YTP560－8 630kW 690V大中型变频调速高效异步电动机采用了多项新技术、新材料，技术性能水平达到国际同类产品先进水平；YRKK710－8 1400kW 10kV大型高压三相异步电动机是工艺、结构先进的大YR派生系列产品，该产品的成功开发，使该公司跻身于大型Y、YR系列产品市场。

淄博牵引电机集团股份有限公司2002年在铁路产品方面，先后完成了四方机车车辆厂交流辅助传动系统配套发电机和辅机的研制；完成了TQFR—3000系列同步发电机的无刷励磁改进，1 250kW交流异步电动机的产品设计，与天津夏利电动汽车配套的开关磁阻电机的开发研制，DF5改型机车配套ZD124电机的开发试制；完成电力机车配套牵引电机的设计开发和技术准备。此外，还开发设计中型电机50个品种，64个规格，其中高压电机48个品种，59个规格。开发试制成功YKK400、450低压大功率三相异步电动机和YKK5003—8系列电动机以及Y560、YKK560等多种系列规格高压电动机。

沈阳电机股份有限公司2002年完成10种重大新产品的开发研制工作，其中包括国内最大的3 300kW、20P增安型无刷励磁同步电动机和为国家重点工程——山东黄台火力发电厂配套的用于拖动轴流式风机的YKK1000－12 3000kW 6kV三相异步电动机。此外变频调速电动机、增安型无刷励磁同步电动机及永磁电动机的开发也已取得可喜成果。Y(Y、YR、YK)系列三相异步电动机被重新评为辽宁省及沈阳市名牌产品。

山东齐鲁电机制造有限公司2002年完成了大中型高压电动机少胶主绝缘研究，开发了YR710—8 6kV 1 400 kW、YR1400/1430—8 630kV 1 400kW等型号大中型高压电动机新产品。YK、YKS大型三相变速笼型异步电动机技术荣获2002年度山东省机械工业科技进步二等奖。

2002年大型电机行业部分企业新产品见表4。

表1　2002年大型电机行业10个生产企业主要经济指标

企业名称	工业总产值 当年价(万元)	工业总产值 不变价(万元)	工业增加值(万元)	产品销售收入(万元)	产品销售税金及附加(万元)	年末固定资产净值(万元)	流动资产合计(万元)	利润总额(万元)
湘潭牵引电机股份有限公司	57 327	54 038	15 796	57 396	241	19 040	81 897	6 264
东方电机股份有限公司	85 510	93 697	22 654	92 090	272	40 928	223 617	2 043
山东齐鲁电机制造有限公司	30 701	33 798	7 167	29 670	144	11 258	45 850	1 772
南京汽轮电机(集团)有限责任公司	52 142	47 328	14 256	51 933	252	27 765	86 457	1 015
哈尔滨电机厂有限责任公司	91 054	80 212	21 215	79 415	436	49 481	198 020	721
沈阳电机股份有限公司	25 948	30 360	6 300	24 160	1 512	31 927	44 898	615
淄博牵引电机集团股份有限公司	18 453	18 908	7 466	17 390	124	7 274	21 308	157
四通(江西)电机有限责任公司	8 833	8 266	2 650	12 455	69	6 796	22 155	55
兰州电机有限责任公司	26 136	31 600	6 521	26 317	189	23 754	65 635	8
上海电机厂有限公司	62 452	78 956	7 543	59 599	334	14 673	86 272	－7 855
合　计	458 556	477 163	111 568	450 425	3 573	232 896	876 163	4 795

表2　2002年大型电机行业10个企业产量、产值

企业名称	产量 2001年(台)	产量 2001年(MW)	产量 2002年(台)	产量 2002年(MW)	产值(万元) 2001年	产值(万元) 2002年
上海电机厂有限公司	1 473	1 236	985	1 181	161 411	33 864
沈阳电机股份有限公司	367	485	465	774	7 565	11 471
湘潭牵引电机股份有限公司	—	—	1 061	564	—	15 300
兰州电机有限责任公司	151	237	219	462	5 884	10 433

（续）

企业名称	产量				产值(万元)	
	2001年		2002年		2001年	2002年
	(台)	(MW)	(台)	(MW)		
哈尔滨电机厂有限责任公司	176	188	111	225	7 523	6 147
东方电机股份有限公司	130	127	122	205	2 977	6 406
淄博牵引电机集团股份有限公司	640	506	117	200	5 063	786
四通(江西)电机有限责任公司	569	239	834	106	3 680	7 172
南京汽轮电机(集团)有限责任公司	169	58	248	93	1 257	1 959
山东齐鲁电机制造有限公司	—	—	94	45	—	663
合　计	3 675	3 076	4 256	3 855	196 360	942 021

注:表内统计数字为中心高在710mm以上的大型交流电机和电枢直径在423mm以上的大中型直流电机。

表3　2002年大型电机行业10个企业国内外销售收入

企业名称	国内销售收入(万元)		国外销售收入(万美元)	
	2001年	2002年	2001年	2002年
上海电机厂有限公司	27 591	27 903	224	203
湘潭牵引电机股份有限公司	—	15 300	—	372
沈阳电机股份有限公司	7 575	9 185	—	69
东方电机股份有限公司	2 548	8 894	—	—
兰州电机有限责任公司	4 714	8 195	122	87
四通(江西)电机有限责任公司	3 680	7 172	—	—
哈尔滨电机厂有限责任公司	10 660	2 850	96	—
南京汽轮电机(集团)有限责任公司	1 297	2 149	—	—
淄博牵引电机集团股份有限公司	5 755	1 221	—	—
山东齐鲁电机制造有限公司	—	704	—	—
合　计	63 820	83 573	442	731

表4　2002年大型电机行业部分企业新产品

产品型号	额定功率(kW)	额定电压(kV)	额定电流(A)	额定转速(r/min)	效率(%)	过载能力(倍)	总重(t)
哈尔滨电机厂有限责任公司							
Z3100/500	2 600	0.9	3 290	59	87.6	2.0	71
Z3200/1350	5 500	1.0	6 180	40/80	89.2	2.2～2.5	201
E2 1500kW 1300V	1 500	1.3	559～1 298	160～400	97.0	2.3	27
R2 7500kW 1600V	7 500	1.6	2 827	45/100	96.1	2.5	200
TBP7000－16/3150	7 000	1.5	2 808	50/100	96.1	2.5	189
T6300－4/1700	6 300	10.0	418	1 500	97.0	2.3	37
1850kW 1500V	1 850	1.5	786	530	96.7	3.0	23
4400kW 1530V	4 400	1.5	1 831	600	97.0	2.5	28
上海电机厂有限公司							
大型同步发电机:Z710－400 TDBS4400－24 SFS－EC6600R1/R2 SFS－EC10000F1/F2/F3 SFSEC10000F4 SFS－EC7500F5 Z900－1000 YLKS5000－24 YZBP1900－6 5000kW立式同步电机							
东方电机股份有限公司							
BPYKS630－4－8	900	450/500	1 533/1 264	290/762	93.0/94.0	2.9/1.5	11
兰州电机有限责任公司							
LT1000－40/2600	1 000	6	114	150	94.5		30
T5000－6/1730	5 000	10	331	1 000	96.5		28
YRKK900－6	3 550	10	245	995	95.9	2.7	24
YRKK1000－8	3 550	10	241	745	95.9	2.2	29
Y800－4	7 600	6	834	1 482	96.9		28
YSK900－4	9 000	10	596	1 482	97.0		30
YNH1000－4	12 000	10	774	1 487	97.4		37
南京汽轮电机(集团)有限责任公司							
YR710－8	1 400	10	104	743	95.3		13
YR1400－8/1430	1 400	10	101	742	94.2		12

(续)

产品型号	额定功率 (kW)	额定电压 (kV)	额定电流 (A)	额定转速 (r/min)	效率 (%)	过载能力 (倍)	总重 (t)
TK630－14/1430	630	6	72	429	94.6		5
四通(江西)电机有限责任公司							
YR2000－12/1730	2 000	6	229	494	95.2		
YRKK710－8	1 400	10	98	742	95.4		
YR1000－12/1430	1 000	10	75	495	94.0		
YR1600－8/1430	1 600	6	180	740	95.3		
YK1250－2/990	1 250	6	141	2 981	94.6		
湘潭牵引电机股份有限公司							
YKSL3700－16/2600－1	3 700	6	465	373	94.2	1.8	44
YKSL3800－20/2600－1	3 800	6	490	298	94.5	1.8	50
YKKL1600－14/1730－1	1 600	6	204	425	93.0	1.8	23
YKKL2500－4/1180－1	2 500	6	297	1 492	92.0	2.0	16
YRKK900－8	3 800	6	442	745	95.0	2.0	26
YRKSD710－6/12	1 000/500	6	119/82	989/496	94.0/93.4	2.5/2.5	15
YRKS800－24	800	6	138	246	92.8	2.5	25
YKS900－10	4 000	6	480	595	95.5	1.8	26
YRKK800－6	2 800	10	194	994	96.0	2.7	20
YRKK900－10	2 800	10	207	596	94.2	2.4	30
YRKK900－6	3 700	10	260	994	95.0	2.4	27
TF800－16	2 600	10	150	375	93.7	1.8	
TM6300－4/1500	6 300	6	702	1 500	97.4	1.7	
T3200－4/1430	3 200	10	213	1500	96.5	2.0	
TW3200－4/1430	3 200	6	358	1500	96.7	2.0	
TL2500－30/2600	2 500	6	282	200	95.4	2.0	

质量及标准 2002年大型电机行业各企业在质量和质量管理工作中，主要作了以下几方面工作：

(1) 继续做好质量体系认证及认证后的监督审核工作。2002年哈尔滨电机厂有限责任公司通过了华信技术检验公司ISO9001质量体系认证复评。东方电机股份有限公司通过了华信技术检验公司的ISO9001：2000质量体系换证审核。上海电机厂有限公司通过了华信技术检验有限公司质量体系复评后的第二次监督检查。山东齐鲁电机制造有限公司完成了对ISO9001：2000质量管理体系的换版，并通过了华信技术检验有限公司ISO9001：2000版质量体系的换版验收。沈阳电机股份有限公司通过了ISO9000：2000版质量标准体系的认证。兰州电机有限责任公司通过了中国船级社质量认证公司ISO9001(94)版质量体系年度监督审核。湘潭牵引电机股份有限公司通过了华信技术检验有限公司的ISO9001：2000版转版认证后的监督检查，2002年湖南省技术监督局对该公司生产的Y系列高压三相异步电动机进行了监督检验，主要电气性能指标完全符合规定要求。

(2)对产品制造过程进行全程质量跟踪管理，严把质量关，加大对重点产品、重点工序的检查、检验力度，对特殊工序加大质量控制力度，对重大质量问题进行攻关。修制订质量奖惩办法、质量奖罚激励措施，把产品质量与员工的收入直接挂钩，增强全体员工的质量意识和危机感。

(3)强化贯彻质量保证手册及程序文件，提高质量体系运行水平，认真做好质量控制文件的宣传、培训及质量体系改进工作。哈尔滨电机厂有限责任公司以ISO9001：2000版标准转换为契机，先后举办了“由中层以上干部、质量员、内审员参加的2000版标准培训班”、“内部质量审核员培训班”、“2000版标准质量体系文件编写培训班”，总培训人员339人次。上海电机厂有限公司2002年对质量体系程序文件进行了全面整顿和修改，发布第五版《质量手册》，编制了《顾客满意程度的监视、测量办法》，收集顾客满意度及相关信息意见和建议，不断提高顾客满意度。

(4)狠抓质量管理，开展以“车间无废品”为主要内容的“质量信得过班组”、“质量信得过个人”、“质量月”等群众性质量管理活动。东方电机股份有限公司2002年申报QC小组67个，54个小组获得成果，QC小组成果率达80.1%。

标准化实施及管理方面：大型电机行业各企业的重点产品均已全面执行了有关国际和行业标准。2002年编译和转化了大量的国际标准、国内外行业先进企业的标准，为企业执行国际标准和行业标准做了大量行之有效的工作。

2002年大型电机行业现有电机国际标准数为44项，已转化40项，其中等同采标25项，等效采标6项，非等效采标9项，转化率为91%。

2002年上海市机电产品质量检测中心对上海电机厂有限公司一台YCH1000－4 18000kW交流电动机进行检验，一次通过。此外该公司生产的Y/YR系列(IP23)三相交流异步电动机(H315～355mm)产品，ZZJ系列轧机用辅助传动直流电动机(808～818)产品已获得国家进出口商品检验局颁发的“出口电机产品质量许可证书”。湘潭牵引电机股份有限公司Y系列电机中4台Y4501－6 450kW ZP23 6kV电机通过了国家中小电机质量监督检验中心的定期监督检验。哈尔滨电机厂有限责任公司2002年按质量分等标准考核了25台大型交流电机、2台大型直流电机，均为一等品。

基本建设及技术改造 2002年大型电机行业各企业紧紧围绕新产品开发，有计划有针对性地进行基本建设及技术改造，大大提高了生产能力和产品质量，进一步增强了企业的发展后劲。2002年行业固定资产投资29 440万元，其中基本建设投资10 599万元，技术更新改造投资18 841万元。兰州电机有限责任公司继续实施数字化高效电机生产线技改项目，2002年投资1 683万元，已累计投资2 181万元，解决了部分制约生产的“瓶颈”问题，提高了工艺水平、产品质量和生产制造能力。四通（江西）电机有限责任公司完成了大电机成品试验平台的改造、2 200m^{2}钢结构厂房已竣工，购买了CG1160、BX10/32重型卧式车床等设备。淄博牵引电机集团股份有限公司完成了高压电机薄板件工艺路线调整等工艺改进工作，投资200多万元完成了真空压力浸漆设备、16t高速冲床等7项技术改造项目。沈阳电机股份有限公司2002年投入3 500万元购置了重型车磨床、500t专用液压机、7.5t动平衡机、4m磨床、250t闭式双点压力机、高速冲槽机以及液压升降机和双边驱动数控火焰切割机等设备，为提高公司的工艺装备能力提供了保证。湘潭牵引电机集团有限公司加大了技改措施的实施力度，对企业历年在建工程及配套项目进行了全面清理，验收已完工项目116项，增加固定资产3 487万元。

对外合作 2002年大型电机行业各企业继续开拓国外市场，加强技术交流，主动与外商沟通，参加各种国内外展会，走访国外客户，并与其建立起良好的合作伙伴关系，走“产、学、研”相结合道路。哈尔滨电机厂有限责任公司分别与西门子公司和日本日立公司合作为马鞍山钢铁集团公司生产了13台热轧隐极电机及6台冷轧电机。上海电机厂有限公司与GE公司合作生产大型交流电机；引进和消化西门子公司大型直流电机和筋外冷异步电动机等技术，这些产品以其技术先进、性能优良、高效低耗等一系列特点深受广大用户的欢迎。沈阳电机股份有限公司与法国法马通公司洽谈合资合作，现已与台湾大同公司签署了中心高280～500mm规格电机的合资生产意向书，投资总额2 000万元，台方占51％，建设期一年；与台湾东元公司初步达成了五项合作协议。兰州电机有限责任公司积极开发国内、外市场，向中国香港、德国、泰国、意大利、巴基斯坦、伊朗及其他国家和地区出口交货值1 654.68万元。湘潭牵引电机股份有限公司积极与日本东洋公司合作生产电机和变频机组。

管理及改革 2002年大型电机行业各企业为了适应市场经济发展的要求，加大了市场开发力度，调整企业内部的组织机构和部门职能，进一步深化人事制度改革，实行优化组合和末尾淘汰制；加大对劳动用工及分配制度的改革力度，实行竞聘上岗；分配逐步向技术、生产、经营骨干倾斜，充分调动了广大职工的积极性、创造性，促进了企业的健康发展。

2002年大型电机行业企业继续加强计算机管理，向科学化管理迈进。哈尔滨电机厂有限责任公司继续深化、完善、实施HEC－CIMS工程，仓储部仓库全部采用计算机系统管理；采购合同管理系统得到全面实施；完善了Metaphase环境，为PDM的应用打下基础。沈阳电机股份有限公司深入开展普及信息化工作，完成了生产经营、工程设计、制造自动化三个子系统，重点完成了产品数字化设计，开发了销售管理、库存管理、生产管理等系统。山东齐鲁电机制造有限公司在原有外部网有效运行的基础上建立并完善了内部局域网，实现了公司内部数据共享，提高了信息传递速度。

〔撰稿人：哈尔滨大电机研究所赵卫红　审稿人：哈尔滨大电机研究所陶星明、付长虹〕

中小电机

生产发展情况 2002年中小电机行业的生产经营形势良好，经济效益稳步提高。2001～2002年中小电机行业65个企业主要经济指标见表1，经济效益综合指数前20名企业见表2。

表1 2001～2002年中小电机行业65个企业主要经济指标

指标名称	单位	2002年	2001年	比上年增长(%)
工业总产值(不变价)	万元	879 196	726 253	21.1
(当年价)	万元	810 519	683 475	18.6
工业增加值(当年价)	万元	225 626	200 399	12.6
工业销售产值(当年价)	万元	787 097	662 217	18.9
小型交流电动机产量	万kW	2 854	2 417	18.1
大中型交流电动机产量	万kW	929	695	33.7
一般交流发电机产量	万kW	446	304	46.5
直流电机产量	万kW	137	104	32.7
其中:出口产品产量	万kW	678	600	12.9
产品销售收入	万元	769 475	660 083	16.6
货款实际回收额	万元	839 646	722 319	16.2
产品销售成本	万元	593 918	512 590	15.9

（续）

指标名称	单位	2002年	2001年	比上年增长(%)
产品销售费用	万元	44 496	36 011	23.6
产品销售税金及附加	万元	3 541	2 764	28.1
管理费用	万元	98 786	93 548	5.6
财务费用	万元	21 792	25 428	－14.3
其中：利息支出	万元	22 222	25 653	－13.4
其他业务利润	万元	10 582	10 891	－2.8
利润总额	万元	19 245	9 328	106.3
平均流动资产	万元	874 792	801 968	9.1
期末资产总额	万元	1 448 689	1 347 895	7.5
期末负债总额	万元	981 387	943 497	4.0
期末产成品存货	万元	179 304	177 288	1.1
期末应收帐款净额	万元	281 357	260 202	8.1
期末应付帐款	万元	174 169	160 855	8.3
从业人员工资总额	万元	82 483	77 203	6.8
从业人员平均人数	人	76 760	84 542	－9.2
应交增值税	万元	38 840	26 525	46.4
平均资产总额	万元	1 397 101	1 338 584	4.4
期末所有者权益	万元	467 302	404 398	15.6
工业产品生产成本	万元	435 777	386 247	12.8

在65个企业中，工业总产值(不变价)增加的有52个，占80%；出口产量增加的有23个，占36%；工业增加值增长的有42个，占65%；销售收入增长的有48个，占74%；盈利企业41个，占63%。

表2 2002年中小电机行业经济效益综合指数前20名企业

序号	企业名称	总资产贡献率(%)	资产保值增值率(%)	资产负债率(%)	流动资产周转率(次)	成本费用利润率(%)	劳动生产率(元/人)	产品销售率(%)	经济综合指数(%)
1	浙江海宁市永发机电有限公司	17.2	126.4	53.8	1.7	9.8	95.8	105.4	187.2
2	上海日用－友捷汽车电气有限公司	12.9	111.6	32.0	1.3	10.8	109.8	98.5	184.5
3	重庆赛力盟电机股份有限责任公司	26.8	126.3	56.7	1.9	10.4	52.7	100.2	182.4
4	山东华力电机集团股份有限公司	23.8	123.2	55.8	2.8	7.6	61.7	99.1	180.0
5	上海南洋电机厂	20.5	121.6	61.6	1.2	12.4	59.8	102.6	174.7
6	江西特种电机股份有限公司	16.7	109.6	52.9	1.1	14.3	55.2	98.0	169.4
7	无锡华达电机有限公司	12.9	107.7	28.5	1.1	9.0	88.9	108.2	164.0
8	浙江金龙电机股份有限公司	19.2	158.3	78.5	2.2	8.1	47.5	99.7	158.0
9	河北电机股份有限公司	14.7	114.2	58.3	1.7	4.9	81.1	99.0	152.6
10	衡水电机股份有限公司	14.5	109.5	48.2	1.6	7.5	61.5	98.3	148.4
11	江苏大中电机股份有限公司	14.9	107.4	56.5	2.3	5.3	57.5	98.9	145.2
12	江苏贝得电机股份有限公司	15.5	100.0	88.1	2.9	4.0	53.1	99.8	135.3
13	安徽皖南电机股份有限公司	11.2	109.9	68.5	1.8	2.8	76.4	99.1	133.2
14	南阳防爆集团有限公司	13.0	117.2	74.9	1.3	6.9	42.3	103.2	125.9
15	江苏清江电机股份有限公司	7.2	105.5	70.2	2.0	2.0	64.4	101.9	116.5
16	东莞电机有限公司	10.6	101.4	45.4	1.3	3.8	45.9	97.2	113.4
17	山东齐鲁电机制造有限公司	6.6	110.9	82.3	0.6	6.5	60.0	103.2	113.2
18	章丘海尔电机有限公司	9.0	90.5	77.0	3.1	1.1	34.5	100.4	105.1
19	大连伯顿电机有限公司	6.1	86.1	44.0	1.3	3.6	41.4	91.2	98.8
20	中国长江航运集团	6.6	109.6	66.3	1.4	1.5	45.8	76.2	94.6

全行业综合经济效益指数由上年同期的68.71%，上升到84%，同比增长15.29%，为行业近年来最好水平。

市场及销售 2002年国内电机行业形势是近年来最好的一年。一方面是国家基本建设投资力度的不断加大，扩大了内需，为拓展国内电机市场提供了契机；另一方面各企业紧紧围绕提高经济效益这一中心任务，扩大销售规模、开源节流，根据市场需求不断调整生产布局，优化配置各种资源，依靠技术创新努力开发新产品，提高产品水平，使企业的生产能力整体最优化。2002年电机行业经营形势总的特点是：①市场需求不断上升，产销规模明显增长。据对中小电机行业65个企业资料的统计，2002年小型交流电动机产量2 854万kW，同比增长18.1%；大中型交流电动机产量

929 万 kW，同比增长 33.7%；一般交流发电机产量 446 万 kW，同比增长 46.5%；直流电机产量 137 万 kW，同比增长 32.7%；②产品售价先降后升，成本下降，毛利增长。2002 年产值当年价与不变价的比率为 92.19%，同比下降 1.9 个百分点。但从 2002 年变化趋势看，全行业产品价格 9 月份前呈下降趋势，第三季度达到了最低点，第四季度开始回升，上升了 0.54 个百分点。尽管 2002 年产品价格低于上年同期水平，但是，销售收入同比增长 16.6%，产品销售成本率同比下降 0.5 个百分点，使产品销售毛利润仍然高于 2001 年，同比增加 2.8 亿元，达到 17.5 亿元；③原材料涨价，产品成本平稳，企业应变能力增强。2002 年下半年开始，硅钢片市场价格猛涨，同时碳素结构钢、中板、冷板、热板价格也相继上涨。但是，业内企业原材料采购成本并未出现同步上涨，产品成本变化平稳。其原因一方面是成本变化具有一定的滞后性，另一方面是很多企业事先储存了原材料，顶住了原材料涨价的冲击。这说明企业市场意识明显增强，市场运作和驾驭能力已经明显提高；④其他业务比重下降，主营业务独揽全局。对比利润形成的因素，2002 年行业主营业务利润大幅增长，上年同期销售毛利润不足以支付期间费用的被动局面得以扭转，主营业务已经能够支撑企业经营的大局，这说明中小电机行业已经步入良性发展的轨道；⑤产品市场日渐集中，优胜劣汰大势所趋。2002 年工业总产值(不变价)前 20 名的企业，已经左右了整个行业的局面。这 20 个企业的几项主要经济指标合计占 65 个企业相应指标合计的比率如下：工业总产值占66.3%，产品销售收入占 66.6%，利润占 119.0%。上述数据表明：1/3 的企业占据了 2/3 的市场，取得了业内全部的利润。这 20 个企业，都具有自身独特的经营优势，其中大多数已经进行了程度不同的企业信息化建设，部分企业还实施了 ERP 项目。这说明越来越多的企业已经充分意识到了管理思想革命和管理手段更新在企业经营中的重要作用，这是市场竞争、市场经济发展的必然结果。可以预计，随着市场经济的不断发展，管理水平高、经营策略好、技术能力强的企业将会得到进一步的发展，而经营不善、管理水平低、技术发展缓慢的企业终将会被市场淘汰。淄博牵引电机集团股份有限公司在激烈的市场竞争中及时调整经营战略，采取不同的经营方式，扩大市场份额，拓展新的市场空间。通过代理合作，配合主机厂联合开发，加大攻关力度，积极参与市场招标，2002 年完成销售额 10 067 万元，货款回收 9 645 万元，同比增长 52%和 49%，同时加大辅机市场的份额，销售辅机 601 万元，配件 107 万元，新开发三个路局用户。西安电机厂始终以市场为导向，以用户满意为目标，实施西玛品牌战略，厂领导分片包干，进行市场调研，及时掌握市场最新动态，采用灵活多样的营销策略，充分调动中间环节回款的积极性。调整订货结构，加大高利润产品的订货力度，如高压电机、直流电机、大机座号交流电机的订货，在进一步规范分公司管理的基础上，2002 年又先后在长沙、沈阳等地设立了两个成品异地库，及时有效地满足了用户的需要。加大回款力度，坚持“当期货款不欠，老货款比例压缩”的原则，使货款回收比例不断增大。工厂进出口公司在加快企业改制步伐的同时，在已开发了意大利、比利时、荷兰、丹麦等欧洲市场的基础上，又开发了印度、美国等市场，不断扩大产品的出口量和在国际市场的影响力。2002 年中小电机行业工业总产值(不变价)前 20 名企业见表 3。

表 3　2002 年中小电机行业工业总产值(不变价)前 20 名企业

序号	企业名称	工业总产值(不变价)(万元)	序号	企业名称	工业总产值(不变价)(万元)
1	湘潭电机集团有限公司	62 465	11	北京毕捷电机股份有限公司	28 619
2	章丘海尔电机有限公司	47 698	12	河北电机股份有限公司	27 645
3	山东华力电机集团股份有限公司	39 117	13	佳木斯电机股份有限公司	24 594
4	江苏清江电机股份有限公司	34 988	14	西安电机厂	24 413
5	山东齐鲁电机制造有限公司	33 798	15	江苏贝得电机股份有限公司	22 468
6	兰州电机有限责任公司	31 600	16	衡水电机股份有限公司	22 457
7	安徽皖南电机股份有限公司	31 524	17	上海南洋电机厂	22 402
8	南阳防爆集团有限公司	31 430	18	东风电机厂	21 629
9	沈阳电机股份有限公司	30 360	19	江苏大中电机股份有限公司	19 795
10	上海日用—友捷汽车电气有限公司	29 188	20	无锡华达电机有限公司	19 287

从国外市场看，2002 年交流电动机的出口额和价格除美洲市场略有增加外，亚洲及其他市场均有所下降，在交流电动机的出口企业中，外商独资、中外合资企业出口量和出口价格均有上升，而国有企业、股份制企业由于品牌优势不明显，加上竞争激烈，价格下降幅度较大。安徽皖南电机股份有限公司销往东南亚的电机销量有所增长，但价格下滑幅度较大；美洲和欧盟的市场相对较为稳定，售价也有所提高。西安电机厂的 MG、EG、NEMA 高效系列出口专用电机在欧美市场享有良好声誉，年均创汇 300 多万美元。兰州电机有限责任公司加强对国外市场的开拓，分别与南非、美国、马来西亚客户建立了联系，出口产品的多样化和出口市场的多元化使 2002 年出口交货值达 1 655 万元。2002 年中小电机出口额前 10 名企业见表 4。

表 4　2002 年中小电机出口额前 10 名企业

序号	企业名称	出口创汇额（万美元）	出口销售量（万 kW）	出口国家和地区
1	河北电机股份有限公司	1269	62.8	北美、南美、欧洲、澳大利亚等
2	北京毕捷电机股份有限公司	1203	81.4	北美、欧洲、东南亚
3	浙江金龙电机股份有限公司	1062	96.3	澳大利亚、西班牙、意大利等
4	无锡华达电机有限公司	897	60.3	欧洲、美国、新加坡、日本
5	山东华力电机集团股份有限公司	745	62.0	欧洲、中东地区、韩国、南非
6	江苏清江电机股份有限公司	651	51.9	欧洲、东南亚、埃及
7	南阳防爆集团有限公司	482	24.5	美国、英国、德国、澳大利亚等
8	西安电机厂	334	28.6	意大利、西班牙、泰国等
9	衡水电机股份有限公司	262	15.7	美国、德国、泰国、西班牙
10	沈阳电机股份有限公司	260	9.0	泰国、朝鲜、孟加拉、越南、印度

科技成果及新产品　为贯彻落实国家经贸委 1999 年 16 号令和 2002 年 34 号公告的有关精神，即在 2002 年底前淘汰热轧硅钢片、推广采用冷轧硅钢片，由上海电器科学研究所、北京毕捷电机股份有限公司、河北电机股份有限公司、上海联合电机（集团）有限公司、江苏大中电机股份有限公司、江苏贝得电机股份有限公司、浙江金龙电机股份有限公司、嘉兴华年电机有限公司、海宁市永发机电有限公司、山东华力电机集团股份有限公司、东莞电机有限公司、江门市江晟机电厂有限公司、广州电机厂、安徽皖南电机股份有限公司、江苏清江电机股份有限公司、山西电机厂、闽东安波电机股份有限公司、浙江光陆振动器股份有限公司、卧龙电机股份有限公司、衡水电机股份有限公司、贵州永安电机厂、靖江环球电机股份有限公司、安徽六安电机股份有限公司、西安电机厂、德州恒力电机有限责任公司及武钢股份有限公司、宝山钢铁股份有限公司、太原钢铁（集团）有限公司从 2002 年 1 月起联合开展了“以冷代热”推广应用暨 Y3 系列三相异步电动机的研制开发。Y3 系列三相异步电动机是国内第一个完整的全系列采用冷轧硅钢片设计的基本系列电机，其效率指标达到了 2002 年 1 月国家新颁布的《中小型三相异步电动机能效限定值和节能评价值》（GB18613－2002）中能效限定值的规定，同时达到欧洲 eff2 效率标准，并贯彻了国家、行业和 IEC 有关标准，主要性能指标达到了本世纪初国际同类产品的先进水平，填补了国内在这一领域的空白。Y3 系列三相异步电动机推广应用后，将会推动行业的技术进步、扩大外贸出口，具有良好的社会和经济效益。上海电器科学研究所科技项目“使用纳米技术的新型耐高频脉冲电磁线漆研制”通过了上海市科学技术委员会鉴定，该项目是上海市科技基金发展项目。采用变频技术与高压技术是新世纪电机发展的必然趋势，但高频率（20kHz）与高电压（p－p 3～5kV）引起了电机绝缘结构，尤其是匝间绝缘的过早损坏，制约了新型变频电机的发展。我国电机工业与国外先进国家的主要差距不在于设计而是材料与工艺，该项目研制成功的耐高频脉冲漆包线漆，将大大提高电机绝缘结构的运行可靠性。该项目采用三涂层技术：底漆层、纳米防护层、面漆层，并成功地将三涂层涂敷于铜导体上，使该工艺能批量用于漆包线厂的生产工艺。其中纳米防护层成功筛选出了最佳屏蔽材料纳米二氧化钛，纳米颗粒平均粒径为 25nm，解决了纳米颗粒的团聚问题，建立了有效分散体系，已就上述技术申请专利，拥有自主知识产权。该漆包线耐受高频脉冲能力达到普通电磁线的 51 倍，性能指标与当前国际先进水平相当，填补了国内空白。无锡华达电机有限公司的 2002 年开发试制的 DMA2 铝壳三相异步电动机已由江苏省科技厅鉴定通过，产品达到国际先进水平，并被评为江苏省高新技术产品；列入国家火炬计划项目的 Y2 高效率三相异步电动机，技改投资 850 万元已全部到位，并进入大批量生产和销售。上海南洋电机厂组织了 TDW－450B 无齿轮永磁同步电梯用电动机、TDY315 永磁同步电动机的开发工作。浙江金龙电机股份有限公司为适应国内外市场的需求，根据国家产业政策和节能的要求，近年来连续开发了 JM 系列高效电机、欧洲 eff1、eff2 和美国 NEMA 高效电机；与浙江大学共同研制开发了伺服电机、直线电机、变频调速电机等。安徽皖南电机股份有限公司 2002 年安徽省重点技术创新项目“内置变频器电机技术开发”，已经完成了样机的试制任务，正在进行调试和运行。北京毕捷电机股份有限公司的“高效、超高效电机和紧凑型高压电机的开发与产业化”被列为 2002 年度北京工业技术创新评估项目，该产品具有节能降耗、超高效的特点，国内外市场前景广阔。钟祥市新宇机电制造厂开发研制的 VLB－20114－W 户外隔爆振动电机，产品性能国内领先，荣获国家经贸委颁发的“2002 年度国家新产品”证书。上海联合电机（集团）有限公司三新工业设计分公司、清华工业研究院北京金东方科技发展有限公司联合开发了一种新型的滚子轴承——NUG 型组合滚动架圆柱滚子轴承，经洛阳轴承研究所质量检测中心的检测，达到了 Z_1 组以上的要求，并通过了北京市科学技术委员会的鉴定，达到国际先进水平。该产品率先打破了轴承传统的保持器格局，消除了传统保持器轴承中的滑动摩擦及传统轴承滚动体与保持器在旋转中的撞击，具有噪声小、温升低、寿命长、可靠性高的特点。江苏清江电机股份有限公司根据国际市场的需要，成功完成了 Y2E 系列电动机的开发工作。Y2E 系列电机是为出口欧洲、澳洲市场开发的，它是在 Y2 系列电机的基础上，采用了成熟的新工艺、新材料及可靠性设计技术，对现有电机的更新。电机效率符合 eff1 标准，防护等级为 IP55。Y2E 系列电机在设计时采用了国内最好的冷轧

硅钢片 DW350～50，并在铸造工艺、机加工工艺、转子铸铝工艺、装配工艺等方面采用了一系列的新技术，确保了电机的效率，通过省级鉴定。利用计算机模拟设计技术，大大缩短了产品设计和试制周期，节约产品开发费用 150 余万元，当年开发，当年形成生产能力，2002 年公司实现出口创汇 651 万美元。佳木斯电机股份有限公司的 YGP 系列辊道用变频调速三相异步电动机的研制开发被列入国家重点新产品计划，技术资料已完成，并通过了市级新产品鉴定。另外 TBYC 隔爆型稀土永磁同步电动机相关的基本建设、技术改造工程已基本完成，并完成两台样机的试制。FDJL300－4 300kW 风力发电机已完成三台样机的试制，并已完成工业性运行对比试验。西北煤矿电机厂列入 2002 年度自治区科技攻关项目 YBSD525/263 矿用隔爆型电机目前已完成样机试制、爆炸试验、型式试验。南阳防爆集团有限公司 YAKS710－4 6300 增安型三相异步电动机是目前国内研发容量最大的增安型复合防爆三相异步电动机。该产品用于中国石油天然气总公司大庆炼化分公司 60 万 t/a 气体分馏装置汽轮机改造项目，直接替代美国德莱赛兰进口汽轮机，作为 D16R2S 离心式丙烷压缩机的驱动源，2002 年通过省级鉴定。鉴定结论：性能指标优于德国西门子、法国阿尔斯通公司投标书上的正压增安复合防爆型电机性能指标，填补了国内大容量增安型三相异步电动机的空白，具有国际先进水平。该产品获市科技进步一等奖，并被认定为省高新技术产品。国家重点新产品项目 YAX、YBX、YX2 系列中小型高效电机（项目编号 2002ED750005），已达批量生产能力，2002 年出口创汇 350 万美元。另外，QFW8.5－4P 同步发电机、YFKS710－4 5500 kW 电动/发电机、高压双馈调速电机通过市级鉴定。

质量及标准　国家中小电机质量监督检验中心根据国家质量监督检验检疫总局下达的（2002）国监任字第 0001 号《产品质量国家监督抽查任务书》的要求，承担并完成了 2002 年第三季度中小电机产品质量国家监督抽查任务。近几年来，随着我国市场经济的发展和中小电机生产企业的经济转型，生产小型电机的乡镇企业、民营企业和个体企业迅速发展，为此，2002 年把质量监督抽查的重点由过去主要对大中型国有企业转向乡镇、民营、个体私营企业。本次重点抽查了四个地区的 51 个企业，其中 43 个企业为首次实施国家监督抽查企业，占本次实际抽查企业的 84.3%。本次抽查的产品均为小型电机，机座号为 80～132，功率 0.55～7.5kW，3 个系列、51 个品种的产品。总体结论：①本次抽查了 3 个系列的产品，其中 Y 系列（IP44）三相异步电动机生产企业 49 个，合格企业 30 个，合格率 61.2%；YCT 系列电磁调速电动机生产企业 1 个，合格 0 个，合格率 0%；小型三相同步发电机生产企业 1 个，合格企业 0 个，合格率 0%；抽检品种 51 种，合格 30 种，产品抽样合格率 58.8%；抽检 153 台样品，合格 99 台，抽检样品合格率 64.7%，本次产品综合评定符合率 58.8%。②本次抽查 51 个企业中，合格企业 30 个，合格率 58.8%，其中 2001 年跟踪企业 6 个，合格 1 个；强制性标准评定合格企业 30 个，合格率 58.8%；推荐标准评定符合企业 30 个，合格率 58.8%；通过长城标志认证的企业 7 个，合格 7 个，合格率 100%；未进行长城认证的企业 44 个，合格 23 个，合格率 52.3%。本次抽检反映的主要质量问题是振动、产品的标识标注、接线装置及接线标志以及转向（相序）等几项。中小电机近十多年来经过 12 次国家监督抽查及 1996 年全国行业质量统检，总的趋向是向好的方向发展，但还要加强质量意识，以质量求生存。

国际标准及转化情况：制定 IEC60034－20－1《控制电动机—步进电动机》、IEC60034—20－2《控制电动机—伺服系统》、IEC60034—25《变频供电笼型感应电动机性能和设计导则》、IEC60034—23《旋转电机重绕和整修规范》、《旋转型不间断电源—带或不带 RIC 发动机》。修订 IEC60034—1《旋转电机定额和性能》、IEC60034—3《汽轮型同步电机的特殊要求》、IEC60034—5《外壳防护等级》、IEC60034—8《旋转电机线端标志与旋转方向》、IEC60034—12《690V 及以下单速三相笼型感应电动机起动性能》、IEC60034－17《变频供电笼型感应电动机应用导则》。修改 IEC60034—9《旋转电机噪声限值》、IEC60034—14《中心高为 56mm 及以上电机的机械振动—振动的测量、评定及限值》。全国旋转电机标准化技术委员会对口 IEC/TC2 旋转电机，其归口 IEC 标准 49 项，现已转化 30 项，转化率达 61%；上海电器科学研究所归口的 IEC/TC70 外壳防护工作，其归口的 IEC 标准 3 项，现已转化 2 项，转化率 66.7%；上海电器科学研究所还归口 IEC/TC98 绝缘结构的工作，其归口的 IEC 标准 15 项，目前正在进行转化的有 4 项。

基本建设及技术改造　2002 年各企业在资金十分紧张的情况下，仍然投入相当的资金，进行程度不同的技术改造和基本建设，用以新建或扩建生产场地，添置或更新生产急需的设备，提高工艺和检测水平，提高企业的生产能力和生产后劲。上海南洋电机厂与上海电气自动化设计研究所共同承担的国家计委批准立项的“城市轨道交通交流牵引系统国产化”项目而投入的真空压力浸漆设备、旋转烘干设备、中频焊机设备、电机试验设备等已经全部到位运转，为企业成为交流牵引电机生产基地创造了条件，提高了企业的装备水平。河北电机股份有限公司列入国家重点技术改造项目“专用、特种电动机技改项目”已完成项目可行性研究报告的编制，对出口专用电机技改项目进行了验收，该项目 2002 年就新增出口专用电机生产能力 20 万 kW，新增产值 2 500 万元。江苏清江股份有限公司技改项目耐高温漆包线扩建项目，新建厂房 1 800m^2，从意大利、奥地利等国家引进具有 20 世纪 90 年代国际先进水平的漆包线生产线、检测设备 14 台（套），新增耐高温漆包线、变频漆包线等高等级漆包线生产能力 3 000t/a，产品于 2002 年通过 UL 认证，广泛应用于家用电器、工业电气等领域。该项目总投资 2 600万元，列入国家第七批国债项目。佳木斯电机股份有限公司 2002 年技术改造投资 871 万元，完成技术改造项目 31 项，完成了特种屏蔽电泵改造项目一期工程、机器设备购置、设计大厅改造、构建 CAD 局域网络系统、电工工段土建改造工程、工艺装备制造等项目。通过改造，产品质量、生产效率得到提高。

对外合作 上海南洋电机厂完成了2002年上海市引进技术吸收与创新计划项目ZFQZ系列频繁起制动直流电动机的鉴定与验收。产品技术指标达到国内领先和国际先进水平,2002年产值达到850多万元,给企业带来了显著的经济效益。济南生建电机厂通过技术和设备的引进,大大提高了电机的工艺水平。一是引进了德国海德里希(Hedrich)公司的真空压力浸渍(VPI)设备,提高了电动机的绝缘结构水平,高压电机定子少胶VPI常态电老化寿命达到一等品水平,热电老化寿命大于1 000h。二是引进了德国万嘉顿公司的高速冲床及荷兰的冲片去毛刺机,提高了电动机冲片的生产效率,从根本上保证了冲片生产的高质量、严要求。江苏清江电机股份有限公司2002年援埃三期工程开工建设,通过输出设备、技术、培训人员等方式帮助埃及达沃特公司建设一条电机装配线和一期、二期工程配套,使达沃特公司形成了Y280以下一整套电机生产能力。南阳防爆集团有限公司的QFW8.5－4P同步汽轮发电机是在消化吸收英国PEEBLES公司先进技术的基础上,生产制造的国内容量最大、具有领先水平的发电机。该产品的研制,拓展了公司的生产领域,目前已承接4台汽轮发电机。

企业结构调整 为了适应市场经济的发展,加快企业改革步伐,中小电机行业通过改制、联合、兼并形成了一批股份制和企业集团,在资本运营、技术创新和市场开拓方面发挥着越来越重要的作用,另一方面量大面广的中小企业在激烈的竞争中也有了长足的发展。许多企业改制后全力拼抢市场,积极寻求配套协作伙伴,大力压降应收帐款、库存产品和各项费用,市场意识、管理意识、质量意识和效益观念显著增强。改制后还使大批存量资金得到盘活,生产能力得到充分发挥,资源配置更趋合理。北京毕捷电机股份有限公司改制后,在管理上创新开拓,建立了新的分配机制,对高中级管理人员的业绩严格考核,各项经济指标有了大幅度提高。河北电机股份有限公司改制后生产规模不断扩大,2002年电机产量达到291.5万kW,创造了连续、快速增长的局面,在全国电机行业经济效益综合指数排列中名列第九名。衡水电机股份有限公司改制后,生产能力由38万kW提高到140.7万kW,由一个小企业发展为一个大中型企业。西安电机厂实施“精干主体、分离辅助”的改革举措,结合企业实际情况,首先改变国有企业“小而全”、“大而全”的旧框架,对污染严重、成本偏高无效益的铸造分厂、电镀工段、铸造工段等进行了关闭,先后成立了企业控股的西安西玛运输有限责任公司、陕西西玛工贸有限责任公司,2002年成立了西安西玛物业管理有限责任公司、陕西西玛电器制造有限责任公司,相对控股的西安西玛电机进出口有限公司也注册成立。2002年7月又对工具修造分厂实行经营承包。同时,为了积极探索分离企业办社会的新路子,成立了西安电机厂三产实业总公司,有效分离安置了非生产人员700人,收效良好。江苏清江电机股份有限公司2002年进行第二次企业改制,成立了全部由自然人持股的新股份有限公司,新公司注册资本1 286万元,主要由经营、技术、管理骨干持股,经营层控股。通过改制,优化了股权结构,转换了经营机制,理顺了劳动关系,有力地促进了公司的发展。2002年南阳防爆集团在上海设立安智电气公司,组建技术研发中心,以充分利用上海的科技、人才、信息优势,就地按项目招聘人才,产学研一体化,瞄准当前世界领先水平,高起点研制高科技产品,使之成为南阳防爆集团的高新产品“孵化器”。与此同时,实施资本运营,扩大企业规模,充分利用南阳防爆集团的品牌、技术管理和人才优势,进行低成本扩张。接管经营湖南郴州电机厂,组建南阳防爆集团华安电机公司,2002年恢复生产以来,很快步入轨道,产销形势良好。目前,南阳防爆集团公司有3个全资子公司,5个参股子公司。

〔撰稿人:上海电器科学研究所倪佩娟 审稿人:上海电器科学研究所黄 坚〕

分马力电机

生产发展情况 2002年分马力电机生产企业克服了激烈的市场竞争和钢材价格上涨等因素的影响,行业生产保持了稳步发展,各主要产品的产销量亦呈现出不同程度的增长。

在统计的20个行业企业中,2002年实现工业总产值、销售收入和利润同步增长的企业有:浙江卧龙控股集团有限公司、安徽皖南电机股份有限公司、无锡小天鹅华印电机有限公司、广东省东莞电机有限公司、天津市微电机公司、广东省肇庆电机有限公司、肇庆市力佳电机有限公司共7个企业,占统计总数的35%。共有4个企业亏损,占统计总数的20%,且亏损企业均为国有企业,因而国有企业深化体制改革、完善现代企业制度的任务仍十分艰巨。

2002年分马力电机行业经济效益指标见表1,20个主要企业经济指标见表2,经济效益单项指标前5名企业见表3。

表1 2002年分马力电机行业经济效益指标

指标名称	单位	行业标准值	2002年行业平均值	2001年行业平均值
总资产贡献率	%	10.7	7.3	8.4
资本保值增值率	%	120	106	82.1
资产负债率	%	≤60	56.9	63.8
流动资产周转率	次	1.52	2.07	1.40
成本费用利润率	%	3.7	3.7	0.8
全员劳动生产率	元/人	16 500.0	42 758.0	30 868.0
产品销售率	%	96.0	90.9	96.1

表 2　2002 年分马力电机行业 20 个主要企业经济指标

指标名称	单位	2002 年完成
工业总产值(当年价)	万元	204 977
工业增加值	万元	59 168
产品销售收入	万元	172 115
利润总额	万元	11 243
年末资产总额	万元	231 106
流动资产平均余额	万元	118 875
职工平均人数	人	499
工程技术人员	人	37
工业全员劳动生产率	元/人	42 758

表 3　2002 年分马力电机行业经济效益单项指标前 5 名企业

序号	企业名称	指标值	序号	企业名称	指标值
	总资产贡献率(%)	10.7(标准值)		成本费用利润率(%)	3.7(标准值)
1	镇江扬芜工缝电机厂	29.3	1	浙江卧龙控股集团有限公司	13.2
2	广州微型电机厂	25.0	2	湖南跃进盘式电机有限公司	11.4
3	浙江卧龙控股集团有限公司	23.6	3	肇庆市力佳电机有限公司	10.7
4	肇庆市力佳电机有限公司	16.9	4	无锡小天鹅华印电机有限公司	9.0
5	无锡小天鹅华印电机有限公司	13.3	5	镇江扬芜工缝电机厂	4.3
	资本保值增值率(%)	120(标准值)		全员劳动生产率(元/人)	16 500(标准值)
1	安徽皖南电机股份有限公司	180	1	浙江卧龙控股集团有限公司	225 123
2	浙江卧龙控股集团有限公司	179	2	肇庆市力佳电机有限公司	94 520
3	津市市山庆泵业有限公司	133	3	无锡小天鹅华印电机有限公司	89 866
4	肇庆市力佳电机有限公司	123	4	开平市三威电机有限公司	72 606
5	开平市三威电机有限公司	120	5	广东省东莞电机有限公司	45 920
	流动资产周转率(次)	1.5(标准值)		产品销售率(%)	96(标准值)
1	广州微型电机厂	13.7	1	津市市山庆泵业有限公司	123
2	镇江扬芜工缝电机厂	4.7	2	上海电机(集团)公司革新电机厂	108
3	津市市山庆泵业有限公司	3.4	3	宁波联合集团电器有限公司	106
4	肇庆市力佳电机有限公司	2.9	4	宁波大成机电有限公司	106
5	浙江卧龙控股集团有限公司	2.4	5	西安西电微电机有限责任公司	99

产品分类产量　根据对 20 个企业的统计,2002 年分马力电机行业产品分类产量见表 4。

表 4　2002 年分马力电机行业产品分类产量

产品名称	2002 年产量(万台)	2001 年产量(万台)	比上年增长(%)
单、三相交流异步电机	250	187	33.2
空调器、冰箱用电机	64	51	25.9
洗衣机(含脱水)电机	72	72	1.1
泵用电机	32	39	−17.4
其他电机	52	65	−18.9
合计	469	413	13.7

注:此表数据未含浙江卧龙控股集团有限公司。

市场及销售　安徽皖南电机股份有限公司面对激烈的市场竞争,始终紧紧抓住市场营销这个龙头,把稳定老用户、开发新用户作为工作的重中之重来抓。浙江卧龙控股集团有限公司 2002 年产值与销售收入比上年增长 30%～40%。销售区域集中在广东、上海、江苏等重点省份。无锡小天鹅华印电机有限公司在原小天鹅集团配套市场外,扩大了天津 LG 的配套电机。天津市微电机公司积极应对市场挑战,及时调整营销战略,始终把开发市场工作放在首位。镇江扬芜工缝电机厂共销售电机 21.3 万台,其中出口电机 5.25 万台,占总销售量的 24.7%。根据对 20 个生产企业的统计,2002 年分马力电机行业主要经济指标前 5 名企业见表 5,出口额前 8 名企业见表 6。2002 年分马力电机行业主要产品产销量及出口情况见表 7。

表 5　2002 年分马力电机行业主要经济指标前 5 名企业

序号	企业名称	总产值(万元)	企业名称	销售收入(万元)	企业名称	利润(万元)
1	浙江卧龙控股集团有限公司	113 555	浙江卧龙控股集团有限公司	93 251	浙江卧龙控股集团有限公司	9 888
2	安徽皖南电机股份有限公司	20 975	安徽皖南电机股份有限公司	12 998	无锡小天鹅华印电机有限公司	846

(续)

序号	企业名称	总产值(万元)	企业名称	销售收入(万元)	企业名称	利润(万元)
3	西安西电微电机有限责任公司	13 775	无锡小天鹅华印电机有限公司	9 636	安徽皖南电机股份有限公司	450
4	广东省东莞电机有限公司	11 820	广东省东莞电机有限公司	9 297	广东省东莞电机有限公司	344
5	无锡小天鹅华印电机有限公司	11 628	西安西电微电机有限责任公司	8 343	海城三鱼泵业有限公司	262

表6　2002年分马力电机行业出口额前8名企业

序号	企业名称	出口额(万美元)	比上年增长(%)	主要产品
1	浙江卧龙控股集团有限公司	414.9	34.3	各类电机、冲压件、控制器
2	宁波联合集团电器有限公司	366.4	955.0	空调用电机、其他电机
3	天津市微电机公司	285.4	49.4	异步电机
4	上海电机(集团)公司革新电机厂	222.5	−46.5	异步电机、同步电机、泵用电机
5	安徽皖南电机股份有限公司	150.0	30.4	异步电机
6	镇江扬芜工缝电机厂	127.5	0.0	异步电机
7	石家庄中威电机厂	101.0	−12.2	异步电机
8	无锡小天鹅华印电机有限公司	85.0	115.0	空调用、洗衣机用、泵用电机

表7　2002年分马力电机行业主要产品产销量及出口情况

产品名称	产量		销量		出口数量(万台)	出口金额(万美元)
	数量(万台)	比上年增长(%)	数量(万台)	比上年增长(%)		
单、三相交流异步电机	249.6	33.2	237.6	26.8	34.2	923.9
空调器、冰箱用电机	63.6	25.9	147.9	−9.8	0.04	4.9
洗衣机(含脱水)电机	72.3	1.1	72.4	2.4		
泵用电机	31.8	−17.4	31.6	−5.8		
其他电机	52.0	−18.9	52.9	−18.7	21.5	466.2
合计	469.3	13.7	542.4	4.2	55.7	1394.9

注:此表数据未含浙江卧龙控股集团有限公司。

科技成果及新产品　安徽皖南电机股份有限公司为适应市场需求,相继开发了FVP系列内置变频器三相异步电动机、NS系列交流鼠笼不锈钢三相异步电动机、Y2系列中型高压三相异步电动机等新产品,其中,FVP系列内置变频器三相异步电动机被列入了省级技术创新项目计划。内置变频器电动机项目共投资研制开发费用650万元,项目完成后,企业将形成年产2万台内置变频器电动机的生产能力。Y2系列中型高压电机项目共投资研制开发费用500万元,项目完成后,企业将形成年产30万kW中型高压电机的生产能力。NS系列交流鼠笼不锈钢三相异步电动机是公司自行开发的出口电机产品,该电机是应美国AA公司的要求,按照美国NEMA MGI—1993标准的各项规定,为适应美洲电机市场的需要而设计制造的,该系列电机经过市场调研有着广泛的市场前景。这3项产品的开发,较好地调整了公司的产品结构,适应了市场和用户的需求,扩大了出口,取得了很好的经济和社会效益。

浙江卧龙控股集团有限公司重点完成了单链式自动开门机、EF系列三相异步电机、T2V系列电梯用变频电机、TDL072、TDL182、TDR152型新款电动车、TDVO2低转速外转子电机、100ZY01油泵电机等9项新产品开发。同时完成了韩国进口的综合性能试验机的改进、塑封空调电机的优化设计、VAF振动棒机壳加工组合刀具、高速冲床级进模切废料装置等14项技术革新项目。

浙江大学联合组建浙大—卧龙电气工程技术中心,组建振动和噪声测试室;DSP实验室,防水、防尘、防腐蚀、湿热交变等环境试验室;完成浙江省首批重点高新技术项目——变频无刷类电机及其控制装置项目,批量生产能力达到年产300万台(套)。

天津市微电机公司2002年完成了38项开发任务,其中新产品开发中住友6个、道义6个、其他分马力电机4个、住友小功率4个,住友小功率电机目前已达到世界先进水平,还完成了福兰克林电机共三大系列18个规格样机的设计与研制。

镇江扬芜工缝电机厂投入500万元,新上了电动自行车电机项目,并于2002年7月试制成功,进行批量生产。

湖南跃进盘式电机有限责任公司开发电力行业用轴流油泵、电力机车用变压器油泵、大功率直流无刷盘式电机等新产品。

质量及标准　浙江卧龙控股集团有限公司顺利通过了ISO9000:2000质量管理体系认证;7月份公司生产的工业电机、厨房残渣处理机、电子充电器、NEMA等9大系列产品通过了UL、CUL等认证;YYW系列电机一次性通过TUV认证。

安徽皖南电机股份有限公司在年初提出了实施以“优化管理、优质产品、优良服务”为主要内容的“三优工程”,并制定了实施计划和方案。公司全年成品装配一次交检合格率达到96.88%,比上年提高了0.52个百分点。公司的主导产品及新开发的产品完全符合国家标准或行业标准的要求,对Y2系列中型高压电机,公司根据开发需求制定了产品企业标准,确保了产品的开发均做到有标准可依。在公司的统一部署下，公司质量体系得到了有效的运行，质量方针和质量计划得到了很好的实施，为2003年即将进行的ISO9000：2000质量体系文件的换版工作打下基础。

天津市微电机公司生产的福兰克林电机取得了B级绝缘系统认证，道义电机6个品种取得了UL认证，莱宝电机7个产品取得了CE认证。出口商检37次，一次合格率100%，并通过了天津市商检局“出口产品分级管理现场检查”，成为天津市第一批验收合格单位。

石家庄中威电机厂通过了ISO9000：2000质量管理体系换版验收；YC、YL、YS 3个系列电机取得了CCC认证；Y2—63—132机座电机取得了CE认证；“SEM”商标经工商局批准为“河北省著名商标”。

广东省肇庆电机有限公司通过了ISO9000：2000质量管理体系审核；YS、YU、YY、YC、G系列电机取得了CCC认证。

基本建设及技术改造 2002年分马力电机行业完成基建及更新改造项目投资4 169.2万元。

浙江卧龙控股集团有限公司完成国家重点技改项目——年产300万台(套)变频无刷类电机及其控制装置项目、年产10万辆电动自行车出口技改项目、空调用150万台钢壳电机改造项目、工业电机事业部和家用电机事业部二期技改项目等。科技活动经费支出总额达3 298万元，其中用于科研的基建经费支出达1 280万元。

安徽皖南电机股份有限公司投资150余万元新增了Y2系列中型高压电机生产设备、检测仪器及环保、安全等专用设备25台(套)，改建了电机试验基地，完善了电机试验、检测设备和设施。公司还投入760万元，与南京新模式公司合肥分公司合作，在企业实施“ERP”工程项目，使企业的管理水平再上一个新的台阶。这些项目的顺利实施，解决了制约企业新产品开发工作的“瓶颈”问题，企业的产品开发水平得到了迅速的提高，这不仅为企业赢得了较好的经济效益和社会效益，也为公司培育了新的经济增长点。

湖南跃进盘式电机有限责任公司投入18万元，将主要精加工设备改为数控机床，提高了生产效率以及加工零件的质量稳定性。另外投入8万元，将铁心冲卷设备进行了改造，保证了铁芯的加工质量。

肇庆市力佳电机有限公司对5台C6132A车床进行数控化改造总投入18.7万元，改造后轴加工能力提高2.9倍。

企业结构调整 2002年浙江卧龙控股集团有限公司在企业结构调整方面，重点做了3件大事：①2002年7月，公司投资5 900万元，收购原国营企业——浙江灯塔蓄电池集团有限公司。②公司管理体系和组织架构实现重大调整，建立集团公司——股份公司——事业部三级管理体系。③2002年底，收购兼并湖北电机厂。

2002年安徽皖南电机股份有限公司企业性质由原来的国有控股转变成了完全由自然人持股的股份制企业。同时公司在内部用工制度、薪酬制度以及优化劳动组合、提高劳动生产率等方面，也推进了一系列有序的改革措施，并收到了良好成效，在管理人员比年初减少了43人、工作量未减少的情况下，工作效率还有所提高。

〔撰稿人：广州电器科学研究院吴　展　审稿人：广州电器科学研究院周修源〕

微 电 机

生产发展情况 2002年微电机行业继续保持产销两旺的发展态势。据不完全统计，2002年微电机生产企业达到1 000个左右，从业人员7万余人；全行业总产量保持在20亿台以上，出口量仍然增长；据调查，有出口产品的企业多数出口量有所增长。2002年行业总的特点：①外商投资形势依然看好。经济全球化使各国在市场和生产上的相互依存度越来越大，我国微电机的市场潜力和丰富廉价的劳动力优势，使他们纷纷投资中国市场，包括香港和台湾，以独资和合资的形式参与竞争。上海金陵微电机公司和广东顺德电机公司分别同美国两家公司组成合资公司便是一例。②无论国企和外企，对无刷电机的开发与生产力度加大。随着控制技术的进步和无刷电机的优点为人们所认识，无刷电机已成为当前微电机主要发展方向，企业对其关注和投入力度加强，以增强产品技术含量和提高竞争力。日本万宝至马达大连有限公司2002年生产微型无刷电机约4 000万台。台湾积极在大陆投资办厂，生产计算机用无刷直流电机，月产量已达数百万台。电动自行车用无刷电机、家电和其他用途无刷电机本年度均有所增长，许多企业都在开发无刷电机。③产品质量仍然存在不少问题。以目前产量、用量和出口量最大的永磁直流电机为例，产品质量较前几年相比，整体水平有下降的趋势。主要表现在不按标准生产或无标生产的现象依然存在。迄今为止，仍有一定数量企业无产品标准，仅按合同或产品样本生产。有的企业标准未按规定备案，且条款不全，有的指标低于国家标准。如按标准要求小功率电机必须在明显位置上标识电机额定数据等标志，但有一些企业的产品未按要求进行标识，有的甚至连额定电压也未标明。涉及到安全和环保方面的问题也很突出，表现在使用劣质材料，以次充好，工艺落后，外观粗糙，绝缘性能差，产品振动、噪声超标严重，永磁体磁性能稳定性差，退磁现象时有发生，产品整体可靠性及可维护性差，尤其使用在家电、电动自行车和汽车上的永磁电机出现噪声大、退磁严重、可靠性差的现象比较突出。产品质量较好的企业主要是实力雄厚、质量意识较强的单位，如浙江卧龙科技股份有限公司、宁波镇海万加汽车电机厂等。这些企业都通过了ISO9000质量体系认证，生产的每个环节均能有所控制，每台出厂电机都可以追溯到生产日期和操作工号。相反，那些生产工艺落后、技术力量薄弱、家庭作坊式企业，大部分零部件外协，无检测设备或检测设备不全，很难保证产品质量。这类企业仍然占有一定比例。④在珠江三角洲和沿海地区，独资企业多，市场竞争激烈，出口价格很低。

2002年微电机行业部分企业经济指标、工业总产值排序及经济效益综合指数见表1、表2和表3。

表 1　2002 年微电机行业部分企业经济指标　　(单位:万元)

企　业　名　称	工业销售产值	出口交货值	工业增加值	产品销售收入	年末资产总额
大连大显精密轴有限公司	6 214	540	4 613	4 881	10 355
梅州嘉和电器有限公司	5 704		4 739	5 704	2 624
宁波招宝磁业有限公司	2 895		1 039	2 895	2 252
浙江卧龙控股集团有限公司	111 528	12 263	36 019	93 250	116 207
华能特种电机发展公司	465	233	229	403	589
横店东磁集团电机厂	11 685		1 467	9 685	8 450
河北电机股份有限公司	31 432	9 814	10 650	28 265	22 000
成都精密电机厂	542		80	542	448
深圳斯玛尔特微电机有限公司	1 269	1 263	43	1 269	2 021
舟山市天一电器有限公司	3 317	135	449	3 362	1 922
苏州电讯电机厂有限公司	2 930		1 026	2 917	3 878
湖北亿州微特电机有限公司	1 100	51	340	1 001	2 374
贵州华烽电器有限公司	10 216	5 323	3 166	10 161	28 007
上海金陵微电机有限公司	9 507	4 661	2 421	9 509	5 355
天津安全电机有限公司	787	13	365	852	1 048
国营北京曙光电机厂	5 410	2	1 477	3 131	34 691
西安微电机研究所	1 228		535	940	2 943
宁波市江北紫元汽车零部件有限公司	5 309	200	1 006	6 148	3 557
西安西电微电机有限责任公司	8 153		1 440	8 343	17 859
鹤山欢乐电机有限公司	15 575	8 121	3 929	12 574	13 301
天津市微电机公司	3 652	2 361	632	2 978	21 886
宁波四海电器电机公司	1 712	804	383	1 762	2 509
山东金龙企业集团公司	7 600	5 200	2 260	10 582	35 814
常州微特电机总厂	8 329	4 861	1 349	8 615	18 683
江西喜泰电机有限公司	117		−42	93	1 781
衡阳市电机厂	33		2.6	19	317

表 2　2002 年微电机行业部分企业工业总产值排序　　(单位:万元)

序号	企　业　名　称	工业总产值	序号	企　业　名　称	工业总产值
1	浙江卧龙控股集团有限公司	113 554	11	宁波市江北紫元汽车零部件有限公司	6 120
2	河北电机股份有限公司	27 645	12	梅州嘉和电器有限公司	5 847
3	鹤山欢乐电机有限公司	20 360	13	国营北京曙光电机厂	4 901
4	西安西电微电机有限责任公司	13 775	14	苏州电讯电机厂有限公司	4 606
5	常州微特电机总厂	13 636	15	天津市微电机公司	4 028
6	横店东磁集团电机厂	12 780	16	舟山市天一电器有限公司	3 333
7	贵州华烽电器有限公司	10 853	17	宁波招宝磁业有限公司	2 264
8	大连大显精密轴有限公司	10 250	18	宁波四海电器电机公司	1 905
9	山东金龙企业集团公司	9 200	19	西安微电机研究所	1 666
10	上海金陵微电机有限公司	7 733	20	湖北亿州微特电机有限公司	1 271

表 3　2002 年微电机行业部分企业经济效益综合指数

企　业　名　称	总资产贡献率(%)	资本保值增值率(%)	资产负债率(%)	流动资产周转率(次)	成本费用利润率(%)	全员劳动生产率(元/人)	产品销售率(%)	经济效益综合指数(%)
大连大显精密轴有限公司	27.1	43.8	76.7	1.1	50.3	102 511	105	2.8
梅州嘉和电器有限公司	48.1	303.4	62.1	4.2	11.2	149 968	92	2.4
宁波招宝磁业有限公司	36.4	164.7	66.0	2.1	19.8	74 214	95	2.1
浙江卧龙控股集团有限公司	19.6	396.2	26.7	2.4	12.1	225 123	98	1.8
华能特种电机发展公司	14.1	110.7	9.9	0.9	24.1	73 870	96	1.7
横店东磁集团电机厂	19.2	134.3	65.8	2.1	5.8	18 268	91	1.2
河北电机股份有限公司	14.2	89.4	58.3	1.7	4.9	72 995	99	1.0
成都精密电机厂	9.2	101.9	40.9	2.9	3.1	16 000	96	1.0

（续）

企业名称	总资产贡献率(%)	资本保值增值率(%)	资产负债率(%)	流动资产周转率(次)	成本费用利润率(%)	全员劳动生产率(元/人)	产品销售率(%)	经济效益综合指数(%)
深圳斯玛尔特微电机有限公司	5.0	101.6	6.5	1.4	8.7	7 892	100	1.0
舟山市天一电器有限公司	13.6	109.2	78.0	2.4	2.8	33 079	99	0.9
苏州电讯电机厂有限公司	13.3	100.6	48.6	1.9	1.6	31 764	101	0.9
湖北亿州微特电机有限公司	9.2	107.4	85.2	0.8	5.7	37 777	115	0.8
贵州华烽电器有限公司	4.3	100.0	14.3	1.0	5.3	16 550	99	0.8
上海金陵微电机有限公司	10.8	60.7	57.4	1.7		43 078	106	0.7
天津安全电机有限公司	8.5	98.8	38.2	1.1	0.4	20 391	104	0.7
国营北京曙光电机厂	13.7	104.6	92.0	0.2	1.6	10 214	105	0.7
西安微电机研究所	2.9	207.3	76.8	0.5	2.1	10 816	73	0.6
宁波市江北紫元汽车零部件有限公司	2.1	108.4	80.3	1.9	0.6	201 200	86	0.6
西安西电微电机有限责任公司	4.1	100.2	66.9	0.9		19 200	99	0.5
鹤山欢乐电机有限公司	5.6	101.1	97.8	1.1	0.4	45 109	98	0.5
天津市微电机公司	0.9	100.1	83.3	0.3	1.7	7 323	98	0.4
宁波四海电器电机公司	2.7	96.2	64.9	0.9	−3.0	14 398	89	0.4
山东金龙企业集团公司	−3.9	91.7	59.8	0.6	−12.7	10 462	95	−0.1
常州微特电机总厂	−5.7	—	69.4	0.9	−12.2	7 420	100	−0.2
江西喜泰电机有限公司	−8.3	91.0	15.8	0.2	61.5	—	82	−2.1
衡阳市电机厂	−8.5	108.5	216.7	0.1	59.7	722	100	−2.1

科技成果及新产品 包头市永磁电机研究所承担并负责完成的“轻便电动车稀土永磁直流电动机、混合动力电动汽车电动机和发电机的研究”通过了由包头市科委主持的鉴定。轻便电动车稀土永磁直流电动机，采用盘式外转子结构，不带减速器，轴固定于车架，外转子与车轮联接，使用钕铁硼永磁材料，以200r/min低速运行，符合电动自行车限速20km/h的要求。混合动力汽车电动机和混合动力汽车发电机经过严格的台机检验，分别通过清华大学汽车工程系和厦门金龙联合汽车工业有限公司、江苏理工大学汽车学院、北京理工大学车辆工程学院、国家电动汽车运行试验示范区管理中心和上海科峰电动车发展有限公司等单位的整台装车试验，反映良好。

西安微电机研究所与上海春周精密电机有限公司近期合作推出超低速大转矩同步电机系列产品。本系列产品采用单相低速同步电动机配齿轮减速获得超低速、大转矩，转速0.24～60r/min，共16种转速，转矩20～200kg·cm，再经电路技术处理后可获得1r/h甚至更低的转速。该产品具有结构简单，可瞬时起、停等特性，广泛适用于精密控制型执行机构，特别适用于对安全性有严格要求的场合，如影剧院、市场、歌舞厅、展览馆、体育馆等，可用于多方式旋转展台、舞美灯光调控及试验转台等，也是轻工、纺织、印刷等自动化行业的理想执行机构。

德力西中航公司推出稀土永磁无刷电机。德力西中航机电科技公司是国内研发稀土永磁无刷电机的高科技企业，现已成功开发出CDLS系列稀土无刷电机产品。它集直流有刷电机和交流异步变频调速电机优点于一身，并很好地克服了上述两种电机的不足之处，是典型的机电一体化产品，是理想的节能、降噪环保型产品。

浙江大学电气工程学院研制成功国内转矩最大的超声波电机。教育部组织的以严陆光院士为主任的专家组通过了“大转矩高精度超声波电机”项目鉴定，并一致认为，各项指标处于国内领先水平，某些指标达到国际先进水平。研制成功的纵扭复合型超声波电机，其直径为80mm，最大输出转矩（堵转转矩）为13.0N·m，电机本体重量不到2.5kg。适合做控制电机用，广泛应用于精密机械、汽车产业、机器人和光学机械等，也特别适合航天航空等一些军事领域，市场前景很大。

浙江乐清市微电机厂2002年承担的新型移动通信用产品“扁平（钮扣）式系列永磁直流电动机和5ZK、4ZK系列永磁直流电动机”项目进行省级新产品试制鉴定验收，完全可与国外同类产品互换，实现了替代进口。

北京敬业电工集团军工分厂进行产品结构调整，研制成功具有国际先进水平的H/PJ87式单100mm舰炮电气系统，2002年8月通过了海军定型委员会组织的一级设计定型评审，现已开始批量生产并装备海军部队。

质量及标准 国家微电机质检中心对浙江卧龙控股集团股份有限公司、宁波镇海万加汽车电机厂等67个企业生产的永磁直流电机产品质量进行了国家监督抽查。实抽产品29种，抽查企业数约占此类产品生产企业数的20%。

抽查的29个企业，有民营13个，股份制和集体12个，三资企业4个；中型企业20个，小型企业9个。抽样合格率为79.3%，比1997年同类产品有所降低。抽查暴露的主要问题有：涉及安全和环保的项目不合格。无标准生产的现象比较突出；有13个无企业标准，5个标准项目不全；由于缺少检测设备，检验未达标准值或部分出厂检验项目被取消；电机铭牌数据不全；机械尺寸超标等。

2002年余姚市宏阳微电机有限公司、山东博山电机厂集团股份有限公司、常州市凯捷电器有限公司、沧州三星微特电机有限责任公司、常州市东南电器电机有限公司5个单位通过了国家质量体系认证。

西安微电机研究所完成了2项国军标《J36ZWSC、J36ZWGC型无刷稳速直流电动机规范》、《J100SF－C01型、J115SF－CM01、J115SF－CM02型永磁交流伺服电动机规范》和3项行业标准《空心杯电枢永磁直流伺服电动机通用技术条件》、《印制绕组直流伺服电动机通用技术条件》、《宽调速永磁直流伺服电动机通用技术条件》的制订及报批工作。

基本建设及技术改造 2002年部分企业完成基本建设及技术改造投资额见表4。

表4 2002年部分企业完成基本建设及技术改造投资额

企业名称	投资额(万元)	企业名称	投资额(万元)
大连大显精密轴有限公司	3 000	湖北亿州微特电机有限公司	440
梅州嘉和电器有限公司	1 300	贵州华烽电器有限公司	725
浙江卧龙控股集团有限公司	6 994	国营北京曙光电机厂	12 000
华能特种电机发展公司	3	西安微电机研究所	232
横店东磁集团电机厂	2 375	鹤山欢乐电机有限公司	123
河北电机股份有限公司	287	宁波四海电器电机公司	30
成都精密电机厂	115	常州微特电机总厂	25
舟山市天一电器有限公司	56	江西喜泰电机有限公司	200
苏州电讯电机厂有限公司	25		

〔撰稿人：西安微电机研究所郭巧彬　审稿人：西安微电机研究所牒正文〕

防爆电机

生产发展情况 2002年全国生产制造防爆电动机的企业约80个，其中绝大多数企业不仅生产防爆电动机产品，同时还生产其他产品。全国防爆电动机产量约为4 000MW。据28个主要防爆电动机生产企业的统计，全年从业人员21 576人，其中工程技术人员2 571人，占职工总数的11.9%；完成工业总产值(不变价)23.5亿元；完成防爆电动机产量3 814MW；实现利润总额17 281.5万元。其中有5个企业亏损，亏损额共计783万元。防爆电动机产品在国内市场已明显供过于求，而且绝大多数企业尚未发挥其拥有的生产能力，全行业竞争激烈。从整体上看，尽管有少数企业亏损，但亏损面及其亏损额都明显缩小，行业整体效益呈上升趋势，近年来全行业完成的工业总产值、产量、利润等都在逐年递增。当然，防爆电动机市场容量是有限的，防爆电动机生产企业必须共同维护行业整体利益，开展公平、有序的竞争，促使整个行业健康发展。

产品分类产量 目前市场上使用的防爆电动机产品主要有4大类，即YB系列隔爆型三相异步电动机、YA系列增安型三相异步电动机、专用防爆电动机以及其他防爆类型的电动机。据对28个防爆电动机生产企业统计：YB系列及其派生系列隔爆型电动机产量为1 984MW，占52%；YB系列电动机的更新换代产品YB2系列电动机产量为110MW，约占3%；YA系列增安型电动机产量为110MW，约占3%；专用防爆电动机以及其他防爆类型的电动机产量为1 610MW，占42%。YB2系列电动机自1997年鉴定定型后，防爆电动机行业各企业都陆续进行了该系列电动机批量生产的准备工作。YB系列电动机标准已经废止，标准过渡期至2002年6月30日已经结束，YB2系列电动机将全面替代YB系列电动机，成为防爆电机行业的主导产品。

市场及销售 随着我国经济的稳定增长，2002年防爆电动机产品销售量也明显增加。据对28个防爆电动机生产企业的统计，防爆电动机总销售量为3 540MW，考虑个别未统计的企业，2002年防爆电动机总销售量约为3 700MW，与上年相比，销售量增加6%左右。防爆电动机出口创汇62.2万美元。2002年防爆电动机行业防爆电机产量前12名企业见表1。

表1 2002年防爆电机行业防爆电动机产量前12名企业

序号	企业名称	产量(MW)	产值(不变价)(万元)
1	南阳防爆集团有限公司	768	22 363
2	佳木斯电机股份有限公司	460	12 805
3	江苏锡安达防爆股份有限公司	441	14 650
4	抚顺煤矿电机厂	320	10 237
5	无锡市南方防爆电机有限公司	280	4 221
6	山西防爆电机(集团)有限公司	212	3 845
7	济宁华鲁防爆电机有限公司	153	2 169
8	分宜煤矿电机厂	150	2 635
9	浙江卧龙控股集团有限公司	105	1 750
10	河北防爆电机厂	90	1 363
11	江苏贝得电机股份有限公司	90	1 149
12	重庆特种电机厂	73	1 617

为了规范防爆电机行业市场秩序，中国电器工业协会防爆电机专业工作委员会于2002年8月组织召开了价格工作会议，具体商讨制定了YB2系列电动机行业水平价(草案)。此草案将提交防爆电机行业会员大会讨论通过后，报中国电器工业协会批准后实施。

科研成果及新产品 2002年南阳防爆电气研究所取得了3项科研成果。其中：防爆电动机可靠性试验研究获市科技进步二等奖，粉尘防爆电气设备获省科技进步三等奖，“国外机械工业基本情况——防爆电动机”获省科技情报成果三等奖。为了规范燃油加油机用防爆电动机市场，进一步提高燃油加油机用防爆电动机的水平，南阳防爆电气研究所组织进行了YBJY系列燃油加油机用隔爆型三相异步电动机的研制工作，召开了YBJY系列燃油加油机用隔爆型三相异步电动机施工图样和技术文件审查会，通过了专家审查，并对样机试制进行了分工安排。在新产品开发方面，南阳防爆集团有限公司为中国石油大庆炼化公司60万t/a气体分馏装置汽轮机改造项目研制的YAKS710－4 6 300kW增安型三相异步电动机，是目前国内最大容量的增安型三相异步电动机。该电动机具有容量大、效率高、噪声低、振动小、运行可靠、维护方便等优点，直接替代美国德莱赛兰进口汽轮机上的配套产品，满足了用户的需要。此外，南阳防爆集团有限公司作为亚洲最大的防爆电机科研生产基地、国家机电产品生产出口基地、中国电器工业协会防爆电机专业工作委员会主任委员单位、原机械部认定的“技术进步试点企业”、河南省政府命名的“高新技术企业”，多年来，一直坚持不懈地致力于高效电动机的研制开发和推广应用，该公司生产的YBX系列高效率隔爆型三相异步电动机、YAX系列高效率增安型三相异步电动机、YX2系列高效率三相异步电动机和BDK系列高效节能矿用防爆对旋式主通风机均获原国家经贸委、科技部、国家质量监督检验检疫总局等部门联合认定的“国家重点新产品”荣誉证书。

质量及标准　2002年，国家防爆电气产品质量监督检验中心依据防爆系列国家标准及国际标准，全年受委托完成各类图样审查和样机检验1 300余套(台)，发放各类产品防爆合格证1 000余份，出具各类产品检验报告600余份。受地方技术监督部门和企业委托，完成了对数十个企业产品的质量监督检验、新产品定型鉴定检验、质量抽查以及生产许可证样机检验等工作。同时，国家防爆电气产品质量监督检验中心狠抓内部管理工作，不断提高检验工作质量。2002年通过中国节能认证中心的评审，承担节能高效电动机的认证试验工作；通过国家煤矿安全监察局的评审，承担矿用电动机的安全标志检验工作。同时，国家防爆电气产品质量监督检验中心还通过美国能源部电动机能耗试验实验室认证评审。这些都将为我国防爆电机行业的发展以及我国防爆电动机产品参与国际市场竞争带来极大的便利。

按照国家质量监督检验检疫总局的要求，国家防爆电气产品质量监督检验中心组建成立了全国工业产品生产许可证办公室防爆电气产品生产许可证审查部。审查部编写了“国家防爆电气产品生产企业生产条件(质量体系)审查判断准则”、“申证单元目录及划分说明”、“检验报告推荐格式”等文件，印发给400多个生产企业和6个检验单位，并上报全国工业产品生产许可证办公室。同时，审查部组织了两期生产许可证实施细则宣贯培训班和一期防爆专家研讨会，用于指导申请生产许可证的有关工作。一年来，审查部共受理138个申证企业435个申证单元，已经审查91个企业336个单元，分别是申证企业和申证单元的66%和77%；已通过审查和检验合格并上报全国工业产品生产许可证办公室的有36个企业162个单元，分别是申证企业和申证单元的26%和37%；已获证书的有16个企业75个单元，分别是申证企业和申证单元的11.6%和17.2%。防爆电气产品生产许可证制度采用了国际上广泛采用的“型式检验＋工厂质量体系评审＋证后监督”的管理模式，对加强防爆电气产品的质量管理和质量监督将发挥重要作用。

全国防爆电气设备标准化技术委员会开展了5项国家标准的制修订工作。在全国防爆电气设备标准化技术委员会三届五次会议上，审查了6项国家标准。全国防爆电气设备标准化技术委员会防爆电机分技术委员会进行了YB2－F1、YB2－WF1、YB2－F2、YB2－WF2系列防腐、户外防腐隔爆型三相异步电动机技术条件、YB2系列隔爆型(Exd Ⅱ CT4)三相异步电动机技术条件、YBF2系列风机用隔爆型三相异步电动机技术条件3项行业标准的制定工作，已完成标准审查稿。

基本建设及技术改造　2002年防爆电机行业有15个企业进行了基本建设及技术改造，占被调查企业总数的54%，投资总额为6.35亿元，与上年相比增加了103%，表明企业不断加大基本建设及技术改造投入。特别是YB2系列电动机形成批量生产能力，全面替代YB系列电动机，也需要投入大量的资金。面对市场经济下的新形势，而要尽快与国际接轨，适应入世后的形势要求，企业必须及时调整工艺路线和产品结构，补充新的工艺装备，完善产品测试手段，不断提高企业的工艺水平和生产能力，适应市场竞争的需要。

对外合作　2002年3月，国家防爆电气产品质量监督检验中心与美国安全检测实验室公司(UL)签定技术合作协议，这项技术合作的范围包括双方依据所有适用于爆炸危险场所电气设备的中国标准、美国标准、CSA标准、IEC标准、CENELEC标准对防爆电气产品进行检验、试验及验证。2002年3月，国家防爆电气产品质量监督检验中心和澳大利亚国家安全检测实验室(TestSafe)签署协议，双方正式在防爆电气领域开展全面合作，互相接受按对方认可的标准或规范进行试验的实验结果。2002年10月，国家防爆电气产品质量监督检验中心与俄罗斯防爆及矿用电气设备认证中心(CCVE)就双方在防爆及矿用电气产品的检验领域开展合作进行了广泛的交流和座谈，并签署备忘录。此外，国家防爆电气产品质量监督检验中心负责人还与法国工业设备认证中心(LCIE)负责人签定了科技合作协议。

2002年国家防爆电气产品质量监督检验中心分别与德国、挪威、美国、加拿大、法国、俄罗斯、澳大利亚等国际防爆电气权威检验机构签定了科技合作协议，涵盖世界主要发达国家和地区，国家防爆电气产品质量监督检验中心出具的检验报告在世界上得到广泛认可，这对国家防爆电气产品质量监督检验中心和南阳防爆电气研究所今后的发展打下了坚实的基础。

管理及改革　2002年防爆电机行业企业改革工作进一步深入。南阳防爆集团有限公司作为试点单位，2001年开始进行动态股权制改革，在政府和有关部门的关心支持下，成功地将南阳防爆集团有限公司的主体改制为南阳防爆集团南防电机有限公司(股份制企业)。2002年，南阳防爆集团有限公司继续深化动态股权制改革工作，在企业改制过程中，设置国有股和自然人股，自然人股又分为岗位股、风险股、贡献股。岗位股是从国有股中暂时划拨设置的，所有权归国家，但收益权归个人。享受岗位股的人员离岗后，其所持有的岗位股按配置时的货币值收归国家所有，并由企业转给新的上岗者。南阳防爆集团有限公司实施动态股权制，通过让关键岗位人员持有岗位股、风险股，并按照工作业绩奖励贡献股，使企业以经营者为代表的包括管理人员、销售人员、研发人员等在内的“关键人”拥有相对较多的企业股份，促使企业股权结构趋于多元化、合理化。同时，上述“关键人”成为出资人，他们既经营自己的资产，也经营国家的资产，促使他们密切关心企业的发展，追求共有资产的保值、增值，从而实现国有资产的保值、增值。南阳防爆集团有限公司通过动态股权制改革，打破了过去的产权结构，使公司向现代企业制度迈出了实质性步伐。全体员工关注改革，企业充满无限生机。南阳防爆集团有限公司的成功经验也为防爆电机行业企业改革工作起到了很好的借鉴作用。

〔撰稿人：南阳防爆电气研究所任春法　审稿人：南阳防爆电气研究所王　军〕

生产发展情况　据对全国66个变压器生产企业统计，2002年变压器的总产量为183 325.8MV·A，其中主要产品电力变压器为171 369.7MV·A，实现工业总产值114.12亿元。

据对全国8个重点互感器企业统计，生产互感器416 623台，其中220kV及以上电压等级的为3 370台，实现工业总产值3.81亿元。

产品分类产量　2002年66个企业变压器产量见表1。2001～2002年8个企业互感器产量见表2。

表1　2002年66个企业变压器产量

产品分类		产量(台/MV·A)
变压器总产量		185 131/187 622
电力变压器产量		175 911/171 370
其中：8 000kV·A及以上	500kV	70/10 603
	330kV	16/4 040
	220kV	278/39 431
	110kV	1 428/48 237
	60kV	137/2 835
	35kV	973/12 479
	10kV	849/1 192
	小计	3 751/118 816
6 300kV·A及以下	100kV	12/54
	60kV	54/162
	35kV	2 634/6 120
	10kV及以下	150 747/30 716
	小计	153 447/37 052
干式	树脂绝缘式	18 409/15 241
	空气自冷式	304/261
	小计	18 713/15 502

（续）

产品分类	产量(台/MV·A)
特种变压器产量	2 962/13 176
其中：电炉变压器	175/869
整流变压器	660/10 098
矿用变压器	317/91
试验变压器	102/27
船用变压器	0/0
调压变压器	178/34
隔爆变压器	146/256
其他变压器	1 384/1 751
移动变电站	726/343
箱式变电站	5 532/2 734

表2　2001～2002年8个企业互感器产量

（单位：台）

产品分类	2002年产量	2001年产量
互感器总产量	416 623	413 168
电压互感器产量	90 516	76 197
其中：220kV	458	365
110kV	1 392	2 440
60kV	324	398
油浸20～35kV	4 830	4 147
浇注20～35kV	7 684	3 985
10kV	69 864	55 140
60kV及以下	5 964	9722
电流互感器产量	323 552	333 520
其中：500kV	455	240
330kV	0	18
220kV	2 457	2 201
110kV	4 797	8 984
60kV	901	951
油浸20～35kV	4 304	3 434
浇注20～35kV	18 301	13 108
10kV	201 712	198 992
6kV及以下	90 625	105 592
电容式互感器	225	368
组合式互感器	2 330	3 083

市场及销售　2002年变压器行业完成产品销售收入117.09亿元，实现利税13.00亿元，变压器生产企业完成产品销售收入110.41亿元，实现利税11.47亿元。行业出口交货值为4.10亿元。2002年度变压器总产量前10名企业见表3，互感器总产量前5名企业见表4，变压器销售收入前10名企业见表5，互感器销售收入前4名企业见表6，变压器行业出口交货值前10名企业见表7。

表3　2002年变压器总产量前10名企业

序号	企业名称	台数(台)	总容量(MV·A)
1	保定天威集团有限公司	1 028	23 841
2	沈阳变压器有限责任公司	252	17 190
3	西安变压器厂	225	15 188
4	江苏华鹏变压器厂	6 073	11 190
5	青岛变压器(集团)有限公司	9 327	9 137
6	特变电工衡阳变压器有限公司	3 029	8 796

（续）

序号	企业名称	台数（台）	总容量（MV·A）
7	常州变压器厂	122	7 233
8	江西变压器科技股份有限公司	187	6 733
9	山东现代达驰电工电气股份有限公司	13 813	5 930
10	南通友邦变压器有限公司	4 089	5 120

表4　2002年互感器总产量前5名企业

（单位：台）

序号	企业名称	产量
1	大连第一互感器厂	114 341
2	大连互感器厂	70 430
3	安徽互感器厂	59 864
4	上海MWB互感器有限公司	28 514
5	昆明市互感器厂	26 098

表5　2002年变压器销售收入前10名企业

（单位：万元）

序号	企业名称	销售收入
1	保定天威集团有限公司	98 522
2	广东顺德特种变压器厂	76 294
3	西安变压器厂	65 732
4	青岛变压器(集团)有限公司	54 759
5	江苏华鹏变压器厂	53 789
6	沈阳变压器有限责任公司	49 826
7	杭州钱江电气集团股份有限公司	43 565
8	浙江三变集团有限公司	39 387
9	特变电工衡阳变压器有限公司	36 007
10	山东现代达驰电工电气股份有限公司	35 233

表6　2002年互感器销售收入前4名企业

（单位：万元）

序号	企业名称	销售收入
1	上海MWB互感器有限公司	34 282
2	大连第一互感器厂	16 203
3	大连互感器厂	5 214
4	江苏精科互感器有限公司	5 044

表7　2002年变压器行业出口交货值前10名企业

（单位：万元）

序号	企业名称	出口金额
1	西安变压器厂	13 275
2	沈阳变压器有限责任公司	7 320
3	番禺明珠电器有限责任公司	5 535
4	特变电工衡阳变压器有限公司	3 921
5	保定天威集团有限公司	2 750
6	沈阳昊诚电气设备有限公司	1 790
7	云南变压器电气股份有限公司	1 068
8	广东顺德特种变压器厂	750
9	福州变压器厂	647
10	海南金盘特种变压器厂	639

科技成果及新产品　由沈变中型变压器有限责任公司自主研制开发的220kV电压直降至整流装置端口电压900V的关键技术，由中国工程院院士参加的专家组对该项目进行论证后认为，该项目高效节能，具有损耗低、成本低、占地少等优点，属国际、国内首创，项目技术水平属国际一流，具有很高的推广价值。

特变电工衡阳变压器有限公司充分发挥自身技术优势，不断开发新产品满足市场的需求。该公司自行设计、研制的10型220kV级三绕组有载调压120MV·A变压器在沈阳虎石台一次成功通过突发短路试验，也属于我国第一台10型220kV级三绕组有载调压120MV·A变压器通过的突发短路试验。

沈阳变压器研究所根据市场对新型H级干式变压器的需要，开发出了SG(B)10型系列干式变压器。该产品电压等级为10kV，共19个规格，具有防火和环保等特点。产品性能与树脂浇注式变压器相同，但生产成本明显降低。

此外，特变电工衡阳变压器有限公司、沈阳变压器有限责任公司、顺德特种变压器厂、湖南醴陵火炬电瓷电器有限公司、衡阳崇业互感器有限公司、上海昊德电气有限公司、大连互感器厂等都有新产品研制。

2002年变压器行业新产品见表8。

表8　2002年变压器行业新产品

企业名称	新产品
特变电工衡阳变压器有限公司	ODFS－167000/500自耦变压器
沈阳变压器有限责任公司	DFP－250000/500、ODFPSZ－250000/500、OSFPS－400000/400、SF10－63000/110、SFP10－370000/220、SF9－120000/220、SFSZ9－180000/220、BKD－50000/500、ZBSFPT－95000/220电力变压器、并联电抗器、整流变压器
顺德特种变压器厂	LVQB－220W2、LVQB－110W2、JDQXF－110W电流互感器(带硅橡胶复合绝缘子)、电压互感器
湖南醴陵火炬电瓷电器有限公司	LVQB－220W2电流互感器
衡阳崇业互感器有限公司	LVQB－110W2、LVQB－220W2电流互感器
上海昊德电气有限公司	SG(B)10－30～2500/10干式配电变压器
大连互感器厂	LVQB－220W2、LVQB－110W2、LVB－110W1电流互感器
常州华迪特种变压器有限公司	SC(B)10－30～2500/10干式配电变压器
杭州钱江电气集团股份有限公司	SZ9－40000/110有载调压变压器
大连第一互感器厂	LVQB6－110W2、LVQB6－220W2、LBTS－500W2电流互感器，LB6－110W2、LVBT35W2、LVB－110W2、LB7－220W2、电流互感器，JDCF－110W2、JDQXH6－220、JDCF－66W1、JDCF－220W2电压互感器
湖南电力电瓷电器厂	LVQBT－500W2电流互感器

（续）

企业名称	新产品
武汉变压器有限责任公司	SFZ10－31500/110有载调压变压器
上海MWB互感器有限公司	LVB2－110W2、LVBT2－220W2、LVBT2－500W2电流互感器
成都双星高压电气设备有限责任公司	LB6－110GY W2、LB7－220GY W2电流互感器
宁波甬嘉变压器有限公司	SG10－30～2500/10干式配电变压器
广州广高高压电器有限公司	SZ10－M－40000/110电力变压器
江苏精科互感器有限公司	LVQB－220W2、LVQB－110W2、LB7－110(GYW2)SF_6电流互感器、电流互感器
河南平高电气股份有限公司	LVQB－110电流互感器
昆明赛格迈特种变压器电气有限责任公司	SCR9－500/10、SCR9－1000/10干式电力变压器，ZQSG－2000/10牵引整流干式变压器
哈尔滨变压器厂	SFPSZ9－180000/220有载调压变压器

质量及标准 2002年变压器行业企业注重抓质量管理工作，强化基础管理，建立有效的管理模式，有15个企业通过了ISO产品质量体系认证或认证后的监督审核。这其中大部分企业都已正式启动了2000版质量体系工作，为提高产品质量起到了保证作用。

2002年变压器行业修订标准情况见表9。

表9 2002年变压器行业修订标准情况

标准代号	标准名称
JB/T7070.1－2002	调压器试验导则　第1部分：接触调压器和接触自动调压器试验导则
JB/T7070.2－2002	调压器试验导则　第2部分：感应调压器和感应自动调压器试验导则
JB/T7070.3－2002	调压器试验导则　第3部分：磁性调压器试验导则
JB/T5355－2002	变压器类产品机械制图补充规定
JB/T7067－2002	柱式调压器
JB/T8449－2002	柱式自动调压器
JB/T7068－2002	互感器用金属膨胀器
JB/T10319－2002	变压器用波纹油箱
JB/T10318－2002	油浸式非晶合金铁心配电变压器技术参数和要求
JB/T10317－2002	单相油浸式配电变压器技术参数和要求
JB/T5356－2002	电流互感器试验导则
JB/T5357－2002	电压互感器试验导则

2002年变压器行业通过国家变压器质量监督检验中心型式试验的企业和产品见表10。

表10 2002年变压器行业通过国家变压器质量监督检验中心型式试验的企业和产品

企业名称	产品名称
特变电工衡阳变压器有限公司	SFPSZ10－120 000/220电力变压器、SFSZ10－180 000/220电力变压器
新疆特变电工股份有限公司	SFPFZ9－31 500/110电力变压器、SZ10－50 000/110电力变压器、SFP10－240 000/220电力变压器
湖北浠水电力变压器厂	SFSZ9－31 500/110电力变压器
武汉变压器有限责任公司	SFZ10－31 500/110电力变压器
沈阳变压器有限责任公司	SF9－120 000/220电力变压器
常州变压器厂	SZ10－50 000/110电力变压器、OSFPSZ10－150 000/220电力变压器
杭州钱江电气集团股份有限公司	SZ9－40 000/110电力变压器
哈尔滨变压器厂	SZ10－31 500/110电力变压器
江苏华鹏变压器厂	SSZ10－50 000/110电力变压器
长沙顺特变压器厂	SF9－PQY－40 000/110电力变压器、SF－QY－31 500/110、K－QY－25 000/110
银川变压器有限公司	SF－QY－31 500/110电力变压器

管理及改革 2002年，中国质量协会在各地区、各行业质协推荐的基础上，经审核确认，决定表彰宝胜集团有限公司等107家为全国质量管理效益型先进企业。宝胜集团始终坚持以“质量为中心”的管理原则，严格按照ISO9000标准抓好从原材料到半成品、成品的一系列过程控制。一方面实行静态管理与动态管理相结合，强调一切以数据说话，重视对数据的收集与统计工作。另一方面对发现的质量问题由质量管理处协同相关部门运用PDCA循环进行有效、及时地控制，有序地推进质量管理工作。

西安变压器厂通过债转股，由西电公司和中国华融资产管理公司、中国信达资产管理公司共同出资，改制为西安西电变压器有限责任公司。

保定天威集团有限公司在科技创新、管理创新的同时，努力塑造了有自身特色的企业理念、企业形象及企业精神，提高了企业的品牌价值和在国内外市场的竞争力，从而促进了集团公司整体素质和经济效益。为此，中国机械工业联合会授予保定天威集团有限公司全国机械行业文明单位。

特变电工衡阳变压器有限公司通过一年的改制和创新，使企业呈现出超常规的快速发展势头，2002 年仅用 5 个月时间就完成了按常规需要 5 年才能完成的 1.66 亿元技改任务，被湖南省列入 10 个高科技、高增长性重点优势企业之一。

〔撰稿人：沈阳变压器研究所陈　萍　审稿人：沈阳变压器研究所曲万里〕

电气控制成套设备

生产发展情况　根据对 2002 年电气控制成套设备行业 86 个企业的统计，共有职工 25 357 人（其中工程技术人员6 083人），完成工业总产值934 552万元，利润总额91 227万元，均比上年有较大幅度增长。

2002 年电气控制成套设备行业部分企业经济效益综合指数前 10 名企业见表 1，经济效益单项指标前 5 名企业见表 2，主要经济指标前 5 名企业见表 3。

表 1　2002 年电气控制成套设备行业经济效益综合指数前 10 名企业

序号	企业名称	综合指数	总资产贡献率（%）	资本保值增值率（%）	资产负债率（%）	流动资产周转率（次）	成本费用利用率（%）	全员劳动生产率（元/人）	产品销售率（%）
1	上海德力西集团有限公司	10.50	134.9	115.2	77.1	1.37	152.9	286 182.8	89.6
2	东莞市开关厂	4.75	29.1	125.3	64.9	1.77	13.6	510 549.5	12.3
3	常熟开关厂	4.55	46.9	142.2	57.3	1.77	47.6	208 229.3	96.1
4	顺德市南顺电器厂有限公司	4.22	16.5	2 197.8	78.5	2.44	4.8	59 210.5	
5	上海南桥变压器有限责任公司	4.08	32.4	139.1	23.9	1.25	29.3	295 486.1	10.0
6	杭州之江开关有限公司	3.88	38.3	359.0	42.5	1.71	26.0	214 627.8	81.3
7	慈溪市奇乐低压电器厂	3.84	43.2	224.3	35.3	1.45	32.8	182 072.2	92.6
8	沈阳华利能源设备制造有限公司	3.56	47.4	123.4	51.2	3.04	20.1	197 905.7	
9	正泰集团成套设备制造有限公司	3.55	51.8	168.5	45.3	3.87	10.5	217 135.2	3.7
10	汕头经济特区电器仪表成套厂	2.82	14.7	85.5		3.75	3.7	276 315.8	90.0

表 2　2002 年电气控制成套设备行业经济效益单项指标前 5 名企业

序号	企业名称	总资产贡献率（%）	序号	企业名称	流动资产周转率（次）	序号	企业名称	全员劳动生产率（元/人）
1	上海德力西集团有限公司	134.9	1	天津久安集团有限公司	11.17	1	东莞市开关厂	510 549
2	正泰集团成套设备制造有限公司	51.8	2	上海飞洲电气股份有限公司	9.86	2	上海南桥变压器有限责任公司	295 486
3	沈阳华利能源设备制造有限公司	47.4	3	南京华通电器成套厂	6.89	3	上海德力西集团有限公司	286 183
4	常熟开关厂	46.9	4	咸阳佳星电器有限公司	6.79	4	汕头经济特区电器仪表成套厂	276 316
5	万家电器集团乐清电力成套设备有限公司	46.6	5	汕头市金新电器有限公司	4.06	5	上海华星电器有限公司	230 286

序号	企业名称	资本保值增值率（%）	序号	企业名称	成本费用利润率（%）	序号	企业名称	产品销售率（%）
1	顺德市南顺电器厂有限公司	2 197.8	1	上海德力西集团有限公司	152.9	1	新疆化工开关厂	199.9
2	南京秦淮东风电气有限公司	1 482.9	2	常熟开关厂	47.6	2	衡阳仪表电气设备有限公司	118.8
3	杭州之江开关有限公司	359.0	3	慈溪市奇乐低压电器厂	32.8	3	广州南洋电器厂	113.8
4	上海飞洲电气股份有限公司	340.9	4	上海南桥变压器有限责任公司	29.3	4	东莞市开关厂	112.3
5	杭州电器开关有限公司	243.6	5	杭州之江开关有限公司	26.0	5	上海南桥变压器有限责任公司	110.0

表 3　2002 年电气控制成套设备行业主要经济指标前 5 名企业

序号 \ 企业名称 \ 经济指标	工业总产值	销售收入	利润总额
1	宁波天安(集团)股份有限公司	上海柘中(集团)有限公司	上海德力西集团有限公司
2	上海柘中(集团)有限公司	宁波天安(集团)股份有限公司	常熟开关厂
3	正泰集团成套设备制造有限公司	正泰集团成套设备制造有限公司	宁波天安(集团)股份有限公司
4	常熟开关厂	常熟开关厂	正泰集团成套设备制造有限公司
5	杭州之江开关有限公司	沈阳华利能源设备制造有限公司	沈阳华利能源设备制造有限公司

科技成果及新产品　2002 年天津电气传动设计研究所与企业共同开发的 5 项新产品通过了省部级鉴定，其中 CMX6NH 密集耐火母线槽、CKX6NH 空气耐火母线槽于 2002 年 2 月在北京通过了国家部级产品鉴定，XBZ1 系列智能型箱式变电站、XBJ1 系列紧凑型箱式变电站于 2002 年 5 月通过了中国机械工业联合会的鉴定，天津市科技发展计划项目 P(G)JD3 型无功功率全动态补偿装置于 2002 年 6 月通过了天津市科委的验收，GZS2 系列数控直流电源柜于 2002 年 7 月通过了中国机械工业联合会的鉴定，GCK2000－Z 智能型交流低压成套开关设备是天津电气传动设计研究所开发的新一代智能型交流低压成套开关设备，也通过了鉴定。

质量及标准　按照世贸有关协议和国际通行规则，国家于 2002 年 5 月 1 日开始，依法对涉及人类健康安全，动植物生命安全和健康，以及环境保护和公共安全的产品实行统一的强制性产品认证制度。低压成套开关设备列入第一批实施强制性产品认证的产品目录。

2002 年电气控制成套设备行业共有 5 个单位通过了 ISO9000 质量体系认证，1 个企业通过了中国船级社 CCS 产品认证，1 个企业通过了 3C 认证。

天津电气传动设计研究所于 2002 年 4 月经华信技术检验有限公司审核，顺利通过 ISO9001：2000 质量体系认证。

北京震宇电气成套设备集团于 2002 年 2 月通过英国摩迪国际认证公司北京分公司的评审，获得了 ISO9001：2000 质量体系认证证书。

南京化工电器仪表厂于 2002 年 8 月通过了中国机械工业质量体系认证中心 ISO9001：2000 质量体系转版换证工作。

沈阳昊诚集团的两个核心企业——沈阳昊诚电气设备有限公司、沈阳昊诚开关成套设备有限公司于 2002 年 2 月通过了东北认证有限公司的复查，获得了 ISO9001：2000 质量体系认证证书。

宁夏力成电气有限公司于 2002 年 12 月获得了 ISO9001：2000 国际质量管理体系、ISO14001 中国环境管理体系、OHSAS18001 职业健康安全管理体系认证证书，标志着该公司的产品质量、管理水平，员工素质又上了一个新台阶。

上海友邦电气有限公司的 UKJ 系列接线端子排于 2002 年 1 月通过中国船级社 CCS 产品认证。

由法国施耐德公司技术转让、天津久安集团有限公司生产的 [illegible] 低压开关柜产品通过了 3C 认证，并于 2002 年 11 月获得了中国质量认证中心颁发的中国国家强制性产品认证证书。

为把高质量、高技术、高水平的辅件产品推向市场，维护消费者的合法权利，在中国电器工业协会电控配电设备分会辅件部的组织下，由 18 个辅件(端子)企业联合发出了“关于使用辅件委推荐的优质辅件产品”的倡议，这样不仅为成套厂提供了端子产品选型向导，还对提高成套产品质量起到了促进作用，同时鼓励辅件企业多生产精品和优质品，推动辅件企业的良性发展。

管理及改革　北京市德胜接线片厂改制成北京市德胜兴远电气有限公司，于 2002 年 1 月 1 日正式挂牌营业。

由电控配电设备分会、电气传动标委会和天津电气传动设计研究所联合举办的电控配电行业新产品推广、标准宣贯会议于 2002 年 6～7 月在天津和珠海举行。会上对电控配电行业动态及前景、行业协会及电传标准化委员会的工作要点、相关政策及电控配电行业开发的新产品、新技术、市场前景和预测等向与会代表作了介绍，并结合低压成套开关设备和控制设备产品，系统地介绍了 GB 7251.1～GB 7251.5 标准中的安全项目，重点介绍了型式试验注意事项，并对企业在标准理解上的问题进行了解答疑。

中国电器工业协会电控配电设备分会于 2002 年在昆明召开了中国电器工业协会电控配电设备分会三届二次理事会。会议通过了 2001 年工作总结及财务决算，审议了 2002 年度工作计划及财务预算，讨论通过了河南省禹州市开关厂等 12 个单位的入会申请，对新形势下如何开展分会工作进行了交流和讨论。

面对市场竞争环境，辅件行业明显存在着重复投资、重复建设，投入资金、技术模具的浪费和市场价格混乱的现象。电控配电设备分会辅件部 2002 年 11 月在黄山组织 18 个企业召开了行业会议，就如何充分利用行业协会的作用，加强端子产品企业的协作，维护知识产权，谋求企业的共同发展，使辅件产品向专业化、规模化的方向发展以及如何利用行业协会和行业活动来宣传辅件产品，推荐优质产品等话题展开了热烈的讨论，最终达成了共识。

对外合作　为提高国内机电产品质量，了解发达国家机电领域的最新技术和管理经验，帮助企业开展国际交流，2002 年 4 月，分会组织 14 个单位 22 个企业管理者组成的赴欧考察团，进行了为期 15 天的参观考察。代表团参观了在德国法兰克福举办的“照明与建筑专业展览会”和“2002 年德国汉诺威工业博览会”。两个展览会是具有代表性的电器行业制造产品展览会，作为世界上最大的新型工业技术及应用技术平台，它提供了大量的产品信息、市场策略和商业契机。代表团最突出的收获是对行业产品的定位有了新的认识，在汉诺威展览会上，温州中意锁具电器有限公司和深圳劲力达电器有限公司对意大利生产的 MCC2000 开关柜产生了浓厚的兴趣，并与意大利企业商谈了合作意向。在考察期间，团队人员走访了法国的 TYCO 公司、德国的 ABB 公司和意大利的 SEL 公司，分别考察了高低压供电开关工业配电盘柔性母排的连接系统、高压开关电器和小型断路器等，并亲临德国 ABB 公司产品生产线参观整个生产过程。此次欧洲之行，受益匪浅，起到了为企业寻求机会，开展国际交流，帮助企业开拓市场的作用。

〔撰稿人：天津电气传动设计研究所王　阳　审稿人：天津电气传动设计研究所项雅丽〕

电力电子器件与装置

生产发展情况　2002 年电力电子行业列入年报统计的 32 个企业完成工业总产值 92 395.34 万元（当年价），产品销售收入 84 406.96 万元，实现利润总额 8 413.13 万元，全员劳动生产率达 42 539 元/人。2002 年电力电子器件行业 32 个企业经济效益综合指标见表 1。

表 1　2002 年电力电子行业 32 个企业经济效益综合指标

指标名称	总资产贡献率（%）	资本保值增值率（%）	资产负债率（%）	流动资产周转率（次）	成本费用利润率（%）	全员劳动生产率（元/人）	产品销售率（%）	经济效益综合指数
行业平均值	8.8	113.8	63.6	0.85	10.6	42 539	98.0	1.3
说明	比指标标准值 10.7%低 2 个百分点	比指标标准值 120%低6.2 个百分点	比指标标准值 ≤ 60% 高 3.6个百分点	比指标标准值 1.52 低0.67	比指标标准值 3.7 高 6.9 百分点	比指标标准值(16 500 元/人）高 26 039 元/人	比指标标准值 96%高 2.0 个百分点	

据统计，在电力电子行业列入年报统计的 32 个企业中，总资产贡献率达标单位有 14 个，占 44%；资本保值增值率达标单位有 13 个，占 41%；负债率达标单位有 11 个，占 34%；流动资产周转率达标单位有 6 个，占 19%；成本费用利润率达标单位有 16 个，占 50%；全员劳动生产率达标单位有 24 个，占 75%；产品销售率达标单位有 21 个，占 66%。

据统计，2002 年和 2001 年均列入年报统计的企业有 25 个，2002 年电力电子行业 25 个企业主要经济效益指标见表 2。

表 2　2002 年电力电子行业 25 个企业主要经济效益指标

企业名称	工业总产值（当年价）（万元）		工业增加值（当年价）（万元）		产品销售收入（万元）		利润总额（万元）		全员劳动生产率（元/人）		经济效益综合指数	
	2002 年	比上年增长（%）	2002 年	比上年增长（%）	2002 年	比上年增长（%）	2002 年	比上年增长（%）	2002 年	比上年增长（%）	2002 年	2001 年
铁道部株洲电力机车研究所半导体厂	10 400	38.7	2 773	−1.1	10 102	37.6	1 872	22.9	165 060	−18.8	3.21	3.58
西安电力电子技术研究所	7 122	20.5	1 363	300.9	6 102	23.9	2 136	660.6	29 825	153.5	2.56	0.66
河北省景县华北整流器件厂	1 200	20.0	480	14.3	1 080	20.5	246	−6.0	50 000	7.1	2.50	2.83
哈尔滨新生开关厂	1 718	21.3	1 628	453.7	932	−11.3	329	115.0	32 560	494.7	2.30	1.17
中国北车集团永济电机工厂元件分厂	4 817	−4.6	1 779	0.6	5 082	0.6	535	−18.6	71 437	0.6	1.97	2.35
江阴市九华集团有限公司电子陶瓷元件厂	1 540	−17.7	545	1.8	1 249	−35.6	149	−2.4	55 051	25.5	1.85	2.41
西安熔断器制造公司	3 020	−16.4	1 335	−33.6	3 063	−7.6	358	−36.6	45 254	−32.0	1.59	2.09
北京首钢高新技术有限公司控制设备分公司	5 156	46.1	1 829	24.1	4 237	19.8	262	151.1	86 659	101.2	1.42	0.81
襄樊仪表元件厂	9 360	19.9	4 107	49.9	7 870	19.5	562	44.1	54 760	58.5	1.41	1.20
九江整流器厂	4 162	27.8	1 640	21.4	3 405	6.4	8	−79.5	52 733	32.7	1.16	0.92

（续）

企业名称	工业总产值（当年价）（万元）		工业增加值（当年价）（万元）		产品销售收入（万元）		利润总额（万元）		全员劳动生产率（元/人）		经济效益综合指数	
	2002年	比上年增长（%）	2002年	比上年增长（%）	2002年	比上年增长（%）	2002年	比上年增长（%）	2002年	比上年增长（%）	2002年	2001年
重庆整流设备厂	328	15.1	157	7.2	332	31.2	16	540.0	33 298	14.0	1.14	0.88
无锡小天鹅陶瓷有限责任公司	1 095	10.7	363	3.2	1 059	−3.7	35	−21.0	56 719	1.6	1.02	1.09
上海电机厂电力电子元件厂	823	9.6	179	−43.5	876	41.8	31	−78.7	44 750	−39.3	0.95	2.0
柳州市佳力电工有限责任公司整流器厂	1 910	5.8	591	9.1	1 150	0.2	66	73.7	23 640	27.9	0.94	1.22
浙江四方电子有限公司	757	−5.5	151	−48.2	617	−15.6	−118	−2 173.7	10 356	−40.0	0.76	0.66
扬州四菱电子有限公司	1 085	13.1	527	19.8	353	−60.3	0.05	−75.0	17 329	17.8	0.70	0.59
上海电阻厂	1 075	−31.4	−15.8	−102.8	1 361	−14.7	10	31.9	−506	−103.7	0.43	0.47
阜新市整流器厂	127	−9.3	10	−89.5	103	−73.9	−4	−108.8	1 724	−90.6	0.37	2.64
上海整流器总厂	1 368	−24.0	−142	−213.1	1 552	5.5	2	41.7	−3 679	−234.2	0.32	0.38
天津市整流器厂	614	−10.9	181	−10.3	637	−4.2	−57	−26.2	13 602	−6.9	0.12	0.01
西安西电电力整流器有限责任公司	6 089	35.3	1 462	16.3	5 156	21.8	−641	—	27 024	28.1	0.12	—
武汉整流设备厂	302	−15.6	118	−3.3	243	−20.2	−66	−512.5	8 489	−0.5	−0.06	1.49
北京椿树整流器厂	2 128	19.4	698	8.0	2 108	5.0	−738	−7 477.0	20952	49.8	−0.54	0.60
哈尔滨市整流设备厂	275	3.8	145	−9.4	293	11.6	−91	−38.1	5 472	−3.2	−0.58	—
北京市可控硅元件厂	304	−35.5	146	−3.9	300	−33.6		—	40 556	20.1		0.70

产品分类产量　2002年列入电力电子行业经济效益指标统计的共有32个企业，其中，电力电子器件制造企业7个，占22%；电力电子设备制造企业8个，占25%；电力电子器件及设备制造企业9个，占28%；配套件制造企业7个，占22%；半导体工艺设备制造企业1个，占3%。2002年电力电子行业32个企业产品产量见表3，电力电子设备产量见表4，电力电子配套件和半导体制造设备产量见表5。

表3　2002年电力电子行业32个企业产品产量

产品产量及占比	整流管类器件			晶闸管类器件			模块	组件	总计
	普通整流管	其他整流管	小计	普通晶闸管	其他晶闸管	小计			
产量（台）	403 614	2 452 902	2 856 516	355 071	126 501	481 572	167 456	1 212 994	47 185 38
占总产量百分比（%）	8.6	52.0	60.6	7.5	2.7	10.2	3.5	25.7	100

表4　2002年电力电子行业的32个企业电力电子设备产量

应用范围	一般工业		直流电机调速		交流电机串级调速		交流变频调速		交流电机软启动器		充电、浮充电	
产量	kW数	台数	kW数	台数	kW数	台数	kW数	台数	kW数	台数	kW数	台数
	5 843	148	781 242	424	2 244	16	14 000	45	29 450	225	11 635	320
应用范围	电镀		电化学		电热冶金		分合闸		电机励磁		交流电力控制器	
产量	kW数	台数	kW数	台数	kW数	台数	kW数	台数	kW数	台数	kW数	台数
	9 258	375	3 349 964	299	9 100	63	3 631	84	2 662	48	2 711	21
应用范围	牵引		无功补偿		静电除尘		(UPS)		空间、军事		谐波吸收	
产量	kW数	台数	kW数	台数	kW数	台数	kW数	台数	kW数	台数	kW数	台数
	20 910	29	21	2	11 509	230	2	1	5 590	17	1 030	34
应用范围	逆变电源		稳定电源		高精度电源		特殊用途		其他			
产量	kW数	台数	kW数	台数	kW数	台数	kW数	台数	kW数	台数	kW数	台数
	160	16	16	10	30	1	44 080	23	435	65		
总计	2 496台，4 305 523kW											

表 5　2002 年电力电子行业 32 个企业电力电子配套件和半导体制造设备产量

产品类型	电力电子配套(件、套)								半导体制造设备
	散热器	管壳	门极结构件	门极引线	定位环	模块结构件	熔断器	其　他	
产量	55 293	374 859	2 000 000	140 000	2 200 00	231 000	408 800	15 253	1 110
总计	3 445 205								

市场及销售　2002 年电力电子行业市场竞争激烈，产品价格下滑，企业盈利困难，加之国外制造厂大举进入国内市场，销售形势严峻。面对这一形势，各企业及时把握市场时机，在巩固已有市场的基础上，努力开拓新市场，提高市场占有率，同时抓好产销衔接，普遍重视了产品市场及客户的需求，根据市场反馈调整产品结构及营销策略。株洲电力机车研究所半导体厂 2002 年首次销售收入突破亿元大关，与 2001 年相比，销售额增长 38%；九江整流器厂 2002 年电解电化学大型整流设备销售额大幅上涨。

科技成果及新产品　2002 年，列入年报统计的 32 个企业从事科技活动人员共 844 人，研究和发展人员 187 人，全年使用科技活动经费 5 220 万元，研究与发展经费支出 592 万元。株洲电力机车研究所半导体厂试制成功机车主传动系统用的 3000A/4500V IGCT 芯片和 3000A/4500V GTO 芯片，GTO 芯片的废条率少于万分之一。武汉整流设备厂试制成功两套医疗用高精度恒流、恒压 NJD－550 激光电源，并通过市级鉴定。抚顺铝厂电力电子设备厂试制成功 20 只铝电解用的 ZP4000～4500A/3600V 大功率整流管。哈尔滨特通电气有限公司与西门子合作研制出 34 台1 030 kV・A 谐波吸收装置，作为变频器的输入滤波器，使其输入电流的谐波含量不超过 IEC 标准，西门子已按照 VDE 标准验收认可。武汉市整流器研究所试制成功海军用 200 kV・A/380V 军用稳压装置和铁道用 10kV・A 机车空调电源。北京首钢高新技术有限公司控制设备分公司研制出连铸机用数字式电磁搅拌变频装置，改善了连铸坯的质量，提高了产品附加值，通过了北京市科委的鉴定，同时研制出现代化控制用的交流电子开关，通过总公司鉴定，并通过国家电控配电设备质量监督检验中心的型式试验。

质量及质量管理　2002 年各企业在质量管理方面采取的措施：加强质量教育和宣传工作，提高全员质量意识；加大质量体系内审力度，实行质量奖惩制度；继续做好质量体系认证及认证后的监督审核工作；开展群众性质量管理活动。

株洲电力机车研究所半导体厂开展了“告别粗糙、拥抱精品”和岗位质量承诺活动，提高全员的质量意识，开展了“5S”活动，即整顿、整理、清扫、清洁和素养活动，提高员工的综合素质，取得了较好的效果。工厂完成了 ISO9001 质量体系 2000 版换版工作，重新编制了质量手册和程序文件，并顺利通过英国 BSI 认证，建立了 ISO14001 环境体系。北京椿树整流器厂完成了 2000 版 ISO9001 的换版，于 2002 年 12 月 2 日试运行。无锡市天宇精密陶瓷制造有限公司在管理上下功夫，管壳生产顺利通过 ISO9001 质量体系认证。上海整流器总厂通过了 ISO9000 认证的复查。九江整流器厂 2002 年 5 月通过 ISO9001：2000 认证，并在厂内培训了 11 名国家注册内审员，2002 年 7 月获江西省标准化委员会颁发的“产品质量达标诚信企业”称号和证书。江阴九华集团(公司)电子陶瓷元件厂完成了 ISO9001：2000 换版工作，不断推行企业工艺改革及技术革新，管壳总合格率比上年提高 2%，达到 94%。北京首钢高新技术有限公司控制设备分公司于 2002 年 5 月通过 ISO9001(2000)质量体系认证。中国北车集团永济电机厂元件分厂 1995 年通过 ISO9000 认证后，2002 年又顺利通过 ISO14000、ISO9000 的复审。大连宏光电气有限公司于 2002 年 5 月按 ISO9001：2000 建立质量管理体系，并于 2002 年 9 月通过了东北认证公司大连分公司的质量认证。北京七星华创电子股份有限公司改制成股份公司，具有美国 RAB、荷兰 RVA、日本 JAB、英国 VKAS 1 个国际认可机构徽标的 ISO9001 质量管理体系认证、欧洲 CE 认证以及中华人民共和国军标质量体系认证。襄樊仪表元件厂加强质量管理，物资进厂合格率达到 97.19%，产品出厂合格率达到 99.99%，并顺利通过 ISO9001：2000 换版工作。西安西电电力整流器有限责任公司制定、完善质量管理制度，通过了 ISO9001：2000 版第一次监督审核。

管理及改革　2002 年电力电子行业为了适应市场经济发展的需要，普遍推行了向科技一线、生产一线、管理一线倾斜的劳动用工、劳动分配制度；加强和改进了经营管理，控制成本费用开支，以提高效益；部分企业通过对各类资源的挖掘与科学合理配置，逐步实现主辅分离，进一步健全了子公司制度，明晰和加强了部门岗位职责、权利与义务，使各子公司时时处于受控状态；进行企业内部管理机构改组改制，并推行企业各有关部门向独立核算、自负盈亏的核算体制转换。

中国北车集团永济电机厂无件分厂实行资产经营承包，每年向总厂上交经营资本收益及工厂管理费，厂房设备实行租赁，有偿使用，工资总额与销售收入和利润挂钩。西安电力电子技术研究所分步进行股份制改制工作，下属的几个公司实行了合资股份制，所本部的改制也正在进行中。株洲电力机车研究所半导体厂正在进行薪酬体系改革。北京椿树整流器厂改制为股份制有限责任公司。柳州市整流器厂改为柳州市佳力电工有限责任公司整流器厂。大连机车车辆工厂电子器件分厂进行企业改制，2002 年 5 月成立了大连宏光电气有限公司。

基本建设及技术改造　2002 年，电力电子行业各企业在资金紧张的情况下，仍然投入了一定数量的资金于基本建设和改造。2002 年列入年报统计的 32 个企业全年完成基本建设及更新改造投资额 2 283.58 万元。

西安电力电子技术研究所三峡工艺生产线和三峡封装测试生产线正式建成，全面完成三广线 HVDC 工程超大功率 3000A/7200V 晶闸管的制造任务，顺利通过了制造工艺验证、产品出厂测试设备验证、产品出厂测试验证、产品型式试验设备验证、产品型式试验验证等多项认证工作，并由ABB公司颁发了以上验证的全部认证证书。同时引进西门子公司光控晶闸管生产技术，对原引进GE公司生产线进行了改造，建立了新的生产线，正在为贵广线生产 3000A/8000V 大功率光控晶闸管。

西安西电电力整流器有限责任公司完成了与ABB公司合作生产项目“三峡－广州±500kV 高压直流输电晶闸管阀”生产线的技术改造，顺利通过了 ABB 公司专家的验收。

株洲电力机车研究所半导体厂“九五”铁道部重点投入及交流传动配套资金项目设备已到位，建成了 $4^{\#}$ 全压接晶闸管和整流管生产线，实现了年投产 $3^{\#}$ 及 $4^{\#}$ 线生产硅片10万片。

九江整流器厂投入资金 60 万元，用于厂新产品开发中心和模拟实验室的建设及大型整机试验站的改造，并引进了 MTC、MDC 模块生产线，当年产量 20 万元。

大连宏光电气有限公司对厂房进行了大修改造，购置了磨片机，自制两台喷腐机。

〔撰稿人：中国电器工业协会电力电子分会郭彩霞、蔚红旗　审稿人：西安电力电子技术研究所陆剑秋〕

生产发展情况　2002 年电力电容器行业继续保持了良好发展势头，各项技术经济指标比 2001 年有了大幅度增长。工业总产值、产品销售收入、全员劳动生产率、利润总额等都有一定增长。年平均职工数比上年有所减少。年末固定资产原价和净值比上年有所上升，这与各厂技术改造和引进设备有关。按行业 13 个主要企业统计，2001～2002年电力电容器行业 13 个主要企业主要经济指标见表 1。

表 1　2001～2002 年电力电容器行业 13 个主要企业主要经济指标

序号	指 标 名 称	单位	2001 年	2002 年	比上年增长(%)
1	工业总产值　不变价	万元	126 129	152 689	21.1
	当年价	万元	97 557	117 174	20.0
2	产品销售收入	万元	96 447	112 059	16.2
3	工业增加值	万元	27 072	30 678	13.3
4	年平均职工人数	人	5 916	5 343	−9.7
5	全员劳动生产率	元/人	45 838	57 417	25.3
6	全部职工工资总额	万元	7 940	8 302	4.6
7	企业利润总额	万元	4 757	6 045	27.1
8	产品销售税金及附加	万元	826	603	−27
	应交增值税		5 247	6 227	18.7
9	利税总额	万元	10 800	12 875	19.2
10	人均创利税	元/人	18 255	24 097	32.0
11	流动资产平均余额	万元	80 390	88 416	10.0
12	固定资产　原价	万元	55 422	60 523	9.2
	净值	万元	32 589	34 925	7.2

2002 年电力电容器行业经济指标综合分析如下：

(1)工业总产值(不变价)突破 15 亿元，增长 21.1%，4个骨干重点企业超过 2 亿元，最高的达到 32 907 万元。

(2)工业增加值比上年增长 13.3%，超过 1 000 万元的企业已上升到 8 个。

(3)产品销售收入同比增长 16.2%，超过亿元的企业仍然是 4 个。

(4)平均职工人数同比减少了 9.7%，各企业通过内退、退休等办法逐年减少人员。其中西安西电电力电容器有限责任公司、桂林电力电容器总厂、锦州电力电容器有限责任公司均减少约 100 人。

(5)全员劳动生产率同比增长 25.3%，全员劳动生产率实现 50 000 元/人以上的企业有 7 个。

(6)全部职工工资总额同比增长 4.6%，增加幅度较小。大部分企业都有一定的增加，但也有的企业如：牡丹江电力电容器厂、合阳电力电容器有限责任公司略有下降。年职工平均收入最高的是无锡电力电容器有限公司，达到22 990元。

(7)利税总额。由于各企业狠抓管理，开发新产品，减员增效等取得了较好的经济效益，利税总额同比增长19.2%，无锡电力电容器有限公司、锦州电力电容器有限公司都达到 2 500 万元以上。

产品分类产量　主要产品高压并联电容器、自愈式低电压并联电容器、耦合电容器、电容式电压互感器都稳步上升，电容器成套装置(含高、低压无功补偿装置)、交流滤波电容器(含交直流滤波装置)增长幅度较大，2001～2002 年电力电容器行业主要产品产量见表 2。

表 2　2001～2002 年电力电容器行业主要产品产量

企业名称	高压关联电容器(Mvar)		自愈式低压并联电容器(Mvar)	耦合电容器(台)	电容式电压互感器(台)				成套装置(套)	交流滤波电容器(Mvar)	电热电容器(Mvar)
	合计	其中全膜产品			合计	其中					
						110kV	220kV	500kV			
西安西电电力电容器有限责任公司	2 345	1 540	338	958	2 687	1 471	615	219	855	137	
桂林电力电容器总厂	5 714	5 237	224	1 139	3 265	1 974	837	127	2 323	130	
无锡电力电容器有限公司	5 311	4 859	1 261	474	2 995	1 503	1 105	237	352		
锦州电力电容器有限公司	3 890	2 451	4 450	179	350	280	70		1 194	789	
苏州电力电容器有限公司	1 339	1 315	130	118	61	61			156	42	
丹东电力电容器有限公司	120	90		111	72	65	7		58	293	
牡丹江电力电容器厂	312	228							26		
上虞电力电容器有限公司	792	616							161	10	16 425
上海电机厂电力电容器分厂	667	667							95	7	
合阳电力电容器有限责任公司	1 488	1 488							182		
中原电力电容器有限公司	1 824	1 501							35	86	
新安江电力电容器有限公司	149	149							43	567	32 134
南昌电容器厂			782								
总计	23 951	20 141	7 185	2 979	9 430	5 354	2 634	583	5 480	2 061	48 559
2001 年总计	23 156	18 938	4 886	2 723	9 068	5 223	2 610	579	2 557	502	32 664
同比增长(%)	3.4	6.4	47.1	9.4	3.4	2.5	0.9	0.7	114.3	311	48.7

2002 年电力电容器行业主要产品生产完成情况综合分析：

(1)高电压并联电容器产量达 23 951Mvar，比上年增长 3.4%，西安、桂林、无锡、锦州 4 个城市的行业骨干重点厂产量占全行业产量的 72%，全膜介质产品占全部产品产量的 84.1%(2001 年占 73.1%)，说明全膜介质产品的比重在逐年提高，今后除少数特殊要求产品外，并联电容器将要实现全膜化，符合技术发展的要求。

(2)自愈式低电压并联电容器比上年增长 47.1%，幅度较大，这个数字未包含一些集体和私人的中小型企业。

(3)耦合电容器产量比上年增长 9.4%，该产品在本行业只有 6 个企业生产，大部分为电力部门的用户使用，还有一小部分供变压器行业配套电容式电压互感器。

(4)电容式电压互感器产量比上年增长 3.4%，其产量没有包括变压器行业生产的产品。从统计数据看，110～500kV 产品的产量比上年同比增长很少，基本处于平衡，而 35kV、66kV 等级电容式电压互感器增加幅度要大一些。

(5)交流滤波电容器比上年增长 311%，增长幅度很大，这与我国西电东送工程和钢铁工业发展，谐波源增加有关。

(6)生产高、低压并补成套装置 5 480 套，比上年增长 114.3%，增长较快，而将电力电子技术应用其中，提高了遥测、遥控功能，这与电力系统发展和对电压质量，无功补偿要求提高有紧密关系。

(7)电热电容器比上年增长 48.7%，行业内主要由新安江电力电容器有限公司和上虞电力电容器有限公司生产，有少数私营企业规模小、质量差，产量未统计在内。

市场及销售　2002 年城乡电网建设与改造继续，电力网的安全、功率因数、电压质量要求提高，西电东送工程加快，这些因素导致电力电容器行业的市场销售形势平稳上升，电力电容器行业的销售收入继续增长，比上年增长 16.2%。其中锦州电力电容器有限公司最高为 26 373 万元，比上年增长 20.6%。2002 年电力电容器行业主要产品产销量见表 3。

从销售量情况可看出，并联电容器、耦合电容器市场需求已平稳，而交流滤波及成套销售量大幅度提高，今后几年估计高、低压无功补偿装置、交流滤波成套装置等成套装置的销售量将会较快增加。

表 3　2002 年电力电容器行业主要产品产销量

产品名称	单位	产量			销量		
		2001 年	2002 年	比上年增长(%)	2001 年	2002 年	比上年增长(%)
并联电容器	Mvar	26 379	28 842	9.3	27 380	28 497	4.1
耦合电容器	Mvar	780	800	2.6	914	999	9.3
电容式电压互感器	Mvar	5 416	7 846	44.9	5561	7 305	31.4
电热电容器	Mvar	37 410	48 445	29.5	34 766	50 815	46.0
交流滤波电容器	Mvar	460	1 705	271	531	1 158	118.0
成套装置	套	1 955	3 034	55.2	1 683	2 860	69.9

总的来说，电力电容器行业的生产经营、市场销售等方面是好的，经济效益也有一定增长。但应看到，由于我国加入世贸组织以后，市场的进一步开放，竞争会更加激烈，特别是一些国外控股的合资企业发展势头很猛，必须要进一步改革开放，加快国营企业机制改革，重视民族工业的保护和发展。

科技成果及新产品 科技成果的主要项目有：西安西电电力电容器有限责任公司研制的 BAMH42/$\sqrt{3}$—5000—1×3W 集合式高压并联电容器荣获 2002 年度中国机械工业科学技术三等奖；锦州电力电容器有限责任公司的干式自愈高压并联电容器装置获机械工业联合会、机械工程学会科技进步三等奖；高比能脉冲电容器获锦州市人民政府科技攻关二等奖；三峡直流输电工程用高压并联电容器技术攻关项目获锦州市政府科技攻关一等奖。

据 10 多个主要企业统计，开发新产品约 30 种，其中经机械、电力两行业鉴定的新产品 12 种，西安西电电力电容器有限责任公司开发的 ZOF500—0.05H 直流耦合电容器填补国内空白，替代了进口产品；TYD220/$\sqrt{3}$—0.005H 100VA/0.1 级，TYD500/$\sqrt{3}$—0.005H 100VA/0.1 级填补国内空白，达到国际先进水平。桂林电力电容器总厂、西安西电电力电容器有限责任公司都研制成功的 750/$\sqrt{3}$—0.05H 0.2 级电容式电压互感器，满足了西电东送和西部电网发展的需要。桂林电力电容器总厂用金属化薄膜研制成功的 MKMJ 型高比能脉冲电容器具有高比能、体积小、重量轻、干式全密封、具有一定自愈功能特点，广泛应用在国防工业和科研部门。西安西电电力电容器有限责任公司的“充气集合式产品微量水分控制工艺研究”，“并联箱壳底盖整体拉伸工艺”通过鉴定并在生产中得到应用，提高了产品质量。

质量及标准 2002 年电力电容器行业的产品质量仍保持较好水平，产品交验一次合格率都在 98% 以上，2002 年主要企业电力电缆产品电气性能交验一次合格率见表 4。

表 4 2002 年主要企业电力电容器产品电气性能交验一次合格率

企业名称	高压并联电容器合格率(%)	自愈式低压并联电容器合格率(%)	耦合电容器合格率(%)	电容式电压互感器合格率(%)	电热电容器合格率(%)	断路器电容器合格率(%)	交流滤波电容器合格率(%)
西安西电电力电容器有限责任公司	99.2	99.4	99.9	100		100	95.7
桂林电力电容器总厂	98.0	100.0	97.8	100			98.1
无锡电力电容器有限公司	99.2	99.8	100	100			
锦州电力电容器有限责任公司	98.1	98.7	100	100			95.0
苏州电力电容器有限公司	99.2	99.0	100	100		100	98.5
丹东电力电容器有限公司	97.5		98.2	100		96.69	98.8
牡丹江电力电容厂	99.9						
上虞电力电容器有限公司	99.4				99.2		
新安江电力电容器有限公司	99.5	99.8			99.4		
合阳电力电容器制造有限责任公司	98.8						
中原电力电容器有限公司	99.5						
上海电机厂有限公司电力电容器分厂	99.1	99.5					
南昌电容器厂	99.8						

2002 年在安徽召开电力电容器行业质量工作会议，讨论通过了“电力电容器用苯基乙苯基乙烷(PEPE)进厂技术条件”，对一年来行业各厂的质量统计报表(季报)进行了总结。

行业标准方面也做了大量工作：

(1)电力电容器行业主导产品高压并联电容器的国标 GB/T11024—2001 已正式贯彻执行，为加深新的国标理解和正确执行，国家电力电容器标委会于 8 月在西安举办标准宣贯学习班。

(2)根据国家质量技术监督局下达任务，组织完成了两个产品，四个国标的修订工作并已形成报批稿上报审批。

(3)不定期出版《电力电容器标准与质量》期刊，交流行业质量、标准、新产品开发、鉴定方面的信息，刊登本行业产品新发布的 IEC 标准的翻译，对本行业产品质量发展的提高起到一定的作用。

此外，还进行了电力电容器行业产品型号注册工作。

基本建设及技术改造 为发展全膜电容器，提高产品质量，行业中一些企业进行了基建和技改，特别是 4 个骨干重点厂：西安西电电力电容器有限责任公司建成了自愈式并联电容器分厂的新厂房，并于 9 月开始试用；桂林电力电容器总厂自筹资金 200 万元，对厂区、各生产车间特别是卷绕车间进行技术改造，新建 100 多 m^2 厂区花园，改善厂区面貌，提高清洁度；西安西电电力电容器有限责任公司通过双加工程改造，引进德国海德里希的先进全自动真空浸渍设备和美国希尔顿国际工业公司制造的全自动元件卷绕机；无锡电力电容器有限公司引进全自动元件卷绕机，至今全行业已有 4 台世界上最先进的全自动元件卷绕机，并全部投入使用，效果良好，确保了国内重点工程需要的电力电容器的质量；宁波机车电容器研制中心引进意大利 2A 公司交流传动电容器生产线，生产出高质量谐振电容器，满足铁道电气化的需要。

对外合作 西安西电电力电容器有限责任公司与瑞典ABB合资成立西安ABB电力电容器有限公司，引进全套国外先进设备和ABB先进技术和管理模式，于2002年正式投产，当年产值约5 000万元，利润200多万元，为国内各电力电容器厂树立了一个学习的榜样。无锡电力电容器公司在日新公司合资基础上，又合资成立一家日新电机(无锡)电力电容器有限公司，2002年正式投产，生产日新公司传统产品箱式大容量高压并联电容器和高压并补成套装置。上海互感器厂与加拿大传奇公司合资的上海MWB互感器有限公司生产了电容式电压互感器，并通过了两行业鉴定。

〔撰稿人：西安电力电容器研究所祝 霆 审稿人：西安电力电容器研究郭天兴〕

高压电器

高压开关

生产发展情况 据207个企业统计，2002年高压开关行业年末从业人员共有95 066人，拥有资产297.16亿元，全年完成工业总产值(当年价) 262.07亿元，完成产品销售收入241.99亿元，完成工业增加值75.17亿元，完成出口交货值84.88亿元，固定资产投资总额20.56亿元。全年科技活动经费使用数和研究发展经费支出14.03亿元，占行业工业总产值(当年价)的5.35％。行业利润总额18.98亿元，行业工业全员劳动生产率平均为79 068.64元/人，行业经济效益综合指数平均超过0.7的企业占86.83％，行业整体经济运行状况良好。各项经济指标均比2001年有较大幅度的增长。2002年高压开关行业主要经济指标见表1。

从207个企业的主要经济指标可以看出，2002年高压开关行业的经济运行状况有如下特点：

(1)高压开关行业继续快速稳定增长。2002年统计的207个企业中工业总产值(当年价)超亿元企业有71个。其中工业总产值超8亿元企业4个；超3亿元企业22个，比上年增加了6个；超2亿元企业37个，比上年增加了10个。工业增加值超5 000万元企业43个，与上年基本持平；全员劳动生产率超10万元/人企业59个；超5万元/人企业106个。工业总产值(当年价)前10名的企业依次是西安西电高压开关有限责任公司(12.85亿元)、厦门ABB开关有限公司(11.05亿元)、平顶山天鹰集团有限责任公司(10.81亿元)、江苏长江电气集团有限公司(10.15亿元)、宁波天安集团股份有限公司(7.63亿元)、江苏东源电器集团股份有限公司(7.02亿元)、上海柘中(集团)有限公司(6.8亿元)、正泰集团成套设备制造有限公司(6.35亿元)、沈阳高压开关有限责任公司(5.56亿元)、华仪电器集团有限公司(5.53亿元)。这些企业大部分在东南沿海地区，也有一些内地的企业，既有大中型国有企业，也有新兴的大中型民营及合资企业。

表1 2002年高压开关行业207个企业主要经济指标

指 标 名 称	单位	2001年	2002年	比上年增长(％)
全年从业人数(总计)	人	97 970	95 066	－3.0
其中从事高压开关人数	人	52 801	50 896	－3.6
从事研发人员人数	人	7 792	8 274	6.2
工业总产值(当年价)	万元	2 211 150	2 620 688	18.5
(不变价)	万元	1 767 455	1 897 389	7.4
其中高压开关产值	万元	1 388 975	1 616 735	16.4
全年工业销售产值	万元	1 829 893	2 469 423	35.0
其中出口交货值	万元	50 684	84 880	67.5
工业增加值	万元	626 270	751 674	20.0
产品销售收入	万元	2 029 323	2 419 923	19.3

(2)经济效益全面提高。2002年统计的207个企业中，行业利润总额18.98亿元，与上年相比增长了49.66％。亏损企业由上年20个减为12个。厦门ABB开关有限公司、宁波天安集团股份有限公司、广州白云电器设备厂、江苏东源电器集团股份有限公司、正泰集团成套设备制造有限公司、华仪电器集团有限公司、沈阳华利能源设备制造有限公司、上海柘中(集团)有限公司、杭州之江开关有限公司、江苏长江电气集团有限公司等企业经济效益有显著提高 。如厦门ABB开关有限公司工业全员劳动生产率达到112.14万元/人，行业排名第一，远高于行业工业全员劳动生产率7.9万元/人的平均水平，极具竞争力。2001年其工业总产值为7.52亿元，2002年已高达11.05亿元，发展速度令人瞩目。工业全员劳动生产率较高的企业还有句容京华电器有限公司(47.05万元/人)、中山市明阳电器有限公司(35.92万元/人)、上海南桥变压器有限公司(32.36万元/人)、上海西门子开关有限公司(31.45万元/人)、大亚电器集团有限公司(30.07万元/人)、许继电气股份有限公司(28.89万元/人)、常州太平洋电力设备(集团)有限公司

(28.84万元/人)、江苏东源电器集团股份有限公司(28.02万元/人)、汕头正超电气有限公司(27.63万元/人)、绍兴电力设备成套公司(27.22万元/人)、华仪电器集团有限公司(23.98万元/人)等企业。

(3)产业结构调整步伐加快。2002年高压开关行业加快了建立现代企业制度的步伐,继续深化以国有企业改革为中心的各项改革,大部分国企完成了企业改制,技术改造项目进展顺利,科技创新步伐加快,企业针对市场需求,开发、生产适销对路的产品,努力抓好国家重点项目、重点产品,以满足国家重点工程建设项目,特别是西电东送、三峡工程等项目和重大技术改造项目的需要。运用先进适用技术改造传统产业,改善了行业整体运行质量,提高了产业综合素质,提高了产业竞争力。对当前制约行业发展最为重要和紧迫的产品结构、资本结构、企业内部组织结构和产业组织结构四个方面进行调整优化,使之更好地适应我国社会主义市场经济体制改革的客观要求,符合全球机械制造业的发展趋势。

(4)高压开关产品出口稳步增长。2002年行业统计的207个企业中有46个企业产品出口,共创汇10 021.28万美元。出口创汇前10名的企业依次为:湛江通用电气集团有限公司(3 209.92万美元)、西安西电高压开关有限责任公司(1 488万美元)、厦门ABB开关有限公司(775万美元)、平顶山天鹰集团有限责任公司(382万美元)、北京北开电气股份有限公司(332.4万美元)、常州太平洋电力设备(集团)有限公司(299万美元);上海华通开关厂(284.6万美元)、沈阳昊诚电气设备有限公司(255.7万美元)、华仪电器集团有限公司(214万美元)、沈阳高压开关有限责任公司(197万美元)。出口创汇大户主要是合资企业和大型国企。

综上所述,2002年是高压开关行业经济运行较好的一年,初步呈现出"较快增长、较高质量、较好效益"的良好的发展态势。企业继续向大者强、小者专,以大带小、以小保大的合理组合状态转化。行业企业内部组织结构的调整与产品结构调整相结合,加大淘汰落后产品和落后产品工艺装备的力度,向规模化、专业化转变;资本结构由国资偏重的状况,向国有、三资、民营企业协调发展、相互促进方面转变;产品结构由低档产品向高品质产品转变,提高了行业的整体竞争能力。目前,国企、民营、合资企业三种体制并存,竞争发展,各有优势,而民营企业和合资企业发展更快,效益更好。

产品分类产量 2002年汇总的207个企业中,共生产12kV真空断路器133 519台。产量在1 000台以上的生产企业有37个(上年193个企业中只有25个),共生产12kV真空断路器111 430台,占82.43%。2002年生产12kV真空断路器1 000台以上的企业见表2。

表2 2002年生产12kV真空断路器1 000台以上的企业

企 业 名 称	产量(台)
厦门ABB开关有限公司	10 820
华仪电器集团有限公司	10 100
常州森源开关有限公司	8 812
天水长城开关厂	6 394
上海德力西集团有限公司	3 812
正泰集团成套设备制造有限公司	3 736
宁波日升电器制造有限公司	3 500
陕西宝光真空电器股份有限公司	3 482
陕西开关厂	3 433
江苏长江电气集团有限公司	3 359
浙江高压开关厂	3 040
北京华东森源电气有限责任公司	2 875
许继电气股份有限公司开关厂	2 679
上海西门子开关有限公司	2 641
河南四通电力设备有限公司	2 610
镇江市诚翔电器有限责任公司	2 560
锦州新生开关有限责任公司	2 534
上海华银开关厂有限公司	2 519
沈阳华利能源设备制造有限公司	2 500
北京北开电气股份有限公司	2 387
宁波天安集团股份有限公司	2 105
宁波耐吉科技股份有限公司	2 078
上海市天灵开关厂	1 972
潍坊环宇高压开关厂	1 781
宁波华通电器集团股份有限公司	1 768
宝鸡真空开关厂第三分厂	1 727
广州白云电器设备有限公司	1 615
福州天一同益电气有限公司	1 379
河南森源电气股份有限公司	1 368
吉林龙鼎电气股份有限公司	1 343
江苏东源电器集团股份有限公司	1 266
福州天宇电气股份有限公司	1 244
四川开关厂	1 206
余姚市高低压电器配件厂	1 120
汕头正超电气有限公司	1 045
大连真空开关厂	1 020
上海富士电机开关有限公司	1 015

2002年统计企业中,共生产12kV金属封闭高压开关设备113 855面。产量在1 000面以上的生产企业有37个(上年193个企业中只有24个),共生产12kV金属封闭高压开关设备80 473面,占70.68%。2002年生产12kV金属封闭高压开关设备超1 000面的企业见表3。生产12kV金属封闭环网高压开关设备35 065面,产量在500面以上的生产企业有15个,见表4。共生产12kV交流金属封闭环网高压开关设备22 160面,占63.19%。

表3 2002年生产12kV金属封闭高压开关设备超1 000面的企业

企 业 名 称	产量(面)
江苏长江电气集团有限公司	5 734
天水长城开关厂	5 690
常州森源开关有限公司	4 572
厦门ABB开关有限公司	4 464
陕西开关厂	3 399

（续）

企业名称	产量（面）
上海市天灵开关厂	3 311
正泰集团成套设备制造有限公司	2 982
中山市明阳电器有限公司	2 918
上海柘中（集团）有限公司	2 869
沈阳华利能源设备制造有限公司	2 832
广州白云电器设备有限公司	2 565
宁波天安（集团）股份有限公司	2 447
华仪电器集团有限公司	2 089
宁波耐吉科技股份有限公司	1 994
福州天宇电气股份有限公司	1 829
河南森源电气股份有限公司	1 812
绍兴电力设备成套公司	1 697
上海西门子开关有限公司	1 689
锦州新生开关有限责任公司	1 677
汕头正超电气有限公司	1 618
四川开关厂	1 596
吉林龙鼎电气股份有限公司	1 569
广东省江门市新会电气控制设备厂有限公司	1 480
上海德力西集团有限公司	1 478
宁波华通电器集团股份有限公司	1 469
常州太平洋电力设备（集团）有限公司	1 459
山东泰开电气有限公司	1 400
上海宝临电器成套制造有限公司	1 393
北京北开电气股份有限公司	1 331
江苏南自通华电气集团有限公司	1 262
广东省顺德开关厂有限公司	1 235
上海富士电机开关有限公司	1 212
许继电气股份有限公司开关厂	1 172
青岛益和电气设备股份有限公司	1 127
环宇集团杭州松都开关厂	1 080
温州市开元电气有限公司	1 015
上海华银开关厂有限公司	1 007

表4　2002年生产12kV金属封闭环网高压开关设备超500面的企业

企业名称	产量（面）
宁波天安（集团）股份有限公司	6 146
广州白云电器设备有限公司	2 945
上海市天灵开关厂	2 581
广东省顺德开关厂有限公司	1 827
温州市开元电气有限公司	1 558
宁波华通电器集团股份有限公司	1 117
中山市明阳电器有限公司	962
广州市番禺开关厂有限公司	905
江苏长江电气集团有限公司	788
江苏京隆开关厂	637
金华电力开关有限公司	610
杭州欣美成套电器制造有限公司	533
顺德市南顺电器厂有限公司	533
江苏南自通华电气集团有限公司	518
大亚电器集团有限公司	500

2002年统计企业中，共生产12kV预装式变电站9 846台。产量在300台以上的生产企业有8个，共生产12kV预装式变电站4 776台，占48.5%。

2002年12kV预装式变电站产量在300台以上的企业有：宁波天安（集团）股份有限公司（1 602台）、沈阳昊诚电气设备有限公司（864台）、江苏东源电器集团股份有限公司（442台）、江苏京隆开关厂（406台）、天津市光明供电设备制造有限公司（393台）、江苏长江电气集团有限公司（391台）、泰兴市开关厂（340台）、正泰集团成套设备制造有限公司（338台）。

综上所述可以看出，由于市场竞争激烈，在12kV真空断路器、12kV金属封闭开关设备、12kV金属封闭环网开关设备和12kV预装式变电站等产品方面，几个主要生产企业产量已超过行业总产量的一半；其他如熔断器、隔离开关、接地开关等量大面广的产品也都趋于规模化生产。

主要经济指标完成转好的企业包括了大中型国企、合资企业及民营企业，其中民营企业占一半。企业分布于东部沿海及陕、甘、豫等中西部12个省市，多数在东部沿海地区，仅华东地区就有11个。企业中既有高压、超高压开关设备主要生产企业，也有12kV真空断路器和12kV金属封闭开关设备、金属封闭环网高压开关设备和预装式变电站的主要生产企业。这些企业的共同特点是市场适应能力强，产销两旺，而且都比较重视新产品开发，年年都有资金投入。

高压开关行业配套产品行业共有200多个专业配套件生产企业。这些企业发展较快，特别是近几年更注重基础设施建设和企业的技术改造。2002年有17个企业有固定资产投资约1.98亿元；其中投资千万元以上的企业有6个，百万元以上的企业有14个；有14个企业有研究与发展经费支出，约有2 464.24万元投入到新产品开发中。

2002年高压开关设备产品产量见表5。

2002年，12～40.5kV（包括27.5/55 kV）各类高压断路器产量在中压开关领域，真空断路器占绝对优势，占89.16%市场份额，其次为SF_6断路器占10.03%，少油和多油断路器仅占0.81%。从近年发展来看，真空断路器和SF_6断路器市场份额在逐年增加，少油断路器则逐年减少。

2002年，72.5～550kV各类高压断路器产量在高压开关领域，仅有SF_6断路器和少油断路器两个品种，而SF_6断路器占绝对优势，占96%市场份额，少油断路器仅占4%。从近年发展来看，SF_6断路器市场份额在快速增加，少油断路器则逐年在快速减少。

2001～2002年各类断路器所占比例见表6。

从表6中可以看出，2002年在363～550 kV电压等级中，SF_6产品占100%的市场份额。

在252kV电压等级中，SF_6断路器占绝对优势，占99.7%的市场份额，少油断路器在这一电压等级中仅占0.3%的市场份额，且在逐年减少。

在126kV电压等级中，SF_6断路器占97.4%的市场份额，少油断路器在这一电压等级中仅占2.6%的市场份额。

在 72.5kV 电压等级中，SF_6 断路器占 85%市场份额，少油断路器占 15%。此外，目前亦有几个企业开发出了 72.5kV 及 126kV 级的真空断路器。

在 40.5kV 电压等级中，真空断路器略占优势，占 55.86%的市场份额，SF_6 断路器占 39.55%，多油断路器占 4.16%，少油断路器仅占 0.43%的市场份额。

在 12kV 电压等级中，真空断路器占绝对优势，占 92.3%的市场份额，其次是 SF_6 断路器占 7.3%，少油和多油断路器在这一电压等级中分别占 0.3%和 0.1%的市场份额。

表 5　2002 年高压开关产品产量

类别 ＼ 产量 ＼ 电压(kV)	550	363	252	126	72.5	40.5	24	12	27.5/55
SF_6 断路器(台)	36	38	623	2 702	430	5 391	20	10 525	
少油断路器(台)			2	72	76	58		462	
多油断路器(台)						567		200	
真空断路器(台)						8 141		133 519	301
封闭式组合电器 GIS(间隔)	2		227	1 162		3			
敞开式组合电器(组)				40				120	
金属封闭开关设备(面)						10 492	22	113 855	15
环网柜(台)								35 065	
隔离开关(组)	360	105	5 555	13 547	1 455	23 417	519	134 663	268
接地开关(组)	13		399	518	364	959		38 870	
负荷开关(台)						15		51 426	
熔断器(只)						11 012		896 354	
分段器(台)								364	
重合器(台)								984	
高压接触器(台)								5 000	
箱式变电站(台)						214		9 846	
高压真空灭弧室(包括断路器、负荷开关接触器用)						25 482	8 353	462 343	28

表 6　2001～2002 年各类断路器所占比例

电压(kV)	550		363		252		126		72.5		40.5		12	
年　份	2001	2002	2001	2002	2001	2002	2001	2002	2001	2002	2001	2002	2001	2002
SF_6 断路器占比(%)	100	100	100	100	98.3	99.7	84.4	97.4	94.4	85.0	39.1	39.6	9.5	7.3
少油断路器占比(%)					1.7	0.3	15.6	2.6	5.6	15.0	1.6	0.4	0.8	0.3
多油断路器占比(%)											6.1	4.2		0.1
真空断路器占比(%)											53.3	55.9	89.7	92.3

科技成果及新产品　2002 年行业统计的 207 个企业中，130 个企业有研究与发展经费投入到新产品开发中，占 63%。行业全年科技活动经费使用额达到 80 775.06 万元，与上年相比增长了 14.76%。

随着三峡工程的推进，行业大中型高压开关设备制造企业，围绕新产品开发与生产进行了大量的科研工作，取得了一批国内领先具有国际水平的科研成果，有力地推动了企业的发展与科技进步。

西安西电高压开关有限责任公司和沈阳高压开关有限责任公司制造的用于三峡工程的 550kV GIS 三种型式的 SF_6 断路器，分别在瑞士 Baden 试验站顺利通过了大容量试验。该产品已通过三峡工程技术规范规定的全部型式试验。产品主要技术参数为额定电压 550kV，额定电流 3 150A、4 000A，额定短时耐受电流 63kA，额定关合电流 171kA(峰值)。本次试验的顺利通过，说明西安西电高压开关有限责任公司和沈阳高压开关有限责任公司通过认真吸收、消化 ABB 公司的先进技术，完全按照 ABB 的设计、工艺和生产方式进行管理，已能够生产与 ABB 相同质量要求的产品，完全有能力制造出满足三峡工程需要的，且达到国际先进水平的优质产品。

陕西宝光真空电器股份有限公司研制开发的 TD451A 高压真空灭弧室和 40.5kV 户内高压真空断路器等 9 项新产品，2002 年 2 月通过了省级投产鉴定。

湖北开关厂 LW36－126/T3150－40 型 126kV 自能式 SF_6 断路器，2002 年 3 月通过产品鉴定。该断路器是湖北开关厂与西安高压电器研究所联合开发的产品，其结构设计合理，技术参数先进。

ZF12－126 型 GIS 等三种 126 kV 产品，2000 年 4 月通

过样机鉴定。LW35－252/T3150－40型自能式SF_6断路器等6项新产品通过了样机鉴定。

华仪电器集团有限公司40.5kV高压真空断路器等5项产品，2002年4月通过了省级鉴定。

江苏东源电器集团股份有限公司ZN72－40.5/T1250－25型高压真空断路器等两项产品，2002年5月通过了省级鉴定。

北京北开电气股份有限公司ZW36－126/T1600－40、ZW35－72.5/T1600－31.5型两种72.5kV、126kV户外高压真空断路器通过新产品鉴定。这是我国迄今为止真空断路器电压等级最高的产品，灭弧室采用日本明电舍公司专门为北开公司研究生产的真空灭弧室，配弹簧操动机构，在国内处于领先水平，达到国际先进水平。预示着我国高压真空断路器开发上了一个新台阶。

沈阳高压开关有限责任公司ZF6A－252(L)/Y3150－40型SF_6气体绝缘金属封闭开关设备和LW53－252/Y3150－50型瓷柱式SF_6断路器两种产品通过新产品鉴定。

国营七七七总厂TD－40.5/2000－31.5(W)型高压真空灭弧室等3项产品，2002年8月通过了省级鉴定。

宁波天安集团股份公司LW39－126型户外高压SF_6断路器等4项产品，2002年8月通过了国家级新产品技术鉴定。

许继电气股份有限公司开关厂生产的FZW35－40.5/T1250－12.5型户外高压真空隔离负荷开关等两项产品，2002年8月通过了省级新产品鉴定。

西安西电高压开关有限责任公司生产的LW15－550/Q2000－63型瓷拄式SF_6断路器等9项产品，2002年11月通过新产品鉴定。

西电三菱公司KYN36A－12(Z)/T4000－40型(MA－EC)铠装移开式金属封闭开关设备等3项新产品，2002年11月通过了技术鉴定。

宁波耐吉科技股份有限公司生产KYN61－40.5/T3150－31.5(ZKS1)、ZN85－40.5(3AV3)等3项新产品，2002年11月通过省级鉴定。

天水长城开关厂生产KYN18C－12(Z)/T4000－63型铠装移开式金属封闭开关设备等3项新产品，2002年12月通过了新产品鉴定。

另外，广州白云电器设备有限公司、湖南天一科技平江电器分公司、江阴市云峰电器设备有限公司、福州天宇电气股份有限公司、沈阳东北高压电器设备制造有限公司、阜锦开关厂、常州森源开关有限公司、廊房市高压开关厂、大连真空开关厂、西安市远征科技有限公司、常德天马电器成套设备有限公司等企业2002年都有新产品鉴定。这说明行业中的企业面对市场竞争，注重加大新产品开发力度，积极开发研制适销对路的新产品，扩大企业产品品种，提高了产品技术含量，加快了企业产品更新换代，使企业技术进步上了一个新台阶。

西安高压电器研究所为203个科研生产企业发放了共13类高压开关设备产品型号证书578个，其中颁发证书98个，型号使用证书480个。

对外合作　2002年统计的207个企业中有三资企业44个，比上年增加6个。其中新增独资企业2个，合资企业4个，它们分别是上海富士电机开关有限公司(独资)、句容京华电器有限公司(独资)、宁波耐吉新星自动化设备有限公司(合资)、中国北京第三开关厂(合资)、杭州欣美成套电器制造有限公司(合资)、河北冀能科技电力自动化设备有限公司(合资)。

高压开关行业市场分析　高压开关行业的技术进步与电力工业发展密不可分，随着我国电力工业的高速发展和技术进步，对高压开关设备的技术性能和运行的可靠性提出了更高的要求，从而加速了高压开关产品的升级换代步伐。另一方面，随着国内市场国际化市场格局的形成，实力雄厚的跨国公司以各种方式参与中国电力设备市场的角逐，其高技术性能的产品和品牌、质量优势使高压开关产品市场竞争更加激烈，加之一些有实力的民营企业和股份制中压开关企业纷纷往高压开关制造行业发展，使国内开关制造业面临生存与发展的严峻挑战。

国际上，高压开关制造行业的大公司呈现出大组合、强强联合之势，而且愈演愈烈。为了占领有限的市场，企业兼并、组合成为了大势所趋。这种大组合或是为了增强实力，提高研发能力，加快推出新产品；或是为了扩展产品领域，使之从低压拓展到中压甚至高压领域，或是为了在市场竞争中，变竞争对手为合作伙伴，从而占领更大的市场。如20世纪80年代瑞士BBC公司与瑞典ASEA公司合并成ABB公司后，原来两个公司都有高压断路器系列，现拥有多个系列。ABB公司为了能够加快产品开发，加强和扩大了原ASEA公司的路德维卡强电流试验站，扩建后可满足525kV、63kA断路器的短路试验要求。为了占领中压市场，ABB德国Calor Emag公司在2002年汉诺威博览会上，展出了其配磁力操动机构的VM1型真空断路器。在厦门ABB公司成立时，ABB公司提供的就是其下属Calor Emag公司的真空断路器和中置柜。

Alstom公司兼并了德国著名的AEG公司，使其自能式SF_6断路器形成并列的两个系列FXT型和SI型。新成立的德国Alstom T&D公司加大了研发力度，经过5年努力，研发出第二代热膨胀灭弧室。再如Schneider公司原生产低压和控制电器，兼并MG公司后，使之产品从低压扩充至中压和高压，并进入了中国市场。

最引人瞩目的是日本两家大公司三菱电机株式会社和东芝株式会社联手合作，2002年4月注册登记成立 テイーェム・テイーアンドテイー株式会社，它的业务范围和规模将达到世界前三名公司(ABB、Siemens和Alstom)的水平。同时日本的日立制作所、明电舍株式会社、富士电机株式会社宣布也将在电力设备制造领域进行全面的合作，成立日本AEパワーシステムズ株式会社。

在国内，据有关资料统计，截止到2000年底，挂网运行的252～550 kV高压断路器和GIS中，252kV电压等级的高压断路器和GIS进口量达14.11%，363kV电压等级的高压断路器和GIS进口量达33.62%，而550kV电压等级的高压断路器和GIS进口量则高达84.35%。因此，国外制造厂商看好中国高压开关的潜在市场，纷纷投资易地建厂。ABB公司生产GIS的基地有三个，设在瑞士、德国和中国。西门子公司在中国也建有3个生产企业。日本三菱、日立、东芝公司都在中国建有合资企业。

从我国电力工业长时期发展规划来看，电力工业作为国家优先发展的产业。这一政策近20年内是不会变的。今后一段时间内，我国电力工业较快增长地区依次是长江三角洲、珠江三角洲，其次是华北、华中及沿海地区，晋北、陕北、内蒙的黄河金三角富煤矿的坑口电厂也正以较快速度建设。由此推测，“十五”期间，高压开关设备市场东部和西部及南方都会有较大地发展。全国6个装机超千万千瓦的省，除四川外5个都在沿海。2008年北京奥运会的举行，2010年上海世博会的举办，都将会给我国东部发展带来繁荣，也会给我们这个行业带来机遇。从以上分析来看，高压开关行业市场发展趋势大致如下：

(1)电力工业持续发展是高压开关行业平稳发展的基础保证。目前许多发电厂扩建、新建工程已开始加速实施。电网建设方面国家将投资2 800亿元，加大西电东送和输电通道建设，发展直流输电，并实现大区联网。西北电网要发展两条750kV线路。今后5年超高压电网发展总量将相当于前50年投入总和，将是发展电网的高峰期。

(2)城乡电网建设和改造仍将推动高压开关行业平稳发展。城乡电网建设将是一个长期行为，“十五”期间将投资1 000亿元用于发展城乡电网，并随着国家城乡并镇和农村人口城市化政策的启动实施，市场将会进一步扩大。

(3)三峡工程建设将促进高压开关行业的发展与进步。三峡水电站是目前世界上最大的水电站，26台机组总装机容量1 820万kW，年发电量847万kW·h。左、右两岸机组分别于2006年和2009年安装完毕并发电，其中仅发电厂所需12～550kV的交直流高压开关设备就达760多台(套)，这就为高压开关行业提供了相当大的市场，同时也对高压开关产品提出了更高的要求，从而促进了高压开关行业发展和进步。

(4)西部大开发将扩大高压开关市场需求量。“西气东送”是横贯中国腹地的能源大动脉，其主干投资将超过555亿元，西部气田和网干投资将突破1 000亿元。西部已开始投入资金600多亿元的水利、铁路、公路等项目建设，这必将给高压开关行业提供又一大好的发展机遇和市场。

(5)铁路建设将为高压开关行业提供更大的市场空间。国家在“十五”期间将投入3 500亿元用于诸多重大铁路建设，如西—南、西—兰铁路复线及青藏铁路。投入之大，在中国铁路建设史上是空前的，其供配电网必然需要大量的12～126kV高压开关设备。

最近，国务院已经批准立项的金沙江流域溪洛渡和向家坝水电站，是国家“十五”计划确定的骨干水电项目，也是“西电东送”战略骨干电站。溪洛渡电站总装机容量为1 260万kW，是我国仅次于三峡工程的又一巨型水电工程。向家坝水电站总装机容量为600万kW，两电站位于四川和云南两省交界处。全行业应努力提高高压开关设备成套装备水平，提高产品质量，满足国家重点工程建设项目的需求。行业企业应切实加强现代化企业制度建设，继续推行规范化的公司改造，建立健全企业法人治理结构，真正转换经营机制，推进企业重组改组，尽快培育出具有国际竞争力的大公司和企业集团，有效地增强行业企业参与国际市场的竞争能力，有步骤地做好企业兼并工作，安置好职工，切实维护社会稳定。

另外，我国承诺在入世后3～5年内逐步取消进口数量限制，即取消配额、许可证和特定招标等措施，并承诺在过渡期内每年增加15%的配额量。机械工业除小轿车以外，所有产品在2004年1月1日全面取消限制，再由于关税下降，我国国内高压开关市场的国际竞争将更趋激烈，我国高压开关行业的企业要有充分准备。

〔撰稿人：中国电器工业协会高压开关分会郭广仁　审稿人：中国电器工业协会高压开关分会李　鹏〕

绝缘子避雷器

生产发展情况　2002年国家实施西部大开发战略和西电东送工程的建设，尤其是500kV交直流输变电线路和西北地区750kV输变电线路的建设，给绝缘子避雷器行业带来了新的发展机遇。2002年我国生产复合绝缘子避雷器的企业发展为近100个，生产复合绝缘子的企业约50余个，生产复合外套避雷器的企业约40余个，其中10多个已具规模生产能力。

2002年绝缘子避雷器行业的各项主要经济指标比2001年均有所增长。据对31个企业(其中6个大型企业、12个中型企业)的统计，工业总产值(不变价)195 369万元，2002年绝缘避雷器行业工业总产值(不变价)前10名企业见表1，利润总额前10名企业见表2，31个企业主要经济指标见表3，11个骨干企业和18个主要企业的经济指标及所占比例见表4。

表1　2002年绝缘子避雷器行业工业总产值前10名企业

序号	企业名称	工业总产值(不变价)(万元)
1	南京电气(集团)有限责任公司	34 046
2	西安高压电瓷厂	25 937
3	抚顺电瓷厂	25 302
4	大连电瓷厂	17 598
5	南阳避雷器厂	14 888
6	唐山高压电瓷厂	9 965
7	苏州电瓷厂	7 793
8	醴陵电瓷厂	7 298
9	红星电瓷厂	7 005
10	上海电瓷厂	6 076

表 2　2002 年绝缘子避雷器行业利润总额前 10 名企业

序号	企业名称	利润总额（万元）
1	南阳避雷器厂	609
2	醴陵电瓷厂	460
3	唐山电瓷厂	347
4	西安电瓷研究所	157
5	大连电瓷厂	109
6	红星电瓷厂	101
7	抚顺电瓷厂	95
8	上海电瓷厂	71
9	石家庄电瓷厂	70
10	湖州高压电瓷厂	68

表 3　2002 年绝缘子避雷器行业 31 个企业主要经济指标

指标名称	单位	实际完成	比上年增长(%)
工业总产值(不变价)	万元	195 369	4.3
年末职工人数	人	20 429	−14.4
年末固定资产原价	万元	241 124	14.6
年末固定资产净值	万元	125 593	7.8
利润总额	万元	142	408.3
实现利税	万元	13 055	3.35
国内销售收入	万元	155 554	1.7

表 4　2002 年绝缘子避雷器行业 11 个骨干企业及 18 个主要企业的经济指标及所占比例

指标名称	单位	11 个骨干重点企业		18 个主要企业	
		实际数	占 31 个企业比列(%)	实际数	占 31 个企业比列(%)
工业总产值(不变价)	万元	152 852	78.2	172 706	88.4
年末固定资产原价	万元	206 241	85.5	229 084	95.0
年末固定资产净值	万元	105 414	83.9	118 013	94.0
利润总额	万元	943	664.6	235	165.6
实现利税	万元	10 730	82.2	12 220	93.6
高压电瓷	t	58 606	62.2	71 311	75.6
其中:线路	t	34 741	51.9	45 755	68.3
电站电器	t	23 594	88.9	24 688	93.7
其中:110kV 瓷套	只	26 588	99.4	26 751	100.0
220kV 瓷套	只	8 257	100.0	8 260	100.0
330kV 瓷套	只	153	100.0	153	100.0
500kV 瓷套	只	767	100.0	767	100.0
110kV 电容套管	只	6 470	100.0	6 470	100.0
220kV 电容套管	只	1 459	100.0	1 459	100.0
330kV 电容套管	只	16	100.0	16	100.0
500kV 电容套管	只	70	100.0	70	100.0
110kV 棒形	只	117 046	99.2	117 955	100.0
220kV 棒形	只	63 117	100.0	63 117	100.0
330kV 棒形	只	2 946	100.0	2 946	100.0
500kV 棒形	只	3 102	100.0	3 102	100.0
高压避雷器	只	374 973	68.6	539 275	98.7
其中:110kV	只	6 888	82.7	2 357	100.0
220kV	只	1 948	82.7	2 357	100.0
330kV	只	22	31.4	70	100.0
500kV	只	548	83.3	658	100.0
产品销售收入	万元	117 478	75.5	134 137	86.2

产品分类产量　2002 年绝缘子避雷器行业各类产品产量见表 5。

表 5　2002 年绝缘子避雷器行业各类产品产量

产品名称	单位	产量	比上年增长(%)
高压电瓷	t	94 272	−10.2
其中:线路	t	66 984	−13.6
电站	t	26 354	−3.2
110kV 瓷套	只	26 751	−8.0
220kV 瓷套	只	8 260	16.1
110kV 棒形	只	117 955	2.3
220kV 棒形	只	63 117	9.7
低压电瓷	t	4 214	35.7
高压避雷器	只	546 275	45.2
其中:110kV 及以上	只	13 923	45.9

市场及销售　据 2002 年对 31 个企业的统计，国内销售

收入为155 554万元，比上年增长1.72%。出口销售收入为1 473万美元。出口产品主要包括：玻璃及瓷悬式绝缘子、避雷器及阀片、复合支柱绝缘子、瓷套等。出口国家主要有：印度、孟加拉、伊朗、英国、韩国、秘鲁、巴西、尼日利亚、厄瓜多尔、日本、泰国、墨西哥等。2002年绝缘子避雷器行业国内销售收入及出口交货值前10名企业见表6。

表6 2002年绝缘了避雷器行业国内销售收入及出口交货值前10名企业

序号	企业名称	国内销售收入（万元）	序号	企业名称	出口交货值（万元）
1	南京电气（集团）有限责任公司	29 242	1	南京电气（集团）有限责任公司	5 760
2	抚顺电瓷厂	21 104	2	大连电瓷厂	3 566
3	大连电瓷厂	16 161	3	闽清电瓷厂	2 786
4	西安高压电瓷厂	14 014	4	抚顺电瓷厂	1 374
5	南阳避雷器厂	7 392	5	西安高压电瓷厂	594
6	苏州电瓷厂	7 160	6	重庆电瓷厂	419
7	醴陵电瓷厂	6 889	7	醴陵电瓷厂	347
8	唐山高压电瓷厂	6 482	8	牡丹江电瓷厂	342
9	红星电瓷厂	5 438	9	淄博电瓷厂	342
10	西安电瓷研究所	4 198	10	苏州电瓷厂	331

科技成果及新产品 2002年绝缘子避雷器行业完成科研及研究课题共200多项。2002年绝缘子避雷器行业完成主要科研及研究课题见表7，2002年绝缘子避雷器行业新产品见表8。

表7 2002年绝缘子避雷器行业完成主要科研及研究课题

序号	科研及研究课题名称	完成单位
1	±500kV直流工程用中性母线E型	西安电瓷研究所
2	直流滤波器F型无间隙金属氧化物避雷器	西安电瓷研究所
3	±500kV直流工程用直流母线D型金属氧化物避雷器	西安电瓷研究所
4	330kV交流系统用线路型悬挂式无间隙金属氧化物避雷器	西安电瓷研究所
5	电力机车用车顶复合支柱绝缘子	西安电瓷研究所
6	500kV交流系统线路型悬挂式带串联间隙金属氧化物避雷器	西安电瓷研究所
7	无机纤维胶合剂配方的研制、低温养护胶合剂配方	大连电瓷厂
8	等静压干法生产线刀具研制	唐山高压电瓷厂
9	D2#超高强泥料配方研制	唐山高压电瓷厂
10	GL－30高强SF_6套管配方研制	河南省红星电瓷厂
11	220～500kV耐污型户外棒形支柱绝缘子	河南省红星电瓷厂
12	复合粉体压敏材料及高性能压敏元件	科聚公司

表8 2002年绝缘子避雷器行业新产品

产品分类	新产品名称
盘形悬式绝缘子	XZP－400直流盘形悬式瓷绝缘子
	XWP－300耐污悬式瓷绝缘子
	XP－240盘形悬式瓷绝缘子
	XWP_6－70、XWP_6－100耐污盘形悬式瓷绝缘子
棒形支柱绝缘子	ZSW550/8－20等静压户外棒形支柱绝缘子
	ZSW－550/16－3、ZSW－800/12.5－3耐污型户外棒形支柱瓷绝缘子
	ZSW9－500/12－3、ZSW10－500/12K－3棒形绝缘子
	ZSW－550/16棒形绝缘子（唐山市技术创新优秀项目二等奖）
	550kV棒形支柱绝缘子（IV级污秽）
	70151电气化轨道交通用棒形悬式瓷绝缘子
套管与瓷套	126kV有机干式穿墙套管
	500kV SF_6断路器瓷套
复合绝缘子	110kV复合横担绝缘子
	FQX2－25交流牵引线路用棒形复合绝缘子
	FPQ1－10针式复合绝缘子
	电力机车用车顶复合支柱绝缘子
	110～220kV有机棒形支柱绝缘子

（续）

产品分类	新产品名称
避雷器	110kV有机棒形悬式绝缘子
	±500kV直流工程用中性母线E型
	直流滤波器F型无间隙金属氧化物避雷器
	±500kV直流工程用直流母线D型金属氧化物避雷器
	300kV交流系统用线路型悬挂式无间隙金属氧化物避雷器
	110～220kV复合外套座装式氧化锌避雷器
	110～330kV无间隙线路悬挂式氧化锌避雷器
	110～220kV带串联间隙氧化锌避雷器
	YH5WZ2－17/45L带脱离器避雷器
	Y10WL2－2.4/4.9金属氧化物避雷器
	110kV罐式避雷器样机试制完成
	500kV单挂结构避雷器批量生产

2002年绝缘子避雷器行业科研成果20余项，获省级以上鉴定的产品有30余种。2002年绝缘子避雷器行业获奖情况见表9。

表9　2002年绝缘子避雷器行业获奖情况

序号	获奖产品	获奖名称
1	ZSW550/8－20等静压户外棒形支柱绝缘子(抚顺电瓷厂)	国家级新产品
2	ZSW－800/12.5－3户外棒形支柱瓷绝缘子(唐山高压电瓷厂)	国家级新产品
3	FQJ1－25/6、FQJ2－25/6、FQJ3－25/6电力机车车顶复合支柱绝缘子	通过省部级鉴定
4	直流滤波器F型无间隙金属氧化物避雷器	通过省部级鉴定
5	ZSW9－500/12－3、ZSW10－500/12K－3棒形绝缘子	通过省部级鉴定
6	XWP_6－70、XWP6－100耐污盘形悬式瓷绝缘子	通过省部级鉴定
7	110～220kV有机棒形支柱绝缘子	通过省部级鉴定
8	110kV有机棒形悬式绝缘子	通过省部级鉴定
9	126kV有机干式穿墙套管	通过省部级鉴定
10	±500kV直流工程用中性母线E型	通过省部级鉴定

质量及标准　根据国家质量监督检验检疫总局(2002)国监任字第0054号、0016号任务书，由国家质量监督检验检疫总局统一布置，国家绝缘子避雷器质量监督检验中心于2001年12月至2002年1月对绝缘子避雷器行业部分企业进行了国家产品质量监督抽查。此次被抽查企业均为国家经贸委公布的“城乡电网改造推荐目录”中的企业，共计72个，地域分布照顾到全国各地区。此次抽查的产品分别为FXB－110/100复合棒形悬式绝缘子和YH5WS－17/50复合外套无间隙金属氧化物避雷器。

ISO9001：2000标准认证自2001年3月实施以来，行业已有大连电瓷厂、个旧市电瓷厂、辽源市电瓷厂、重庆市华能氧化锌避雷器有限责任公司先后通过认证。2002年绝缘避雷器行业通过认证企业见表10。

表10　2002年绝缘避雷器行业通过认证企业

序号	企业名称	认证标准
1	抚顺电瓷厂	ISO9001：2000
2	唐山市高压电瓷厂	ISO9001：2000
3	湖南醴陵火炬电瓷电器有限公司	ISO9001：2000
4	河南省红星电瓷厂	ISO9001：2000
5	河南金冠王码信息产业股份有限公司	ISO9001：2000
6	景德镇市电瓷电器工业公司	ISO9001：2000
7	温州益坤电气有限公司	ISO9001：2000
8	自贡红星电力设备集团公司	ISO9001：2000
9	河南省长葛市高压电瓷电器工业公司	ISO9001：2000
10	自贡汇东电器有限公司	ISO9001：2000
11	石家庄市发运电器厂	ISO9001：2000
12	襄电集团南漳全昌电力有限公司电瓷厂	ISO9001：2000
13	禹州市金星电瓷制造有限公司	ISO9001：2000
14	科大创新股份有限公司	ISO9001：2000
15	萍乡市腾飞电瓷制造有限公司	ISO9001：2000
16	平邑鲁安电力设备有限公司	ISO9001：2000
17	西安双佳高压电瓷电器有限公司	ISO9001：2000
18	唐山市电瓷厂	ISO9001：2000
19	青州力王橡胶有限公司	ISO9001：2000
20	渭南方正电力器材制造有限公司	ISO9001：2000

2002年行业通过国际质量体系认证监督审核的单位有：牡丹江北方高压电瓷有限责任公司、个旧市高压电瓷厂、西安电瓷研究所、自贡红星高压电瓷有限公司、平邑鲁安电力设备有限责任公司、南京电气(集团)有限责任公司、大连电瓷厂、仪征市电瓷电器有限责任公司、重庆市华能氧化锌避雷器有限公司、浙江电瓷厂有限责任公司、郑州祥和集团绝缘设备制造有限公司、萍乡市第五电瓷厂、山东省垦利县新型电力器材厂、河南金冠王码信息产业股份有限公司、上海电瓷厂、贵州省毕节电瓷厂、西安市兴隆玛钢厂。

第66届IEC大会于2002年10月在北京隆重举行，此次是IEC年会第二次在北京举办。来自世界各国的2 800多名代表参加了会议，其中中国代表300多名。我国绝缘子避雷器行业组成TC36和TC37两个代表团，分别参加了IEC/TC36所属的6个(计划8个)会议和IEC/TC37所属的3个会议。

绝缘子标委会秘书处主要负责IEC/TC36、IEC/TC37国内技术归口工作，2002年共收到IEC/TC36文件60个，避雷器标委会秘书处2002年共收到IEC/TC37文件13个。2002年绝缘子标委会完成制修订国标、行标6项，其中绝缘子标准5项、避雷器标准1项。正在制修订的标准有7项，其中绝缘子标准4项，避雷器标准3项。

国家绝缘子避雷器质量监督检验中心2002年主要工作是受国家技术监督局委托，对110kV棒形悬式复合绝缘子和10kV复合外套金属氧化物避雷器进行了质量监督抽查，并在西安召开发布会，对提高和稳定产品质量起到了积极作用，为国家宏观调控和政府采购提供了依据。全年对行业厂家300多个产品进行了产品的型式试验、定期试验、验收试验及单项试验。与世界第一高压实验室KEMA合作，为两个企业的5种出口型复合外套避雷器产品进行了型式试验的全部检验，提高了试验水平。

基本建设及技术改造 据统计，2002年行业有20个单位进行了基本建设和技术改造，总投资1.2亿元，比上年增长20%以上。

南京电气(集团)有限责任公司为抢抓市场机遇，抓住“债转股”的有利时机，投资5 470万元，成功实施玻璃绝缘子二期工程的技术改造，其生产能力由年产200万只提高到400万只。目前，该公司正在积极筹备建设玻璃绝缘子第三条生产线，投产后，将形成年产600万只玻璃绝缘子的生产能力。

大连电瓷厂于2002年6月新厂建设正式拉开帷幕，新厂规划用地面积138 210m^2。目前，基础工程及部分框架、综合楼强夯检测已完成，新厂区建设初具规模。

西安西电高压电瓷有限公司2002年的重点技改项目是直流重大技术装备国产化创新研制，该项目总投资1 800万元。主要用于完善公用配电设施、建立液体硅橡胶空心绝缘子生产线、采用先进的计算机信息技术，实现企业资源的有效管理等。另外，该公司“九五”技改项目从2000年8月正式开工至2002年2月全面竣工并投入试运行，7月30日顺利通过国家验收。该项目总投资6 204万元。

唐山市高压电瓷厂等静压生产线技术改造项目2002年4月竣工并投入生产，提前一个月完成。该项目已为平顶山高压开关厂成功试制了750kV开关配套棒形绝缘子，完成了沈阳高压开关厂500kV棒形绝缘子的供货合同。

浙江电瓷厂有限责任公司2002年筹建棒形支柱绝缘子生产线，8月破土动工，计划总投资3 893万元，累计完成投资2 405万元。

对外合作 2002年行业企业出国已向考察产品市场转移。出国(或地区)考察企业数和上年相比明显增加。据不完全统计，2002年全行业有10余个单位，共20余人分别赴日本、俄罗斯、美国、巴西、越南、韩国等国家和中国台湾地区进行考察活动。

河南金冠王码信息产业股份有限公司2002年18人分别到日本、俄罗斯、韩国、越南等国家，主要进行技术考察、商务谈判及产品展销。

西安电瓷研究所出国考察10人次。赴俄罗斯对800kV高压避雷器设计与试验方法研究所进行考察及培训；赴美国对复合大套管生产工艺进行考察及培训。

大连电瓷厂5人次赴美国及中国台湾，主要为贸易考查及培训。

郑州祥和集团绝缘设备制造有限公司3人次赴越南考察，商谈有关技术合作项目。

企业结构调整 2002年行业各企业进一步强化企业管理，不断深化企业内部改革，建立适应市场经济的企业制度。

南京电气(集团)有限责任公司作为国家经贸委批准的第二批“债转股”企业，于2002年3月顺利实现“债转股”。此举优化了资本负债结构，降低了资产负债率，实现了投资主体多元化，促进了现代企业制度的建立。

唐山市高压电瓷厂2002年管理创新战略成效显著：①“5S”管理常抓不懈，加大检查力度，使现场管理、清洁生产再上新台阶。②环境管理水平逐年提高，实现了环境与经济双赢。③全面强化质量管理，通过了ISO9001：2000认证。④制定“双限价”管理制度，节支降耗，成效显著。⑤建立激励机制，上不封顶，下不保底。

河南金冠王码信息产业股份有限公司实施了3项制度改革，初步建立了干部能上能下、职工能进能出、收入能增能减、适应现代企业制度要求的、较完善的激励约束机制，取得较好成效。

自贡川盛电瓷有限公司于2002年4月顺利完成了企业经济体制改革，改制更名为“自贡红星高压电瓷有限公司”和“自贡红德高压电器有限公司”两个公司，这两个公司又和自贡市贡井红星标准件厂组成“自贡红星电力设备集团公司”。根据国家和当地政策，完成了国有企业职工身份转换，由原国有企业职工改为民营企业职员，为企业发展创造了良好的内部发展环境。

〔撰稿人：西安电瓷研究所张纪宁　审稿人：西安电瓷研究所吕怀发、姚君瑞〕

继电保护及自动化设备

生产发展情况 2002年行业35个企业统计，由于2001年统计的26个企业尚有5个企业没有统计报表，2002年新增统计企业又无上年统计数据，因此统计数据不能全面对比。但从上报企业情况来看，上年亏损企业2002年尚未扭亏，部分企业的工业总产值、销售收入及利润有所下降，部分企业虽然比上年有增长，但增长比例很小。行业骨干企业许继集团有限公司生产经营持续增长，2002 年销售收入与实现利润分别比上年增长 39%和 10%，湖南湘能许继高科技股份有限公司的销售收入与净利润分别比上年增长 48%和 42%。2002 年继电保护及自动化设备行业主要经济指标见表 1。

表 1 2002 年继电保护及自动化设备行业主要经济指标

指标名称	单位	数量
职工人数	人	16 460
工业总产值(不变价)	万元	445 034
(当年价)	万元	442 168
工业增加值	万元	170 83
产品销售收入	万元	429 908
产品销售税金及附加	万元	2 045
应交增值税	万元	35 195
利润总额	万元	36 226
流动资产平均余额	万元	525 960
年末资产总额	万元	1 205 918
所有者权益	万元	366 823

2002 年行业出口产值为 6 826 万元，比上年增长 134.2%，许继集团与上海继电器有限公司分别出口 5 000 万元与 1 574 万元，比上年增长 156.9%与 99%，贵州天义电器有限责任公司出口 97 万元。

2001 年与 2002 年统计企业具有可比性的 21 个企业主要经济指标完成情况见表 2。

表 2 2001～2002 年继电保护及自动化设备行业 21 个企业主要经济指标

指标名称	单位	2001 年	2002 年	比上年增长(%)
职工人数	人	10 326	9 299	-9.9
工业总产值(不变价)	万元	255 316	366 295	43.5
(当年价)	万元	256 498	358 905	28.5
工业增加值	万元	101 075	144 637	43.1
产品销售收入	万元	270 622	355 254	31.3
产品销售税金及附加	万元	2 397	1 695	-29.3
应交增值税	万元	14 020	15 819	12.8
利润总额	万元	30 027	30 971	3.2
流动资产平均余额	万元	337 084	416 763	23.6
年末资产总额	万元	660 604	824 167	24.7
所有者权益	万元	292 735	330 803	13.0

由表 2 可知，行业的总体经济效益，各项经济指标都有所增加，且增长数字比较大，但利润总额增长较小。

产品分类产量 2002 年继电保护及自动化设备行业 35 个企业销量见表 3。

表 3 2002 年继电保护及自动化设备行业 35 个企业销量

产品名称	单位	销量
继电器	台(只)	4 042 141
保护装置	台(套)	614
变电站自动化装置	台(套)	2 010
调度自动化系统	台(套)	201
RTU	台(套)	1 241
电源装置	台(套)	2 401
箱式变电站	台(套)	69
故障录波装置	台(套)	5 922
低压开关板	台(套)	1 515
继电保护屏	台(套)	19 101
保护及自动化继电器	台(只)	580 742

市场及销售 继电保护及自动化设备行业比上一年略有下降。由于产品向微机化、静态化、小型化及综合自动化方面发展，至使电磁型产品(有或无继电器与量度继电器)产量下降。继电器定点生产厂部分企业改制或转产，有些企业维持原有微机产品，没有对产品升级改造，失去市场。许继集团继续保持良好的发展势头。许继集团主体子公司许继电气股份有限公司对内整合重组，不断完善工作流程，强化制度建设，科研开发有条不紊，不断拓宽业务范围，推出新产品，市场占有率加大。

成都府河电气集团有限公司因综合自动化设备的广范应用，镶嵌式模拟屏订货减少，而新投放市场的 LR2000 型录波屏因性能优越，订货量有较大幅度的增加。

湖南湘能许继高科技股份有限公司电力系统主导产品利用许继的优势，科研开发避开与大厂竞争，2002 年在湖南省主网新建改造项目的招投标中，中标率名列第一，地市级电网改造也占有 1/3。

南昌洪都无线电厂 2002 年基本在国内市场销售，由于受国外产品的影响，全年工业生产总值与工业销售产值较上年略有下降；2003 年将继续稳住国内市场，大力开拓国外市场，力争创汇 60 万美元。

上海继电器有限公司与高校合作生产系列微机故障录波器，已用于伊朗工程；合作开发的 CBZ－6000 系列中低压保护，部分产品已实现销售收入；与日本三菱电机公司合作生产的超高压线路保护，2002 年实现销售收入 15 00 万元。

2002 年继电保护及自动化设备行业 35 个企业销售收入排序见表 4。

表 4 2002 年继电保护及自动化设备行业 35 个企业销售收入排序

序号	企业名称	职工平均人数(人)	工业总产值(万元)		产品销售收入(万元)	工业增加值(万元)	产品销售税金及附加(万元)	利润总额(万元)
			不变价	当年价				
1	许继集团有限公司	4 138	318 038	307 687	342 958	126 152	1 307	27 479
2	阿城继电器集团有限公司	4 013	23 789	28 654	25 969	7 450	225	－1 535
3	深圳市科陆电子科技有限公司	395	14 216	14 216	12 012	7 100	15	2 207
4	上海继电器有限公司	1 002	8 762	9 464	11 391	1 613	68	169
5	贵州天义电器有限责任公司	1 823	11 820	10 300	10 133	3 550	32	2 552
6	保定浪拜迪电气股份有限公司	196	6 405	6 405	7 600	2 182	59	886
7	湖南湘能许继高科技股份有限公司	69	7 061	7 061	6 622	1 063	26	1 775
8	重庆新世纪电气有限公司	301	6 529	6 529	6 389	2 612	87	702
9	阿城继电器三厂	438	1 470	1 470	6 354	537	4	399
10	北京清华紫光测控有限公司	100	6 500	6 500	6 050	4 000	40	520
11	淄博科汇电气有限公司	192	5 530	5 530	5 250	2 655		678
12	保定天威集团继电器厂	663	3 057	3 239	3 443	781	32	8
13	深圳市振华重大新电气有限公司	120	3 941	3 583	3 271	1 177	12	121
14	天津市双源继电器技术有限公司	134	2 418	2 418	2 381	284	11	210
15	昆明电器科学研究所	182	2 369	2 369	2 182	754	11	43
16	成都府河电气集团有限公司	192	2 374	2 138	1 982	931	28	65
17	柳州柳电电气有限公司	163	1 712	1 580	1 428	381	9	17
18	洪都无线电厂	365	202	1 646	1 409	977	18	7
19	阿城继电器二厂	409	868	1 447	1 227	433	8	3
20	上海华通自动化设备厂	98	769	769	769	377	1	105
21	正泰集团乐清市佳利继电器厂	54	830	830	741	80	4	96
22	北京合欣机电有限责任公司	28	221	712	701	747	4	41
23	天津市第二继电器厂	177	740	761	692	294	8	17
24	上海伊利诺继电器有限公司	59	575	729	689	362		116
25	济宁圣龙数控设备有限公司	118	791	791	606	315	5	1
26	北京北继继电器有限责任公司	319	437	501	577	256	4	－128
27	上海永嘉仪表厂	137	360	408	514	167	6	－23
28	苏州苏瑞电气有限公司	160	284	239	338	4		－53
29	长沙长继电气成套设备有限公司	75	202	248	271	80	3	－96
30	天津华荣继电器有限公司	106	140	240	271	81		－59

（续）

序号	企业名称	职工平均人数(人)	工业总产值(万元)		产品销售收入(万元)	工业增加值(万元)	产品销售税金及附加(万元)	利润总额(万元)
			不变价	当年价				
31	鞍山继电器厂	130	90	169	220		4	−172
32	上海灵讯继电器厂	77	193	165	159	93	2	64
33	华申电气自动化设备厂	14	129	129	129	102	0.7	−6
34	重庆华科成套电器有限责任公司	10	42	42	46		0.3	0.07

科技成果及新产品 2002年许继集团推行了科研管理的IPD模式。针对公司内部科研存在的周期过长、壁垒较多、质量不高、人才浪费等问题，推进了一种全新的科研管理模式一集成化研发管理模式。集成化研发管理模式从项目的调研论证、研究开发、产品鉴定及产品的寿命周期等各个环节都注入“市场”和“投资”的概念，实行模块化开发，以确保研发的质量和产品市场占有率，使科研更加贴近市场。2002年共有40项新产品通过省(部)、市级鉴定，其中7项达到国际先进水平，国内领先水平以上项目14项，当年授权专利9项，其中发明专利1项。CBZ－5000变电站自动化系统、SBH－180电铁变压器保护装置等7项获国际先进评价，DCD－76、DCD－210直流电磁铁两项填补国内空白。ZYNB－13三相有源逆变蓄电池放电装置、WCF10微机充电浮充电装置、PANS－2000电网调度自动化系统等获国内先进评价，该40项产品均已投入生产。

江西洪都无线电厂完成JHC－4F电磁继电器及GJ－29F组合继电器新产品设计定型的鉴定；完成4个项目的工艺改进与技术创新，创产值100多万元，JHC－5F产品荣获国家级新产品，JHC－4F产品荣获省优秀新产品一等奖，GJ－29F产品获省优秀新产品二等奖。

保定浪拜迪电气股份有限公司2002年完成新产品开发2项，产品改进升级3项；LBD－MGR型微机发电机一变压器组故障录波装置被国家经贸委认定为国家重点新产品，并通过省级新产品鉴定，2002年进行了技术升级。

上海继电器有限公司2002年完成了新产品开发8项，批量试制鉴定2项。2002年公司连续第10年被认定为“上海市高新技术企业”，可再次享受国家免退税优惠政策。

湖南湘能许继高科技股份有限公司的WFW－3型微机防误闭锁装置达到国内领先水平，WPF－1微机频率分析装置、PV－400远程图像监控系统、CENTRA2000变电站自动化系统和WCK－3200微机测量装置评价为国内先进水平。

成都府河电气集团有限公司新开发的LR2000型录波屏通过部级鉴定后，2002年取得了很好的经济效益。

阿城继电器三厂2002年开发新产品无源电流电压等24种继电器，有4种通过鉴定。

质量及标准 许继集团有限公司继续深入推进“精品工程”，提高企业核心竞争力。要求每个子公司必须准确确定“三大”产品。做到产品设计方案先进，在制定设计方案时，将指标与国内外先进产品对比，与客户的需求对比；建立一个完善的文档管理系统和严格的过程控制体系；严格执行质量管理制度。引进借鉴六西格玛质量管理方法，追求产品质量的零缺陷，2002年许继集团内部一些单位执行了质量招回制度。

保定浪拜迪电器股份有限公司从电磁兼容性能及生产工艺等方面对产品质量进行提升。

南昌洪都无线电厂坚持贯彻执行ISO9000：2000质量管理体系标准，2002年全厂继电器交检合格率达98%以上，质量退货率仅为0.02%，并通过了质量技术监督局每年例行质量抽查，各项质量指标均符合要求。

长沙长继电气成套设备有限公司2002年通过ISO9000:2000的认证转版工作，并进行产品3C认证工作。阿城继电器三厂2002年通过ISO9001质量体系认证及复审工作。

湖南湘能许继高科技股份有限公司2002年通过近一年的努力，按ISO9000:2000版标准建立了公司的质量体系，并顺利通过了中国进出口商品检验总公司质量认证中心(CCIC)对公司的现场审核。12月24日正式获得CCIC颁发的编号为Q1901227的证书。

基本建设及技术改造 许继集团投资1亿元进行超高压输变电设备专项继电保护装置技术改造，投资9 216万元进行配网自动化及水电监控技术改造，投资3 000万元进行直流输电控制保护设备改造项目。保定浪拜迪电气股份有限公司为提高产品质量，投资50万元购买电磁兼容实验设备及产品检验设备；南昌洪都无线电厂投资50万元进行技术改造；成都府河电气集团有限公司投人499万元建设府河大厦；湖南湘能许继高科技股份有限公司投入1 047万元用于公司的办公及生产场地。

对外合作 许继集团±500kV直流输电控制和保护设备技改项目与西门子合作，引进西门子技术，消化吸收，开发具有自己独立知识产权的直流输电控制与保护设备；2002年科研设计人员分批赴德国学习；该项目用于灵宝背靠背直流输电工程，2002年12月正式签订供货合同；与日本日立公司合作，消化吸收日立技术，开发SBH－100系列数字式变压保护和SXH－101(102)数字式线路保护装置。上海继电器有限公司与日本三菱电机公司合作开发超高压线路差动保护，取得了很好的成效，2002年完成销售1 500万元；与瑞典ABB公司在多年合作的基础上进一步拓宽合作领域，经过多轮谈判，于2002年6月续签许可生产协议。7～9月第一批人员赴瑞典培训。

管理及改革 洪都无线电厂继续坚持“求新创异”的工作目标，坚持“持续创新、全员创新、全面创新”的工作理念，一切围绕市场转，全力追求企业品牌价值，追求顾客的满意度，在新产品开发、工艺改进、新产品试制和市场开拓以及各职能科室“信息化管理工作”等方面，作出了较好的成绩。

许继集团管理创新不断深化，2002 年在上年实行中期述职、以经济增加值为主要内容的关键绩效指标考核的基础上，在管理创新方面又做了以下几个方面的尝试：全面实施“日结日变”工作方法，使变化存在于工作的每一天每一个环节。针对管理部门，实行了“定工作总量、定工资总额”的“双定”政策，节约挖潜活动效果明显。2002 年在科研开发方面，坚决杜绝重复立项、重复投资及低水平开发，做到节约从立项和设计抓起。

〔撰稿人：许昌电气研究所钟锡龄〕

生产发展情况 2002 年低压电器全行业工业总产值、产品产量都比上年有所增加，工业总产值达到 220 亿，增幅为 22.2%。2001～2002 年低压电器行业工业总产值前 20 名企业见表 1。

表 1 2002 年低压电器行业工业总产值前 20 名企业

序号	企业名称	工业总产值（万元）		
		2001 年	2002 年	比上年增长（%）
1	正泰集团公司	403 099	590 000	46.4
2	德力西集团有限公司	190 000	350 000	84.2
3	环宇集团有限公司	90 000	200 000	122.2
4	江苏长江电气集团有限公司		100 000	
5	常熟开关厂	48 598	65 000	33.8
6	杭州之江开关有限公司		38 000	
7	北开电气股份有限公司	36 000	37 000	2.7
8	上海人民电器厂	32 100	36 000	12.1
9	上海精益电器厂		23 000	
10	浙江电器开关厂（上海华通开关厂五分厂）		20 000	
11	浙江森泰电器厂		20 000	
12	广州南洋电器厂		15 900	
13	广东珠江开关有限公司	11 700	13 800	17.9
14	上海电器成套厂	14 300	13 300	−9.0
15	天津百利低压电器公司		12 000	
16	长征电器九厂	8 700	7 600	−12.6
17	桂林机床电器有限公司		6 300	
18	长征电器一厂	6 966	5 400	−22.5
19	上海第三开关厂	7 300	5 200	−28.8
20	北京机床电器有限公司		4 000	

一年来，随着市场经济进一步深入发展，民营企业、三资企业都有长足进步。

2002 年全行业约有 1 000 个企业，按企业个数计，民营企业占 60%，外资企业占 20%，国有企业（正在向股份制改造）占 20%，见图 1。

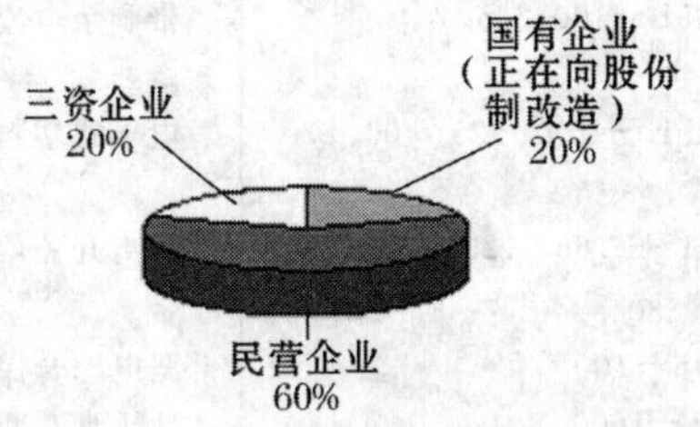

图 1 2002 年低压电器企业按资产性质的分布情况

市场及销售 2002 年低压电器产品市场分布情况见图 2。2002 年低压电器行业重点产品产量见表 2。

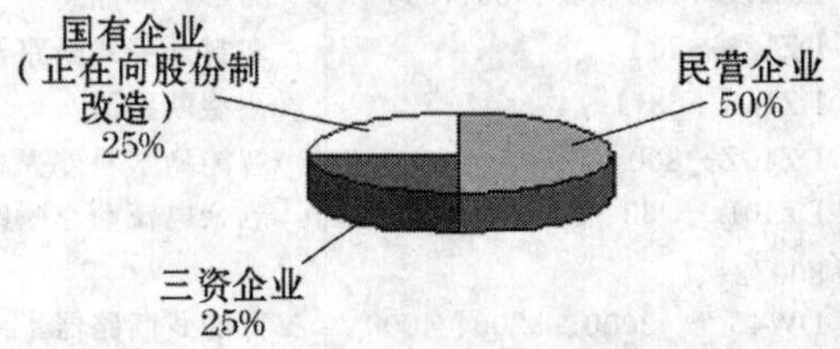

图 2 2002 年低压电器产品市场分布情况

表 2 2002 年低压电器行业重点产品产量

产品名称	单位	产量
万能式断路器	万台	47
塑料外壳式断路器	万台	1 400
小型断路器	万极	14 000
交流接触器	万台	4 000
漏电断路器	万台	1200

2002 年电器工业“通断及电路保护装置及零件”产品出口比 2001 年增长 17.5%，出口达 8 030 万美元。进口增长 21.3%，达 9 013 万美元，逆差达 983 万美元。

2002 年外企发展迅速，前景看好。几乎所有国际著名的生产低压电器公司，都纷纷登陆中国。已经进入中国市场的公司，又纷纷增加投资，扩展在华业务，绝大部分外企在华投资都已盈利。外企普遍都有严格的管理、先进的工艺、良好的服务，在低压电器市场中占有一定的优势，可以预见，未来的低压电器市场竞争将更加激烈。

新产品 20 世纪 90 年代在跟踪国外先进技术的基础上，国内新开发研制的新产品主要有 DW45 万能式断路器、S 系列塑料外壳式断路器、CJ45(CJ40)交流接触器等都已达到 20 世纪 90 年代水平，特点是高性能、小型化、电子化、智能化、组合化、模块化、多功能化。

这批新产品进入市场以后，深受广大用户欢迎，近几年来产品产量稳步增长。如 DW45 万能式断路器 2001 年全国产量 2.5 万台，产值约 4 亿，而 2002 年 DW45 万能式断路器全国产量 5 万台，比上年增长 1 倍，占 2002 年同类万能式断路器产量的 50%以上。

常熟开关厂生产的CM1塑料外壳式断路器2002年产量达到64.66万台，比2001年增长25%。

2002年申请注册的低压电器型号共134项见表3。

表3 2002年申请注册的低压电器产品型号

序号	行业型号	产品名称	申请单位	企业型号
1	DZ45L—100、225/4	带剩余电流保护塑料外壳式断路器	常熟开关厂	CM1L—100、225/4
2	DZ45E—100、225、400、630、800	电子式塑料外壳式断路器	常熟开关厂	CM1E—100～800/3
3	HH17—63、125、160、250、400、630	隔离开关熔断器组	上海石泰电器有限公司	
4	AB16—100	漏电综合保护器	杭州临安乾龙电器有限公司	QLL1—100
5	DK5—1600	低压真空断路器	成都旭光电子股份有限公司	XGDK2—1600
6	HH26—63/1～3	开关熔断器组	上海电器陶瓷厂	STK—63/1～3
7	AG40—11、12	浪涌过电压保护器	南通信达电器有限公司	TDX—11、12
8	HD17S—200、400、630、1000、1600	刀形隔离器	慈溪市宇光电气有限公司	
9	HS17S—200、400、630、1000	刀形转换隔离器	慈溪市宇光电气有限公司	
10	DZ127—800	塑料外壳式断路器	上海第三开关厂	3KM1—800
11	DZ243—63/1～4	小型断路器	杭州之江开关有限公司	HSM—63/1～4
12	DZ40Z—800	智能型塑料外壳式断路器	杭州之江开关有限公司	HSZ—800
13	DZ40L—63、100、200、400、800/3、4	剩余电流动作断路器	杭州之江开关有限公司	HSL—63～800/3、4
14	DW45—2000、3200、4000、6300/3、4	万能式断路器	杭州之江开关有限公司	HSW1—2000、3200、4000、6300/3、4
15	DW15HH—2000、4000/3、4	万能式断路器	杭州之江开关有限公司	HSW2—2000、4000/3、4
16	TZ3—125、160、250、400、630(800)	双电源自动切换装置(自动转换开关电器)	杭州之江开关有限公司	HSQ1—125～630(800)
17	DZ261—63、100、225、400、630/3300	塑料外壳式断路器	浙江电器开关厂	ZM30—63～630/3300
18	DZ15LE—40、100	漏电断路器	北京亿源龙盛电器有限责任公司	YYSM3L—40、100
19	DZL25—100	漏电断路器	北京亿源龙盛电器有限责任公司	YYSL5—100
20	DZ20L—160、250、400	漏电断路器	北京亿源龙盛电器有限责任公司	YYSM7L—160、250、400
21	DZ150—63	小型断路器	北京亿源龙盛电器有限责任公司	YYSM1—63
22	DZ150L—50	漏电断路器	北京亿源龙盛电器有限责任公司	YYSM1L—50
23	LW19—16	万能转换开关	汕头市东亚电器厂	EW1—16
24	LW12—16	万能转换开关	北京第一低压电器有限责任公司	
25	DZ438—63/1～4	小型断路器	上海河村电器有限公司	KWB1—63/1～4
26	DZ438L—63/1N、2、3、3N	漏电断路器	上海河村电器有限公司	KWB1L—63/1N、2、3、3N
27	DZ439—32	小型断路器	上海河村电器有限公司	KWB2—32
28	TP3—125～3150	自动转换开关电器	苏州飞腾电器有限公司	WN3—125～3150
29	TP1—160	自动转换开关电器	上海环齐电控设备有限公司	HYQ1—160
30	DW45—2000、3200/3、4	万能式断路器	湖北开关厂	HBW1—2000、3200/3、4
31	DZ251—32	小型断路器	浙江华航电气股份有限公司	HHB2—32
32	DZ251L—32	漏电断路器	浙江华航电气股份有限公司	HHB2L—32
33	DZ150—63/1～3	小型断路器	中国民扬电器集团有限公司	MYB47—63/1～3
34	DZ150L—32/1N、3N	漏电断路器	中国民扬电器集团有限公司	MYB47LE—32/1N、3N
35	DZ20J—1250、2000	塑料外壳式断路器	浙江华一电器厂	ZHM30—1250、2000
36	CJ20—10、16、25、40	交流接触器	常熟开关厂	CK1—10、16、25、40
37	CJ46—9～170	交流接触器	正泰集团公司	NC3—9～170
38	CJ127—9、12、16、25、32、40	交流接触器	正泰集团公司	NC8—9～40
39	JZ24—40、31、22	接触器式继电器	正泰集团公司	NRC8—40、31、22

(续)

序号	行业型号	产品名称	申请单位	企业型号
40	JR28—11、5	热过载继电器	正泰集团公司	NR2—11、5
41	JR29—25～370	热过载继电器	正泰集团公司	NR3—25～370
42	HL12—100/1～4	隔离开关	正泰集团公司	NH2—100/1～4
43	HL13—63/1～2	隔离开关	正泰集团公司	NH3—63/1～2
44	AG1—230	浪涌保护器	正泰集团公司	NU9—230
45	CJ129—20	家用交流接触器	正泰集团公司	NCH8—20
46	DZ494—32	小型断路器	正泰集团公司	NBH8—32
47	DZ267—32	小型断路器	正泰集团公司	
48	DZ267L—32	漏电断路器	正泰集团公司	
49	DZ496—63、100、225、400、630、800	塑料外壳式断路器	正泰集团公司	HM1—63～800
50	DW15HH—2000/3、4	万能式断路器	正泰集团公司	NA15—2000/3、4
51	DZL497—20、32、20G、32G	漏电断路器	正泰集团公司	NL18—20、32、20G、32G
52	DZL18—20	漏电断路器	正泰集团公司	
53	DZ12LE—60	漏电断路器	正泰集团公司	
54	DZ20L—160、250、400	漏电断路器	正泰集团公司	
55	DZ15—40、100	塑料外壳式断路器	正泰集团公司	
56	DZ15LE—40、100	漏电断路器	正泰集团公司	
57	DZ496L—100、225、400	漏电断路器	正泰集团公司	NM1LE—100、225、400
58	LA104—10、01、11	按钮	正泰集团公司	NP2—10、01、11
59	LA106—1～5、1～4A	控制按钮	正泰集团公司	NP3—1～5、1～4A
60	LA107—	按钮	正泰集团公司	NP4—
61	LA109—230、215、210	控制按钮	正泰集团公司	NP5—230、215、210
62	LA112—11、22	按钮	正泰集团公司	NP6—11、22
63	JRD34—40	电子式热过载继电器	正泰集团公司	NRE8—40
64	JD112—250	监相监幅漏电保护继电器	正泰集团公司	NJL—1
65	DW49—1600、3200/3、4	万能式断路器	常州市凯隆电器有限公司	CKW88—1600/3、4、3200/4
66	DW45—2000、3200/3、4	万能式断路器	常州市凯隆电器有限公司	CKW55—2000、3200/3、4
67	DZ483—100、225、400、630	塑料外壳式断路器	亚洲华东电气集团有限公司	EAM1—100、225、400、630
68	DZL18—20	漏电断路器	浙江天正电气股份有限公司	TGM18L—20
69	DZ148—63、100、225、400、630、800、1250、1600、2000	塑料外壳式断路器	天津市百利低压电气有限公司	TM30—63～2000
70	DW45—2000、3200/3、4	万能式断路器	天津市百利低压电气有限公司	TW30—2000、3200/3、4
71	JR20—10、16、25、63、160	热过载继电器	黄山市众达电器有限公司	TQR2—10、16、25、63、160
72	PZ32—8、12、16、20、24	模数化终端组合电器	上海河村电器有限公司	KWP1—8、12、16、20、24
73	JD36—250	鉴相鉴幅漏电保护继电器	温州市保加利电器有限公司	
74	DZ507—100/1～3	塑料外壳式断路器	浙江森泰电器厂	TSM2—100/1～3
75	HL11—100/1～4	隔离开关	浙江森泰电器厂	TSH1—100/1～4
76	DZ266L—32	漏电断路器	浙江森泰电器厂	TSML1—32
77	LX42—10、01、11	微动开关	上海飞鸽电器厂	FGX
78	DK2—1000、1600、2500、3200	低压真空断路器	安阳优创电器有限责任公司	
79	DZ461—100、225、400、630	塑料外壳式断路器	上海华东电器集团有限公司	KCM1—100、225、400、630
80	DW45—3200	万能式断路器	江苏凯帆电器有限公司	KFW2—3200
81	DZ508—100、225	塑料外壳式断路器	温州市保加利电器有限公司	PJM1—100、225
82	DZ191—630/3、4	塑料外壳式断路器	ABB新会低压开关有限公司	ISOMAXS5H
83	DZ371—25、63	塑料外壳式断路器	北京西门子电器有限公司	3VU13、3VU16
84	CJ43—9～400	交流接触器	苏州西门子有限公司	3TF系列
85	CJ141—9～400	可逆接触器	苏州西门子有限公司	3TD系列
86	JR39—14、5～400	热过载继电器	苏州西门子有限公司	3UA系列
87	JZ31	接触器式继电器	苏州西门子有限公司	3TH系列
88	JZ32—	接触器式继电器	苏州西门子有限公司	3TH系列
89	CJ142—9、12、16、22、32	交流接触器	苏州西门子有限公司	3TB系列
90	DZ142L—40	漏电断路器	邢台鑫明电器有限公司	PXNL—40
91	DZ512Y—100	塑料外壳式断路器	浙江东海成套电器有限公司	DCM1—100L
92	LA42	按钮	上海天逸电器有限公司	
93	AD17—22	半导体信号灯	上海天逸电器有限公司	

（续）

序号	行业型号	产品名称	申请单位	企业型号
94	DW45－2000、3200/3、4	万能式断路器	浙江电器开关厂	ZW1－2000、3200/3、4
95	HS17S－100、200、400、630、1000、1600/3	刀形转换隔离器	宁波燎原电器厂	
96	DZ441L－50/1N、3N、2～4	漏电断路器	TCL国际电工(惠州)有限公司	TIB1L－50/1N、3N、1～4
97	DZ442－32	小型断路器	TCL国际电工(惠州)有限公司	TIB2－32
98	DZ442L－32	漏电断路器	TCL国际电工(惠州)有限公司	TIB2L－32
99	DW45G－2000、3200/3、4	隔离开关	常熟开关厂	CW1G－2000、3200/3、4
100	DZ363－100、225、400、630	塑料外壳式断路器	西安市电器成套设备厂	XDCM1－100、225、400、630
101	DW45－2000、3200/3、4	万能式断路器	常熟市通润开关厂有限公司	TRW1－2000、3200/3、4
102	DZ30－32	小型断路器	正泰集团公司	
103	QC22－25	交流电动机起动器	正泰集团公司	NS2－25
104	QJZ3－10、14、17、20、22、28、30、37、40、45、55、75	综合保护减压起动器	正泰集团公司	
105	LA108－01、10等	按钮	江阴长江电器有限公司	CJK22－01、10等
106	AD21－22	信号灯	江阴长江电器有限公司	CJK22
107	DZ158－100/1～4	小型断路器	正泰集团公司	
108	DZ464Y－100、225	塑料外壳式断路器	温州正普电器有限公司	ZPM1－100L、225L
109	DZ459－100/1～3	小型断路器	长城电器集团有限公司	YCB1－100/1～3
110	DZ456－63/1～4	小型断路器	上海华航电气有限公司	HCB26－63/1～4
111	DZ456L－40/3N	漏电断路器	上海华航电气有限公司	HCB26LE－40/3N
112	DZ452－100、225、400/3、3N、4	塑料外壳式断路器	浙江森泰电器厂	TSM21－100、225、400
113	DZ452L－100、225/3、3N、4	漏电断路器	浙江森泰电器厂	TSM21L－100、225
114	DZ541L－40	漏电断路器	浙江森泰电器厂	TSM3L－40
115	DZ473－32	小型断路器	浙江天正电气股份有限公司	TGM30－32
116	DZ473L－32	漏电断路器	浙江天正电气股份有限公司	TGM30L－32
117	DZ543L － 40/4901、100/3N901	漏电断路器	天正集团有限公司	TGM15L － 40/4901、100/3N901
118	QR7－45	软起动器	天正集团有限公司	TGS2－45
119	DZ336－63/1～3	小型断路器	精达电器集团有限公司	JD156－63/1～3
120	DZ291－32	小型断路器	精达电器集团有限公司	JD157－32
121	DZ291L－32	漏电断路器	精达电器集团有限公司	JD157L－32
122	DZ293－32	小型断路器	上海立泰电器有限公司	LTDM2－32
123	DZ293L－32	漏电断路器	上海立泰电器有限公司	LTDM2LE－32
124	DZ282－63/1～3	小型断路器	上海立泰电器有限公司	LTDM5－63/1～3
125	DZ481－63/1～3	小型断路器	张家港市尖端时代电气有限公司	ZJDB8－63/1～3
126	DZ481L－50/1N	漏电断路器	张家港市尖端时代电气有限公司	ZJDB8LE－50/1N
127	DZ188Y－63、100、225、400、630/3300	塑料外壳式断路器	温州麦克力电气有限公司	MM1 － 63L、100L、225L、400L、630L/3300
128	DZ546－225/3300	塑料外壳式断路器	乐清市嘉泰电器有限公司	JTXM2－225M/3300
129	DZ547－63/1～3	小型断路器	北京维展电器有限公司	WZB1－63/1～3
130	DZ547L－50/1～3、1N、3N	漏电断路器	北京维展电器有限公司	WZB1L－50/1～3、1N、3N
131	DZ548L－32	漏电断路器	北京维展电器有限公司	WZB2L－32
132	DZ549－63/1～3	小型断路器	乐清市时代电器有限公司	LNB1－63/1～3
133	DZ549L－32/1N	漏电断路器	乐清市时代电器有限公司	LNB1L－32/1N
134	CJ147－20	交流接触器	乐清市时代电器有限公司	LNC1－20

质量及标准　(1)标准制修订工作。全国低压电器标准化技术委员会目前归口的国内标准共66项，国标34项，行标32项。现行国家标准中，强制性标准25项，推荐性标准9项；等同采用国际标准25项，修改采用(含非等效采用)国际标准9项。

2002年完成制修订国家标准7项。制订国标4项，修订国标3项，截止到2002年底，低压电器对应的IEC出版物57项，其中国际标准52项，技术报告5项。

(2)国际标准化工作。2002年共收到IEC文件194份，投票50份。结合我国的实际情况提出了意见，有些已被IEC所接受，维护了我国的利益。

参加SC17B/WG5:《断路器和类似设备》工作组，负责与断路器有关的设备标准起草。准备参加SC23E/WG1:《家用和类似用途微型断路器》、SC23E/WG2:《防触电保护设备》工作组，负责家用和类似用途的剩余电流保护配电、防触电设备的标准起草。

组成20人代表团参加了2002年在北京召开的第66届IEC年会中与低压电器相关的9个TC/SC及工作组会议。另外，还派员参加了SC37A低压电涌保护器、TC81:《雷电保护》的相关会议。

(3)重要技术标准研究和申报工作。IEC/17B制订了IEC62026《低压开关设备和控制设备控制器－设备接口》，我国已制订了相应的国家标准。该标准在实际应用时应结合低压电器与接口间的通讯协议。国外各总线都有自己的通讯协议，但没有统一的标准。目前影响较大的公开的现场总线技术有三种:DeviceNet、ModBus、Profibus，此外，在建筑电器和工业设备领域内，还有另外3种现场总线(InterBus、AS－I、Lonwork)也有相当的影响。在过程控制领域里FF、WorldFIP、CC－LINK、CAN总线也有相当的影响。这些行业都是低压电器的传统应用领域。

2002年初，上报了关于“低压电器与接口间的通讯协议”的重要技术标准研究项目。现场总线技术是当今自动化领域技术发展的热点课题，现场总线技术控制系统(FCS)将是21世纪自动控制系统的主流，也是电力系统和低压电器的主流控制技术。在现场总线领域中，各现场总线技术的竞争异常激烈，同时由于电力系统的特殊性，各种矛盾更加突出，世界上各种流派对我国都有不同程度的影响。

低压电器行业通用的开放现场总线，通过通讯单元(网桥结构)与各种上层现场总线(如可分别与DeviceNet、ModBus、Profibus)通讯。这样我国广大中小企业的产品只要采用这个通用的低层总线，就可以直通大部分公开的现场总线，因此现场总线的技术壁垒可以打破，对整个行业意义重大。

(4)标委会清理整顿工作。按照国家标准化管理委员会的要求，标委会于2002年7月完成了自查，并于2002年8月上报，现已由国标委批复。

全国低压电器标准化技术委员会于2002年12月8～11日在海南省三亚市召开了第二届四次会议，审查了2002年制修订的标准并向委员通报了换届等事宜。

(5)强制性产品认证(CCC认证)。国家质量监督检验检疫总局、中国国家认证认可监督管理委员会于2001年12月3日发布2001年第33号公告，发布《第一批实施强制性产品认证的产品目录》共有19类132种产品。其中第三类就是低压电器(共9种)，包含了低压电器几乎所有的产品。

为了配合政府的3C认证工作，中国电器工业协会通用低压电器分会在“低压电器信息”每期都刊登有关强制性产品认证的信息，解答会员单位有关强制性产品认证方面的疑问，并且请中国质量认证中心的专家召开介绍会，深受与会代表欢迎。

(6)行业打假情况。受国家质量检验检疫总局执法督查司委托，中国电器工业协会召开了“低压电器企业打假工作座谈会”。2002年9月29日，中国电器工业协会低压电器“打击假冒，保护名优”协作网在京正式组成。该协作网是在国家质检总局执法督司(打假办)指导下，由一批电器行业的排头兵，同时受假冒伪劣侵害严重的名优产品生产企业组成的。其主要任务:贯彻全国整顿和规范市场经济秩序各项部署，发挥中介作用，与质检行政执法部门形成案件举报信息网络、联动网络、监督执法网络，有效地协助全国质检系统开展打击生产假冒伪劣低压电器产品违法行为活动，保护名优企业和消费者的合法权益，增强行业自律，共同维护“诚信”的经营道德。

近年来，假冒伪劣低压电器问题十分突出，严重危及广大人民群众的财产安全。2002年9月11～15日，根据正在筹备中的协作网举报，国家质检总局执法督查司分别组织协调有关省市质量技术监督部门开展了两次打假行动，查获了一批制造假冒常熟开关厂、天津梅兰日兰〔施耐德(中国)公司〕和杭州之江开关厂等3家协作网成员单位产品。从近几年的打假工作实践看，当前造假行为具有“一点多品牌”的特点，即一个制假窝点制造的产品往往同时假冒多个品牌，涉及多个受害厂家。在这种情况下，企业单兵作战调查假冒伪劣线索并向有关执法部门举报，不如联合起来集中力量打歼灭战有效，而且联合起来能够减少单个企业的人力、财力投入，还能实现资源共享。

〔撰稿人:中国电器工业协会通用低压电器分会梁顺林 审稿人:中国电器工业协会通用低压电器分会季慧玉、曲德刚〕

防爆电器

生产发展情况 截止至2002年底，全国生产防爆电器产品的企业大约有160余个，年产值约11亿元。2002年防爆电器行业总体经济形势较好，是近几年发展最快的一年，各项经济指标保持较快的增长速度。纵观全行业生产发展形势主要有以下特点:一是民营企业发展进一步加快，防爆电器行业基本以中、小型企业为主体，民营企业占主导地位，民营企业数量、销售额和市场占有率均已达到全行业的80%以上。温州防爆电器行业经过10多年的艰苦创业，已成为全国重要的防爆电器生产基地。根据行业统计，温州防爆电器的生产企业约占全国同行企业的1/3，产品销售额和市场占有率已达到全国的60%。二是国有企业数量进一步减少，现有的国有企业已基本转型为股份制运行，由于加快了企业结构调整，大多数企业已走出困境，企业经济效益明显好转。但由于各方面的原因，国有企业整体经济效益与民营企业相比仍有较大差距。三是由于煤矿经济形势好转，矿用防爆电器产品生产企业基本摆脱了多年发展停滞不前的局面，企业经济运行全面走向复苏，大多数企业已从亏损状态转入盈利的良性阶段。

2002年据全行业42个主要企业统计，职工总数17 724人，比上年减少8.7%，其中工程技术人员1 946人，完成工业产值82 468万元，比上年增长10.2%，实现利润6 486万元，比上年增长68.9%。2001～2002年防爆电器行业前20名骨干重点企业完成的工业总产值、工业增加值、2002年总资产贡献率、全员劳动生产率、经济效益综合指数排序见表1～表5。

表1 2002年防爆电器行业工业总产值(当年价)前20名

序号	企业名称	工业总产值		
		2002年(万元)	2001年(万元)	比上年增长(%)
1	浙江华荣防爆电器有限公司	1 1615	8 013	45.0
2	徐州煤矿机械厂	9 120	7 406	23.1
3	浙江电光防爆电器有限公司	7 100	6 498	9.3
4	江苏恒通电气仪表有限公司	6 400	5 200	23.1
5	浙江振达防爆电器有限公司	5 800	5 330	8.8
6	乐清市八达真空电器开关厂	5 760	4 780	20.5
7	沈阳市中兴防爆电器总厂	5 650	5 700	—0.9
8	合肥合开防爆电器有限公司	5 224	4 420	18.2
9	浙江华夏防爆电气有限公司	5 115	4 800	6.6
10	上海电器厂	4 833	4 063	19.0
11	中国飞策防爆电器有限公司	4 800	3 800	26.3
12	浙江佳洲电器有限公司	4 280	4 233	1.1
13	安徽宝龙电器有限公司	4 037	4 025	0.3
14	河南济源煤炭高压开关厂	3 937	2 603	51.2
15	人民电器集团防爆电器有限公司	3 500	3 100	12.9
16	沈阳北方防爆电器厂	3 239	3 200	1.2
17	中国燎原防爆电器有限公司	3 000	2 178	37.7
18	沈阳防爆电器制造总厂	1 200	1 050	14.3
19	淄博市博山防爆电器厂有限公司	1 076	890	20.9
20	开封市防爆电器有限公司	1 018	860	18.4

表2 2002年防爆电器行业工业增加值前20名

序号	企业名称	工业增加值		
		2002年(万元)	2001年(万元)	比上年增长(%)
1	浙江华荣防爆电器有限公司	3 876	2 448	58.3
2	徐州煤矿机械厂	3 090	2 817	9.7
3	浙江电光防爆电器有限公司	2 485	2 238	11.3
4	江苏恒通电气仪表有限公司	2 300	2 200	4.6
5	浙江振达防爆电气有限公司	2 136	1 685	27.6
6	沈阳北方防爆电器厂	2 057	1 877	9.6
7	中国飞策防爆电器有限公司	2 018	1 850	9.1
8	上海电器厂	1 970	1 980	—
9	浙江华夏防爆电气有限公司	1 917	1 820	5.3
10	沈阳市中兴防爆电器总厂	1 880	1 784	5.4
11	乐清市八达真空电器开关厂	1 600	1 520	5.3
12	合肥合开防爆电器有限公司	1 530	1 304	17.3
13	河南济源煤炭高压开关厂	1 463	1 041	40.5
14	浙江佳洲电器有限公司	1 284	1 100	16.7
15	中国燎原防爆电器有限公司	903	703	28.4
16	安徽宝龙电器有限公司	870	795	9.4
17	淄博市博山防爆电器厂有限公司	370	212	74.5
18	人民电器集团防爆电器有限公司	360	320	12.5
19	开封市防爆电器有限公司	168	128	31.2
20	沈阳防爆电器制造总厂	66	52	31.2

表 3　2002 年防爆电器行业总资产贡献率前 20 名

序号	企　业　名　称	全国标准值（%）	总资产贡献率（%）
1	浙江华荣防爆电器有限公司	10.7	40.2
2	江苏恒通电气仪表有限公司	10.7	36.5
3	浙江电光防爆电器有限公司	10.7	27.7
4	中国飞策防爆电器有限公司	10.7	26.3
5	乐清市八达真空电器开关厂	10.7	26.3
6	人民电器集团防爆电器有限公司	10.7	26.0
7	浙江佳洲电器有限公司	10.7	25.6
8	浙江振达防爆电气有限公司	10.7	24.4
9	浙江华夏防爆电气有限公司	10.7	23.0
10	沈阳北方防爆电器厂	10.7	20.5
11	沈阳市中兴防爆电器总厂	10.7	19.0
12	中国燎原防爆电器有限公司	10.7	19.0
13	河南济源煤炭高压开关厂	10.7	15.2
14	合肥合开防爆电器有限公司	10.7	14.6
15	开封市防爆电器有限公司	10.7	14.0
16	上海电器厂	10.7	6.8
17	安徽宝龙电器有限公司	10.7	6.8
18	淄博市博山防爆电器厂有限公司	10.7	6.7
19	徐州煤矿机械厂	10.7	3.6
20	沈阳防爆电器制造总厂	10.7	1.2

表 4　2002 年防爆电器行业全员劳动生产率前 20 名企业

序号	企　业　名　称	全国标准值（元/人）	全员劳动生产率（元/人）
1	浙江电光防爆电器有限公司	16 500	142 000
2	沈阳北方防爆电器厂	16 500	138 986
3	乐清市八达真空电器开关厂	16 500	121 212
4	浙江华夏防爆电气有限公司	16 500	95 373
5	浙江佳洲电器有限公司	16 500	88 552
6	浙江华荣防爆电器有限公司	16 500	64 279
7	江苏恒通电气仪表有限公司	16 500	59 278
8	中国飞策防爆电器有限公司	16 500	56 845
9	浙江振达防爆电气有限公司	16 500	52 884
10	中国燎原防爆电器有限公司	16 500	48 584
11	沈阳市中兴防爆电器总厂	16 500	44 311
12	上海电器厂	16 500	40 983
13	人民电器集团防爆电器有限公司	16 500	34 285
14	淄博市博山防爆电器厂有限公司	16 500	24 832
15	安徽宝龙电器有限公司	16 500	24 453
16	河南济源煤炭高压开关厂	16 500	22 859
17	徐州煤矿机械厂	16 500	18 637
18	开封市防爆电器有限公司	16 500	14 000
19	合肥合开防爆电器有限公司	16 500	12 619
20	沈阳防爆电器制造总厂	16 500	5 500

表 5　2002 年防爆电器行业经济效益综合指数前 20 名企业

序号	企　业　名　称	经济效益综合指数
1	浙江华荣防爆电器有限公司	2.57
2	浙江电光防爆电器有限公司	2.46
3	浙江佳洲电器有限公司	2.44
4	浙江华夏防爆电气有限公司	2.42
5	中国飞策防爆电器有限公司	2.37
6	江苏恒通电气仪表有限公司	2.36
7	沈阳北方防爆电器厂	2.28
8	浙江振达防爆电气有限公司	2.27
9	乐清市八达真空电器开关厂	2.08
10	沈阳市中兴防爆电器总厂	2.02
11	中国燎原防爆电器有限公司	2.00
12	人民电器集团防爆电器有限公司	1.98
13	河南济源煤炭高压开关厂	1.86
14	安徽宝龙电器有限公司	1.76
15	合肥合开防爆电器有限公司	1.21
16	淄博市博山防爆电器厂有限公司	1.06
17	开封市防爆电器有限公司	0.96
18	上海电器厂	0.83
19	徐州煤矿机械厂	0.46
20	沈阳防爆电器制造总厂	0.36

市场及销售　2002 年矿用防爆电器和厂用防爆电器供需市场是近几年最好的，产品销售量和销售额均比上年有较大增长。2002 年全行业产品销售额为 81 640 万元，比上年增长 12.6%，2002 年防爆电器行业产品分类产、销量见表 6，2001～2002 年防爆电器行业产品销售收入前 20 名企业见表 7。

表 6　2002 年防爆电器行业产品分类产、销量

产　品　名　称	产量（台）	比上年增长（%）	销量（台）	销售额（万元）
矿用隔爆型高压配电装置	2 448	10.8	2 280	8 208
矿用隔爆型电磁起动器	72 300	11.0	69 000	16 561
矿用隔爆型馈电开关	12 340	12.0	11 200	6 628
矿用隔爆型检漏继电器	3 860	19.5	3 670	787
矿用隔爆型变压器综合装置	6 830	16.2	6 280	1 885
矿用隔爆型成套电控设备	1 480	6.5		
矿用隔爆型主令电器	158 000	20.0	149 600	1 796
矿用隔爆型插接电器	41 000	17.2	38 000	912
矿用隔爆型接线盒	240 000	35.0	224 000	3 136
厂用防爆配电箱	16 800	36.6	14 900	8 946
厂用防爆电磁起动器	9 400	19.6	9 200	1 350

（续）

产　品　名　称	产量(台)	比上年增长(%)	销量(台)	销售额(万元)
厂用防爆操作柱	52 000	23.8	48 600	5 952
厂用防爆控制按钮	143 000	14.5	138 000	2 070
厂用防爆接线盒	49 600	21.0	440 000	3 048

表 7　2001～2002 防爆电器行业产品销售收入前 20 名企业

序号	企　业　名　称	2002 年(万元)	2001 年(万元)	比上年增长(%)
1	浙江华荣防爆电器有限公司	11 267	8 013	40.6
2	徐州煤矿机械厂	9 068	7 980	13.6
3	江苏恒通电气仪表有限公司	6 876	5 540	24.1
4	浙江电光防爆电器有限公司	6 700	6 600	1.5
5	浙江振达防爆电气有限公司	5 620	4 970	13.1
6	沈阳市中兴防爆电器总厂	5 606	5 668	−1.1
7	乐清市八达真空电器开关厂	5 590	4 943	13.1
8	浙江华夏防爆电气有限公司	5 013	4 800	4.4
9	合肥合开防爆电器有限公司	4 820	4 066	18.5
10	中国飞策防爆电器有限公司	4 786	3 800	25.9
11	上海电器厂	4 372	4 086	7.0
12	安徽宝龙电器有限公司	3 945	3 910	0.8
13	浙江佳洲电器有限公司	3 788	3 618	4.7
14	沈阳北方防爆电器厂	3 138	2 874	9.2
15	河南济源煤炭高压开关厂	3 075	1 989	54.6
16	人民电器集团防爆电器有限公司	3 000	2 700	11.0
17	中国燎原防爆电器有限公司	2 900	2 341	23.9
18	沈阳防爆电器制造总厂	1 500	1 140	31.6
19	淄博市博山防爆电器厂有限公司	1 022	890	14.8
20	开封市防爆电器有限公司	840	760	10.5

2002 年防爆电器行业向俄罗斯、越南、孟加拉国、印度尼西亚、尼日利亚、哈萨克斯坦等国出口矿用高压配电装置、矿用电磁起动器、厂用防爆配电箱、厂用防爆操作柱、厂用防爆接线盒、厂用防爆灯具等各类防爆电器 10 万余台(套)，出口创汇 680 万美元。

2002 年防爆电器行业销售收入超 2 000 万元企业见表 8。

表 8　2002 年防爆电器行业销售收入超 2000 万元企业

序号	企　业　名　称	销售收入(万元)
1	浙江华荣防爆电器有限公司	11 267
2	徐州煤矿机械厂	9 068
3	江苏恒通电气仪表有限公司	6 876
4	浙江电光防爆电器有限公司	6 700
5	浙江振达防爆电气有限公司	5 620
6	沈阳市中兴防爆电器总厂	5 606
7	乐清市八达真空电器开关厂	5 590
8	浙江华夏防爆电气有限公司	5 013
9	合肥合开防爆电器有限公司	4 820
10	中国飞策防爆电器有限公司	4 786
11	上海电器厂	4 372
12	安徽宝龙电器有限公司	3 945
13	浙江佳洲电器有限公司	3 788
14	沈阳北方防爆电器厂	3 138
15	河南济源煤炭高压开关厂	3 075
16	人民电器集团防爆电器有限公司	3 000
17	中国燎原防爆电器有限公司	2 900

科技成果及新产品　2002 年浙江华荣防爆电器有限公司开发的“多媒体防爆广告播放设备”通过了国家防爆电气产品检测中心检测，并获得国家专利(专利号为 ZL03300382.3)，标志着我国防爆处理技术与计算机技术结合取得重大突破，填补了国内空白。同时获得国家专利产品的还有：浙江华荣防爆电器有限公司开发的 PXK 系列正压型防爆配电柜(专利号为：ZL01345255.X)、BAY51 系列防爆防腐全塑荧光灯(专利号为：ZL01345254.1)、BAT51 系列防爆调焦投光灯(专利号为：ZL01345253.3)、BAD61 系列一体式防爆金卤灯(专利号为：ZL01345256.8)、BAT52 系列防爆泛光灯(专利号为：ZL03300384.X)、BZA8050 系列防爆防腐主令电器(专利号为：ZL03300378.5)、SN 系列限制呼吸型加油机广告播放设备(专利号为：ZL03300382.3)、BZC8050 系列防爆防腐操作柱(专利号为：ZL033003789.3)、BA8050 系列防爆按钮芯子(专利号为：ZL03300377.7)、BCZ8050 系列防爆插接装置(专利号为：ZL03300381.5)、BD8050 系列防爆指示灯(专利号为：ZL03300383.1)、BAD51－DT 防爆灯(专利号为：ZL03305784.6)、BAT52－S 便携式防爆应急灯(专利号为：ZL03305736.2)、BAD56－n 无火花型防爆灯(专利号为：ZL03305735.4)、BJY 系列防爆双脚洁净荧光灯(专利号为：ZL03305733.8)；乐清市八达真空电器开关厂开发的 GHK－400、630/1140 真空隔离换向开关(专利号为：ZL01275975.9)。

此外，浙江振达防爆电气有限公司开发的 IC 卡智能型燃气表，荣获外观设计国家专利，同时获得中国国际专利与技术产品金奖。徐州煤矿机械厂开发的KBZ系列矿用隔爆型真空馈电开关获得江苏省科学技术进步三等奖。浙江电光防爆电器有限公司开发的QJZ－315、400/1140(660)矿用隔爆兼本质安全型智能真空电磁起动器获得乐清市2002年度科技进步一等奖。

2002年防爆电器行业新产品见表9。

表9 2002年防爆电器行业新产品

产品名称	产品名称
BGP46－6A矿用隔爆型高压真空配电装置	ZX－JCe9000长寿防爆荧光灯
BXB3－800/1140矿用隔爆型、智能型低压保护箱	CBL－150Y防爆灯
QBZ－120/660(380)矿用隔爆型真空电磁起动器	BKFR防爆空调
BXK51系列隔爆型组合控制装置	DJR防爆电加热器
BXM(D)52系列防爆照明(动力)配电箱	BXM(D)70复合型防爆照明(动力)配电箱
BAD51隔爆型灯具	BQC70复合型防爆电磁起动器
8070系列防爆防腐主令控制器	JHd复合型防爆分线盒
BCZ8030系列防爆防腐插接装置	CDd70复合型防爆控制箱
BF2 8159系列防爆防腐配电箱	KJZ－03型矿用安全生产综合监测控制系统
BF2 8158系列防爆防腐控制箱	KHJ－HX煤矿用风电甲烷闭锁装置
BF2 8158系列防爆防腐信号灯	DJ4－27－HX双路甲烷断电仪
8096系列防爆防腐控制按钮	JCB－CJ158煤矿用甲烷检测仪
8058系列防爆防腐断路器	KGJ4－HX煤矿用高低浓度甲烷传感器
ZX－JCe9000节能洁净长寿防爆灯	

这些产品的开发成功，对提高我国煤矿和石油化工危险场所安全水平和生产效率具有重要意义，标志着我国防爆电器产品的开发与制造水平又有了新的进步。

质量及标准 根据国家质量监督检验检疫总局国质检函(2001)28号《关于防爆电气产品生产许可证工作有关问题的通知》和全国工业产品生产许可证办公室全许办(2001)21号《关于公布防爆电气产品生产许可证换(发)证实施细则及检验单位》的通知要求，防爆电器产品生产许可证换(发)证工作经过认真筹备，在国家质检总局的领导下于2002年在全国范围内全面起动。本次防爆电气产品实施生产许可证管理的范围为：防爆电器、防爆电机、防爆仪表和防爆照明灯具。其中：防爆电器的单元划分为防爆配电装置(接线盒、配电箱、配电盒、配电柜、动力检修箱等)、防爆控制装置(控制箱、控制台、操作柱)、防爆开关(断路器、按钮等)、防爆起动器(电磁起动器、软起动器等)、防爆变压器(控制变压器、调压器)、防爆插接装置(插销、插座箱、插接开关)、防爆电动阀门、防爆电磁阀、防爆电动执行器(电气转换器、电气阀门定位器)、防爆附件(分线盒、穿线盒、隔离密封盒、接头、挠性管)共10个单元。

2002年全行业已有沈阳市中兴防爆电器总厂、浙江华荣防爆电器公司、浙江电光防爆电器有限公司、江苏恒通电气仪表有限公司等几十个企业通过了防爆电气产品生产许可证企业生产条件(质量体系)审查和产品抽样检验，获得国家质检总局颁发的防爆电气产品生产许可证。防爆电器产品实行生产许可证制度，标志着我国防爆电器产品在规范化管理方面又迈上了一个新台阶。

根据中国机械工业联合会2002年标准化工作计划，中国电器工业协会防爆电器分会组织山西汾西机器厂矿电分厂、徐州煤矿机械厂精特公司、浙江电光防爆电器有限公司、上海电器厂、安徽宝龙电器有限公司、江苏恒通电气仪表有限公司、浙江华荣防爆电器有限公司等21个行业主导厂制订《矿用隔爆型高压配电装置》、《厂用防爆断路器》、《防爆控制按钮》、《粉尘防爆照明(动力)配电箱》、《粉尘防爆操作柱》等5项机械行业标准并进行修订。于2002年11月在江苏省启东市召开了第一次标准起草工作会议，会议讨论了标准草稿，形成了送审稿。5项行业标准将于2003年召开标准送审稿审查会，形成报批稿上报审批。

基本建设及技术改造 2002年由于煤炭、石油、化工等行业形势很好，防爆电器市场出现了前所未有的大好局面。2002年全行业用在基本建设和技术更新改造的投资为1.8亿元，比上年增长304%，其中基本建设投资1.45亿元，技术更新改造投资3 500万元。全行业骨干重点企业纷纷扩大生产规模，浙江电光防爆电器有限公司、浙江华荣防爆电器有限公司、中国燎原防爆电器有限公司、浙江振达防爆电气有限公司、江苏恒通电气仪表有限公司等十几个企业都在筹建新厂区。乐清市乾宏机电有限公司在上海奉贤征地近35 000 m²，组建了上海正立防爆电器有限公司。

〔撰稿人：中国电器工业协会防爆电器分会李绍春〕

电线电缆

生产发展情况 2002年国民经济持续增长，国家追加投资进行第二批农村电网改造，带动了电线电缆产品的需求的增长。据对1 989个电线电缆企业的统计，全年完成工业总产值(不变价)比上年增长了7.48%。但由于总体上线缆制造业生产能力过剩，激烈的价格竞争导致了盈利水平大幅度下降，全行业利润总额比上年下降了22.4%，亏损企业数增加了19%，亏损额增加了5亿元。

2002年机械工业电线电缆企业完成主要产品产量：电力电缆2 547 089km；钢芯铝绞线662 981t；通信电缆42 129 811km；布电线16 261 668km。

据中国电器工业协会电线电缆分会提供的会员统计数据，2003年电线电缆行业部分企业经济指标(按行政区域排列)见表1。

表1　2003年电线电缆行业部分企业经济指标(按行政区域排列)

企业名称	工业总产值(不变价)(万元)	资产总计(万元)	销售收入(万元)	利润总额(万元)
北京市电线电缆总厂	11 043	14 165	11 301	12
天津六〇九电缆有限公司	33 669	34 520	24 606	790
天津金山电线电缆股份有限公司	22 001	17 933	17 608	1 200
河北宝丰线缆有限公司	44 791	78 946	42 859	4 027
河北新华线缆集团公司	22 097	90 089	24 447	23
侯马普天通信电缆有限公司	54 289	42 600	16 977	211
上海塑胶线厂	38 078	18 863	20 312	2 973
上海华新电线电缆有限公司	83 446	44 166	16 693	—
上海马桥电缆厂	63 275	64 468	75 637	23 108
江苏永鼎股份有限公司	313 200	2 149 095	208 800	11 570
亨通集团有限公司	338 000	215 188	247 477	13 796
无锡电缆厂	71 350	36 099	59 797	314
无锡远东电缆厂	132 763	78 956	128 643	4 459
江苏宝胜集团有限公司	237 598	167 817	199 023	9 627
杭州富通集团有限公司	252 162	303 717	206 555	10 284
浙江富春江通信集团有限公司	245 343	170 251	200 293	8 168
浙江万马集团电缆有限公司	68 650	28 617	41 422	1 705
福建南平电缆股份有限公司	54 897	39 293	39 496	1 199
福州大通机电股份有限公司	54 718	71 365	37 497	1 930
南昌电缆有限责任公司	11 464	7 272	9 691	293
鲁能泰山电缆股份有限公司	101 521	290 354	177 188	17 938
青岛汉缆集团有限公司	117 525	63 389	115 029	7 598
郑州电缆(集团)股份有限公司	70 148	171 295	45 703	365
焦作铁路电缆工厂	20 236	27 931	18 825	715
武汉电缆有限公司	30 295	61 063	26 397	31
广州电缆厂	28 438	28 257	16 873	121
广东电缆厂	50 954	25 515	43 153	1 806
佛山市中宝电缆厂	36 843	13 338	23 558	105
广西南宁银杉电线电缆有限公司	24 010	13 758	22 670	51
重庆泰山电线电缆有限公司	60 300	39 957	48 562	2 534
德阳电缆股份有限公司	38 245	38 658	30 093	1 631
昆明电缆股份有限公司	54 422	33 195	41 515	1 415
贵阳电线厂	12 019	19 703	12 286	21
西安西电光电缆有限公司	81 806	93 782	31 314	. 2
甘肃长通电缆集团有限责任公司	29 259	36 766	25 837	—

市场及销售　据对1 989个电线电缆生产企业的统计，2002年共完成销售收入1 167亿元，同比增长4.99%；全年完成销售产值1221.9亿元，同比增长5.91%。

电线电缆制造企业积极参与国家重点建设项目以及国际项目的招投标竞争，如上海电缆厂为江苏田湾核电站提供的三批K3级核电站用电力电缆顺利通过国家核安全局、江苏核电公司的交货验收；无锡电缆厂中标巴基斯坦220kV双回输电线路用导线项目，价值5 648万元；沈阳电缆厂在埃及国际电缆招标中，获得价值近3 000万元的220kV超高压充油电缆、附件及设备安装服务的合同；新疆特变电工线缆厂在云南宝峰至罗平的500kV超高压线路招标中中标，获得价值2 518万元的供货合同；江苏宝胜集团有限公司在三峡工程招标中，获得了8.3km中压电缆、108km低压电缆价值1 600万元的供货合同；焦作铁路电缆工厂中标北京市西直门—东直门铁路轻轨工程，签订了价值265万元信号电缆的合同，同时该厂还中标京秦线区间470km信号电缆工程，合同价值1 000万元。

科研成果及新产品　上海电缆研究所承担的上海市科

技发展基金项目“全介质自承式架空光缆(ADSS)耐电痕护套料研制”通过了技术鉴定,该项目研制的耐电痕护套料经电缆造粒厂与光缆厂试制和试用,挤出的光缆顺利通过了IEEEP1222耐电痕试验,并有着优异的长寿命试验结果。

上海电缆研究所承担的CTS650A对称数字通信电缆测试系统项目通过了上海市科学技术委员会组织的专家鉴定。

焦作铁路电缆工厂开发的物理发泡聚乙烯绝缘漏泄同轴电缆和射频同轴电缆被认定为2002年度国家重点新产品。

甘肃长通电缆科技股份有限公司生产的三峡500kV输电工程用高导电率高强度ACSR－GD－720/50钢芯铝绞线通过了中国机械工业联合会和国家电力公司组织的技术鉴定。

重庆泰山电线电缆公司生产的三峡输电工程用ACSR720/50高强度钢芯铝绞线通过了中国机械工业联合会和国家电力公司组织的新产品技术鉴定。

浙江富春江通信集团杭州电缆有限公司研制的三峡输电工程用AACSR－720/50钢芯铝合金绞线通过了中国机械工业联合会和国家电力公司组织的技术鉴定。

中天科技股份有限公司研制的海底光缆通过信息产业部鉴定。

菲尔普斯·道奇烟台电缆有限公司生产的110kV交联聚乙烯绝缘电力电缆通过了国家级产品鉴定。

江苏东强公司开发的铁路信号数字电缆通过了国家铁道部科教司组织的技术审查。

上海电缆厂研制成功国内首根铜镁合金接触线,将在秦沈高速电气化铁路区段上悬挂试运行。

宝胜科技创新股份有限公司研制的1 500V及以下乙丙橡胶绝缘直流牵引电缆、1 500V及以下交联聚乙烯绝缘直流牵引电缆通过了新产品投产鉴定。

鲁能泰山曲阜电缆有限公司开发的预绞丝式安装金具和500kV稀土铝绞线通过了省级鉴定。

郑州电缆(集团)股份有限公司开发的超大截面煤矿用移动金属屏蔽软电缆通过了河南省经贸委组织的鉴定。

河北宝丰线缆有限公司研制的交联聚乙烯绝缘防白蚁防水电缆、交联聚乙烯绝缘防鼠防水电力电缆、交联聚乙烯绝缘低烟无卤A类阻燃防鼠电力电缆、交联聚乙烯绝缘防紫外线电力电缆和3kV无卤低烟交联聚乙烯绝缘A类阻燃直流电力电缆,5种产品通过了省级鉴定。

新疆特变电工线缆厂研制的10kV铝芯带钢芯架空绝缘电缆、电机绕组引接电缆和软线、耐热90℃防白蚁型护套级聚氯乙烯塑料、钢芯稀土铝绞线和电子计算机电缆,5种产品通过了省级鉴定。

杭州富通集团有限公司生产的G655(B4类)单模光纤通过了省级鉴定。

江苏法尔胜光子有限公司研制的G652单模光纤预制棒通过了由多位中科院院士组成的专家组鉴定。

西安西电光电缆有限公司开发的阻水型铁路信号电缆和铁路信号专用接地铜缆通过了省级鉴定。

天水铁路电缆工厂研制的低烟无卤阻燃轨道交通信号电缆、阻水油膏填充皮泡皮聚乙烯绝缘铁路长途通信电缆、环保型防白蚁铁路信号电缆、0.6/1kV阻燃类电力电缆、10kV辐照交联绝缘架空电缆、阻燃控制电缆和防腐钢芯铝绞线7种产品通过省级鉴定。另外该厂开发的铁路信号光电综合缆被评为国家级重点新产品。

浙江晨光电缆有限公司研制的8.7/10kV及以下无卤低烟阻燃电力电缆、0.6/1kV交联聚乙烯绝缘聚烯烃护套无卤低烟耐火电力电缆、0.6/1kV交联聚乙烯绝缘无卤低烟阻燃控制电缆和0.6/1kV交联聚乙烯绝缘无卤低烟耐火控制电缆,4种产品通过了新产品鉴定和成果验收。

南昌电缆有限责任公司生产的聚氯乙烯绝缘尼龙护套电线及其阻燃型产品通过了江西省机械行业办公室组织的产品鉴定。

河南金博电缆有限公司生产的1kV及以下平行集束架空绝缘电缆通过了技术鉴定。

青岛华光电缆有限公司研制的新型农用防湿直埋电缆通过了技术鉴定。

德力西集团电缆厂生产的35kV及以下交联聚乙烯绝缘环保电力电缆、450/750V及以下环保电线电缆、0.6/1kV塑料绝缘耐火电力电缆和450/750V及以下耐火控制电缆,4种产品通过了省级鉴定。

武汉电缆有限公司生产的35kV及以下交联聚乙烯绝缘电力电缆通过了武汉市科技局组织的产品鉴定。

江西联创光电科技股份有限公司线缆分公司研制的通信用室外光缆和数字通信用水平对绞电缆通过了生产定型鉴定。

上海宏普通讯器材有限公司生产的层绞式通信用室外光缆通过了产品定型鉴定。

质量及质量管理 2002年电线电缆行业通过认证或换版ISO9001:2000认证的企业见表2。

表2 2002年电线电缆行业通过认证或换版ISO9001:2000认证的企业

企业名称	认证单位	认证时间
河北宝丰线缆有限公司	北京华信技术检验有限公司	2002.2
黄石电缆辐照有限公司	中国进出口质量认证中心	2002.2
江西联创光电科技股份有限公司吉安分公司	中国赛宝质量体系认证中心	2002.3
成都风雅罗亚尔电缆制造有限公司	北京九千质量管理体系认证中心	2002.4
江苏东强公司	国家邮电通信质量体系认证中心	2002.5
亚龙线缆有限公司	北京华信技术检验有限公司	2002.5

（续）

企业名称	认证单位	认证时间
江苏宝胜集团有限公司	中国进出口质量认证中心	2002.5
江西普天数据电缆有限公司	国家邮电通信质量体系认证中心	2002.6
徐州苏源银龙电力电缆有限公司	江苏质保中心	2002.6
河南金博电缆有限公司	北京华信技术检验有限公司	2002.6
武汉第二电线电缆厂	北京新世纪质量体系认证中心	2002.7
杭州江南电缆厂	英国摩迪国际认证有限公司	2002.7
扬州市曙光电缆厂	中国质量管理协会质量保证中心	2002.7
武汉电缆集团有限公司	中国质量认证中心	2002.9
宁夏天嘉电线电缆有限公司	中国进出口质量认证中心西北评审中心	2002.11
上海南大集团有限公司	上海电子仪表质量审核所	2002.11
天水铁路电缆工厂	中国质量认证中心甘肃省评审中心	2002.12
天津泰伯电力电缆有限公司	北京华信技术检验有限公司	2002.12
上海浦虹电缆厂	中国船级社质量认证公司	2002.12
江苏都梁集团有限公司	中国进出口质量认证中心	

通过GB/T19000(ISO9000)系列质量保证体系复审的有:浙江开关厂有限公司(GB/T19001,浙江质量体系审核中心,2002.2)。通过GB/T 24001－1997(ISO14001:1996)环境管理体系认证的有:鲁能泰山曲阜电缆有限公司(中国商检局,2002.1);德阳电缆股份有限公司(中国华夏认证中心,2002.2)。新疆特变电工股份有限公司线缆厂通过了OHSAS18000职业安全卫生管理体系认证。上海塑胶线厂通过了ISO/TS16949汽车工业质量管理体系认证。四川川东电缆有限责任公司煤矿用阻燃电缆产品获得煤炭工业安全标志准用证。安徽铜陵有色金属集团电线电缆厂生产的聚氨脂系列(UEW)和聚脂亚氨系列(EIW)漆包线通过了美国UL认证。

基本建设及技术改造 国家火炬计划吴江光电缆产业基地揭牌,基地内现有生产光电缆企业20多个,已形成了光缆、光器件、通讯电缆、线缆配套产品等高新技术主导产品的密集区。

富阳光通信产业基地被列为国家火炬计划产业基地,富阳市已有通信器材行业相关企业300多个,形成以光纤预制棒为技术标志,光纤光缆为基础,光元器件为配套的光通信产业链。

陕西银河远东有限公司投资4 000余万元建设我国西部第一条110～220kV高压交联电缆生产线,该项目将引进立式VCV全干法三层共挤生产线、局部放电系统,并配备国内其他先进设备,建成100多m高的立塔式厂房。

河北新华线缆集团公司500kV超高压交联电缆招商引资项目签约,将从马来西亚泰融信业引进资金1.6亿元。

新疆特变电工股份有限公司线缆厂投资1 192万元建设35kV交联生产线,预计投产后可增加2亿元年产值。另外该公司投资2.17亿元的特变电工德阳电缆股份有限公司工业园落成投产,将开发和生产超高压高强度耐热铝合金导线等替代进口的高附加值新产品,该项目还被列入国家“双高一优”重大装备国产化创新项目。

浙江晨光电缆有限公司引进一条三层共挤悬链式生产线,可以生产110kV交联电力电缆。还配备了一条氩弧焊生产线,生产110kV交联电缆金属护套。另外该公司光纤复合架空地线(OPGW)项目被国家科技部认定为2002年国家级火炬计划项目。

鲁能泰山曲阜电缆有限公司辐照中心落成,该公司实施的辐照交联项目被列入国家“双高一优”,项目总投资2 953万元,其电子加速器是目前国内功率最大的电子加速器之一。

常熟电缆厂投资980万元的俄制ELV－8型计算机控制大功率电子加速器辐照交联生产线项目通过竣工验收,目前该厂已拥有2台电子加速器和4条辐照交联生产线。

广东电缆厂投资从俄罗斯引进的第二条辐照交联生产线,以提高该厂辐照交联的生产加工能力。

天大天财公司光纤项目一期工程建成,形成180万km G652单模光纤的年生产能力,预计年产值达5亿元。

安徽铜陵有色金属(集团)公司以铜都铜业上市公司为投资主体,固定资产投资1.63亿元进行万t特种漆包线项目建设,该项目工程建设预期一年,主体设备及检测设备拟从国外全套进口,按计划分步实施逐步达到年产10 000t特种漆包线的生产能力,主要产品有变频电机用耐电晕漆包线、自粘性漆包线、自润滑漆包线和各种微细漆包线等。

江苏宝胜集团有限公司投入3 100万元的火灾感温报警电缆项目、投入2 852万元的信息高速公路骨干网电缆项目以及投资4 000万元的防火电缆项目正式投产。另外公司2001年度国家级星火计划项目一步法硅烷交联聚乙烯绝缘电力电缆和国家级火炬计划项目5类以上局域网电缆通过验收。

扬州市曙光电缆厂投入1 898万元的低烟无卤阻燃控制电缆项目和投入1 500万元的核电站用1E级K3类电力电缆项目分别被国家科技部评为2002年度国家级星火计划项目和国家重点火炬计划项目。

焦作铁路电缆工厂漏泄同轴电缆技术改造项目被认定为河南省重点项目,该项目将获得230万元贴息专项资金支持。

西安西电光电缆公司电力线缆厂硅烷温水交联挤塑生产线安装调试成功并投入生产,试制出首根硅烷交联电力电缆。

浙江德力西集团(兴乐)电缆厂投资建设35kV交联电缆项目的投产，使该厂具备了生产35kV及以下、最大截面达1 200mm^{2}的交联电力电缆制造能力。

浙江开关厂有限公司投资1 450万元实施电磁线技改项目，先期投资450万元添置4台漆包机、8台拉丝机以及其他设施。

对外合作 江苏永鼎集团有限公司、日本古河电气工业株式会社和中国华电工程集团公司共同投资1 500万美元成立苏州古河电力光缆有限公司，公司注册资本500万美元，其股份中古河电气工业株式会社占55%，江苏永鼎集团有限公司占35%，中国华电工程集团公司占10%。新公司将生产光纤复合架空地线(OPGW)。

烽火通信科技公司与阿尔卡特公司共同创建一个合资公司，制造并销售阿尔卡特全系列光纤产品和烽火通信的光缆系列产品。新公司将采取股份封闭的合资股份公司形式，双方各持有50%的份额。另外烽火通信科技股份有限公司还和浙江飞虹通信集团有限公司共同组建烽火飞虹通信集团有限公司，公司注册资本5 000万元，其中烽火通信公司以现金投资，占总股份的51%，浙江飞虹通信集团以其光缆厂的厂房和生产设备作价入股，占总股份的49%。

日本住友电工在深圳建设光纤光缆生产基地，首期投资2 983万美元，年底将增资到9 983万美元，生产单模光纤、预制棒和光缆等产品。

管理及改革 2002年9月3日，国务委员吴仪、外经贸部副部长周可仁在自治区领导的陪同下，视察了新疆特变电工股份有限公司。在视察中，吴仪鼓励特变电工要多向海湾地区出口，多赚外汇，鼓励公司今后要更多参与中国政府的援外项目。通过援外的途径，提高企业的知名度，提升中国企业与跨国公司竞争的能力。

机械工业职业技能鉴定指导中心以机鉴字(2002)04号文同意建立机械工业职业技能鉴定电线电缆行业分中心，分中心挂靠上海电缆研究所，负责对线缆行业职业技能鉴定工作的管理，负责线缆行业特有工种鉴定站的建站审查，并进行指导和监督检查，负责考评员的管理和证书的核发，开展职业鉴定及有关问题的研究和咨询。

行业活动 由中国电器工业协会电线电缆分会和上海电缆研究所联合举办的2002中国电线电缆行业大会11月11～15日在上海举行。国家经贸委有关领导、国际电缆制造商联合会理事长、著名学者、电线电缆行业和电缆用户行业的专家以及电线电缆企业高层主管共300人参加了行业大会，会上对加入WTO以后的行业发展问题、国际电缆制造业的发展动态、中国电线电缆行业的经济状况、电线电缆在电力和通信等行业的市场需求以及高温超导技术的发展进行了专题研讨，并听取有关报告。

2002年1月，中国电器工业协会电线电缆分会价格委员会组织召开了通信电缆、光缆类产品价格工作会议，大家一致认为现行红本价中通信电缆部分很多都是被淘汰产品，而大量新品种未能列入红本价中。因此必须对原红本目录中通信电缆部分进行全面调整，单独发行通信电缆、光缆类产品出厂价格目录。

2002年3月，由中国电子学会通信分会主办的通信光纤光缆用材料技术研讨会在江苏无锡举行，有关专家介绍了网通公司、广电网络和上海城市轨道交通的发展以及对光纤光缆产品的要求。厂商代表介绍了各自的产品及其技术特点，并对光纤光缆用材料存在的问题进行了研究分析。

2002年3月，由中国移动通信联合会、中国企业投资协会和富阳市政府联合主办的首届中国光通信基础产业发展论坛在杭州举行，富阳市计划投资50多亿元建设以生产光棒、光缆和光元器件系列产品为主的光通信特色产业基地，在国内的市场占有率达到30%以上，成为“浙江光谷”。

2002年4月，中国电器工业协会电线电缆分会五届理事会正副理事长工作研讨会在杭州召开，分会秘书长提出了分会秘书处拟订的2002年工作打算，与会代表对分会今年工作打算予以肯定，并就尽快组建电线电缆行业反倾销、反补贴、保障措施的工作班子和做好行业统计工作等问题进行了讨论。

2002年5月，中国电器工业协会电线电缆分会绕组线专业委员会在山东威海召开了五届一次主任委员会议，专委会秘书处作了2001年度专委会工作小结，专委会秘书长谈了举办漆包线工艺技术培训班、召开国内漆包机新品技术交流会等2002年工作计划。

国内12个主要光缆企业的代表在武汉共同商讨新形式下光缆行业发展大计，2002年以来由于市场需求不旺，引起了部分企业以超低价格为手段抢占市场份额，严重扰乱了光缆市场秩序，因此这12个光缆企业联合发布了“停止非理性竞争，维护光缆行业生态环境”的倡议书。

2002年6月，线缆行业教材开发专家组和主编工作会议在无锡召开，会议重点在于编制、审定与16本教材配套的考核试题，包括理论知识考核试题和技能操作考核试题。专家组讨论通过了线缆制造特有工种技能操作试题的命题要求，并决定成立命题组，具体负责编制试题的有关工作。

2002年7月，中国电器工业协会电线电缆分会与上海电缆研究所共同主办了首届电线电缆行业管理论坛，为期3天的会议共有9场主题报告，内容涉及经营理念、管理理念、发展战略、核心能力及信息化、领导行为和国内外电线电缆市场研究等，共有150个企业的总经理及管理人员出席。

2002年9月，上海电线电缆行业协会在杭州召开了电线电缆产品发展趋势专题研讨会，会议邀请了有关专家就电力电缆中若干新材料的应用和延伸、我国城市电网改造建设成效和今后走势等内容作了专题介绍。

2002年12月，中国机械工业联合会在北京召开了“关于对部分通信光缆产品的行业平均成本调整情况”发布会。本次会议发布调整的行业平均成本部分光缆产品主要是松套层绞式光缆、中心束管式光缆、带状光缆、全介质自承式光缆4个品种中的90多个常用规格。会议要求，各相关生产企业、用户单位均应以本次会议发布的部分通信光缆产品行业平均成本为依据，开展商务活动。

11月12～14日，中国电器工业协会电线电缆分会和上海电缆研究所联合举办了2002年电线电缆产品、材料及设备展览会(WEMPEC2002)，本届展览展出面积6 000m²、设展位290个、展商215个。由于坚持展会紧密结合使得本届WEMPEC在展出效果、展出质量以及展出规模上都超过以往各届。原机械工业部领导何光远、赵明生、上海市经委副主任俞国生以及中国电器工业协会邢玉久、杨启明等领导出席了WEMPEC2002的开幕式。开幕式当天，中外业内专业人士6 000多人参观了展览。

11月13～15日，2002年亚洲电线电缆及线材制品技术学术会议和展览会在上海举行，来自26个国家和地区的近200个公司参展。意大利、法国和奥地利设立了国家集体展馆，展览会规模是历届之最。在国际学术会议上共发表论文31篇，约有300多位代表参加了会议。

江西鑫新实业股份有限公司于3月4日在上海证券交易所股票发行上市，成为继福州大通之后第二家专业生产漆包线的上市公司。

江苏中天科技股份有限公司7 000万股A股于10月24日在上海证券交易所上市，此次上市募集的3.6亿元资金将重点投向光纤拉丝、全介质自承式光缆和海底光缆。

国内7个生产射频电缆的中资企业在珠海举行会议，交流各企业成本信息，对射频电缆的平均成本进行了测算。一致认为要加强企业的价格自律，规范市场行为。为此起草并共同签署了《公平竞争公约》，并公开发出倡议书。

中国电线电缆第九次赴日考察团一行11人在中国电工技术学会理事范载云的带领下进行了为期12天的考察访问，期间先后参观了9个公司，还与日本主要电线电缆厂商的代表23人进行了洽谈。

〔撰稿人：上海电缆研究所顾　炯、吴士敏　审稿人：上海电缆研究所余云龙〕

绝 缘 材 料

生产发展情况　据对绝缘材料行业52个企业(中外合资企业8个，占16%，股份合作制企业11个，占22%)统计，2002年企业职工人数18 754人，其中工程技术人员1 972人，占11%；完成工业总产值(不变价)406 076万元；工业销售产值310 026万元，营销收入332 596万元；全员劳动生产率45 666元/人。各项经济指标均比上年有所增加，但增长幅度不大。2002年绝缘材料行业部分企业主要经济指标见表1。

市场及销售　据不完全统计，2002年绝缘材料产量和销量比上年度有所增加，其中层压制品、薄膜及复合材料增长幅度较大，产量及销量同比分别增长10%、26%和22%、34%。随着输变电行业的发展，新材料应用领域的不断扩展，许多企业重视新产品开发，使新型绝缘材料的产量和销量逐年上升，如深圳长园新材料股份有限公司不断开发新产品，以满足市场的需要，2002年销售收入比上年增长36%，取得了良好的经济效益。

2002年绝缘材料主要产品产销情况见表2。

表1　2002年绝缘材料行业部分企业主要经济指标

(单位：万元)

企业名称	工业总产值(不变价)	工业增加值	销售产值(当年价)	销售收入(总额)
重点企业				
东材企业集团公司	52 613	8 102	34 368	44 910
招远金宝电子有限公司	52 502	4 619	28 269	28 085
上海化工厂有限公司	27 781	3 354	23 277	23 509
山东四达工贸股份有限公司	18 927	2 474	9 000	9 030
股份制企业				
嘉兴荣泰绝缘材料有限公司	6 701	1 541	5 733	5 733
乐清树脂厂	6 146	356	5 518	4 716
亚宝绝缘材料有限公司	5 639	705	5 105	5 105
北京福润达化工有限责任公司	2 985	645	2 920	2 913

表2　2002年绝缘材料主要产品产销情况

项目名称	油漆树脂	浸渍纤维制品	层压制品	云母制品	电工塑料	薄膜及复合材料
生产企业数(个)	23	12	22	16	9	14
产量(t)	21 883	1 476	64 621	1 684	29 133	19 690
销量(t)	23 962	1 451	66 280	1 896	30 975	20 590
销售收入(万元)	26 584	3 705	145 964	11 358	24 387	38 554

2002年绝缘材料行业统计的52个企业供销售绝缘材料产品145 380t(另外无法用重量统计的产品264 214套/2 973万m)，销售收入322 834万元。2002年绝缘材料行业销售收入前8名企业见表3。

表3　2002年绝缘材料行业销售收入前8名企业

序号	企业名称	销售收入(万元)	比上年增长(%)
1	广东生益科技股份有限公司	78 817	15.5
2	东材企业集团公司	44 910	15.5
3	招远金宝电子有限公司	28 085	4.0
4	上海化工厂有限公司	23 509	−3.2
5	深圳长园新材料有限公司	19 573	36.2
6	山东四达工贸股份有限公司	9 030	−2.3

（续）

序号	企业名称	销售收入（万元）	比上年增长（%）
7	西安西电电工材料有限公司	8 971	15.4
8	常州绝缘材料总厂有限公司	8 700	−0.1

2002年绝缘材料产品出口量38 387t/214万m，出口产值101 863万元，创汇金额10 587万美元，均比上年有所增加。从产品分类来看，绝缘材料出口主要是层压制品中的覆铜箔板，出口额9 418万美元，其他层压制品出口额236万美元，薄膜及复合材料出口额263万美元，电工塑料出口额255万美元，浸渍纤维制品出口额214万美元，热缩材料出口额82万美元，2002年绝缘材料行业出口创汇前8名企业见表4。

表4　2002年绝缘材料行业出口创汇前8名企业

序号	企业名称	销售收入（万美元）	比上年增长（%）
1	广东生益科技股份有限公司	6 738	15.6
2	招远金宝电子有限公司	1 827	−5.6
3	珠海海港积层板有限公司	440	6.2
4	南美覆铜板厂有限公司	434	−25.2
5	东材企业集团公司	367	−1.3
6	上海欧亚合成材料有限公司	255	0.8
7	上海电机玻璃纤维厂	131	−1.5
8	江阴沪澄绝缘材料厂	116	−12.1

科技成果及新产品　东材企业集团公司研制开发的聚酯薄膜（电机专用），具有外观色度稳定，二甲苯萃取值较低，耐候性好，力学性能优异，抗开裂性好，满足了电机嵌线工艺要求。该产品主要性能达到或接近美国杜邦公司MO型聚酯薄膜水平，技术水平处于国内领先地位。该公司生产的少胶粉云母带主要技术指标：胶含量5%～11%；工艺性能：不掉粉、不反粘、柔软、适合机包。产品技术指标达到国际IEC 371－3、JB/T 6488.4－1999标准要求，绝缘性能寿命达到IEEE1310、IEEE1043的技术要求，获得三峡电站线圈的VGA联合体评定认证。

桂林电器科学研究所承担的科技部项目“家电控制器件用阻燃塑料的研究”已通过鉴定验收，并建成了生产能力为1 500t/a的生产线。研制成功的家电控制器件用阻燃塑料PT－310具有阻燃性好，耐热性、耐电弧性、耐漏电起痕指数高等特点，机械电气性能优良，产品尺寸稳定，已通过美国UL实验有限公司的安全认证，填补了国内空白，产品主要性能达到日本同类产品CE5410牌号塑料的水平。

哈尔滨庆缘绝缘材料股份有限公司研制开发的H9150不饱和聚酯亚胺无溶剂浸渍树脂，2002年通过哈尔滨市科学技术局组织的产品鉴定，可广泛应用于H级高、低压交直流电机及变压器绕组的浸渍，可采用普通浸渍和真空压力浸渍等方法。该产品由于具有低温快固化的特点，因而也适用于浸烘流水线作业。

西安西电电工材料有限公司研制开发的133C半导体硅钢片漆，产品性能达到西门子公司产品标准，已成功用于三峡发电机组定子铁心硅钢片的绝缘。同时该公司生产的568－1/568－2耐火云母带，具有柔软性好、厚度均匀、耐火性高等特点，制成的耐火电缆性能符合IEC 331标准要求。

深圳长园新材料股份有限公司研制开发的热缩管道防腐包覆片是一种经高能射线辐射处理的聚乙烯材料内层复合热熔性特种粘合剂，具有形状、尺寸的“记忆效应”，在重新加热时能自然回复，该项目于2002年通过深圳市科委的鉴定。该公司自主开发的冷缩型硅橡胶爬距增长器，适用于电站、电器、瓷绝缘子，可以消除、延缓输变电线路的闪络事故，确保输变电线路正常运行。

质量及标准　2002年，机械工业电工材料产品质量监督检测中心共检测电工绝缘材料406批次，出具判断合格的检测报告150份，要求仅给出实测值的报告250余份。2002年，要求进行绝缘材料热老化试验的趋势有明显增长，可见材料的可靠性正逐渐引起各方面的重视。

随着绝缘材料市场竞争日益激烈，许多企业不断重视和完善质量工作，制定和严格遵守质量程序文件，完善质量保证体系的建设。东材企业集团公司通过编制产品计划，按质量保证体系要求，规范控制要领，制作教学光盘，使生产技术标准化。公司分别有9个产品通过UL安全认证，3个产品通过SGS环境安全认证，为公司提高产品质量提供了坚实的基础，在通过ISO9001：2000质量认证复审后，2002年又通过ISO10012国家计量体系确认。此外，还有北京福润达化工有限责任公司等一批企业通过了ISO9001：2000质量体系认证，体现了企业重视质量管理的趋向。

全国绝缘材料标准化技术委员会2002年共完成标准21项，其中国家标准11项，国家军用标准1项，行业标准9项，已全部通过标委会2002年年会的审查并完成报批工作，2002年全国绝缘材料标委会完成的有关标准见表5。

表5　2002年全国绝缘材料标委会完成的有关标准

序号	标准名称	等级
1	固体绝缘材料在潮湿条件下相比电痕化指数测定方法	国标
2	固体电气绝缘试验前采用的标准条件	国标
3	电气绝缘材料耐热性老化程序试验结果的评价	国标
4	电气绝缘作涂敷粉末试验方法	国标
5	电气绝缘用漆　定义和一般要求	国标
6	电气绝缘用漆　试验方法	国标
7	电气绝缘材料耐漏电痕迹和蚀损试验方法	国标
8	电气用压纸和薄纸板规范	国标
9	绝缘软管　定义和一般要求	国标
10	热收缩聚烯烃软管	国标
11	电气绝缘用聚酯薄膜	国标
12	电工用层合纸板　定义和一般要求	行标

（续）

序号	标　准　名　称	等级
13	电工用层合纸板　试验方法	行标
14	电工用层合纸板　环氧预压纸板	行标
15	电工用涂胶菱格纸　定义和一般要求	行标
16	电工用涂胶菱格纸　试验方法	行标
17	电工用涂胶菱格纸　环氧菱格纸	行标
18	电工用皱纹纸　定义和一般要求	行标
19	电工用皱纹纸　试验方法	行标
20	电工用皱纹纸　技术要求	行标
21	电工用绑扎带军用标准	国军标

根据国家质量总局有关文件的“十五”采标规划要求，为及时解决采标工作中出现的问题，标委会采取了多项措施，理顺标准的等级与属性，对 IEC 标准中的“篇”进行层次处理后编写解决，对标准体系差异进行了处理，针对 IEC 制修订标准的采标问题，采取先采标，待 IEC 修订后再作修订以提高采标的时效性。坚持采标与完善标准体系相结合的原则，在坚持加快采用国家标准的同时，对尚未纳入 IEC 标准体系的具有中国特色的产品，积极制订标准，满足市场需要，促进和规范市场秩序。

基本建设及技术改造　2002 年绝缘材料行业固定资产实际投资额为 11 096 万元(其中用于技术改造 7 228 万元)。东材企业集团公司的电工聚丙烯薄膜技改项目，引进平膜法电工聚丙烯薄膜生产线一套，总投资 19 360 万元，其中国家资产投资 17 260 万元(银行贷款 9 800 万元，企业自筹 7 560万元)，该项目已列入第八期国债项目。2002 年绝缘材料行业部分企业基本建设及技术改造情况见表 6。2002 年绝缘材料行业部分企业完成技术改造项目及效果见表 7。

表 6　2002 年绝缘材料行业部分企业基本建设及技术改造情况　(单位:万元)

企　业　名　称	基　本　建　设					技术改造	
	投资计划	投　资　完　成　数				计划数	实际完成
		完成数	生产性	建安工程	设备工具购置		
东材企业集团公司						2 832	2 832
招远金宝电子有限公司						1 100	1 100
西安西电电工材料有限公司		277	277				
天津绝缘材料总厂	300	300	300				
山东四达工贸股份有限公司	2 191	3 704	2 191	1 254	259		
江苏冰城电材有限公司	220	200	120	35	30		320
湖南株洲时代电气绝缘有限公司	100	100	70	20	10	20	20
嘉兴荣泰绝缘材料有限公司	275	263	134	88	41	50	45
深圳长园新材料股份有限公司	500	523	523				
广东生益科技股份有限公司		960		960			293

表 7　2002 年绝缘材料行业部分企业完成技术改造项目及效果

企　业　名　称	项　目　名　称	效　　　果
招远金宝电子有限公司	高档铜箔国家高技术产业化示范工程	投资 1.3 亿元，规模 2 500t/a，已于 2002 年 11 月 8 日通过国家验收，并投入正常生产，目前已达到设计生产能力，产品投放国内外市场深受欢迎
	高档铜箔国家重点技术履行项目	投资 1.3 亿元，2 500t/a，已经由国家经贸委批准，进行前期立项工作
	年产 500 万 m^2 高档 FR_1 项目	完成了施工图设计及主要设备订货，投资 1.2 亿元，年产 500 万 m^2
株洲时代电气绝缘有限责任公司	TJ1158 H 级无溶剂浸渍漆的改进	在保持 TJ1158 绝缘等级 H 级的前提下，缩短烘焙固化时间，提高电气强度，原材料成本下降了 2 500 元/t，2002 年节约原材料 30 万元。通过改进，提高了 TJ1158 产品质量，节约了成本，增强了市场竞争能力
山东四达工贸股份有限公司	扩大绝缘材料生产能力	2002 年设备投资 300 万元，厂房、基建及配套设施 130 万元，上胶机 4 台；1 000t压机 1 台，2 000t 压机 1 台，割边机 2 台，4t、6t 锅炉各 1 台，油漆车间反应釜 6 台，树脂生产能力达 8 000t，增加层压制品 1 500t，新增产值 2 200 万元，创利税 250 万元
广东生益股份有限公司	上胶机自动叠料改造	改造后粘结片报废率从 1.1%降至 0.1%，同时降低了劳动强度，提高了劳动生产效率
	自动剪切测厚线改造	从手动改为自动，提高了板材的剪切测厚精度和稳定性，保证了产品质量

管理及改革　2002 年许多企业不断调整思路，加大科技投入，取得了良好的成效。东材企业集团公司认真落实“开发新产品，开发新市场”的经营方针，始终把新产品开发放到与市场开发同等重要的位置，有效地调整产品结构，形

成一批技术含量高，水平先进的绝缘材料核心技术。替代彩电行业输出变压器绝缘专用聚酯薄膜，冰箱、空调压缩机电机绝缘用低苯取耐热薄膜的新产品不仅在国内市场畅销，替代进口，而且还大量出口，2002 年该公司向美国 GE 公司出口聚酯薄膜 400t。

招远金宝电子有限公司依靠科技进步，不断发展壮大企业。由“八五”末年销售额不足亿元，利税几百万元的企业发展到现在年销售额 4 亿元，利税 5 000 万元的大型现代化电子企业。

衡阳绝缘材料总厂坚持改革与发展，狠抓制度创新，企业改革稳步推进。企业注重科技兴厂，加大技改投入，运用激励机制，发挥科技人员的作用，加快新产品开发，加强成本控制和节能降耗，创新营销机制，强化销售策略，扩大了市场，实现了扭亏增盈，2002 年该厂各项经济指标均有不同程度的增长。

〔撰稿人：桂林电器科学研究所孙　瑛　审稿人：桂林电器科学研究所李耀星〕

蓄　电　池

生产发展情况　中国船舶重工集团公司有下属蓄电池企业 3 个：淄博蓄电池厂、保定风帆集团有限责任公司、风帆股份有限公司，共 5 521 人，年末拥有固定资产原价 6.2 亿元，完成工业总产值 13.06 亿元，比上年增长 9.74%，实现工业增加值 2.86 亿元；蓄电池产量完成 450 万只，298 万 kVA·h。

市场及销售　蓄电池企业 2002 年实现工业销售产值 10.05 亿元，产销率 96.45%；全年实现销售收入 8.39 亿元。2002 年新产品的生产、销售均好于上年。新产品生产产值(当年价)占总产值的 24.49%；新产品销售产值占总销售产值的 25.93%。

风帆股份公司在新体制下已运行了近 3 年，产品产销率有较大幅度的增长，其产销量、利润总额处国内领先。

科技成果及新产品　2002 年，中国船舶重工集团公司完成了 7 项蓄电池的开发，并在年内投入生产，增强了企业在市场上的竞争力。

2002 年，中国船舶重工集团公司制定实施了《知识产权管理办法》，规范了公司知识产权的管理工作。已获 5 项专利授权，专有技术 1 项。当年获奖成果 2 项。风帆股份公司还被指定为“河北省专利试点企业”，为一汽大众奥迪 A6 配套的 6－QW－70 电池被列为河北省重大专利实验试点项目。

质量及管理　风帆股份公司积极推行新的质量管理方法，如产品质量先期策划和控制计划(APQP)，以及“质量归零”等管理办法，提高了设计水平，保证了过程质量的稳定性，减少了问题的重复发生。为“风帆”走向国际市场，提高竞争力打下了坚实的基础，同时确保了“风帆”作为中国蓄电池第一品牌的强势地位。2002 年，质量损失率为 0.26%。公司根据 VDA6.1 和 QS9000 标准的要求，结合实际需要，进行了内部质量审核，已通过上海大众的评审和新时代对产品生产的质量体系的审核，现为神龙公司的 A 级供应商。风帆股份公司检测中心还通过了国家级计量认证。

淄博蓄电池厂把加强质量管理工作，提高产品质量当作企业的一项长期方针。为进一步提高产品质量，企业加强了质量目标管理，将各种质量指标层层分解，落实到班组、个人，制订了严格的考核实施细则，针对存在的各种质量问题，开展了质量专项治理工作和质量月活动，取得了一定成效；积极开展质量体系内审工作，认真查找问题，并对查出的各种问题进行及时整改；同时还组织开展了质量体系换版的准备工作，完成企业 2000 版《质量手册》初稿的编制，通过了海装天津局、中国新时代质量体系认证中心对工厂进行的质量体系现场审核。

基本建设及技术改造　2002 年企业固定资产投资实际完成 5 004 万元，其中，基本建设完成 2 420 万元，更新改造完成 2 584 万元。风帆股份公司的新型免维护项目累计完成固定资产投资 7 565 万元，累计施工面积 10 770m²，完成新增生产用建筑面积 4 370m²，新增设备 188 台(套)，其中进口设备 10 台(套)。为企业的生产经营活动提供了物质保证，为今后的发展注入了活力。

企业结构调整　为适应中国加入世界贸易组织和经济全球化的形势发展，中国船舶重工集团公司进一步强化技术工作的组织管理，进行了组织机构调整。

在分配机制改革方面，企业继续坚持“分配向贡献和绩效倾斜”的理念，制定了《拔尖人才评聘管理办法》，修订了《中高级职员薪酬分配办法》、《部门绩效管理考核办法》，充分调动了员工工作的积极性和主动性。2002 年继续深入推行“OEC”管理，修订和完善了“OEC”管理程序及考核办法，加大了日常检查考核力度。积极开展推行岗位管理的前期准备工作；安全管理工作得到进一步加强；组织开展制度整编工作；加强资金管理，克服资金供需困难。

中国船舶重工集团公司下属蓄电池企业为保持在国内同行业中的优势地位，确保经营目标的实现，将着力抓好以下几方面的工作：①技术创新为企业提供动力，精心致力于高新技术的研究开发，不断引进世界先进技术装备和科技管理成果，增加产品的技术含量，丰富品种规格。②通过资本经营和生产经营相结合的方式，实施低成本扩张和快速发展，努力为社会提供更多更好的物美价廉的商品，以经营创新为企业发展提供保障。③加强管理人员队伍建设，提高管理人员队伍整体素质，全面推行岗位管理，促进管理水平的提高，以管理创新为企业进步提供支持。④加大产品市场营销工作的力度。⑤强化质量管理，提高整体运行质量；⑥加强安全生产管理，通过体系认证。

〔撰稿人：中国船舶重工集团公司规划发展部徐　婧　审稿人：中国船舶重工集团公司规划发展部赵宗波〕

电 工 合 金

生产发展情况 据电工合金行业主要企业报表数据统计,2002年电工合金行业总产值为102 720万元,比上年增长3.1%。由于台资和外商投资在中国大陆建立的电器企业增多,电触头(银基)行业的市场容量有所扩大,所以大部分电触头企业的产值和销售收入比2001年有所增长,多数企业产值和销售收入的增幅在10%上下,但增幅明显减小,产值增长幅度最大的是佛山精密电工合金有限公司,达29.5%。磁钢行业的生产与2001年相比出现严重滑坡,产量和销售收入均比上年下降近30%。

2002年电工合金行业重点骨干企业主要经济指标见表1。

表1 2002年电工合金行业重点骨干企业主要经济指标

企业名称	产量(t)	工业总产值(万元)	产品销售收入(万元)	利润总额(万元)	全员劳动生产率(元/人)	主要产品
杭州永磁集团有限公司	1 319	17 261	16 917	374	156 000	铝镍钴磁钢
佛山精密电工合金有限公司	596	13 835	13 464	204	652 000	热双金属复合带材
河北安平电工合金厂	1 862	13 338	11 920	490	580 000	银铜合金
浙江福达合金材料股份有限公司	135	11 285	11 285	750	676 000	银基触头
重庆川仪一厂	29	8 750	8 527	628	18 000	复合带材
桂林金格电工电子材料科技有限公司	31	6 000	5 100	200	—	银基触头
上海人民电器厂电器触头厂	30	3 850	4 510	100	256 000	银基触头
苏州三立电工合金有限公司	—	3 845	6 001	826	—	
乐清市宏丰电工合金材料有限公司	37	3 024	3 002	102	364 000	银基触头
宁波神乐电工合金有限公司	25	2 014	2 341	119	186 000	银基触头
舟山市千岛磁钢有限公司	172	1 600	900	−73	139 000	
上海环力磁钢有限公司	102	1 092	909	40	109 000	

产品分类及产量 2002年电工合金分类产量见表2。

表2 2002年电工合金分类产量

产品名称	产量(t)
电触头材料	
银基触头材料	400
铜基触头材料(不含真空触头)	150
真空触头材料	40
银铜合金	1 780
热双金属	550
其他	600
磁钢产品	
铸造AlNiCo永磁	2 800
粉末磁钢	3

市场及销售 2002年电工合金行业国内销售收入前10名企业见表3。2002年电工合金行业产品出口创汇前4名企业见表4。

表3 2002年电工合金行业国内销售收入前10名企业

序号	企业名称	销售收入(万元)
1	杭州永磁集团有限公司	16 917
2	佛山精密电工合金有限公司	13 464
3	河北安平电工合金厂	11 920
4	浙江福达合金材料股份有限公司	11 285
5	重庆川仪一厂	8 527
6	苏州三立电工合金有限公司	6 001
7	桂林金格电工电子材料科技有限公司	5 100
8	上海人民电器厂电器触头厂	4 510
9	乐清市宏丰电工合金材料有限公司	3 024
10	宁波神乐电工合金有限公司	2 341

表4 2002年电工合金行业产品出口创汇前4名企业

序号	企业名称	产品名称	出口国家和地区	创汇额(万美元)
1	苏州三立电工合金有限公司	电触头材料	中国香港、台湾地区	325
2	杭州永磁集团有限公司	铝镍钴磁钢、粉末磁钢、钐钴磁钢、钕铁硼磁钢	美国、日本、韩国、意大利、英国、法国及中国香港、台湾地区	308
3	佛山精密电工合金有限公司	热双金属、银铜复合材料、电工触头材料	日本、东南亚及中国台湾地区	50
4	宁波神乐电工合金有限公司	Ag/Cu、AgCdO	中国香港地区	12

据不完全统计，2002 年电工合金行业产品销售收入为 93 089 万元，利润约 4 500 万元。2002 年行业内银基电触头材料产量 400t(估计全国总量近 500t)，比上年增长 10%以上；铜基触头材料(主要为 CuW 触头，不含真空开关用触头)约 150t，比上年略有增加；真空开关用触头材料(主要为 CuCr 系列)产量约 100 万片；其他电工合金材料(包括换向器用银铜合金、热双金属和焊料等)约 2 900t。其中低压电器银基触头材料绝大部分供应国内市场，产品构成仍以 AgCdO、AgNi 为主。由于技术和价格方面的原因，$AgSnO_2$ 等其他银金属氧化物电触头材料所占的市场份额很小。在近 50 个银基电触头生产企业中，约 2/3 的厂家为民营企业，生产能力远大于市场容量，产品供过于求的矛盾十分突出。行业内部竞争已处于白热化，且以价格竞争为主要手段，从而导致产品价格偏低。真空开关用电触头材料全国具有一定生产规模的企业已增至 8 个，产品主要供应国内市场，产品供大于求的矛盾日益突出，竞争更加激烈，价格持续下降且降幅较大。其他电工合金材料如安平电工合金厂生产的换向器用银铜合金、佛山精密电工合金有限公司生产的热双金属和银铜复合材料在其企业的产品中占有较大比重，除满足国内市场外，还有部分出口。宁波神乐电工合金有限公司生产的 Ag/Cu 铆钉、AgCdO 电触头和桂林金格电工电子材料科技有限公司生产的 CuCr25 真空触头也有少量出口。

电度表生产企业是铝镍钴磁钢最主要的用户，电度表用阻尼磁钢约占我国铝镍钴磁钢年销售量的 1/2。2002 年电度表的产量锐减(产量只及 2001 年的 1/2 左右)，加之高性能的铁氧体永磁和高居里点钕铁硼永磁的相继开发生产，使铝镍钴磁钢的市场份额减小约 35%。我国现有铝镍钴磁钢生产企业近 30 个，生产能力远大于市场容量，行业内竞争非常激烈，销售价格偏低，尽管销售收入接近 20 000 万元，但利润不足 1 000 万元，部分企业出现亏损。在此形势下，一些铝镍钴生产企业如杭州永磁集团有限公司除生产铝镍钴磁钢外，还积极开发生产稀土永磁材料，2002 年生产 NdFeB 永磁 145t，主要销往美国、日本、韩国等国和中国香港、台湾地区。上海环力磁钢有限公司和杭州下沙振兴五金厂也在积极研发高性能的八类磁钢，其中上海环力磁钢有限公司生产的八类磁钢的性能水平已达到国内先进水平。

科技成果及新产品 河北省安平电工合金厂采用真空上引加连铸工艺，在原材料中加入适量的稀土元素，并采用特殊的浸镀轧制工艺生产电子铜带，该产品可替代进口产品，含锡量达到 8%，延伸性、耐蚀性和易钎焊性达到国际标准。应用于生产精密仪器的抗磁元件以及生产计算机和手机所必须的电子铜带，投产后每年可生产优质磷锡电子铜带 800t，该项目获衡水市科技进步奖。

佛山精密电工合金有限公司采用“可控气氛复合法”生产的银合金/无氧铜换向器材料，不仅具有优良的导电性，而且具有极好的耐磨性。

浙江福达合金材料股份有限公司为适应电触头材料的发展趋势，积极开发新型电触头材料，2002 年该公司开发的 $AgSnO_2(10)$产品、CuWC 电触头材料、AgZnO 电触头和 Ag/Cu 复合弹性薄带 4 种新产品通过了浙江省科技厅的鉴定。

基本建设及技术改造 桂林金格电工电子材料科技有限公司的“低压电触头生产线技术改造”项目于 2002 年底完成，设计能力为年产 80t 低压电触头，现已达到 50t 的年生产量。

〔撰稿人：桂林电器科学研究所谢永忠　审稿人：桂林电器科学研究所陈京生〕

家用电器

生产发展情况 2002 年家用电器出口大幅度增长，呈现出蓬勃旺盛的形势。家用电器企业和国外家电企业合作的竞争力度在加大、加快。国内各家用电器企业通过各种途径拓展国际市场，树立自身品牌形象和品牌影响力。家电设计更加注重个性化和时尚化。2002 年家用电器主要原材料的价格开始呈现上升趋势，首先是由于国际贸易争端导致我国对钢材实施最终保护措施，从而使家用电器用钢价格大幅度上涨；此外 2002 年末由于伊拉克形势的紧张，国际油价飙升，从而带动下游的塑料等化工材料价格上涨；同时铜、铝的价格也在上涨。在此条件下，价格仍是主要的竞争手段，但效果将不同以前。此外由于消费热点的转移，新闻媒体对价格战的推波助澜作用也会降低，将削减价格战的影响，从而为家用电器业带来健康的发展环境。2002 年家用电器行业 30 个企业主要经济指标完成情况见表 1。

表 1　2002 年家用电器行业 30 个企业主要经济指标

指标名称	单位	2002 年完成	指标名称	单位	2002 年完成
工业总产值(不变价)	亿元	1 202.41	年末资产总额	亿元	675.03
(当年价)	亿元	988.64	流动资产年平均余额	亿元	392.69
工业增加值	亿元	163.80	利润总额	亿元	385.78
产品销售收入	亿元	1 189.96	出口创汇	万美元	122 794.59
固定资产投入	亿元	26.96	职工平均人数	人	91 532
其中：基本建设	亿元	9.44	工业全员劳动生产率	元/人	119 794
技术改造	亿元	17.05			

市场及销售　(1)电冰箱。2002年电冰箱开始实行“能效标识”,国内销售扭转了停滞不前的状态,实现了小幅度增长,电冰箱销售总量比上年增长18%。2002年家用电器行业6个电冰箱企业产销情况见表2。

表2　2002年家用电器行业6个电冰箱企业产销情况

指标名称	单位	数　量	指标名称	单位	数　量
产品销售收入	万元	734 731	电冰箱产量	台	7 817 150
出口量	台	2 835 138	电冰箱销量	台	7 469 473
出口创汇	万美元	24 632	冰柜产量	台	452 607
			冰柜销量	台	496 593

由表2可以看出2002年家用电器行业电冰箱类的产、销情况基本保持平衡。

(2)空调器。近几年空调市场处于快速变化之中,空调器在城市和农村的普及率远远低于电冰箱、洗衣机之类的传统大家电,具有一定的渗透空间。但2002年,空调的需求增长速度呈下降趋势,市场仍存在激烈的价格战。有些企业的库存量增多,在调查的11个空调企业中,产销情况保持平衡的有广东美的集团有限公司、广东格兰仕集团有限公司、广东志高空调股份有限公司、科龙集团股份有限公司。2002年家用电器行业11个空调器生产企业主要经济指标及产销情况见表3。

表3　2002年家用电器行业11个空调器企业产销情况

指标名称	单位	数　量	指标名称	单位	数　量
产品销售收入	万元	2 172 175	空调器产量	台	11 567 296
出口量	台	2 678 594	空调器销量	台	10 297 114
出口创汇	万美元	66 400			

(3)洗衣机。洗衣机市场需求保持平稳增长的态势,由于国内城市和农村市场的消费结构在转变和升级,将带动一定的需求增长。洗衣机的出口处于起步阶段,具有较大的发展空间。2002年洗衣机产销情况较好的企业有:江苏小天鹅集团、海尔集团公司、荣事达集团、上海夏普电器有限公司。其中海尔集团公司2002年生产洗衣机393.17万台,比上年增长约10%,销售392.91万台;江苏小天鹅集团销售洗衣机244.90万台;荣事达集团销售洗衣机122万台,比上年增长约5%;上海夏普电器有限公司生产洗衣机17.70万台,销售17.50万台。2002年家用电器行业5个洗衣机主要生产企业主要经济指标及产销情况见表4。

表4　2002年家用电器行业5个洗衣机企业产销情况

指标名称	单位	数量	指标名称	单位	数量
产品销售收入	万元	554 742	洗衣机		
出口量	台	1 181 412	产量	台	7 837 360
出口创汇	万美元	11 206	销量	台	7 822 490

(4)电风扇。2002年家用电器行业7个电风扇生产企业完成产、销情况较好的有:上海华丰电扇厂、广东美的集团有限公司、顺德松下精工有限公司。2002年,家用电器行业7个电风扇主要生产企业产销情况见表5。

表5　2002年家用电器行业7个电风扇主要生产企业产销情况

指标名称	单位	数量	指标名称	单位	数量
产品销售收入	万元	656 958			
出口量	台	9 101 101	电风扇产量	台	17 263 072
出口创汇	万美元	10 836.1	电风扇销量	台	16 736 712

(5)电热器具。2002年电热器具生产企业的产量出现不同程度的增长,产、销保持良好的平衡状态。2002年家用电器行业13个电热器具生产企业主要经济指标见表6,2002年家用电器行业13个电热器具生产企业产销量及出口情况见表7。

表6　2002年家用电器行业13个电热器具生产企业主要经济指标

指标名称	单位	2002年完成
销售收入	万元	195 382
出口量	万台	277.7
出口创汇	万美元	8 152

表7　2002年家用电器行业13个电热器具生产企业产销量及出口情况

产品名称	产量(万台)	比上年增长(%)	销量(万台)	出口量(万台)	出口创汇(万美元)	主要出口国家和地区
微波炉	1 532	32.0	1 474	900	31 453	美国、日本
电饭锅	630	14.0	588	107	1 571	欧美、日本、东南亚

2002年家用电器行业30个主要企业产品销售情况见表8,2002年家用电器行业产品销售收入前7位的企业见表9,2002年家用电器行业出口创汇前5位企业见表10。

表8　2002年家用电器行业30个主要企业产品销售情况

产品名称	国内销售量(万台)	国内销售收入(万元)	出口量(万台)	出口额(万美元)
电冰箱	493	346 757	284	24 632
电冰柜	43	80 046	71	1 193
空调器	758	1 522 280	268	66 400

(续)

产品名称	国内销售量(万台)	国内销售收入(万元)	出口量(万台)	出口额(万美元)
电风扇	764	59 816	910	10 836
洗衣机	665	465 094	118	11 206
微波炉	1 532	223 297	900	38 235
电饭锅	630	69 714	107	2 941
电热水器	64	69 243		
合计	4 948	2 836 247	2 593	155 443

表 9　2002 年家用电器行业产品销售收入前 7 位企业

序号	企业名称	产品销售收入(万元)
1	海尔集团公司	7 105 282
2	广东美的集团股份有限公司	1 309 700
3	广东格兰仕集团股份有限公司	862 379
4	广东科龙电器股份有限公司	615 719
5	广东志高空调股份有限公司	245 658
6	上海夏普电器有限公司	185 713
7	江苏春兰制冷设备股份有限公司	174 089

表 10　2002 年家用电器行业出口创汇前 5 位企业

序号	企业名称	出口创汇(万美元)
1	海尔集团公司	34 141
2	广东格兰仕集团股份有限公司	27 951
3	广东美的集团股份有限公司	23 330
4	上海夏普电器有限公司	15 110
5	广东科龙电器股份有限公司	10 456

科技成果及新产品　2002 年家用电器企业进一步加大了技术研发的投入，以提升产品的技术含量，提高产品的质量和性能，努力使产品向节能和环保方向进行，还不断引进、吸收国外先进生产技术，缩短在核心技术上的差距，从而为推动行业发展起到积极作用。

2002 年海尔集团在海尔牌系列空调中，研制出海尔氧吧空调、海尔氧吧中央空调、海尔空调智慧眼等多种新型产品；在海尔牌系列洗衣机中，研制出双动力洗衣机、健康双动力洗衣机、1218 特快洗、BS1218 太空钻、小小神童系列洗衣机；在电冰箱方面，研制出海尔冰箱 007、海尔冰箱 0＋007；在彩电方面，推出了海尔彩电 G5、TFT—LCD、PDP、青蛙王子等新型产品；在电冰柜方面，研制出迈克冷柜、血液冷藏柜等产品；在网络家电中，推出蓝牙系列网络家电，采用了智能控制技术和网络技术，以蓝牙技术实现网络家电的功能；在洗碗机中，采用消毒技术和三合一技术推出三合一洗碗机产品；在热水器方面，研制出防电墙热水器产品；在微波炉系列方面，推出转波微波炉产品。以上产品均通过省级鉴定。

广东美的集团公司研制出 MDV—240W/BDPS 型一拖五至一拖八智能集中式空调。美的集团通过对电磁加热技术的研究，设计了多种保护技术，提高了电磁加热元件的可靠性，是国内首家实现电磁加热技术在电饭煲上大规模产业化应用的企业。与此同时，采用负压强化燃烧技术、集中供暖/供热水技术、闭式水路设计、封闭型给排气设计等多项先进技术，推出了 JLG 供暖/供热水中央燃气热水器新型产品。在压缩机方面，推出 3HP 双缸滚动活塞式空调压缩机，该产品制冷量达到了 9 000W 以上，是目前滚动转子式压缩机中规格最大的，性能、噪声、可靠性等主要技术指标均达到国际先进水平。以上产品均通过省级鉴定。

广东科龙电器股份有限公司研制出“双高效”环保空调、数码多功能调湿电冰箱、恒温速冷智能化控制血液冷藏柜、儿童成长冰箱等新产品，这些产品均通过了广东省科委组织的鉴定。其中由广东科龙冰箱有限公司自主研究的具有数码多功能调湿技术的电冰箱，是冰箱制造史上的重大创新，达国际领先水平，应用数码多功能调湿技术的冰箱产品属国际首创；儿童冰箱在市场上引起轰动。

江苏白雪电器股份有限公司开发了 DBZ—50 型多功能电脑自动冲洗便座，还开发了 IS—S(45～600)、ZS—SB(10～434)自动售货机；此外，公司还研制了 ZB—30、ZB—15、ZB—40、ZB—50、ZB—60 等系列制冰机，这些产品是由全自动电脑控制，实现自来水制冰的一个过程。

江苏春兰制冷设备股份有限公司研制了 KF(R)—23GW/H、KF(R)—27GW/H、KF(R)—33GW/H、KF(R)—35GW/HH 系列分体挂壁式房间空调器；KFR—52LW/Hd、KFR—75LW/Hd(S)H 系列分体落地式房间空调器；KF(R)—23GW/T、KF(R)—27GW/T、KF(R)—33GW/T、KF(R)—35GW/T T 系列分体挂壁式房间空调器；KFR—50LW/Td、KFR—70LW/TdS、KFR—120/TdS T 系列分体落地式房间空调器；KT3F—50GW/60、KT3FR—50GW/60、KT3F—50GW T3 系列分体挂壁式房间空调器；KT3C—45/B、KT3C(R)—45/B 60、KT3C—55/B、KT3C(R)—55/B 60 T3 系列窗式房间空调器。这些产品均通过国家鉴定，其中某些项目技术水平还达到国际先进水平。

长岭(集团)股份有限公司启动了稀土永磁无刷直流电机及变频调速伺服系统项目。

广东志高空调股份有限公司开发了 KF(R)—82GW 大功率分体机、KF(R)—75LW 世纪彩、KF(R)—41 银星系列 41 柜机、CMV14S＋46PW 风冷直冷型、KFR—36QW 天花式系列产品。

TCL 空调器(中山)有限公司研制了 KFR—35GW/AA、KFR—35GW/AB、KFR—23GW/AA 分体挂壁式空调器、KFR—45LW/AA 分体落地式空调器、KFR—32GW/AABP 交流变频空调器、KFR—32GW/AAZP 直流变频空调器、KFR—180 LW/AABP 变频一拖二空调器。

江苏海狮机械集团有限公司开发了XGQ系列环保节能智能化全自动洗涤脱水机、GXZQ系列绿色环保型全自动干洗机、CYZ系列高速高效节能全自动熨平机、GZZ系列全自动高效节能烘干机等系列产品，这些产品均获得国家专利保护。

淄博多星电器集团有限责任公司采用微电脑技术、铝电热管钎焊、热喷涂、涂四氟乙烯等国际先进技术，先后研制成功了微电脑电炒锅、电磁两用壶、不锈钢两用电水壶、调火定时多功能电热锅等新产品。

基本建设及技术改造 据统计，2002年28个主要家用电器企业固定资产投资总额26.96亿元，其中基本建设9.44亿元，技术改造17.05亿元，技术改造项目共35个。在固定资产投资中，投资较大的企业依次为海尔集团公司、广东格兰仕集团有限公司、广东美的集团股份有限公司、华意电器总公司、江苏白雪电器股份有限公司和广东科龙电器股份有限公司等。

海尔集团公司投入的整体厨房项目将改变国内不能生产高档厨房，高档厨房市场均为国外品牌把持的局面。大容积网络冰箱二期技改项目计划总投资25 877万元，在青岛海尔开发区工业园利用现有的公用工程和辅助设施，对冰箱生产线进行改造，新增60万台大容积网络的生产能力。

广东美的集团股份有限公司的国家级企业技术中心改造、变频压缩机和新冷媒压缩机技改是广东省技改项目。其中变频压缩机和新冷媒压缩机技术改造项目已顺利完成，定速压缩机、变频压缩机、R407C新冷媒压缩机的生产能力可兼容，具备年产400万台的能力。国家级企业技术中心改造项目正在顺利进行中，目前已在实验室建设、中试工厂和生产线建设、博士后科研课题研究方面取得了良好实效。此外，美的公司还引进日本三洋的生产制造设备，掌握了产品的技术开发，现已自主开发出多款微波炉用磁控管，并与长沙交通学院合作开发了4项具有实用新型专利的沥青路面微波加热器，达到年产400万台的生产能力。

华意电器总公司的压缩机二期、压缩机三期属于江西省重点技改项目。华意压缩机股份有限公司通过二期投资，新增无氟压缩机年生产能力100万台，并且能够生产R134a和R600a两种工质的压缩机产品。压缩机三期项目已完成，累计年生产能力达到300万台，其中，新增100万台。

佛山通宝股份有限公司完成了扩大体胀式温控器产品出口技改项目。此外，还进行了电机保护器技改项目，该项目引进美国德州仪器公司的技术，经过消化吸收和改进，使生产设备国产化、产品零件国产化达到95%以上，降低了生产成本，并使生产能力扩大了2倍，其中B系列保护器年生产能力达600万只。

TCL空调器(中山)有限公司的二期技术改造项目已于2002年全面完成，该项目申报了中山市2002年技改项目。其中新建总装生产线2条，改造旧总装生产线6条；新建高标准噪声测试室1个；还对两器生产工艺，4间焓差测试室系统，三气供应站，物料及半成品、产成品输送线进行了改造；此外，还改善了员工工作环境和住宿环境，扩建厂房及员工生活区约8万m^2。

管理及改革 2002年，广东美的集团股份有限公司按证监会对上市公司与控股股东的管理要求，进一步加强了“三分开”方面的管理改革，在业务、人员、资产、机构和财务等方面做到了相互独立。公司建立了独立完整的生产经营体系，具有独立完整的业务及自主经营能力。同时，该公司还出资17 765万元和5 076万元分别收购顺德美的冷气机制造有限公司和顺德市美托投资有限公司所持有的广东威创科技有限公司70%和20%的股权。此次收购完善了公司产业链，增强了公司业务的竞争能力。针对公司日益发展壮大的需要，以及在进一步提高产品竞争力等方面所面临的困难与问题，美的多层次、多方面加大信息化建设，加强企业文化建设，建立和完善人才引进和培养机制，严格控制费用支出，开拓新业务领域，加大技术开发投入。

科龙集团被誉为2003年度最有可能摘掉ST帽的企业，在转制过程中，采取“在运动中瘦身”和“小步快跑”的策略，避免了转制过程中的振荡，实现了平稳转制。科龙的成功转制受到政府、业界和媒体的高度重视与关注，国务院发展研究中心专门派专家小组到科龙调研，并完成了《科龙平稳转制与战略性调整取得阶段性成果》的调研报告，召开“科龙模式”研讨会，充分肯定科龙的转制模式，认为该模式对大多数需要转制的国企具有较强的借鉴意义。

为了使集团的管理水平由中级阶段向高级阶段过渡，海狮集团实施了多项重大举措，实施了一系列的改革措施进行结构调整。首先通过体制改革，缩编、精简了组织机构，增强了集团的战斗力和凝聚力，及时纠正了不合理的资源配置；其次，进行机制改革，对正职干部的任职岗位目标责任制进行改革，实行竞争上岗制，实施专业人员、技术人员分等，并辅以职称、工种等级激励；再次，对办事处的改革在去年的基础上进一步深化和细化，继续实施承包责任制，围绕全年的目标任务，层层分解；最后，调整发展重心，实施生产机制改革，确定海狮的四个特色产品为水洗机、烘干机、熨平机和干洗机，进一步提高产品质量和科技含量。

海尔集团坚持全面实施国际化战略，已建立起一个具有国际竞争力的全球设计网络、制造网络、营销与服务网络，在美国、欧洲初步实现了设计、生产、销售“三位一体”的本土化目标。随着海尔国际化战略的推进，海尔与国际著名企业之间也从竞争向多边竞合关系发展，2002年1月8日和2月20日分别与日本三洋公司和台湾声宝集团建立竞合关系，实现优势互补、资源共享、双赢发展。2002年3月4日，海尔在美国纽约中国城百老汇购买原格林尼治银行大厦作为北美总部，此举标志着海尔的三位一体本土化战略又上升到新的阶段，说明海尔已经在美国树立起本土化的名牌形象。为适应网络经济和加入WTO的挑战，海尔从1998年开始实施以市场链为纽带的业务流程再造，以订单信息流为中心带动物流、资金流的运动，加快了与用户零距离、产品零库存和零营运成本“三个零”目标的实现。2002

年，流程再造后的海尔在整合内外部资源的基础上创造新的资源，海尔商流、物流、制造系统都已经在全球化的平台上向社会化转变，增强了企业的国际竞争力。

〔撰稿人：广州电器科学研究院黎　慧　审稿人：广州电器科学研究院赖　静〕

家用控制器

随着我国家用电器的迅猛发展，家用控制器行业得到了更新发展。目前配套件市场已全面实现了国产化，但由于受家电产品的制约，特别是整机厂为了降低成本，逐年要求配件企业产品降价，迫使各企业纷纷打起价格战。生产配套件企业原材料上升，产品价格下降，各项费用增加，加上货款回收时间延长，造成企业在产量增加的同时，利润却逐年下降，使配套件产品市场竞争更趋严峻。因此，行业企业只有凭借规模生产、品牌和严格的质量管理，才能维持一定的利润水平，而相当一部分管理欠缺或机制转换不完善的企业，难以走出困境，被迫停产或转产而退出市场，而不少民营企业却在这场竞争中得到了较大发展，参与了行业激烈的市场竞争。

生产发展情况　据有关部门统计，2002 年全国家用电器生产和销售情况为：电冰箱产量 1 600 万台，销量 1 590 万台；冷冻箱产量 470 万台，销量 450 万台；空调器产量 3 150万台，销量3 100万台；洗衣机产量1 590万台，销量 1 600万台；电风扇产量 9 100 万台，销量 9 000 万台；电饭锅产量 2 110 万台，销量 2 200 万台；吸尘器产量 1 520 万台，销量 1 520 万台等。上述产品无论是产量还是销量，均比上年有较大的增长，从而带动了其配套件产品的迅速发展。此外，家用控制器行业的主要客户除了供给有关的整机厂外，售后服务维修市场需求也占了一定的比例。

市场及销售　2002 年家用控制器行业主要产品产量见表 1，2002 年家用控制器重点企业经济指标见表 2。

表 1　2002 年家用控制器行业主要产品产量

产　品　名　称	产量(万只)	比上年增长(%)
压力式温控器	6 960	38.1
双金属片式温控器	15 780	43.1
压缩机用起动器、保护器	6 890	37.0
四通电磁换向阀	980	10.1
洗衣机程序器	1 980	12.5
定时器	17 540	13.7
电机保护器	19 770	28.1

表 2　2002 年家用控制器重点企业经济指标

序号	企　业　名　称	经济效益综合指数	总资产贡献率(%)	资本保值增值率(%)	流动资产周转率(次)	成本费用利润(%)	全员劳动生产率(元/人)	产品销售率(%)
1	英维思(青岛)控制器有限公司	2.35	24.1	142.7	1.21	25.3	63 514	93.1
2	太原航空仪表有限公司弹性元件厂	2.13	18.4	102.5	0.93	21.1	85 563	88.0
3	万宝冷机集团广州电器有限公司	1.18	7.3	150.1	0.63	6.4	63 284	93.4
4	佛山通宝股份有限公司	1.05	6.9	102.1	1.20	4.4	39 264	106.5
5	无锡市惠山华宏自动控制有限公司	0.66	0.6	97.2	0.59	−2.6	19 383	95.2
6	青岛海泰电气股份合作公司	0.53	3.3	101.9	0.27	0.3	7 028	101.0

新产品　佛山通宝股份有限公司研制开发了 KV 型、DD 型、TY 型温控阀，控温范围 6～28℃，工作压力小于 1MPa，液压强度 1.6MPa，该温控阀通过集中控制散热器的水流量来控制房间温度。

浙江三花集团有限公司开发了 RMCK1016—1 冰箱用热敏磁控开关阀和 DPF1.6、DPF1.8、DPF2.2 家用空调电子膨胀阀。RMCK1016—1 冰箱用热敏磁控开关阀是新一代冰箱用自感应新技术非常重要的感温元件，热敏开关感受环境温度，控制温度补偿装置工作，使系统运行在状态，实现自动补偿温度、节能等效果，该产品结构合理、体积小、精度高、性能稳定，并具有防爆性能。DPF1.6、DPF1.8、DPF2.2 家用空调电子膨胀阀是变频空调的关键部件，它是由电子控制器控制步时转子的旋转，通过螺纹传动，带动阀针作轴向移动，从而调节阀口的通流面积，调节制冷的流量。

万宝冷机集团广州电器有限公司开发研制出 BN 系列高性能内置式热保护器，该产品用金属外壳全密封结构内充惰性气体，满足大规模空调器内部高温高压大电流及频繁冷热冲击条件的要求。

青岛海泰电气股份合作公司开发出滚筒洗衣机电子控制模块，替代进口同类产品。

质量及标准　国家质量监督检验检疫总局根据国家有关法律法规，制定了国家强制性产品认证的规章和制度；批准和发布了《第一批实施强制性产品认证的产品目录》(以下简称《目录》)，并从 2002 年 5 月 1 日起开始实施强制性产品统一目录，统一标准、技术法规和合格评定程序，统一标志，统一收费的“四个统一”的新制度，列入《目录》中家用和类似用途设备的产品有 18 种：家用电冰箱和食品冷冻箱，电风扇，空调器，电动机一压缩机，家用电动洗衣机，电热水器，室内加热器，真空吸尘器，皮肤和毛发护理器具，电熨斗，电磁灶，电烤箱，电动食品加工器具，微波炉，电灶、灶台、烤炉和类似器具，吸油烟机，液体加热器，冷热饮水机和电饭锅等，作为为上述产品配套的家用控制器，也必须根据主机的要求做产品强制性认证或自愿性认证。

在标准化方面，全国家用控制器标准化委员会在2002年年会上总结了上年的工作情况，主要完成了IEC60730—2—15和IEC60670—2—20标准的翻译工作，为下年度完成国家标准的制定工作奠定了基础；完成了国家标准化管理委员会对各专业标委会的清理整顿工作；IEC/TC72文件投票处理和国际标准化专家工作组的重新组建筹备工作，这将使今后的工作更加规范化；明确将GB14536.19—XXXX《家用和类似用途电自动控制器　家用和类似用途的浮子水位操作电自动控制器的特殊要求》和GB14536.20—XXXX《家用和类似用途电自动控制器　电动气阀的特殊要求，包括机械要求》作为标委会下年度制修订项目计划，并考虑GB14536系列特殊要求标准的修订。会议审议通过了《IEC/TC72国际专家工作组管理办法》，秘书处将确定新的专家工作成员名单，并上报上级主管部门；秘书处汇报了参加2002年IEC/TC72国际会议情况，介绍IEC/TC72的工作及标准的最新动态；会议讨论了GB14536.17—XXXX《家用和类似用途电自动控制器　锅炉器具中使用的浮子型和电极敏感型水位敏感控制器的特殊要求》和GB14536.18—XXXX《家用和类似用途电自动控制器　遥控敏感控制器的特殊要求》标准的标准讨论稿，确定了标准的编制原则。会议期间，标委会还联合广州电器科学研究院、工业与日用电器行业生产力促进中心、中国电器工业协会工业日用电器分会进行了2002年度小家电技术交流活动。

基本建设及技术改造　浙江三花集团有限公司固定资产投资1.15亿元，其中基本建设投资635万元、技术改造投资10 865万元，主要投资新增200万套汽车空调贮液器，500万套四通换向阀，年产200万套制冷自控成套管组件，压缩机贮液器300万套和700万只截流阀等技术改造项目。

佛山通宝股份有限公司固定资产投资3 800万元，其中基本建设投资500万元、技术更新改造投资3 300万元，主要项目有：扩大体胀式温控器产品出口技改项目，引进西班牙生产线及膜盒滚焊机、碰焊机、充液机、自动检测机等关键设备，通过引进设备，提高产品的控温精度、稳定性和可靠性，扩大产品的生产能力；防爆温控器技改项目是开发绿色压力式温控器的一个新产品，经过两年的批量生产及改进，在原有的基础上进行全面推广，此次改造提高了动力组件的高真空、高纯度和高密封性能，引进防微泄漏的焊接技术和工质充灌工艺及特殊设备，生产线安装气体浓度检测装置和车间防爆装置；电机保护器技改项目，引进美国德州仪器公司技术，经过消化吸收和改进，研制一条电机保护器生产线，使生产设备国产化达95%以上，大大降低了生产成本，扩大了生产能力，B系列保护器年生产能力可达600万只，生产同时能感应制冷压缩机温度和电流的新型保护器，该产品具有内藏式和外置式的优点，将逐渐代替旧式产品。

中外合资佛山华鹭制冷器件有限公司引进日本“鹭宫”电子膨胀阀(变频空调用)生产设备及产品技术，并于当年投入试产。

浙江东阳市华恒温控器厂固定资产投资85万元，主要用于新建恒温阀元件车间和购置温控器自动测试台、恒温阀机械设备、恒温阀测试设备等。

奉化市三石电磁阀厂固定资产投资86万元用于新建厂房，建造配电设备、流水线和检测线等。

太原航空仪表有限公司弹性元件厂固定资产投资145万元，用于改造表面处理生产线，购买仪器设备等。

管理及改革　佛山通宝股份有限公司通过收购兼并、资产重组，现已成为一家集家用电器控制器、金属材料、无油压缩机、控制阀等于一体的综合性集团式国家级重点高新技术企业。该公司紧密围绕“人才是根本，智慧是源泉，科技是动力，客户是中心，服务是保证”的发展战略，以市场为导向，以资本为纽带，不断开拓创新，积极推进科技进步。2002年为适应国内外市场发展的需要，不断引进国际先进管理方法，并结合具体情况进行创造性运用，以获得更大的经济效益；在经营管理上全面实行事业部制，下属各控股公司、分公司实行产、供、销一体化，直接面向国内市场，通过集团公司下属进出口公司，间接面向国外市场。

浙江三花集团有限公司2002年调整企业经营战略，逐步从“小商品、大市场、高科技、专业化”向“经营多元化、生产专业化、市场国际化”作经营战略调整，由目前商品经营为主向资本经营跨越，由制冷空调控制元器件产业向汽车零部件、房地产、光电微电子等产业拓展；公司推行精益生产方式，提高产品质量，降低成本，推动企业整体管理水平；开展技术创新，大力研发新产品，提升企业核心竞争能力；加强企业文化建设，增强员工凝聚力；改革工资制度，充分体现多劳多得，能者高酬，按贡献和业绩付酬；加强企业人力资源管理，健全“赛马”机制，让优秀的人才脱颖而出。

太原航空仪表有限公司弹性元件厂2002年公开向社会招聘科技人员、营销人员、技能人员和管理人员，被聘人员多数能胜任工作要求，同时加强了在岗人员的考核，对技术、销售、管理人员进行量化考核，细化了考核规则；全面铺开了竞争上岗，末位淘汰工作制，将5%不胜任岗位的员工转入三产或待岗培训，使员工的思想发生了较大的转变，在岗的员工更加珍惜现有岗位，由原来要我做好工作，变为我要做好工作，形成了一个良好的工作气氛，激活了用人机制；实施工资改革制度，改变了以往固定工资的状况，调整固定工资与活工资发放的比例，按考核成绩发放，充分与个人的工作态度、技能水平、敬业精神、团队精神等结合起来，体现了“多劳多得”精神。在生产经营方面另开辟一个产品公司，试行股份经营管理，当年就取得了较好成绩。

无锡市惠山华宏自动控制器有限公司2002年调整管理人员，合理使用人才，狠抓制度建设，建章立制完善厂规厂纪，以多种形式加强对职工培训，激发和提高职工遵守厂规厂纪的自觉性。

〔撰稿人：广州电器科学研究院陈　明　审稿人：广州电器科学研究院赖　静〕

电 器 附 件

生产发展情况 据不完全统计，我国现有经国家工商管理局登记的电器附件企业1 000多个，浙江、广东地区主要生产企业数最多，其次是北京、江苏等地，其产量占全国总产量约70%。近十年来，除了传统产品外，还出现了地面插座、转换器、防溅开关插座、防水开关插座、漏电保护插座、防雷保护插座以及一系列节能开关等产品，从单纯的功能性产品发展为功能性与装饰性相结合的产品，并且日益追求产品的安全性和舒适性。

2002年电器附件行业部分企业经济效益综合指数见表1。

表1 2002年电器附件行业部分企业经济效益综合指数

序号	企业名称	工业经济效益综合指数	总资产贡献率(%)	资本保值增值率(%)	流动资产周转率(次)	工业成本费用利润率(%)	全员劳动生产率(元/人)	产品销售率(%)
1	青岛澳柯玛国际电工有限公司	2.57	76.9	113.7	1.14	5.8	89 552	88.5
2	上海益忠电器有限公司	2.56	22.4	411.6	4.95	5.0	109 265	97.0
3	杭州鸿世电器有限公司	2.49	38.5	135.7	1.65	22.8	52 063	99.1
4	江苏西蒙奇通电器有限公司	2.47	31.8	125.8	1.90	20.7	80 095	96.4
5	TCL国际电工(惠州)有限公司	2.20	42.5	143.2	3.72	8.9	42 571	99.1
6	杭州鸿雁电器公司	2.09	14.1	122.6	2.97	4.4	164 278	98.0
7	佛山市澜石电器厂	2.00	26.6	101.6	1.71	14.9	64 500	96.5
8	宁波万事达综研电气有限公司	1.95	27.9	181.1	3.12	14.7	12 082	95.0
9	北京松下电工有限公司	1.61	8.9	103.5	2.08	7.9	89 644	102.8
10	正泰集团建筑电器有限公司	1.85	33.0	129.5	2.69	7.5	42 679	98.0
11	北京突破电气有限公司	1.84	26.6	118.8	3.86	3.2	71 052	100.0
12	宁波灵象电器有限公司	1.78	19.9	122.8	1.53	11.0	71 250	96.2
13	浙江德力西国际电工有限公司	1.76	20.4	102.3	1.83	7.0	90 667	95.5
14	温州市华潮电子有限公司	1.73	16.2	131.3	5.68	4.4	48 828	83.5
15	泰力实业有限公司	1.63	14.7	139.6	4.10	3.3	66 976	89.4
16	顺德市松本电工实业有限公司	1.54	19.2	118.5	1.61	6.7	59 794	93.4
17	上海全本电器有限公司龙湾分公司	1.40	22.1	153.1	1.66	9.7	2 767	86.8
18	南京曼奈柯斯电器有限公司	1.24	14.7	106.1	1.60	9.1	11 967	98.3
19	天津市至上电器有限公司	1.21	13.7	103.7	4.86	0.3	11 520	100.2
20	广州新兴电器厂	1.01	11.6	94.8	1.64	2.3	28 448	97.4

市场及销售 2002年全国电器附件行业企业通过扩大生产规模、技术创新、提高产品质量，产品产量较上年有所增长，2002年电器附件行业工业总产值增幅前11位企业见表2，销售收入增幅前11位企业见表3。

表2 2002年电器附件行业工业总产值增幅前11位企业

序号	企业名称	工业总产值(万元)	比上年增长(%)
1	正泰集团建筑电器有限公司	7 030	108.0
2	上海益忠电器有限公司	19 446	79.2
3	青岛澳柯玛国际电工有限公司	7 800	55.0
4	江苏西蒙奇通电器有限公司	5 400	51.0
5	温州市华潮电子有限公司	10 231	50.0
6	宁波万事达综研电气有限公司	2 560	43.0
7	杭州鸿雁电器公司	33 075	34.5
8	北京突破电气有限公司	4 872	28.0
9	宁波灵象电器有限公司	2 600	15.0
10	杭州鸿世电器有限公司	13 693	13.6
11	顺德市松本电工实业有限公司	20 795	10.3

表3 2002年电器附件行业销售产值增幅前11位企业

序号	企业名称	产品销售收入(万元)	比上年增长(%)
1	上海益忠电器有限公司	19 191	152.8
2	正泰集团建筑电器有限公司	6 890	108.0
3	青岛澳柯玛国际电工有限公司	6 800	50.0
4	江苏西蒙奇通电器有限公司	5 206	45.0
5	杭州鸿雁电器公司	31 213	36.8
6	温州市华潮电子有限公司	8 543	36.0
7	北京突破电气有限公司	4 060	27.4
8	南京曼奈柯斯电器有限公司	3 249	26.0
9	顺德市松本电工实业有限公司	19 430	15.4
10	宁波灵象电器有限公司	2 500	13.6
11	杭州鸿世电器有限公司	13 524	12.7

科技成果及新产品 2002年全国电器附件行业各企业根据国内外市场发展的需要，坚持以科学为先导，加大开发和研制新产品的步伐，取得了可喜的成绩，为企业创造了较大的经济效益。

杭州鸿雁电器公司完成新产品开发 200 多个品种。完成 K 系列、M120 系列、新 AP 系列、F 系列等产品的补充和配套工作;完成 E 系列插座接线方式的整改;转换器系列产品全面升级换代,不仅外观有较大突破,而且成本也大大下降;重新开发了地面插座,并对 AC30 模数化插座进行了重新设计;成功实现了 C120、C86 系列的市场投放工作,公司现已形成了以 E 系列、C 系列为高档产品;K 系列、新 M120 系列为中高档产品;R 系列、F 系列为中档产品;新 AP 系列、RL 系列为低档产品;并以插头系列、明装系列、外贸系列、转换器系列、地面插座系列等为配套系列的产品体系,以适应不同层次的市场需求。在塑胶管业方面,相继推出了 UPVC 排水管和中久系列电线管,重点对 PP—R 生产线进行改造,并配套开发了 PP—R 大口径管材、管件。在鸿雁智能产品方面开发了家庭布线箱和智能家居控制器系统。目前,鸿雁智能产品已形成了由家庭信息接入箱、智能家居布线系统、无线灯光控制遥控系统、智能小区安防系统、三表远程抄收系统、家庭智能控制器等构成的产品集群。

TCL 国际电工(惠州)有限公司研究开发出 S8.0 银韵系列开关、插座共 83 种产品,德式系列开关、插座共 36 种,产品转换器共 17 件。

顺德市松本电工实业有限公司突出产品差异化优势,完善老产品,使产品外观审美价值更高、功能状态更优化、性价比更高;公司先后完成了电力载波系列;B5、B61、二、三位大翘板开关系列;B8 二、三插带开关;1000 型床控板等产品的设计和生产,新产品投入市场后,取得了良好的经济和社会效益;2002 年下半年又开始了新一轮的 A6 全新产品开发。

杭州鸿世电器有限公司坚持以市场为导向,建立了新产品开发考核制度,充分结合英国销售市场的需求,先后开发了分线盒系列、熔断器座功能件系列产品及带遥控插座;设计和完善了 W 系列调光、调速开关,信息插座;公司开发的全新一代办公移动插座,有 3 个产品通过认证并开式投入批量生产,实现了当年开发当年见效。

北京突破电气有限公司研制出多种转换器,主要有:TZ—Y/TZ—101 10A 250V MOV 电涌防护一控三模块结构,TZ—Y/TZ—102 10A 250V MOV 电涌防护一控五模块结构,采用带电源和电涌防护元件失效指示灯、双断开关,有保护门;TZ—Y/TZ—105 10A 250V MOV 电涌防扩五控五模块结构,TZ—Y/TZ—106 10A 250V MOV 电涌防护三控三模块结构,采用带电源和电涌防护元件失效指示灯,每位插孔有 1 只独立开关控制,带保护门;TZ—Y/TJ—02 16A 250V IU 标准机座插座,专为机柜设计,铝合金外壳,可选防电涌和过电流保护,灵活的插孔组合方式。

青岛澳柯玛国际电工有限公司新开发公爵 G 系列产品 8 个品种、开发模具 18 套和小天使系列共 34 个品种、68 套模具,投入生产后产生了良好的效果。为配合产品出口,在现有基础上,先后开发了欧式插排系列产品共 19 个品种、24 套模具,大部分已投入生产,部分产品已出口。公司生产的电器附件产品被青岛市科学技术局评为高新技术产品,公爵 G 系列产品被列为青岛市名牌产品。

浙江温州泰力实业有限公司开发出家用智能无线遥控开关、插座,选用单片微电脑设计,采用无线遥控,除能实现普通开关、插座功能外,还能对某些特殊情况进行处理,该产品可以直接替代机械类开关、插座。

质量及标准 2002 年 8 月 1 日我国第一批实施强制性产品认证的目录中,涉及电器附件行业的产品(电路开关及保护器或连接用电器装置)有 6 大类:器具耦合器(家用和类似用途、工业用)、插头插座(家用和类似用途、工业用)、热熔断体、小型熔断器的管状熔断体、家用和类似用途固定式电气装置的开关、家用和类似用途固定式电气装置电器附件外壳等。

2002 年 2 季度,国家质量监督检验检疫总局对家用及类似用途插头插座(含转换器)产品质量进行了国家监督抽查。本次抽查涉及北京、上海、广东、浙江、江苏、四川等 16 个省、直辖市 132 个企业生产的 132 种插头插座产品,合格 79 种,产品抽样合格率 58.8%。这是自 1999 年以来,国家连续 4 年对插头插座产品质量进行的监督抽查,也是覆盖面最大、涉及产品数最多的一次。在连续 4 年的跟踪抽查中,连续 3 次质量较好的插头插座产品的生产企业及其品牌有:杭州鸿雁电器公司的鸿雁牌、TCL 国际电工(惠州)有限公司的 TCL 牌、北京四通松下电工有限公司的 National 牌、奇胜电器(惠州)工业有限公司的 CLIPSAL 牌、顺德市松本电工实业公司的松本牌、北京银翼电气有限公司的 Legrand 牌、北京突破新技术发展中心的 TOP 牌和北京中科可来博电子技术有限公司的可来博牌。本次抽查结果又一次表明:大多数大、中型企业均具有完整的技术开发设计、生产与检测能力,有较好的质量管理体系并且运转有效,获得了 GB/T19000—ISO9000 质量体系认证证书,其产品通过了长城认证,目前又在积极进行 3C 证书的转换工作,这些企业的产品设计合理、品种多、档次全,产品市场占有率较大。而一些小型企业则技术力量薄弱,生产条件较差,缺少必要的检测手段,产品质量不稳定,尤其是一些家庭作坊式企业,对原材料和零部件的质量不把关,使产品的安全指标无法保障。此外,为了防止质量问题严重的产品危及人身财产安全,国家质量监督检验检疫总局决定针对本次抽查中 10 种存在严重质量问题的产品实施收回制,规定有关企业必须限期收回已出厂、销售的产品,经销企业要将被列入收回名单的产品全部撤下柜台。各有关省级质量技术监督局对本次抽查产品质量不合格企业的其他规格型号的产品进行监督抽查,发现不符合国家强制性标准规定的产品,立即依法予以查处,并责令企业委托符合法定条件的检验机构对出厂产品进行强制检验,不合格产品一律不准出厂。

为推动企业技术进步,积极推进电器附件行业产品质量体系认证和产品质量上台阶,以及净化电器附件行业产品市场。中国电器工业协会电器附件及家用控制器分会组织开展了全国电器附件行业“质量可信产品”推介活动。本次活动通过向企业征集、申报,然后分会秘书处对有关的申报资料进行初审、核对和筛选，提交由行业、标准、检测、建筑设计、工程安装、监理等部门专家组成的评审专家组进行了认真和细致的评审工作；最后秘书处将评审结论及相关材料上报上级主管部门进行审核通过，同时对获选产品的企业进行产品“质量公开承诺”。本次共评选出 16 个企业的 42 种产品规格为“中国电器工业协会质量可信推介产品”。2002 年电器附件行业质量可信推介产品见表 4。

表 4　2002 年电器附件行业质量可信推介产品

序号	企业名称	商标名称	获证产品名称	规格
1	TCL 国际电工(惠州)有限公司	TCL	暗装跷板式开关	10A/250V
			单相暗插座	10A/250V
2	杭州鸿雁电器公司	鸿雁	暗装跷板式开关	10A/250V
			单相暗插座	10A/250V
			单相二、三级插头	10A/250V
			电气导管	
3	北京银翼电气有限公司	Legrand	暗装跷板式开关	10AX、20AX/250V
			单相暗插座	10A、16A/250V
4	顺德市松本电工实业有限公司	松本电工、德亿	暗装跷板式开关	10A/250V
			单相暗插座	10A、16A/250V
5	杭州鸿世电器有限公司	鸿世	暗装跷板式开关	10A/250V
			单相暗插座	10A/250V
			单相二、三极插头	10A、16A/250V
6	北京市海淀区东升塑料电器厂	东升	暗装跷板式开关	10A/250V
			单相暗插座	10A/250V
7	中山市朗能实业有限公司	朗能	暗装跷板式开关	10A/250V
			单相暗插座	10A/250V
8	江苏西蒙奇通电器有限公司	SIMTONE	暗装跷板式开关	10A、16A/250V
		西蒙	单相暗插座	10A、16A/250V
9	佛山澜石电器厂	55	暗装跷板式开关	10A/250V
			单相暗插座	10A/250V
			单相二、三级插头	10A、16A/250V
10	浙江德力西国际电工有限公司	DELIXI	暗装跷板式开关	10A、16A/250V
			单相暗插座	10A、16A/250V
11	正泰集团公司		暗装跷板式开关	10A/250V
			单相暗插座	10A、16A/250V
12	宁波灵象电器有限公司	灵象	暗装跷板式开关	10A、16A/250V
			单相暗插座	10A、16A/250V
13	宁波万事达综研电气有限公司	综研	跷板开关	RK 系列　6A—16A/250V
			指示灯	NIR 系列　10A、16A/250V
				NIC 系列　16A、20A/250V
			旋转开关	RT 系列　16A/250V
			暗装跷板式开关	SJ86K SC86K 系列　10A、16A/250V
			单相暗插座	SJ86K SC86K 系列　10A、16A/250V
14	上海益忠电器有限公司	Feidiao 飞雕	暗装跷板式开关	F2 系列 86 型、F4/1 系列 118 型 F8 系列 120 型　10A/250V
			单相暗插座	F2 系列 86 型、F4z 系列 118 型 F8 系列 120 型　10A/250V
15	南京鸿雁电器公司		暗装跷板式开关	RL 系列　10A/250V
			单相暗插座	AP 系列　10A/250V
16	上海居华电器有限公司	GWORK 居华电工	单相暗插座	86 型 F1 系列、F18 系列 118 型 10A/250V

电器附件对应国标电工委员会 IEC/TC23。在国际电工委员会中，TC23 是个相当活跃的技术委员会，标准出版物多，标准变更速度快，其主要分为 14 大类产品安全认证用标准。TC23 与国内电器附件标委会对应的有下列专业

SC23A 电缆管理系统、SC23B 家用插头插座和开关、SC23C IEC 系统家用插头插座、SC23F 低压电路用连接器件、SC23G 家用器具耦合器、SC23H 工业用插头插座。到目前为止，对应的 IEC 出版物合计 58 个。

全国电器附件标准化委员会通过对 IEC/TC23 的 58 个出版物研究，认为有 3 项技术报告不宜采标：IEC60083：1997《IEC 成员国标准化的家用和类似用途插头插座》、IEC60629：1978《(家用和类似用途装置电器附件安装用的)模数系统的标准活页》、IEC61916：1998《电器附件——协调的一般规则》；暂不采标的标准有 2 项：IEC60320—2—1：2000《家用和类似一般用途器具耦合器第 2—1 部分：缝纫机耦合器》、IEC61316：1999《工业用电缆卷盘》。此外，由于 IEC 标准的合并和版本更换等原因，应暂不采用的标准还有 IEC60614 系列和 IEC61035 系列，这 2 个系列标准是电气安装导管和导管配件标准，目前国际电工委员会正在将这两个系列合并成 IEC61386 系列电气安装导管标准，并替代上述 2 项标准。

在 2002 年全国电器附件标准化委员会的年会上，委员们审查了 3 项标准送审稿：GBXXXX.1—XXXX《电气安装用电缆槽管系统第 1 部分：通用要求》、GBXXXX.2—XXXX《电气安装用电缆槽管系统第 2 部分：特殊要求第 1 节：用于安装在墙上或天花板上的电缆槽管系统》和 JB/TXXXX—XXXX《家用和类似用途插头插座第 2 部分：固定式无联锁带开关插座的特殊要求》。对目前家用插头插座转换器产品未列入 3C 认证目录的问题，大会认为对大量流通的、市场需求大的产品，不进行市场规范和监控不利于保护用户的人身和财产安全，希望有关部门尽快将 GB2099.3—1997《家用和类似用途插头插座第 2 部分：转换器的特殊要求》列入 3C 认证或自愿认证产品目录，以保证对产品质量的监控和管理。

第 66 届国际电工委员会(IEC)大会在北京举行，大会围绕“标准与合格评定在国际贸易中的作用”为主题，展开技术和研讨，全国电器附件标准化委员会组团参加了本次活动。

基本建设及技术改造 2002 年全国电器附件行业固定资产投资 2.8 亿多元，其中基本建设投资 1.8 亿多元，技术更新改造投资 1 亿多元。杭州鸿雁电器公司 2002 年固定资产投资 4 项，投资额 1 392 万元，其中基本建设投资 1 312 万元，用于生产基地的扩建；技术更新改造投资 80 万元，用于改造物流仓储，使其达到利用率高，做到“先进先出”；添置检验测试设备等。

TCL 国际电工(惠州)有限公司固定资产投资 45 项，投资额 300 万元，其中基本建设投资项目 130 万元，用于冲压车间重新布局和注塑车间重新规划建设；技术更新改造投资 170 万元，用于购置高速精密冲床、水口料立即回收机、电子插件线、自动切脚机、自动贴标机、成品装配线改进、半成品装配线和注塑机等。

北京松下电工有限公司固定资产投资 37 项，总投资额 400 万元，用于对现有设备进行技术改造，使产品数量大幅度提高，产品种类多样化，提高了工作效率。

顺德市松本电工实业有限公司加大技术改造力度，前后共投资 600 万元，更新和添置了成套的、具有国内外先进的、一流水平的模具制造设备；高标准改造了工作和生产环境；应用新工艺、新技术改造传统工艺，使影响模具质量的选材及热处理等工艺与国际先进水平接轨；应用先进制造技术理念对传统管理进行了改革；所有这一切极大地提高了关键工艺装备模具的制造标准和质量水平，为产品的高外观审美价值和优良性能奠定了雄厚的基础。

江苏西蒙奇通电器有限公司固定资产投资 339 万元，其中基本建设投资 205 万元，主要用于厂房内部建设投资、新购置办公设施等；技术更新改造 134 万元，用于引进西班牙西蒙公司先进的生产设备和添置生产线等。

中山市朗能电器实业公司 2002 年固定资产投资 11 项，总投资额 725.2 万元，其中基本建设投资 722 万元，用于新厂房的建设和购置新设备；技术更新改造投资 3.2 万元，用于更换旧的仪器设备。技术改造项目主要是 JC3 系列开关和插座，开头采用弹簧贮能旋摆式，正常使用寿命从 4 万次提高到 10 万次以上。

公司 2002 年加大灯具冲压成套设备及基础建设，主要是引进先进的照明灯具产品成套生产设备和检测设备以及配套的基础建设，计划在 2003 年 6 月建成并投入使用。引进的主要设备包括数控冲模回转头压力机、数控板模板料折弯机、数控前送料剪板机等；主要检测设备包括光色电综合分析系统、智能场强仪、电子镇流器综合测试系统、钢材硬度计等。

浙江温州泰力实业有限公司固定资产投资 2 项，总投资额 2 383 万元，其中基本建设投资 2 257 万元，用于新厂房的土地购置和厂房基建、工程的投资；技术更新改造投资 126 万元，用于购置设备。

杭州鸿世电器有限公司固定资产投资 480 万元，其中基本建设投资 320 万元，用于建造新厂房；技术更新 160 万元，用于加强工艺改造力度，购买注塑机、液压机、电火花机、点焊机、切割机、熔丝管专用设备，并安装了装配流水线，提高了生产工效和产品质量，为企业的发展再生产提供了新的活力。

宁波灵象电器有限公司由于企业发展壮大，生产用房不足，2002 年固定资产 320 万元，其中 200 万元建造标准厂房，技改投资 120 万元，购置注塑机和机床，大大提高了生产能力。

正泰集团公司固定资产投入 318 万元用于加大生产硬件的投入，新增流水线 5 条，新增注塑机 20 台，生产辅助和检测设备 30 台，使生产基本满足了销售增长的需要。

青岛澳柯玛国际电工有限公司固定资产投资额 115 万元，进行基本建设投资和技术更新投资，主要用于厂房建设和添置设备。

宁波万事达综研电气有限公司固定资产投资 1 450 万元，用于建造新厂房、购置加工中心、注塑机等生产设备，技术开发和其他配套设施。

温州市华潮电子电器有限公司技术更新改造投资4项，投资额278万元，主要用于新产品的模具制作，增加生产、检验设备和运输工具。

管理及改革 杭州鸿雁电器公司2002年在管理模式调整上有较大的突破。在人力资源管理方面，初步实现了由以往的人事管理向人力资源开发与管理调整，推行绩效考核，强化员工培训工作。财务管理基本完成了从记帐核算型向经营管理型转变、从事后的静态核算向全过程、全方位的动态控制转变。质量管理工作实现经验管理向科学管理、定性管理向定量管理的转变。积极推进新的质量管理方法，如生产车间推行"5S"现场管理活动、在机电分厂和供方试行SPC统计过程控制等。公司管理系统实现了信息化，全面启用针对公司业务流程自行开发的新的信息管理。在这个新系统的支持下，销售、生产、物流等各职能部门可以在同一信息平台上快速共享资源，克服远距离分散办公造成的信息滞后和信息失真，带动了资金流和物流的有效流通，消除了渠道屏障，适应了公司的体制调整和市场销售模式变革的需要。

2002年顺德市松本电工实业有限公司经历了历史上最彻底的变革，除集团任命的公司最高管理者外，其余原来由公司最高管理者任命的公司中层管理者全部竞聘上岗，在完全民主、公开有各层次代表参加的竞聘会上，以无记名投票的方式充分表达了全体员工的意愿，产生了机构扁平化的、有广泛群众基础的、精干的管理者，翻开了公司向知识型、学习型企业转型的历史新一页。此外，公司还重视传播先进文化哲理，潜移默化地建设优秀企业文化，创造宽松环境，吸引社会资源，共建技术创新体系。

南京曼奈柯斯电器有限公司在人力资源和检测设备上加强了力量和投入，使产品的质量不断提高，产品一次交验合格率为98%以上。公司还依靠德国卓越的生产工艺技术和先进管理模式，确保生产出的每一件产品均具有优良的性能和完善的服务，受到广大客户的青睐。

北京突破电气有限公司自成立之初即确定了"企业策划为方针、财务管理为手段"的企业建设指导思想，建立了一整套行之有效的组织管理体系，使人、财、物、产、销、服务个环节进入科学化、程序化、现代化的管理程序。企业强调：管理要追求"Topline顶线，顶级"的完美境界。提出"突破自我极限"的工作思想，鼓励每位员工努力改变自己，提高自己，突破自己的"极限"，通过不断学习而适应竞争的需要。企业提出"不断改进，力求完美"的质量方针，在实际工作中依靠"不断改进"而达到完美境界，脚踏实地、实事求是展开各项工作，建立了完整的质量体系，并获得ISO9001认证。

江苏西蒙奇通电器有限公司在人力资源开发和管理上，将制度融合于流程，将培训体现在服务，培养、塑造了一批骨干人才，为企业的健康发展打下基础。此外，投入企业化(BRP)工程，从而实现对企业内部资源有效的管理。公司营销网络已逐渐健全，在全国各大城市设立办事处和分销网点，使市场份额不断扩大。经过全公司员工的共同努力，2002年公司一次性通过了德国汉德公司的ISO9001:2000认证，被授予南通市2002年度采用国际标准先进单位，南通市名牌产品，海安县龙头企业，海安县利税20强等荣誉称号。

正泰集团公司建筑电器分公司紧紧围绕"构筑电器专业网络，加快新品开发力度，强化质量意识，夯实基础管理，优化人才结构，提升企业文化"的方针。引进工艺人才，加强现场工艺培训，开展群体性的工艺活动，提高产品的工艺水平。

中山市朗能电器实业公司为了适应发展的需要，2002年底将电工和照明产业进行分离，山原来的9个职能部门增加到现有的11个部门。

青岛澳柯玛国际电工有限公司坚持"没有最好，只有更好"的质量宗旨，"持续改进、遵规守约，追求顾客满意"的质量方针，按照质量管理体系要求，运行各个环节，并不断修正运行中的缺陷，使公司良好地发展。

浙江温州泰力实业有限公司长期坚持"以人为本、以信为先、以质取胜"的管理理念，不断进行管理模式、管理方式等方面的创新。在内部管理结构上，逐步导入并构筑所有权适当分离的法人治理结构理念，公司产权结构系股份合作制，产权清晰，实现董事会领导下的总经理生产经营负责制，对下设的生产、供应、技术及人、财、物进行垂直管理。同时公司成立企业管理委员会，对管理中的热点、难点问题进行研究、咨询，提供决策参考意见。在营销管理上实行项目事业部制和公司对遍布各地分公司、办事处垂直管理的优势互补、相互结合的管理模式。

宁波万事达综研电气有限公司坚持不懈的贯彻、执行、实施ISO9000标准，公司产品质量有了大幅度的提高，产品一次合格率由85%上升至90%，针对市场的需求，新开发了旋转开关系列和原有系列产品的扩充，取得了较好的市场效益和经济效益。

温州市华潮电子电器有限公司严格按照ISO9001:2000质量管理体系运行，在生产中以"我就是消费者，我就是用户"的角度对待每一道工序；在销售中以"解决客户之要求，满足用广之需求"的思想，定期组织技术评估和技能比赛，并与同行进行交流学习，促进自我完善和发展。

〔撰稿人：中国电器工业协会电器附件及家用控制器分会陈　明〕

牵引电气设备

生产发展情况 2002年牵引电气设备行业经济复苏，步入良性循环轨道。行业各企业调整产品结构，大力开发新产品，扩大市场领域，企业经济指标回升较快，特别是合资、合作生产企业，以及股份制改造企业，主要经济指标再创历史新高。有的企业移址迁厂，扩大规模，做大做强；尤其是改制后上市的股份公司或控股公司的产值、效益提升较快，其特点是：企业注重技术改造，立足科技创新，大力开发新产品，经济效益显著提高。2002 年牵引电气设备行业工业总产值前 20 名企业基本情况见表 1，全员劳动生产率前 14 名企业见表 2。

表 1　2002 年牵引电气设备行业工业总产值前 20 名企业基本情况

（单位：万元）

序号	企业名称	工业总产值		工业增加值	流动资产年	期末负债
		不变价	当年价	（生产法）	平均余额	总额
1	湘潭电机集团有限公司	66 104	69 362	18 245	94 085	98 958
2	淄博牵引电机集团有限公司	18 908	18 453	7 466	19 143	22 004
3	山东山矿机械有限公司	15 000	10 555	3 830	12 917	15 739
4	常州长江客车集团有限公司	13 563	12 079	2 630	10 527	10 457
5	贵州天义电器有限责任公司	11 820	10 300	3 550	25	16 916
6	常州市常开电气有限公司	6 876	7 136	1 706	4 642	8 549
7	常州牵引电机厂	4 791	4 050	1 063	4 745	9 525
8	徐州煤矿采掘机械厂	2 673	3 818	2 313	5 037	4 862
9	抚顺北龙电力机车有限责任公司	4 024	4 826			5 622
10	山西平遥工矿电机车厂	1 896	2 599	662	2 302	4 353
11	辽宁抚顺叉车制造有限公司	1 726	1 726	542	1 306	1 184
12	常州丽华机械电气有限公司	1 480	1 480		1 806	538
13	衡阳电瓶车总厂	1 255	1 252	467	1 707	5 271
14	湘潭市电机车厂		1 080	77	379	205
15	大连牵引电机有限公司		1 230	153	502	304
16	广东省煤矿专用设备制造厂	587	722	344	1 078	1 831
17	湘潭市牵引电机厂	564	564	223	724	298
18	辽源市电机厂	526	485	24	33	119
19	湘潭市新昕通用电器厂	120	120	45	48	33
20	湘潭市大光明电子设备厂		95		38	22

表 2　2002 年牵引电气设备行业全员劳动生产率前 14 名企业

序号	企业名称	总资产贡献率（%）	资产保值增值率（%）	资产负债率（%）	流动资产周转率（次）	成本费用利润率（%）	全员劳动生产率（元/人）	生产销售率（%）	经济效益综合指数（%）
1	湘潭市新昕通用电器厂	9.6	25.4	68.0	1.6	7.3	75 000	74.0	
2	抚顺北龙电力机车有限责任公司					76.5	52 004	95.7	
3	湘潭市大光明电子设备厂	−1.9		46.8	2.0	−1.4	45 000	85.0	
4	徐州煤矿采掘机械厂	2.2	101.0	63.4	0.2	6.0	40 226	47.7	84.4
5	山东济宁山矿机械有限公司	4.7	96.7	74.4	1.1	1.6	34 977	96.2	80.8
6	淄博牵引电机集团有限公司	7.6	100.7	76.1	0.9	0.9	34 406	97.5	83.3
7	常州长江客车集团有限公司		179.5	65.6	1.2	5.3	32 834	104.3	
8	湘潭电机集团有限公司	4.3	99.5	48.3	0.8	1.4	19 476	94.2	70.8
9	常州牵引电机厂	−1.7	83.0	79.7	0.8	−11.9	17 629	100.2	
10	辽宁抚顺叉车制造有限责任公司	5.0	102.6	42.1	1.2	2.8	14 377	98.0	79.4
11	广东省煤矿专用设备制造厂	4.7	113.7	70.0	50.1	18.2	10 589	74.7	
12	衡阳电瓶车总厂	0.7	114.1	123.6	0.7	−0.1	4 418	98.3	23.7
13	贵州天义电器有限责任公司	3.3	103.5	68.6	0.8	4.6	1 906	97.4	
14	辽源市电机厂	3.3	120	66.5	2.6		759	111.5	73.6

湘潭电机集团有限公司下属湘电股份公司，集中企业优良资产，通过调整产品结构，突出城市轨道交通、矿山运输设备、电站辅机等主业生产，经济效益不断提高。2002 年，该公司全年累计完成工业总产值（当年价）6.94 亿元，同比增长17.4%；销售收入突破 7 亿大关，实现 7.29 亿元，同比增长 8%；全年订货 9.7 亿元，同比增长 23.7%。广东煤矿专用设备制造厂，注重营销战略，发展市场急需品种，增强经济效益，全年完成工业总产值（当年价）722.15 万元，同比增长 154%。湘潭市大光明电子设备厂，适应市场需求，大力开发机电一体化产品，全年完成工业总产值（当年价）95 万元，同比增长 58%。淄博牵引电机集团有限公司，注重内部管理，降低产品成本，加大科技投入，大力开发新产品，全年完成工业总产值（当年价）18 435 万元，同比增长 23%。山东山矿机械有限公司，经过企业改制，迁址移厂，

进行大规模技术改造，扩大生产能力，发展多品种矿山设备，全年完成总产值 10 555 万元，同比增长 26%。抚顺北龙电力机车有限责任公司，深化内部体制改革，调整营销战略，加强提质降耗管理，开发新产品，全年完成工业总产值 4 826万元。大连牵引电机厂，大力开发 ZZY800 系列新产品，扩大直流电机品种，提高出口产品质量，全年销售各类电机 1 055 台，完成总产值 1 230 万元，创历史较好水平。

市场及销售 2002 年，全行业产销市场特点是以多角度、多元化、全方位发展的模式拓宽市场领域，使全行业出现产销两旺的良好局面。2002 年湘潭电机集团公司主导产品市场订单比 1997 年改制之初增长近 5 亿。其下属的股份公司，2002 年完成交流电机容量达 113.7 万 kW，轻轨车在长春试运行取得成功，引起了国内普遍关注，一年之内开发完成省内标志工程——双能源低地板无轨电车；开发完成多规格的大型同步、异步电动机等主导产品，覆盖国内冶金、煤炭、电力、交通运输、水泥、建材等行业，扩大了市场份额。常州牵引电机厂，注重产品多元化销售战略，一手抓内销产品，突出以 400kW 为代表的干线机车电机；一手抓外销产品，以叉车电机为主，不断提高产品技术含量，大量投向美国、英国、巴基斯坦市场，同时，还不断寻求合作伙伴，向伊朗、意大利等市场扩张。2002 年出口电机有 ZQDRA19、A23、D77、D29 火车头牵引电机，有用于叉车升降机的油泵、行走电机和游览车、高尔夫球场车电机，以及永磁电机等产品，产品出口为工厂赢得了较好的知名度。抚顺北龙电力机车有限责任公司抓住矿用设备需求量上升的有利契机，采取灵活的经营战略，积极参与市场竞争，并从产品质量、价格、服务上进行战略性调整，以适应新老客户的需要，进一步拓宽了新疆哈密矿务局新市场。徐州煤矿采掘机械厂，结合市场大力开发煤机产品，全年合同订货额达 2 591 万元，与上年同比增长 20%。

从牵引电气行业前 20 名企业的综合销售额 14.486 亿元产值来看，各企业产品销售呈稳步增长势态，产品市场不断扩展，已逐步进入良性循环的轨道。

科技成果及新产品 2002 年，牵引电气设备行业积极围绕结构调整，加大政策引导力度，大力发展优势产业。产业结构调整的主攻方向是：以本地区优势技术领域为主体，以现有企业为基础，以产品开发为重点，在材料、先进制造业等领域，选择关联度大，带动性强，市场前景好的关键项目，培育具有较强竞争力的拳头产品。同时，大力改造提升传统产业，提高冶金、机电、化工等支柱产业的整体技术水平和市场竞争力。2002 年，湘潭电机集团公司全年完成重点科研 9 项，完成新产品试制 34 项。其中“低地板混合动力城市公交客车”项目系湖南省下达的重点科研攻关课题，经过一年的艰苦奋斗，先后突破了低地板动力城市公交客车整车和总体方案设计；确定了多种能源最优组合方式和电机最佳组合方案；主攻了电动小型化、轻量化、集成化设计，以及驱动控制系统化的小型、轻量化设计；解决了防护和冷却方式的选择，以及控制方式对环境的适应性；突破了 CAN 网络及整车集成综合控制系统设计及其车体材料轻量化的研制。该车已于 2002 年年底总装、试运行。该产品一旦投放市场，将成为公司一大新的经济增长点。常州牵引电机厂的合资企业——常银公司，年初与美国 GE 公司合作立项开发叉车电机，成功地开发出 22kW 矿用变频调速电机等新产品，形成了工厂电机电控成套的有利局面。与此同时，还引进了意大利先进的水冷中型交流变频电机和配套电控系统，通过消化吸收，将广泛融入国内城市轻轨市场，获取新的经济效益。淄博牵引电机集团股份有限公司，2002 年先后完成铁路东风 II 型内燃机车牵引电机组、JF204D 同步牵引电机、ZD106 直流牵引电机，以及 ZD109C 直流牵引电动机等 4 项新产品开发任务，其中 ZD109 直流牵引电动机的成功研制与开发，通过了山东省经贸委组织的鉴定、验收，其主要技术指标性能达到了国内同类产品先进水平，填补了山东省空白。抚顺北龙电力机车有限责任公司完成1 600 kV·A 移动变电站项目和准轨电机车 100V 车载电源项目等 8 项新产品开发任务，为公司新增产值 550 万元，占总产值 11.5%。中煤第五建设公司徐州煤矿采掘机械厂全年完成 14t、20t 双速绞车清挖机和 0824、0825、1225、1235 型振动筛等新产品研制与开发，投放了市场，形成了新产业，取得了较好的经济效益。

质量及标准 据不完全统计，在牵引电气设备行业 46 个企业中，已通过 ISO9000 标准认证的企业达 85%，通过 ISO9000：2000 质量认证的企业约占 75%。湘潭电机集团有限公司编制 ISO9004 标准程序文件，申请华信公司来厂审查验收。常州牵引电机厂制定了“用户需求，常牵追求”新的质量方针和具体质量目标，完成整改项目达 25 项，于 2002 年 4 月一次通过了三方组织的认证。与此同时，工厂对 15 种工矿电机产品申领了安全标志，启动了电机 UI 认证过程，为开拓国内外市场创造了必备条件。淄博牵引电机集团股份有限公司加强了 ISO9000：2000 标准的实施工作，其检测设备全面覆盖了产品检验项目，满足了各型号产品出厂试验标准要求。2002 年所生产的各类牵引电机和中型电机等产品，经省、市级质量监督抽查，产品合格率为 100%。大连牵引电机厂在获得 ISO9000 标准质量体系认证后，于 2002 年 8 月又获得了“MA”煤炭工业安全标志，扩大了市场领域。2002 年牵引电气设备行业先后完成《牵引电器技术基本条件》、《牵引电器基本试验方法》、《窄轨工矿电机车基本技术条件》和《工矿电机车质量测量方法》(国标)4 项标准的制定与修订，并已征求意见和上报送审。

基本建设及技术改造 全行业各企业注重技术改造，增强企业后劲。2002 年，湘潭电机集团有限公司加大对技改措施的管理，组织了对企业历年在建工程技改项目的全面清理，验收已完工项目 116 项，增加固定资产 3 487 万元。同时，开展对各公司固定资产的清理和鉴定，形成了规范的母子公司资产管理格局。集团公司全年实际完成固定投资 5 940 万元，下属股份公司技术改造按照主导产品发展要求和上市募集资金投向计划有步骤地进行。公司以国家重大工程为依托，重点围绕城市轨道交通车辆，交、直流电机，军工生产装备，以及 1 000 万吨级和 2 000 万吨级露天矿山设备等生产能力上规模、上质量、上水平，调整工艺路线，更新工艺装备，交流电机 2002 年已具 120 万 kW 以上的生产能力。淄博牵引电机集团股份有限公司根据产品开发和质量要求，自筹资金 240 万元，完善工艺路线，进行生产薄弱环节的改造，取得了良好的效果。湘潭市牵引电机厂、湘潭市电机车厂、新昕通用电器厂等，围绕产品开发、品种增加等需要，筹集资金，武装各类工艺装备，扩大生产规模。湘潭市电机车厂投资 1 200 万元，在扩大机车生产能力的基础上，大力发展第三产业，使企业不断做大做强。山东山矿机械有限公司移址扩厂，增加厂房面积 8 000m²，为扩大公司机车、带运输机等矿山设备批量生产创造了有利条件。

对外合作　行业中大、中企业或集团公司为开发市场急需产品，十分注重消化、吸收引进技术，积极与国外有关公司合作生产对口产品，发展主导产业。湘潭电机集团有限公司，根据市场要求，通过引进、消化、吸收、创新，在开发出适应国内市场特点的新型城市轨道交通车辆的同时，2002 年积极与日本东洋公司合作生产电机和变频技术，通过引进技术的消化吸收，在抓紧北京八通线生产技术合作的同时，又积极主攻研制出低地板混合动力城市公交客车，至 2002 年底已完成整车装备，正在厂内试运行，将很快投放市场。常州牵引电机厂，与美国合资生产叉车电机市场走势良好，产品出口美国、英国、巴基斯坦等国家，出口产值达 1 119 万元。江苏常州客车集团有限公司，大力开发游览车等出口产品，全年完成出口产值达 1 618 万元。山东淄博牵引电机集团有限公司、大连牵引电机厂、江苏常州丽华机械电器有限公司等 9 个企业，2002 年出口产品达 4 893 万元。

〔撰稿人：湘潭牵引电气设备分会黄必明　审稿人：湘潭牵引电气设备分会许　昌〕

电焊机

生产发展情况　2002 年我国入世和国家宏观经济进一步向好趋势，西气东输、西电东送等全国性建设项目的上马，我国电焊机行业呈现供销两旺的势头，实现产销利的较大幅度增长，全年总体经济运行良好。

经对全国 91 个电焊机、切割机专业和兼业制造厂、大型焊接辅机具厂的调查统计，2002 年电焊机行业 91 个企业工业总产值(当年价)245 356 万元，比上年(92 个企业)增长 40.6 %，产品销售收入 224 282 万元，比上年增长 41.7 %，其中电焊机产值 186 184 万元，比上年增长 46.1%，电焊机总产量 352 433 台，比上年增长 15.96%，利润总额 25 036 万元，比上年增长 46.18 %。

以上数据表明，我国电焊机行业承接去年向上走势，在本年度得到持续发展，行业综合实力进一步增强。2002 年电焊机行业 91 个企业主要经济指标见表 1，职工人数、工资总额见表 2。

表 1　2002 年电焊机行业 91 个企业主要经济指标

工业总产值		工业增加值(万元)	产品销售收入(万元)	电焊机产值(万元)	电焊机总产量(台)	税金及附加(万元)	利润总额(万元)	年末固定资产		流动资产		流动负债		所有者权益(万元)	全员劳动生产率(元/人)
当年价(万元)	不变价(万元)							原价(万元)	净值(万元)	合计(万元)	平均余额(万元)	合计(万元)	平均余额(万元)		
245 356	226 328	90 604	224 282	186 184	352 433	2 987	25 036	83 771	82 493	132 474	110 341	88 441	73 857	95 269	60 463

表 2　2002 年电焊机行业 91 个企业职工人数、工资总额

行　业	企业数(个)	全部职工年末人数(人)					全部职工全年平均人数(人)	工资总额(万元)
		总　计	其中					
			工人与学徒	工程技术人员	管理人员	其　他		
电焊机	91	15 160	8 915	2 733	2 006	1 506	14 985	14 790

产品分类产量　据 91 个电焊机企业统计，2002 年电焊机行业 91 个企业主要产品分类产量见表 3。

电焊机行业厂家基本执行“以销定产，适量现货”的生产原则，从以上产品构成可以看到，电焊机行业随着我国工业现代化进程的加快，正在加快产品结构调整，生产高技术含量、不同档次的产品来满足市场需求。同时我国电焊机行业近年技术上有突飞猛进的发展，高技术含量的产品如自动半自动焊机、电阻焊机、专用成套焊接设备等已成为相当数量厂家的支柱产品和主力产品。

市场及销售　(1)国内市场情况。入世后的中国机遇与挑战并存，我国电焊机行业顺应经济良性发展的态势，积极开拓市场，强化管理，提高产品质量，加大对高新技术产品的研发，在本年度销售中取得了良好的成绩，并呈现以下特点：

1)市场竞争十分激烈，产品价格竞争成为主要手段之一，产品的利润空间进一步缩小。这从一定程度上说明，虽然市场容量加大，但电焊机企业生产能力提高，电焊机仍然呈现供大于求(特别是中低档电焊机)的状况。2002 年度由于原辅材料涨价因素，电焊机产品成本上扬，但部分产品的价格不升反降，给销售带来一定困难。这迫使企业贴近市场，开发适销对路的产品，加强质量管理、内部生产管理，降低产品生产成本，努力提高产品竞争能力。

2)交流弧焊机仍然量大面广，但市场产品结构进一步调整，高技术含量、高附加值产品所占比例日益加大。CO_2焊机、埋弧焊机、电阻焊机放量巨增，逆变电源技术更广泛地应用到各种焊接设备中，可控硅 CO_2 焊机比抽头式 CO_2 焊机好销，逆变电源中 IGBT 的市场份额高于晶闸管。高技术产品带来的高附加值使不少通用焊机生产厂家积极调整产品结构，寻求新的经济增长点，并做特、做专。

3)进一步扩大产品品种，在生产通用焊机的同时，大型焊接辅机具、专用成套焊接设备(如龙门焊接中心、型钢生产线、焊接变位机、汽车行业专用焊接设备等)产值产量有较大幅度的增长。建筑、汽车等用户行业的发展对焊接设备行业提出了更高的要求，促使我国电焊机行业进一步管理创新，科技创新，加强科技开发力度，生产出有一定国际竞争力的高技术产品来满足市场需求，同时在适应市场、培育市场的过程中，我国电焊机行业也受到一次大的检阅和冲击，无论研发能力，市场运作还是企业综合实力都大幅度提高。我国电焊机行业整体技术水平和综合实力有了显著的进步。

4)引世先进的国外管理经验，力争同国际最先进的焊接技术水平抗衡，营销上建立完善的国内销售网络，整合实力，打通出口渠道，建立稳定的海外市场。涌现出一批高成长性的，具有核心竞争力的企业。

5)随着生产规模的扩大，销售市场的繁荣，市场营销体制也发生着变化，企业在重视提高产品质量的同时，也开始注重销售网络的管理和销售人员素质的提高。建立高效的营销网络，培养精锐的销售人员，合理调整市场价格，几乎是不少成功企业的法宝。

6)中国的"入世"，为国外产品颁发了大举进关的通行证。由于国内焊接技术与国外先进国家的差距，使 2002 年有相当数量的市场份额被国外企业抢夺。

2002 年电焊机行业 91 个企业销售产值(不变价)前 10 名企业见表 4，销售收入前 10 名企业见表 5。

表 3　2002 年电焊机行业 91 个企业主要产品分类产量

产品名称			单位	产量	占总产量的比例(%)	比上年增长(%)
电弧焊机	交流弧焊机	便携式	台	45 364	12.87	−36.6
		动圈式	台	40 683	11.54	71.6
		动铁心式	台	100 585	28.54	5.7
		其他非标类	台	9 706	2.76	1 068.0
		小计	台	196 338	55.71	2.7
	直流弧焊机	晶闸管式	台	18 386	5.22	42.0
		晶体管式	台	1 515	0.43	299.7
		硅整流式	台	9 611	2.73	−6.8
		逆变式	台	23 995	6.8	16.1
		AX 系列	台	925	0.26	16.7
		其他直流焊机	台	692	0.2	−51.3
		小计	台	55 124	15.64	18.5
	自动半自动焊机	MIG/MAG 焊机	台	45 784	12.99	63.1
		TIG 焊机	台	19 466	5.52	19.2
		埋弧焊机	台	7 188	2.04	135.4
		小计	台	72 448	20.56	52.7
电阻焊机	凸焊机		台	9 922	2.82	77.6
	缝焊机		台	451	0.13	38.8
	对焊机		台	4 042	1.14	46.8
	小计		台	14 415	4.09	66.4
特种焊机	等离子焊机		台	3 091	0.88	68.4
	等离子/火焰切割机		台	5 914	1.68	14.4
	摩擦焊机		台	7	0.00	−65.0
	小计		台	9 012	2.56	28.3
专用成套设备及其他			台	5 096	1.45	67.6
总计			台	352 433	100	16.0

表 4　2002 年电焊机行业 91 个企业销售产值(不变价)前 10 名企业

序号	企业名称	电焊机产值(万元)
1	唐山松下产业机器有限公司	38 161
2	牡丹江欧地希焊接机有限公司	8 498

(续)

序号	企业名称	电焊机产值(万元)
3	宁波隆兴电焊机制造有限公司	6 700
4	南海市银象电焊机厂	6 200
5	上海沪工电焊机制造有限公司	5 607
6	南通三九焊接设备有限公司	5 573

（续）

序号	企 业 名 称	电焊机产值（万元）
7	上海电焊机厂	4 993
8	正泰集团十八公司	4 902
9	无锡市阳通机械设备有限公司	4 600
10	上海东升焊接设备厂	4 560

表 5　2002 年电焊机行业 91 个企业销售收入前 10 名企业

序号	企 业 名 称	销售收入（万元）
1	唐山松下产业机器有限公司	36 386
2	无锡市阳通机械设备有限公司	17 665
3	梅塞尔切割焊接有限公司(昆山)	9 860
4	牡丹江欧地希焊接机有限公司	8 991
5	成都焊研威达自动焊接设备有限公司	7 817
6	宁波隆兴电焊机制造有限公司	7 000

（续）

序号	企 业 名 称	销售收入（万元）
7	上海沪工电焊机制造有限公司	6 477
8	上海电焊机厂	6 076
9	南通三九焊接设备有限公司	6 040
10	南海市银象电焊机厂	5 800

(2)对外出口。随着我国电焊机行业产品技术水平的提高和世界加工制造业向中国转移，2002 年电焊机产品出口额有较大幅度增长，91 个企业出口总额为 9 669.9 万元，比上年增长 34.6%，但出口产量比上年降低。由此可见我国出口焊接设备的档次有所提高，部分高新技术产品已能打入国际市场。2002 年电焊机行业 91 个企业电焊机出口情况见表 6，出口额前 10 名企业见表 7。

表 6　2002 年电焊机行业 91 个企业电焊机出口情况

产 品 类 别	出口产品台数（台）	出口金额（万元）	占出口总量比例（%）	占出口总额比例（%）	出口量同比增长（%）	出口额同比增长（%）
交流弧焊机	23 923	4 195	67.6	43.4	−32.5	55.3
直流弧焊机	1 150	796	3.3	8.2	−82.7	−57.4
自动、半自动焊机	9 705	3 646	27.4	37.7	61.4	94.1
电阻焊机	173	655	0.5	6.8	55.9	261.9
专用、特种及其他	418	329	1.2	3.4	128.4	52.3
辅机具	37	49	0.1	0.51	—	—
合计	35 406	9 670	100	100	—	—

表 7　2002 年电焊机行业 91 个企业出口额前 10 名企业

序号	企 业 名 称	企业性质	出口额(万元)	占总出口额比例(%)
1	南通市三九焊接设备有限公司	有限责任	2512	25.7
2	唐山松下产业机器有限公司	合资	1742	17.8
3	牡丹江欧地希焊接机有限司	合资	1402	14.3
4	凯尔达电焊机有限公司	有限责任	1075	11.0
5	上海通用电焊机股份有限公司	有限责任	578	5.9
6	上海沪通焊接电器制造有限公司	有限责任	539	5.5
7	成都玛瑞电子设备厂	有限责任	330	3.4
8	上海电焊机厂	国有	267	2.7
9	广东省电焊机厂	有限责任	221	2.2
10	上海沪工电焊机制造有限司	有限责任	146	1.5

产品主要出口到以下国家和地区：美国、日本、澳大利亚、巴基斯坦、越南、朝鲜、泰国、韩国、利比亚、新加坡、叙利亚、马来西亚、沙特、也门、缅甸、伊朗、尼泊尔及中国台湾、香港等。

科研成果及新产品　2002 年电焊机行业对新产品的开发力度和新产品的高技术性比往年有显著的增加，91 个企业共完成新产品、新材料研究开发 68 项，获国家专利局专利证书 12 项，其中重庆运达焊接设备有限公司获专利 5 项，上海凯尔达电焊机有限公司获专利 3 项，唐山松下机器有限公司、成都皮克电源有限公司、长沙得星电器有限公司、成都玛瑞电子设备厂各获专利 1 项。此外，还有正在受理中的专利 5 项。获得国家、省级火炬计划立项或国家科技型中小企业技术创新基金支持项目共 6 项。

68 项新产品中，具有代表性的弧焊设备类产品如：长沙矿山研究院的 NEO 数字控制全功能焊机，南通三九焊接设备有限公司的 DSP 控制 MIG/MAG 半自动弧焊机和 WSE—315、400 逆变氩弧/手工弧焊机，珠海市电焊机厂的日本 DAIDEN250(350)碳滑动调压式 CO_2 焊机，无锡阳通焊接机械有限公司的新型数字控制埋弧焊机。阻焊设备类的产品如：成都兴天富焊接设备有限公司的 DN2—25S 单面双点磁吸盘加压点焊机。专用成套设备类如：成都焊研科技有限责任公司的管—管对接自动焊机、石油对接钻杆耐磨带自动堆焊机、越野车桥自动焊接生产线；成都皮克电源公司 的 PKH—Q 系列自驱动焊机；南通三九的 H 型钢自动焊接成套设备等。

质量及质量管理 2002年电焊机行业以顾客满意为宗旨，进一步建立健全企业质量保证体系，严格按质量手册和程序文件要求，加强各工序质量检验、成品调试、售后质量跟踪等，并积极建立有效的信息反馈调查使质量管理更加科学化、合理化。电焊机产品交验合格率在95%以上，产品出厂合格率不低于98%。不少企业开展"质量一票否决制"并采用多种形式进行与产品质量有关的法律、法规教育，加强员工职业培训，提高全体员工质量意识，促进企业全面质量管理的提高。

随着国家强制性产品认证政策的推进，电焊机行业企业积极进行产品3C认证和工厂质量体系认证工作，使企业求效益逐步向质量、管理规范化方向发展。同时，在强制性认证的整改和ISO9000体系认证的评审过程中，企业也尝到了质量与品牌的甜头。2002年，91个参与调查的企业中通过ISO9000体系认证或转版、复查的企业有37个，已通过产品3C认证或正在申请3C认证的厂家占91个的45%。经过产品强制认证和质量体系认证后，将进一步规范市场，建立诚信经营的氛围，形成与国际接轨的良好体系，我国电焊机行业整体产品质量将得到更大的提高。

基本建设及技术改造 2002年电焊机企业加大了基建和技术改造投入，91个企业全年固定资产投资总额23 286万元，其中完成基建6 906万元，完成技改4 032万元。这些投入主要用于新建或扩建厂房，进行规模化生产；改造生产车间、购置生产和试验设备，提高工艺和检测水平；购置产品生产线，提高生产效率等。唐山松下产业机器有限公司投入近2 000万元，新建面积46 000m^{2}的新厂区，并于下半年迁入进行生产。成都焊研威达自动焊接设备有限公司新建厂房建筑面积1.2万m^2、厂区占地面积36 000m^2，于2003年4月完工后，将成为西部地区最大的焊接设备生产、加工、制造基地。上海沪工电焊机制造有限公司在2001年生产系统改造的基础上，2002年又投入100多万元增加一条电焊机专业流水线，新建厂房2间，并计划总投资3 000万元扩大厂房，完善生产设备。凯尔达电焊机有限公司投入2 000多万元，由下属杭州凯尔达电焊机有限公司进行"数控逆变电焊机生产线建设项目"，并投资200万元引进数控多工位冲床、数控折弯机、数控剪扳机等设备。上海东升焊接设备厂新建厂房8 600m^2。

管理及改革 我国电焊机企业原大多为全民、集体或乡镇企业，随着市场经济的发展，涌现出越来越多的非国有企业。从近年各类企业的营运情况来看，国有企业因为包袱沉重、融资困难、技术落后等原因正在逐步减少市场份额，而非国有、多种经济成分组成的企业却显示出了强劲的发展态势。2002年又有一批国企进行了体制改革，或进一步深化改革。如：前几年已成功进行改制的南通三九焊接设备有限公司进一步向民营转化，国有股退出所持总股本的32%转让给经营者，并将陆续退出所持所有股本。使公司由国有控股转变为自然人控股，加大经营者责任感，调动人才积极性。该公司近年发展良好无不得益于其成功的转制。上海电焊机厂逐步退出下属转制公司中的国有股，2002年已有2个国有控股公司转为经营者持股的合作制企业。成都电焊机研究所为全国惟一的焊接设备国家级研究所，也于2002年下半年着手进行全所体制改革，并于12月将其生产性部门——成都电焊机研究所专用设备公司和弧焊设备公司改制为股份制公司——成都焊研科技有限责任公司，从事行业工作的部门也于2003年上半年转制为股份有限公司——成都奥力焊研行业发展有限公司。云南电焊机厂、丹阳市电焊机厂(现丹阳市电焊机制造有限公司)、唐山焊接设备厂(现唐山烁宝焊接设备有限公司)等都于2003年度完成了股份有限公司的改造。2002年电焊机行业91个企业所有制类型见表8。

表8 2002年电焊机行业91个企业所有制类型

指标名称	全民所有制	集体所有制	股份制(有限责任)	中外合资、国外独资	民营	合计
企业数(个)	17	11	39	4	20	91
电焊机产值(万元)	17 337	9 445	6 4731	60 479	34 192	186 184
各类企业电焊机产值占总产值比例(%)	9	5	36	32	18	100

〔撰稿人：成都电焊机研究所马 红 审稿人：成都电焊机研究所王小宝、于庆胜〕

工业电热设备

生产发展情况 2002年电炉及工业炉行业各企业市场销售额普遍上升，总体经济态势远好于上年。按统计的27个企业属性分类：国有企业5个，国有控股企业4个，集体企业4个，集体控股企业2个，民营股份制企业11个，个体企业1个，国有企业在行业中的占有率比上年下降50%，总体趋势国有企业占比大幅度下滑。据对27个企业基本情况的不完全统计，2002年产品产量共2 084台(套)，其中工业电阻炉类(包括真空炉、实验电阻炉)1 504台(套)，感应炉类(包括高、中、低频)467台(套)，电弧炉类(包括钢包炉)26台(套)，其余为加热干燥箱、工业微波加热设备和非标电炉等。销售收入48 448万元，全年工业总产值57 645.2万元，利润总额[illegible]万元([illegible]个企业)，产品销售税金及附加490.2万元(25个企业)，出口电炉设备51台(套)(6个企业),出口金额 299.3 万元。固定资产原价 34 081.86 万元(26 个企业),固定资产净值 21 335.28 万元(22 个企业)。职工人数 5 839 人,其中科技人员 1 071 人。

2002 年电炉及工业炉行业工业总产值前 10 名企业主要经济指标见表 1。

表 1 2002 年电炉及工业炉行业工业总产值前 10 名企业主要经济指标

序号	企业名称	工业总产值(万元)	产品销售收入(万元)	利润总额(万元)	全员劳动生产率(元/人)
1	无锡电炉厂	7 294	6 590	218	17 219
2	南京摄炉(集团)有限公司	6 982	6 526	510	335 100
3	株洲电炉厂	6 500	1 500	47	
4	南京新光英炉业有限公司	5 098	4 540	805	600 000
5	西安电炉研究所	4 605	1 320	−292	
6	西安鹏远重型电炉制造有限责任公司	4 326	4 493	50	24 654
7	苏州工业园区热处理设备厂	2 751	2 610	457	169 815
8	哈尔滨松江电炉厂	1 717	2 348		23 297
9	天津市金能电力电子有限公司	1 551	1 600	327	101 200
10	宁波东方加热设备有限公司	1 367	1 163	15	37 154

科技成果及新产品 西安电炉研究所研制的 ZR-LX20—Φ60×80—DL 高温烧结炉主要用于非金属及金属材料的高温烧结,额定温度 2 000℃。该炉为立式结构,加热元件采用三高石墨管,保温层采用 C—C 三层复合材料,耐高温性能和耐高温强度好,温度采用闭环双监测双控制,工程计算机显示工作流程。该炉经 20 天冷、热试车,3 个月运行,各项指标达到设计要求,技术达到了 20 世纪末国际水平。无锡电炉厂研制的 600kW 超音频热处理装置,主要用于对工程机械的 Φ1 600mm 的链轮进行整体淬火,另外该设备还可对机电产品一体化高频成套设备,采用 200Hz 和 50Hz 的双频段,用于直线轴承淬火生产线,对 Φ120mm 长度 10m 的工件进行连续热处理。该设备投入运行后,性能稳定,效果良好,达到国内先进技术水平。该厂研制的适用于大容量熔炼的 3 000～6 000kW(均为并联)和 2 500kW(串联)中频电源,已完成了设计安装,技术达到国际水平。苏州工业园区热处理设备厂研制的铜卷带连续光亮退火炉生产线,采用辊棒传动、自动翻料运转结构,计算机自动监控控制,运行性能好,保护气氛连续处理的铜带光泽度好。该设备广泛用于铜产品加工热处理,已完成设计。该厂开发的连续式钎焊炉和连续式感应加热炉已投入运行,经用户考核验收合格,技术达到国内先进水平。西安鹏远重型电炉制造有限公司通过消化、吸收意大利、德国生产技术改进研制出国产化达 80%的康斯迪系列电弧炉,容量范围 20～90t。该系列设备利用烟气余热预热原料,节电达 10%,电气控制采用 PLC 程序控制,手段先进,该系列设备的创新点为水平连续进料、连续炼钢、符合环保要求,目前已有 2 台 60t、1 台 90t 电弧炉投入运行,效果良好。南京新光英炉业公司与南京航空航天大学合作开发研制的脉冲低真空化学热处理炉,采用正压、负压、正负压多种脉冲工艺,对零件中的深孔、小孔、盲孔、狭缝的内表面进行均匀的氮碳共渗,大幅度提高了零件的疲劳强度、耐磨性、抗擦伤、抗咬合能力及耐腐蚀性,该设备已完成研制,即将投入运行。上海鸿泽企业发展有限公司开发的大口连续式微波解冻(回温)设备,采用新式微波馈能方式,利用微波吸收器迅速解冻物品。该设备升温迅速,能保持天然固水蛋白质,卫生、保鲜,适用于肉类、水产、禽类、蛋制品的快速解冻,已通过上海市技术监督局鉴定。

2002 年电炉及工业炉行业完成重大项目见表 2,企业出口产品见表 3。

表 2 2002 年电炉及工业炉行业完成重大项目

项目名称	数量	完成情况	完成单位
SR310 箱式多用炉自动生产线		运行良好	苏州工业园区热处理设备厂
RCW9 托辊传动网带炉生产线			
大功率中频电源(台)	1	全部完成	无锡电炉厂
大容量有心熔炬炉(台)	1		
全固态高频电源(台)	1		
电阻加热成套生产线	1		
竖式热镀锌炉(台)	1	全部完成	哈尔滨松江电炉厂
15t 铝材炉(台)	3	出口印度尼西亚已验收	天津天骄工业有限公司
120t 钢包精炼炉(套)	2	运行良好	西安鹏远重型电炉制造有限公司
10t/2 500(500)kW 中频感应炉(套/台)	2/4		
45t 工频有心保温炉(台)	1		
GY02—38 油管、钻杆、泵管渗氮炉(台)	1	完成	南京新光英炉业有限公司
GY00—28 彩管井式退火墨化炉机组(台)	1		
大型齿轮正火联动机组(套)	1	完成	南京摄炉(集团)有限公司
高精度铝合金淬火炉(台)	1		

（续）

项 目 名 称	数量	完成情况	完成单位
超大型台车式电阻炉(台)	1	完成	
真空氢化炉(台)	1	完成	
全自动铝合金钎焊炉(台)	1	完成	
燃油高温加热炉(台)	1	完成	
ZRLX20—Φ60×80—DL 高温烧结炉(台)	1	运行良好	西安电炉研究所

表 3 2002 年电炉及工业炉行业企业出口产品

企 业 名 称	企业出口产品名称	台/套	出口金额(万元)
无锡电炉厂	感应炉、电阻炉、燃料炉	25	450
天津天骄工业有限公司	15t 铝材炉	3	315
西安鹏远重型电炉制造有限公司	HX—15t 炼钢电弧炉	1	218
上海鸿泽企业发展有限公司	HBM 系列微波加热设备	5	135
南京摄炉(集团)有限公司	井式渗氮炉	2	共 101
	铝合金粹火炉	1	
	中频感应炉	1	
	井式渗碳炉	1	

质量及标准 按 27 个企业统计，已有 14 个企业通过 ISO9000 或 ISO9001 质量保证体系认证，3 个正在进行之中。2002 年电炉及工业炉行业已经通过质量认证企业见表 4。

表 4 2002 年电炉及工业炉行业已经通过质量认证企业

企 业 名 称	认证模式	认证时间
保定市三丰电器有限公司	ISO9000	1998.12
南京摄炉(集团)有限公司	ISO9000	1999.11
无锡电炉厂	ISO9000	1999.09
	ISO9001	2002.10
保定市欣和高频公司	ISO9000	2000.06
西安鹏远重型电炉制造有限公司	ISO9000	2000.11
天津市金能电力电子有限公司	ISO9000	2002.01
北京电炉厂	ISO9000	2002.02
南京新光英炉业有限公司	ISO9000	2002.03
苏州工业园区热处理设备厂	ISO9000	2002.07
哈尔滨松江电炉厂	ISO9000	
天津天骄工业有限公司	ISO9001	
株洲电炉厂	ISO9000	
湖北省襄樊市仪表元件厂	ISO9000	
本溪市新宇电子设备有限公司	ISO9000	
武汉电炉厂	ISO9000	
上海鸿泽企业发展有限公司	ISO9000	
沈阳市工业电炉厂	ISO9000	

2002 年全国工业电热设备标准化技术委员会组织制订 8 项国家和机械行业标准，其中，《电热设备的试验》方法系列国家标准是：通用部分、有心感应炉、无心感应炉、间接电阻炉、电子枪。制订了强制性国家标准《电热设备的安全 第 41 部分 对电阻加热设备——玻璃加热和熔化装置的特殊要求》；修订和制订了《中频无心感应熔炼炉》、《单晶炉 TDR 系列直拉法单晶炉》2 项机械行业标准。2002 年 11 月该标委会顺利通过国家标准化管理委员会的清理整顿，第一批被确认，并按要求进行换届准备工作。2002 年 7 月标委会秘书处组织行业有关单位向国家科技部和中国标准研究院申报《电渣重熔炉设备两项国际标准研制》和《红外辐射加热器通用试验方法》3 个标准中的 2 项国际标准专项课题，初议通过电渣炉 1 项。IEC/TC27 已批复我国东北大学冶金特钢所所长姜周华承担 MT28 工作组组长，我国提出的该标准修订计划已成为 IEC 正式文件，该项目正在进行之中，这是我国在 IEC/TC27 中第二次承担国际标准的修订工作，为扩大我国在国际上的影响，保护民族工业利益做出了重大贡献。根据标委会"十五"标准制修订工作，2002 年标委会在行业内重新组织成立了电阻炉、感应炉、电弧炉工作组，承担相应的标准制修订工作，并已开展工作。2002 年全年收到 IEC/TC27 文件 42 份，共 548 页，工作组文件 2 份，共 37 页，对其中 5 份文件进行了技术审查，发表意见 885 条，投票率 100%。

2002 年中国电器工业协会电炉及工业炉分会开展了"质量可信产品推介"活动，修订了该活动实施细则，有 5 个企业 10 种产品进行了申报。

基本建设及技术改造 2002 年电炉行业基本建设投资 703.12 万元，技术改造投资 312.1 万元。据 2002 年电炉行业中的 13 个投入科技活动经费 475.17 万元，11 个投入研究发展经费 255.52 万元。2002 年电炉及工业炉行业企业基本建设及技术改造投资和科研经费情况见表 5。

表 5 2002 电炉及工业炉行业企业基本建设及技术改造投资和科研经费情况

企 业 名 称	基本建设投资(万元)	技术改造投资(万元)	科技活动经费(万元)	研究发展经费(万元)
哈尔滨松江电炉厂			60	30
南京新光英炉业有限公司	78	67	23	7
北京电炉厂			2	
苏州工业园区热处理厂	50			10

（续）

企 业 名 称	基本建设投资（万元）	技术改造投资（万元）	科技活动经费（万元）	研究发展经费（万元）
西安鹏远重型电炉制造有限责任公司			20	30
天津市金能电力电子有限公司			12	1
西安电炉研究所			174	45
无锡电炉厂	196	65	10	50
南京摄炉(集团)有限公司	110	89	105	10
保定市三丰电器有限公司	13			
上海鸿泽企业发展有限公司	94	50		
沈阳市工业电炉厂	163			
西安市电炉厂		36		
保定市恒力高频设备厂		5	2	3

管理及改革 据对26个高频加热设备生产厂不完全统计，20个企业已改制为股份公司，其中15个民营企业，改制企业达77%；36个工业微波加热设备生产企业中，股份有限公司和民营企业26个，改制企业占72%。几大炉种生产企业的股份公司和民营企业已进入高速发展和成长期。

〔撰稿人：西安电炉研究所刘西萍、潭 娟〕

电 碳 制 品

生产发展情况 据不完全统计，目前我国电碳行业生产企业已超过100个。近几年来，由于机制转变等因素的影响，许多国营企业的技术和管理人员纷纷加盟民营企业，使电碳行业中的民营企业迅速发展起来，一些国外的电碳制品制造厂商也纷纷前来国内投资，整个行业呈现出蓬勃发展的趋势。

电碳行业的布局是：国有大中型企业、合资企业少，股份制企业多，而乡镇企业、个体企业占绝大多数。据电碳协会27个会员单位统计：大二型企业2个，中一型企业4个，中二型企业10个，小型企业11个。据行业14个企业统计结果，2002年工业总产值31 965万元，比上年增长29%，工业增加值10 037万元。2002年电碳行业14个主要企业经济指标见表1。

表1 2002年电碳行业14个主要企业经济指标

企 业 名 称	工业总产值 2002年（万元）	工业总产值 2001年（万元）	工业总产值 同比增长（%）	工业增加值（万元）	产品销售收入（万元）	利润总额（万元）	全员劳动生产率（元/人）
上海摩根碳制品有限公司	10 156	7 173	41.5	4 280	10 100	1 731	124 781
东新电碳股份有限公司	5 503	5 836	−5.7	1 541	4 819	−1 175	11 683
哈尔滨电碳厂	4 871	5 203	−6.3	504	4 090	−416	3 956
乐清市神奇碳制品有限公司	3 476	2 153	61.4	830	3 007	144	25 538
湖州市南浔长征电影碳棒有限公司	2 805	2 609	7.5	505	2 782	85	33 893
南通电碳厂	1 100	489	124.9	230	960	39	17 293
温州东南碳制品有限公司	950			633	778	81	40 577
株洲新方园电碳有限公司	935	853	9.6	542	881	23	32 651
上海申贝办公机械有限公司碳棒厂	866			357	823	25	35 714
内蒙古兴和县宏远电碳厂	308	135	128.1	55	380	27	9 167
上海申达电碳厂	301			179	424	5	33 148
北京市大兴电碳厂	270			74	330	15	11 465
焦作石墨电碳厂	218			60	183	−15	10 374
哈尔滨电碳研究所	206	306	−32.7	228	216	−91	16 286

2002年哈尔滨电碳厂对子、分公司加强管理，形成了制度化、程序化，使各子、分公司有章可循，减少了工作的随意性和失控现象。该厂重点开发了军工产品、铁路机车牵引电机电刷及电力机车碳滑板，提高了技术含量和高附加值产品的比重。军品产值、铁路电刷订货、机械用碳订货都比上年有所增加，清理陈欠款工作也取得了一定成效。在生产组织方面，加大了对产品质量的跟踪和监控力度，按订货要求合理协调，做到保质保量保证交货期。由于一切工作都服从和服务于新产品开发和产品质量的提高，2002年全厂科研和新产品开发工作取得了一定的成绩。南通电碳厂积极推行全面质量管理，不断完善质保体系，2002年是该厂建厂以来发展速度最快、变化最大、技改成效最大的一年，全年完成工业产值1 280万元，销售收入、利润、全员劳动生产率等各项经济指标在同行业处于领先水平，企业呈良好

的发展态势，为今后的发展奠定了坚实的基础。内蒙古兴和县宏远电碳厂从行政到车间形成了一整套管理机制，科室之间互相联系，车间之间互相衔接，又形成“一条龙”生产流水线，使产品质量不断提高，产品销售不断增加，经济效益不断增长。2002 年是株洲新方园电碳有限公司(原株洲市电碳厂)改制运行的第一年，面对严峻的市场竞争形势，公司加强管理，外塑形象，推进机制创新、技术创新和管理创新。全年完成工业总产值 935.5 万元，同比增长 7.37%；完成产量 177.35t，同比增长 7.6%，完成销售收入 881.04 万元，同比增长 9.33%，回笼资金 1 030.53 万元，同比增长 7.58%，实现利润 23.07 万元，同比增长 3.92%，全员劳动生产率 5.11 万元/人，比 2001 年提高 12%。乐清市神奇碳制品有限公司致力于以“管理求效益，质量求生存”的经营理念，不断完善产、供、销服务体系，连续几年荣获省、市特级“信用企业”、“重合同守信用”单位、“AAA 级企业”等光荣称号。上海申贝碳棒厂克服生产成本高、职工年龄老化等因素的影响，生产能力仍保持在 1 000 万支左右。上海摩根碳制品有限公司近两年生产和销售都以 20%以上的速度增长，出口创汇也以每年 20%以上的速度增长，企业呈良性发展趋势。

产品分类产量 电碳行业产品的分类仍以 10 大类为基础，59 个系列，300 多个品种。2002 年电碳行业产品分类产量见表 2。

表 2 2002 年电碳行业产品分类产量

企业名称	电机用电刷		机械用碳		高纯石墨		碳触点	金刚石碳片(金刚石用石墨)		碳棒		电刷毛坯	其他碳制品	
	产量(t)	同比增长(%)	产量(t)	同比增长(%)	产量(t)	同比增长(%)	产量(t)	产量(t)	同比增长(%)	产量(t)	同比增长(%)	产量(t)	产量(t)	同比增长(%)
上海摩根碳制品有限公司	433	42.0												
东新电碳股份有限公司	691	48.0	89	持平	1 033	28.4		57	−44.0				20	−34.9
哈尔滨电碳厂	92	3.9	38	−13.0	167	−21.0	31	41	−10.0			155	92	−25.0
乐清市神奇碳制品有限公司	15 600	10.0										103	7 800	
南通电碳厂	120	36.0												
株洲新方园电碳有限公司			9	1.0								177	7	
上海申贝办公机械有限公司碳棒厂										957	−4.3			
内蒙古兴和县宏远电碳厂			150	25.0	700	40.0		60	50.0			35		

市场及销售 2002 年电碳行业各企业针对市场变化加剧、原材料价格不断上涨、利润下降、个别产品销售不畅的局面，审时度势，寻求市场机遇，及时调整营销策略，大力开发适销对路的新产品，通过价格、质量、售后服务，扭转被动局面。产品销往全国各地，并远销美国、日本、韩国、加拿大、芬兰、中国香港、土耳其及东南亚的部分国家和地区。2002 年实现销售收入 30 111 万元，同比增长 22%。主要出口企业有上海摩根碳制品有限公司、乐清市神奇碳制品有限公司、上海申贝办公机械有限公司碳棒厂、湖州市南浔长征电影碳棒有限公司、哈尔滨电碳厂、东新电碳股份有限公司等。2002 年电碳行业主要企业国内外销售情况见表 3。

表 3 2002 年电碳行业主要企业国内外销售情况

企业名称	销售收入 2002 年(万元)	销售收入 2001 年(万元)	同比增长(%)	出口交货值(万元)	出口国家及地区
上海摩根碳制品有限公司	10 100	7 158	41.1	2 100	东南亚、欧洲等
东新电碳股份有限公司	4 819	6 086	−20.8	80	巴西、土耳其、东南亚
哈尔滨电碳厂	4 428	5 084	−12.9	100	美国、加拿大等
乐清市神奇碳制品有限公司	3 007	2 104	42.9	2 100	东南亚、美洲、欧洲
湖州市南浔长征电影碳棒有限公司	2 782	2 609	6.6	1 842	美国、日本等
南通电碳厂	960	374	156.7		
温州东南碳制品有限公司	778				
株洲新方园电碳有限公司	881	805	9.4		
上海申贝办公机械有限公司碳棒厂	823			222	美国、日本
内蒙古兴和县宏远电碳厂	380	153	148.4		
上海申达电碳厂	424				
北京市大兴电碳厂	330				
焦作石墨电碳厂	183				
哈尔滨电碳研究所	216	208	3.8		

乐清市神奇碳制品有限公司凭借诚信的商业理念，依靠“为顾客提供至诚服务”的企业宗旨，实施“产品营销”和“品牌营销”相协调的发展战略，产品不仅占领国内市场，而且还远销国际市场。南通电碳厂根据带状压制 次成形电

刷市场需求量大的特点，把企业发展的立足点放在带线压制一次成形电刷上，业务不断攀升，用户由原来的23个发展到58个。内蒙古兴和县宏远电碳厂狠抓市场信息反馈，生产适销对路产品，库存大为减少，且回款率提高。哈尔滨电碳厂在确保民品市场的情况下，大力开发军品市场，不失时机地挖掘市场潜力，根据市场形势的变化，及时调整销售策略，使企业生产跟随市场而变化。

新产品及科研成果 哈尔滨电碳厂和哈尔滨电碳研究所合作完成“大推力火箭用石墨”、“××—10石墨密封材料”、“××发动机用石墨密封材料”、“M212石墨材料”、“T412石墨材料”、“T415石墨材料”、“航空电刷”、“电力机车受电弓用新型碳滑板”等8项科研成果。

东新电碳股份有限公司完成3项技术改进成果，其中美国进口5kV·A点焊机的改造与维修，节创价值80万元；G417碳石墨产品工艺流程取消浸渍工序的改进，年节约成本100万元；石墨化工序测温与节能，年节约用电90万kW。

内蒙古兴和县宏远电碳厂生产出体积密度可达到1.80 g/cm^3 以上的“三高”石墨。

株洲新方园电碳有限公司与湖南大学联合申报的C/Cu复合材料科研项目已被科技部批准立项。

哈尔滨电碳厂和哈尔滨电碳研究所共同开展12项新产品研制项目，其中电刷3项，航空航天用石墨材料4项，特种石墨3项，电力机车受电弓用新型碳滑板1项，合成高品位金刚石用碳片1项。

株洲新方园电碳有限公司2002年开发的DAM8和DT388两项新产品在铁路市场试验成功，正在推广试用。

内蒙古兴和县宏远电碳厂与中科院山西煤化所共同研制的石墨—陶瓷复合材料，试用效果良好。

质量及质量管理 2002年电碳行业标准化技术委员会会议在昆明召开，会议审查通过了，JB/T2623—1994《电机用电刷尺寸与结构型式》、JB/T2756—1993《无轨电车用炭滑块》、JB/T2934—1993《机械用炭材料及制品》、JB/T6772—1993《银石墨电刷》、JB/T7609—1994《炭石墨材料抗冲击强度试验方法》、JB/T6774－1993《煤沥青固定炭测定方法》、JB/T2750－1991《高纯石墨》7个机械工业行业推荐性标准的制、修订工作。

哈尔滨电碳厂在提高产品质量方面，以信誉求生存、求发展。在强化产品质量控制、实行抽检测试重点管理的基础上，在全厂广大干部职工的积极参与下，确保了ISO9000：2000的质量管理体系认证一次通过。通过认证，使各级领导和职工的贯标、达标意识普遍提高，对工厂今后的发展起到了推动作用。

东新电碳股份有限公司顺利通过了ISO9001质量管理体系认证，并先后获得中国机械工业质量体系认证中心颁发的民品“质量体系认证”证书和北京军友诚信质量管理体系认证有限公司颁发的军品“军品质量管理体系认证”证书。

南通电碳厂积极推行全面质量管理，不断完善质保体系。2002年通过了三次监督审核，获得了北京世标认证中心颁发的ISO9001认证证书。同时还获得南通市工商行政管理局“重合同、守信用”称号。

上海申贝碳棒厂在全厂职工的共同努力下，顺利通过了ISO9000：2000质量体系认证。

乐清市神奇碳制品有限公司先后邀请德国SES专家组对企业管理、电碳生产工艺进行了广泛的交流和培训，并引进一流的生产技术、生产设备、检测设备，以及经验丰富的技术、管理人才。

内蒙古兴和县宏远电碳厂把质量管理当作企业大事中之大事，采用CT质量管理体系，确保了产品质量的稳定性和可靠性。

上海摩根碳制品有限公司实行QS9000和ISO9002质量管理办法，内部管理以利润为中心，按产品分成4个利润中心，全部独立核算，考核利润。在全厂现场5S管理基础上，引入精益生产方法，更加提高企业的经济效益。

株洲新方园电碳有限公司为适应新形势的需要，把工作放在激活全体员工的积极性和竞争力上，完善售后服务及分厂承包责任制，加强资金管理和销售管理，加速资金回笼，做到承包工资与产品质量、成本、利润挂钩，从而保证了产品质量和经济效益的提高。

质量状况总体上看，国有大中型企业和中外合资企业的产品质量较好，地方企业和私有企业产品质量相对较差。

基本建设及改造 2002年南通电碳厂技改投入45万元，拥有带线压制一次成形电刷全自动、半自动压机26台，大型气体烧结炉1台。实现了生产普通电机用电刷向高档电机用电刷的转变。哈尔滨电碳厂针对老企业设备陈旧等特点，多方筹集资金检修了地上焙烧炉和浸渍设备等重点设备，保证了生产的连续运行。内蒙古兴和县宏远电碳厂2002年新建5t、10t、35t焙烧窑3座，使产品在多焙、多产、产量吞吐量方面大大提高。株洲新方园电碳有限公司的技术改造项目—机器主接头改造项目已基本完成，降低了工人的劳动强度，提高了劳动效率，取得了较好的经济效益。

〔撰稿人：哈尔滨电碳研究所张爱民　审稿人：哈尔滨电碳研究所张启彪、王维印〕

焊接材料

生产发展情况 2002年电焊条生产出现了较大增长，总产量110余万t(出口量10万t)，焊条产量已经成为世界第一大国。2002年电焊条行业少数几个大企业结构钢焊条生产规模迅速扩大，对产品的市场价格具有极大的影响。2002年焊条产量约占焊接材料总产量的75%，虽然比例有所下降，但与发达国家相比(美国低于30%，日本低于20%)，明显属于效率和自动化水平较低的初级阶段。

2002年CO_2气体保护实芯焊丝生产企业数量和产量都增加很多，生产企业已达200余个，产量达到20余万t，约占焊接材料总产量的13%，虽然比例有所提高，但与发达国家相比(美国和日本都超过30%)，我国CO_2气体保护实芯焊丝还处于较低水平。产品品种还是以ER50—6和ER49—1为主，适合高强度结构钢、耐热钢、低温钢、耐候钢、耐海水腐蚀钢用焊丝品种少。2002年已经有企业开始试制非镀铜焊丝，在未来非镀铜焊丝将会对镀铜焊丝产生一定冲击。

2002年药芯焊丝生产企业30余个，生产线50余条，产量约2万t，占焊接材料总产量的1.3%，生产品种包括结构钢、不锈钢、低合金钢、堆焊用药芯焊丝和金属粉芯药芯焊丝，目前在自保护药芯焊丝的生产上还处于空白，不锈钢、低合金钢和金属粉芯药芯焊丝产量较小，主要供货品种以E501T—1为主。2002年药芯焊丝的国产量首次超过了进口量(2002年国内进口药芯焊丝1.7万t)，产品的质量也有了较大提高。

2002年国产埋弧焊丝约7万余t，埋弧焊剂近9万t，埋弧焊材约占焊接材料总产量的10.7%。目前国内能够生产埋弧焊丝的企业有数百个，但产品品种单一，大批量供货的只有H08A、H08MnA、H10Mn2等几种。埋弧焊剂仍以熔炼焊剂为主，但烧结焊剂的产量增长很快，2002年国产熔炼焊剂6.5万t，约占72%，烧结焊剂2.5万t，约占28%。

2002年焊接材料行业部分企业经济指标见表1。

表1 2002年焊接材料行业部分企业经济指标

企业名称	总资产贡献率(%)	资本保值增值率(%)	资产负债率(%)	流动资产周转率(次)	成本费用利润率(%)	全员劳动生产率(元/人)	产品销售率(%)	经济效益综合指数(%)
钟祥市民族电焊条厂	43.3	87.8	1 174.4	2.1	−9.9	6 315.8	100.0	−228.5
广西龙头焊剂厂	1.4	−11.6	100.5	0.7	−4.4			−9.1
萍乡电焊条厂	−2.8	−8.3	101.9	1.0	−4.7		110.0	1.6
宜兴市荣华电焊条有限责任公司	−0.2	78.5	76.4	1.3	−8.5		95.2	11.7
内蒙古第一机械制造(集团)有限公司特种焊条制造公司	−1.1	—	100.0	—	−1.3	23 636.4	81.7	19.1
牡丹江市丹峰电焊条有限责任公司	2.5	−73.3	102.7	1.7	−5.4	32 666.7	102.3	25.4
郑州市电焊条厂	−0.6	80.6	86.0	1.2	−4.4	3 657.1	100.5	25.8
大连新船焊条厂	2.8	7.3	109.7	1.9	3.2			33.8
鸡西电焊条厂	3.8	97.1	81.8	0.4	−1.7		92.9	36.0
上海东海电焊条厂	2.0		91.1	1.5	1.3		94.4	39.5
广西壮族自治区南宁市电焊条厂	0.9	239.3	155.1	1.1	−4.4	23 358.8	99.6	39.8
桂林市电焊条厂	1.1	100.6	80.4	0.4	0.0	17 491.6	96.0	50.2
桂林市通用电焊条有限公司	6.1	—	65.7	3.4	−0.8		—	52.5
丹东市焊接材料厂	1.8	159.4	100.7	0.5	1.9	6 388.9	83.7	52.6
酒钢集团兰州长虹焊接材料有限公司	2.1	104.0	86.1	0.6	0.4	14 338.9	100.3	52.7
徐州市淮海电焊条有限公司	1.4	110.4	46.1	1.8	0.1		82.1	59.3
锦州市特种焊条厂	1.7	97.0	84.8	1.5		19 555.6	100.0	61.9
天津大桥集团新疆天山电焊条厂	3.0	100.0	45.3	1.1	0.5	11 583.0	98.7	64.9
福建省龙岩电焊条厂	2.3		—	1.4	−0.8	10 285.7	101.2	65.5
烟台市鑫源焊条有限公司	4.5	63.3	67.7	1.7	0.4	13 615.4	91.8	65.7
上海宝华焊接材料有限公司	4.4	91.3	61.0	2.0			100.0	66.2
上饶市电焊条厂	1.4	99.2	72.5	0.5	5.3	7 356.8	88.2	66.3
浙江省建德市山力焊接材料有限公司	4.2	106.3	64.5	0.7	2.6	5 571.4	95.6	66.5
泰州市广瑞焊接材料有限公司	5.7	103.4	55.2	1.5	1.4		95.7	70.5
锦州天鹅焊材股份有限公司	0.5	111.3	30.6	2.3	0.2	9 984.2	93.3	71.1
株洲电焊条股份有限公司	2.6	102.7	56.9	1.3	−2.5	42 456.1	91.4	73.2
平顶山市电焊条厂	5.0	105.0	60.6	0.9	3.5	7 284.8	98.6	75.7
石家庄市特种电焊条厂	3.8	103.7	55.0	1.7	0.4	21 014.5	92.6	76.9
广西宜州市桂星焊材有限责任公司	6.2	105.4	58.5	2.2	1.2	1 153.8	97.8	79.0
南京电焊条厂	3.5	100.0	44.5	1.8	0.1	26 525.8	98.8	80.9
福州电焊条厂	4.8	100.1	67.6	2.2	0.2	23 828.8	97.2	82.8
丹东市金象焊条厂	11.4	103.7	92.5	2.1	0.1	19 372.2	96.4	84.1
淄博齐鲁焊业有限公司(淄博电焊条厂)	5.9	51.0	74.1	1.1	4.2	32 444.4	101.6	86.2
天津大桥集团有限公司	4.1	54.0	61.3	2.3	2.0	25 282.9	99.4	86.3
常州市金狮焊接材料有限公司	10.7	103.6	0.0	2.6	0.9	24 571.4	—	89.4
巢湖市银桥焊接材料厂	9.6	116.0	67.6	1.5	5.0		90.2	89.8
常州市运河焊材有限公司	9.6	—	74.3	3.2	0.5	29 310.3	98.4	90.9
北京金威焊材有限公司	8.0	103.6	44.1	2.4	4.0		75.0	91.1

（续）

企 业 名 称	总资产贡献率（%）	资本保值增值率（%）	资产负债率（%）	流动资产周转率（次）	成本费用利润率（%）	全员劳动生产率（元/人）	产品销售率（%）	经济效益综合指数（%）
山东省邹平县电焊条厂	3.0	97.7	23.3	2.5	2.0	26 708.3	84.9	91.5
郑州市佛光焊接材料厂	4.5	101.2	45.3	1.2	6.9	10 972.2	102.7	93.3
上海焊接器材有限公司	6.3	70.9	67.2	1.5	2.5	44 285.7	107.8	98.1
云南大西洋电焊条有限公司	6.4	100.9	34.7	1.8	8.5		107.4	102.6
江阴市东青焊接材料有限公司	20.3	86.7	72.2	3.8	—		85.5	107.3
天泰焊材(昆山)有限公司	3.8	114.2	68.2	1.5	2.3	67 000.0	86.5	109.0
成都新大洋焊接材料有限责任公司	10.2	110.5	45.7	2.8	2.9	36 383.0	93.6	119.9
杭州电焊条有限公司	11.6	90.5	71.8	3.3	1.6	39 871.0	103.5	119.9
常州长江焊材有限公司	8.5	103.1	88.9	4.2	0.3	51 098.3	100.0	121.1
安徽省泾县特种焊条厂	14.5	100.0	64.7	3.0	5.1	12 500.0	96.2	121.3
徐州市正光焊接材料厂	18.1	100.0	88.3	1.6	7.5	21 578.9	99.8	122.3
上海电力修造总厂一分厂	9.5		71.7	4.3	0.4	72 820.5	94.9	127.9
安丘新建业登峰焊接材料有限公司	27.2	—	40.1	4.5	3.6	0.0	102.0	135.2
韶关市金鹰焊材有限公司	15.9	142.3	22.1	4.7	2.3	15 000.0	82.9	136.6
广西桂林永福电焊条厂	8.2	145.9	29.6	5.8	0.6	27 254.9	99.2	137.0
河北省东光县金属焊接材料厂	7.5	132.1	25.5	1.8	2.0	100 000.0	93.3	142.5
四川大西洋焊接材料股份有限公司	4.2	105.2	23.0	0.8	12.5	69 823.0	100.5	145.9
深圳市宝钢大西洋电焊条有限公司	8.2	117.5	46.6	1.9	7.9	123 689.3	100.4	181.6
张家港中洲特种合金材料有限公司	31.9	203.1	22.2	1.6	17.4	0.0	—	179.6
株洲市特种电焊条厂	36.2	219.7	40.3	5.2	6.3	37 756.8	88.7	220.0
上海电力修造总厂有限公司	2.7	1 009.9	51.5	1.2	1.0	74 736.8	96.6	226.4
四川大西洋焊接材料股份有限公司成都分公司	17.4	112.8	43.4	1.9	20.9	131 147.5	96.1	251.1
天津市金桥焊材有限公司	20.4	138.3	45.7	6.3	10.5	115 918.8	100.5	255.2
铜陵市雄师焊材有限公司	11.0	−74.1	58.6	3.1	0.1	350 425.5	101.0	281.0
锦州锦泰金属工业有限公司	9.1	111.2	58.2	1.2	7.4	342 818.2	69.5	300.8
武汉船用焊接材料厂	46.7	67.7	57.5	1.5	20.5	194 518.0	82.1	330.7
四川省内江市新盛电器厂	16.0	101.7	75.9	28.6	0.8	52 000.0	127.7	385.5
漯河车辆总厂镀铜焊丝分厂	6.2	4 294.1	60.3	1.3	4.6	5 814.0	111.1	646.1
巢湖电焊条厂	4.3	−80.3	48.1	423.1	3.0	8 571.4	109.1	4 216.7
遂昌新立焊接材料有限公司	4.0	—	45.1	0.9	2.5	3 178.3	100.1	54.2

行业问题与发展趋势 (1)行业存在的问题。①产品结构不合理。目前国内市场普通焊材供大于求，需压价销售，而一些高端产品却供不应求，甚至无货可供。低端产品如酸性焊条、熔炼焊剂等比重过大，而中、高端产品如药芯焊丝、烧结焊剂和其他特种焊材比重过小；②原创新技术开发能力弱。焊材企业整体生产、试验和检测设备水平仍然比较落后，特别是原创新技术开发能力薄弱，高性能焊材品种和品质与国外相比，仍然有较大差距；③企业规模小。虽然已经有一些企业如天津金桥焊材公司、天津大桥焊材公司、大西洋焊材集团、锦州锦泰工业公司、上海焊接器材公司等生产规模不断扩大，焊接材料行业整体上还处于分散、生产企业众多和生产企业规模小的状态。

(2)焊接材料发展趋势。由于普通低价位焊条的产量已经趋近于极限，未来产量将会逐渐减少，焊条的产品结构将会得到调整，特种焊条(指低氢、耐热钢、不锈钢、镍基及堆焊焊条等)的比例将会提高，焊条总产量将维持不变，但在整个焊接材料中所占比例将由目前的接近80%逐渐下降到70%以下。

虽然目前气体保护实芯焊丝品种很少，能够提供给市场的主要有ER49—1和ER50—6两种产品，但其需求量与产量在逐年增加，其产量占整个焊材的比例将逐渐上升到18%左右。

药芯焊丝的产量1996～2000年增长率较高，目前国内产量最大的是气体保护碳钢药芯焊丝，将来药芯焊丝的品种将会快速增加，实芯焊丝不能提供的用于低温钢、耐候钢、耐热钢、耐海水腐蚀钢及高强度结构钢用的焊丝将由药芯焊丝填补，另外用于输油气管道焊接的自保护药芯焊丝及各行业表面修复用的堆焊用药芯焊丝产品也将不断开发，因而“十五”期间，药芯焊丝将得到长足发展，其占全部焊材的比例将增加到4%左右。

埋弧焊丝的比例不会有大的变化，将保持10%～12%的比例。埋弧焊剂总产量也将在一定的范围内波动，不会有大的增长，但埋弧焊剂的结构将会发生一定的变化。“十五”期间，在埋弧焊剂的总量中，烧结焊剂的比例将会增加，而熔炼焊剂的比例将会下降。

〔撰稿人：国家焊接材料质量监督检验中心马凤辉　审稿人：国家焊接材料质量监督检验中心李春范〕

工业机器人

生产发展情况 2002年工业机器人的应用、研制和生产持续发展。各种机器人应用工程的实施，大大提高了传统产业的装备水平，对于提高产品质量、提高劳动生产率、适应恶劣的工作环境、促进制造业自动化和信息化、提升企业的市场竞争力具有重要意义。

现阶段我国机器人的应用仍以制造业为主，如焊接、切割、涂胶、喷涂、装配、搬运等；服务机器人的研制和应用发展也很快。

2002年我国机器人主要研制、生产及应用概况见表1。

表1 2002年我国机器人研制、生产和应用概况

研制、生产(应用)单位	产品/项目名称	台(套)/条数	系统构成、主要技术参数等	从业人员总数(人)	总产值(万元)
科研院所					
北京机械工业自动化研究所机器人工程中心	机器人涂胶工作站	4	系统由机器人、热熔胶机、涂胶工作台、总控柜等构成。可对各种汽车车灯进行自动涂胶作业，年生产能力在几十万件	98	10 000
	移动龙门式交流伺服自动仿形喷涂系统及应用，[科技型中小企业技术创新基金项目，立项代码：00C26231100701 科技部、财政部批准文号：国科发计字(2000)473号]	1	系统构成：顶喷机、侧喷机、龙门行走机构和控制系统等。主要技术参数——顶、侧喷机为交流伺服，1kW/台，喷枪移动速度0～1.2m/s，无级调速范围0～2 000r/min；龙门行走装置，交流伺服/变频调速，3kW/台，龙门移动速度0～6.8m/min，无级调速范围0～2 000r/min。主要技术创新点：长寿命弯轨制造技术、喷枪位姿驱动机构、车体自动识别技术、自动寻找被喷涂对象等。由于该项目的先进性和实用性，在汽车、火车等行业的涂装领域取得良好的经济效益和社会效益		
	钢板镀锌、彩色辊涂自动生产线	5	彩涂线主要技术参数如：正面单层干膜厚8～15μm可调，正反面单层底漆干膜厚5～8μm可调，卷宽度方向错层偏差单边≤±1mm，大型连续两涂两烘，交流调速系统，液压伺服纠偏对中检测控制系统能自动调节钢板运转偏差度，生产线速度15～60m/min，钢卷最大10t/卷，内直径508/610mm，外直径900/1 400mm，钢板宽1～1.2m，厚度0.2～0.7mm		
	农用车等自动喷涂系统	5	由二自由度隔爆型自动喷涂机、控制柜、输漆管线、溶剂输供系统、自动静电喷枪组件等组成。链速3.9m/min，喷漆厚度20～30μm		
	瓷体自动喷涂机器人工作站	1	由机器人、自动空气喷涂设备等组成。陶瓷件最大直径128mm，最大高度200mm，45s/件		
	磁体自动喷涂系统	4	由自动喷涂机、4工位旋转工作台、自动空气喷涂设备、输供漆系统等组成。 PLC编程，可存10个工作程序，X轴0.1～0.6m/s(变频调速)，Y轴0.3～0.9m/s(变频调速)喷漆厚度15～25μm		
	龙门式自动喷涂系统	1	喷内燃机车及电力机车		
	铝合金内外环焊及角焊焊接系统	1			
	M后桥装配线改造	1			
	移载机械手	4			
	汽车总装线气控机械手	4			
	汽车内饰件高压水切割机器人工作站	1			

（续）

研制、生产（应用）单位	产品/项目名称	台(套)/条数	系统构成、主要技术参数等	从业人员总数(人)	总产值(万元)
北京机械工业自动化研究所机器人工程中心	玻璃钢高压水切割机器人工作站	1	由机器人、高压泵、工件旋转工作台、机器人倒挂移动龙门框架、控制系统和安全系统组成。工作范围 2 600mm×1 400mm×400mm，机器人腕心点的最大速度 1.5m/s，重复定位精度±0.06mm，适合于多品种、中小批量生产		
中国科学院自动化研究所	移动机器人 CASIA—I	1	在多传感器信息融合的基础上，完成对周围环境变化等外界感觉功能，由 CPU 综合处理各种信息，理解自己的状态和所处外部环境信息，实时作出运动控制决策：躲避障碍物、寻找最优路径，实现自主移动、定点运动、轨迹跟踪、漫游等。人也可通过键盘和鼠标发控制命令，声控及通过互联网遥控，使之可服务于残疾人。Φ45cm，最大运行速度 80cm/s，底层有 16 个触觉红外传感器，中层有 16 个超声传感器及 16 个红外传感器，顶部有 CCD 摄像机。移动机器人可应用于医院、办公室、图书馆、科技馆、展览馆、家庭服务等		
	仿生机器鱼	1	参照鱼类游动的推进机理，利用机械、电子元器件和智能材料实现水下推进的运动装置，噪声小、效率高、机动性好、隐蔽性高。为深入研究水下仿生推进的水动力学性能，建立微小型仿生机器鱼平台、多机器鱼协调游动的水动力学模型、多机器鱼协调运动和队形控制、水下机器人的微小型化及群体协作等提供了必要的理论和技术基础		
高等院校					
北京航空航天大学机器人研究所	水下航行体仿生及超高速机理的研究 血糖试纸涂敷机器人研制 超高层建筑玻璃幕墙清洁机器人 基于六维力传感器的灵巧手 空间机器人遥控操作实验系统			22	440
哈尔滨工业大学机器人研究所	（已创办哈尔滨博实自动化设备有限责任公司、哈尔滨工业大学博实精密测控有限责任公司，合办海尔哈工大机器人技术有限责任公司，皆为内资企业）				
清华大学	清华智能车 THMR－V		配置了规划计算机、监控计算机、视觉计算机和多台测控计算机，按照分层递阶的结构，它们分别为智能级、协调级、执行级，通过 10MEthernet 实现数据通信；安装了磁罗盘－光码盘、DGPS 互补定位系统、扫描式激光雷达测障系统、CCD 摄像机视觉处理系统，安装了包括方向控制、油门控制和刹车控制的车体控制系统；还配备了双目 CCD 摄像机，声音、图像无线电台，数据无线电台和通信计算机。 经调试和实验研究已能实现结构化环境下的车道线自动跟踪，准结构化环境下的道路跟踪，复杂环境下的道路避障、道路停障，视觉临场感遥控驾驶等功能。 车道线自动跟踪速度是衡量机器人技术水平的综合体现，至 2002 年 12 月，该智能车的车道线自动跟踪的平均速度达 80km/h，最高速度达 120km/h		

(续)

研制、生产(应用)单位	产品/项目名称	台(套)/条数	系统构成、主要技术参数等	从业人员总数(人)	总产值(万元)
天津职业技术师范学院智能控制技术研究所	教学机器人	29	三自由度,圆柱坐标。用于高校、职业技术学校自动控制、机器人控制技术的实验教学	15	121
	相扑机器人	16			
上海交通大学机器人研究所	中药智能配药系统	1	能在医生开药方的同时配药,实时同步进行准确称量,精度≤3%,已申请获得发现专利5项,实用新型专利10项		
浙江大学信息与电子工程系	移动智能机器人研究		对单体智能机器人的移动和多个智能机器人的协调行动进行了研究。集中开展了在外界环境不确定条件下,多个机器人之间通讯和数据交换的理论研究及集中决策的算法研究,并通过因特网成功开展了智能机器人的虚拟足球赛		
华东理工大学机械工程学院	彩电阴罩Q值全自动激光测量机器人	1	在彩色电视生产中,阴罩形状测量非常重要,原有的接触式测量容易损坏被测表面或带来灰尘而影响生产质量。现用激光技术测量,不仅克服了上述缺点,而且提高了测量精度(0.02mm),提高了测量效率,同时可进行三种型号的自动识别		
	氩弧管板焊接机器人控制系统	1	采用PLC的专用控制装置,实现焊接过程中氩气、焊接电流、机构转动、首尾重叠的自动计算和控制。可实现溶焊、丝焊和混合焊接。以展幕交互方式设置参数,操作方便。配置电流检测功能,提高工效,保证焊接质量		
国防科技大学	仿人机器人	1	身高1.55m,重63.5kg,机构整体共有36个自由度。可实现多种无缆行走步态,最高时速为1km/h,步幅25cm,可演示向前运动、后向运动、侧向运动、转向运动、打拳、挥手、体操、舞蹈等几十个动作。控制系统采用多总线嵌入式分布控制,主控计算机完成动作级的运动控制和人机交互等功能;外围功能模块主要包括自行设计和研制各轴系运动控制器、轴系功率驱动放大器、无线遥控模块、语音识别与控制模块、无线视觉监控模块等,这些功能模块自带不同类型的处理器,通过自定义RB－ISA协议和RB－COM协议直接挂靠ISA总线或串行通讯总线。操作者通过无线视觉图像信息实时监控机器人周围环境的变化,可通过多种语音指令和遥控器指令实现机器人的多种功能演示		
	昆虫战士机器人	1	该机器人是全自主的六足爬行式移动机器人,每条腿两个自由度。长24cm,宽32cm,高17～23cm,采用超小型无线通信Modem(用于机器人之间或机器人与PC机之间的通信)。可用于运动学、步态规划、自动控制、图像处理等实验研究,也可进行二次开发,研制智能型玩具,有较高的实用价值		
	RoboCup小型组机器人关键技术研究		此项综合性的科研,涉及技术领域包括:智能机器人系统、多智能体系统、实时模式识别与行为系统、智能体结构设计、实时规划和推理、基于网络的三维图形交互和传感器技术等		

(续)

研制、生产(应用)单位	产品/项目名称	台(套)/条数	系统构成、主要技术参数等	从业人员总数(人)	总产值(万元)
内资企业					
沈阳新松机器人自动化股份有限公司	“海星号”自走式水下机器人	1	用于海底光缆埋设，是我国第一台实用化爬行水下机器人工程样机，这种大功率强作业爬行水下机器人是在有缆遥控水下机器人(ROV)基础上开发的，是ROV的应用领域由海洋石油开发、援潜救生向海洋通信和海洋工程领域的拓展	384	16 380
	遥控潜水器	1	装备有先进的液压动力设备，海底观测、照明、摄像、探测设备及压力、航向传感器等高技术设备。能根据水下作业的实际需要，安装机械手、夹持器、液压剪、清洗刷、海水冲洗枪等，可在300m深海完成钢管、钢板和钢缆切割作业、水下目标探测打捞和输送食品及工具等高难度的水下救援作业。该潜水器是在原定型装备的基础上，针对恶劣海况下的复杂作业的要求，采用国际大型ROV的基础模式，在推进系统、动力系统、控制系统、作业系统等方面进行了改进提高		
	AGV自动导引车	42			
	工业机器人应用工程	62			
	双工位高速叠垛机械手	小批量			
	SIASUN－GRC－CAN机器人控制器开发				
	交流伺服驱动器研制				
	高精度、大范围激光加工机器人研制	1			
哈尔滨博实自动化设备有限责任公司	粉粒料全自动称重、包装、码垛成套设备	58	包装能力800～1 200包/h，码垛能力800～1 600包/h	150	8 000
	橡胶干燥及全自动称重、包装、码垛成套设备	10	包装能力600包/h，码垛能力800包/h		
	长丝机器人包装、码垛成套设备	5	包装能力15～20垛/h，每垛600kg		
	化肥半自动定量包装成套设备	10	包装能力800～1 200包/h		
哈尔滨工业大学博实精密测控有限责任公司	微动六自由度并联机器人	1	直线运动范围±25μm。转角运动范围±0.5 mrad，分辨率5nm，重复定位精度10nm	25	200
	宏动六自由度并联机器人	1	行程：$X=150$mm，$Y=150$mm，$Z=150$mm，$\theta_x=\pm40°$，$\theta_y=\pm40°$，$\theta_z=\pm60°$ 承载能力10kg		
	纳米级精密定位工作台	4	采用压电陶瓷驱动，行程0～200μm，最高分辨力1nm，重复定位精度10nm		
	测微仪	10	可实现微米级到纳米级的高精度微位移检测		
	集成式精密定位系统	2	将控制器、测微仪和压电陶瓷驱动电源集成为一体，模块化设计，内置闭环控制算法，可实现0～200μm行程，重复定位精度5～200nm的高精度驱动和控制		
海尔哈工大机器人技术有限责任公司	注塑机械手新型控制器		基于PLC控制技术，利用人机界面作为控制器手控盒，采用交流伺服电机驱动，稳定可靠，抗干扰能力强	26	800
	HQ60、HQ80、HQ100型注塑机械手	35	横梁和主、副臂的全部运动均采用气动，直线导轨定向，纵向行程相应为600mm、800mm、1 000mm，主要应用于家电行业注塑机取放料工序		

（续）

研制、生产（应用）单位	产品/项目名称	台(套)/条数	系统构成、主要技术参数等	从业人员总数(人)	总产值(万元)
海尔哈工大机器人技术有限责任公司	HH140、HH160 型注塑机械手	10	双臂结构，水口臂双节倍速气动，手臂上、下行程相应为 1 400mm，1 600mm，可调范围 200mm，引拨行程 800mm，横出行程 2 967mm，横走轴伺服电机驱动，成品臂最大抓取重量 16kg，手控器大屏幕 LCD 汉显，广泛应用于家电行业注塑机取放料工序		
	取料机械手	1	用于从油压机内部取出加工完的工件。由横向运动单元、上下行运动单元、吸盘组件及机架等组成		
	移动式作业型服务机器人	1	多关节机器人，通过可视化图形编程方式可设定机器人全方位自主移动的运动路径和服务功能，通过语音识别控制方式或远程遥控方式控制机器人的移动、转向、后退和预设动作功能		
	智能机器人	4	基于 PC 机的控制，多关节肢体设计，利用语音识别和语音合成技术实现人机交互，可应用于宾馆、展览馆等处		
	乐队指挥机器人	2	采用玻璃钢和有机玻璃外壳，人性化造型设计，多气缸驱动各个关节运动，具有人机对话功能，可应用于宾馆、展览馆等处		
	水轮机叶片测量机器人	1	机器人具有 6 个自由度，可测量空间任意点的位置。测量臂采用多段多自由度的结构设计，具有重量轻、使用方便等特点。绝对位置误差为±1mm，重复测量误差为±0.5mm		
一汽蓝迪自动化工程公司	前纵梁点焊机器人工作站	1	由机器人及底座、一体化焊钳及清枪装置、点焊夹具和防护装置等组成	130	3 972
	前纵梁弧焊机器人工作站	1	由机器人及底座、焊枪及清枪装置、弧焊夹具和防护装置等组成		
济南二机床集团有限公司自动化公司	冲压自动化上下料机械手	5	由固定框架、运动框架、机械摆臂和驱动、平衡、气路、润滑、电气系统组成 垂直行程 0～760mm，水平行程 0～2 800mm， 重大垂直行程速度为 80m/min； 最大水平行程速度为 298m/min； 重复定位精度±0.8mm，最大负载 120kg		
济南山川机器人工程公司	RPJ 系列喷浆(混凝土)机器人	12	由机器人手臂、汽车底盘(行走机构)、喷浆泵组成。最大作业高度为 5m、5～11m、11～15m，可为用户订做，喷射量为 6m³/h，6～20m³/h 可应用于隧道、水工隧洞、地下空间、各类边坡、矿山巷道等的施工	30	1 100
天津市华志计算机应用有限公司	光学定位医用机器人辅助微创手术系统的开发			28	342
	无框架脑立体定向仪	5	由 5 自由度机械臂、内置式光码盘采集卡、微型计算机和专用软件组成。机械臂操作有效空间(300mm×300mm×300mm)，机械臂锁定后负载能力：≥19.6N 负载加 15min 其位移≤1mm。重复精度≤1mm，CT/MRI 扫描层间距 2mm，系统映射精度≤2mm		

（续）

研制、生产（应用）单位	产品/项目名称	台（套）/条数	系统构成、主要技术参数等	从业人员总数（人）	总产值（万元）
上海机电一体工程有限公司	烟叶制丝线机器人柔性自动开包系统	1	系统构成：烟包包装带、包装薄膜自动开剪机构，烟包纸箱自动开盖机构，烟坯周边衬板与纸板自动夹持、抽取机构，具备真空吸附、自动剪钢带、木板与烟坯夹持的多功能机器人手爪，多品种烟包自动识别智能控制系统，多关节机器人系统集成技术系统。 纸箱包装烟坯尺寸：1 000mm×690mm×725mm 木夹板烟坯尺寸：1 000mm×600mm×670mm 烟坯重量：150～400kg　　生产节拍：90s/箱	108	2 496
	汽车部件机器人焊接工作站	1			
	涂装机器人	1			
	彩管玻壳F/I自动包装系统	1			
	彩管玻壳L/E自动取屏系统	1			
上海汽车工业总公司	弧焊机器人工作站	48			
	点焊机器人工作站	27			
	涂装机器人系统	13			
	搬运机器人系统	25			
	等离子切割机器人工作站	2			
上海强师消防装备有限公司（公安部上海消防研究所控股）	消防灭火机器人	10	无线遥控距离为150m，进退速度3/3.2km/h 爬越坡度20°/30°，跨越障碍物最大垂直高度15/25cm 喷水流量50L/s，喷泡沫流量48L/s 喷水射程≥65m，喷泡沫射程≥62m 喷射压力0.8MPa 喷水时喷雾角≥90° 消防灭火机器人适用于石油化工、油罐区、大型仓库、建筑物等高温、强热辐射、易坍塌场所的灭火、冷却及化学污染场所的洗消等	59	300
青岛海尔机器人有限公司	搬运机器人系统	5	机器人为4自由度，用于物料仓储、运输线上的搬运与码垛作业	81	5 800
	单轴伺服机械手	18	用于注塑机的取放料工序		
	全气动机械手	25	家电行业用于注塑机的取放料工序		
合资企业					
首钢莫托曼机器人公司	重型搬运机器人应用系统	1	握持重量达200kg，机器人高速运行，对多个水罐同时进行抓取、装架等	50	5 000
	视觉传感皮带同步机器人物料搬运系统	1	系统可对在传送带上运行中的物料进行识别、抓取、码放		
	弧焊机器人工作站	42			
	涂胶机器人工作站	12			
	通用机器人	18			
	搬运机器人系统	8			
一汽大众汽车有限公司	点焊机器人应用工程	1	12台点焊机器人		
北京安川北科自动化工程有限公司	焊接机器人工作站	4			
	涂胶机器人工作站	3			
	氧化铋喷涂机器人工作站	2			
	等离子喷涂机器人工作站	1			
	农作物采摘机器人	1			
	教学机器人	1			

（续）

研制、生产（应用）单位	产品/项目名称	台(套)/条数	系统构成、主要技术参数等	从业人员总数(人)	总产值（万元）
唐山松下产业机器有限公司	焊接机器人及相关产品	45		400	40 000

从全球来看，由于经济不景气，导致整体营业收入略有减少。

2002年10月在瑞典举行的国际机器人学术讨论会上，重点讨论了基于机器人的自动化和工业信息技术。这两者的结合将在供应链和客户关系管理之间开辟新领域，将影响到企业车间到最高管理决策层间的几乎所有过程，在这些过程之间建立起无缝和实时的链接，可降低成本、缩短交货期，并对客户解决方案增加更多的附加值。从传统的商务改变到新的电子商务环境，使企业和其合作者将创新和有利可图的解决方案推向市场。电子化变革（e－transformation）的演进将对企业、社会、工作组织和社会生活产生重大影响。

市场及销售　我国加入WTO后，市场竞争更加激烈，传统产业迫切需要以高新技术来提升核心竞争力，对工业机器人的需求在增长。特别是我国快速发展的汽车制造业，促进了工业机器人的销售。此外，潜在的服务机器人市场也得以开拓。2002年进口工业机器人关税为7%，我国拥有自主知识产权的机器人要占应有的市场份额，就必须不断提高质量，形成批量，降低成本，提升核心竞争力。2002年我国引进各类工业机器人情况见表2。

表2　2002年我国引进各类工业机器人情况

企业名称	焊接机器人	搬运机器人	装配机器人	喷涂机器人	涂胶机器人	其他	共计
ABB公司							113
日本FANUC公司	25	27			10	3	65
韩国现代重工公司	44	53					97
日本OTC公司	80						80
奥地利IGM机器人系统公司	13						13
德国IWKA集团KUKA公司	28	15				12	55

日本机器人工业协会关于“建立21世纪机器人社会技术战略”的调查报告中，指出了五个非常重要的商业领域：

（1）制造（人－机协调系统，生态工厂，网络兼容工厂）；

（2）生物（自动化分析设备，自动合成系统，生物工厂）；

（3）社会（灾难营救与保护、灾害预测等）；

（4）医疗/福利（疾病预防、诊断、治疗、恢复、医疗设备的合理利用、智能系统、医疗教育等）；

（5）大众生活（教育、家庭虚拟训练、康复娱乐活动、辅助交流、生命支持等）。

根据IFR（国际机器人联合会）和ECE（联合国欧洲经济委员会）的统计和预测，2002～2005年，欧盟国家的工业机器人年销量将从32 600台增长到41 800台，日本的工业机器人年销量将从28 400台增长到36 100台，美国的工业机器人年销量将从11 100台增长到14 200台。2001～2005年装备工业机器人实际数及预测值见表3。

表3　2001～2005年装备工业机器人实际数及预测值

国家/地区 \ 项目	年度装备台数 2001年	年度装备台数 2002年	年度装备台数 2005年预测值	至各年年底累计装备台数 2001年	至各年年底累计装备台数 2002年	至2005年底预测值
美国	10 824	11 100	14 200	97 268	104 700	130 600
欧盟	30 553	32 600	41 800	219 333	239 700	321 400
德国	12 524	12 800	15 300	99 013	106 000	133 600
意大利	6 373	7 000	9 400	43 911	48 400	67 000
法国	3 484	3 800	5 100	22 753	25 100	35 700
英国	1 941	2 100	2 800	13 411	15 000	20 700
西班牙	3 584			16 378		
瑞典	859			6 714		
比利时、荷兰、卢森堡	620			8 590		
芬兰	408			2 927		
奥地利	330			3 153		
丹麦	330			1 683		

（续）

国家/地区 \ 项目	年度装备台数			至各年年底累计装备台数		
	2001年	2002年	2005年预测值	2001年	2002年	至2005年底预测值
欧洲其他国家	801	900	1 200	10 869	9 300	10 300
俄罗斯及前苏联共和国	250			5 000		
瑞士	333			3 759		
捷克	70			985		
波兰	20			384		
挪威	98			618		
匈牙利	30			123		
亚洲、澳洲	33 679	34 200	43 800	418 229	413 900	425 600
日本*	28 369	28 400	36 100	361 232	352 800	351 600
韩国*	4 080			41 267		
中国台湾省	660			7 319		
新加坡	300			5 458		
澳大利亚	270			2 953		
其他国家	2 250	2 500	3 400	10 840	13 000	21 000
总　计	78 107	81 300	104 400	756 539	780 600	964 500

注：资料来自IFR、ECE；*日本、韩国的统计数含所有的类型。

2002～2005年，行业用服务机器人预测将增长25 000台(其中增长强劲的有：医疗机器人6 000台，水下机器人3 000台，保安机器人1 800台，补给机器人1 100台，挤牛奶机器人1 000台)；各种家用机器人预测将增长70万台；娱乐机器人预测将增长100万台。

质量及标准　充分重视质量，高度重视管理，是关系到可持续发展的战略问题。只有抓住机遇，加快机器人研制、生产和应用的产业化进程，不断降低成本、提高质量，才能尽可能多地占有市场份额。2002年有更多的单位进行并通过了GB/T 19000—2001(ISO9000：2000)系列质量体系认证，对于保证高质量、提高可靠性、提升竞争力具有重要的意义。

无论是研发、生产，还是贸易，标准化的作用是非常重要的，是不可替代的，在我国加入WTO之后更是如此。采用国际标准和国外先进标准是我国一项重要的技术经济政策。

在工业机器人标准化方面正迅速与国际标准接轨。已颁布实施的11项国家标准和6项行业标准目录见2002年《中国机械工业年鉴》。2002年全国工业自动化系统与集成标准化技术委员会工业机器人分技术委员会(CSBTS/TC159/SC2)报批2项国家标准(“工业机器人　编程和操作用的图形用户接口”、“工业机器人　抓握型夹持器　物体搬运词汇和特性表示”)。

3项国家标准指导性文件(“工业机器人　用于机器人的中间代码(ICR)”、“工业机器人　电磁兼容性(EMC)试验方法和性能评价规范指南”、“工业自动化系统与集成　离散部件制造设备在工业环境中的工作条件”)。

3项实施细则(“工业机器人　性能规范及其试验方法”实施细则、“工业机器人　安全规范”实施细则、“工业机器人　验收规则”实施细则)。

1项标准体系(“工业机器人标准体系的研究”)。

〔撰稿人：北京机械工业自动化研究所董瑞翔　审稿人：北京机械工业自动化研究所康连柱〕

电工专用设备

生产发展情况　根据中国电器工业协会电工专用设备分会的数据，全国电工专用设备制造企业约120个，2002年电工专用设备产值约15亿元，其中会员单位产值11亿元，2002年电工专用设备产量达6万t，其中会员单位电工专用设备产量4.4万t。2002年产值创历史最高记录，实现7年连增，是增速最快的一年。

据对14个主要企业统计分析，2002年电工专用设备产值完成72 577万元，同比增长21%。电工专用设备产量36 529t，同比增长25%。2002年电工专用设备制造业主要企业主要经济指标见表1，主要产品产量见表2。

表1　2002年电工专用设备制造业主要企业主要经济指标

序号	企业名称	产值(万元)	产值同比增长(%)	产量(台/t)	产量同比增长(%)	销售收入(万元)	出口交货值(万元)	从业人数(万人)	其中技术人员(人)
1	无锡梅达电工机械有限公司	18 536	30.0	145/7 865	25.2	18 536	1 044	540	225
2	合肥神马电缆机械股份有限公司	15 685	40.0	/12 330	128.0	14 356	682	156	54

（续）

序号	企业名称	产值（万元）	产值同比增长（%）	产量（台/t）	产量同比增长（%）	销售收入（万元）	出口交货值（万元）	从业人数（万人）	其中技术人员（人）
3	西安启源机电装备股份有限公司	5 765	23.8	53/	4 309	180	220	190	
4	德阳东方电工机械有限责任公司	5 699		43/1 820		4 691	230	1 715	66
5	白城电工电缆总厂	5 400		15/		4 100		329	54
6	上海南洋电工器材厂	4 385		524/		4 385	586	128	18
7	合肥神马电工股份有限公司	4 244		/3 672	29.0	3 314	120	139	39
8	上海鸿得利机械制造有限公司	3 747		31/1 067		3 203		170	22
9	咸阳电工机械厂	2 902		/2 553		2 951		410	41
10	芜湖电工机械有限公司	1 828		76/1 310	35.8	1 901		243	49
11	宜兴市电工机械有限公司	1 430		216/		1 460		120	20
12	郑州电缆集团股份有限公司电工机械设备制造公司	1 426		/877	30.7	1 229	38	350	80
13	阳泉电工机械有限责任公司	1 184		848/659		1 054		501	35
14	安庆市华申塑料机械厂	349		38/60		320		56	48

表 2　2002 年电工专用设备制造业主要企业主要产品产量

企业名称	产量
无锡梅达电工机械有限公司	漆包机 110 台，拉丝机 35 台
合肥神马电缆股份有限公司	框绞机 50 台，对绞机 49 台，成缆机 29 台，OPGW 笼绞机 24 台，盘绞机 10 台，连铸连轧机 13 台，拉丝机 19 台
西安启源机电装备股份有限公司	横剪线 11 台，纵剪线 9 台，立绕机 8 台，箔绕机 8 台，全自动绕线机 6 台，卧绕机 6 台
德阳东方电工机械有限责任公司	铜铝连铸连轧生产线 18 台，挤铅机 1 台，拉丝机 17 台，管绞机 7 台
白城电工电缆总厂	交绞电缆生产线 15 套
上海南洋电工器材厂	16 锭、24 锭高速编织机 344 台，双绕包机色环机 37 台，Φ65、Φ45 挤出机 18 台，1.25m 收放线架 40 台，并丝机 95 台
合肥神马电工股份有限公司	框绞机 25 台，成缆机 13 台，盘绞机 5 台，笼绞机 11 台，管绞机 13 台，拉丝机 3 台
上海鸿得利机械制造有限公司	500 型框式绞线机 6 台，630 型框式绞线机 8 台，中拉机 1 台，铜铝大拉机组 14 台，3500 盘绞机 1 台，挤出机 1 台
芜湖电工机械有限公司	高速冲槽机 11 台，铠装机 5 台，成缆机 16 台，绞线机 16 台
宜兴市电工机械有限公司	新型可调收排放线机系列 145 台，履带气压式牵引机系列 35 台，挤出机及辅机 15 台
郑州电缆集团股份有限公司电工机械设备制造公司	电缆分割导体专用设备 1 台，Φ800 真空练泥机 5 台，Φ630 真空练泥机 6 台，Φ500 真空练泥机 10 台，瓷套切割研磨机 5 台
阳泉电工机械有限责任公司	平衡吊 646 台，旋臂吊 202 台
安庆市华申塑料机械厂	45×25 挤出机 25 台，90×25 挤出机 9 台，65×25 挤出机 4 台

市场及销售　电工行业 35 个专业大部分专业都需要专用设备，其中用量较大的是电线电缆、电机、变压器、电瓷、蓄电池等专业。当今，电工行业大部分专业生产能力已能满足国民经济发展的需要，但技术水平的提高、新品种的开发、质量提高的兴旺期已到，这给电工专用设备制造业提供了机遇。从这几年的发展情况看，电工专用设备进口很少，国内设备一直是牢牢地占领着国内市场，市场占有率一直在 85%以上，有的甚至达到 95%以上。电工专用设备制造业系单件小批生产性质，大部分产品以销定产，因此，产品销售收入与产品产值基本相同。少数产品有跨年度交货现象。据对 14 个主要企业统计，2002 年实现产品销售收入 65 806 万元，同比增长 18.91%。

2002 年 8 个主要企业电工专用设备出口交货值 2 927 万元，创 6 年来最高纪录。其中：西安启源机电装备股份有限公司出口越南 180 万元，合肥神马电工股份有限公司出口越南 120 万元，无锡市梅达电工机械有限公司出口 1 044 万元，合肥神马电缆机械股份有限公司出口缅甸、伊朗 682 万元，东方电工机械有限责任公司出口越南、塞浦路斯 230 万元，上海南洋电工器材厂出口日本、韩国、意大利、伊朗、越南等国 586 万元，郑州电缆集团股份有限公司电工机械设备制造公司出口伊朗、越南 38 万元，上海耐世隆机器制造有限公司出口芬兰 48 万元。

2002 年据对 14 个主要企业利润情况统计，有 6 个企业利润有较大增长，2 个企业利润下降，1 个企业亏损，其余 5 个企业平稳发展。盈亏相抵后，2002 年 14 个企业实现利润 3 291 万元，同比增长 1.76%，产品销售利润率达 5%，基本上同电器工业平均销售利润率相同。

科技成果及新产品　2002 年上海鸿得利机械制造有限公司在 LH450/13 铝(铜)大拉机、JLK630J 框绞机两种新产品实现小批量生产的基础上，又开发了一种 CKP—3550 成缆装铠机，第一台样机已交付沈阳力源电缆公司安装投产。该产品特点是适应大截面电缆生产，最大截面达 2 550mm，功能齐全,既可适用于中、低压电力电缆成缆和高压电缆分割导体绞合,也可用于电缆外护层的制作,如:钢带装铠、钢丝装铠和铜丝屏蔽等。2002 年又完成了 OPGW 成缆机市场调研,完成了图纸设计和工艺文件的编制,计划 2003 年完成新产品试制。

合肥神马电缆机械股份有限公司研制成功的 JL800/12+24 型笼式绞线机获机械工业科技成果三等奖。

上海银工线材设备有限公司依靠科技进步,开发试制成功焊接各种稀有金属合金丝的冷焊机,扩大了冷焊机原先焊接铜、铝线材的使用范围。同时更新 LS1 型冷焊机的结构,改进工艺,采用不锈钢材料,外形小巧美观,制造了品种较齐全的冷焊机。

德阳东方电工机械有限责任公司研制成功用于制造各类有色金属型材,如电车线、铜扁线、双金属包覆线、铝包钢线、金属管护套线、光纤复合架空地线(OPGW)、有线电视同轴电缆(CATV)的连续挤压/包覆生产线及 JL—630/8+16 型 OPGW 电缆行星绞线机。并研制成功精度高、多功能、高效率的 LHT—100/15 型微拉丝机。

咸阳电工机械厂针对目前国产电机转子压铸机使用中存在的模具及压射室更换困难(压射室要用纸帽,成本高),机内浇铝不方便,模具排气不良等问题,新开发了 X100 新型外浇铝 1 000kN 压铸机。

芜湖电工机械有限公司生产的高速冲槽机在原 JD91、JD91-5(NC)、JD91-10(NC)、JDW91—10、JDW91—16、JD91—16(NC)型基础上,又研制成功了 JDW91—5 型步进电机分度的外定位冲槽机及 J98—2.5 型盘式电机自动冲槽卷绕机。

瑞安先锋电工机械有限公司研制成功 JCL—1600/2+3 成缆机,用于生产五芯电力电缆。并在 2002 年海口威特电缆有限公司安装调试完毕,可以正式投产。

质量及标准 2002 年由山东中际电工机械有限公司起草的《嵌线机》(送审稿)、《串模绕线机》(送审稿)、《槽绝缘切断机》(送审稿)、《定子槽绝缘插入机》(送审稿)行业标准已经完成。

中国电器工业协会 2001 年开展了“质量可信产品”推介活动,2002 年初中国电器工业协会批准了电工专用设备制造业第一批、第二批“质量可信产品”名单,包括合肥神马电缆机械股份有限公司的 JLK—630 型框式绞线机、EXW—800 型星绞式成缆机、JPD—3150 型履带牵引盘绞式成缆机、GXQ—65/90—12、GXQ—120—18 型挤塑连续硫化机组、LHD450/13 型滑动式连续退火铜大拉机组、JL—800/12+24 型笼式绞机及 JSZ 型光缆 S—Z 扭绞机,上海南洋电工器材厂的 SHT—1 型色环机及 GSB—1 型高速编织机,上海鸿得利机械制造有限公司的 JLK—630 型框式绞线机及 LH450/13 型滑动式铝(铜)线大拉机组,德阳东方电工机械有限责任公司的 LHD—450/13 型铝合金拉线机、UL+Z—1500—255/14 型铝镁硅合金连铸连轧生产线、UL+Z—1800+255/14 型全废铜连铸连轧生产线及 LHT—450/13 型铜线拉丝机。

管理及改革 由上海市高新技术成果服务中心、上海技术产权交易所、华东科技杂志社主办的“2002 年上海市科技创业领军人物”评选揭晓,上海鸿得利机械制造有限公司董事长、总经理徐沛良同志被评为上海市 30 强科技领军人物。该公司近年利用自身机制优势,注重老产品的改造和新产品自主开发,累计投资改造近 800 万元,开发了 4 个系列新产品,完成了 60 多项技术改造,使公司产品的技术含量保持了与行业同步,性能价格比保持领先。中国电器工业协会于 2003 年 2 月 28 日至 3 月 2 日在南京召开《第二届理事会第二次会议暨 2003 年分会秘书长会议》,会上决定授予中国电器工业协会电工专用设备分会 2002 年度先进分会。

〔撰稿人:中国电器工业协会电工专用设备分会杨士仁
审稿人:中国电器工业协会电工专用设备分会吴志刚、李建新〕

中国机械工业年鉴系列

中国电器工业年鉴

China Electrical Equipment Industry Yearbook

2003

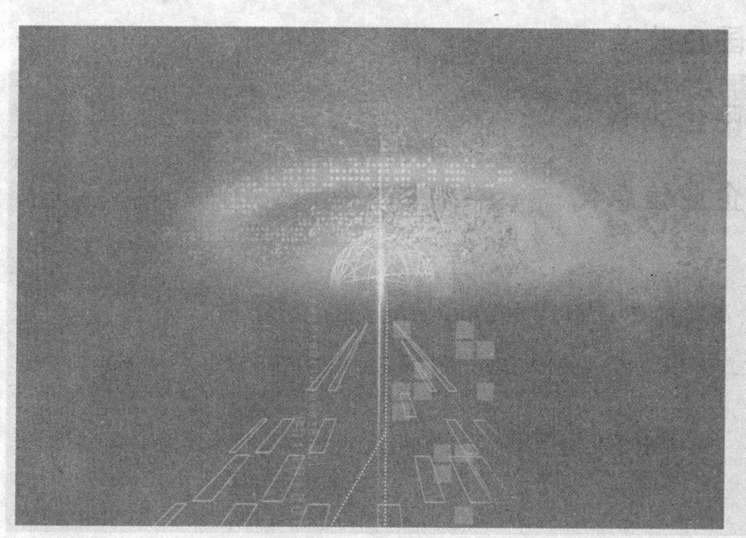

第Ⅱ部分 企业概况

企业概况

电气设备行业上市公司 2002 年年报综述

2002 年是我国加入世界贸易组织的第一年，我国经济却一枝独秀，投资、消费、出口等各项宏观经济指标全线飘红。在良好的宏观经济环境下，电力生产与需求双双快速增长。随着跨区联网工程进度加快，主网工程进度加快，主网工程投资比例上升，电力投资结构得到进一步改善。全国电力固定资产投资完成 1 840 亿元，比上年同期增长 17.4%，其中基建投资完成 920 亿元，同比增长 23.0%，城乡电网建设与改造项目完成 860 亿元，同比增长 15.11%。全国新投产发电装机 1 165 万 kW，其中水电 155 万 kW，火电 1 010 万 kW(含以大代小项目投产 138.5 万 kW)。到 2002 年底，全国发电装机容量突破 3.5 亿 kW 大关。全年基建投产 110kV 及以上线路 12 564km，变电设备 4 722 万 kV·A。

鼎天科技、火箭股份、鲁能泰山 3 家公司通过资产重组，原有的电缆产品只占主营业务很少一部分，分别经营手机贸易、航天、电力业务；博瑞传播原有的开关电器已被置换，成为以信息传播为主导产业的上市公司，已退出电气设备行业。截止到 2002 年，新增了宝光股份、湘电股份、卧龙科技、泰豪科技、旭光股份、精达股份、中天科技 7 家公司，目前电气设备行业上市公司 23 家。

通过对 2002 年电气设备行业上市公司生产经营资料进行统计，这些上市公司中实现主营业务收入增长的有 16 家，占 69.56%，主营利润增长的有 14 家，占 60.87%，主营业务收入同比增长 8.48%，主营利润同比增长 11.43%。实现净利润增长的有 11 家，占 47.83%，净利润从亏损 2 012 万元到盈利 1 638 万元。从上述数据来看，上市公司销售收入没有下降，获利能力有所提高，原因主要是电气设备行业市场出现一定变化。虽然城乡电网工程建设规模减少，但是电网建设加快，电压等级较高的电气设备需求增加，而上市公司的技术含量优于乡镇企业，在市场竞争中增加了销售收入。将电气设备行业上市公司分为电机行业、输变电一次设备、输变电二次设备，有关情况综述如下。

1.2002 年年报业绩评述

23 家电气设备行业上市公司平均总股本为 28 329 万股，属于中型企业，主营业务收入 64 268 万元，净利润 1 638 万元，股东权益 59 725 万元，每股收益 0.06 元，净资产收益率 2.74%，低于沪深上市公司的平均水平。平均总资产 127 744万元，资产负债率 51.62%，流动资产 84 294 万元，流动负债 57 802 万元，流动比率 1.46，速动比率 1.15。由于新增 7 家上市公司，整个行业资产负债率低于上年，流动比率和速动比率高于上年，整个行业财务指标在合理范围内。

2002 年，一些企业为了生存，竞相降价促销，导致行业效益不断下降的现象继续存在。由于城乡电网改造工程逐步完成，上市公司面临的形势依然严峻。上市企业尚需大力解决结构、质量、技术创新与动力机制，提高行业市场竞争力，研制开发一批高效节能、出口、机电一体化的输变电设备，在国家西电东送工程中发挥巨大作用。

2.电机行业重点企业

生产电机的上市公司有湘电股份(600416)、卧龙科技(600580)、东方电机(600875)3 家公司，湘电股份和东方电机生产大型电机，卧龙科技生产小型电机，平均主营业务收入、净利润、股东权益、每股收益、净资产收益率好于沪深上市公司的平均水平。平均总资产、资产负债率、流动比率、速动比率、财务指标处于正常状况。2002 年电机行业上市公司经营状况见表 1。

表 1　2002 年电机行业上市公司经营状况

经营状况 / 股票简称	总股本（万股）	主营业务收入（万元）	同比增长（%）	净利润（万元）	同比增长（%）	每股收益（元）	净资产收益率（%）	资产负债率（%）	流动比率	速动比率
湘电股份	19 500	57 396	9.80	4 085	3.97	0.21	6.61	40.99	1.92	1.55
卧龙科技	10 910	20 803	2.43	2 978	−2.89	0.27	7.09	30.15	2.19	1.92
东方电机	45 000	92 090	148.70	2 001		0.04	2.21	67.16	1.54	1.16
平　均	25 137	56 763	55.36	3 021		0.12	4.66	55.69	1.68	1.31

从表 1 可以看到，电机行业主营业务收入同比增长 55.36%，净利润从亏损转为赢利，原因是湘电股份和卧龙科技是新上市公司，东方电机的经营状况出现好转。

(1)湘电股份加快募集资金项目进度。2002 年公司实现主营业务收入 57 396 万元，同比增长 9.80%，实现主营业务利润 17 875 万元，同比增长 7.07%，实现净利润4 085 万元，同比增长 3.97%，经营活动产生的现金流量净额为 438 万元。从构成上来看，直流电机、交流电机、城市轻轨车、矿山开采运输成套设备仍是公司主营业务收入的主要来源，其中利润主要来自直流电机和交流电机。城市轨道交通车辆目前处于起步阶段，随着规模的逐步扩大，将成为公司一个新的经济增长点，成为利润构成的重要来源。

交流电机、车辆类产品主营业务收入同比增长超过10%，主要是因为2002年交流电机市场形势转好，全年订货同比增加了28.68万kW，长春轻轨车合同全面履行以及霍林河、伊敏河108t电动轮自卸车合同的履行所致。

直流电机及城轨产品由于报告期内新产品较多，单位成本上涨导致主营业务成本上升。其中城轨车辆因新产品试制及小批量生产的原因，产品毛利率为负数，但公司预计随着该类产品的定型及市场的开拓，该类产品的盈利能力将大幅上升。交流电机由于主营业务收入大幅增长，单位成本下降，产品盈利能力增强。

公司应收账款较年初上升，虽然账龄在一年以内的应收款占整个应收账款总额的75%左右，收现能力较强，公司尚需加大应收款催收力度。

全国大中城市纷纷规划建设地铁和城轨交通，为进一步拓展公司地铁电气成套控制设备和城市轨道交通车辆市场提供了新的契机。煤炭行业的复苏，西部大开发政策的实施，正在并将继续为公司交、直流电机，矿山开采成套运输设备及备件市场的扩大创造条件。到2002年底，公司尚有30 068.277万元募集资金未使用，应加快募集资金项目进度。

(2)卧龙科技市场竞争加剧。2002年公司主要产品工业驱动及控制电机销售收入6 759.35万元，同比增长10.91%，家用电器微电机销售收入7 170.41万元，同比下降14.89%，电动自行车销售收入2 893.49万元，同比下降4.90%，实现主营业务收入20 803万元，同比增长2.4%，但是主要产品工业驱动及控制电机、家用电器微电机产品价格呈下降趋势，原材料价格上升，比如空调电机原材料涨价幅度20%以上，而电极销售价格下降幅度达10%左右，导致产品毛利率下降，实现主营业务利润5 149.95万元，下降19.58%，实现净利润2 977.98万元，同比下降2.89%。

公司募集资金有4个投资项目，年产35万台专特分马力电机扩大出口技改项目，年产300万台变频无刷类电机及其控制装置项目，扩大电动自行车出口技改项目，年产10万台精密减速伺服驱动装置项目。由于市场等各种原因，只完成投资5 861.44万元，占募集资金27 483万元的21.32%。

由于公司主要产品微分电机和电动车生产厂家众多，市场竞争加剧，产品价格呈下降趋势，主要产品电动自行车在上牌管理方面存在着一定的政策性风险，从而可能会制约电动自行车市场的扩大。公司应在确保家用电器电机销售额持续增长的基础上，进一步拓展工业驱动控制电机的国际市场占有额，巩固摩托车起动电机的高端用户市场，进一步拓展微特电机及小型家用动力机械电机的国内外市场，努力扩大电动自行车国际国内的市场份额。

同时开发和生产技术含量高、附加值高的新产品，充分利用募集资金抓紧实施国家有关部委立项的技术改造项目，并使之尽早产生效益，合理高效地发挥募集资金的效能。

(3)东方电机发电设备市场逐步好转。2002年，公司实现扭亏为盈的目标，使公司步入了一个快速发展的阶段。由于三峡项目和200MW级以上汽轮发电机高毛利产品的增加，主营业务利润增加幅度高于主营业务收入增长幅度。完成主营业务收入92 090万元，同比增长148.70%，净利润2001万元，每股收益0.04元。

2002年，公司共完成水、火电产量4 500MW，完成水轮发电机组9套，产量达618MW；汽轮发电机18台，产量达3 628MW；三峡部件24套；交流电机80台，产量达176.585 MW；直流电机42台，产量达28.51MW。

从3家上市公司经营状况来看，湘电股份和卧龙科技经济效益好于东方电机，但是东方电机新的发展机遇，净资产收益率将有可能提高到满足上市公司融资要求，通过新股增发融资，提高主业核心竞争力。

对湘电股份和卧龙科技来说，随着科技水平的提高和行业竞争的加剧，市场对新产品的科技含量要求提高。为适应不断变化的市场需求，国内电机企业纷纷进行技术引进和合作。电机产品的结构从一般通用产品为主，向通用与专用特殊产品并举的方向发展，整个电机行业也将向高质量、多品种及进一步专业化、集约化生产方向发展。目前中国标准系列与派生、专用系列电机的比约为5∶5，而国外则为3∶7，因此一些高效节能的电机、高品位的出口电机和机电一体化的交流变频电机将有很好的市场前景。对于一些新型特种电机，如永磁电机、无刷直流电机，开关磁阻电机等也会成为电机行业新的增长点。

3.电气一次设备行业发展主业与资产重组并重

以提供输变电电气一次设备为主的上市公司有特变电工(600089)、长征电器(600112)、长城电工(600192)、平高电气(600312)、旭光股份(600353)、宝光股份(600379)、ST中天科技(600522)、天威保变(600550)、精达股份(600577)、电器股份(600627)、ST东北电(000585)、天宇电气(000723)12家公司。电气一次设备行业平均主营业务收入、净利润、股东权益、每股收益、净资产收益率均低于沪深上市公司的平均水平；平均总资产、资产负债率、流动比率、速动比率财务指标处于正常状况。2002年电气一次设备行业上市公司经营状况见表2。

表2 2002年电气一次设备行业上市公司经营状况

经营状况 / 股票简称	总股本(万股)	主营业务收入(万元)	同比增长(%)	净利润(万元)	同比增长(%)	每股收益(元)	净资产收益率(%)	资产负债率(%)	流动比率	速动比率
特变电工	25 949	176 175	34.4	8 763	9.3	0.34	9.8	63.0	1.11	0.77
长征电器	17 200	13 661	−17.3	−19 668		−1.14	−70.3	41.2	1.56	1.08
长城电工	32 050	75 906	9.6	1 672	15.1	0.05	1.6	44.6	1.79	1.20

(续)

经营状况 / 股票简称	总股本（万股）	主营业务收入（万元）	同比增长（%）	净利润（万元）	同比增长（%）	每股收益（元）	净资产收益率（%）	资产负债率（%）	流动比率	速动比率
平高电气	18 350	55 408	12.4	4 518	11.5	0.25	5.0	32.1	2.39	2.01
旭光股份	8 260	17 007	−15.3	1 417	−34.4	0.17	4.0	38.0	2.54	2.01
宝光股份	15 800	25 052	4.2	1 390	12.3	0.09	5.2	45.3	1.96	1.51
中天科技	20 831	41 354	−23.3	3 975	5.4	0.19	7.1	30.3	2.53	2.11
天威保变	33 000	65 281	6.7	3 320	−24.6	0.10	3.8	40.5	2.03	1.55
精达股份	6 000	42 968	35.9	2 133	7.5	0.36	8.0	38.3	2.54	1.82
电器股份	51 797	252 511	−2.6	5 199	39.1	0.10	5.8	47.0	0.82	0.62
ST 东北电	87 337	95 145	−25.8	6 900		0.08	12.9	71.7	0.85	0.66
天宇电气	13 960	45 064	28.8	2 430		0.17	11.4	65.3	1.01	0.79
平均	27 545	75 461	3.0	1 837		0.07	3.1	49.7	1.43	1.08

从表2可以看到，电气一次设备行业主营业务收入同比增长3.0%，净利润扭亏为盈。与电机行业相比，由于电气一次设备行业产品现在基本采用招投标方式进入市场，产品售价下降，净资产收益率较低，反映了该行业产品利润水平不高，并且行业企业两极分化严重，电气一次设备行业有亏损上市公司存在。天宇电气和东北电扭亏为盈，表明电气一次设备行业上市公司资产重组继四川电器后，通过资产重组转让上市公司股权，是公司继续发展的基础。长征电器、电器股份目前也准备进行资产重组。

(1)特变电工变压器销售增长。公司2002年实现主营业务收入176 175万元，主营业务利润37 051万元，分别同比增长34.4%、38.0%，主要是公司控股子公司特变电工衡阳变压器有限公司2001年度完成技改，一方面公司完成变压器销售收入79 124万元，同比增长24.7%，另一方面，变压器销售毛利提高11.1%所致。由于公司缴纳企业所得税与上年同期相比大幅增加，未与主营业务利润同步增长，实现净利润8 763万元，同比增长9.34%。

公司为了把主业做大、做精、做强，2002年拟实施配股，实施“智能化变压器项目”等项目，项目总投资8 980万元，可年新增销售收入28 090万元，年新增利润总额4 720万元。

公司控股76.17%的特变电工衡阳变压器有限公司通过引进技术，将开发研制生产超高压、高可靠性、少(免)维护大型电力变压器、可控并联电抗器，以满足“西电东送”及全国互联电网等的需求，该项目建设投资17 000万元，可年新增销售收入35 200万元，年新增利润4 408万元。

公司控股56.94%的德阳电缆股份有限公司将开发生产超高压高强度耐热铝合金导线和光纤复合架空地线，目前市场需求正在迅速增长，该项目固定资产投资8 500万元，生产期平均利润总额为3 959万元。

引进110kV交联电缆生产线及其他配套生产设备，生产110kV交联电缆，该项目固定资产投资4 730万元，年新增产值1亿元，年新增利润1 500万元。

卷铁心变压器的开发和产业化项目，该项目建设投资1 200万元，可形成年产卷铁心变压器30万kV·A的生产能力，年创产值3 289万元，年利润320万元。

(2)长城电工应加大产品科技含量。随着国内同行业生产企业数量和规模的迅速崛起，加上国外知名跨国公司强力介入中国市场，公司的高压开关柜、石油钻机电传动装置、大中型电机的国内市场竞争进一步加剧，致使产品销售价格进一步降低，赢利空间再度缩小。2002年，公司完成主营收入75 906万元，同比增长9.6 %，实现主营业务利润2 163万元，同比增长3.76%，实现了经营规模与经营效益的稳步增长。

公司近年投资10 000万元以上于多家高科技公司，比如拥有70%股权的兰州恒安电工有限公司，从事新型电池材料、电工材料及其设备的开发、制造、销售；拥有70%股权的兰州长华科技发展有限公司，从事水果、蔬菜保鲜及消毒、放电等离子体水处理、电子束及放电等离子体脱硫脱硝等；拥有66.5%股权的兰州长城水下高技术公司，从事水下高科技产品和工业自动化产品的开发、制造、销售；拥有80%股权的兰州长城新元膜科技有限公司，从事膜技术、膜材料、膜部件及膜分离装置和成套技术设备的开发、研制、生产；拥有21%股权的大连新源动力股份有限公司，从事质子交换膜燃料电池和其他类型燃料电池及系统整机系列产品的研制、开发、生产、销售。由于大多数公司成立时间只有一年多，处于投资期和孵化期，大部分目前尚未产生经济效益，公司应全力抓好控股子公司的工作，缩短技术转化和市场开发的周期，使之尽早产生效益。

同时，城乡电网改造、城市污水处理、250亿kg仓容的国家储备粮库建设等国家大中项目，给长城电工带来不可多得的发展机遇。主营业务表现得不尽人意，从根本上说，主营业务利润下降是公司产品高新技术含量不高，因为市场对电力设备制造业提出了更高的要求，仅仅依靠原有技术不可能取得产品附加值。

公司2000年7月募集资金项目新型及智能型中高压开关设备预计2003年竣工，智能型低压抽出式开关柜预计2004年竣工，由于城市电网改造工程已近尾声，原有预期效益将大打折扣。

强束流电子加速器国产化项目由于尚未确定示范工程单位，正在进行30～80 mA小功率加速器研制工作。

兰州市城市垃圾综合处理一期工程虽取得政府有关部

门原则上的承诺，但政府补贴未落实，若勉强执行，将会给公司带来很大风险，故至今未实施。

投资2 800万元，与天水长城电器集团有限公司、陕西恒兴果汁饮料有限公司组建的天水长城果汁饮料有限公司，注册资本4 000万元，其中兰州长城电工股份有限公司占总股本的70%，上述两公司各占总股本的15%，主要从事浓缩苹果汁的加工、生产和销售。

投资1 520万元参股上海长凯信息技术有限公司，占该公司总股本34.55%，为其第二大股东。主要从事数码相机及相关配件的销售，社会保障卡的制作服务、新版护照数字照片采集系统应用、智能卡系统集成。该投资已于2002年12月24日在上海产权交易所办理完成产权转让交割手续。

(3)平高电气募集资金应发挥最大效益。2001～2005年期间，中国电力新增装机容量约7 400万kW，西电东送工程、发展城市轻轨——城市铁路工程等都对平高电气的发展提供了很大的机会。2002年，公司实现主营业务收入55 408万元，主营业务利润15 199万元，实现净利润4 518万元，分别同比增长12.35%、23.53%、11.52%。由于募集资金投资项目中的“LW10B－252产业化”已明显产生效益，致使敞开式SF_6断路器产品毛利率达到40.46%，毛利率同比增长26.44%；公司投资参股公司河南平高东芝高压开关有限公司2002年投3月投产，2002年实际亏损2 708万元，亏损原因主要有：①根据《企业会计制度》规定，开办费在投产当期全部计入当期损益，从而冲减了当期利润；②该公司产品所需零部件因开业初期国产化率低，产品成本较高；③该公司进口的配套零部件价格高于国内同类产品零部件市价，根据会计制度规定，通过比较账面价高于市价差额年末计提存货减值准备。该公司力争2003年实现赢利。

“九五超高压输变电设备技术改造”主要用于生产126～550kV SF_6断路器和126～252kV封闭式组合电器和126～550kV高压隔离开关和接地开关的设备技术改造(包括作业环境的改造)，该项目投资进度完成67.67%，2002年该项目为主营业务利润贡献测算600万元。

“高新技术产品(LW10B－252)产业化”主要用于该产品规模化所需的设备购置，为了合理、科学运用资金，公司充分发挥“九五超高压输变电设备技术改造”项目所形成的生产能力，实现项目资源共享，投资进度虽仅完成15.57%，但较项目预期效果好得多，目前已形成年产200台的生产能力。2003年该项目为主营业务利润贡献测算约1 254万元。

“SF_6气体绝缘输电管道产业化”投资进度已完成25.52%，目前已具备批量生产能力和配套能力。但由于该项技术国际、国内发展较为迅速，目前该项目技术水平已显落后，加上加工成本较高，其竞争能力较弱，同时寻求国外合资伙伴的目标未能实现，公司决定暂缓对此项目的投资。拟将剩余资金投入更具有竞争力和更多回报的项目。

“城乡电网用智能化配电装置开发及产业化”投资进度已完成34.94%，公司二届六次董事会通过“投资控股平顶山天鹰中压电器有限责任公司”，因着眼于该公司2003年将全面实现规模生产能力，新产品投放力度大，故此项目2003年上半年可全面完成。

“高强度、高精度有色铸造厂”投资进度已完成6.94%。该项目于2002年12月购置树脂砂铸造试验设备已安装调试完毕，并已试生产。其试验生产铝铸件质量、技术水平已达到国外产品水平。已披露的拟与瑞士、法国合资办厂，因谈判过程中各种因素的影响，未能达成合资协议。为此，公司决定根据试验设备试生产情况和工艺技术水平，不管合资成功与否，2003年将全面启动。

“达克罗涂敷生产线”投资进度已完成14.09%，该项目已实现批量生产能力，目前已能满足本公司配套需求。为了拓宽外部市场，向汽车、摩托及行业其他企业提供配套服务，2003年将全面启动二期工程，公司将全力以赴加快投资进度，使之尽快形成公司新的利润增长点。

从报告期的资金使用情况来看，各个项目的投入进度不同，系根据各项目的不同特点和实际影响因素决定，个别项目已产生收益，但不太明显，公司应合理使用资金，使募集资金发挥最大效益。

根据“十五”电力行业的整体规划，保守估计将会投资800～1 000亿元新增电网的建设，500亿元用于电网的改造和更新。在国家加大电网投资，大力推进“西电东送”、全国联网以及积极发展水电、坑口火电大机组的政策背景下，长距离输送电力越来越明显，输变电行业面临良好发展机遇，这样无疑对输变电设备制造行业提供了良好的经营发展机遇。公司作为全国三大高压开关制造商之一，应有很大的发展机遇。

(4)旭光股份利润水平下降。2002年公司实现主营业务收入17 007万元，同比下降15.3%，实现主营业务利润7 642万元，同比下降13.02%，实现净利润1 417万元，同比下降34.35%。

公司解释为：2002年1、4季度成都地区的停电严重影响生产并直接造成经济损失。同时由于国家电力体制改革，厂网分家，使得电网改造计划下达及资金到位滞后，导致开关管及相关电力配套设施市场暂时萎缩，市场竞争加剧，公司为保市场占有优势而采取积极的降价销售策略，也使公司利润水平下降。

(5)宝光股份毛利率下降。公司2002年实现主营业务收入25 052万元，同比增长4.2%，但一次封排的陶瓷真空灭弧室和真空开关设备的毛利率分别为26.13%、24.58%，市场竞争激烈，导致产品毛利率同比下降。完成主营业务利润8 671万元，同比下降3.87%。由于财务费用减少380万元，实现净利润1 390万元，同比增长12.30%。

公司根据产品市场情况拟对募集资金使用计划作出调整，扩大陶瓷真空开关管生产能力技术改造项目原计划用募集资金投资10 611万元，调整后该项目使用募集资金7 332万元。真空负荷开关管技术改造项目原计划总投资3 722万元，调减为1 580万元。陶瓷金属化生产线技术改造项目原计划总投资3 900万元，该项目已获国债专项资金及贷款 2 350 万元，不再使用募集资金。智能化高压环网柜生产线技术改造项目原计划总投资 4 039 万元，由于资金不足，该项目予以撤销。提高工艺装备水平、扩大真空开关生产能力技术改造项目原计划总投资 6 346 万元，调减为 1 100万元。技术开发中心项目原计划总投资 4 160 万元，调整后该项目总投资为 3 100 万元。

“十五”计划期间，国家电力工业将投资约 7 000 亿元，重点进行结构调整和电网建设，投资 1 000 亿元发展城乡电网，投资 3 500 亿元进行铁路建设，并进一步实现铁路电气化，在西部大开发中实施“西气东输”、“西电东送”等能源发展工程。所有这些，都为开关行业，尤其是真空开关行业的发展带来了良好的机遇。不过，公司未来发展取决于募集资金项目进展状况，投资风险仍较大。

(6)中天科技电力光缆销售良好。2002 年公司实现主营业务收入 41 354 万元，同比下降 23.3%，实现主营业务利润 10 430 万元，同比下降 31.21%，实现净利润 3 975 万元，同比增长 5%。

2002 年光通信行业持续低迷，国内普通光缆销售处于恶性竞争的局面。为此，公司及时调整了经营策略，加强了特种光缆的生产和销售，做到“特种光缆、特色经营”。2002 年公司的利润结构发生了较大变化，对控股子公司中天日立光缆有限公司的投资收益成为了公司利润的主要来源。原因主要是 2002 年中天日立的主营产品 OPGW 销售情况良好，而母公司的普通光缆利润大幅减少。

(7)天威保变主营业务利润上升。2002 年公司完成变压器产量 2 121 万 kV·A，同比增长 0.66%，全年实现主营业务收入 65 281 万元，同比增长 6.7%，实现主营业务利润 13 313 万元，同比增长 6.38%。

公司 2001 年度享受 15%的所得税优惠政策，自 2002 年起，不再享受这一优惠政策，所得税税率为 33%，实现净利润 3 320 万元，同比下降 24.6%。

公司募集资金投入累计 42 493.66 万元，占募集资金总额的 81.18%。收购 500kV 变压器装配厂房和高压试验大厅项目，该项目已经于 2001 年上半年实施完成。“九五”超高压输变电设备专项 500kV 变压器子项技术改造项目已经投入 14 200 万元，项目改造工作基本完成，生产设备已投入使用。公司已改变“500kV 并联电抗器技术改造项目”的募集资金投向，变更为用 3 300 万元追加“九五”超高压输变电设备专项 500kV 变压器子项技术改造项目，已基本实施完成。

以上 3 个项目的实施增强了公司的试验能力并完善了试验条件，进一步提高了公司 500kV 产品的产量和质量，加强了公司主导产品的竞争力，为今后制造更高电压等级的变压器创造了良好的条件。

三峡水利枢纽工程左岸电厂 840MV·A/500kV 变压器技术改造项目，已投入资金 3 800 万元，进行了部分技术改造工程及技术引进和人员培训，2003 年三峡变压器已有 2 台投入生产。公司已改变“气体绝缘变压器技术改造项目”的募集资金投向，改为用 4 100 万元投入“引进三峡工程水电站变压器生产关键设备技术改造项目”，以上两个项目建设基本完成，公司为三峡左岸电厂生产的变压器已于 2003 年投入生产。

公司已变更“卷铁心变压器技术改造项目”的募集资金投向，改投“年产 3MW 多晶硅太阳能电池及应用系统示范项目”。新型牵引变压器技术改造项目，已投资 3 754.8 万元，主要设备到位，并形成小批量生产能力。由于市场形势发生变化，目前国内电力发展水平所限，对 1 000MW 级发电机组配套升压变压器需求不足，为避免购置大量设备后闲置，造成资源浪费，公司本着审慎的原则，暂缓了对1 000 MW 级发电机组配套升压变压器技术改造项目的投资。

“十五”期间国民经济将继续保持快速增长及实施西部大开发战略，一方面对电力设备制造业提出了更高的要求，同时也给公司提供了巨大的市场空间。比如，公司 500kV 变压器技术改造项目，将投入募集资金 14 500 万元，项目预期效益达 5 026 万元。由于“西电东送”工程将大量使用 500kV 变压器，与 110kV、200kV 变压器比较，生产 500kV 变压器能够降低生产成本，主营利润较高。该项目如能顺利按计划完成，公司将会做大、做强变压器主业，继续保持行业排头兵的位置。

(8)精达股份漆包线毛利率下降。2002 年精达股份主营业务收入 42 968 万元，比上年增长 35.9%，其中漆包线收入 38 693 万元，比上年增长 20.73%；微细线收入 943 万元，比上年增长 35.40%；裸线收入 3 332 万元，比上年增长 89.62%。但是漆包线毛利率下降 27.76%，主营利润 7 674 万元。

由于投资 2 727 万元，年产 6 000t 自润滑漆包线及 2 000t 无氟漆包线项目 2002 年产生效益，特种电磁线市场占有率约 30%。但是受到下游行业——家电行业激烈竞争和大幅降价，公司净利润完成 2 133 万元，比上年增长 7.49%。

投资 10 538 万元、年产 5 000t 变频电机用抗电晕电磁线项目，2003 年产生效益，销售收入 16 239 万元，利润 1 517 万元，内部收益率 18.1%。

投资 3 178 万元、年产 3 000t 汽车电器用耐高温漆包线项目，2003 年 3 月产生效益，销售收入 8 280 万元，利润 669 万元，内部收益率 15.12%。

(9)ST 东北电实现扭亏。2002 年公司实现主营业务收入 95 145 万元，同比下降 25. 8%。由于主营业务利润上升和转让股权所获得转让收益，实现净利润 6 900 万元，实现扭亏。

(10)天宇电气经营改善，实现扭亏。经过河南许继集团一系列调整、改革和加强管理，在市场形势严峻、经营困难增加的情况下，主导产品开关柜、变压器销售量增加，同时降低销售成本，2002 年实现主营业务收入 45 064 万元，比上年增长 28.80%；实现净利润 2 430 万元，扼制了两年亏损的势头。

研制开发了一系列具有国内先进水平的开关和变压器新产品，如带填料干式变压器、智能型组合式变压器、S11 型油浸式变压器、VS1断路器、SIVACON8PT、YBM－12箱变等新产品通过省级鉴定，达国内先进水平；改进完善了KYN72－40.5小型柜、ZN91、110kV变压器、ZN21－12/D1250－31.5断路器等产品，投入批量生产。这些产品深受客户的欢迎，其中KYN72－40.5小型柜获福州市科技进步一等奖。

从公司的经营环境来看，电力设备市场一方面有需求，另一方面市场竞争激烈，用户往往要求常规电力设备增加自动化控制系统，导致提高电力设备技术含量的要求也越来越高。所以公司应加强国内外科研院所的合作，加大技术开发力度，在变压器、中压开关及开关柜中增加自动化含量，提高产品竞争力，才能取得较高的利润，壮大企业实力。

4.电气二次设备行业竞争加剧盈利下降

以提供输变电二次设备为主的上市公司有华立科技(600097)、国电南自(600268)、泰豪科技(600590)、许继电器(000400)、河南思达(000676)、东方电子(000682)、银河科技(000806)、阿继电器(000922)8家公司。电气二次设备行业平均主营业务收入、净利润、股东权益、每股收益、净资产收益率低于沪深上市公司的平均水平。平均总资产、资产负债率、流动比率、速动比率等资产流动性正常。由于东方电子上年财务报表存在问题，与上年同期比较，电气二次设备行业资产负债率提高，流动比率和速动比率下降较快，表明资金流动性有所下降。2002年电气二次设备行业上市公司经营状况见表3。

表3 2002年电气二次设备行业上市公司经营状况

经营状况 / 股票简称	总股本（万股）	主营业务收入（万元）	同比增长（%）	净利润（万元）	同比增长（%）	每股收益（元）	净资产收益率（%）	资产负债率（%）	流动比率	速动比率
华立科技	11 545	20 848	81.8	1 017	－16.8	0.09	7.3	64.4	1.07	0.89
国电南自	11 800	52 972	－2.9	3 004	4.9	0.25	6.4	51.5	1.63	1.38
泰豪科技	13 306	38 193	15.6	2 471	11.4	0.19	7.5	44.7	1.57	1.12
许继电气	37 827	128 806	5.4	15 119	－11.5	0.40	9.7	41.1	1.85	1.56
河南思达	31 459	29 966	102.0	4 028	14.8	0.13	10.5	52.3	1.33	1.12
东方电子	91 795	37 867	－47.9	－28 418		－0.31	－134.8	85.7	0.71	0.64
银河科技	30 344	68 168	70.0	7 693	－16.8	0.25	7.1	49.9	1.44	1.28
阿继电器	17 555	25 517	3.3	1 642	－40.9	0.09	3.1	39.7	2.59	2.14
平均	30 704	50 292	7.7	819	－84.5	0.03	1.4	52.6	1.40	1.18

从表3可以看到，电气二次设备行业主营业务收入同比增长7.70%，净利润同比下降84.50%，主营业务收入和净利润走向不同。出现这种现象的原因一方面是城乡电网改造工程完成，另一方面是激烈的市场竞争使销售毛利降低。许继电气主营业务收入超过12亿元，河南思达主营业务收入增长102.0%，银河科技主营业务收入增长70.00%，但是净利润与上年同期比较有所下降，阿继电器净利润下降40.90%。总之，不能开发出具有一流高科技产品，在电气二次设备行业市场中，要同时取得较大的销售和销售利润率，并不容易。

(1)国电南自依赖于增值税返还。公司2002年线路保护完成销售收入15 328万元，同比下降10.37%；变电站综合自动化完成销售收入13 276万元，同比下降14.45%，电力主设备保护类产品完成销售收入17 880万元，同比增长76.02%。公司实现主营业务收入52 972万元，同比下降2.9%。

虽然线路保护和变电站综合自动化产品毛利率分别下降37.18%、49.71%，但是DGT801数字式发电机变压器保护装置、PST1200系列数字式变压器保护装置、NHL—801/802型发变组微机故障录波与分析装置达到国际先进水平。电力主设备保护类产品毛利率提高15.68%，所以公司实现主营利润13 875万元，同比增长9.06%。

公司营业费用、管理费用比上年同期分别上升了20%和30%，尽管软件产品增值税返还1 497万元，公司2002年实现净利润3 003.4万元，比上年同期仅增长4.90%。

从募集资金项目进展情况可以看到，公司在市场处于不利位置。公司1999年8月募集资金30 771万元，截止到2002年12月30日，累计投资金额18 559万元，募集资金使用率60.31%。2001年是国家城乡电网改造工程的最后一年，而公司与国家城乡电网改造和铁路电气化工程有关的项目进展缓慢，失去了相关市场。

国家“西电东送”又将给公司带来新的市场机遇，公司在国家电网建设中具有一定优势。如果公司能够建立以投资报酬率为核心的考核评价机制，通过体制改革及创新，把握“西电东送”和“电气化铁路”发展机遇，业绩提高是可以预期的。

另外，国电南自江宁科技园计划固定资产总投资18 200万元，其中一期工程投资额为8 000万元，目前已投入2 691万元，一期工程计划建设期为1年。公司预测国电南自科技园建成1年后，实现主营业务收入59 402万元，投资回收期为4.8年。

国电南自拟受让凯迪电力所持有的广西合山发电有限公司20%股权，转让价格为426.6万元。广西合山电厂2台30万kW级机组改扩建工程总投资为23.5亿元，广西合山发电有限公司注册资本从20 000万元逐步增加到47 000万元，国电南自拟再投入8 600万元，投资总额为9 400万元，占该公司20%股权。

预计广西合山发电有限公司2台30万kW机组改扩建

项目将于2004年全部建成并网发电，该项目投资回收期为11.31年，全部资金内部收益率为8.91%，自有资金内部收益率为13.90%，资本金利润率为17.90%。

(2)河南思达经营现金流量入不敷出。公司2002年完成主营业务收入29 966万元，同比增长102%，主营业务利润11 142万元，同比增长53.6%，净利润4 028万元，同比下降14.8%。

2002年，公司通过增加投资、收购等方式控股了深圳思达仪表有限公司和深圳银思奇电子仪器有限公司，这两家公司当年就给公司带来了可观的收益，初步拓展了公司收入和利润来源的渠道，成为公司新的利润增长点。

由于全国性城乡电网改造的完成，募集资金电能计量管理系统技改项目、单项电子表技改项目、预装式高压开关成套设备项目能否达到预期效益，公司将面临相当压力。

公司的应收账款和主营业务收入的比例与上年相比有较大的下降，但仍然偏高，影响了公司资产的流动性，同时也存在一些风险，2003年应加大应收账款的回收力度。公司的负债比例不够合理，长期负债所占比例较小，应加强负债结构的调整。

(3)许继电气业绩有所下滑。2002年国家电力建设和改造部分投资暂停和放缓，市场竞争日益加剧，公司年内完成了WFB－800系列微机发变机组保护、8000系列变电站自动化系统等一系列新产品的开发并陆续推向市场，完成了主营产品的新老交替。实现主营业务收入128 806万元，实现净利润15 119万元，在电力装备市场新的发展格局下，为参与国家新一轮电网建设投资的竞争奠定了基础。

公司共完成新产品鉴定项目16项，其中部级鉴定产品6项，TOSCAN－D3000C配电自动化系统、SBH－100系列数字式变压器保护装置、SXH－101(102)数字式线路保护装置、SCB9－15000/35三相树脂绝缘干式电力变压器和SC10(SCB10)－30－2500/10系列三相树脂绝缘干式电力变压器等产品的主要技术指标达到国际先进水平。继新一代高压线路保护和母线保护走向市场后，公司开发的基于32位计算机平台的WFB－800系列微机发变机组保护在湖北阳逻电厂和河南南阳青苔变电站顺利投入试运行，标志着公司新一代微机保护装置的全面推出。针对110～500kV变电站及大型发电厂的升压站开发设计的CBZ－8000变电站自动化系统已通过中试和型式试验，将以强大的竞争力成为公司拓展变电站自动化市场的新产品。配网自动化在完成TOSCAN－D3000C配电自动化系统、电压型柱上FTU、环网柜监控DTU等3个新产品两部鉴定的同时，对DA－2000配电自动化系统进行升级完善和硬件配置优化，其配变监测产品正逐步走向成熟。高压直流输电控制保护系统在我国第一个国产化双极海底电缆直流输电工程——嵊泗直流输电工程成功投运，并获验收专家组高度评价；引进西门子技术开发的新一代直流控制保护系统在国家电网公司建设的灵宝背靠背直流输电工程中中标，该工程的建设将实现我国西北和华中两大区域电网之间的联网，也为公司在高压直流输电领域的市场开拓奠定了坚实基础。

由于市场竞争异常激烈，特别是城乡电网改造在2001年结束，公司今后发展受到一定影响，但是“西电东送”既带来了市场机遇，又给公司发展带来挑战，如何把握电力系统新技术的发展方向，开发出高新产品占领市场，将决定公司的未来。

(4)阿继电器净利润大幅下降。2002年公司实现主营业务收入25 517万元，同比增长3.3%，实现主营业务利润8 359万元，同比下降7.39%，实现净利润1 642万元，同比下降40.9%。

在产品开发方面，公司共完成新产品开发项目26项，编制整顿工艺文件150余套，设计改进工模具400余套。在全面推广CAD、CAPP应用的同时，实现了计算机三维设计、三维造型、动态装配在相关产品上的设计应用。采用威图机箱结构，推进了电铁综合自动化系统项目的研发工作，已完成了8个品种的保护装置及供货任务；采用威图机箱结构的ARAS2000B综合自动化系统已经完成20几个品种的保护装置，实现了综合自动化产品的更新换代；微机发变机组已经完成了21种保护，具备了满足中小型机组的保护和配置要求；重点进行了高低压产品的开发和转化工作，加快开发了高压元件、高压结构、高压成套产品、低压结构、低压成套产品，使高低压产品的产量和产值较上年有很大提高。公司还在辅业领域自主开发了环保型YJD系列油烟净化装置、立体停车设备及自动麻将机等产品，有望成为公司新的利润增长点。

(5)华立科技资产重组。2002年是公司在经历了重大资产重组后，生产经营恢复正常，股票简称由“ST恒泰”正式变更为“华立科技”。公司加大了主营业务的市场开拓力度，积极参加电力公司(局)的项目招标工作，初步树立了公司在电力自动化领域内的市场形象。

公司配用电智能信息化产品的开发取得了较大的进展，在完善原有基于电力线载波数据传输技术产品的基础上，新开发出了基于Internet宽带数据传输和GSM/GPRS网络数据传输技术的产品，更好地满足了客户的需求。

2002年公司实现主营业务收入20 848万元，主营业务利润5 618万元，净利润1 017万元。其中，电力自动化业务收入占公司主营业务收入的98.40%，电力自动化业务实现销售收入20 515万元，销售成本为14 806万元，毛利率27.82%。

(6)银河科技发展电力系统和电子元器件产品。2002年，公司对江西变压器科技股份有限公司实施控股，在整流变压器行业处明显优势地位，重组后进一步增强了公司主导产品的配套和生产能力，对公司经营业绩产生了积极的影响；2001年收购的广西柳州特种变压器有限公司经过技术改造，也实现了产销两旺。银河科技在全国整流变压器产品的市场占有率已稳居首位。同时，加大对配电自动化和电力市场竞价交易结算系统技术改造项目的投资力度，增强了公司发展后劲。

在技术创新方面，先后推出一批技术先进、满足用户需要的电力系统和电子元器件产品。YH－B3100 变电站自动化系列装置、YH－T2100 铁路牵引变自动化系列装置顺利通过国家检测；YH－2000 配电网自动化系统列入国家重点新产品计划，并获得广西壮族自治区科技进步一等奖；YH－9000 县级电网调配一体化系统（SCADA/EMS/DMS）、YH－9100 地区电网调度自动化系统（SCADA/EMS）、YH－9500 电力企业应用系统一体化集成平台（EAI）、YH－8100 城市配电网管理主站系统（DMS）、YH－7000 开放式电能量计量计费系统（TMR）、YH－6100 用电管理信息系统（CRM）、YH－B5100（110kV）变电站自动化系统、YH－B5300（35kV）变电站自动化系统、YH－S5000 水电站自动化系统、CRPD－1B 高频直流开关电源等新一代产品先后研发成功并全面推向市场。

(7)泰豪科技需尽快结合信息与机电技术。公司 2002 年主导产品智能电站产品生产、销售能力迅速扩张，销售收入 14 894 万元。实现主营业务收入 38 193 万元，同比增长 15.6%，主营业务利润增长 31.56%。

由于公司加快建设全国营销网络，导致市场建设费增加；加强主要产品开发，导致研发费用增加投入；公司工业园主体建设的完工投入使用，导致折旧增加；借款增加导致利息费用的增加。完成净利润 2 471 万元，同比增长 11.5%。

正交谐波励磁智能电站是公司利用现代智能控制技术和正交谐波励磁发电机技术研制开发的新产品，在电气性能方面具有较好的品质。正交谐波励磁电站综合性能处于国内领先水平，部分指标达到了国际先进水平。2002 年经国家科技部严格评审，该项目列入国家级火炬计划项目。

模块式中央空调机组质量和性能在国内同类产品中具领先水平，达到国际上同等水平。2002 年经国家科技部严格评审，“大型风冷冷热水机组项目”列入国家级火炬计划项目。

我国的智能建筑电气设备产业刚刚起步。目前在我国已建成的智能建筑中，90%以上的智能建筑电气设备为国外产品，国产智能建筑电气设备的市场占有率不足 10%。智能建筑业的迅速发展，拉动了对智能建筑电气设备的市场需求。

可以预见，具有开放性的、能兼容未来更先进的智能建筑系统的产品将在市场销售中占尽优势。智能建筑电气控制系统由过去的封闭型向开放型发展，智能建筑自控技术由集散型控制向分布式控制发展，智能建筑电气设备由分立式向集成化方向发展。既有信息产业优势又有机电产品生产实力和工艺水平，是国内厂商发展的必然趋势。

公司本次募股资金主要投向智能电站、智能建筑电气设备等 4 个项目，投资总额为 20 838 万元。虽然公司的传统机电技术在行业内处于领先水平，但是能否运用公司自身信息技术的优势，将信息技术与传统机电技术结合起来，从而形成公司的独特优势还有待时日。目前 4 个项目正按工程设计要求进度进行，并且正交谐波励磁智能发电设备技改项目部分技改设备 1 350 万元已投入生产，已产生效益 120 万元。

〔撰稿人：华夏证券研究所殷亦峰〕

国 企 改 革

制度创新，管理创新，进行国有企业内部改革

哈尔滨锅炉厂有限责任公司

哈尔滨锅炉厂有限责任公司前身是哈尔滨锅炉厂，属于国家“一五”期间 156 个重点项目，于 1954 年破土动工，1957 年投产。公司以设计制造 500～600MW 火力发电机组锅炉为主导产品，并设计制造配套辅机、电站阀门和石化容器、核能设备以及工业锅炉等产品，年生产能力达到 3 600MW。公司先后获得了国家质量管理奖、国家首批一级企业、全国企业管理优秀奖（金马奖）、全国思想政治工作先进企业等一系列国家荣誉称号。

哈尔滨锅炉厂有限责任公司自创始以来，为我国电力事业的发展做出了卓越的贡献。虽然公司已在 1994 年进行了公司制改组，但企业的管理模式和各项机制没有改变，走的仍是计划经济的老路，包袱沉重、冗员过多、体制不顺、机制不活等等国有企业固有的矛盾和问题也越来越突出。

所有这些矛盾和问题，只有通过改革才能有效地解决，才能使哈锅丢掉包袱、轻装前进。因此，公司从 1999 年末开始，在广泛进行调查研究、认清公司外部环境和内部条件、充分进行各项准备工作的基础上，在组织机构、用工制度、分配制度、干部调整等方面进行了配套改革，目前改革的各项工作已全面完成，取得了较好效果。

一、统筹规划，突出重点

改革是一项系统工程，有其突破性和高效性的一面，但同时也有艰巨性和复杂性的一面，在战略决策上必须制定

总体目标，统筹规划，突出重点，力争在短期内就能取得明显成效。2000 年，公司提出了今后一段时期的公司发展战略，即：精干主业、搞活辅业、开拓新业，加速实现“两个转变”（即从单一电站锅炉产品结构向以电站锅炉为核心的产品多元化方向转变，从传统国有企业管理方式向现代企业管理方式转变），逐步建立起适应市场经济要求和哈锅发展需要的现代企业制度。

在总体战略的指导下，公司根据党的十五届四中全会精神，制定并完善了促进企业改革与发展的 5 项方案：《企业改革总体方案》、《企业发展方案》、《加强企业管理方案》、《推进技术进步和产业升级实施方案》和《加强企业领导班子建设方案》及配套的 10 个子方案。在 5 项方案中，明确了下一步改革的重点工作、发展方向和主要目标，为公司下一步改革的推进勾画出了一幅蓝图。在各项方案完成之后，公司针对本企业的特点和实际，确立了在改革的操作上要贯彻“从上到下、稳步实施”的原则，先从干部和机构调整入手，把改革工作推向前进。

二、稳步推进各项改革工作，务求实效

从 2000 年 4 月份开始，公司的各项改革进入了实施阶段。首先从机构改革入手，按顺序全面推进其他各项改革，并注意各项改革内容的因果关系及联动性，主要做了以下几方面工作：

(1)机构改革。按照《组织机构调整方案》，机构改革工作从 2000 年 4 月份开始，到 5 月份各机构调整到位。一是从强化公司改革战略研究、投资管理、审计监督职能出发，撤销了原企业管理处和审计法律处，组建了企业管理发展处。二是从建立内部约束机制和强化管理出发，在计财系统中，撤销了原计划处、财务处，组建了计财处和项目管理处，在计财处内部设立会计结算服务中心，统一全公司包括分、子公司的会计结算业务，初步建立起了以财务管理为核心的管理体系。在公司内部实行“三统一独”（即统一制度、统一预算、统一会计人员管理、各分、子公司及利润中心实行全面独立核算）的管理方式，加强预算管理和会计监督；在经营系统中，将原负责物资采购计划、采购实施和实物管理的供应处在机构上一分为二，在职能上一分为三，组建了采购处和仓储管理处，集中了全公司的采购管理，从采购计划编制（划入项目管理处等归口部门）、采购实施（划入采购处）到仓储管理（划入仓储处），形成相互监督、相互制约的机制。三是理顺内部各单位之间的业务关系，精简机构，强化职能，对近二十个单位的职能进行了相应的调整，解决了一些单位职责权限交叉重复，部门分工过细，内部约束不力，人员编制过多，结构不够合理等问题。四是实行主辅分离，盘活存量资产，撤消了机修分厂、技改设备处，与机动处有关业务合并，组建了哈锅装备分公司；撤消了气燃分厂、动力分厂，组建了哈锅动能分公司；将建修分厂、木材分厂合并改组，成立了哈锅建筑修缮木制品加工有限责任公司。通过对辅助生产单位的调整，实行企业化经营，一方面可以有效盘活资产，使其能在面对公司内部做好服务工作的同时，又能面向社会开展经营创收；另一方面赋予其新的发展机制，调动各方面积极性，将非主营业务做大。

通过机构调整，将原有的 68 个直属机构调整为 52 个，减少直属机构 23%。在机构改革到位后，及时制订、修订了各单位的职责条例和公司管理规程、管理标准，明确各部门职责及业务工作程序，使改革落到实处。

在进行公司内部调整的同时，公司按照《分支机构整顿方案》的要求，针对不同情况，采取“撤、并、分、存”等方式规范整顿了各分、子公司，将分支机构由原来的 26 个精简为 13 个。通过整顿规范，使各分、子公司明晰产权关系，完善现代企业制度，建立自我约束、自我发展的新机制，堵塞了利润流失的漏洞。同时也整顿了公司内部的经营秩序，避免公司下属成员企业间的同业无序竞争。

(2)干部人事制度改革。公司结合机构改革对干部进行了较大力度的调整，直属中层干部由原有的 219 人减少到 183 人，减少了 16%。在干部调整上，因各种原因免职直属中干 49 人，同时提任了一批年纪轻、学历高、素质好的同志到领导岗位工作，使大专以上文化程度占到了 87.9%，改善了干部队伍的结构，建立起干部能上能下的机制。

干部制度改革还打破了原有的干部与工人界限，全体员工都按工作岗位需求竞争上岗，并按照管人与管事相一致的原则，确定了下管一级的员工管理权限，基层单位领导在定员编制内，在满足岗位准入标准的前提下有用人权。

(3)用工制度改革。公司在充分调研、反复测算的基础上，制定了《下岗分流，减员增效工作方案》，已于 2000 年 7 月份实施完成，共实现内部退养 928 人，下岗 150 人，内部因病退养 33 人，超额完成了年初计划减员 1 000人的预定目标。并注意对不在岗人员的规范管理，制定了内部退养和下岗人员管理办法。减员后，公司在岗人员从 6 072人减到 4 961人。为使生产经营、产品开发等各项工作不受冲击和影响，公司组成专家组，对各单位定员编制逐一进行分析审核，各岗位能兼则兼、能合就合，按照 8h 基本满负荷的要求确定岗位，新的定员编制经过上下多次协调并实行后，较好地满足了公司各项工作正常开展的要求。

同时，公司按照规范劳动管理的要求，制定并实施了《完善全员劳动合同制实施办法》，全体员工分别与公司签订了一年到无期限的劳动合同，变国家用工为企业用工。

2001 年 2 月，根据改革工作的总体规划，公司制定并实施了《四级动态用工管理办法》，经过业绩考核测评，将全体员工划分为四个等级，即优秀员工、合格员工、试用员工和待岗员工。其中优秀员工比例占 15%，工资固定部分上浮 20%，试用员工比例占 5%，工资固定部分下浮 20%，连续两年被评为试用员工的变为待岗员工，工资固定部分下浮 30%。四级员工根据工作业绩可动态转换，并纳入日常考核中，进一步将约束机制和激励机制引入到劳动管理工作中，为有效地鼓励先进，鞭策后进，充分调动全体员工的积极性打下了基础。

(4)分配制度改革。把“企业内具有公平性，社会上具有竞争力”作为公司的薪酬政策，提出了国企工资水平要逐步与劳动力市场价位接轨的目标，制定了《哈锅分配制度改革实施方案》,经职工代表讨论并征求意见,公司董事会批准,从2000年9月份开始实施。

公司这次分配制度改革有以下几个特点:一是打破了国有企业几十年旧有的分配模式,实施了真正意义上的分配制度改革。做法是将原有工资实施"封存",作为档案工资,实行新的工资结构,即:基础工资+年功工资+岗位工资+绩效工资+知识技能补贴。其中前二项为"固定"工资,后三项为"浮动工资",与工作效果挂钩浮动。新的分配机制使个人收入有升有降,与企业效益、个人贡献大小密切相关。二是加大了浮动工资比例,使浮动工资占到了工资总额的70%,实现了浮动工资指数大于固定工资指数,彻底打破了国企大锅饭的分配方式。三是明确提出了"企业内具有公平性,社会上具有竞争力"的薪酬政策,改变了改革前企业关键岗位收入低于社会同等收入,简单岗位收入却高于社会价位的不合理现象。四是第一次借鉴国内外先进企业的成功经验,实施浮动工资的"稳性发放",使员工不是简单的相互攀比收入多少,而是集中精力做好自己承担的工作,要比的话,就比贡献、比自己工作成果与收入的增减关系。五是迈出了分配与工时脱钩的第一步,在生产分厂实行按完成产品实物量多少进行分配,与完成产品的数量、质量、工期和成本等因素紧密挂钩。

为加大公司内部激励力度,充分调动关键岗位上员工的积极性,公司还设置了3项奖励基金,并分别制定了3个单项奖励办法,即《科技奖励基金管理条例》、《生产一线工人技能奖励基金条例》、《管理创新奖励基金管理条例》。

三、改革成效

到目前为止,公司已全面完成了全部改革工作任务,通过改革,公司内部已初步建立起了有效的制约机制、激励机制和竞争机制。

(1)机构改革按照"精简、统一、高效"的原则,合并压缩了不合理机构,壮大了科研和营销部门的职能,进一步适应了市场经济发展的要求,企业内部机构的职能得到充分发挥。从2001年上半年完成的指标看,由于营销部门的出色表现,目前公司订货合同大幅度增长,在行业中处于领先地位,企业工作量比较饱满。

(2)分配制度改革打破了员工原有的工资模式,实行按劳取酬、隐性发放,使工资结构更合理,真正体现了工作业绩与收入挂钩。车间里员工争活干、抢活干,赛质量、赛效益,主人翁意识进一步加强,产品质量不断提高。员工自发在班组内开展各种劳动竞赛、技术比武,掀起了学技术、比本领、提高技术水平的高潮。知识分子收入更是有较大幅度的提高,特别是青年知识分子享受到了前所未有的知识技能补贴,新进厂大学生的收入比过去翻了一番,进一步激发了他们留在哈锅、为哈锅发展献计出力的热情。

(3)用工制度改革实现了机制转换,无论是领导还是普通员工,都要受劳动合同制约,从"国家用工"变为"企业用工"。"四级动态用工"更为企业转机建制打下了基础,真正起到了激励先进、鞭策落后的作用。在用工制度改革过程中,公司成立了领导小组,坚持"公平、公正、公开"的原则,严格履行考核程序,认真听取和采纳员工意见,做到了得民心、顺民意,也让下岗员工心服口服。

不再靠年头、讲资历,岗变薪变、多劳多得、奖勤罚懒、奖优罚劣的原则,通过改革真正得到了体现,员工的基础工资相差有300元,月收入最大相差24倍。二、三线人员主动请求回生产一线,以往工作积极性不高,甚至疲疲沓沓混日子的员工也能主动找活干。一少部分从事简单、熟练工种的员工受岗级所限收入降下来或被"封了顶",真正体现了"企业内具有公平性,社会上具有竞争力"的薪酬政策。

(4)很好地转变观念,发展了企业文化。哈锅职工以胸怀全局的奉献精神,团结拼搏的敬业精神,企兴我荣的团队精神,勇攀高峰的开拓精神为哈锅精神,为了哈锅的整体长远发展而努力工作。

干部们以"做人、做事、做学问,知识、见识、胆识,想干、敢干、会干"作为对自己工作的要求,清政廉洁地带领全体员工,为使哈锅在国内领先与国际接轨奋发图强。

企业工作以"为业主供精品,为国家作贡献,为股东创效益,为企业求发展,为员工谋利益"作为工作原则。

在全体员工中树立了性能质量一流、制造质量一流、服务质量一流,以质量兑现合同、以质量降低成本、以质量开拓市场的全员营销意识;树立一心一意为用户着想,一心一意对客户负责,一举一动使用户满意的市场观念。

总之,哈锅通过全面深化改革,使哈锅跳出了国企板块,成为行业中的排头兵。

〔供稿单位:哈尔滨锅炉厂有限责任公司〕

探溯天安活力之源

宁波天安(集团)股份有限公司

宁波天安(集团)股份有限公司(简称天安集团),始创于1969年,前身为地方国营象山高压电器厂,1994年转为股份制企业。天安集团是以输变配电设备为主业的国家重点高新技术企业、中国输变电行业的重点骨干企业和浙江省行业龙头企业。现下辖1个省级研发中心,10大专业公司,50个销售分公司,员工1 800多名(科技人员600余人),占地面积40余万 m^2,总资产10.5亿元。2002年,实现工业总产值10亿余元,综合效益连续多年居行业领先水平,规模跻身行业前5强。

天安集团为国内输配电行业中"规模最大、品种最多、规格最全、档次最高"的生产和科研企业之一。企业拥有雄厚的技术开发力量和国内一流、完善的高科技生产检测试验装备,每年以销售收入的 5%以上用于科研开发,以确保产品的技术领先优势。现主导产品包括 110kV SF_6 断路器和油浸式变压器、252kV 以下户外高压隔离开关、35kV 及以下箱式变电站、环网开关柜、中置式开关柜、固定式开关柜、低压开关柜、高压负荷开关、高低压断路器、电缆(环网)分接箱、熔断器、互感器、智能化电器设备、干式和油浸式变压器等 8 大类万余种规格。产品遍布全国,在核电站、电厂、化厂、铁路、地铁、机场以及卫星发射中心等国家重点工程中广泛应用,并远销亚非欧的 10 多个国家和地区。其中,箱式变电站、环网开关柜和高压负荷开关三类主导产品以技术领先,品种齐全,销量 12 年蝉联全国之冠。

“在工作细节中创新,在创新思维中工作”,是天安集团的创新理念。创新是天安集团高速发展的根本原因和动力,是振兴企业的泉源,是企业发展的灵魂。天安集团推崇创新,以创新为源动力,依靠创新实现经济腾飞、高速运转。

一、管理创新,提升企业整体实力

管理创新主要体现在管理体制及经营方式方面的创新,体制及经营方式的改变既能给顾客带来真正的价值,同时也给企业带来发展机会。天安集团经过不断的发展与实践,形成了“以经济为纽带,以产品为龙头,以质量为核心,以营销为导向,以技术创新为基础”的一套有天安特色的管理模式,灵活机动,科学可行的管理模式保证了组织体系的有效运行,实现了组织的高效运转。

天安集团在改善经营方面有自己独特的行事方式:首先,以快速运作为基准,行动迅速,不论是外部市场还是内部运转,不论是大事小事,对任何事情,问题刚出现就设法解决它。真正实现今日事今日毕。其次,实行降低成本工程,尽力削减成本,以提高生产效率并努力增加收入。尤其是现在竞争激烈,行业进入微利时代,对节能降耗抓得更紧,所以天安集团一直在致力于用适当成本制造适合市场条件的产品,进而以有竞争力的方式给这些产品定价。

在企业内部,天安集团实行了内部市场运作,使各分厂、分公司之间的运作都确立合同关系,实行真正契约化。在此同时,为了强化企业整体功能,不断提高经济效益和社会效益的目标。集团公司实行统一领导、统一管理、统一纪律、统一财务、统一制度、统一标准,从而创建了纵横有序的科学运作网络,使人、财、物、产、代、销得到优化,实现向集团化、规模化、国际化、集约化、信息化、现代化转变的经济增长方式。

在集团公司不断与时俱进的管理创新下,天安集团实现了决策程序化、实施自动化、执行规范化、督促严肃化、信息快速化的“五化”目标,使“凡事有人管、凡事有章可循、凡事有人监督、凡事有据可查”的“四凡事”的口号落到了实处,使“向管理要效益”实现了可能。

二、技术创新,撑起浙东第一品牌

技术创新是促进天安集团产品不断推陈出新的有力保障。技术创新首先是制度创新,建立新型的创新机制。天安集团以省级技术中心——宁波电工研究院为基础,在其管辖范围内设高压电器、低压电器、智能化电器、工艺技术研究所及中试基地、检测中心等 7 个研发机构,这些部门的成立形成了企业的技术中心。技术中心的建立,明确了技术部门各个环节的责权利,进一步提高科技成果转化为产品的速度,加强中试环节,减少企业市场所承担的风险,化解科技成果与用户不协调的矛盾,使企业技术进步有了强有力的依托。同时,也使技术中心成了融科技、开发、中试于一体的技术创新基地。

有了技术力量的保证,天安集团的产品开发时刻瞄准输变电设备发展潮流,注重附加值产品开发。据统计,近 3 年来,有 87 项科研成果分别通过省、部级鉴定,17 项获得国家专利,高新技术产品的销售收入和创利税额都占总额的 90%以上。经过努力,天安集团从技术创新、技术进步尝到了甜头,并赢得了企业发展的后劲。

为把技术创新工作深入持久地开展下去,天安集团通过提高自主开发能力、加大新产品开发创新力度、加强质量创新和工艺创新等措施来完善技术创新体系。同时,通过补充和完善新产品开发奖、合理化建议奖、天安奖等奖励办法,使技术创新成为天安集团一项日常活动,从而促进企业技术创新的动力。

天安集团依靠科技进步,不断创新,年年稳步发展,综合技术经济指标连续 10 余年领先国内,相继被认定为浙江省高新技术企业和国家级重点高新技术企业。同时,天安牌输变电产品也被浙江省人民政府认定为“浙江省名牌产品”和输变电行业内十大名牌产品,在浙江省乃至全国同行业内名列前茅。

三、营销创新,与市场脉搏一起跳动

天安集团通过加大市场拓展力度,调整完善营销结构,奉行市场营销观念的企业管理体制,建立开放式的营销管理决策程序,树立以顾客为导向的经营思想等措施,积极拓展市场。

在营销政策上,公司拟出“合同—规范—标书制作—报价—货款回收结算一条龙”管理程序,使营销工作逐步走向规范化、市场化。同时信息中心正式运作,使集团公司整个营销网络运转的态势受控于总部。另外,为了进一步拓展市场份额,对专业市场分工具体开展,使公司的各种类型产品能在各个领域全面使用。

产品服务创新是企业能够保持经济效益的必要条件,也是企业生存发展的必要条件。集团公司坚持将“服务当作产品”来做的理念,通过服务水平改观来实现市场份额的增长。因而天安集团的营销网络在运作时,一直坚持用户满意为宗旨,加强服务网络的健全与管理,不断提高用户服务水平和服务质量。

首先在经营思想上实现转变,变先销售后服务为先服务后销售经营思想,此举保证了用户利益不受侵犯。公司通过选取派出去的一批信息员,先期向客户介绍产品性能等各方面的知识,使客户未见产品,先知其性能。其次加强用户服务管理;天安集团在全国各地建立销售公司,为加强服务网络管理,专门成立售后服务处。售后服务人员在履行用户服务责任的同时,收集客户需求信息,及时反馈给总部，以使总部对新产品开发方向作出调整。

为满足用户的动态需求，走访重点客户。这不仅收集了大量有价值的质量、服务及市场信息，为公司产品进入市场，提高竞争能力，制定市场营销和产品质量攻关、质量整改提供了可靠依据；而且宣传了公司，扩大了公司的知名度和影响力。

积极实施产品与服务质量承诺。天安向顾客做出质量承诺，对顾客服务信息做到"1h 内答复，48h 内到现场服务"。同时要求每一位服务人员牢固树立"顾客永远是对的"观念，做到"顾客不满意，服务人员不撤离"。

在全体销售人员的努力下，2003 年 1～6 月份完成销售额比去年同期增长 11.2%，尤其是在 4 月份，公司各大销售分公司捷报频传，完成销售额同比增长 86%，而且创下了单月订货的历史新高。

四、人才创新，形成合力

天安集团在"德才论英雄"的用人观指导下，以人本管理为根本，将"引进人才、培养人才、用好人才、激励人才"作为战略决策来抓。

在选人时，做到不以亲疏论才，不以言貌取才，不以恩怨用才，不以嫉妒毁才，不以好恶弃才。在工作中不断强化了自己的爱才之心，求才之渴，用才之能，护才之措，举才之志。人才得来不易，用好甚难。因此，对于人才，天安集团从上至下，都形成了爱护人才、信任人才、尊重人才、善用人才、培养人才、推荐人才的良好氛围。为人才发展创造合适的土壤，创造好的内部环境，让他们各有用武之地。

天安集团十分注重员工的可持续性发展及深入研究人力开发。对于"人才培养"这个不可或缺的因素，一是加大对教育的投入；二是注重研究人才成长的规律；三是人才教育的终身化。制定短、中、长期培训计划，重点培训职工操作技能，提高职工技术水平。公司在培养员工时，以"合其光，同其尘"为理念，走产、学、研相结合的道路，与清华大学、浙江大学、上海城建学院等大专院校合作，将内部有发展前途的员工送入上述高校培训。目前，活跃在天安集团管理高层及产品开发一线的一批技术骨干中绝大部分就是送出去培养的人员。依靠培训，训练了员工的的忠诚度、战斗力、向心力、凝聚力，培养员工与企业共命运、同荣辱的使命感。如今，培训已成为企业稳定人才的必要手段。

如何不断优化人力资源，保证人的价值，是天安集团管理者思考的重要问题之一。公司通过职业设计，建立起完整的报酬体系。在这完整的报酬体系的支撑下，人力资源的优化机制也有了相对的科学性，不仅可以留住优秀员工，使优秀人才的付出回报成正比，在保证人才的合理配置时，还采取调查了解，掌握资料，精心筛选，认真试用及适者留、不适者辞等办法，从制度上保证杰出新人的脱颖而出。

五、源于创新，进在超越

世界各国、各地区都在积极致力于综合竞争力的提高，以期在新的世纪对全球实现最有利的战略争夺。与国外相比较，天安集团面临的检查、培育和提升企业竞争力的问题更为紧迫。

在市场竞争中，天安人一直就怀有争创行业第一的雄心、责任感和使命感。虽然天安集团的发展如日中天，但天安集团总经理蒋善定愈发感到创业不易守业难，特别是发展更难，只有不停地激流勇进，才是企业蓬勃的源泉。在企业不断发展壮大时，总经理蒋善定纵观全局，以企业家的胆识和魄力致力于企业长远发展战略，果断地提出"视现在为落后"的口号，这位"管明天"的企业家对这话的注脚是"只有视现在为落后，才能让未来更辉煌"。就是这种思进的精神，成为天安集团蓬勃的不竭动力，也是这种创新的观念，促进了天安"电工城"的诞生。

新的"电工城"是按照"稳定中压、向高压、低压和智能化电器延伸，在象山建成能成套提供 220kV 及以下变配电设备的现代化电工城"的战略规划而筹建的。整个电工城计划投资 8 亿元，用 5 年时间建成占地面积 133 万 m^2 的"中国天安电工城"。新的规划，新的跨越，必将实现天安集团做强、做优、做大的追求。新建的"电工城"运营后，天安集团将成为一个集科研、生产、经营、生活、休闲、文化于一体的综合化、智能化、现代化的高科技企业，年产值将达到 50 亿元，利税将达 10 亿元，总体技术水平将达到国内领先、国际先进水平。

"中国天安电工城"的发展模式无疑是适应我国电力行业发展的主导潮流，是中国电力行业发展的历史趋势，也是入世以后参与世界竞争与电力巨头抗衡的必然。

〔供稿单位：宁波天安（集团）股份有限公司〕

改革创新，促进企业不断发展

沈阳电机股份有限公司

沈阳电机股份有限公司的前身是沈阳电机厂，始建于 1950 年，1992 年被国家评为大一型企业，1997 年 12 月完成了资产重组，改制为沈阳电机股份有限公司。

公司主要生产中心高 315mm 以上的 45 个系列近 2 000 个规格的大中型交流电动机、增安型防爆电动机、中小汽轮发电机和大型柴油发电机等产品。其中以 Y、YR 系列中、大型三相异步电动机，YK 系列大型高速三相异步电动机，T、TK 系列同步电动机，TAQWB 系列增安型无刷励磁同步电动机四种产品为主导产品。产品主要用于电力、建材、石化、冶金等领域。国内同类产品市场占有率为 20% 左右，居国内同行业前列，是我国大中型电机重要生产基地，国家重点骨干企业。

一、改革运行机制，创造良好的环境

用人和分配制度是影响员工积极性发挥的两个最要害的环节，企业要真正走向市场，参与激烈的市场竞争，必须具备一流的技术和管理人才。为此，沈阳电机股份有限公司从2001年开始，选拔中层干部彻底打破论资排辈，变聘任制为竞聘上岗制。目前已经进行了两次竞聘上岗，通过竞聘，许多年轻有学历的知识分子走上了领导岗位，给公司的发展带来了勃勃生机。

在用工制度改革方面。在全公司范围内推行末位淘汰制，构建退出机制。退出机制包括4个层次：中层以上管理层每年淘汰3%；普通管理层每年淘汰4%；研发人员层每年转岗4%；工人层每年转制3%（即由正式工转到临时工）。近两年来，对完不成工作任务，业绩平平，纪律涣散的职工，通过末位淘汰精简了358人，末位淘汰工作已经形成了公司的一项制度。被淘汰者经培训、教育后，方可通过竞聘重新上岗，通过末尾淘汰精干了主体，提高全体员工的工作责任感，为公司发展提供了保证。

在分配制度改革上，沈阳电机股份有限公司把挑战的触角伸向传统的工资制度上，那曾一度令中国老百姓“患寡不患均”的收入形式已成为万千百姓的习惯，然而公司的领导层认为企业必须在员工工资收入上拓宽渠道，让“活工资”成为激励员工不断进取的“引爆品”。企业倘若没有“活工资”也就没有了活力，企业也就失去了生机。沈阳电机股份有限公司的工资收入一律实行市场化，实行不同等级不同工资，并且将其分为“死工资”和“活工资”两大部份，其比例为“4∶6”，即40%是死工资，60%是活工资。“活工资”上下浮动，此举极大地调动了广大职工的积极性。

二、技术创新，提高企业核心竞争力

企业的发展只有建立在自主创新和技术进步的基础上，才能求得真正持久的发展。沈阳电机股份有限公司经过50多年的发展，建立了较完善的技术创新体系，并在企业发展中起到了重要作用。

在技术发展上，沈阳电机股份有限公司经历了三个阶段。一是建厂初期的行业协作阶段，我们依靠同行业兄弟企业的力量，在电机制造领域艰难起步，第二阶段是行业统一设计、联合开发阶段。这两个阶段的发展使沈阳电机股份有限公司在国内电机行业站稳了脚跟。第三阶段是自主开发与引进消化国外先进技术阶段，也是我公司真正大步前进的阶段。在此阶段，公司同国内著名的西安交大、浙江大学、哈尔滨理工大学、沈阳工业大学等院校积极开展合作，联合开发了计算机辅助设计分析系统，极大地提高了产品设计质量与开发速度。同时公司发明并不断完善了大型电机转子铸铝技术，该技术在国际、国内大型电机制造领域始终处于领先地位，并获得国家科技大会金奖。20世纪80年代中后期，公司引进国际电机行业著名的西屋公司的电机制造工艺技术，经过消化吸收，广泛应用于占公司产品总量80%的Y系列电机的制造中，提高了电机制造水平与产品质量的稳定性。公司有7个系列近400个规格的产品先后获得部、省、市优质名牌产品称号。公司目前正积极与国外拥有先进电机制造技术的公司开展合作，在国内积极与大专院校的行业专家开展技术咨询，不断开发电机新品种、提高电机技术水平、提高电机技术含量。

在产品方面，沈阳电机股份有限公司拥有许多处于国内领先的技术。20世纪80年代末，沈阳电机股份有限公司制造了国内首台增安防爆型无刷励磁同步电动机，开创了我国石化行业乙烯工程加氢装置国产化、自行配套的新局面。2002年公司制造了国内10kV级国内最大容量的增安防爆型无刷励磁同步电动机，再次填补了国内空白，并在多年积累的设计制造经验的基础上，采用20世纪90年代新技术、新材料、新工艺使该系列电机具有体积小、重量轻、造型美观、效率高、噪声低、振动小、运行安全可靠、使用维护更加方便等特点。

YFKK系列电机是沈阳电机股份有限公司针对电站风机负载转动惯量大的特性，启动困难的特点，利用大型电机离心铸铝专利技术自行开发的专用系列电机。该系列电机广泛应用于拖动电站的送风机、引风机、一次风机和循环风机。该系列电机满足恶劣运行环境条件下安全运行要求，提高了电机专用化程度。该系列产品目前已成为30万kW、60万kW火电站风机配套电机的主力机型，技术性能达到国内领先水平。

YTM系列电机产品是沈阳电机股份有限公司针对火电站磨煤机负载开发的新系列专用电机产品。与国内同类产品相比，性能指标优良，运行安全可靠性高，满足了30万kW、60万kW火电站大型磨煤机专用配套需要。该系列产品1997年被列为国家级新产品，获得2002年度沈阳市科技进步奖。

三、公司发展规划

随着市场经济的发展，为使企业在今后较长时期内在电机市场的竞争中处于有利地位，达到以科技进步促进企业发展的目的，根据公司“坚持以科技进步为先导，全面提升产品技术水平和企业核心竞争力”的发展思路，结合国家的行业发展方针和沈阳电机股份有限公司的实际情况，同时为了迎合大型交流电机的容量等级不断增大；大型电机的技术含量，产品性能、质量和可靠性不断提高；普通、基本系列大型电机需求量减少，派生系列和特种，专用电机需求量增多；向清洁能源与可再生能源的利用与开发、高效节能方向发展的产品发展趋势，确定了公司今后产品的发展方向。

(1) 电力工业应用的大功率电机。主要开发为大型火电站、核电站辅机配套，为大型火电厂的给水泵、前置泵、循环泵、冷凝泵等配套的大电机。为大型火电送风机、引风机等风机配套的大型电机。大型火电用风扇磨，中速磨等磨煤机配套的大电机。

(2) 石化行业应用的大功率电机。主要开发大型石油及“三大化工”装置需要的各种大流量离心压缩机，大型轴流透平压缩机，油、气集输泵配套的增安大型电动机。

(3) 冶金行业应用的大功率电机。主要开发钢铁冶金建设中需要的大型高炉鼓风机、大型制氧机、破碎机、磨机配套的专用和派生系列大型电机。

(4) 清洁能源与可再生能源的利用与开发、高效节能电机。低热值燃汽轮发电机，交流变频调速电机、电控装备形成自配套机电一体化产品的开发，核电站发电设备的辅机配套电机的开发，风力发电机的开发。

五十多年来，公司在自身的发展上创造了许多奇迹。在未来，面对入世后日益激烈的市场竞争形势，公司将不断努力、积极进取，狠抓技术基础的提高和经营理念的更新，不断开发满足市场需求的好产品，树立名牌产品形象。

〔供稿单位：沈阳电机股份有限公司〕

民企战略

正泰的竞争优势在于创新

正泰集团

创建于1984年、崛起于改革大潮之中的正泰集团，是一个以专业制造高低压电器为主的民营股份制企业。历经19年艰苦奋斗和卓越创新，现已发展成为中国低压电器行业产销量最大企业。1999年“正泰”商标被评为中国驰名商标，2002年销售值突破80亿元，名列中国民营企业500强第4位。

在创业发展过程中，正泰和其他企业最大的不同就是没有出现大起大落的现象，基本上保持持续高速增长，特别是“九五”以来，连续7年年递增幅度都保持在50%以上。

作为众多民营企业中的一员，正泰是在市场经济初期和短缺经济时期成长起来的。在正泰一次创业中，正泰家族企业通过艰苦创业，获得了企业原始资本的积累，但是，随着市场经济的逐渐成熟和行业供求关系的变化，正泰家族企业的种种弊端也日益暴露了出来。正泰家族企业的发展面临着一次巨大考验，正泰要想获得生存和进一步的发展壮大，必须进行一次脱胎换骨的变革，此即正泰的二次创业。

正泰的二次创业，是由家族企业的弊端而引发的，但是它要解决的不仅仅是家族问题，而且还要彻底解决正泰的一次创业中留下的种种与社会经济环境不相适应的问题，例如体制不健全，生产规模小，技术低下，战略不清晰，运作模式不当等等。为此，正泰二次创业的关键是，以产权多元化为突破口，从而实现规模产权、治理结构、技术、市场营销五位一体的全方位改革创新。

一、产权制度创新

在短短的19年的创业过程中，正泰历经了产权制度的三次重大变革和优化：第一次是1991年正泰由合伙起家到创建公司制；第二次是1994年由公司制到集团化的尝试；第三次是1996年正泰由集团化到规范化股份公司制的运作。正泰产权制度的三次变革，都是不同的外部环境和内部管理需要的前提下进行的，其中第一、第二次变革属于正泰一次创业时期，第三次变革属于正泰集团二次创业时期。

正泰集团在一次创业时期，充分发挥了家族企业的统一指挥、机动灵活的优点，但是随着企业不断地发展壮大，家族企业也给正泰带了诸多的不利影响，主要表现为：第一，家族企业无法适应正泰发展对人才的更高需求，存在着严重的人才危机和信任危机，家族企业成了合理吸纳和利用人才的最大障碍；第二，家族企业无法提供正泰发展所需要的科学有效的管理机制，看似事必躬亲、管得宽、抓得细，实际上是既辛苦、效果也不一定好，而且容易出问题，常常是管理出现漏洞，经济造成损失，亲情出现失落；第三，家族企业不能给正泰的发展提供正泰的战略方向指导，因为家族企业是家长说了算，缺乏来自企业内部和外部有效的监控、反馈和制约，这使得企业战略决策的正确性和准确性大打折扣，往往造成决策的浪漫化、模糊化和追求时髦；第四，家族企业无法适应正泰发展对资金的需求，因为正泰要发展必然要花大量的钱搞技术创新、建营销网络、调整产品结构，走生产规模化经营的道路等，而家族中是不可能提供那么多资金的。

为了解决上述家族企业的诸多弊端，正泰首先进行了企业集团化的有益尝试。1994～1995年间，正泰决定以全资公司“温州正泰电器有限公司”为核心，以其在当地相对较强的资金、技术及管理优势，与原有某种资金纽带关系和生产协作关系的48个企业进行联合，组建了“正泰集团”。组建后的正泰集团在很大程度上使集团内部各公司之间达到了产品互补、资本互补、市场互补、资源共享、互利互惠，产品领域迅速扩展、延伸，形成了门类齐全的大企业。

然而，在集团化过程中，由于正泰的股份结构、集权分权，管理层次并未进行根本性调整，也未形成规范的公司法人治理机构和科学的管理模式，以致新加入正泰的企业仍然保持其法人代表资格，集团最终并没有真正形成统一的领导核心，反而产生了“企业多、难管理、法人多、难治理”的局面。由此，家族企业的问题不仅未能得到很好的解决，反而引出了集团化形集神散的新的问题。

那么，正泰究竟如何才能彻底摆脱家族企业的困扰，并解决集团化过程中带来的新问题呢？按照现代经济学的观点，出路只有一条，那就是正泰必须结合企业自身的实际情况，进行产权制度创新，用现代产权制度打破家族一元化的产权结构，并以资产为纽带，以产权结构多元化为突破口，重组集团，建立母子公司制模式，不断完善现代企业制度，这也是正泰二次创业的核心和关键。只有这样，正泰才能完成从家族式的股权结构逐步完成社会化股权结构的历史性转变，为企业的更大发展奠定牢固的资本基础。

二、规模创新

我国的民营企业在发展初期常常是在夹缝中曲折成长，通过拼搏，完成了资本的原始积累，使企业形成一定规模，正泰也是如此。正泰是由生产最简单的低压电器元件起家的。1984 年，以 5 万元资本与人合伙组建"求精开关厂"（正泰集团的前身），并抓住机遇，使产值从 1984 年的 1 万元上升到 1991 年的1 000多万元，基本完成原始资本的积累，形成了一定的规模。这种靠自身积累形成一定规模的扩张方式，为正泰走向资本重组扩张，真正形成较大的规模奠定了坚实的资本基础。

但是，世界上没有一个大集团是单纯地依靠自身积累而进行规模扩展的，因为依靠自身积累进行扩张的速度非常缓慢。那么，还有什么办法能较快地实行规模扩张呢？那就是正确运用资产重组的方式。正泰在这一方面做得比较好，不仅切入点准确，而且运作得也恰当。其特征是确立电器专业的一元化规模扩张发展战略。在完成原始资本积累过程，企业也有了一定规模，也有了一定资金的时候，在确定企业的产业结构、产品结构及发展方向上，面对各种各样的投资机会和发展方式，很多民营企业往往会迷失方向，看不清机遇中相伴的危险，从而不知不觉地走了多元化经营的路子。企业多元化经营其初衷本来是想降低企业所承担的行业风险，是出于企业经营稳健性和生存能力的考虑，但是，多元化经营意味着向横向或纵向等相对佰生的领域发展，"隔行如隔山"，必然会遇到各种各样的困难。这就要求企业决策者在介入时一定要采取审慎的态度，从企业的长期发展战略高度决定介入的时机和发展的速度，以免陷入多元化经营的陷阱。因此，对于多元化经营，任何一个企业都必须慎之又慎。这对于正泰来讲，也不例外。尤其到了 1996 年，正泰在进行产权制度变革时，这个问题尤为关键，因为它会影响正泰产权制度变革的取向。对此正泰作出认真的思考和分析。

首先，低压电器具有广阔的市场空间；其次，尽管低压电器市场广阔，但是国内已有 6 大低压电器生产基地，另有 1 000多个生产厂家。另外，国际电器巨头西门子、ABB、富士、三菱先后在我国进行合资生产高新技术产品；再次，正泰的产品虽然在国内行业属前列，但在国际中尚属中档，还未以高新技术，现代电子信息技术去真正占领低压电器产品的制高点，还未形成有分量的知识产权及较多的专利技术，在国际竞争中，还未占一席之地。同时，在发展初期，正泰的资本、人力、物力、体制都不具备搞多业并举的优势。

由此，正泰提出：以市场为导向，以增加企业经济效益和滚动发展为目的，以产权制度创新、技术创新和管理创新为动力，围绕电器产品专业作文章，把企业做精、做强、做大，升级换代，形成规模，保持品牌优势，扩张发展，逐步占领国内外市场，最大限度地拓展市场空间，力求利润最大化，逐步带动资本低成本扩张的一元化经营战略。该战略的确立，为正泰形成大型企业集团奠定了不可或缺的规模创新发展的指导思想。

三、治理结构创新

在进行规范化股份公司制产权制度改革以前，正泰的治理结构并不健全。为此，正泰在产权制度变革时，重点建立并完善了治理结构，其重点放在以下几个方面：第一，完善股东大会、董事会、监事会及总经理的人员结构，变家族管理为专家管理；第二，对母子公司的权力范围进行重新调整，使集权和分权适度；第三，强化监事会的职能，提高监控力度。具体而言，正泰集团治理结构上的创新，主要包括以下几点。

1. 合理化治理结构的人员构成

对治理结构的组成人员进行调整，主要是减少家族企业在管理中的影响。首先对其进入领导层的直系亲戚进行剥离，大幅度降低家族成分比例；其次是对股东大会的人员进行调整，主要由中小股东代表所组成，以便在重大问题决策时，能更好地维护他们的利益。目前在法人治理机构中，非家族股东成员占 60%，非股东人员占 20%，血亲关系的家族股东仅占 20%。而在经营执行层中非股东人员占总量的 85%，大量外来的优秀管理人员和科技人员进入了领导层，初步做到了资本所有权与生产经营权的适度分离。

2. 精简治理结构的脉络

为了使法人治理结构层次脉络清晰，简化管理层次，提高办事效率，正泰在安排治理结构时，实行组织机构三位一体，即正泰公司集团、正泰公司集团的母公司、正泰集团公司的全资子公司，三者合一，一套人马，对内统一进行职能管理，对外代表正泰集团。由于机构的精简，正泰集团真正形成了核心的领导班子，对集团各成员企业产生了统一理念下的向心力和凝聚力，充分体现了集团公司的核心作用和领导地位。

3. 强化治理结构的制衡机制

在正泰初期，由于规模小，领导层由家族成员所组成，决策层成员又是执行层成员，在执行过程中可以随意改变原讨论的统一意见，各行其事，同时在执行过程中，不受任何部门监控，加之企业法制建设不健全，缺乏管理章法，因此整个经营活动缺乏制约。由此产权制度变革调整迫在眉睫，调整后的产权制度形成了决策机构、执行机构和监督机构的三权分立，3 个机构分别执行 3 种权力，各司其职，各负其责，相互监控。这相对于正泰而言，是一个质的飞跃。

4. 法治化治理结构

正泰的治理结构创新，打破了创业初期以人治为主的治理结构模式，建立了一整套严谨、规范、操作性强的制度和规章，构筑起管人管事相结合的全新管理体系，逐步走向了法治为主的治理结构模式。在管理组织机构上，做到精兵简政，尽量减少管理中的交叉层次。首先建立了详细完备的规章制度，并颁布了300多个企业法规，这使正泰的制度建设得到了完善，并提高了管理系统的效率；其次，建立了一整套有效的考核系统，以确保各项规章制度能够得到不折不扣的贯彻执行。

5. 人本治理结构

正泰的治理结构创新，还表现在正泰的管理是以人为本的管理，树立了正确的人力资源观。实现了由多层次内容构成的人力资源战略。首先是广开渠道招引人才；其次是不拘一格使用人才；再次是想方设法培养人才；最后是建立企业家庭。

四、技术创新

技术创新可以扩大企业的市场需求，可以提高产品质量和降低产品成本，使企业具有强大的竞争力和生命力。正泰在创业中充分认识到这一点，并在技术创新中提出了“技术创新三个层面”，第一个是“赶超层面”——1999年正泰在美国硅谷建立研究机构，主要从事基础、前瞻性的世界科技前沿课题的研究，以及最新产业技术的研究和开发；第二个是“更新层面”——以上海科研机构为开发中心，主要任务是直接对口服务于产业集团，为相关产业提供全方位的技术支持；第三个是“提升层面”——各分(子)公司的技术部门、工艺部门主要承担现有各产品工艺设计和改进，产品品质的提升。

同时在掌握核心技术上，正泰的做法是：

(1)在技术定位上，确立“市场以我为主”的原则，坚持“三个预测”。在确定产品开发的技术定位时，要预测产品的技术寿命，市场容量和能获得的经济效益。

(2)在新产品开发上，确立“完全知识产权”的原则，坚持“决策三思”。

(3)全方位地吸引国内外的技术人才。

(4)不断培养、造就企业技术人才。

(5)广泛利用社会科研力量为正泰服务。

(6)为技术创新建立一个有效的激励机制。

目前，正泰正在实现两个转变：一是产品由机械化向电子化、智能化、模块化、小型化转变；二是生产由劳动密集型向技术密集型转变。由于正泰加快了科技与经济的结合，加快了技术创新，这为正泰挑战国内外市场的核心竞争力和企业可持续发展提供了动力。

五、市场经营创新

市场经营活动实际上是企业在风险与收益中的一种避风险而求收益的利益选择，这种选择能否成功，首先是来源于选择者的利益约束。那么经营活动的利益约束从何而来？那就是产权制度的完善。所以正泰集团的产权制度变革引起了市场经营活动的创新。其内容主要有以下几个方面。

1. 树立超前的市场经营理念

“先创牌子、后赚利润”，“质量第一，用户第一”等等已成为深入正泰人心的经营理念。多年来，正泰坚持推行品牌战略，提供质量保证，以用户需求为中心，开展了一系列富有成效的工作。

一是建立和完善ISO9001质量体系，严格执行产品的国内外认证；二是完善用户满意工程，用户满意是正泰产品质量的最终标准。多年来，围绕用户满意工程，正泰做了大量的努力：加强产品销售的技术服务；加强质量跟踪；加强产销联谊；组织用户评价、加强社会监督，进行打假治劣。

2. 组建新型营销网络

正泰的市场营销网络组合与管理，是以提高企业的营销效率和经济效益为目的，以遍布全国各地具有经商实力的温州人及正泰著名品牌为优势，建立了以全国省城和主要工业城市为中心，以地级城市为重点，以县级城镇为辐射点的三级营销网络。并以有效管理和企业资源优化配置来保障营销网络高效运行。具体地说，包括以下特点。

(1)以特许经营方式拓展营销网络。在建立特许经营过程中，正泰投入一部分垫底资金及信用周转金，以“正泰”的无形资产折合一定股份参股，设立正泰销售公司。变过去销售中“散兵游勇”单向出击为“正规军”整体推进。

(2)正泰与经销商统一运作市场。正泰在营销网络建设中，还建立了符合新形势下的营销机制，统一组织，统一策略，形成了正泰与销售网点之间的利益共同体和价格同盟。扶持优秀销售网点，使其销售做精、做强、做大，并成为正泰的营销中坚力量。

(3)创新具有地方特色的营销组合。根据各地具体情况，因地制宜，以重点销售公司为龙头，进行了营销组合创新，实现了营销的多制运行方式。例如，山东母子销售公司的代理开发联购分销形式，吉林公司的分片开发联购分销模式，河南公司的分级营销模式，北京及新疆的总库外移配货送货模式等。

〔供稿单位：正泰集团〕

全球经济一体化中德力西战略发展的思考

德力西集团有限公司

知识经济、信息经济、网络经济、技术经济、品牌经济等等，促使企业不得不调整产业结构和发展战略，企业主体之间的战略大联盟、大合作、大兼并、大重组、大整合，将促进国际大市场资源要素的大调整、大分配、大集中。而中国成功地加入了世贸组织，更加速了中国企业参与全球经济竞争与发展的进程。中国作为世界上最大的发展中国家，在推进全球经济发展和经济格局多元化中有着举足轻重的作用。2001年11月17日，国务院办公厅下发了“关于发展具有国际竞争力的大型企业集团的措施”的文件，这个文件是针对“十五”期间，提出发展一批拥有著名品牌和自主知识产权、主业突出、核心能力强的大公司和集团。主要工作原则是在国民经济的关键领域和重点行业，根据专业化规模结构和规模经济的要求，择优重点发展一批资金技术密集型的企业集团，成为跨行业和企业组织结构，带动产业升级的主导力量。这表明了政府的压力和决心，中国已经明显感觉到，要与世界“巨无霸”竞争，小而全的企业是不行的。综合国力和竞争能力的提高，需要培育、扶持一批规模和实力都强大的优势企业。

德力西作为中国电气行业的知名企业，如何适应并参与全球经济一体化和WTO的挑战，是当前也是“十五”规划中的重中之重。

一、德力西概况

德力西集团是以输配电气为主业的国家大型工业企业，主要生产高压电器、低压电器、成套电气、仪器仪表、交通电器等产品，同时涉及金融业、地产业、贸易业、服务业，是一个同心多元发展的现代企业集团。现有员工13 000余人，集团下属企业70多个，另外还有700多个协作企业，同时还在全国300多个城市和40多个国家与地区设立了600多个销售公司，生产产品已达300多个系列3万多个规格，企业综合实力位居全国民营企业500强第5位。

德力西创业于1984年7月，经过多年发展，企业已从一个小型企业壮大为全国性无区域企业集团，全国机械工业管理示范企业、全国重合同守信用企业、全国质量管理先进企业、农业部最高利税总额企业。德力西的技术力量雄厚，不仅设有研发中心、工程技术中心、电器科学研究所，经国家人事部批准设立了博士后科研工作站，还在德国成立了研发中心，在上海成立了技术中心，技术研发一直伸向世界前沿，形成了国内外同步的技术研发体系。在出口创汇上，已经国家外经贸部批准成立了进出口公司，并连续多年被国务院研究发展中心评为中国最大的低压电器出口基地。德力西商标为中国驰名商标，中国10大最受欢迎商标和美中著名品牌。德力西的经济快速发展，引起了党和国家领导人的高度关注。胡锦涛、江泽民、曾庆红、李鹏、李瑞环、尉健行等党和国家领导人先后莅临视察德力西，对企业的创新和发展给予了充分的肯定。

二、调整产业结构，实现“五业联动”，形成大经济格局

综观中国电气行业发展态势，尤其是低压电器行业，由于总量的限制，企业的发展空间必然受到影响。而企业要参与国际大竞争，必须要做强做大，小而全是没有竞争力的。在做强主业的同时，扩大规模，同心多元发展成了必然趋势。根据这一指导思想，德力西在努力把输配电气这个主业做精做强的基础上，向金融业、地产业、贸易业、服务业延伸，实现“五业联动”，互济互补，以做大规模。目前，德力西的大产业框架已基本形成，即从浙江温州总部生产工业电器向长江三角洲延伸，构建上海生产成套电气、杭州生产仪器仪表的“金三角”工业产业框架；以兼并乌鲁木齐市两个国有企业为基础，投资建立新疆德汇置业有限公司、新疆房地产开发有限公司等为核心的地产业、贸易业，并向四川成都、云南昆明辐射，形成西部“金三角”地产贸易业产业框架；以美国世纪德兰国际投资有限公司为核心，形成德国研发中心、香港贸易中心等多元产业的国际“金三角”产业框架。这3大“金三角”的5大产业联动，形成大产业、大经济格局，促进企业大发展。

三、加强企业战略联盟与技术合作，快速提升企业的国际竞争力

国际化战略，本土化运作，是公司新的经营方针。通过与美国、德国等世界上著名的国际大公司的战略联盟，开展技术、项目的合作，“借船扬帆”，以尽快提升企业自身的技术创新能力和品牌知名度。德力西与德国、日本公司的合资合作，已取得明显成效，同时以美国世纪德兰国际投资有限公司，德国研发中心为载体，广泛引进当地的高级管理人才和技术人才，“嫁接”先进的管理经验和技术水平，使企业的竞争能力得到快速提高。另外，德力西充分发挥了博士后科研工作站和研发中心的作用，利用比较优势，加快科研及新品开发，促进企业科技进步。

四、努力形成具有自主知识产权的产品，增强核心竞争力

从20世纪90年代中期德力西就推行全面质量管理，先后通过了ISO9001质量体系认证、ISO14001环境管理体系认证和OHSAS18001职业安全卫生体系认证，这等于铺平了通向国际市场的道路。产品已获得生产许可证、安全认证和CCC认证，部分产品还通过了美国UL、FMRC认证、加拿大CSA、德国VDE、GS认证、欧盟CE认证和国际CB认证。

中国入世后，随着国内市场国际化，国际市场国内化，以及国际贸易规则的普遍运用，知识产权是一个十分敏感而迫切需要高度重视的问题。没有自主知识产权的产品，不可能形成核心竞争力，也就难以在市场竞争中立足。2002年，德力西投资1.5亿元进行设备更新及技术改造，累计开发新产品共90项，被列为省级计划的10项，国家级计划2项。德力西低压电器及成套电气设备率先进入国家酒泉卫星发射中心；PPC—7810电脑保护神系列产品，填补了国内计算机配套电源的空白，入选为中国企业新记录；博士后科研工作站科研成果《低压电器可靠性理论及测试技术的研究》获得国家科技进步二等奖。但是，应该清醒地认识到，中国企业自主开发能力还不强，这方面工作还必须强化，使主导产品都能够成为具有知识产权的产品。目前，德力西已成立了知识产权管理部，这方面工作的力度正在不断加大。

五、实施品牌战略，培育国际品牌

21世纪的竞争，已成为名牌之间的竞争；21世纪的经济，是品牌经济，这已成为企业界的共识。实践证明，国际国内最具竞争力的是以人才优势和技术优势支持起来的具有特色文化内涵的品牌。“德力西”作为中国驰名商标，在国内享有一定的知名度，但要走上世界，要想与国际竞争，还远远不够。因此，必须要打造强势品牌，实施新的品牌战略。德力西的品牌发展战略可以这样概述：行业品牌大众化，国内品牌国际化。

首先是努力从目前的机电行业品牌向大众化品牌转移，以提高品牌的受众率和认知度，为跨向国际做好充分准备。

其次是大力整合营销网络，把营销作为一个产业体系来建设，实现“独立经营，资源共享”的全球营销战略，使品牌价值得到有效发挥。

第三是以“品牌”为旗帜，利用品牌进行资产重组、兼并联合、参股控股、规模扩张，使品牌价值最大化。

第四是通过各类媒体、公共关系、社会活动、公益事业等传播手段，创意、策划、开展个性鲜明的特色系列活动并大力宣传，扩大影响力和美誉度，提升德力西品牌形象。

第五是传播品牌特色文化，挖掘品牌综合资源，拓展品牌世界市场，提升品牌国际信誉，真正实现由中国名牌向世界名牌跨越的目标。

六、建设企业文化，成就百年企业

任何一个企业家，都希望自己的企业能够持续不断发展，能在激烈的市场竞争中立于不败之地，能把企业成就为“百年老店”。但是，百年企业古来稀。有人做过统计，全球的100家大企业里，寿命超过80年的不到20%，而中国的企业想要圆一个百年梦，道路还很遥远，任务也十分艰巨。众多研究者在分析、比较、总结全球“长寿”企业的秘诀时，几乎形成了一个共同观点：那就是这些企业都非常注重文化建设，有着各自的独特文化体系。企业文化，是企业员工共同价值观的体现，是企业综合实力的体现，是一个企业文明程度的反映，也是知识形态的生产力转化为物质形态生产力的源泉。企业文化的功能和作用越来越受到企业尤其是企业家的高度关注。

德力西将根据企业的实践和发展战略，从以下几个方面建设企业文化：

(1)加强制度建设，形成制度文化，规范企业和员工的行为。通过制订并建立健全各项规章制度，并强化实施，落实措施，使企业和员工自觉遵守、执行，形成制度第一、总经理第二的严谨的工作作风。

(2)实施企业文化管理，树立共同的价值观。通过企业理念的宣贯，强化人本原则，逐渐由人才文化向人本文化转变，创造人才发展环境和公平竞争环境，使德力西的共同价值观得以实现，增强员工的亲和力，凝聚力，真正形成事业留人、文化留人的文化氛围。

(3)由文化管理向文化领导迈进。德力西的企业宗旨是“德报人类，力创未来”，在树立起共同价值观的前提下，致力改革创新，发挥潜能和工作的主动性，逐渐培育员工广博的胸襟，崇高的境界，为社会、为人类的进步做出更大贡献，以促进企业持续、健康、稳定发展。

七、“十五”规划目标

1. 总体发展思路

以品牌为旗帜，以输配电气为主业，同心多元化发展，逐步实现生产国际化，营销国际化，技术国际化，人才国际化，品牌国际化，真正成为全球性生产经营的现代跨国企业集团。

2. 主要目标任务

实现产值100亿元，力争达到150亿元。销售收入150亿元，资产总额50亿元，出口创汇15 000万美元。

〔撰稿人：德力西集团有限公司董事局主席兼CEO 胡成中〕

企业信息化

白云电气走过IT这道坎

广州白云电器设备有限公司

广州白云电器设备有限公司(以下简称白云电气)是广州市白云电气集团有限公司的核心企业，成立于1989年。从村级小五金厂发展至今，已有员工1 200多人，现代化厂房8万m^2，具有国际先进水平的进口数控设备100多台(套)，具有国内先进水平的加工设备300多台(套)。生产15大类60多个系列1 000多个品种的高、中、低压电器及成套设备，自动化产品和通讯机柜等，是原国家机械部认定的高低压电器成套设备定点生产厂家。1999年被广州市科委认定为“高新技术企业”。2000年被广东省政府授予“先进集体”称号，2000年9月15日通过国家863专家组评审，被认定为“国家863计划CIMS应用示范企业”。

一、起步阶段

随着全球信息网络技术的发展，市场竞争日益激烈，电气产品的生产面临着不断缩短交货期、提高质量、降低成本和改进服务的压力。白云电气虽然早在1992年就开始应用CAD、Office等设计软件和管理工具，但由于没有统一的工作环境，设计资源各自为政，形成了多个数据管理“孤岛”。市场的快速发展与管理手段的相对落后制约着白云电气的发展。因此，实施高度集成化的CIMS系统成了企业自身的迫切需要。

为了保证整个CIMS工程的顺利实施，白云电气建立了以总经理直接领导、以计算机中心为主力的系统实施小组，由计算机中心负责整个CIMS工程的组织、实施以及日常维护。计算机中心由总经理直接管理，下设PDM管理科、CAPP管理科、ERP管理科以及系统管理员等岗位，这种以总经理为直接领导者的系统实施小组，成为了项目坚实的基础。

二、科学实施

实施信息化工程必须要有坚实的经济基础和超前的投资胆略。从1992年至2001年，白云电气总共投资2 300万元用于构建信息化平台，其中网络硬件投资650万元，占投资总额的28%，用于购买软件、系统开发和维护的投资1 650万元，占投资总额的72%，而这些投资全部是企业自筹资金。

为了保证CIMS系统在白云电气实施成功，白云电气在系统实施前期聘请了多方专家进驻工厂调查研究，以“实用、适用、好用，具有长远的先进性”为指导思想，经过多轮对比选择，最终确定由清华大学艾克斯特公司实施CIMS项目中的CAD、CAPP、PDM部分，由机械部第七设计院实施ERP部分，由广州灵狐工程公司实施财务软件部分，由广州三九公司实施考勤软件部分，并邀请广东工业大学有关专家组担任整个项目的监理及系统实施指导。

为了建好过硬的硬件平台，白云电气构建了以计算机中心为网络中心，以总长3 800m，被称为“白云内环路”的100M光纤主干道为纽带的企业内部信息网络，使各车间、各部门之间的信息沟通畅通无阻。

三、无缝集成

白云电气BYE—CIMS系统主要包括设计系统、ERP系统和财务管理三大块内容。

在设计系统方面，为保证企业设计数据能和其他部门共享，同时保证系统的无缝集成，公司选用的二维、三维CAD软件全部采用国际化、标准化、通用化平台应用软件，并对所有的设计信息制定了相关的技术规范，实现从二维设计软件(XTCAD)到三维设计系统(SPI、MDT、PRO/E)、产品工艺数据管理系统(CAPP)以及到数控加工中心系统(CAM)的信息统一集成。

通过建立产品结构计算机管理体系(PDM)生成和管理产品结构树，提供了产品数据的多种查询方式，可以自动生成材料清单(BOM)配置表，为ERP系统提供数据接口，实现产品设计系统与生产管理系统之间的无缝集成。计算机辅助工艺系统(CAPP)的实施，实现了各种工艺文件的计算机辅助生成，为其他设计系统和管理系统提供了工装模具清单、外购材料清单、检验要求、材料定额、工时定额等重要的基础数据。

除此之外，白云电气ERP系统包含了销售管理、合同管理、生产计划管理、物料管理、库存管理、车间作业管理、财务管理、成本管理、质量管理、人事管理等十几个管理模块，几乎囊括了一般制造企业的所有经营管理活动，建立了一套科学、有序的工作流程，实现了从产品订单到资金回笼的“一条龙”自动化、规范化管理。

在建设过程中，白云电气以ERP为核心，实现了CAD、CAM、CAPP、PDM等系统的无缝集成。通过无缝集成，组织起统一的设计、生产信息数据管理系统，保证信息内容的惟一性、完整性和有效性。为在全公司范围内顺利推行信息化系统，白云电气从1998年开始每年组织培训上万人次，98%以上的管理人员、技术人员和经营人员等都能熟练使用计算机，充分发挥了高素质人才在信息化管理中的领跑作用，也打造了众多的技术骨干。

四、丰厚回报

高效集成的计算机集成制造系统为白云电气带来实实在在的效应。

资料显示，BYE—CIMS工程大大提高了公司的研发和生产能力：图纸电子化使查询一张图纸的平均时间从1998年的10分钟缩短到现在的4秒钟；工程产品设计周期缩短2/3，未实行计算机辅助设计以前，设计一台高压开关柜的图纸最短需要一周，现在最多需要2天；产品生产周期缩短1/3，原来生产一台主高压开关柜最短需要15天，现在最长仅需6天；通过采用PRO/E设计软件进行计算机模拟仿真设计开发的SF_6开关、SF_6环网柜，其技术指标全面超过了国外同类产品；完全采用三维设计的110kV自能式SF_6断路器各项性能指标均达到国际先进水平。

在采购和生产成本方面效果也非常显著：1998年未实现生产管理信息化之前，仓库管理完全依靠手工，难以掌握信息，造成物资积压，物流管理电脑化后，查询库存情况方便，避免了物料积压，2001年的平均库存率比1998年下降14%；采购计划编制周期缩短96%以上，1998年未实现采购管理信息化之前，编制一台KYN手车柜所需零配件的采购计划需要3个人工作2天才能完成，现在只需要1个人在2个小时内就全部完成，准确率从1998年的80%提高到99%，采购齐套率从65%提高到96%；产品工艺规范化提高了材料利用率，物料管理信息化减少了物料损耗，生产计划信息化加快了半成品的流通速度，降低了生产管理费用，报价期缩短85%以上，2001年生产成本比1998年下降13.5%。

五、二次工程

白云电气的信息化工程已经得到有关专家的认可，实际运行也较为成功，为企业带来了可观的经济效益，但它还存在许多需要完善的地方，还需要在前期完成工程的基础上启动二次工程，为此，白云电气拟定了相关的目标。

第一，全面实现三维设计。通过二维设计平台向三维设计平台的迁移，提高产品设计水平，制造出更多更好的精品，使公司技术、工艺、质量达到国际一流水准。通过技术创新,实现"技术持续领先,创造国际品牌"的发展战略。第二,实现管理决策信息化。目前现有的ERP系统是以生产组织为核心,在企业决策支持上还有一定的不完善之处。通过业务流程重组,提高系统的分析水平,为领导的战略决策提供科学、准确、全面、及时的信息,实现决策"数据化、科学化"。通过管理创新,使企业在稳健的基础上提速发展。第三,实现市场、生产、服务信息一体化。随着宽带网络技术的发展,将BYE—CIMS系统延伸到全国各地的分公司、控股公司、办事机构和服务机构等,将市场观念导入生产系统,将服务意识注入技术系统,提高市场占有率。通过观念创新,实现由以管理为核心向以用户为核心的转变。

六、信息化历程

1992年开始引入计算机管理,仅用于简单的画图和文字处理;1994年组建了小型局域网,开始在设计部门应用CAD制图;1996年组织技术人员到北京、青岛等地调研企业信息化发展方向,勾勒了白云电气信息化发展蓝图;1998年至1999年初开始邀请多方专家到工厂调查论证,初步确定信息化实施方案;1999年初正式启动白云电气计算机集成制造系统(BYE—CIMS)工程;2000年9月15日,历时一年半的白云电气BYE—CIMS工程通过国家863专家组评审,被认定为"国家863计划CIMS应用示范企业"。

〔撰稿人:广州白云电器设备有限公司李月明、伍忠齐〕

实施CIMS工程,实现特变电工跨越式发展

特变电工股份有限公司

特变电工股份有限公司是中国变压器行业首家上市公司,国家级重点高新技术企业,中国大型输变电产品的生产和国际工程承包企业,拥有对外经济技术合作经营权。经营范围涉及变压器、电线电缆、新能源、新材料等领域。主导产品750kV级以下的电力变压器、750kV级以下的绝缘架空线广泛地使用在全国31个省市电网电源建设及"三峡工程"、"西电东送"、"西气东输"、"青藏铁路"等一大批国家重点工程中,并远销阿联酋、马来西亚、苏丹、澳大利亚、加拿大、新加坡等24个国家和地区。目前公司拥有7个全资子公司、4个控股公司、15个参股公司,总资产约50亿元,员工4 300余人,其中大专以上人员占60%。公司在行业中较早建立了博士后工作站、国家级技术中心,并在全国同行业中率先通过了ISO9001、英国皇家UKAS、美国FMRC质量体系认证,国际IEC电工采标认证和OHSAS18000职业安全、卫生认证及ISO14001环境管理体系认证,变压器和电线电缆分别通过了意大利CESI试验和荷兰KEMA认证。

地处西部边陲的新疆,在无资金、无技术、无市场的前提下,特变电工的超常规的高速发展引起了国内外同行和国家领导人的广泛关注。从1998年起,短短5年的时间内,江泽民、胡锦涛、朱镕基、贾庆林等十余位党和国家领导人视察了特变电工股份有限公司,并对特变电工的发展给予了高度评价。

那么,是什么造就了特变电工,是什么力量推动着特变电工后来居上?回顾特变电工的发展历程,我们清楚的认识到,除了不断地对企业进行机制、管理、技术的创新与变革之外,实施CMIS工程,借助信息技术对传统产业进行改造提升,是我们取得发展的关键所在。

一、CIMS项目的提出

现代化的管理,需要先进的管理思想,高效务实的组织结构,畅通、无阻碍的信息流通和反馈;企业资源的优化配置,需要对资源存量、资源流动趋势和调控资源达成目标的信息进行收集、整理、分析、预测和控制;企业决策者做出正确的决策需要真实、准确、及时的辅助信息;而这一切离不开信息处理的工具——计算机。信息只有在传播、处理、提炼的过程中才有价值,网络连接计算机构成信息流通的通道。

面向21世纪信息化的社会,国家在构筑自己的信息高速公路,企业做为社会中最活跃的力量,建设企业自己的信息高速公路,不仅是时代发展的要求,更是企业自身适应激烈竞争,提高生存能力的必然。

特变电工从20世纪90年代初就开始尝试计算机辅助管理的手段。1993年实行了会计电算化管理,构建了财务管理的局域网。1994年,针对生产特种型号变压器工艺复杂,技术要求高的实际情况,在推行CAD/CAM工艺技术方面下了较大功夫。前后共投入600余万元用于CAD/CAM系统建设之后,1997年又投入5000余万元用信息技术改造传统设备,实现数控加工和过程自控、自测和自检等技术。生产制造中大量引进国内外具有CAM功能的先进设备,如微电脑控制的绝缘加工中心、铁芯剪切线、汽相干燥设备等等,关键生产环节实现了无图化、无差错自控制造,大大缩短了产品设计和生产周期、优化了产品结构、提高了整体技术水平、提高了效率和对用户的个性化服务能力,增强了市场竞争力,开创了技术管理工作的崭新局面。

但随着特变电工"一个立足,两个面向"发展战略的实施,目前,变压器产品已形成了西北(新变厂)、华北(天变公司)、华南(衡变公司)三足鼎立的制造之势,电线电缆产品也形成了西北(新缆厂)、华东(山东鲁能)和西南(德缆公司)遥相呼应的格局,同时,营销网络已延伸到全国31个省区和24个国家和地区,企业保持了高速发展,企业规模不断壮大,企业内外部信息极度膨胀,市场的随意性和人为因素带来的管理矛盾越来越突出,现有的管理方式已不能准确、及时地提供企业现有资源配置(如生产、营销、设计、财力)和管理上的动态信息,使企业整体动态控制协调能力无

法满足企业市场竞争之要求。必须建立一套更科学、更先进的管理模式,才能在市场竞争中立于不败之地。在自治区科委协助下,通过专家组的共同论证确定了"总体规范、分步实施,以CIMS管理思想为核心、以特变电工十年发展的根本优势为特点、以信息化建设为基础、以应用和效益为目的的特变电工管理体系"原则,确定以ERP系统作为CIMS第一期工程的实施方案。

二、CIMS项目的实施

1999年9月18日,特变电工正式启动CIMS一期工程——ERP工程。

工程在设计时结合企业信息化建设的特点,充分考虑系统的前瞻性、实用性、易维护性、安全性等要求,企业主干网使用千兆网络;主服务器使用小型机;软件上采用OA(办公自动化)系统,连接ERP各大功能模块,实现企业信息共享。

三、CIMS项目的效果

经过特变电工ERP近二年的实施,我们认为取得如下阶段性效果:

1.促进产品结构变化不断深化、缩短设计研发周期的PDM

从1999年开始,行业内的部分企业低价倾销,使得常规产品的利润率进一步下降,为此公司加大了主导产品——变压器和电线电缆新品的开发力度,借助于CIMS手段,以2002年为例,共开发60余项新产品,新产品率达35%,新产品的利润约占利润总额的40%以上,科技进步贡献率达到55%。

(1)在产品设计环节上,应用PDM系统,实现了产品设计、产品工艺、产品项目管理、业务流程、文档管理等方面的高度集成,做到了资源共享、优化设计,优化图纸设计和工艺会签的审批流程,以变压器产品为例,原来110kV新品的设计周期为30天,目前缩短为10－15天;220kV产品的设计周期从60－90天缩短为25天左右;线缆新产品的定额计算,传统方式需要近一个月的时间完成的工作不到半个小时即可完成,这大大提高了响应市场的速度,为企业提供高附加值的产品和服务提供了坚实的基础。

(2)借助于CAD技术,使新产品投放一次成功

变压器产品计算单电算化利用三维组装模拟系统的启动,使设计造成的差错率几近为零,极大地避免了设计差错带来的浪费,使原年年设计生产能力仅为350万kVA的新变厂,目前达到了年产950万kVA的能力,110kV产品的人均劳动生产率连续三年稳居行业之首。

(3)产品的图纸通过internet网及时传递给用户,极大地方便了设计联络和技术交流。目前大部分的设计评审采用电子评审方式,使原来评审需要2－3周时间,目前缩短为2－3天,由于投产前的充分交流,使产品到货的一次投运合格率达到了99.99%以上。

2.实现动态成本控制,缩短标书制作时间及时准备反馈市场的EMRP

由于CIMS系统的应用,使企业营销过程中的资金流、商品流、票据流、信息流实现高度统一。从根本上解决跨地域营销管理中存在的数据反馈不及时、不准确、不安全等问题。它还能提供多种市场预测及分析方法,增强营销决策支持能力。从而有效控制和降低营销过程动态成本,提高企业经营效益和市场占有率。

(1)靠近市场的标书制作系统的建立,提高了企业对市场的响应能力。

2000年以前,特变电工的标书制作一直由驻外办事机构购买标书空运总部,总部投标小组制作标书,再空运办事机构组织投标方式进行,这一般都需要半个月左右的时间。由于标书制作人员不了解市场的信息,标书的承诺不能够根据市场变化而调整,贻失了大量的商机。

CIMS工程在营销系统运用后,驻办机构统一配备电脑,总部统一建立标书知识库,营销人员在当地进行标书制作,采用网上评审的方式,标书的制作可以在1天之内完成。由于市场信息的高度对称,标书承诺可以随时根据市场变换而调整,仅此一项,就使公司市场占有率提高了近30个百分点,特别是招投标节奏变快后,对于3日内必须完成投标书制作的项目,让我们能够比竞争对手抓住更多的机会,赢得了很多高价规范的市场区域。具不完全统计,仅标书制作一项变革,每年可以为公司节约邮寄成本开支12万元左右,加上人工费等,每年仅此一项就可以节约80万元左右。

(2)实现用户信息的共享,为挽留老客户,不断开拓新客户创造条件

由于针对客户资源的信息化管理,保证了公司根据不同的用户和不同市场需求,提供差异化和个性化的服务。目前特变电工固定大客户群体达到300多家,110kV产品的市场占有率已稳居全国首位。电线电缆产品也在激烈的市场竞争中建立了西北、西南以及海外的稳定客户群,这在用户选择多元化的今天实在是不容易的。

3.财务更为清晰,结算周期明显缩短的财务应用系统

ERP财务子系统由于建立从原材料采购、产品生产到运输一整套成本控制管理,保证企业投标前可以根据内部的生产能力和外部的不同竞争环境做到每台产品一个价格的动态报价管理。产品中标后,根据价格和利润倒排产品的制造成本。目前特变电工的产品实现了每台产品一个价,每天产品一个价格的动态价格管理,使企业牢牢掌握了竞争的主动权。

在应收账款管理方面,由于实现了自动挂帐,使得应收账款的统计,得以实时监控。保证了公司的资金安全并大大地控制了运营的风险。

4.靠近市场需求,缩短生产周期的MRPII/CAM系统

由于MRPII系统的运用,生产子系统以订单为中心运行更为完善。使得工序与工序之间、部门与部门之间的衔接更为紧密。标准化程度得以进一步的提高,劳动生产率提升的效果更为明显。

2001年我公司出口孟加拉价值2000万元的产品,正常的产品交货期应为60天,但根据船期和用户现场的自然条

件等限制，要求必须在35天内完成全部产品的生产。为了完成这一任务，我们利用现有的网络技术，与远在湖南的特变电工衡阳变压器有限公司采用异地联合设计和制造，仅用30天就完成了制造，创造了变压器制造史上同类产品生产周期的奇迹。

四、特变电工信息化"十五"规划

特变电工信息化"十五"规划共分三个阶段实施，目的是通过信息化的实施，全面带动特变电工各项制度创新和和升级。

(1)2002年1月～2004年6月为第一阶段，建立特变电工各主要控股子公司、全资子公司内部实现办公自动化、进销存管理、客户关系管理、ERP系统。

办公自动化系统是现代企业普遍采用的一种高效的办公手段。特变电工办公自动化系统主要功能包括：个人事务处理、公文管理、公用信息管理、一般行政事务管理和系统维护。系统目标是：以先进成熟的计算机和网络技术为主要手段，建成一个覆盖企业各办公部门的办公信息系统，提供企业内部各成员企业之间、企业内部各部门之间、企业内部人员之间的信息交换，建立高质量、高效率的企业信息网络，为领导决策和企业机关办公提供服务，实现企业办公规范化、现代化、信息资源化、传输网络化和决策科学化。

进销存管理中主要指通过对"进"、"销"、"存"子系统的综合平衡管理，实现子系统作为自身的数据源并根据需要从中汲取数据；提供综合查询和统计报表功能；根据创建的模型进行企业物流管理方面的预测和提供决策支持方面所需的信息。

ERP是在市场竞争全球化的形势下产生的。特变电工ERP的设计目标是整体控制，动态协调有效资源。将企业各部门构成有机整体，达到信息畅通，反馈及时的目的。通过利用计算机的手段，有效降低企业生产、营销成本，缩短设计周期，提高企业快速响应能力。

(2)2004年6月～2004年12月为第二阶段，以特变电工各主要控股子公司、全资子公司实现OA、ERP、CAD设计的动态联网为目标。

随着特变电工信息化建设的不断深入，规划、构建基于Internet网络的办公自动化、企业资源计划、计算机辅助设计等系统，形成面向输变电设备及产品制造行业的现代集成制造系统平台。实现营销和采购全球化、产品和服务个性化、设计制造异地化、生产组织虚拟化、企业业务流程动态化、管理和技术综合集成化、数字化、知识化。提高企业在信息时代的核心竞争力。

(3)2005年1月开始进入系统地利用特变电工信息化网络平台，高效率、低成本的进行以电子方式实现的商业贸易活动的第三阶段

电子商务是指通过信息网络以电子数据信息流通的方式在全世界范围内进行并完成的各种商务活动、交易活动、金融活动和相关的综合服务活动。B TO B方式是企业电子商务应用最重要和最受企业重视的形式，企业可以使用Internet或其他网络对每笔交易寻找最佳合作伙伴，完成从定购到结算的全部交易行为，包括向供应商定货、签约、接受发票和使用电子资金转移、信用证、银行托收等进行付款，以及在商贸过种发生的其他问题，如索赔、商品的发送管理和运输跟踪等。

几年来，我们在信息化建设上做了一些工作，在全国变压器和线缆行业企业中走到了前列，但我们清醒地认识到，企业的信息化建设是一个长期动态的过程，从一体化之后的世界经济角度看来，特变电工的信息化建设也只是刚刚走完了万里长征的第一步。

随着企业的不断发展，特变电工也将紧紧跟随时代的步伐，不断加强自己的信息化基础，进一步建立完善特变电工PDM/ERP/OA/CAD/CAPP/CAM集成支撑系统，形成电子商务系统、基于网络的制造资源优化配置系统、网络化协作项目管理系统、网络化技术支持服务系统，建立特变电工信息化平台，使不同区域、不同行业的下属企业共享信息，进一步提高企业在信息时代的核心竞争力。

〔供稿单位：特变电工股份有限公司〕

推进企业信息化，赢得竞争新优势

常熟开关厂

常熟开关厂(简称"常开")是专业生产高低压电器及成套开关柜的中型企业，有职工1 417人，其中各类专业技术人员460多人。主要产品有CW1系列智能型万能式断路器、CM1系列塑料外壳式断路器及各类成套高低压开关设备等。

多年来，企业坚持实施创新战略，拓宽企业发展思路，把推进企业信息化作为提升企业市场竞争力的有效手段。在20世纪90年代先后投入2 000多万元，连续进行了4期CAD系统建设；1998～2000年、2001～2002年实施了二期综合业务系统开发。10年信息化历程，企业建成了基于三维技术的产品开发体系，基于无纸化流程的PDM产品数据管理系统，开发了80多个管理模块，覆盖了销售、服务、生产、物流、仓储、车间、管理、财务等各个部门，设立了对内、对外门户网站，大大提高了企业整体竞争力。工厂技术中心被江苏省经贸委认定为省级企业技术中心。企业信息化建设取得了丰硕成果，2002年实现销售收入达4.67亿元，利税总额2.01亿元，并被评为"国家重点高新技术企业"、"全国CAD应用工程示范企业"、"全国机械工业质量效益型先进企业"、"江苏省高新技术企业"、"江苏省知识产权重点保护单位"、"江苏省质量管理先进企业"，成为了全国低

压电器行业知名企业。企业主导产品被国家重点工程广泛采用，深受用户欢迎，取代了进口产品，为国家节约了大量外汇资金。

常熟开关厂的信息化工作围绕科研、生产、营销和办公等方面，广泛利用计算机和网络技术，构筑企业的数字神经系统，全方位改造企业，降低成本和费用，增加产量与销售，提高企业的经济效益。

1.抓住企业信息化源头，深化 CAD/CAPP/PDM 应用

常熟开关厂通过企业信息化提高产品市场竞争力，把现代信息技术与制造结合所形成计算机辅助设计制造技术(CAD/CAM)作为企业信息化的出发点和切入口，把产品信息化作为企业信息化的源头，用信息化推动产品开发，加强产品管理，实现知识积累，促进企业更高层次上的产品和技术的创新。

(1)信息化推动产品开发。常熟开关厂引进发达国家的先进设计和制造技术，组织多层次技术培训，全面普及 CAD/PDM 应用。结合产品开发，企业建立了技术层面上三维技术的产品开发环境。针对用户对断路器高分断、高性能、小产品的要求，运用软件工程分析技术，对产品的机构、动作、装配进行可视化、动力学、可靠性分析，使新产品在生产制造之前就已得到虚拟产品的图片、幻灯、动画以及有关仿真运动参数，增加了产品研制的可预见性，从而大大缩短了产品的技术准备周期。利用 CAD 的装配干涉检验使一次性设计成功率大大提高，提高了新品开发的综合能力。在创新开发手段的同时，强化产品本身的智能化，开发自诊断功能、整定功能、热模拟功能等模块软件，以 CM1Z 系列、CW1 系列为代表的智能断路器，采用了高性能的 MCU 微处理芯片，自主开发的 WINCS 输配电管理系统，新品档次高，实用性、可靠性强，是国内最新型的保护电器产品。

(2)信息化优化工艺设计。工艺设计中可能用到的机床、加工中心、夹具、刀具、量具及各种工艺辅具都可以通过知识库管理起来，工艺人员在进行设计时只需从对应的库中进行选取即可，而无须进行繁琐的手工输入。工艺文件按产品结构树的方式有机地联结起来，方便用户的查询和维护，既减轻了工艺人员的工作负担，使工艺人员真正把精力集中在提高工艺设计水平和设计质量上，又有利于企业的工艺规范化。工艺知识库还提供了典型工艺的记录入库功能，工艺人员随时可以把典型的、关键的工艺、工序、工步等保存下来以备后用，这对于企业工艺设计水平的稳步提高、工艺人员素质的提高、产品质量的提高、企业经济效益的增加都有重要意义。

(3)信息化帮助技术管理。常熟开关厂的 PDM 产品信息管理系统，通过规范的无纸化流程管理体系，使技术文件的评审过程自动有序地工作和流转。消息传递机制和网上监控保证了信息准确及时地传递和发送。系统对产品信息提供多用户并行访问，使技术人员可以创建并行工作流程，随时查看项目进展状况，准确记录产品更改的历史，实现了产品版本、产品数据的动态管理。资源共享的产品数据信息库使设计人员有能力对产品与零件之间的相互联系进行精确管理，使管理人员能通过多种途径快速方便地获取所需的产品信息。通过 PDM 系统，产品的技术 BOM 转化为生产 BOM，相关技术信息转入到企业 ERP 系统中，体现了 CAD 的信息源头作用。

常熟开关厂的 CAD/CAPP/PDM 系统，提高了新产品开发能力，缩短了研制周期，降低了研制成本，为产品赢得市场创造了条件。新产品的不断出现提高了企业的市场应变能力，为发展孕育了深厚潜力。

2.量化管理，动态控制，常开 ERP 业务系统成效显著

ERP 系统是信息化的重点，是以信息化带动工业化的主要着力点，低压电器产品品种多，市场竞争激烈。

常熟开关厂从 1998 年开始实施企业 ERP 系统，把企业管理思想通过程序代码反应。常开 ERP 系统的指导思想是软件系统要灵活，能够适应企业多变的环境；软件功能要强大，不仅要能够满足现有管理体制的需要，而且要在不全盘推翻现有管理体制的前提下提供新的管理思想。企业 ERP 系统及时、准确、快速地传递信息资源，量化管理、动态控制，提高业务工作效率和准确性，使企业得到客户的信赖。

常开 ERP 系统由 80 多个模块组成，涉及销售、库存、生产、供应、车间、财务、质检、考核等业务环节。随着常开 ERP 系统的全面应用和业务流程的合理优化，企业管理水平明显提高，管理得到持续改善。常开 ERP 的营销业务系统拥有客户和用户近万家，产品系列近百个，衍生品种上万种，价格从百元到数万元，商品以客户定制生产为主。系统每月处理定单 3 000 多张，订货记录 40 000 多项。当客户订货传真进入计算机后，营销业务系统即依据客户库价格政策和产品配置形成报价反馈客户，增加预期订货数，调整库存预期需求，进行生产准备；客户确认订货后，报价合同转为正式合同，系统销售计划兑现数增加，同时定单从网上传送到生产科和车间，生产业务启动；生产部门依据定单确定生产模式，计算机中零件库存、经济批量、预警库存、最大库存、消耗情况、计划数量等相互关联、一目了然，车间依据系统提供的配料表组织生产、入库；随后、货款回笼、组织发运、装箱记录、票据处理、信封打印、邮寄记录，合同完成。过去，对客户定单要有数天的响应时间，一个客户业务查询要几十分钟，车间、部门核算一个多星期都完不成，数据准确性、标准化服务更无从谈起。现在，系统运行实时、流畅、精确，对各个业务环节动态、实时、全程可追溯管理，定单当天完成，客户响应数秒钟即可回复，月度销售结束后数小时，销售综合报告、生产综合报告、业务分析报告、各项考核指标等即可送出，数据准确、可靠。

常开 ERP 系统有以下特点：

(1)常开 ERP 系统以销售预测、销售计划、销售定单和客户管理、售后服务为龙头，结合定单生产、计划生产、改制生产、项目管理 4 种生产模式，确定生产计划，以生产计划确定采购计划，全过程只需瞬间完成。

(2)常开 ERP 系统是管理者的工具。管理效率和人员素质明显提高，企业经营规模不断扩大。

(3)常开ERP系统不但增强了管理者的工作效率,还遏制了管理上的疏漏。通过定义与事务处理相关的会计核算科目与核算公式对外协生产、材料发放、计划管理、费用结算、销售点进行管理,提供了数据多层次复式审核和一致性审查,防范了企业管理的“黑洞”。

(4)常开ERP系统为企业的成本管理提供了工具。ERP为企业的成本管理提供了动态和静态两种成本体系,即把财务和成本管理纳入到系统中来。ERP的成本管理是按照管理会计的原理,对企业的生产成本进行预测、计划、决策、控制、分析与考核。

(5)常开ERP系统使管理业务流程重新组合,管理层更加扁平化,使从业务层到管理层,从管理层到决策层的距离缩短了,反应周期也缩短了。在决策层和管理层面前,业务层的数据如同玻璃一样透明,使决策层能够更加及时准确地进行决策,真正做到有的放矢。

(6)常开的模具管理系统通过把技术管理和业务管理相沟通,每个月模具的设计开发情况 ,模具生产计划情况,各模具的当前状态和加工零件数量等一目了然,从而对模具的质量分析有了直接依据,解决了企业多年来模具管理的老大难问题。

3.打开连接世界的窗口——实施企业上网工程

在对外网站建设方面,常熟开关厂和电信部门合作,将光纤直接联入国际互联网,先后注册了国际、国内域名,注册了中文域名、国内顶级域名、网络实名,并由专业技术人员进行网站建设,即时对网站进行动态维护和完善。网站详实、生动地介绍开关厂的状况,从产品介绍、技术支持、营销网络、售后服务、业务文化等方面,加深客户对企业的了解和认同。此外,网站还和产品防伪网、机电信息网、机电商务网、经济信息网等大型综合性网站建立了链接,扩大窗口影响力。通过因特网,了解最新的科研成果,极大地提高了企业获取新技术、新工艺、新产品、新思路的效率,降低了决策中的不确定性和风险。现在,常开的企业网站已成为新的销售服务途径,网上销售咨询服务网页包括有关产品的支持信息供客户查询和下载。这些信息包括产品的功能、性能说明,参数说明,详细的使用和操作说明,以及简单的、基本的维护和维修说明。

常开企业内部网站为企业职工工作、学习和交流开设了窗口。网站开设了企业信息、业务管理、产品开发、学习宣传、电子信息库等,并和企业网络数据库联接。通过内部网站,实现了产品的统一编码、文档的打印发放;通过内部网站,发布企业管理标准、技术标准、工作标准、ISO9000质量手册、程序文件;通过内部网站,统一部署项目实施,提供技术帮助和技术手册等。技术开发人员可以从网站上了解产品销售情况,增强市场意识和工作成就感;市场销售人员可以从网站上了解产品开发信息,提升技术层次;管理人员可以从网站上查询产品库存,决定业务方向。

企业信息化是一个不断提高、不断完善的动态过程,常熟开关厂信息化工作和先进企业相比还有一定差距,在电子商务、资源配置和绩效管理上,还有很多工作要做。要使企业真正立于不败之地,必须进一步更新观念,摒充落后经营模式,处理好长远发展和当前利益的关系,扩大业务重组的范围,引入新的管理思想和现代化管理手段。“十五”期间,企业建立生产作业指导系统,细化技术信息的分类和使用,进一步密切技术和生产、销售和物流、营销和客户的联系,建立适应现代要求的质保体系,为民族工业的振兴做出重大的贡献。

〔供稿单位:常熟开关厂〕

中国机械工业年鉴系列

中国电器工业年鉴

China Electrical Equipment Industry Yearbook

2003

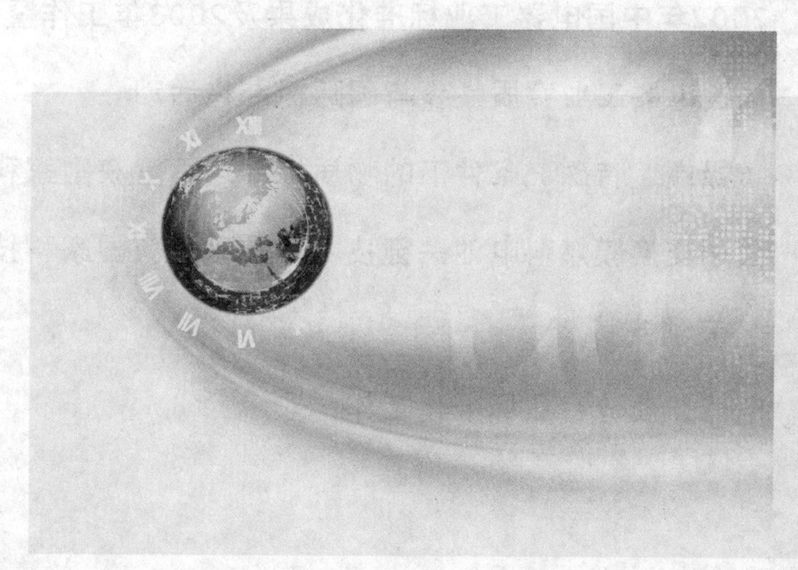

第Ⅲ部分

质量与标准

质量与标准

中国电器工业协会推介“质量可信产品”名单(第九批)

编者按:为了提高产品质量,加强行业自律,积极宣传、推广行业的优质产品 ,打击假冒伪劣,使企业在激烈的竞争中立于不败之地。中国电器工业协会开展了“质量可信产品”推介活动,此项活动得到了广大企业的积极响应,在各分会认真工作的基础上,经中国电器工业协会审查,分批向社会公告。

推介分会	序号	被推介单位名称	产品名称	规格型号	证书编号
水电设备分会	1	南京南瑞集团公司电气控制分公司	FWL/S 型微机励磁装置	SAVR－2000 型调节器,用于100MW 以上水轮发电机	2003133
	2	广州电器科学研究院、广州擎天电气控制实业有限公司	FJL 型微机励磁装置	LTW6200 型调节器,用于100MW 以上水轮发电机	2003134
	3	东方电机控制设备有限公司	GES－33 型微机励磁装置	IPC 调节器,用于 100MW 以上水轮发电机	2003135
		东方电机控制设备有限公司	HGS－E/H21(2)系列大型微机水轮机调速器	IPC,电液随动系统,2.5～4.0MPa	2003136
	4	水利部长江委陆水自动化设备厂	SWL 型微机励磁装置	用于 800～10 000kW 水轮发电机	2003137
	5	兴宁市南丰电气自动化设备厂有限公司	WKL－P 型微机励磁装置	用于 800～10 000kW 水轮发电机	2003138
	6	福州开发区南电控制设备厂	WLT－21A 型微机励磁装置	用于 800～10 000kW 水轮发电机	2003139
	7	武汉事达电气有限公司	BW(S)T 系列大型步进可编程水轮机调速器	螺纹伺服装置,电液随动系统设机械反馈,2.5～4.0MPa	2003140
		武汉事达电气有限公司	YFWT 系列中小型全数字可编程水轮机调速器	标准液压元件,电液随动系统,2.5～4.0MPa	2003141
	8	武汉三联水电控制设备有限公司	BW(S)T 系列大型步进可编程水轮机调速器	螺纹伺服装置,电液随动系统,2.5～4.0MPa	2003142
		武汉三联水电控制设备有限公司	SLT 系列大型全数字可编程水轮机调速器	标准液压元件,电液随动系统,2.5～4.0MPa	2003143
	9	武汉长江控制设备研究所	DK(S)T－K 系列大型可编程水轮机调速器	螺纹伺服装置驱动机械液压随动系统,2.5～4.0MPa	2003144
		武汉长江控制设备研究所	GLT－K 系列贯流式机组可编程水轮机调速器	电液比例阀,电液随动系统,6.3MPa	2003145
		武汉长江控制设备研究所	CJT4－W 系列冲击式机组微机水轮机调速器	STD 总线工控机,双锥式电液伺服阀,电液随动系统,2.5～4.0MPa	2003146
	10	天津市天骄水电成套设备有限公司	HYZ1.0～4.0m^3 系列组合式油压装置	组合阀,2.5～4.0MPa	2003147
		天津市天骄水电成套设备有限公司	YZ6.0～10m^3 系列油压装置	组合阀,2.5～4.0MPa	2003148
	11	天津电气传动设计研究所	TDBW(S)T 系列大型步进可编程水轮机调速器	凸轮传动装置,电液随动系统,2.5～4.0MPa	2003149
		天津电气传动设计研究所	TDBYWT 系列中小型步进可编程水轮机调速器	凸轮传动装置,电液随动系统,2.5～4.0MPa	2003150
	12	天津市顶佳工业泵制造厂	3GR36 型系列三螺杆泵	立式安装,高压平衡方式,2.5～4.0MPa	2003151
		天津市顶佳工业泵制造厂	3GR45、3GR70 和 3GR85 型系列三螺杆泵	立式安装,高压平衡方式,2.5～4.0MPa	2003152
	13	宜昌市能达通用电气股份合作公司	MEC－21B3 型微机励磁装置	用于 10～100MW 水轮发电机	2003153
		宜昌市能达通用电气股份合作公司	WBD(S)T 系列大型步进可编程水轮机调速器	螺纹伺服装置驱动机液压系统,2.5～4.0MPa	2003154

（续）

推介分会	序号	被推介单位名称	产品名称	规格型号	证书编号
防爆电器分会	14	浙江中煤矿业有限公司	矿用隔爆兼本质安全型交流软起动器	QJR3－315/1140	2003155
	15	鸡西德元电器有限公司	矿用隔爆型煤电钻(照明)综合保护装置	ZZB－2.5(4.0)Z、M	2003156
		鸡西德元电器有限公司	矿用隔爆型馈电开关	KBD－350	2003157
		鸡西德元电器有限公司	矿用隔爆型真空电磁起动器	QBZ－80、80N、120、200	2003158
		鸡西德元电器有限公司	矿用隔爆型真空电磁起动器	QJZ－200、315、400	2003159
	16	沈阳防爆电器制造总厂	矿用隔爆型电磁起动器	BQD4－120、200	2003160
	17	乐清市八达真空电器开关厂	矿用隔爆型真空电磁起动器	QBZ－80、120、200（QJZ－200、400）	2003161
		乐清市八达真空电器开关厂	矿用隔爆型真空馈电开关	BKD20－400、500、600Z/1140(600)	2003162
		乐清市八达真空电器开关厂	矿用隔爆型智能化低压保护箱	BXB3－800Z/1140	2003163
		乐清市八达真空电器开关厂	矿用隔爆型高压真空配电装置	BGP46－6A(B)	2003164
	18	上海电器厂	工厂用防爆控制装置	80系列	2003165
	19	电光防爆电气有限公司	矿用隔爆型高压真空配电装置	BGP9L－6(10)	2003166
		电光防爆电气有限公司	矿用隔爆型真空电磁起动器	QJZ(BQD)系列	2003167
		电光防爆电气有限公司	矿用隔爆型真空馈电开关	KBZ(BKD9)系列	2003168
		电光防爆电气有限公司	矿用隔爆智能化交流电机软起动器	QJR5(KDK)系列	2003169
	20	浙江佳洲电器有限公司	矿用隔爆型真空馈电开关	BKD19－400(ⅠⅡ)500、630A	2003170
		浙江佳洲电器有限公司	矿用隔爆兼本质安全型真空电磁起动器	QJZ－200、315、400/1140	2003171
	21	合肥合开防爆电器有限责任公司	矿用隔爆型真空馈电开关	BKD6－200、400、500、630	2003172
		合肥合开防爆电器有限责任公司	矿用隔爆型真空电磁起动器	BQD7－80、80N、120、200、315A QBZ－120N(360V/660V)	2003173

〔供稿单位：中国电器工业协会质量部〕

2002年中国电器工业标准化成果及2003年工作重点

1.2002年标准化成果

在国家标准委的领导下，2002年电工标准化工作，按照国家标准化总体目标要求，面向市场、面向企业，加强管理和服务，在不断深化改革中得到提高和发展。

(1)全面贯彻落实国家标准化工作目标任务。根据全国标准化工作会议和采标工作会议精神，电工行业分别于2002年4月、9月召开电工行业会议，贯彻落实并提出了电工实施意见：①“十五”末期，电工行业国际标准转化率超过70%，同时推进电工产品采标工作；②电工行业争取为主制定国际标准3～5项；③重要技术标准研究制定和技术性贸易措施研究有所突破。通过广泛宣传，各标委会分别提出本专业的实施计划，如绝缘材料标委会提出了本专业“十五”采标项目并研究落实；防爆电气标委会将全国采标会议文件汇编发给每位委员；低压电器标委会共商如何及时跟踪IEC标准版本；电热设备标委会、继电保护设备标委会研究如何争取为主制定IEC标准；变压器标委会、发电机标委会、燃气轮机标委会研究本专业如何采取技术性贸易措施等。通过协会的宣传和各标委会的研究落实，使国家标准化工作目标得到全面贯彻和落实。

(2)开展了重要技术标准的研究和制定。加强标准的前期研究工作，是科技部“十五”期间启动的重要技术标准研究专项的重点。协会于2002年3月组织各标委会进行项目的酝酿工作。不少标委会积极响应，并于2002年7月正式申报第一批“重要技术标准研究”专项，如电热设备标委会、发电机分标委、水轮机标委会、燃气轮机标委会以及北京电工技术研究所等。最终经国家标准委和科技部正式批复的项目有：北京电工技术研究所与有关单位联合申报的《质子交换膜燃料电池关键技术标准研究》、电热设备标委会申报的《电渣重熔炉的安全和试验方法国际标准的研究制定》。

由中国电器工业协会标准部主持，联合有关单位共同承担的国家科技部2001年国家科技基础性工作专项《极端条件下的物质标准》，在已获得科技部2001年度立项支持，开展了16项标准制定工作并已取得阶段性成果的基础上，于2002年继续组织申报项目，在科技部和国家标准委的大力支持下，再度获得科技部的专项支持。专项的总体目标是：用三年时间，建立起我国高原环境下电工产品技术性贸易措施体系，制定的40余项标准将直接为我国"十五"期间西部重大工程的实施提供技术依据，也为国外产品进入我国高原地区提供了市场准入检验标准。

由国家标准委下达任务，中国电器工业协会组织制定的《国家电气设备安全技术规范》强制性国家标准，自2001年11月启动历经一年时间，于2002年底完成。电工行业共17名专家参加了起草工作，先后召开了6次工作组会，提出了标准送审稿。技术规范制定过程中始终得到了国家标准委、中国机械工业联合会和中国电器工业协会领导的重视和指导。2002年11月10日，通过了由国家标准委主持召开的专家审查会的审查。

(3)开展了技术性贸易措施的研究，开展技术性贸易措施的研究是2002年重点工作。中国电器工业协会于2002年3月分别在沈阳、上海、西安召开了座谈会，就电工行业如何开展技术性贸易措施研究进行了研讨，并在2002年4月召开的电工标准化工作会议上更广泛地听取了意见。各标委会普遍认为，开展这项工作对国家和行业都具有重要意义，但难度较大，尤其对装备制造业这一传统产业来说行业技术水平偏低，还需要引进和借鉴国外的技术。因此从电工行业整体考虑，要结合我国的环境、地理等方面因素，建立行业性的技术性贸易措施体系。从电工各专业看，情况不尽相同，提出的工作思路和项目各有侧重，如燃气轮机标委会根据"十五"国家要大力发展燃气轮机，但又不能以污染环境为代价，提出了《燃气/蒸汽联合循环电厂环境限值及测试方法》项目；发电机分标委根据进口机组在电网频率方面与我国的差异，提出了《透平发电机定子端部振幅试验方法及评定》项目；变压器标委会根据进口变压器和国内变压器在技术指标和要求方面的差异，拟提出变压器的局部放电、地震防护、噪声等方面的强制性标准。

(4)加速推进国际标准转化和产品采标工作。根据全国采标工作会议精神，电工行业在"九五"采标工作已取得实效的基础上，继续引导行业加快国际标准的转化。各专业标委会已采取积极有效措施，争取按年度转化国家标准委《"十五"期间国际标准转化计划》，到"十五"末期使电工国际标准转化率在2001年底转化率64%的基础上有较大幅度提高。各标委会在积极进行国际标准转化的同时，也在探索推进产品采标的进程，尤其是各行业主要产品采标的推进是很重要的。中国电器工业协会组织各标委会编制了《电工行业主要产品采标目录》，将电工行业发展的主要产品所应采用的国家标准及对应的国际标准列入其中，对各企业的产品采标工作给予明确指导，也为推行产品采标标志工作打下基础。

(5)中国电器工业协会各分会在标准化工作中的作用得到发挥。标委会和中国电器工业协会分会在标准化工作中的沟通与协作很重要。这标准制定、建立技术性贸易措施体系、产业结构调整中标准的研究制定等工作中，通过协会分会发挥企业的作用和积极性。有相当部分的标委会与协会分会工作结合较好，如高压开关、低压电器、电热设备、电器附件、电气传动、变压器、继电保护设备、电工合金、防爆电器等标委会，主要表现在：标准制修订、标准与行业技术发展结合、标准化宣贯和企业标准化培训等项工作中。如高压开关标委会与协会分会联合举办了《高压交流断路器》等重要国家标准宣贯会；广州电器科学研究院生产力促进中心及相关协会分会、标委会联合召开了技术交流会，作了《WTO贸易规则与机制改革》、《家用电器3C认证新近情况介绍》等专题报告；防爆电气标委会和协会分会举办了多期防爆电气系列强制性国家标准培训班。

(6)广泛开展了国际标准化交流活动。中国电器工业协会组织电工行业有关标委会参加了2002年10月由中国承办的IEC第66届年会。电工行业140余名标准化专家参加了7个IEC/TC会议和23个IEC/SC会议，是电工行业历年组团参加IEC年会人数最多的一次。这些会议的内容涉及高低压开关设备和控制设备、电器附件、绝缘子避雷器、量度继电器和保护装置、小型变压器和类似设备等技术领域。

上海电缆研究所、全国电线电缆标委会从国家利益和行业利益出发，克服种种困难，正式承担了IEC/TC7《裸铝导体》秘书处工作。实现了我国在国际电工委员会承担IEC秘书处方面零的突破。水轮机标委会和中国长江三峡工程开发总公司，于2002年4月在北京联合承办了IEC/TC4"水轮机"国际会议。量度继电器标委会提出申请参加IEC标准工作组并希望当召集人："EMC标准维护工作组"、"IEV第447章术语标准"、"功能标准工作组"。电热设备标委会已正式提出为主修订IEC标准并当召集人："电渣重熔炉的安全和试验方法国际标准的研究制定"。

广泛开展国际标准化交流活动。应台湾"中华海峡两岸企业交流协会"的邀请，中国电器工业协会组织电工行业8人团组，于2002年2月23日～3月4日参加了由两协会共同主办的"海峡两岸电器行业技术研讨会"。同期考察了台湾电机电子工业同业公会、东元电机股份有限公司、世正开发股份有限公司、绿建废家电处理厂股份有限公司等。应澳大利亚电气制造商协会邀请，中国电器工业协会组织电工有关标委会及企业12人团组，于2002年9月13～26日对澳大利亚和新西兰进行标准与认证考察。通过考察了解了澳大利亚、新西兰两国标准化管理体制和运行机制，技术法规与标准的协调关系，标准、检测和合格评定体系及工作机制等。访问了澳大利亚电气制造商协会，澳大利亚标准化学会，新西兰标准化学会，澳大利亚、新西兰有关实验室和认证机构，罗克韦尔自动化(奥克兰)公司等。

2.2003年工作重点

2003年电工标准化工作重点：

(1)用标准化手段促进高新技术和先进适用技术改造传统产业。根据国家提出的用高新技术和先进适用技术改造提升传统产业的实施意见,结合电工行业的发展导向,重点研究如何用标准化手段促进制造业信息化工作。一是开展计算机辅助设计、制造(CAD/CAM)、计算机集成制造(CIMS)等方面有关标准的制定工作,如发电设备、输变电设备行业的图形符号和文件编制等标准的补充制定;二是为提高电工产品的功能层次和智能化、数字化程度,以及节能等要求,尽快开展变频调速技术、应用现场总线技术的设备接口、数字式电力系统自动化保护系统、户内外紧凑型和智能化开关设备等方面标准的制定。

(2)推进采标工作并实质性参与国际标准化活动。继续推进和落实国际标准的转化,试行产品采标标志实施的有效措施。同时加强对国际标准的前期介入和研究,反映我国利益和国情。采取措施推进以我国为主制定国际标准的工作进程。一是进一步推进《电工"十五"国际标准转化计划》的实施,我们将组织开展跟踪 IEC 最新版本,及时修订标准工作中有关问题的研讨;二是推进企业产品采标工作。我会组织编制的《电工行业主要产品采标目录》,对电工企业产品采标工作给出了明确指导。同时,通过行业协会和标委会开展企业产品采标标志的试点工作,逐步在全行业推广,使企业产品采标工作落在实处;三是要实质性地参与国际标准化活动,开展国际标准的前期介入和研究,发挥电工行业国际标准化专家组的作用。今年重点推进电热设备。继电保护设备、水轮机等标委会实质性参加 IEC 工作组制定国际标准的工作;四是采取有效措施,支持和推进电热设备标委会为主制定《电渣重熔炉设备的安全和试验方法》国际标准的进程。对其他酝酿中为主制定国际标准的项目,要跟踪支持并做好指导与服务;五是电线电缆标委会承担的 IEC/TC 7《裸铝导体》秘书处工作,实现使我国承担 IEC 秘书处零的突破。对这项工作要加强研究和支持,也要发挥行业的力量共同做好工作。

(3)开展技术性贸易措施战略研究和标准的制定。一是在 2002 年电工行业开展技术性贸易措施座谈调研的基础上,2003 年上半年将组织标委会和分会研讨并提出电工行业技术性贸易措施战略研究的框架和需制定的项目,重点在产品进出口量较大对贸易有影响的行业,如电动工具中小电机、电线电缆、变压器、发电机等。下半年将落实并启动部分技术性贸易措施标准的制定;二是在 2002 年开展的高原环境标准体系的建立和系列基础性国家标准研究制定的基础上,今年重点组织制定用于高原环境的高分子材料、金属表面防护、高压开关设备、低压电器及成套开关设备、内燃发电机等电工产品标准,并做好与相应产品标准的协调与修订工作;三是根据各行业的特点开展技术性贸易措施标准的制定,如《燃气/蒸汽循环电厂环境限值及测试方法》、《透平发电机定子端部振幅试验方法及评定》等标准的制定,以及变压器行业技术性贸易措施标准的制定。

(4)配合国家重大工程,组织重要技术标准的研究与制定。为配合国家"西电东送"和"西气东输"等重大工程的实施,实现我国"十五"末期部分关键设备国产化的目标,我们将牵头组织"±500kV 超高压直流输电系统关键设备及线路自动化保护系统标准"的研究制定,以及"大型变频调速系统绝缘性能测试方法"的研究制定。这两个项目的开展涉及变压器、高压开关、电力电子、电线电缆、继电保护设备、绝缘子避雷器、电力电容器、变频技术、大电机、绝缘材料等专业,相关专业标委会相互配合共同开展项目的研究制定工作。

(5)具有创新和自主知识产权技术形成 ITA 文件的试点工作。一是参照 IEC 的技术文件 ITA 工业技术协议的形式,将电工行业新技术开发领域中具有创新和自主知识产权的技术,形成 ITA 技术文件,并在一定范围内使用,重点开展燃料电池等领域的 ITA 试点工作;二是发挥协会规范市场工作的优势,积极探索适合电工行业标准化发展的新路子,启动建立协会指导性技术文件及有关行规的工作,为建立我国新的标准化体系做开拓性的实践。

(6)加强标准的宣贯与培训工作。一是要加强重要标准尤其是强制性标准的宣贯工作,对于强制性认证用标准要做好跟踪 IEC 版本修订后的宣贯工作。我会将在适当时机开展《中国电气设备安全技术规范》强制性标准的宣贯工作;二是配合国家标准委开展标准起草人资格认可工作,这项工作涉及到行业和企业,要依靠标委会和协会分会力量共同开展;三是各标委会和协会分会要加强标准化的宣传与交流活动,利用会议和刊物等方式,使标委会委员和协会会员及时了解国家和行业标准化方针政策和主要任务,在标准制修定工作中贯彻落实。

〔撰稿人:中国电器工业协会方晓燕〕

推进电器工业实质性参与国际标准化活动

在经济全球化和我国加入世贸组织的新形势下,实质性参与国际标准化工作,及时掌握市场竞争中国际标准的信息,早期介入国际标准的制定,反映我国的技术利益,是加速推进我国标准化工作与国际标准化活动协调一致的战略措施,也是新形势下对采用国际标准和国外先进标准提出的更高要求。中国电器工业协会,作为政府和企业的桥梁和纽带，在实质性地组织和推进电工行业国际标准化工作方面开展了卓有成效的工作。

1. 积极推进电工行业国际标准化工作进程

(1)全面贯彻落实了"十五"期间的采标任务。2002年国家标准委召开了全国标准化工作会议和采标工作会议，对采标工作和国际标准化提出了更深层次的要求和目标。因此，中国电器工业协会分别于2002年4月、9月召开了电工行业标准化会议，全面贯彻落实了国家标准化工作的总体目标，并根据电工行业情况提出了具体实施目标：①"十五"末期，电工行业国际标准转化率超过70%；②推进电工主要产品采标工作；③电工行业为主制定国际标准，力争达到3～5项；④积极探索承担IEC秘书处工作的可能性。通过各标委会年会广泛宣传全国标准化会议精神以及电工行业的实施意见，各标委会也分别在年会期间研究并提出本专业的实施计划。如绝缘材料标委会提出了本专业"十五"采标项目并研究落实；防爆电气标委会将全国采标会议文件汇编发给每位委员；低压电器标委会共商如何及时跟踪IEC标准版本；电热设备标委会、继电保护设备标委会研究如何争取为主制定IEC标准；变压器标委会、发电机标委会、燃气轮机标委会研究本专业如何采取技术性贸易措施等。通过宣传和各标委会的研究落实，使"十五"采标目标得到全面贯彻和落实。

(2)加大力度推进企业产品采标工作。为推进电工产品采标工作，组织各标委会编制了《电工主要产品采标目录》，并已发送各标委会和协会分会，以指导电工产品采用国家标准和对应的国际标准。目前已通过行业协会和标委会，开展了产品采标试点工作，争取在2003年下半年在国家标准委的指导下，逐步在全行业推广，使企业产品采标工作落到实处。同时由各标委会申报，树立了各专业采标的龙头企业共120余个，要发挥龙头企业在采标中的带头和示范作用，同时为开展重点产品的采标打下基础。

(3)实质性地参与国际标准化活动。针对电工行业提出的，"十五"期间以我国为主制订国际标准2～3项的目标，重点推进电热设备标委会提出的为主修订IEC60779：1983《电渣重熔炉的试验方法》及IEC60519－8：1983《电热设备的安全 第八部分：对电渣重熔炉的特殊要求》2项国际标准；继电保护设备标委会提出的为主制定《继电器及装置基本试验方法》1项国际标准，这些项目已经正式提交IEC，在IEC相关的技术委员会范围内征求意见。《电渣重熔炉》项目已于2002年3月在IEC/TC27技术委员会正式立项，要求2005年底完成。工作组的2名专家均是我国东北大学的教授，同时标委会在国内也组织了制造企业、用户及院校专家成立了工作组来支撑这项工作。继电器项目也已于2002年3月正式提交给IEC/TC95技术委员会，正在准备作为新工作项目的投票文件。

(4)积极开展与国外制造商协会以及标准化协会间的交流。①2002年9月组织电工行业有关标委会及企业一行12人，进行了"电工行业澳新标准与认证考察"，访问了澳大利亚标准化学会、澳大利亚电气制造工业协会、新西兰标准化学会、澳大利亚和新西兰有关的实验室和认证机构、罗克韦尔自动化(奥克兰)公司等。通过考察，了解了澳大利亚、新西兰国家标准化管理体制和运行机制，技术法规与标准的协调关系，标准、检测和合格评定体系及工作机制以及企业标准化技术管理与标准的实施。②近年来电工标准化工作的成效与影响，引起了国际同行的极大兴趣与关注。在IEC大会召开之际，部分国际著名电气公司及协会，迫切要求与中国电器工业协会进行相关的标准化技术交流与合作。利用这一契机，在10月25～30日短短的6天里，协会组织召开了3个国际标准化交流研讨会和1个技术发展与标准高级论坛。其中，与施耐德电气公司的交流，涉及到我国高、低压电器标准的管理体制、标准体系、高压开关设备技术领域采用IEC国际标准的现状及处理采标差异的原因，以便应对其产品进入我国市场必须符合我国标准或通过相关的产品认证；与美国电气制造商协会(NEMA)工业控制和系统分会主席Pip Pearce就"建立工业控制产品协会的全球合作网"计划合作进行了磋商；美国电气制造商协会(NEMA)副总裁Frank Kitzantides作为NEMA成员的利益代表，就NEMA制造商的产品进入中国市场所遇到的标准的制约，寻求与中国电器工业协会共商合作与解决的办法。

(5)建立和发挥国际标准化专家工作组的作用。为更好地调动和发挥企业参与国际标准化工作，开展国际标准的前期介入和研究，电工行业早在1997年就成立了28个专业IEC国际标准化专家工作组(简称"专家组")，共189名专家，重点开展IEC投票文件分析与研究。随着标准化改革的深入发展，为使更多的对国际标准化既感兴趣又有专业技术水平的专家，有机会直接参与工作，更有效地发挥作用，2002年底对电工行业"国际标准专家组"进行了调整，现有38个专业共260余名专家作为电工行业国际标准化工作的技术支撑队伍。

(6)承担IEC/TC国际秘书处工作。上海电缆研究所全国电线电缆标委会，从国家利益和行业利益出发，克服种种困难，正式承担了IEC/TC7《裸铝导体》秘书处工作。实现了我国在国际电工委员会承担IEC秘书处工作方面零的突破。

2. 充分发挥行业协会桥梁和纽带作用，推进实质性参与国际标准化活动

国际标准作为市场准入的基本要求，对企业产品的国际竞争力起着重要的作用。因此，在开展电工行业国际标准化工作中，中国电器工业协会充分利用在政府和企业之间的桥梁和纽带作用，通过标委会和协会分会两个渠道，将标准化工作深入到4 000个电工企业。一是通过标委会的专家，在转化国际标准、开展国际投票、参加国际会议及国际标准化咨询等方面发挥技术优势；二是充分发挥行业协会(分会)的优势，将标准化工作深入到企业，尤其是促进企业领导提高对国际标准化工作的重视和支持，引导企业按标准组织生产，以促进企业的技术进步和产品创新。

通过近两、三年来在电工行业提倡和推进标委会和协会分会工作一体化管理，加强对标准化工作沟通与协作，协

会分会积极为企业参加标准化活动创作条件，已产生明显的效果。如低压电器、高压开关设备、工业电热设备、继电保护设备、中小电机、低压成套设备、日用电器等专业领域，已基本实现标委会与协会分会一体化运作，取得较好的效果。在国际标准化专家工作组活动中，高压开关行业专家工作组是由标委会和协会分会秘书处共同组织我国高压开关行业六大龙头企业的技术总工构成的，专家组的活动已经制度化，每年召开一次会议，集中对 IEC/TC17A、17C、32A 的文件进行分析研究并形成书面意见提交 IEC，这些意见都直接反映我国利益和企业的意见。在对 IEC 文件研究的同时，来自企业的技术专家也能将 IEC 标准中的技术信息提前引入企业标准，如在讨论 IEC17C/284/CDV《额定电压 72.5kV 及以上气体绝缘开关设备和控制设备》（对“IEC60517：1990 版，1994 修正 1”的修订）中，SF_6 气体的漏气率由 1%/a 修改为 0.5%/a。水轮机行业针对 IEC62252《水轮机、蓄能泵和水泵水轮机更新改造和性能改善》工作组项目，鉴于我国建国后兴建的一大批水电设备已到更新改造期，专门组织我国水轮机制造企业和水电站业主构成的专家组，进行相关研究，向 IEC 提出具体意见，得到 IEC/TC4 的极大关注。再如，电气传动成套设备、工业电热设备等专业，由于推进标委会、协会分会一体化工作，吸引了一大批企业专家积极踊跃参加标委会组织，主动出资承担国际标准的转化任务，IEC/TC27 就是企业直接参加了工作组。

3. 国际标准化工作中，电工行业尚需进一步采取的措施

(1)制订国际标准。由于电工领域属于传统产业，在整体行业技术水平和检测水平等方面与国际水平有较大的差距，某些技术领域还需要通过与国外的工程分包、技术合作等方式掌握国外的先进技术，如超高压直流和交流输电系统和设备、大型变频技术等领域。因此以我国为主制定国际标准的自身技术优势远远不够，难度很大。但我们可以扬长避短，利用传统产业的优势，也就是某些领域的标准是 IEC 不重视的，不去发展和制定的，我们可以根据国内成熟的技术水平，提出制定国际标准。再就是利用 IEC 标准的维护修订项目，将我国标准中成熟的技术内容增补到 IEC 标准中，这也是一种有效的方式。还有一些行业领域，IEC 根本没有标准，但在中国市场需求量大面广，我国标准技术成熟，也可能以我国标准为主制订国际标准，如微电机行业。

(2)参加 IEC 工作组。由于我们的技术优势不够，我国作为工作组成员和项目召集人也同样存在难度。因此以通讯成员身份参加 IEC 工作组是目前的主要模式。电工行业现有的 19 个工作组均是以通讯成员身份参加，随着我国在 IEC 工作中的影响及作用逐步加大，仅仅作为通讯成员其作用和效果是远远不够，因此我们有些具备条件的专业正在考虑作为正式成员参加 IEC 工作组，最大限度地在 IEC 标准中反映我国的利益。

(3)对国际标准投票提出实质性意见。一是应重点结合今后我国标准的转化情况，认真分析 IEC 标准与我国产品的相关利益，对于与我国利益有冲突的标准内容，一定要求提出实质性意见；二是根据 IEC 理事会和 115 次 SMB 会议“通过为制定全球标准进行改革的决议”，依据我国技术基础结构和气候条件上的差异，提出我国提案，使国际标准更适合我国国情。同时在采标中，也应结合这一决定，组织专家对 IEC 的某些标准内容提出可选方案。

(4)参加国际会议。既要鼓励企业参与，也要保证参加国际会议代表相对固定。国际标准的跟踪与制订具有连续性及相关性，需要参加会议的代表相对固定，才能保证参加会议的效果和目的。鉴于有的 TC 选派代表不固定，电工行业已在加强这方面的工作，建议各专业有 1～2 名代表相对固定，再鼓励企业结合参加。如低压电器、继电保护设备、电线电缆、器具开关、电动工具等标委会已明确专人相对连续参加对应的 IEC 会议。

(5)推进建议。国际上的通行作法是，谁获益谁出资金。但是我国国情还没有到这一步，在鼓励有实力的企业积极出资参与的同时，希望国家能有针对性的经费补助。一是对起草国际标准或主持 IEC 工作组项目给予经费补助支持，且最好能与项目启动同步，使工作尽快步入正常程序。二是建议实行国际标准制定的年度计划管理，等同于国家标准制修订计划的管理。这样项目的开展和完成就纳入国家标准委的日常管理渠道。三是对承办国际会议给予补助。鼓励有实力的标委会和企业申办国际会议，以自筹经费为主，给予适当的补助，以提高申办单位的积极性。

4. 与时俱进开拓电工国际标准化工作新局面

新形势下的电工行业国际标准化工作要贯彻党的十六大和中央经济工作会议精神，进一步贯彻落实国家标准委的工作精神，推进实质性参与国际标准化活动。

一是在采用国际标准方面，加强研究同步跟踪采标的问题，针对国际标准的增补件、修改件和修订版本，建立快速修订标准的反应机制；二是开展“电器工业技术性贸易措施战略研究”，通过对我国重点电器产品进出口状况调研，将电工行业现行国家标准与国际标准和国外先进标准进行比对分析，结合我国国情，提出电器工业在冲破国外非关税壁垒，扩大产品出口，以及保护我国民族工业发展的技术性贸易措施；三是推进企业产品采标工作在全行业展开，对各行业的重点产品开展采标标志工作；四是采取有效措施，对现已落实的国际标准制修订项目重点跟踪，积极推进；五是对电线电缆标委会承担的 IEC/TC7《裸铝导体》秘书处工作，要加强研究和支持，发挥和利用行业的力量共同做好工作；六是稳定电工国际标准化专家队伍。

〔供稿单位：中国电器工业协会标准部〕

《极端(特殊)条件下的物质标准》再度获国家科技部支持

由中国电器工业协会标准部主持，联合广州电器科学研究院、西宁高原工程机械研究所、昆明电器科学研究所、计量测试高技术联合实验室等单位，共同申报承担的国家科技部2001年国家科技基础性工作专项《极端(特殊)条件下的物质标准》，已获得科技部2001年度经费支持和国家标准委立项支持并开展了工作。专项工作的总体目标是，计划用3年时间，在对我国西部特殊自然环境条件及影响进行充分调研、数据分析、系统研究、测试与试验验证的基础上，建立我国特殊自然环境下机电设备适应性的国家标准体系，确定我国特殊环境的条件划分、防护类型、试验方法、工程基础材料和基础件在特殊环境下的应用导则。该项目将制定近50项国家标准，在填补国内空白的同时，也奠定了我国特殊环境下机电设备的技术性贸易措施体系的基础。这些标准将直接为我国"十五"期间在西部进行的重大工程建设项目的顺利开展，为铁路、电力、通讯、运输等部门提供基础性技术标准保障，也为国外产品进入我国高原地区提供了测试标准。

该专项实施近一年，首先开展的16项标准制定工作已取得了阶段性成果，部分试用于国家重大工程建设项目中。第1年开展的项目通过了科技部阶段性评审，在此基础上中国电器工业协会标准部于2002年再度组织申报第二年度项目，期望获得经费支持。由于第一年开展的16项标准制定主要侧重于特殊环境的基础标准，如，术语、分级、防护类型等，为后续开展的机电设备标准制定奠定基础，所以第二年项目的开展至关重要。在科技部和国家标准委的大力支持下，经过标准部不懈的努力，该项目终于再度获得科技部的专项支持。

1. 开局良好，已取得阶段性成果

我国地域辽阔，地理环境气候复杂特殊，主要体现在西部高原。了解我国西部特殊环境条件，是本专项标准制定工作的基础。项目组首先将气象数据分析定位在我国正在实施的青藏铁路和西气东输重大工程建设项目的途径路段上。在国家科技部基础性工作办公室和国家气象中心的大力支持下，项目组收集处理了青藏铁路、西气东输沿线青海、西藏、新疆、甘肃、宁夏省区十几个气象台站近30年的大量地面气象数据。涉及极端最高气温、极端最低气温、平均气温、平均风速、极大风速、最大风速、冻土深度、降水、平均气压、日照时数、日照百分率、平均相对湿度等12类数据。气象数据的分析为项目工作打下了技术基础。

16项特殊环境条件下的基础性国家标准的研究制定工作已全面展开，至今已完成了5项标准征求意见稿，10项标准草案。5项标准征求意见稿将于近日广泛征求意见。

已完成的5项标准征求意见稿分别是《特殊条件防护类型及命名通则》、《特殊环境条件分级—高海拔》、《特殊环境条件分级—干热》、《特殊环境条件分级—干热沙漠》及《特殊环境条件下火车厢体铝合金材料》。其中前4项标准是项目的最基础性标准。

《特殊条件防护类型及命名通则》标准确定了必须发展的防护类型和按各类产品的特点确定防护类型的原则，以及防护类型(包括不同环境的严酷等级)的代号命名方法。以指导各类产品以最少的防护类型，适应更广泛的环境条件(包括极端条件)，提高产品设计和生产的通用性，为设计和使用部门按各类环境条件合理选用产品提供指导。

特殊环境条件3个分级标准，分别确定了高海拔、干热、干热沙漠的环境参数值。高海拔分级标准规定了最高达到5 000m海拔地区的环境参数及严酷等级，包括高海拔下的气候条件、特殊气候条件、生物条件、化学活性物质条件、机械活性物质条件和机械条件等主要技术指标。干热分级标准确定了我国干热地区各类气候、机械、地表条件的参数值，规定了机械和电工电子产品在干热地区的环境参数及其严酷等级，定义了干热环境条件的8种情况，包括风沙地貌、地下水、气候条件、特殊气候条件、生物条件、化学活性物质条件、机械活性物质条件和机械条件。干热沙漠分级标准则确定了我国干热沙漠地区各类气候、机械、地表条件的参数值。规定了干热沙漠边缘和腹地的环境参数及其严酷等级。适用于在规定的干热沙漠边缘和腹地使用的一般机械和电工电子设备。上述的特殊环境参数将为我国设计、制造用于上述地区的机械电子工程设备提供基础技术标准。

《特殊环境条件下火车厢体铝合金材料》标准针对我国西部高原的特殊环境特点，重点研究了火车厢体用铝合金型材在西部高海拔、盐湖地带环境条件下运行，材料的特殊力学性能如抗剥落腐蚀、抗应力腐蚀和抗腐蚀疲劳性能，规定了其技术要求、试验方法及选型导则。

标准起草工作组正在制定中的标准项目还有：《特殊环境　术语》、《特殊环境条件　高原电工电子产品技术要求》、《特殊环境条件　高原对工程建筑机械的要求》、《特殊环境条件　高原对动力机械的要求》、《特殊条件人工模拟试验方法　总则》、《特殊条件人工模拟试验方法及导则　电工电子及通信设备》、《特殊条件人工模拟试验方法及导则　电工电子及通信设备》等7项，也将在2003年一季度完成标准征求意见稿。

2. 针对性强，已部分用于国家重大工程项目

我国在"十五"期间实施的西部开发重大工程建设项

目，重头戏是青藏铁路、西气东输和西电东送。这些重要工程项目有极大的吸引力，西部开发应运而生的产品开发，由此对标准的需求更加迫切。但我国长期以来在对西部大自然的特殊条件界定以及这些特殊条件给重要设备材料造成的严重危害缺乏系统研究，特殊条件的基础国家标准处于空白。本项目已针对青藏铁路施工等重大工程建设项目的需要安排了高原特殊条件对电工电子设备、工程建筑机械设备、动力机械的要求标准制定。自标准制定工作开始以来，一直受到沿线施工单位的高度重视和大力配合，希望马上获得标准。本专项完成的《特殊环境条件　高原对电工电子设备的要求》、《特殊环境条件　高原对工程建筑机械的要求》《特殊环境条件　高原对动力机械的要求》标准草案，已用于指导电器设备、工程机械设备的高原适应性试验。

2002年以来，利用我国目前最大的大容量、高海拔（容积160m²，可模拟海拔7 000m）人工模拟实验室对将投放到青藏铁路建设中使用的电工电子设备进行了高海拔模拟试验，模拟海拔高度1 000m～6 000m下，电工电子产品及相关材料的各项电性能及力学性能。已进行了高压电器、隔离器、低压电器、电力变压器、电力电子器件、接触器、继电器、中小型电机等产品的试验。还在海拔3 850m的西大滩内燃机动态性能试验基地自然环境暴露试验场进行了工程机械用柴油机、工程机械若干样机的有关热平衡动力性能和油耗率等变化参数的高原适应性试验，检验了样机产品在海拔4 000m～42 000m地区，工程机械的动力性、经济性、热平衡性能、排温性、排放性能和起动性能，在一定程度上满足了国家的急需，同时深感到《极端（特殊）条件下的物质标准》项目的重要性和迫切性。

3. 项目继续演化，再度获得国家支持

第一年开展的项目已经通过了科技部的阶段性评审，为满足我国在西北高原实施的重大工程建设对机电设备基础标准的急需，中国电器工业协会积极组织了下一年度项目的申报，经过严格的专家论证答辩，目前，已获得国家科技部的专项支持。

项目工作组将根据国家对重大工程建设项目的急需程度，在已取得阶段性成果的基础上，继续加大标准制定力度。一方面继续完成2002年已启动的项目，2003年上半年将完成急需的3项特殊环境条件分级基础性国家标准送审稿及报批，到2003年底，将陆续完成其余标准项目的标准送审稿及报批。另一方面，将重点结合我国西部高原正在实施的重大工程建设项目，满足青藏铁路建设工程机电设备对标准的急需开展新的项目。这些项目涉及特殊环境条件下的高原电气条件分级——雷电、污秽、凝露，特殊环境条件下的高分子材料选用导则，高原低温对油料的技术要求、金属表面防护选用导则、动力机械高原自然环境性能试验方法、高原对电气设备的技术要求、高原对发电机组设备的要求等等。预计再用1～2年的时间，完成上述新开展标准项目的制订报批。这些标准项目的完成，将为我国设计、制造、使用部门提供高原用机电产品运行和使用的技术依据。

4. 结合国情，建立技术性贸易措施

结合我国特殊的自然环境条件，建立我国在特殊自然环境下机电设备的技术性贸易措施始终是本项目研究、开展的主要内容之一。

我国地域辽阔，自然环境相差悬殊。有33%的面积处于海拔2 000m以上，同时高海拔还伴有低温、干热高温、极大的温差、沙尘暴等特殊自然现象。国家“十五”期间实施的青藏铁路、西气东输等重大工程就是在这些特殊自然环境下实施的。青藏铁路二期工程的1 142km路段中，在海拔4 000m以上路段约960m，占路段总长的84%。在这样恶劣自然环境下使用的机电设备、工程建筑机械设备，要求性能苛刻，如电气设备的温升、电气间隙击穿电压、内外绝缘性能及绝缘强度性能等。由于我国对在高原使用的机电产品尚没有高原适应性检测标准可依，国际也没有相应标准。目前对于大量进入西部地区的工程机械设备和电气设备，只能采取比对性试验，而对国外进口设备则无考核验收标准。

因此，制定特殊环境条件下机电设备、工程建筑机械设备的标准，对于国外产品进入我国提供了检测高原适应性的检测依据，起到了结合我国特殊自然环境条件的技术性贸易措施的作用。

〔撰稿人：中国电器工业协会标准部郭丽平、方晓燕〕

质子交换膜燃料电池关键技术标准研究获国家科技部重要技术标准研究专项支持

由中国电器工业协会标准部主持，联合大连新源动力股份有限公司共同申报的“质子交换膜燃料电池关键技术标准研究”项目，于2002年度获国家科技部“重要技术标准研究”专项支持。燃料电池是国家在“十五”期要大力发展的新能源技术。质子交换膜燃料电池标准研究项目的开展旨在国家“九五”重点攻关成果的基础上，对拥有自主知识产权的关键性技术进行科技成果的产业化，通过制定质子交换膜燃料电池技术标准和检测标准，达到推进燃料电池产业化进程的目的。

燃料电池是一种申化学的发电装置，将储存在燃料和氧化剂中的化学能，等温地按电化学原理转化为电能的能量转化装置。燃料电池无运动部件，工作过程不涉及燃烧，不存在机械损耗，因而比蒸汽机、内燃机等热机更具能量转换率高的特点，是一种高效、节能、环境友好的绿色动力源，被认为是21世纪首选的洁净、高效的发电技术。大部分类型的燃料电池效率可高达50%～60%，通过对余热的二次利用，总效率可高达80%～85%。常规能量转化是通过热机过程，受卡诺循环的限制不但转化效率低，而且产生大量的粉尘、二氧化碳、氮的氧化物和硫的氧化物等有害物质以及噪声。由此造成的大气、水质、土壤等污染，严重威胁人类生存环境。

国外大汽车公司、石油公司和电力公司等对燃料电池的研究开发极为重视，纷纷组成强大的跨国联盟，投巨资从事开发，力争抢占市场。加拿大、美国、德国、日本等国汽车用燃料电池技术已相当成熟。我国政府对燃料电池技术的研究高度重视，“九五”期间先后立项支持质子交换膜燃料电池技术的研究开发。有些攻关项目成果已形成了具有自主知识产权的专利技术，达到了国外20世纪90年代后期的水平。但目前无论是国际上还是国内，对燃料电池还处于研发阶段没有形成规模化生产，由此造成产品过高的成本。科技成果产业化是国家科技工作发展目标，实现产业化的有效手段要通过制定相应技术标准和检测标准来推动，要将研发中的设计与制作工艺通过标准的形式固化和提升，从而达到推进产业化进程和行业技术发展的目的。

近年来国际电工委员会(IEC)专门成立了技术委员会(TC105—燃料电池)研究制定燃料电池的IEC标准。TC105的主席是加拿大人，秘书处设在德国。该委员会制定标准非常活跃，目前已形成4个委员会草案(CD)阶段的技术文件，内容涉及术语、模块和固定式燃料电池电站试验方法等标准，将要开展的新标准项目主要是燃料电池的安全标准。本项目的总体目标是，计划用3年时间，建立我国质子交换膜燃料电池标准体系。制定质子交换膜燃料电池术语标准、电池组和系统标准；便携式质子交换膜燃料电池标准；研究相应的检测技术。电池组标准应研究并规定以下主要内容：电池组的安全通则、设计要求和试验项目的规定。其中包括泄漏、增压操作、防护装置、电气元件、终端和电路连接、绝缘强度、冲击和振动、监测等参数；试验项目包括：气体泄漏、允许工作压力、冷却系统耐压、电流过载、压力过载、绝缘强度、压差试验等。电池系统标准应研究并规定以下主要内容：系统的安全要求、测试要求和试验方法。其中包括：总的燃料系统安全性、燃料处理系统安全性、电气系统安全性等。测试要求包括：热补偿测试、燃料测试(液态、气态)、废气排放测试、废水排放测试、噪声测试、振动测试等。期望通过本项目的开展和相应标准的制定，实现质子交换膜燃料电池产业跨越式的发展，使我国在燃料电池产业方面与国际基本同步进行。

〔撰稿人：中国电器工业协会方晓燕〕

电器工业分行业标准化工作

工业燃气轮机行业

自2001年10月，我国加入WTO已有一年多了，根据WTO/TBT规则，从整体而言，我们应按照我国加入WTO的承诺和有关要求遵照执行。但是，如何利用TBT的规则，保护我国的产品利益，自行制定带有技术性保护措施的国家标准以应对入世后复杂的贸易关系，利用合理的法规法则，保护我国的产品出口，抵挡国外产品的大量进口，这正是TBT的关键所在。

在当前标准研究制订中，中国电器工业研究制订技术性保护措施标准尤为重要。其中，科技含量极高的燃气轮机及其燃气/蒸汽联合循环发电装置所在的燃气轮机行业，“十五”期间也面临着巨大的挑战。由于电工行业的产品“个”大小不一，“量”多寡不一，“质”高低不一，“价”廉贵不一，其内容和形式各有不同。在电工行业中，其产品领域绝大多数在IEC专业范围内，少部分则归属ISO领域，所以要具体研究分析，不能一概而论。在选择确定技术性保护措施突破口方面，首先可在具有代表性的、既符合WTO游戏规则，又能适应TBT规则，在夹缝中生存的产品，这类产品具有典型的国家特色，而发达国家又难以针对这种个性特征达到产品标准要求，作为我们的启动典例，即先易后难。其二，国家主管部门在这类专项标准研究方面，应在财力上予以大力资助，立项课题应保证款项拨出，使其到位。人力资源应充分借助全国专业标准化技术委员会或行业协会、归口所的大力支持，发挥其技术优势。其三，要充分调动电工行业所有有能力的标委会和研究所、企业的积极性，群策群力，按各个专业的具体状况，进行分析、研究申报课题，扎实地开展工作。为此，中国电器工业协会要做好引导工作，把好关。其四，继续深入领会WTO/TBT规则，正确理解其内在精邃，适当地学习并培训，这样才能有目标、有序地完成并自行制定出电工行业各专业的技术性保护措施国家标准。

鉴于上述情况，根据 WTO/TBT 规则，结合燃气轮机国家标准的制定和采标工作，燃气轮机行业拟打算在近期内提出由我国自行制定具有技术性保护措施的标准项目两项，简介如下：

(1)制订《燃气轮机技术条件》推荐性国家标准。燃气轮行业在国际标准化领域属 ISO 范围，鉴于目前 ISO 国际标准中尚无“燃气轮机技术条件”标准。虽然 ISO/TC192 已颁布了“燃气轮机采购”标准，并且还将陆续将其细化分成 11 个标准，但是，毕竟这种标准突出的是重点满足用户在产品流通贸易中的使用功能，其中的技术要求和技术条件等条文，在满足制造商和用户对产品技术水平和质量方面的实际需求还有距离。考虑到我国的燃气轮机产品对标准的实际需要，并能按照国家标准制造，因此有必要制定我国“燃气轮机技术条件”的国家标准。其编制的手段和依据主要是国外发达国家的大公司相关的标准，并结合我国制造厂家先进生产水平和用户的实际需要进行制定。该标准的内容涉及材料、机械制造、电气、液压、控制、仪器仪表、电子等诸多的学科门类，并且更重要的是将我国特有的技术要求反映在标准中，以利用加人 WTO 后的 TBT 规则，使我国燃气轮机行业避免洋货大举入侵，为我国产品在国内市场乃至国际贸易舞台中的竞争建立技术保护措施。

(2)制订《燃气—蒸汽联合循环电厂环境评估及其测试》推荐性国家标准。该标准拟制订以下方面的主要内容：①燃气轮机的性能测试要求，完成性能测试的主要成套仪器、二次仪表、传感器。目前国内尚没有的成套测试设备，需要开展相关的开发、研制或采购。②燃气轮机的烟气排放以及烟雾颗粒对大气的污染。虽然，已有国际标准论及了这方面的内容，但是，本标准主要是针对解决燃烧重油燃料的燃气轮机在运行和维护时对环境的排放和污染。应突出重点考虑的是，要规定燃气轮机烟气排放与可吸入颗粒物等环境保护参数的量值。③燃气轮机噪声限值要求。④燃气轮机联合循环和简单循环影响电厂污水排放及处理要求。

该标准的制订主要结合我国目前的国情，在较长的一段时期内具有实用性，可以满足制造厂和用户对产品的要求。

〔撰稿人：全国燃气轮机标准化技术委员会涂庆国〕

水轮机行业

1. 发挥标委会专家优势，积极开展标准化技术咨询服务

全国水轮机标准化技术委员会和全国旋转电机标准化技术委员会发电机分会秘书处均挂靠在哈尔滨大电机研究所。两秘书处除组织制修订大型发电设备的国家标准和行业标准外，还不断探索适应我国市场经济，更好地发挥标委会作用的途径，最大限度地满足市场经济下的标准化需求。途径之一是利用标委会的专家优势，为用户开展技术咨询服务，自 2000 年起共完成了以下 5 个项目：

(1)2000 年，全国水轮机标委会受新安江水电厂的委托，聘请专家对福建省电力试验研究院为新安江电厂 9 号水轮机效率及出力试验进行了全过程的咨询，并对试验报告进行审查。

(2)2001 年，全国水轮机标委会受天生桥一级水电开发有限责任公司委托，聘请专家对天生桥一级水电站出现的有关技术问题进行分析和处理论证。

(3)2001 年，全国水轮机标委会受哈尔滨电机厂有限责任公司和岩滩水力发电厂委托，聘请专家对岩滩水轮机模型试验及改造方案进行评估。

(4)2001 年，全国水轮机标委会受中国长江三峡工程开发总公司委托，聘请专家对江垭水力发电厂水轮发电机组的水轮机相对效率试验和机组振动稳定性试验进行见证和咨询。

(5)2001～2002 年，在沙角发电总厂 A3 发电机改造工程中，全国旋转电机标委会发电机分会受沙角电厂和改造承建方—哈尔滨电机厂有限责任公司的委托，聘请专家执行发电机增容改造前后的检验和试验及对改造结果评估部分的合同。

以上各个项目均受到用户的好评，标委会也通过上述活动，在行业中扩大了影响。

2. 积极参与国际标准化工作，跟踪国际标准化动态

为了加快与国际接轨的步伐，适应我国加入 WTO 后的新形势，全国水轮机标委会和全国旋转电机标委会发电机分会在深入参与国际标准化活动方面做了以下工作：

(1)承办 2001 年在北京召开的 IEC/TC4 全体会议，这是我国首次承办召开的 IEC/TC4 全体会议，由于美国遭到恐怖分子袭击，部分工作组组长及代表无法到会，延期至 2002 年 4 月 23～26 日召开。为了保证此次会议顺利召开，在中国长江三峡工程开发总公司及三峡国际招标有限责任公司的大力支持与协助下，会议的筹备组共召开 6 次筹备会议，国际标准化工作专家组召开 3 次工作会议，以便做好会务及技术方面的准备工作。会议取得圆满成功并获得与会各国代表的好评。有关会议筹备等工作的进展情况，秘书处以“IEC/TC4 2001 年北京全体会议简报”形式通报各位委员和通讯成员，共发出简报 11 期。此次会议得到了中国长江三峡工程开发总公司、哈尔滨电机厂有限责任公司等 23 个单位的赞助。

(2)在中国长江三峡工程开发总公司的大力支持下，承办 2000 年在北京召开的 IEC/TC4 第 27 工作组(WG27，空蚀评定)会议，这是我国首次承办 IEC/TC4 工作组会议。承办 2001 年在北京召开的 IEC/TC4 第 18 工作组(WG18，比尺效应)会议。

(3)于 1998 年 10 月成立国内的国际标准化工作专家组,参加 IEC/TC4 的全部 7 个工作组的工作,对外提出我国意见,维护我国利益,为国际标准转化为国家标准做好前期工作。

(4)对 IEC/TC2 的 7 份文件进行了答复并提出了意见。

(5)报名参加了 IEC60034－3(1988)的修订工作组,并提出了 18 条修改意见,大部分意见被 IEC 采纳。

3.积极转化国际标准,为本行业企业在国际大项目招标中中标提供条件

随着可持续发展的需求,世界水利资源大多已被利用,全球水电市场的中心已移至我国。加之我国西部开发的政策,许多发电设备的业主已将其开发新的水、火电站项目转向国际招标,其技术基准均是国际标准。因而,我国相关的水电产品标准与国际标准一致便更为重要,为此,两标委会均在此方面下了功夫,在我国大电机、水轮机行业的产品标准前期制、修订的基础上,更好地考虑了国际标准在我国标准中的应用。同时,为了方便在国际招标项目中使用,也将主要产品技术条件的国家标准出版了中英对照本,满足各方面的需求。

〔撰稿人:全国水轮机标准化技术委员会付长虹〕

低压电器行业

全国低压电器标准化技术委员会(CSBTS/TC189)现为第二届,秘书处挂靠单位是上海电器科学研究所。

1.归口专业

全国低压电器标准化技术委员会(以下简称低标委)目前归口的国内标准共 66 项,国标 34 项,行标 32 项。涉及低压开关设备和控制设备,如:低压断路器,开关、隔离器、隔离开关与熔断器组合电器,接触器、起动器、过载继电器,控制电路电器,多功能电器:自动转换开关电器、控制和保护自配合电器,接线端子排;模数化组合电器等,低压熔断器,家用断路器及类似装置:家用和类似场所用断路器、剩余电流保护断路器、剩余电流动作继电器、移动式剩余电流动作保护器等。

2.采标工作

截止到 2002 年 12 月,对应的 IEC 出版物总数 57 项,其中国际标准 52 项,技术报告 5 项。SC17B:低压开关设备和控制设备类标准 28 项;SC23E:家用和类似用途断路器类标准 15 项;TC32:熔断器类标准 2 项;SC32B:低压熔断器类标准 7 项;TC109:低压设备的绝缘配合类标准 5 项。以上 57 项国际标准中,可转化的 IEC 标准 49 项,转化为我国标准 35 项,转化率为 71.4%。其中,转化为国家标准 33 项,行业标准 2 项;等同采用 26 项,修改采用 9 项(含非等效采用)。对于技术报告,由于其标准水平目前尚未成熟,我国国内市场目前应用还很少,因此暂不转化。有些标准目前 IEC 虽然未作废,但在其他新出版的标准中包含了其内容,例如 IEC60158－2 和 IEC60158－3 标准,他们的内容已函扩在 IEC60947－4 系列标准中,因此低标委没有进行重复的采标工作。此外,有些标准是 2002 年出版的新标准,例如 IEC60947－7－3、IEC60898－1、IEC60664－2－2 标准,低标委已将它们列入了制定计划。

3.标准的审查工作

低标委除积极完成国家标准、行业标准的制、修订和审查工作外,还积极开展企业标准的审查工作,并为企业开展产品认证提供技术咨询。在企业标准的审查工作中,低标委严格按照国家质量监督检验检疫总局贯彻国家强制性标准为指导方针,开展企业标准的审查工作。有关低压电器的国家标准由于涉及人身财产安全,大多为强制性标准,但国家标准是产品的大类标准,企业应根据产品的具体功能和性能确定企业的产品标准,由于企业对标准的理解有差异,因此其企业产品标准是否符合国家标准存在较多的疑问,低标委本着为企业服务的宗旨,受企业委托审查企业的产品标准,使其真正符合现行国家标准,提高产品的竞争能力。低标委还接受企业的委托,编制企业产品标准,加快了企业的技术进步和新产品的开发。近 5 年来,低标委共审查企业标准约 1 500 项。

自 2002 年 5 月 1 日起,国家开始实行强制性产品认证制度,第一批实施强制性产品认证的产品目录中包含有断路器、漏电断路器、熔断器等在内的 9 大类低压电器类产品。在企业展开认证的过程中,低标委为他们提供技术咨询,如产品在认证过程中应符合的标准等。此外,低标委与相关的 3C 认证试验机构就低压电器标准具体执行过程中遇到的问题进行讨论,如在家用和类似用途漏电断路器、小型断路器的标准中尚未规定带附件进行型式试验,因此该类产品型式试验时不必带附件进行检测;GB14048.2 涉及漏电附加器(漏电模块)执行标准附录 B“具有剩余电流保护的断路器”的要求,试验时应与断路器组合在一起试验,不能作为产品单独认证。

4.标准贯彻和实施情况

(1)举办标准宣贯学习班。低压电器是量大面广的基础件,产品系列品种繁多,因此产品的标准化显得尤为重要。为推动低压电器行业的技术进步和发展,使低压电器标准得到贯彻实施,低标委在各种行业会议上进行专题报告,介绍低压电器国内外标准情况以及 IEC 标准修订动态。多次召开标准宣贯会议,为企业技术人员进行培训,并多次受企业委托,为企业服务,使行业内有关单位和人员经过学习对新标准的内容有进一步的了解,在各自的岗位上实施标准。自 1997 年 9 月至今,低标委先后举办标准学习班 6 次,参加学习的技术人员近 500 人。低标委在修订的新标准报批后,鼓励企业在不违背强制性要求的基础上,积极探索新标准的执行。

为了与国际标准接轨,低标委与国外大公司如施耐德、

ABB 的技术人员进行交流，一方面宣传我国的标准化政策，同时对于 IEC 标准的理解与他们进行广泛交流。

(2)在产品型号注册过程中加强标准的贯彻实施。上海电器科学研究所(中国电器工业协会通用低压电器分会会同全国低压电器标准化技术委员会)长期承担了带有很强技术性的低压电器的型号注册与管理工作。在长期的工作实践过程中，摸索制订了一套适合低压电器行业的产品型号注册管理办法，制定了行标《低压电器产品型号编制方法》，并在低压电器行业中广泛实施。在产品型号注册中，为了突出企业的特色，企业在申请行业型号的同时，可以申请具有本企业特色的企业型号。在型号的注册工作中，低标委帮助企业贯彻国家标准，使获得注册型号的产品符合强制性国家标准，以推动全行业的技术进步和发展。对已经注册的产品型号，应予以保护，按照国家质量监督检验检疫总局 2003 年 4 月 22 日批复的《关于低压电器产品型号保护问题答复意见的函》(国质检法函【2003】281 号)，低压电器产品型号必须按《中华人民共和国质量法》第二十七条的要求标注。

(3)利用各种手段和方法加快标准的贯彻。低标委除采用上述办法，扩大标准的影响外，还采取了多种行之有效的其他手段，加强标准的贯彻力度。例如利用各种行业活动的机会介绍标准、利用全国性刊物《低压电器》、行业协会通讯等宣传阵地对新标准进行介绍；以新标准为依据开展产品的设计、开发和验收工作等。

〔撰稿人：全国低压电器标准化委员会郭　晶〕

绝缘材料行业

全国绝缘材料标准化技术委员会紧紧围绕提高标准水平，强化标准实施，加快采标进度，改善标准服务质量为中心，以市场为导向，经过努力，取得了显著成就。

1. 积极采用 IEC 国际标准及美国 ASTM 标准，加快与国际接轨的步伐

(1)采标转化工作。2002 年绝缘材料标委会对归口的 IEC 标准及国外先进标准进行了有效的转化，共完成采标转化 31 项，其中转化 IEC 标准 28 项，转化 ASTM 标准 3 项；其中国家标准 22 项，机械工业标准 9 项。

(2)采标研究工作。组织行业开展采标研究，对 IEC 标准及国外先进标准及时跟踪，分析对比，提出采标计划和建议。

2002 年标委会组织企业密切配合，认真论证采标可行性，及时完成采标计划的申报，共申报国家标准采标项目 44 项，其中 15 项已列入 2003 年国家标准制订计划。

2. IEC 标准及美国 ASTM 标准译文集的编译出版工作

为方便用户了解并采用 IEC 标准及美国 ASTM 标准，标委会组织专家编译《国际电工委员会(IEC)绝缘材料标准译文集》和 ASTM 标准，完成译文集第 11 集的编译出版，收集标准 34 篇，编译 ASTM 标准 4 篇，美国军用 MIL 标准 2 篇。

3. 技术咨询服务工作

全国绝缘材料标委会作为绝缘材料标准研究中心、服务中心、始终树立“更新观念、与时俱进、优质服务”的理念，为行业提供及时的技术咨询服务。

(1)认真为行业提供标准条文的解释，2002 年共咨询 300 次以上，对标准宣贯和实施起积极促进作用。

(2)指导企业采标转化为企业标准，共指导企业 63 个。

〔供稿单位：全国绝缘材料标准化委员会〕

工业电热设备行业

工业电热设备行业早在 20 世纪 80 年代初期就开始参与国际标准提案制修订工作。“八五”期间，以我国为主修订的 IEC60398：1999《工业电热设备通用试验方法》，就是在我国标准 GB10066.1－88《电热设备的试验方法 通用部分》的基础上提出的国际标准提案；IEC60397：1994《具有金属加热元件的间歇式电阻炉的试验方法》的国际标准提案，也是采纳了我国标准 GB10066.4－88《电热设备的试验方法 间接电阻炉》的基础上提出的国际标准草案中的大部分内容。由于我国积极参与国际标准制修订，把我国的产品技术水平和要求充分反映在制、修订国际标准的过程中，为电热设备产品打开国际市场创造有利条件，促进了我国电热设备产品的出口。“九五”期间，从我国的技术优势和现状出发，又对高频介质加热设备输出功率试验方法、直流电弧炉试验方法、微波安全标准等国际标准草案提出过 4 个试验方法附录和大量的技术性修改意见，大部分意见得到了 IEC 采纳，其中，IEC61308：1994《高频介质加热设备——输出功率的测定方法》的附录 A 中推荐的试验线路，即为我国提出的试验线路。我国还选派专家参加有关国际标准项目工作组，有针对性地开展了“高频感应加热”、“电阻炉试验方法”“工业微波加热安全”、“电弧炉试验方法和安全”等专项技术研究工作，认真分析研讨国际标准修改草案，提出了大量科学、合理和符合我国国情的修改建议。IEC60519－6：2002《电热设备的安全　第六部分　对工业微波加热设备的特殊要求》中的 6.1.3 中的注，是根据我国提出的“微波设备操作者所处位置微波辐射平均功率密度的允许值”附录意见而增加的说明；《IEC61922：2000 高频感应加热装置　输出功率的测量方法》，采纳了我国 17 条意见中的 13 条，特别对功率适用范围和频率下限全部根据我国意

见修改;《IEC60676:2002　工业电热设备——直接电弧炉试验方法》,也采纳了我国提出的17条修改意见和2个附录中的多数内容。特别是1999年在意大利米兰召开的IEC/TC27第22届工作会议上,在进行IEC60519－6标准草案讨论时,对我国提出将草案中原定的微波设备的5mW/cm² 微波泄漏极限值降至2.5mW/cm² 的意见和根据我国标准GB5959.6《对工业微波设备的安全规范》和GB10436《工作环境微波辐射卫生标准》的规定,以附录形式提出的微波设备操作者所处位置,微波辐射平均功率密度的允许值的意见引起了长达2h的认真讨论,最后将中国的意见以注的形式在标准中说明。TC27主席和会议代表非常感谢中国的意见使大家明确了设备的辐射和对人的辐射的两个概念,增加注的说明是解决了操作者安全的正确途径。这次会议还采纳了我国对IEC61922高频标准中提出最佳频率范围为10kH、以及对图4、图A1、图6的修改建议等。由于我国积极参与国际标准研究制订,IEC/TC27主席和各国代表对我国所作出的贡献给予了高度评价,在近两年的IEC标准项目中,点名要求中国派专家参加。

目前,IEC/TC27已开始对20世纪80年代的十几个电热设备标准进行全面修订,我国已选派了8名专家参加各个修订工作组,其中对《IEC60779－1983电渣重熔炉的试验方法》、《IEC60519－8－1983电热设备的安全　第八部分:对电渣重熔炉的特殊要求》两项国际标准的修订工作,我国已申请承担项目负责人。

该两项国际标准版本距今已有20年,其内容已远远落后于这20年来的技术发展。而我国在电渣冶金技术上,是较早发明该项技术的国家,具有独特的发明和创新,在这一领域处于国际先进水平。

电渣重熔炉是用于生产电渣钢的冶金设备。由于电渣钢具有其他冶金方法无法达到的优异性能,因而其产品涉及到原子能、宇航、军工、船舶、电子、石化、重型机械、汽车、火车等许多领域。近年来,电渣钢供不应求,因而电渣重熔炉设备市场十分看好。我国《GB/T1020电渣重熔炉的试验方法》和《GB5959.8电热设备的安全　第八部分　对电渣重熔炉的特殊要求》已先IEC一步开始进行修订,新的版本将会把20年来我国已开发采用的大量现代化电气控制技术和研制开发的真空电渣重熔炉、高压电渣重熔炉等内容进行全新的大量补充,其中,对试验方法标准在研究、试验验证的基础上补充项目有:①电渣重熔炉电参数的测试方法;②电渣重熔炉热平衡测试方法(新增测试项目);③电渣重熔炉及其附近空间磁场强度及其分布的测试方法(新增测试项目);④冷却液耗量的测量(新增测试项目);⑤电极移动调节系统特性的测量(新增测试项目);⑥根据安全标准中提出的安全要求补充相应的测试方法等。对安全标准将研究补充的项目有:①在原有7章安全要求的基础上再增加9章内容共16章,以达到与正在修订的《IEC60519－1电热设备的安全　第一部分　通用要求》的章节一一对应;②拟新增加的安全要求及防护措施:在原有对高压、高压断路器、变压器、二次侧电气控制线路的安全操作、安全运行规定下,增加对计算机控制下的智能化集散控制系统的电磁兼容性要求及防护措施;对真空电渣重熔炉增加防导电尘埃、运行环境不得有腐蚀性气体以及防爆等要求及防护措施;对真空系统增加其内部部件所加电压应考虑不致发生闪络和击穿现象的要求;对锭子增加对其偏心监控的防人身触电的安全要求及防护措施;对配备水冷电缆的大型电渣重熔炉,增加对水冷电缆外套管的耐压、表面绝缘电阻和水冷电缆的直流电阻、耐水压力等安全限值要求;对冷却水系统(特别是水冷结晶器)、供气系统、排烟除尘系统补充操作安全要求等;对高压电渣重熔炉等特殊炉型提出特殊的安全要求等。

电热设备标委会将通过电渣重熔炉这两项国际标准的修订工作,把我国领先于世界先进水平的电渣重熔冶金技术全新地反映到国际标准中,由此而推动我国电渣重熔炉设备和电渣钢及其制品更大范围地走向世界。1台10t电渣重熔炉设备在国际市场的价格是200万美元,1t优质电渣模具钢的价格是1万美元。从这个意义上讲,开拓国际市场将为我国电渣炉制造厂和电渣钢生产企业带来巨大的经济效益,并且这两项国际标准还会为我国形成贸易技术壁垒,双重效益的优势是不可估量的。

〔撰稿人:全国工业电热设备标委会刘西萍〕

低压电控配电设备行业

1.概况

天津电气传动设计研究所一直承担IEC/SC17D"低压成套开关设备和控制设备"的国内归口工作,并负责低压成套开关设备和控制设备行业的标准化技术管理工作,组织编制了数10项国家标准和行业标准,为本行业的产品开发、生产制造和试验验证等工作提供了技术依据。

低压成套开关设备和控制设备行业是一个大行业,全国大约有4 000个生产厂家,产品量大面广,产品质量参差不齐,还有待规范和提高。特别是在目前,政府职能逐步弱化,我国已步入市场经济体制的条件下,只能用标准来规范市场,依靠标准来提高产品质量。

为便于行业标准工作的开展,从2002年开始天津电气传动设计研究所向国家标准委提出申请,要求组建与IEC/TC71"户外严酷条件下的电气成套设备"和IEC/SC17D"低压成套开关设备和控制设备"对口的全国专业标委会。IEC/TC71"户外严酷条件下的电气成套设备"技术委员会的工作范围覆盖面较宽,其中有很多方面能满足低压成套开关设备和控制设备在特殊条件下的要求,将IEC/TC71和IEC/SC17D结合在一起将会不断扩大低压成套开关设备和控制设备的应用领域,促进产品更新换代。

天津电气传动设计研究所按照国家标准化管理委员会标委办计划[2003]17号文和中电协〔2003〕033号通知的要求，组建了“全国低压成套开关设备和控制设备标准化技术委员会”(以下简称“低压成套设备标委会”)。新组建的标委会共有委员79名(包括单位委员)，其中制造厂大约占80%，用户、科研单位、检测机构大约20%，通讯成员300余名。

低压成套设备标委会的工作范围是在低压成套开关设备和控制设备以及电气设备辅件专业领域内，从事全国性标准化工作的技术组织，负责低压成套开关设备和控制设备以及电气设备辅件的标准化技术管理工作。

低压成套设备标委会秘书处的主要工作范围包括：

(1)根据国家有关方针、政策，结合本行业产品的发展形势，制定并不断完善电气传动成套控制设备专业的标准体系。提出制定有关的国家标准和行业标准的年度计划。

(2)负责组织本行业国家标准、行业标准的起草和审查等工作。

(3)负责本专业标准的宣传贯彻、教育培训，开展专业标准化学术活动和咨询服务工作。

(4)负责IEC/SC17D分会的国内归口工作。对SC17D发来的文件进行登记、归档和翻译，并发到有关单位征求意见，同时组织专家组进行讨论，提出我国的意见和建议，并在规定的期限内代表国家进行投票表决。

行业标准所覆盖的产品：

开关柜类：GCL抽出式动力中心、GCK1(1A)抽出式电动机控制中心、GHT1低压开关柜、GHK168－Z智能型混合式低压开关柜、GDL1低压抽出柜、GDT系列固定封闭式交流低压配电柜、PGL3低压配电屏、GZD1/2－F1/F2防腐密封型配电柜、GBD1固定封闭式成套开关设备、GZS1全数字程控直流柜、GZS2系列数控直流电源柜、GCK2000－Z智能型低压成套设备、XBZ1系列智能型箱式变电站、XBJ1系列紧凑型箱式变电站。

动力配电箱(柜)类：GBL1交流低压动力配电柜、GML1低压动力配电柜、Mi－GST全塑箱式低压配电柜、GYB1可移式变配电装置、XLW1户外多功能配电装置、XDF1、XQF1、XUF1型户外用电缆分线箱。

无功补偿装置类：P(G)JD1动态无功自动补偿装置、P(G)JD3型无功功率动态补偿装置、P(G)JD2型无功功率动态补偿装置、XJD1型系列无功功率动态补偿箱、JKLD1型无功功率动态补偿控制器、JKLD2型无功功率动态补偿控制器、KLS1型无功功率动态补偿调节器、KCS1型无功功率动态补偿调节器。

照明配电箱类：XG(M1，Z1，C1)照明配电箱、VKRM1、VKXM1 KVXM1系列封闭式全塑壳照明箱。

母线槽类：CCX6密集绝缘母线槽、CKX6空气绝缘母线槽、GMX6$_{NH}$密集耐火母线槽、GMX6$_{NH}$空气耐火母线槽。

电缆桥架：耐火电缆桥架、钢制组装式电缆桥架、玻璃钢制电缆桥架。

低压成套开关设备和控制设备产品与标准的对应关系见表1。

表1　低压成套开关设备和控制设备产品与标准的对应关系

产品类别	标准编号与名称	采用国际标准、国外先进标准
开关柜类	GB7251.1－1997 低压成套开关设备和控制设备　第1部分：型式试验和部分型式试验成套设备	等同IEC60439－1：1992低压成套开关设备和控制设备第1部分：型式试验和部分型式试验成套设备
动力配电箱(柜)类	GB7251.5－1998 低压成套开关设备和控制设备　第5部分：对户外公共场所的成套设备——动力配电网用电缆分线箱(CDCs)的特殊要求	等同IEC60439－5：1996低压成套开关设备和控制设备第5部分：对户外公共场所的成套设备——动力配电网用电缆分线箱(CDCs)的特殊要求
无功补偿装置类	GB/T15576－1995 低压无功功率静态补偿装置总技术条件	
照明配电箱类	GB7251.3－1997 低压成套开关设备和控制设备　第3部分：对非专业人员可进入场地的低压成套开关设备和控制设备——配电板的特殊要求	等同IEC60439－3：1990低压成套开关设备和控制设备第3部分：对非专业人员可进入场地的低压成套开关设备和控制设备——配电板的特殊要求
母线槽类	GB7251.2－1997 低压成套开关设备和控制设备　第2部分：对母线干线系统(母线槽)的特殊要求	等同IEC60439－2：1997低压成套开关设备和控制设备第2部分：对母线干线系统(母线槽)的特殊要求
电缆桥架类	JB/T10216－2000 电控配电用电缆桥架	参照IEC 61537－1999电气安装用电缆托盘和电缆桥架
电气控制柜类	GB/T3797－1989 电控设备　第2部分：装有电子器件的电控设备	
	GB/T10233－1988 电气传动控制设备基本试验方法	
	GB/T10585－1989 中小型同步电机励磁系统基本技术要求	
	GB/T10217－1988 电工控制设备造型设计导则	
	GB7251.4－1998 低压成套开关设备和控制设备　第4部分：对建筑工地用成套设备(ACS)的特殊要求	等同IEC60439－4：1990低压成套开关设备和控制设备第4部分：对建筑工地用成套设备(ACS)的特殊要求

2. IEC/SC17D技术委员会基本情况

IEC/SC17D 技术委员会现行标准见表 2。

表 2 IEC/SC17D 技术委员会现行标准

标准编号	标准名称	备注
IEC 60439－1	低压成套开关设备和控制设备 第 1 部分：型式试验和部分型式试验成套设备	1999 年 第 4 版
IEC 60439－2	低压成套开关设备和控制设备 第 2 部分：对母线干线系统（母线槽）的特殊要求	2000 年 第 3 版
IEC 60439－3	低压成套开关设备和控制设备 第 3 部分：对非专业人员可进入场地的低压成套开关设备和控制设备——配电板的特殊要求	2001 年 第 1.2 版
IEC 60439－4	低压成套开关设备和控制设备 第 4 部分：对建筑工地用成套设备的特殊要求	1999 年 第 1.2 版
IEC 60439－5	低压成套开关设备和控制设备 第 5 部分：对户外公共场所的成套设备——动力配电网用电缆分线箱的特殊要求	1998 年第 1.1 版
IEC 60890	用外推法检查低压成套开关设备和控制设备部分型式试验成套设备的温升	1987
IEC 61117	部分型式试验成套设备的短路耐受强度的评估方法	1992
IEC 61641	封闭式低压成套开关设备和控制设备在内部故障引起电弧情况下的试验导则	1996

17D 分会除了对以上标准不断进行修订和补充外，目前正在着手起草的新标准有 17D/248/CDV（草案）低压成套开关设备和控制设备壳体标准和 17D/226/NP（新工作项目建议）低压成套开关设备和控制设备第 6 部分：对低压变电站电缆配电盘的一般要求。在对 IEC 60439－1(1999 第 4 版）进行修订与补充的同时，着手对该标准的结构进行调整。并且在 IEC66 届年会上对 EN50274(2002)："低压成套开关设备和控制设备—电击防护—无意直接接触危险的带电部件"转化为 IEC 新标准的可能性进行研究探讨。

3. 标准制修订工作及采标情况

低压成套开关设备和控制设备行业已完成采标项目见表 3。

表 3 低压成套开关设备和控制设备行业已完成采标项目

标准编号	标准名称	备注
GB 7251.1—1997	低压成套开关设备和控制设备 第 1 部分：型式试验和部分型式试验成套设备	等同采用 IEC 439－1(1992 年 第 3 版)
GB 7251.2—1997	低压成套开关设备和控制设备 第 2 部分：对母线干线系统（母线槽）的特殊要求	等同采用 IEC 439－2(1987 年 第 2 版)
GB 7251.3—1997	低压成套开关设备和控制设备 第 3 部分：对非专业人员可进入场地的低压成套开关设备和控制设备——配电板的特殊要求	等同采用 IEC 439－3 (1990 年 第 1 版)
GB 7251.4—1998	低压成套开关设备和控制设备 第 4 部分：对建筑工地用成套设备的特殊要求	等同采用 IEC 439－4(1990 年 第 1 版)
GB 7251.5—1998	低压成套开关设备和控制设备 第 5 部分：对户外公共场所的成套设备——动力配电网用电缆分线箱的特殊要求	等同采用 IEC 439－5(1996 年 第 1 版)
GB/Z 18859－2002	封闭式低压成套开关设备和控制设备在内部故障引起电弧情况下的试验导则	等同采用 IEC 61641(1996 年 第 1 版)（上报待批）

到目前为止，IEC/SC17D 技术委员会的 5 个标准：IEC60439－1～IEC60439－5 已全部等同转化为强制性国家标准即 GB 7251.1——GB 7251.5，这 5 项强制性国家标准全部是国家认证认可监督管理委员会公布的第一批实施强制性产品认证的低压成套开关设备产品的依据标准。

目前，标委会正在着手研究按照 IEC60439 系列标准新版本对 GB 7251.1～GB 7251.5 进行修订，已上报了项目计划，并且全部已经批准立项。IEC/SC17D 分会的 3 个技术报告，其中 IEC 61641(1996)已经完成了国标转化工作，已上报待批，很快就能发布实施。另外两个技术报告，标委会也在探讨将其转化为国家标准的可能性。IEC/SC17D 的技术草案，例如第二章中提到的 17D/248/CDV（草案）低压成套开关设备和控制设备壳体标准，现已完成了翻译工作，待该草案成为 IEC 正式标准时，上报立项。

标准立项情况。低压成套开关设备和控制设备行业标准立项见表 4。

表 4 低压成套开关设备和控制设备行业标准立项

标准编号	标准名称	修订情况	备注
	低压成套开关设备和控制设备安全要求	制定	国家标准
	低压成套开关设备和控制设备 智能型产品的一般要求	制定	国家标准
GB/T3797－1989	装有电子器件的电控设备	修订	国家标准
GB/T10233－1988	电气传动控制设备基本试验方法	修订	国家标准
GB7251.1－1997	型式试验和部分型式试验成套设备	修订	国家标准

（续）

标准编号	标 准 名 称	修订情况	备注
GB7251.2－1997	对母线干线系统(母线槽)的特殊要求	修订	国家标准
GB/T2681－1981	电工成套装置中的导线颜色	修订	国家标准
GB/T2682－1981	电工成套装置中的指示灯和按钮的颜色	修订	国家标准
JB/T 8456－1996	低压直流成套开关设备	行标修订项目	行业标准
	低压无功功率动态补偿装置	行标制定项目	行业标准

2002年低压成套开关设备和控制设备行业安排了6项标准制修订项目:《封闭式低压成套开关设备和控制设备在内部故障引起电弧情况下的试验导则》、《低压成套开关设备和控制设备 智能型产品的一般要求》、《低压成套开关设备和控制设备安全要求》、GB/T3797－1989《装有电子器件的电控设备》、GB/T10233－1988《电气传动控制设备基本试验方法》、行业标准项目:JB/T 8456－1996《低压直流成套开关设备》。

4.技术咨询与技术服务工作

根据标委会章程的规定和当前形势的要求,标委会秘书处不仅负责组织本行业标准的制修订工作,还要承担标准的宣贯和技术咨询与技术服务工作。标委会始终把为成员单位、为企业做好服务作为秘书处的工作宗旨之一,及时向企业提供最新的标准资料和信息,提供标准咨询和技术服务,推动行业的贯标工作。

秘书处及时汇总电控配电行业现行有效标准目录及废止标准目录,每年都对本行业的标准目录进行修改整理,并及时提供给标委会成员单位,让大家及时了解标准变化的情况。

为了向企业宣传、讲解新标准,推动行业的贯标工作,标委会每年度都要组织多次标准宣贯会和研讨会,接受培训的人达数千人以上,受到企业的欢迎。

为配合ISO9000系列产品质量认证和我国开展的强制性产品的认证工作,秘书处根据对本行业的了解以及多年来在低压成套设备标准化方面的经验,编制了《低压成套开关设备和控制设备标准应用手册》。该手册是为低压成套开关设备和控制设备用户提供服务的标准化方面的工具书。手册不仅全面的介绍了我国低压开关设备行业标准化的概况、发展、组织及工作情况,还对低压成套开关设备的具体产品标准内容做了介绍,并汇集低压成套设备的基本标准和常用相关标准的最新有效版本123个,而且还提供了行业现行标准的目录和历次标准的更新、替代情况及其他相关标准目录、国标与IEC标准对照表等,供大家参考和选用。

〔撰稿人:天津电气传动设计研究所低压成套设备标委会王春娟〕

全国建筑物电气装置行业

1.全国建筑物电气装置标准化技术委员会的组织机构和活动

在中国参加国际电工委员会(IEC)以后,中国政府对于参加有关机构的活动一直是很重视的。在1983年专门成立了与IEC TC64对口工作的中国委员会,这个委员会由有关工程建设方面(设计院、安装公司及管理部门)的15名专家组成,这个委员会积极参加了IEC TC64的工作,并且将IEC TC64出版的标准介绍到中国来,先后出版了3本译文集。

为了更进一步推动中国有关单位加强这方面的工作,1993年国家质量技术监督局批准成立全国建筑物电气装置标准化技术委员会,这个委员会由27个委员组成,委员分别来自全国重要的工程设计研究院和相关的电气产品研究院、所,秘书处设在中机中电设计研究院。

本届标委会在这几年在以下几个方面进行了大量的工作。

(1)参加IEC TC64的活动:组织委员对IEC TC64制订和修改的国际标准的各阶段文件进行讨论和提出建议,并代表中国提出意见和进行投票。到2002年本标委会的投票率已经达到了100%。

(2)将IEC TC64出版的有关标准,有计划地分期分批采用为国家标准。到目前为止,已转化完成和出版22项标准,占应转化标准32项的67%。在这22项标准中有14项标准是强制性标准,比例很高,这是因为IEC TC64制订的60364标准的出发点是保障人身和财产的安全,理应受到社会各界的共同遵守和执行。

(3)推动IEC TC64出版的标准在中国贯彻执行。我国工程建设方面有专门的工程设计国家标准,还有各行业如民用建筑、机械工业、电力、铁路、矿山、石油化工、航空工业等不同行业根据自身特点制订的有关行业标准。经过标委会的努力这些国家标准和行业标准都在不同程度上采用了IEC TC64出版的标准。

现在全国建筑物电气装置标准化技术委员会的换届准备工作已经基本完成,第二届委员会将由全国各主要行业,主要地区的50个设计院,相关产品的10个研究院、3个大学、4个企业共67个单位组成。随着标委会成员的增加,影响的扩大,标委会的工作将会更有成效,中国与IEC TC64的交流会更多。

2.中国采用IEC TC64出版的标准的情况

(1)将IEC TC64出版的标准,转化为中国的国家标准。

IEC TC64 一共出版了 36 项标准，除 4 项安装指南是说明性文件外，还有 32 项标准，这 32 项标准的采用情况请见附表，由附表中可以看出，已经被采用或已完成采标的标准有 22 项，这 22 项标准中有 14 项强制性标准，IEC60364 系列标准中的第 1、4、5 部分已经完成采标工作，正在进行采标的标准有 3 项。还有 7 项标准将于 2005 年以前完成采标工作，届时 IEC TC64 出版的标准将全部转化为中国标准。这些标准主要内容是保障人身和财产安全。

(2)在制订中国工程建设国家标准时，将 IEC TC64 出版的标准中的相关技术内容引入到中国的工程建设标准中，这主要体现在 1995 年发布的 GB500054—95"低压配电设计规范"中做了以下几个方面的规定：①有关等电位联结的规定；②有关电气系统接地型式的规定；③有关电气线路过电流保护的规定；④有关电气线路接地故障保护的规定；⑤有关剩余电流保护器应用的规定；⑥有关接地导体选择的规定等。

(3)中国有关部门在制订行业标准时，也将 IEC TC64 出版的标准内容引入了行业标准：①中国电力工业部 1997 年发布的 DL/T621—1997"交流电气装置的接地"标准中关于建筑低压电气装置的接地系统和接地装置的内容参考了 IEC TC64 出版的标准。②中国建设部 1992 年发布的 JGJ/T—92"民用建筑电气设计规范"标准中的"装有浴盆和淋浴盆的场所的规定"和"游泳池场所的规定"等内容参照了 IEC TC64 出版的标准的有关规定。③中国的机械、冶金、石油化工、航空工业等部门在制订有关标准时也程度不同地引用了 IEC TC64 出版的标准。

(4)为了使中国的技术人员能全面了解 IEC TC64 出版的标准，我标委会组织出版了 IEC TC64 出版的标准的译文集，其内容包括了 IEC TC64 出版的全部标准。

〔供稿单位：中机中电设计研究院〕

全国可调速电气传动系统半导体电力变流器行业

1. 积极采用国际标准

全国可调速电气传动系统半导体电力变流器分标准化技术委员会(以下简称标委会)是在国内外电气传动调速产品迅速发展的形势下，由国家技术监督局批准于 2000 年成立的。负责电气传动半导体调速系统的技术领域内的行业性标准化技术工作的组织及归口，并组织对应于国际电工委员会 IEC/SC 22G 文稿草案提出国内征询意见及投票。

涉及的产品主要有：①国民经济基础工业交直流电气传动设备：工业、农业、商业、化工、环保、冶金、纺织、轻工、石油、化工、物资仓储等设备用交直流电动机起动、调速设备。②交直流电力电子电气传动装置：无换相电机控制装置、双馈电机控制装置、交流电动机变频调速装置、中压交流电动机调速装置、交流电动机半导体串级调速装置等。

该专业采用国际标准对行业发展具有极大的促进作用。根据国家关于经济结构的调整和国有企业改革的总体要求以及我国加入世界贸易组织的需要，要努力调整行业标准体系以适应当今全球贸易的需求，加速与国际标准化体制的接轨，使之成为进出口贸易的技术依据。IEC/SC 22G 现正式出版的国际标准有 4 项，即 IEC 61136—1、IEC 61800—1、IEC 61800—2、IEC 61800—3，其中前 3 项已正式转化为我国国家标准，最后 1 项正在转化。国际电工委员会组织将要陆续发布 IEC 61800—4、IEC 61800—5、IEC61800—6 等 IEC 61800 系列标准草稿，本标委会计划对此系列标准进行转化工作。在 IEC 标准投票工作中，标委会积极做好国际标准的新工作项目建议(NP)、委员会草案(CD)、最终委员会草案(FDIS)等阶段的研究工作，对每个阶段的文稿进行认真翻译，仔细研究，到了正式出版阶段已经作好了采标工作的准备，使本专业的采标工作较快地跟上 IEC 标准的制修订计划。

已制定的各项国标、行标从大面上看基本覆盖了产品的主要大类，但小类产品的质量控制范围远未达到市场需求，特别是对那些专门领域的不同环境、技术要求的产品，还有待于标委会组织各行业的企业、专家尽快完善。从完善产品的发展全过程的质量控制出发，还要制定一些配套标准，如变流变压器、各类电抗器技术规范等，也将在"十五"期间逐步落实。

"十五"期间标委会工作是加快 IEC 国际标准转化为国标，加快标准的宣贯、实施工作，提高企业的标准化意识。拟在"十五"期间完成本标委会的规划任务，实施从体系、安全、配套三大方面，全面实现大、小类产品的质量控制。

2. 以积极的态度应对 WTO，在市场发展中迎接新的挑战

加入 WTO，我国的市场经济体制迈入了新阶段。

从总体上看我国变频调速和软起动技术水平较国际先进水平差距 10～15 年。国外交流变频调速和软起动技术高速发展有以下特点：

(1)市场的大量需求。随着工业自动化程度的不断提高和能源全球性短缺，变频器和软起动器越来越广泛地应用在机械、纺织、化工、造纸、冶金、食品等各个行业以及风机、水泵等的节能场合，并取得显著的经济效益。

(2)功率器件的发展。近年来，高电压、大电流的 SCR、GTO、IGBT、IGCT 等器件的生产以及并联、串联技术的发展应用，使高电压、大功率变频器和软起动器产品的生产及应用成为现实。

(3)控制理论和微电子技术的发展。矢量控制、磁通控制、转矩控制、模糊控制等新的控制理论为高性能的变频器和软起动器提供了理论基础；16 位、32 位高速微处理器以及信号处理器(DSP)J 和专用集成电路(ASIC)技术的快速发展，为实现变频器高精度、多功能化提供了硬件手段。

(4)基础工业和各种制造业的高速发达，变频器和软起

动器相关配套件社会化、专业化生产。

国内交流变频调速和软起动技术产业状况表现在：①变频器和软起动器的整机技术落后，国内虽有很多单位投入了一定的人力、物力，但由于分散，并没有形成一定的技术和生产规模。②变频器和软起动器产品所用半导体功率器件的制造业几乎是空白。③相关配套产业及行业落后。④产销量少，可靠性及工艺水平不高。

变频调速和软起动技术作为高新技术、基础技术和节能技术，已经渗透到所有经济领域的技术部门中。我国以后在变频调速和软起动技术方面应积极做的工作：①应用变频调速和软起动技术来改造传统的产业，节约能源及提高产品质量，获得较好的经济效益和社会效益。②大力发展变频调速和软起动技术，必需把我国变频调速和软起动技术提高到一个新水平，缩小与世界先进水平的差距，提高自主开发能力，满足国民经济重点工程建设和市场的需求。③规范我国变频调速和软起动技术方面的标准，提高产品可靠性及工艺水平，实现规模化、标准化生产。

〔供稿单位：天津电气传动设计研究所〕

电工电子设备机械结构行业

1. 概况

全国电工电子设备结构综合标准化技术委员会在国家标准化管理委员会中编号为SAC/TC34，名称为电工电子设备结构综合，对应国际标准化组织是IEC/TC48/SC48D，秘书处所在单位为机械工业北京电工技术经济研究所。

SAC/TC34是原国家技术监督局批准的惟一一个综合性技术委员会，因为本技术委员会的委员来自电工、电子、电力、铁道、航空、航天、核工业、船舶、仪表、通讯和邮电等11个行业，涉及的行业多，范围广。

2. 归口专业

SAC/TC34标准化工作领域，负责全国电工、电子及仪表方面结构包括总体设计导则、结构尺寸系列、色彩造型、人体工程导则、模拟符号以及各种开关柜、控制柜、屏、台等产品及通用件、零部件等专业领域标准化工作。

3. IEC标准及正在制订的IEC标准草案

电工电子设备机械结构行业已出版IEC标准见表1。

表1　电工电子设备机械结构行业已出版IEC标准

序号	标准代号	标准名称
1	IEC60917—1：1998	发展中的电子设备构体机械结构模数序列 第1部分：总规范
2	IEC60917—2：1992	发展中的电子设备构体机械结构模数序列　第2部分：分规范25mm设备构体接口的协调尺寸
3	IEC60917—2—1：1993	发展中的电子设备构体机械结构模数序列　第2部分：分规范25mm设备构体接口的协调尺寸　第1篇：详细规范　机柜和机架的尺寸
4	IEC60917—2—2：1992	发展中的电子设备构体机械结构模数序列　第2部分：分规范25mm设备构体接口的协调尺寸　第2篇：详细规范　插箱、机箱、背板、面板和插件的尺寸
5	IEC60297—1：1986	482.6mm(19in)系列机械结构尺寸　第1部分：面板和机架
6	IEC60297—2：1982	482.6mm(19in)系列机械结构尺寸　第2部分：机柜和机架结构的格距
7	IEC60297—3：1984＋A1	482.6mm(19in)系列机械结构尺寸　第3部分：插箱及其插件
8	IEC60297—4：1995＋A1：1999	电子设备机构结构　482.6mm(19in)系列机械结构尺寸　第4部分：插箱及其插件 附加尺寸
9	IEC60297—5—100：2001	电子设备机构结构　482.6mm(19in)系列机械结构尺寸　第5—100部分：插箱及插件设计概述
10	IEC60297—5—101：2001	电子设备机构结构　482.6mm(19in)系列机械结构尺寸　第5—101部分：插箱及插件插拔器手柄
11	IEC60297—5—102：2001	电子设备机构结构　482.6mm(19in)系列机械结构尺寸　第5—102部分：插箱及插件电磁屏蔽结构
12	IEC60297—5—103：2001	电子设备机构结构　482.6mm(19in)系列机械结构尺寸　第5—103部分：插箱及插件静电放电防护
13	IEC60297—5—104：2001	电子设备机构结构　482.6mm(19in)系列机械结构尺寸　第5—104部分：插箱及插件编码键
14	IEC60297—5—105：2001	电子设备机构结构　482.6mm(19in)系列机械结构尺寸　第5—105部分：插箱及插件定位/接地销
15	IEC60297—5—107：2001	电子设备机构结构　482.6mm(19in)系列机械结构尺寸　第5—107部分：插箱及插件后安装插件
16	IEC61969—1：2000	电子设备机构结构　户外机壳　第1部分：设计导则

（续）

序号	标准代号	标准名称
17	IEC61969—2:2000	电子设备机构结构　户外机壳　第2部分:分规范　箱体和机柜的协调尺寸
18	IEC61969—2—1:2000	电子设备机构结构　户外机壳　第2—1部分:详细规范　机柜尺寸
19	IEC61969—2—2:2000	电子设备机构结构　户外机壳　第2—2部分:详细规范　箱体尺寸
20	IEC61969—3:2000	电子设备机构结构　户外机壳　第3部分:机柜和箱体的气候、机械试验和安全要求
21	IEC61587—1:1998	电子设备机构结构　IEC60917和IEC60297系列的试验　第1部分:机柜、机架、插箱和机箱的气候、机械试验和安全要求
22	IEC61587—2:2000	电子设备机构结构　IEC60917和IEC60297系列的试验　第2部分:机柜和机架的地震试验
23	IEC RS 61587—3:1999	电子设备机构结构　IEC60917和IEC60297系列的试验　第3部分:机柜和机架的电磁屏蔽性能试验

电工电子设备机械结构行业正在制订的IEC标准草案见表2。

表2　电工电子设备机械结构行业正在制订的IEC标准草案

序号	编　号	草案名称	阶　段
1	48D/273/CDV	电子设备机械结构　482.6mm(19in)系列机械结构尺寸　第3—101部分:插箱及插件	投票用委员会草案
2	48D/274/CDV	电子设备机械结构　482.6mm(19in)系列机械结构尺寸　第3—102部分:插拔器手柄	投票用委员会草案
3	48D/275/CDV	电子设备机械结构　482.6mm(19in)系列机械结构尺寸　第3—103部分:编码键和定位锁	投票用委员会草案
4	48D/280/CD	确定机壳由于内部热负荷以及太阳辐射的热特性的方法	委员会草案
5	48D/285/CD	在IEC60917—2—2基础上对插箱和插件的延伸	委员会草案

4.采标情况

标委会采标率已达到76.7%,全部是国家标准,其中包括已发布的标准、待发布的标准、正在报批的标准和已列入2003年制修订国家标准计划项目。

5.IEC/SC48D标准体系

IEC/SC48D是TC48“电子设备用机电元件及机械结构”一个分技术委员会。依据IEC导则103“尺寸协调导则”,为户内和户外使用的电子设备机械结构制定尺寸协调原则性标准、尺寸详细规范及试验方法。由于机械结构与元件、连接器和印制板之间的紧密联系,机械结构已延伸到包括元件及其接线、焊接等在内的连接器、印制板和背板等组件的装配。

SC48D下属4个标准制定工作组:①第2工作组(WG2):未来设备应用的模数数列对IEC60917系列和IEC60927系列产品的试验;②第3工作组(WG3);电子设备机械结构——户外机壳;③第4工作组(WG4):电子设备机械结构——19in系列机械结构尺寸;④第5工作组(WG5):电子设备机械结构的热处理系统的户内及户外应用。

IEC/SC48D标准体系见图1。

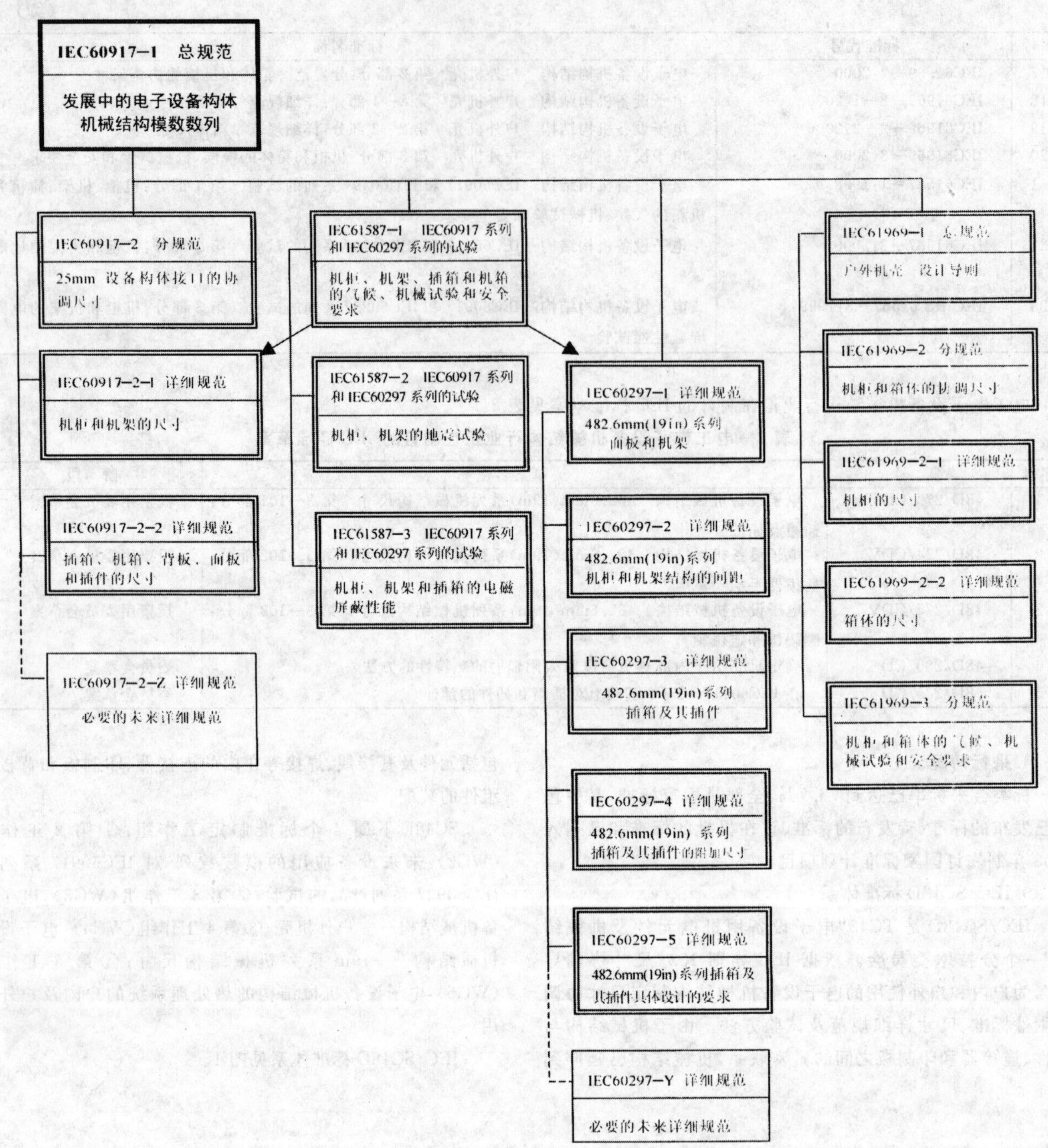

图 1 IEC/SC48D 标准体系

〔撰稿人:全国电工电子设备结构综合标准化委员会李晓静〕

中国机械工业年鉴系列

中国电器工业年鉴

China Electrical Equipment Industry Yearbook

2003

第Ⅳ部分

统计资料

统计资料

2002 年电器工业企业主要经济指标

企业名称	工业总产值		工业销售产值（万元）	工业增加值（万元）	全年从业人员平均人数（人）	年末资产总计（万元）	流动资产合计（万元）
	不变价（万元）	当年价（万元）					
电工电器工业行业	12 725 915	11 418 970	11 078 706	3 147 550	533 227	19 155 459	11 907 771
锅炉制造业	852 338	890 742	862 244	224 886	58 431	1 920 067	1 384 212
大一型企业	569 292	583 672	575 159	120 568	23 587	1 177 122	909 617
北京巴布科克威尔科克斯有限公司	42 323	52 566	52 566	11 532	2 070	80 858	59 882
哈尔滨锅炉厂有限责任公司	137 953	149 879	150 651	29 120	5 040	294 147	241 615
上海锅炉厂有限公司	147 415	128 835	131 136	24 326	2 853	180 305	156 221
无锡华光锅炉股份有限公司	27 581	35 348	36 007	6 533	1 146	59 566	47 176
济南锅炉集团有限公司	47 274	38 810	38 810	12 316	1 778	65 896	54 444
武汉锅炉集团有限公司	60 581	61 535	59 824	14 153	5 172	279 853	184 073
东方锅炉厂	106 165	116 699	106 165	22 589	5 528	216 497	166 207
大二型企业	71 382	76 497	66 739	26 490	7 886	232 678	156 443
鞍山锅炉集团有限公司	6 010	6 010	4 807	1 803	1 436	53 704	40 976
上海四方锅炉厂	15 876	15 392	12 125	6 465	1 098	42 980	31 344
上海工业锅炉厂	5 210	4 493	3 081	1 486	591	16 499	12 379
南京市锅炉厂	8 104	10 966	11 253	3 131	918	21 800	13 790
山东省泰山锅炉压力容器集团总公司	25 954	28 556	24 648	10 377	1 602	51 050	26 688
郑州锅炉厂	5 258	5 733	5 721	2 063	938	18 202	15 723
广西梧州锅炉股份有限公司	3 236	3 337	3 132	964	767	14 046	6 132
新疆天山锅炉厂	1 734	2 010	1 972	201	536	14 398	9 411
中一型企业	91 669	92 785	88 189	28 874	11 051	214 909	127 011
天津盛安锅炉容器有限公司	1 267	1 009	1 281	301	146	2 740	2 675
太原锅炉集团有限公司	14 023	15 668	14 649	4 665	2 302	47 427	24 146
本溪锅炉有限责任公司	2 405	2 430	2 356	936	541	2 503	2 381
营口绿源锅炉有限责任公司	3 311	2 577	2 260	687	315	1 867	1 785
南通万达锅炉股份有限公司	8 286	9 780	9 084	4 501	811	19 414	9 729
芜湖锅炉厂	3 804	3 976	3 837	1 671	578	12 871	10 109
江西锅炉化工石油机械联合有限责任公司	32 968	30 699	30 699	10 130	1 725	56 057	33 701
济南东风锅炉厂	2 442	1 963	1 626	418	280	4 440	3 015
开封锅炉厂	3 017	2 832	2 689	1 176	902	7 744	2 836
武汉市工业锅炉总厂	2 073	2 073	2 073	101	497	4 404	2 388
湖北天元锅炉有限责任公司	5 287	6 444	3 941	1 732	710	8 971	6 356
长沙锅炉厂	6 320	6 738	7 172	1 821	862	18 372	12 208
重庆锅炉总厂	243	189	177	−269	181	15 080	9 531
西安锅炉总厂	6 223	6 407	6 345	1 003	1 201	13 020	6 151
中二型企业	55 961	72 874	67 271	24 338	7 300	133 248	80 318
沈阳锅炉制造有限责任公司	3 032	4 368	1 939	2 792	741	4 738	2 524
大连锅炉厂	1 023	1 031	1 513	−14	202	4 804	2 717
哈尔滨龙江锅炉厂	1 012	1 009	1 457	272	798	10 042	5 271
靖江市江星锅炉制造有限公司	606	606	655	84	140	239	239
江苏太湖锅炉股份有限公司	19 162	30 659	27 101	8 585	650	28 970	24 215
温州金欧集团有限责任公司	2 069	2 671	2 697	668	107	6 995	2 339
福州锅炉厂	8 074	6 581	6 678	2 681	645	14 008	5 698
德州锅炉有限公司	651	649	857	327	346	3 479	2 315
临沂锅炉厂	2 428	3 266	2 909	1 764	468	6 208	3 475
青岛三联金属结构有限公司	7 736	10 578	10 576	3 144	883	8 512	2 893

（续）

企业名称	工业总产值		工业销售产值（万元）	工业增加值（万元）	全年从业人员平均人数（人）	年末资产总计（万元）	流动资产合计（万元）
	不变价（万元）	当年价（万元）					
济南红旗锅炉厂	436	395	308	113	165	3 024	1 912
衡阳锅炉厂	1 706	2 216	1 832	643	287	4 118	2 827
柳州市锅炉总厂	2 717	2 357	2 220	890	517	8 134	5 263
兰州锅炉厂	2 680	3 348	2 790	1 050	527	6 525	4 751
天水锅炉厂	100	139	167	147	211	2 348	1 385
宁夏三新技术股份有限公司	1 000	1 000	1 802	241	155	8 751	3 585
新疆东风锅炉制造安装有限责任公司	1 529	2 001	1 770	953	458	12 353	8 909
小型企业	64 034	64 914	64 886	24 617	8 607	162 109	110 824
北京锅炉厂	1 217	2 665	2 665	1 121	80	24 162	12 457
张家口三北·拉法克锅炉有限公司	5 822	5 632	5 176	2 231	1 065	13 960	10 647
海拉尔锅炉厂	450	480	431	106	206	1 126	705
黑龙江双锅锅炉股份有限公司	5 500	5 500	5 500	3 043	177	10 272	7 512
黑龙江省七台河市锅炉厂	491	545	520	445	24	680	220
勃利县凯春锅炉容器制造有限公司	74	78	111	—4	75	305	161
伊春伊龙锅炉制造有限公司	318	449	346	120	140	740	349
牡丹江双锅锅炉制造有限公司	383	383	370	215	85	906	663
上海锅炉附件厂	2 304	2 462	2 462	1 068	136	1 455	1 290
上海克莱德贝尔格曼机械有限公司	6 151	5 258	5 258	997	80	4 967	4 567
上海宁松锅炉设备有限公司	2 535	2 166	2 166	1 109	340	3 827	2 081
上海锅炉厂春申分厂	901	770	770	307	192	1 510	646
上海汇华锅炉附件厂	1 351	1 155	1 201	217	63	567	493
上海四方锅炉集团工程成套有限公司	1 788	1 788	1 788	268	65	6 331	6 208
上海四方锅炉厂第三分厂	685	585	511	143	82	571	349
盐城市锅炉厂	1 728	1 686	1 600	631	365	2 918	1 292
张家港海陆锅炉有限公司	0	0	0	0	0	16 467	11 588
宁波嘉泰热能设备有限公司	1 430	1 487	1 394	256	111	1 218	1 074
湖州炜业锅炉容器制造有限公司	2 927	2 927	3 101	653	150	3 262	1 994
福州福力锅炉有限公司	286	286	911	154	20	885	773
山东聊城鲁西化工集团公司锅炉厂	1 598	1 304	1 268	119	317	4 466	4 437
山东济宁蓝天锅炉有限公司	1 014	1 077	1 122	411	616	4 351	3 095
临沂第二锅炉厂	706	415	440	190	129	516	400
济宁齐鲁工矿设备有限责任公司	633	760	760	190	68	1 270	559
青岛华泰电力设备有限公司	1 885	2 218	2 121	1 000	231	3 416	1 609
新乡工业锅炉厂有限公司	1 430	1 329	1 244	415	498	2 952	1 892
沁阳锅炉厂	916	916	929	448	300	1 721	1 299
新乡工神锅炉有限公司	638	701	695	262	325	3 115	2 584
安阳第一锅炉厂	453	509	504	194	186	1 144	683
湖北一戴蒙德机械有限公司	8 540	8 929	9 374	3 915	434	12 807	11 600
湘潭锅炉厂有限公司	6 231	6 455	6 391	3 021	816	10 557	6 803
贵州锅炉厂	227	296	286	92	140	2 670	847
昆明锅炉有限责任公司	910	995	763	175	278	5 815	2 516
云南保山锅炉厂	738	738	724	403	194	1 664	1 031
云南省大理工业锅炉厂	139	146	110	58	80	652	570
西安市阳普工业锅炉厂	465	465	433	137	100	453	301
新疆工业锅炉制造有限责任公司	316	407	321	113	257	3 742	2 273
新疆新天锅炉辅机有限公司	350	383	221	127	82	1 747	1 353
新疆春雨环保设备有限公司	504	569	899	267	100	2 924	1 906
汽轮机制造业	497 236	445 439	430 279	121 078	27 491	1 265 393	880 057
大一型企业	435 489	378 410	366 031	99 407	23 105	1 132 407	791 668
哈尔滨汽轮机厂有限责任公司	69 015	69 015	61 626	9 999	5 628	243 870	178 905
上海汽轮机有限公司	129 768	90 527	90 527	17 629	4 409	244 248	168 175
上海动力设备有限公司	63 034	54 788	54 854	13 063	1 491	101 200	82 994
南京汽轮电机(集团)有限责任公司	0	0	0	0	0	119 684	86 457

（续）

企业名称	工业总产值		工业销售产值（万元）	工业增加值（万元）	全年从业人员平均人数（人）	年末资产总计（万元）	流动资产合计（万元）
	不变价（万元）	当年价（万元）					
上海电气集体无锡叶片厂	18 157	14 912	14 166	4 969	784	41 396	17 499
杭州汽轮动力集团有限公司	43 387	49 399	45 089	19 295	2 751	112 699	66 112
东方汽轮机厂	112 128	99 769	99 769	34 452	8 042	269 311	191 527
大二型企业	52 356	58 248	57 426	17 663	3 813	121 551	81 096
青岛捷能电工电子集团有限责任公司	47 989	54 232	53 580	16 996	3 337	100 928	75 192
中州汽轮机厂	4 367	4 016	3 846	667	476	20 623	5 904
小型企业	9 391	8 781	6 822	4 008	573	11 434	7 294
上海益达机械厂	3 828	3 272	3 272	1 279	125	4 170	2 305
上海电站辅机厂压力容器分厂	3 925	3 939	1 872	2 285	120	3 326	2 541
浙江诸暨申发轴瓦有限公司	1 170	1 000	1 000	177	148	2 375	1 847
青岛汽轮机配件厂	468	570	678	267	180	1 564	601
水轮机制造业	36 853	34 660	34 024	1 713	4 659	100 147	53 778
大一型企业	9 983	8 533	8 533	−5 214	320	39 887	17 630
上海希科水电设备有限公司	9 983	8 533	8 533	−5 214	320	39 887	17 630
大二型企业	7 080	6 388	6 388	−638	1 999	33 293	19 973
重庆水轮机厂有限责任公司	7 080	6 388	6 388	−638	1 999	33 293	19 973
中二型企业	12 234	12 072	11 571	4 391	1 009	15 567	9 931
浙江金轮机电实业有限公司	6 617	7 126	6 507	2 821	600	10 393	6 313
浙江临海机械厂	5 617	4 946	5 064	1 570	409	5 174	3 618
小型企业	7 556	7 667	7 532	3 174	1 331	11 399	6 244
乐清机械厂	3 065	3 006	2 717	1 343	305	2 453	1 299
政和水轮机制造有限公司	1 060	1 170	1 074	488	238	1 477	652
地方国营福建省永春水电设备厂	449	401	393	209	147	772	463
邵阳资江水电设备有限公司	2 243	2 351	2 542	778	413	3 720	1 929
重庆发电设备制造有限公司	739	739	806	357	228	2 978	1 901
其他锅炉及原动机制造业	4 884	5 279	4 299	1 699	320	8 717	5 237
小型企业	4 884	5 279	4 299	1 699	320	8 717	5 237
鸡西太湖锅炉有限公司	888	888	0	404	130	1 900	1 390
新疆昌峰锅炉有限责任公司	3 996	4 391	4 299	1 295	190	6 817	3 847
发电机制造业	563 495	547 041	513 597	151 552	43 699	1 634 455	1 082 272
大一型企业	360 152	342 347	321 213	96 241	25 865	1 040 191	708 549
北京重型电机厂	6 700	5 756	5 756	1 946	321	33 692	9 291
北京汽轮电机有限责任公司	51 124	51 124	49 451	18 833	2 070	139 643	101 439
汾西机器厂	20 518	18 250	17 826	5 698	2 908	58 757	31 624
哈尔滨电机厂有限责任公司	80 212	91 054	73 204	21 215	6 807	303 113	198 020
上海汽轮发电机有限公司	55 550	43 961	43 961	12 913	881	106 579	75 586
淄博牵引电机集团股份有限公司	18 908	18 453	17 994	7 466	2 170	28 925	21 308
东方电机厂	105 511	95 607	94 597	22 654	7 180	319 558	246 460
四川东风电机厂有限公司	21 629	18 142	18 424	5 516	3 528	49 923	24 820
大二型企业	88 495	101 689	99 725	30 572	6 899	215 762	150 774
天津市天发重型水电设备制造公司	5 004	3 748	3 748	349	831	9 767	5 703
杭州杭发集团公司	4 323	4 637	4 401	853	607	22 243	9 658
郑州电气装备总厂	5 155	4 539	5 098	1 027	846	26 640	17 119
武汉汽轮发电机厂	62 705	79 458	77 869	25 473	3 242	133 141	99 933
昆明电机有限责任公司	11 308	9 307	8 609	2 871	1 373	23 971	18 361
中一型企业	35 706	33 628	28 137	3 591	3 271	110 489	69 955
天津阿尔斯通水电设备有限公司	9 206	7 868	7 868	−5 233	802	45 251	28 468
江苏海星电机集团有限公司	3 809	4 449	5 197	1 773	690	31 326	21 251
福建闽东本田发电机组有限公司	16 535	15 768	9 007	6 459	138	7 823	5 346
湖南零陵发电设备有限公司	2 029	1 647	1 660	−61	643	9 911	5 763
南宁发电设备总厂	4 127	3 896	4 405	653	998	16 179	9 127
中二型企业	24 213	25 204	23 845	6 279	4 051	158 671	93 909
山西平遥工矿电机车厂	1 580	2 166	2 200	662	723	4 696	2 505

（续）

企业名称	工业总产值		工业销售产值（万元）	工业增加值（万元）	全年从业人员平均人数（人）	年末资产总计（万元）	流动资产合计（万元）
	不变价（万元）	当年价（万元）					
常州牵引电机厂	4 791	4 050	4 057	1 063	603	11 948	5 130
浙江临海电机有限公司	3 823	3 796	3 503	1 617	383	6 099	3 645
福建九州南平电机厂	8 001	8 997	7 831	1 627	1 707	18 826	11 787
神州学人集团股份有限公司	4 514	4 682	4 752	1 426	500	113 553	68 681
湖北发电机厂	1 504	1 513	1 502	−115	135	3 549	2 161
小型企业	54 929	44 173	40 677	14 868	3 613	109 343	59 086
天津发电设备总厂	143	143	143	10	363	37 879	17 201
天津市天发柴油发电设备制造有限公司	1 171	891	888	240	156	363	230
山西省屯留县	426	426	405	186	155	2 015	1 558
上海马拉松革新电气有限公司	6 833	5 023	4 956	1 898	131	6 013	3 905
上海电气同济燃气科技有限公司	105	103	44	11	18	954	354
克瓦纳(杭州)发电设备有限公司	33 776	23 082	20 086	7 530	1 063	39 806	23 843
利莱森玛(福州)发电机有限公司	2 806	2 806	2 805	561	108	6 447	2 468
赣州发电设备成套制造有限公司	6 660	8 325	8 158	3 093	852	7 715	5 247
潍坊市电机一厂	1 982	2 001	1 855	660	350	2 847	2 199
云南省玉溪水电设备厂	904	1 263	1 236	609	309	3 900	1 783
腾冲水电设备实业公司	123	110	101	70	108	1 406	298
电动机制造业	1 038 739	1 005 736	972 307	286 964	87 219	1 840 342	1 116 562
大一型企业	389 778	375 009	364 758	97 454	38 751	860 593	532 769
永济电机厂	44 802	60 784	61 986	22 344	5 667	107 689	62 904
沈阳电机股份有限公司	30 360	25 948	25 559	6 300	2 200	82 648	44 898
大连第二电机厂	11 446	12 103	10 945	3 193	888	41 730	23 167
佳木斯电机股份有限公司	24 594	25 168	20 583	6 788	2 310	29 513	22 235
上海联合电机(集团)有限公司(本部)	53 111	46 844	44 301	12 688	4 078	80 457	56 911
上海电机厂有限公司	78 956	62 452	63 956	7 542	3 056	112 345	86 027
博山电机厂集团股份有限公司	11 238	9 469	9 206	2 490	3 599	40 716	24 376
南阳防爆集团有限公司	31 430	30 419	31 382	9 603	2 269	40 920	25 288
湘潭电机集团有限公司	66 104	69 362	65 321	18 244	9 368	205 000	108 305
柳州佳力电工有限责任公司	6 137	6 324	5 783	1 740	964	28 990	13 022
兰州电机集团有限责任公司	31 600	26 136	25 736	6 521	4 352	90 587	65 635
大二型企业	347 776	322 893	313 637	103 927	18 320	434 519	272 431
北京市电机总厂	479	479	470	145	282	20 312	5 208
北京毕捷电机股份有限公司	28 619	25 306	21 700	6 872	1 615	24 345	19 362
天津斯波泰克潜没电泵有限公司	1 070	1 319	1 160	−46	272	12 987	5 269
衡水电机股份有限公司	22 457	18 739	18 421	6 646	1 080	19 585	10 926
黑龙江省富锦拖拉机制造厂	23 207	13 238	13 740	611	1 933	26 932	20 058
上海阿布勃跃进电机有限公司	30 806	26 114	25 951	13 753	694	16 041	14 871
无锡华达电机有限公司	19 287	18 251	17 952	7 735	870	18 934	14 782
江苏清江电机股份有限公司	34 988	32 178	32 802	11 169	1 734	29 577	17 853
南京耐特机电(集团)公司	14 171	10 508	10 509	2 811	792	32 009	17 328
浙江卧龙集团公司	106 126	113 555	111 529	36 020	1 600	100 438	59 002
闽东电机(集团)股份有限公司	7 044	6 885	4 789	1 580	816	24 124	16 602
湖北电机厂	4 405	4 487	3 924	798	1 017	14 403	7 140
长沙电机厂	10 418	10 062	8 163	5 406	1 311	20 228	15 432
重庆电机厂	16 683	16 486	16 513	5 511	1 046	9 921	9 701
西安电机厂	24 413	22 062	22 054	4 821	2 330	37 282	25 340
新疆屯河电机电器制造有限责任公司	3 603	3 224	3 960	93	928	27 399	13 557
中一型企业	67 240	66 339	61 393	17 870	8 887	149 361	86 653
天津市大明电机股份有限公司	14 935	14 199	9 979	2 840	1 035	19 857	11 931
大连嘉隆电机有限公司	1 816	1 895	2 040	344	380	4 906	3 050
哈尔滨第二电机厂	401	358	366	−524	604	7 476	4 239
上海电机(集团)公司五一电机厂	3 807	4 040	3 833	1 649	765	12 040	7 616
浙江百官机电集团公司	5 524	5 817	5 608	1 048	177	7 306	3 006

（续）

企业名称	工业总产值		工业销售产值（万元）	工业增加值（万元）	全年从业人员平均人数（人）	年末资产总计（万元）	流动资产合计（万元）
	不变价（万元）	当年价（万元）					
合肥三益电机电泵股份有限公司	3 740	3 390	2 807	1 415	955	12 241	6 558
福安市闽东安波电器有限公司	10 770	10 770	10 745	3 796	478	5 636	3 376
江西电机有限责任公司	8 266	8 833	9 543	2 650	1 522	38 652	22 156
山东红卫电机股份有限公司	8 212	7 011	7 076	1 788	989	18 866	11 182
襄樊力特电机总公司	4 305	4 292	4 315	673	956	7 710	5 142
重庆特种电机厂	3 204	3 304	2 847	1 318	384	6 672	4 501
贵州永安电机总厂	2 260	2 430	2 234	874	642	8 001	3 898
中二型企业	130 421	133 340	128 155	35 197	11 783	223 452	138 224
山西防爆电机(集团)有限公司	9 019	8 253	7 432	1 973	1 025	28 800	11 030
山西电机制造有限公司	6 169	6 282	4 085	1 829	1 278	21 877	13 174
鸡西电机厂	258	262	227	109	115	3 271	2 062
上海电机(集团)有限公司革新电机厂	3 110	3 132	3 390	1 085	327	16 233	9 641
江苏金飞达电动工具有限公司	0	0	0	0	0	17 942	12 985
江苏微特利电机制造有限公司	13 012	13 012	12 447	3 232	790	10 102	7 133
江苏常恒航海电器有限公司	8 749	4 191	4 023	1 115	390	7 017	3 379
江苏远东电机制造有限公司	2 928	2 859	2 596	1 342	357	4 172	2 690
温州电机总厂	728	671	706	201	192	4 893	2 607
浙江调速电机厂	0	2 550	2 587	1 714	320	4 797	2 906
浙江特种电机厂	0	10 817	10 807	1 718	611	8 996	5 316
安徽皖南电机股份有限公司	31 524	29 553	29 289	7 856	968	15 701	11 117
福建闽东德丰电机有限公司	11 120	10 853	10 489	1 935	425	6 548	3 636
德州恒力电机有限责任公司	3 873	3 992	3 178	1 022	601	6 786	4 696
山东诸城市开元电机股份有限公司	9 118	7 795	7 459	2 043	525	7 388	4 234
安阳煤矿电机厂	1 070	1 490	1 550	362	403	3 537	2 716
广东省东莞电机有限公司	11 820	9 607	9 339	2 746	598	10 675	7 585
桂林市第一电机厂	296	275	305	47	179	2 961	1 387
昆明电工有限责任公司	7 901	6 529	6 423	1 418	503	7 001	4 075
昆明市电机制造厂	1 307	1 151	1 284	535	348	1 943	953
宁夏电机有限责任公司	3 208	3 044	2 438	913	788	13 630	8 924
西北煤矿电机厂	5 211	7 022	8 101	2 002	1 040	19 182	15 980
小型企业	103 524	108 155	104 364	32 516	9 478	172 418	86 485
天津市电机总厂	0	0	339	−303	158	36 119	4 757
天津市起重电机厂	3 600	3 461	2 883	1 643	380	3 739	2 397
天津斯波泰克电机有限公司	0	0	0	−179	87	8 791	1 973
天津市石化通用机械研究所	498	425	500	−21	80	1 177	624
大连电机集团有限公司	3 091	3 117	3 591	546	813	22 103	13 371
大连第四电机厂	671	778	508	295	245	1 878	1 133
大连洪成电机有限公司	2 049	2 254	1 964	794	152	1 791	1 487
佳木斯市佳四电机有限责任公司	110	124	113	−39	70	528	518
上海跃进电机厂	1 169	1 330	1 307	−248	216	9 283	6 749
先锋电工厂	841	719	741	393	49	557	424
上海新中电机铸造有限公司	1 065	973	964	307	122	843	589
上海电机(集团)公司劲力制动电机厂	418	357	335	125	50	316	253
上海申富电机有限公司	3 866	3 003	3 054	662	163	1 964	1 618
姜堰市亚方机电制造有限公司	12 999	12 999	12 479	2 327	389	6 825	3 433
连云港电机厂有限公司	2 153	2 050	1 623	466	270	3 925	2 149
常州电站辅机总厂有限公司	6 341	6 604	6 403	1 684	336	6 548	3 724
常州常银电机电器有限公司	2 185	2 052	2 317	516	127	2 225	1 228
上海电机厂电机分厂	4 234	3 619	3 809	1 832	105	1 986	1 526
浙江省金华市电机实业有限公司	1 714	1 597	1 439	525	265	4 120	2 657
浙江齿轮减速电机厂	1 212	1 515	1 518	920	224	1 121	985
浙江防爆电机有限公司	5 018	4 074	3 516	1 465	224	5 446	2 918
嘉兴华年电机有限公司	0	2 789	2 648	879	174	1 921	1 360

（续）

企业名称	工业总产值		工业销售产值（万元）	工业增加值（万元）	全年从业人员平均人数（人）	年末资产总计（万元）	流动资产合计（万元）
	不变价（万元）	当年价（万元）					
地方国营桐乡机械厂	0	891	889	447	137	1 152	851
杭州恒力电机制造有限公司	4 135	4 888	4 509	2 375	171	3 668	2 450
杭州调速电机厂	1 209	1 013	1 052	223	80	1 518	1 075
浙江金龙电机股份有限公司	12 044	10 529	10 450	2 628	553	8 914	5 288
浙江嵊州市奥力电机有限公司	0	5 033	4 621	1 975	281	5 482	4 587
浙江申科滑动轴承有限公司	2 104	1 798	1 851	615	146	2 699	1 581
福建万达电机有限公司	15 306	15 306	15 301	4 592	396	4 486	1 910
福安市太平洋电机有限公司	3 855	3 855	3 499	1 018	228	1 516	936
济宁华鲁防爆电机有限公司	2 064	2 522	2 186	747	604	4 660	1 536
山东省东明县电机厂	122	122	122	27	194	679	205
钟祥市新宇机电制造有限公司	3 366	2 222	2 057	977	396	4 062	3 921
宜昌力帝内燃发电设备厂	35	47	38	16	77	802	736
湖北省云梦县德立电机制造有限公司	383	411	443	147	42	1 973	839
湖北咸宁市起重电机有限责任公司	3 693	3 466	3 260	1 501	620	3 319	1 966
国营宝鸡电机厂	509	648	493	35	210	1 162	486
临潼电力机械制造有限责任公司	410	423	424	190	181	1 026	749
甘肃省酒泉电机厂	1 055	1 141	1 118	417	463	2 096	1 496
微电机制造业	107 979	94 352	92 550	24 581	6 868	135 786	78 127
大一型企业	0	0	4	113	451	19 341	5 531
天津市微电机公司	0	0	4	113	451	19 341	5 531
大二型企业	6 815	6 306	5 992	2 108	537	16 364	8 288
南京微风电机厂	6 815	6 306	5 992	2 108	537	16 364	8 288
中一型企业	740	664	338	173	300	1 890	1 455
许昌市微型电机有限公司	740	664	338	173	300	1 890	1 455
中二型企业	47 079	37 587	36 859	11 325	2 393	43 895	27 995
上海日用友捷汽车电气有限公司	29 188	21 320	21 001	6 447	601	25 371	15 512
安徽省朝阳微电机厂	17 891	16 267	15 858	4 878	1 792	18 524	12 483
小型企业	53 345	49 795	49 357	10 861	3 187	54 296	34 859
北京敬业电气工程有限公司	837	914	836	284	179	1 509	914
天津安全电机有限公司	816	750	787	365	179	1 048	953
天津市第二微电机厂	0	0	0	49	16	669	110
天津市微电机公司第三微电机厂	98	98	101	58	88	59	54
天津市仪表电机厂	5	5	5	0	8	312	304
天津市微电机公司电机研制维修试验厂	179	177	162	51	30	66	61
天津市微电机公司镇流器厂	0	0	0	0	0	766	588
天津市天虹微电机有限公司	2 810	2 447	2 413	219	102	668	623
天津市天明微电机厂	0	0	0	0	0	10	1
天津市永久控制微电机厂	73	104	104	42	30	34	34
杭州微电机有限公司	635	726	714	320	57	602	535
绍兴迪贝机电集团有限公司	7 609	7 505	7 666	844	550	13 490	10 279
杭州富生电器有限公司	14 004	11 969	11 610	2 111	388	12 696	6 272
浙江京马电机有限公司	23 869	23 019	23 019	6 160	820	14 642	10 036
武汉微型电机厂	185	247	168	—149	171	3 012	1 562
国营红旗机制厂	880	880	758	123	479	2 463	1 103
湖北亿洲微特电机有限公司	1 345	954	1 014	384	90	2 251	1 430
电动工具制造业	201 239	121 314	117 177	23 862	7 039	142 518	90 443
大二型企业	63 089	47 753	45 562	7 679	2 836	87 393	51 461
河北五洲集团有限公司	13 060	7 001	7 053	933	700	14 538	4 167
上海日立电动工具有限公司	29 501	17 748	17 726	1 096	1 022	31 795	25 342
浙江恒丰电器集团有限公司	4 860	5 202	5 325	1 316	717	22 784	12 340
福建日立工机有限公司	15 668	17 802	15 458	4 334	397	18 276	9 612
中二型企业	4 532	5 602	5 153	1 757	1 080	13 305	11 197
南京工程机械厂	4 532	5 602	5 153	1 757	1 080	13 305	11 197

（续）

企业名称	工业总产值		工业销售产值（万元）	工业增加值（万元）	全年从业人员平均人数（人）	年末资产总计（万元）	流动资产合计（万元）
	不变价（万元）	当年价（万元）					
小型企业	133 618	67 959	66 462	14 427	3 123	41 820	27 786
黑龙江电动工具厂	20	20	8	6	21	352	238
浙江省金华市电动工具总厂	12 232	12 232	11 544	3 460	800	8 554	5 074
浙江摩兴电器有限公司	4 890	4 350	4 700	2 808	122	5 284	3 618
浙江武义恒友机电有限公司	66 514	22 522	21 547	1 932	806	8 433	4 952
浙江华丰电动工具有限公司	47 666	26 578	26 578	5 580	1 129	16 817	12 768
山东邹平电动工具厂	75	64	92	28	47	785	195
湖北省荆州电动工具厂	2 030	2 030	1 882	601	108	1 123	762
青海电动工具有限公司	191	163	111	12	90	473	178
电工专用设备制造业	7 095	6 022	5 840	1 273	1 159	33 604	20 108
中一型企业	5 709	4 059	3 870	534	643	24 250	15 790
上海电工机械厂	5 709	4 059	3 870	534	643	24 250	15 790
中二型企业	1 386	1 184	1 165	521	372	5 848	2 013
阳泉电工机械有限责任公司	1 386	1 184	1 165	521	372	5 848	2 013
小型企业	0	779	805	217	144	3 506	2 306
浙江平湖机械制造有限责任公司	0	779	805	217	144	3 506	2 306
变压器制造业	1 442 710	1 337 389	1 307 081	351 170	46 500	2 138 628	1 316 861
大一型企业	338 080	287 131	277 303	59 826	11 123	675 041	445 892
保定天威集团有限公司	110 571	104 981	100 137	21 946	4 601	272 417	175 776
沈阳变压器有限责任公司	57 329	47 885	49 842	123	3 451	191 352	122 352
金曼克电器集团股份有限公司	27 779	15 027	14 637	7 216	802	47 351	32 497
广州市番禺明珠电器有限责任公司	26 578	19 375	20 075	3 639	781	28 884	10 432
顺德特种变压器厂	103 359	88 341	78 992	23 708	998	107 205	85 846
云南变压器电气股份有限公司	12 464	11 522	13 620	3 193	490	27 833	18 989
大二型企业	562 053	537 942	529 051	160 225	13 070	741 407	449 112
北京变压器厂	7 230	5 117	5 087	1 289	508	27 936	13 915
锦州变压器股份有限公司	5 512	4 331	4 553	791	366	7 385	5 699
东北输变电集团长春变压器有限公司	8 202	7 010	6 149	636	553	14 694	8 922
哈尔滨变压器厂	8 004	8 809	9 003	1 666	8	19 610	8 995
上海 ABB 变压器有限公司	23 897	21 432	21 159	5 205	320	21 723	17 707
常州变压器厂	23 558	24 259	24 112	5 200	807	45 163	27 352
南通友邦变压器有限公司	20 581	17 300	16 295	2 914	796	16 102	9 827
浙江三变科技股份有限公司	43 035	35 918	36 338	8 466	574	26 008	19 418
济南志友集团股份有限公司	18 336	16 009	15 207	4 013	669	39 361	19 613
青岛变压器集团有限公司	94 345	115 055	116 526	40 734	1 948	135 221	105 119
现代达驰电工电气股份有限公司	35 834	37 432	36 720	9 168	619	29 300	18 024
特变电工衡阳变压器有限公司	52 567	42 520	41 273	14 416	911	54 291	22 084
湛江通用电气集团有限公司	31 462	32 544	31 707	6 348	1 307	37 560	21 901
佛山市变压器厂	21 120	17 653	14 419	8 698	486	26 717	17 435
南海市樱花电气有限公司	11 853	12 220	12 217	3 318	299	12 143	9 928
广东增城特种电力设备有限公司	16 071	16 469	14 011	5 247	256	21 722	14 261
昆明变压器厂	1 458	1 412	540	431	286	10 771	4 042
云南通变电器(集团)股份有限公司	20 110	17 108	15 482	4 816	675	12 351	6 436
新疆特变电工股份有限公司	118 878	105 344	108 253	36 870	1 682	183 348	98 435
中一型企业	57 399	50 037	54 610	10 021	3 388	149 828	50 940
太原变压器厂	4 918	4 093	4 643	634	711	23 696	8 343
辽阳易发式电气设备有限公司	2 783	2 556	2 529	－934	414	19 935	3 365
上海阿尔斯通变压器有限公司	1 688	1 688	1 688	－2 258	214	23 678	3 575
江西变压器有限责任公司	23 417	20 033	19 251	4 804	813	31 276	2 798
广东省电力局广州电力设备厂	8 197	7 073	7 232	3 191	497	13 434	8 776
广州特种变压器厂有限公司	2 336	2 682	3 337	1 009	162	12 284	7 413
广西柳州特种变压器有限责任公司	12 886	10 738	14 527	3 297	457	18 168	13 886
重庆变压器厂	1 174	1 174	1 403	278	120	7 358	2 785

（续）

企业名称	工业总产值		工业销售产值（万元）	工业增加值（万元）	全年从业人员平均人数（人）	年末资产总计（万元）	流动资产合计（万元）
	不变价（万元）	当年价（万元）					
中二型企业	236 111	224 334	214 738	63 495	9 604	255 455	165 355
牡丹江变压器制造有限责任公司	624	624	656	121	179	1 108	313
勃利三江变压器制造有限公司	520	520	504	189	185	1 745	1 229
连云港东圣变压器有限公司	8 086	6 682	6 416	1 763	463	13 852	5 897
江苏华朋集团有限公司	68 571	59 738	58 654	20 909	851	46 177	34 737
扬州三力电器股份有限公司	0	0	0	0	0	5 173	4 377
泰州海田变压器有限公司	3 151	3 001	2 844	662	463	6 037	4 679
浙江江山变压器有限公司	8 833	7 274	7 331	1 972	478	7 505	4 598
杭州钱江电气集团	42 158	42 879	40 876	7 985	675	36 871	25 654
安庆变压器总厂	3 922	3 395	3 289	660	606	5 989	3 583
山东临清变压器厂	4 999	5 559	5 510	2 306	585	12 833	7 347
山东省沂南县沂蒙变压器有限公司	2 091	1 914	2 062	834	146	2 835	2 181
菏泽市恒源变压器制造有限公司	708	786	610	202	150	615	497
山东沂蒙池田电装有限公司	2 308	2 308	2 144	464	173	5 212	4 486
南阳万方变压器有限公司	4 015	3 545	3 497	954	688	7 155	3 719
湖北变压器有限责任公司	1 631	1 508	1 871	71	441	9 460	3 271
武汉变压器有限责任公司	6 018	5 284	5 119	1 765	397	10 204	5 987
常德国力变压器有限公司	2 127	2 280	2 327	863	208	3 024	1 589
开平市海鸿变压器有限公司	14 840	15 266	11 871	4 895	250	6 172	4 755
东莞市变压器厂	7 931	6 779	6 860	2 607	190	4 733	2 294
海南金盘特种变压器厂	21 212	23 247	23 139	5 564	178	24 913	18 825
海口威特电气有限公司	12 396	13 773	11 820	3 795	437	12 477	7 193
四川变压器厂	2 353	2 916	3 037	456	197	2 596	1 229
贵阳新星变压器有限公司	5 544	4 437	3 961	1 173	492	7 412	4 736
个旧市变压器厂	2 951	2 519	2 659	934	286	2 743	1 612
陕西铜变实业股份有限公司	4 122	4 103	3 678	824	478	9 427	6 089
银川变压器有限公司	5 000	3 997	4 003	1 527	408	9 188	4 479
小型企业	249 067	237 945	231 379	57 604	9 315	316 897	205 563
北京华泰变压器有限公司	6 462	4 666	4 762	1 600	92	6 007	3 819
天津市变压器总厂	0	0	178	−114	146	9 136	4 862
天津市第二变压器厂	1 490	1 316	1 271	360	196	2 277	1 077
天津市特变电工变压器有限公司	8 377	6 552	6 463	986	133	7 985	6 491
天津市天变变压器有限公司	1 530	1 284	1 300	390	146	536	531
大同市变压器总厂	580	515	672	98	172	3 067	2 650
包头飞天变压器股份有限公司	4 006	3 700	3 621	1 483	256	4 560	3 280
黑龙集团公司变压器厂	1 088	1 080	1 474	325	213	1 955	1 519
齐齐哈尔市三环变压器有限责任公司	821	821	800	364	109	627	468
上海变压器厂	9 261	7 716	7 955	3 260	407	22 777	12 282
上海电压调整器厂	1 591	1 712	1 574	775	309	3 434	2 521
淮阴清江变压器厂	6 292	4 941	4 842	1 747	466	6 694	3 869
常州华迪特种变压器有限公司	6 760	7 461	6 251	2 071	123	5 824	4 631
常州东芝变压器有限公司	30 357	41 504	42 266	4 711	320	52 748	31 544
宁波明升变压器制造有限公司	0	1 706	1 199	488	70	1 559	900
合肥ABB变压器有限公司	45 617	38 989	38 989	13 955	495	38 899	31 459
合肥金环变压器有限责任公司	5 246	5 642	5 011	2 209	460	13 218	4 607
福建省闽西天龙变压器有限公司	1 183	966	934	345	119	700	534
福州福荣变压器电器有限公司	9 679	7 355	7 154	3 354	93	1 705	1 618
东明县志远电器有限责任公司	155	152	147	29	137	988	887
淄博市博山调压器有限责任公司	361	457	482	272	121	1 180	869
山东鲁能泰山电力设备有限公司	18 190	15 548	16 037	3 103	577	15 381	12 627
安阳变压器厂	1 048	921	1 035	136	143	1 723	1 200
平顶山市祥瑞电力电器有限责任公司	1 167	1 219	1 226	320	170	883	759
长沙顺特变压器厂	7 808	7 521	6 589	2 567	444	11 941	5 999

（续）

企业名称	工业总产值		工业销售产值（万元）	工业增加值（万元）	全年从业人员平均人数（人）	年末资产总计（万元）	流动资产合计（万元）
	不变价（万元）	当年价（万元）					
广州广高高压电器有限公司	5 122	6 060	5 592	536	183	3 818	2 480
重庆高压电器厂	995	1 286	1 029	497	220	1 863	1 641
重庆 ABB 变压器有限公司	43 758	37 400	37 400	2 154	678	58 850	34 014
贵州安顺集源变压器有限公司	330	363	381	211	205	2 616	1 123
贵州永安工贸公司	127	143	105	53	58	409	371
贵阳特种变压器厂	3 504	3 792	2 264	778	142	1 577	1 445
云南省楚雄变压器厂	675	773	584	290	68	1 274	583
保山变压器、电器厂	1 286	1 273	979	279	102	789	632
临沧变压器有限责任公司	673	823	473	460	78	1 140	884
云南大理变压器厂	2 537	2 122	2 074	756	111	1 724	1 405
宝鸡永兴变压器有限责任公司	1 317	1 311	1 407	518	251	3 245	2 275
陕西汉中变压器有限责任公司	3 613	3 378	2 926	941	509	8 390	5 374
西安互感器厂	508	434	393	131	109	2 068	1 375
兰州宏宇变压器有限公司	9 034	8 403	7 363	2 803	386	8 000	6 626
天水长城特变有限责任公司	232	235	213	74	57	267	216
银川天达电工电器有限公司	2 859	2 275	1 984	869	176	1 716	1 425
新疆新特顺电力设备有限责任公司	3 428	4 130	3 980	1 422	65	3 351	2 693
电容器制造业	93 602	70 267	71 169	19 086	3 686	84 245	54 730
大二型企业	64 908	46 939	48 329	12 374	2 275	54 860	35 151
锦州电力电容器有限责任公司	32 907	25 349	26 160	6 590	1 088	28 141	16 637
桂林电力电容器总厂	32 001	21 590	22 169	5 784	1 187	26 719	18 514
中二型企业	16 653	12 839	12 341	3 483	635	16 528	9 837
南京南华电力电容器有限公司	698	616	552	186	302	3 259	798
无锡电力电容器有限公司	15 955	12 223	11 789	3 297	333	13 269	9 039
小型企业	12 041	10 489	10 499	3 229	776	12 856	9 743
牡丹江电力电容器厂	359	303	534	78	165	3 153	2 136
上虞市电力电容器有限公司	4 623	3 589	3 410	1 077	156	2 657	2 332
建德市新安江电力电容器有限公司	4 185	3 577	3 495	740	160	2 490	1 796
西安熔断器制造公司	2 874	3 020	3 060	1 335	295	4 556	3 479
整流器制造业	6 586	5 433	5 663	969	1 165	40 054	16 949
大二型企业	2 660	2 128	2 108	698	333	9 082	5 131
北京京仪椿树整流器有限责任公司	2 660	2 128	2 108	698	333	9 082	5 131
中二型企业	1 712	1 368	1 556	－142	386	16 335	6 446
上海整流器总厂	1 712	1 368	1 556	－142	386	16 335	6 446
小型企业	2 214	1 937	1 999	413	446	14 637	5 372
天津市整流器厂	614	614	650	181	133	9 562	929
上海电阻厂	1 600	1 323	1 349	232	313	5 075	4 443
开关控制设备制造业	2 826 497	2 630 000	2 541 083	806 486	85 118	3 277 188	2 131 844
特大型企业	388 848	288 488	285 622	68 249	14 415	681 669	374 744
西安电力机械制造公司	388 848	288 488	285 622	68 249	14 415	681 669	374 744
大一型企业	330 917	276 906	280 299	81 909	19 956	661 454	434 399
沈阳高压开关有限公司	91 317	51 226	54 895	10 829	3 611	126 301	80 907
上海华通开关厂	12 723	10 619	9 617	1 508	1 220	47 449	33 930
江苏长江电器集团有限公司	86 787	86 787	87 037	25 160	2 259	158 767	104 043
福州天宇电气股份有限公司	54 874	45 967	46 737	17 598	1 266	65 756	44 118
贵州长征电器集团有限责任公司	28 106	25 224	24 848	12 135	5 762	126 500	71 630
天水长城电器集团有限责任公司	57 110	57 083	57 165	14 680	5 838	136 681	99 770
大二型企业	1 146 336	1 073 905	1 036 570	343 032	22 266	1 010 034	682 788
北京开关厂	2 178	3 123	3 308	609	197	61 439	14 916
北京北开电气股份有限公司	33 003	37 573	37 457	7 135	1 428	69 511	62 298
上海西门子开关有限公司	30 829	30 829	30 829	14 920	375	27 651	23 529
上海施耐德工业控制有限公司	80 655	31 626	32 297	10 591	405	22 865	18 344
上海施耐德配电电器有限公司	71 438	44 768	44 768	9 605	158	35 099	27 299

（续）

企业名称	工业总产值		工业销售产值（万元）	工业增加值（万元）	全年从业人员平均人数（人）	年末资产总计（万元）	流动资产合计（万元）
	不变价（万元）	当年价（万元）					
浙江开关厂有限公司	19 633	17 647	15 583	2 520	626	16 467	7 820
宁波天安(集团)股份有限公司	0	76 260	65 179	22 045	1 502	96 909	62 068
正泰集团公司	370 430	370 430	372 822	124 550	4 261	103 123	62 255
德力西集团有限公司	229 911	146 440	141 191	43 626	4 515	80 959	48 133
杭州多摩机电有限公司	172	196	196	96	24	224	188
厦门 ABB 开关有限公司	117 736	110 536	108 358	44 235	339	75 875	64 741
山东鲁能泰山开关集团	33 007	35 800	31 968	10 080	1 355	50 908	35 986
平顶山天鹰集团有限责任公司	94 625	108 145	93 758	33 874	4 358	245 268	184 507
柳州开关电器有限责任公司	6 326	5 179	5 425	1 425	811	19 162	13 182
中国人民解放军第五七一九工厂	56 393	55 353	53 431	17 723	1 912	104 576	57 522
中一型企业	143 383	122 143	121 078	45 495	4 478	139 549	92 775
江苏省如高高压电器有限公司	28 175	22 059	19 595	5 271	806	23 579	17 093
常熟开关厂	65 271	48 535	46 662	26 341	1 265	46 284	27 752
杭州电器开关厂	5 948	5 948	5 938	712	170	3 618	2 462
河南开开电气股份有限公司	1 085	967	994	109	525	4 216	3 016
广东省顺德开关厂有限公司	20 803	17 780	16 876	5 585	471	24 188	17 911
广州白云电器设备有限公司	22 101	26 854	31 013	7 478	1 241	37 664	24 541
中二型企业	440 698	510 334	474 401	157 124	13 869	409 737	265 224
天津市开关厂	2 790	2 790	2 587	1 533	419	10 771	7 578
山西电控设备厂	1 019	1 274	1 200	0	234	4 631	2 891
瓦房店防爆电器厂	5 756	5 112	4 905	1 260	358	7 270	5 905
上海东屋电器有限公司	4 293	3 860	3 855	1 136	271	8 158	7 454
上海西门子高压开关有限公司	13 311	11 377	8 140	216	60	9 787	7 966
苏州阿尔斯通开关有限公司	34 854	25 644	23 714	9 921	469	27 200	23 484
南京开关厂	1 234	1 175	1 161	324	95	2 511	1 338
江苏东源电器集团股份有限公司	0	70 236	68 830	22 469	873	23 313	8 940
江苏汇源(集团)公司	18 203	18 203	18 006	3 980	308	10 410	3 654
江苏鑫富达集团公司	25 507	26 030	25 970	6 306	595	18 404	7 691
宁波华通电器集团股份有限公司	0	18 151	15 491	2 628	554	26 383	17 462
杭州红申电器有限公司	38 971	38 971	32 988	10 068	1 223	25 463	18 563
耀华电器集团有限公司	21 872	21 872	20 778	7 620	850	17 499	9 257
新华电器集团有限公司	33 043	33 043	32 516	10 196	1 152	25 347	14 199
万家电器集团有限公司	13 046	13 046	11 897	3 842	283	19 337	12 038
天正集团有限公司	89 530	89 530	87 577	28 975	1 892	39 920	26 798
厦门 ABB 低压电器设备有限公司	51 983	44 963	40 706	18 535	393	33 001	29 304
山东济宁开关厂	2 605	2 451	2 004	527	348	7 538	3 556
湖北开关厂	12 963	10 776	10 295	2 658	1 049	14 793	11 589
广东珠江开关有限公司	13 852	15 714	13 201	6 047	403	14 732	9 609
中山市明阳电器有限公司	19 168	19 168	19 168	3 620	226	11 816	9 311
深圳市光辉电器实业有限公司	12 000	12 000	8 961	4 950	285	8 708	6 423
汕头正超电气有限公司	15 000	15 000	10 500	7 176	342	8 743	5 070
重庆博森电气(集团)有限公司	2 954	3 222	2 977	967	539	16 246	8 397
昆明开关厂	2 200	1 993	1 975	368	438	8 887	3 013
宁夏力成电气集团有限公司	4 544	4 733	4 999	1 802	210	8 869	3 736
小型企业	376 315	358 224	343 113	110 676	10 134	374 747	281 914
北京 ABB 高压开关设备有限公司	100 639	78 385	77 750	33 264	255	55 501	51 699
天津市电器开关水电设备厂	724	619	644	100	59	360	280
大同市整流器厂	40	42	42	−114	146	870	569
阳泉电器厂有限责任公司	331	315	85	0	303	1 250	513
山西长治市防爆电器有限公司	1 904	2 255	2 021	837	377	3 194	2 436
上海电器成套厂	13 317	11 410	10 682	7 245	757	23 383	20 761
上海华一电器厂	1 197	1 499	1 403	758	382	4 445	3 619
上海电器厂	4 636	4 833	4 940	4	251	20 630	13 539

（续）

企业名称	工业总产值		工业销售产值（万元）	工业增加值（万元）	全年从业人员平均人数（人）	年末资产总计（万元）	流动资产合计（万元）
	不变价（万元）	当年价（万元）					
上海海通电器成套有限公司	1 419	1 213	1 213	1 205	4	642	639
上海松下电工自动化控制有限公司	7 926	6 138	5 766	2 950	92	6 769	5 626
上海电器成套高压开关厂	2 918	2 918	2 918	0	215	9 509	9 232
常州市常开电气有限公司	6 786	7 136	6 997	1 706	354	8 676	5 012
靖江市开关总厂	207	207	207	17	341	1 120	1 012
常州基腾电气有限公司	2 073	2 272	2 266	340	49	1 386	1 321
埃斯梯恩阿特拉斯泰航电子有限公司	943	2 834	2 834	1 246	85	2 428	1 969
苏州智能配电自动化有限公司	8 779	8 779	8 633	3 829	162	4 675	3 722
杭州中策电器股份有限公司	299	582	769	−434	90	3 535	2 107
杭州杭开电气有限公司	5 354	6 050	5 936	1 366	349	5 782	2 957
宁波耐吉科技股份有限公司	30 815	30 815	29 874	5 902	490	28 721	20 500
浙江三辰电器有限公司	0	3 221	2 727	888	199	5 475	3 286
杭州控制电器厂	280	311	321	72	59	394	186
嘉兴成套电器厂	0	329	277	95	53	703	464
杭州漏电开关有限公司	1 127	750	565	158	106	3 559	944
金华电力开关有限公司	6 550	5 577	5 577	1 272	144	5 871	2 805
瑞安市万松电子电器有限责任公司	954	808	781	191	108	1 866	1 388
温州市开元开关厂	20 378	20 378	19 718	5 338	461	8 581	5 625
西门子杭州高压开关有限公司	76 730	76 730	71 457	18 945	229	62 809	55 084
厦门ABB电器控制设备有限公司	14 654	11 912	11 861	4 342	216	22 251	13 744
三明双轮化机压力容器厂	375	375	375	78	49	521	348
厦门协成实业有限公司	3 919	3 919	2 607	274	81	2 720	1 807
厦门ABB华电高压开关有限公司	10 120	10 120	7 041	4 107	54	6 215	5 017
济南开关厂	57	50	109	−55	254	1 271	858
菏泽市牡丹区开关厂	3	4	3	1	30	186	41
威海市输变电设备集团公司	65	65	65	−24	48	909	−245
新乡市低压电器厂	17	18	16	−41	49	373	305
永城高压电器厂	445	512	486	97	112	690	584
武汉为得福电力自控设备有限责任公司	682	583	583	22	35	501	495
汕头经济特区南粤电气有限公司	12 750	13 870	11 854	4 742	320	8 673	5 227
广州南方电力集团电器有限公司	10 275	10 275	10 275	1 250	76	5 571	5 510
重庆高压开关厂	4 405	4 235	4 594	1 286	470	12 692	5 469
贵阳电气控制设备厂	875	767	716	153	84	1 549	1 069
贵阳开关厂	370	440	452	43	56	176	94
曲靖电机电器厂	212	201	201	75	99	908	196
个旧市电器厂	52	52	52	10	37	326	154
西安电器开关厂	2 402	2 779	2 409	580	423	6 068	4 977
西安新兴电器厂	3 629	3 686	3 658	993	217	2 824	2 318
兰州市七里河开关厂	96	90	45	47	53	470	129
天水长城低压电器开关厂	379	379	379	132	35	431	390
天水电气传动装置厂	1 340	1 340	1 340	430	62	1 691	1 677
青海无线电有限责任公司	798	902	689	902	84	1 208	25
银川华升电器开关有限公司	304	304	212	−66	134	3 940	598
新疆高压开关厂	365	480	480	84	38	1 109	1 050
新疆化工开关厂	1 941	2 331	4 659	528	149	3 438	2 102
新疆双新电控设备有限公司	1 133	1 702	1 772	209	115	3 192	1 974
新疆奎屯市开关厂	2 214	2 404	2 404	615	96	4 247	2 442
新疆电控设备有限责任公司	679	966	966	190	147	1 537	1 079
新疆天吉海滨电器设备有限公司	1 616	2 784	2 832	999	108	3 656	2 695
康正电器工业有限公司	1 558	1 703	1 534	564	138	1 546	1 240
昌吉市昌开电器有限责任公司	2 259	2 570	2 041	932	145	1 726	1 252
电器设备元件制造业	300 571	272 472	262 283	83 813	17 007	389 119	251 495
大一型企业	36 225	27 709	28 213	6 822	1 517	28 628	20 246

（续）

企业名称	工业总产值		工业销售产值（万元）	工业增加值（万元）	全年从业人员平均人数（人）	年末资产总计（万元）	流动资产合计（万元）
	不变价（万元）	当年价（万元）					
上海人民电器厂	36 225	27 709	28 213	6 822	1 517	28 628	20 246
大二型企业	101 296	91 375	87 803	33 378	3 870	144 918	81 808
北京敬业电工集团	450	450	472	13	70	22 872	5 183
沈阳二一三机床电器有限公司	5 287	4 877	5 054	3 314	602	8 059	3 836
沈阳低压开关厂	3 734	3 797	3 740	383	909	48 140	29 468
上海MWB互感器有限公司	41 310	31 736	28 078	13 402	276	33 659	25 630
长城电器集团有限公司	50 515	50 515	50 459	16 266	2 013	32 189	17 691
中一型企业	0	8 282	8 031	3 724	884	8 868	7 572
浙江嘉控电气股份有限公司	0	8 282	8 031	3 724	884	8 868	7 572
中二型企业	79 581	66 981	61 283	14 389	4 060	86 009	56 159
天津市低压电器公司	5 347	4 816	3 189	1 023	376	8 509	3 836
天津市机床电器总厂	3 045	3 659	3 278	2 287	446	5 687	3 835
天津市互感器厂	549	499	645	−59	197	2 456	721
天津市百利低压电器有限公司	12 154	9 913	7 646	1 908	360	7 953	4 543
旅顺船舶电器厂	565	565	505	87	134	1 880	583
上海电瓷厂	6 068	3 874	4 084	689	437	10 675	5 674
上海电器淘瓷厂	5 617	4 712	4 270	1 925	378	6 807	4 909
上海立新电器厂	4 680	4 002	3 136	148	372	6 967	4 682
上海西门子线路保护系统有限公司	4 759	3 775	4 248	972	174	4 983	2 608
上海精益电器厂	21 038	15 407	15 278	3 180	688	15 972	13 304
三门腾龙电器有限公司	2 032	2 032	1 786	777	130	2 454	1 332
中山市泰峰电气有限公司	13 727	13 727	13 218	1 453	368	11 666	10 133
小型企业	83 469	78 125	76 953	25 501	6 676	120 695	85 710
北京敬业电工有限公司	8 958	9 455	9 275	3 373	639	15 623	12 265
北京ABB低压电器有限公司	19 569	19 569	19 528	6 862	544	16 034	10 636
北京北低敬业电工自动化成套配套有限公司	903	903	903	14	12	241	241
天津市第二电器开关厂	104	104	104	2	417	4 256	3 038
天津市第二继电器厂	740	761	715	294	177	732	597
天津市第二电气控制设备厂	38	44	34	4	55	1 057	697
天津市第三机床电器厂	19	23	43	−2	29	277	205
天津市矿山电器厂二分厂	72	64	49	12	18	102	94
天津市电瓷电器厂分厂	51	51	51	21	8	138	136
天津市机床电器总厂分厂	80	88	86	62	26	139	133
天津市低压电器公司一厂	255	255	255	129	89	525	233
天津神钢电机有限公司	3 924	3 100	3 100	937	117	3 736	2 710
天津市天开高压元件开发有限公司	1 520	1 472	1 400	374	150	2 025	1 817
上海电气(集团)上海互感器厂	3 573	3 565	3 833	2 498	119	4 164	2 473
上海第一开关厂	4 910	4 074	3 976	829	253	5 061	4 206
上海第三开关厂	5 206	3 626	3 057	1 028	299	4 049	3 381
上海金山电器厂	1 307	1 258	1 050	761	130	3 893	2 243
上海通乐热保护器厂	36	31	32	−6	15	258	188
上海机床电器厂有限公司	4 903	4 211	4 277	322	477	8 195	7 153
上海斯易普电器厂	1 001	780	780	505	28	277	276
上海缔屹互感器有限公司	2 515	1 867	2 211	267	93	489	479
上海大保避雷器有限公司	243	200	202	99	30	381	286
泰州市虹雨电工器材厂	251	279	192	−95	92	3 126	2 278
泰州市前进机械制造有限公司	70	133	125	−61	100	2 882	629
吴江三联复合材料有限公司	946	483	455	144	28	409	289
黄岩电气开关厂	1 194	1 187	1 122	387	153	1 144	825
常安集团有限公司	14 742	14 005	13 860	4 645	583	18 005	11 016
新乡万通电器股份有限公司	64	103	134	73	74	1 980	858
潢川县汇玉电器有限责任公司	849	729	731	156	251	1 945	677

（续）

企业名称	工业总产值		工业销售产值（万元）	工业增加值（万元）	全年从业人员平均人数（人）	年末资产总计（万元）	流动资产合计（万元）
	不变价（万元）	当年价（万元）					
衡阳市电力变压器厂	814	720	508	286	78	902	655
昆明市互感器厂	120	126	91	18	57	232	140
昆明电器成套实业总公司	258	226	207	53	59	618	388
昆明市电器开关厂	19	21	28	8	5	236	53
西安市起重电器厂	35	42	33	16	43	167	165
天水二一三厂成套电器厂	296	299	304	124	52	258	241
天水二一三机床电器配件厂	849	882	900	525	126	690	422
天水长城控制电器厂一分厂	520	642	684	302	265	1 032	924
天水长城电器厂	330	395	277	85	144	1 454	1 391
天水长城控制电器厂二分厂	400	564	564	196	234	853	753
天水长城低压电器厂元件厂	20	23	31	8	14	1 307	1 200
天水长城自动化研究所	417	417	417	122	30	362	356
天水长城机电成套设备厂	705	705	705	254	80	1 013	979
天水长城低压电器厂	91	91	93	—297	435	9 898	7 481
天水长城成套开关厂	552	552	531	165	48	534	504
工业用电炉制造业	7 156	6 603	6 133	1 871	1 360	26 400	16 143
中二型企业	1 680	1 738	1 565	89	493	15 884	9 440
天津市高频设备厂	0	0	0	72	108	2 840	1 520
上海电炉厂	1 500	1 526	1 353	31	298	7 993	6 812
济南专用汽车厂	180	212	212	—14	87	5 051	1 109
小型企业	5 476	4 865	4 568	1 782	867	10 516	6 703
天津市金能电力电子有限公司	1 771	1 551	1 523	845	130	2 887	2 688
上海电机(集团)公司实验电炉厂	899	847	838	79	140	2 530	1 046
南京电炉厂	973	846	530	357	140	978	912
开封工业电炉厂	274	234	188	50	76	433	217
湘潭湘机电炉厂	1 559	1 387	1 489	451	381	3 688	1 841
电焊机制造业	14 889	11 865	14 080	4 627	2 165	33 325	20 342
中一型企业	3 802	2 802	3 543	1 114	556	12 043	7 666
上海电焊机厂	3 802	2 802	3 543	1 114	556	12 043	7 666
中二型企业	5 889	4 230	5 402	1 965	562	11 439	5 699
天津市电焊机总厂	806	958	2 202	266	247	5 738	2 842
南通三九焊接设备有限公司	5 083	3 272	3 200	1 700	315	5 701	2 857
小型企业	5 198	4 833	5 135	1 548	1 047	9 843	6 977
天津天威电焊机及器材有限公司	147	147	248	41	37	178	174
上海梅达焊接设备有限公司	1 524	1 354	1 441	169	51	1 149	921
浙江电焊机厂(有限公司)	1 274	1 168	1 113	406	204	2 548	1 987
温州电焊设备总厂	228	196	139	49	46	1 453	1 153
济南电焊机厂	584	556	527	190	207	889	787
新乡市电气控制设备厂	554	599	643	363	183	866	678
个旧市电焊机厂	134	127	139	34	60	209	109
昆明电焊机有限公司	126	144	152	18	113	1 477	595
云南电焊机厂	627	542	733	280	146	1 076	573
焊条制造业	287 459	271 350	266 606	61 811	12 387	341 970	190 359
大二型企业	116 210	104 053	105 856	14 896	5 955	136 970	56 782
天津市大桥焊材集团有限公司	65 746	57 797	58 629	7 295	3 040	49 430	17 334
锦州天鹅焊材股份有限公司	3 596	3 906	3 643	630	631	4 606	2 417
上海焊接器材有限公司(本部)	17 868	15 779	17 484	3 741	840	26 209	10 002
上海斯米克焊材有限公司	15 033	12 316	12 450	2 499	302	9 828	6 619
泰州宇宙焊接材料有限公司	11 796	11 177	10 718	294	794	8 957	4 106
猴王股份有限公司	2 171	3 078	2 932	437	348	37 940	16 304
中一型企业	11 751	11 337	10 367	2 178	513	14 046	8 076
株州电焊条股份有限公司	11 751	11 337	10 367	2 178	513	14 046	8 076
中二型企业	82 517	88 098	88 353	21 676	4 452	130 330	81 125

（续）

企业名称	工业总产值		工业销售产值（万元）	工业增加值（万元）	全年从业人员平均人数（人）	年末资产总计（万元）	流动资产合计（万元）
	不变价（万元）	当年价（万元）					
天津金燕焊接材料有限公司	6 875	6 875	6 875	1 513	136	4 769	4 174
牡丹江电焊条厂	363	363	364	285	321	4 015	2 097
上海中钢焊材有限公司	1 467	1 324	1 366	192	79	2 633	1 021
南京电焊条厂	3 813	3 607	3 563	565	213	4 756	2 069
常州长江焊材有限公司	3 932	3 885	3 884	844	173	2 719	833
淄博电焊条厂	3 262	4 448	4 519	1 499	495	3 735	2 784
郑州市电焊条厂	1 296	1 129	1 135	128	350	1 685	1 133
四川大西洋集团有限责任公司	58 191	62 957	63 125	15 880	2 148	97 685	61 562
酒钢集团兰州长虹焊接材料有限公司	3 318	3 510	3 522	770	537	8 333	5 451
小型企业	76 981	67 862	62 030	23 062	1 467	60 624	44 376
天津燕桥焊接材料有限公司	6 012	7 005	6 975	1 364	90	6 424	6 076
锦州锦泰金属工业有限公司	52 557	43 269	36 518	18 856	500	41 052	28 265
上海焊条熔剂有限公司	452	452	782	123	39	453	305
杭州电焊条厂	6 200	6 296	6 517	1 237	310	3 317	2 717
厦门鹭光实业总公司	2 157	2 155	2 387	282	138	1 190	973
天津大桥银川电焊条有限公司	2 289	2 187	2 289	607	100	3 750	2 949
天津大桥集团新疆天山电焊条厂	7 314	6 498	6 562	593	290	4 439	3 092
电线电缆制造业	2 239 597	2 008 593	1 949 518	479 374	60 172	2 585 240	1 553 165
大一型企业	564 758	507 565	499 111	96 127	23 927	978 579	558 443
天津市电缆总厂	719	127	127	−689	790	57 901	34 836
哈尔滨电缆厂	30 095	21 864	20 991	2 280	5 140	63 655	51 370
上海电缆厂	68 729	40 880	47 482	−5 737	2 280	74 225	57 820
上海阿尔卡特光缆有限公司	14 937	12 767	12 767	2 830	103	21 631	11 332
无锡电缆厂	52 561	40 108	40 696	3 050	1 069	30 813	26 460
福建南平太阳电缆股份有限公司	54 897	40 327	39 179	7 483	1 184	39 293	24 441
山东鲁能泰山电缆股份有限公司	101 521	140 964	136 735	41 354	4 220	290 354	133 172
河南金龙电缆集团有限公司	14 961	11 192	10 951	2 910	1 291	83 598	31 076
郑州电缆(集团)股份有限公司	70 148	52 023	51 503	10 086	3 444	171 295	89 989
湖北红旗电缆厂	40 057	38 811	39 835	11 456	1 651	68 273	49 010
广东电缆厂	50 954	50 520	49 979	12 864	842	25 515	18 393
广州岭南电缆有限公司	10 757	7 871	6 808	204	122	18 831	5 464
昆明电缆股份有限公司	54 422	50 111	42 058	8 036	1 791	33 195	25 080
大二型企业	636 030	490 529	479 759	132 953	9 780	594 424	387 369
北京市电线电缆总厂	11 044	10 644	9 541	3 287	888	14 165	9 888
天津泰伯电力电缆有限公司	15 714	12 631	11 802	670	133	15 326	8 969
上海南洋电缆厂	23 975	20 130	19 563	5 723	1 252	31 547	25 368
上海塑胶线厂	38 078	19 567	20 235	8 670	352	18 863	14 562
上海瑞侃电缆附件有限公司	66 206	28 083	31 053	11 279	110	32 847	28 338
江苏上上电缆集团有限公司	147 852	86 758	85 064	8 339	817	21 680	11 413
宝胜集团有限公司	0	0	0	0	0	94 386	63 345
南通电缆厂	10 124	5 492	4 085	1 408	264	6 713	3 653
常州船用电缆有限责任公司	0	0	0	0	0	5 158	4 268
杭州华新电力线缆有限公司	15 745	14 483	13 750	4 464	197	25 882	11 031
福州大通机电股份有限公司	54 718	40 620	37 200	14 250	523	71 365	39 381
山东阳谷电缆集团 公司	73 665	76 281	74 373	24 948	1 046	85 800	59 949
汉缆集团有限公司	117 525	115 425	114 645	40 733	1 288	63 389	32 196
郑州电磁线厂	1 830	1 735	1 599	433	254	9 470	6 706
武汉电缆集团有限公司	30 295	29 691	28 971	921	1 049	61 064	45 736
甘肃长通电缆(集团)有限责任公司	29 259	28 989	27 878	7 827	1 607	36 766	22 567
中一型企业	321 316	353 060	341 137	116 158	4 944	298 220	164 003
天津金山电线电缆股份有限公司	22 001	19 681	17 210	7 413	844	17 934	11 710
天津昭和电材有限公司	4 578	3 788	3 804	767	341	13 505	8 616
天津耐克森电磁线缆有限公司	7 213	7 213	7 213	1 794	152	13 102	4 262

（续）

企 业 名 称	工业总产值		工业销售产值（万元）	工业增加值（万元）	全年从业人员平均人数（人）	年末资产总计（万元）	流动资产合计（万元）
	不变价（万元）	当年价（万元）					
常州市电线电缆厂	3 151	2 476	2 519	88	335	4 686	1 500
无锡远东电缆厂	132 763	132 763	128 643	13 797	0	78 956	39 128
江苏通光集团有限公司	0	64 192	63 872	64 192	0	58 610	34 630
浙江富春江集团杭州电缆厂	63 234	53 749	52 237	12 866	808	45 216	28 842
浙江交联电缆有限公司	27 059	18 766	19 007	2 348	392	14 238	8 965
开封电缆厂	3 383	3 018	3 332	618	399	5 066	3 261
黄石电缆有限公司	11 385	11 370	10 281	2 843	845	11 948	4 446
衡阳恒飞电缆有限责任公司	9 706	8 576	8 160	2 499	498	21 621	8 797
佛山市中宝电缆厂	36 843	27 468	24 859	6 932	330	13 339	9 847
中二型企业	314 213	295 479	279 976	64 370	8 856	228 839	136 026
天津市盛华软线电缆有限公司	2 745	2 280	2 286	490	167	3 900	2 162
天津昭和漆包线有限公司	8 455	6 795	5 897	1 734	137	6 943	3 676
山西省离石电缆有限公司	6 192	7 060	5 833	1 379	744	8 870	3 869
辽宁宝林集团大连金州电缆有限公司	893	883	883	490	237	3 800	1 230
吉林省邮电通信电线厂	10 961	6 594	5 858	2 135	179	3 660	1 795
辽源市电缆有限责任公司	3 010	2 122	2 394	488	269	1 037	490
上海电线五厂	17 622	13 015	13 338	1 984	389	8 889	7 616
上海南洋藤苍有限公司	12 516	10 436	10 739	3 232	73	6 828	4 453
苏州特雷卡电缆有限公司	14 237	12 052	9 694	3 879	346	9 282	4 787
常熟市电缆厂	13 880	12 528	12 186	3 974	348	6 161	3 147
江苏东强股份有限公司	0	17 828	17 351	3 870	268	9 003	4 831
上海电缆厂十分厂	7 341	6 271	6 198	2 691	194	6 372	5 874
建德新安江电工器材有限责任公司	17 883	7 622	7 654	310	157	5 114	3 323
南平市康达电缆有限公司	13 685	14 945	11 658	4 694	274	9 115	6 323
南平龙旺电缆集团公司	15 487	14 750	14 489	2 065	292	10 215	6 037
南昌电缆有限责任公司	11 465	12 274	11 385	2 400	426	7 273	4 938
江西电缆有限责任公司	8 669	6 315	6 230	812	412	5 663	3 481
湖北红旗电工集团电线有限公司	5 201	3 382	3 364	403	243	3 268	2 177
南宁银杉电线电缆有限责任公司	24 010	23 357	22 576	3 974	541	13 758	10 391
桂林国际电线电缆集团公司	31 131	25 451	24 943	7 249	599	24 855	14 874
重庆市涪陵宇达工业有限责任公司	1 318	712	1 090	127	192	3 097	1 042
重庆电线电缆有限责任公司	60 000	65 154	59 942	13 062	1 380	42 716	23 792
贵阳电线厂	12 019	12 065	12 571	1 835	483	19 703	10 341
云南红河电线厂	9 820	7 106	7 876	131	321	7 660	3 775
昆明云铜云珠电磁线工贸有限公司	5 673	4 482	3 541	964	185	1 659	1 602
小型企业	403 280	361 960	349 535	69 767	12 665	485 178	307 325
天津市漆包线厂	0	0	0	0	0	10 165	3
天津市电磁线厂	0	0	0	0	362	12 328	2 133
天津市线材厂	0	0	20	1	17	5 545	1 470
天津市电缆总厂线缆厂	1 430	1 390	1 398	125	126	1 391	1 266
天津市电线总厂一分厂	107	100	116	—49	65	181	173
天津市漆包线厂分厂	42	45	45	—22	8	317	92
天津天明线材有限公司	478	478	470	39	23	470	422
天津天明电材有限公司	873	1 067	1 067	301	41	991	842
天津市奇美电磁线有限公司	1 050	850	850	180	44	573	430
天津市环浦电材有限公司	1 122	1 122	1 182	327	28	624	615
吉林长通光通信有限公司	4 973	2 487	2 319	568	82	2 702	1 277
吉林省金辉集团公主岭光电有限公司	2 379	1 421	1 407	581	115	5 685	1 416
集安电联线缆制造有限公司	5 024	5 186	5 134	1 792	442	20 811	20 773
黑龙江环宇电缆股份有限公司	1 144	1 263	2 800	—9 151	380	10 188	7 039
上海上缆神舟线缆有限公司	1 848	2 256	2 046	1 208	75	1 324	1 042
上海电线线材厂	660	662	671	—28	79	425	398
上海电缆盘厂	765	654	654	116	245	637	606

（续）

企业名称	工业总产值		工业销售产值（万元）	工业增加值（万元）	全年从业人员平均人数（人）	年末资产总计（万元）	流动资产合计（万元）
	不变价（万元）	当年价（万元）					
上海铝线厂	8 944	6 048	7 309	29	218	20 216	15 518
上海塑胶线厂一分厂	930	930	976	186	150	1 130	1 007
上海汉欣电线电缆有限公司	9 950	7 697	7 697	3 180	340	23 285	17 720
上海铝线厂虹桥分厂	10 969	10 347	9 537	39	127	473	229
上海电缆沪缆材料厂	280	240	237	86	25	214	206
上海上缆铜材有限公司	28 216	16 102	15 424	1 712	40	3 924	3 912
上海中电漆包线有限公司	2 469	2 003	2 075	288	166	1 278	1 264
昆山合成电线电缆厂	4 662	3 944	4 069	268	243	2 192	1 890
泰兴市电工厂	95	95	69	72	102	1 278	548
嘉兴绝缘材料厂	2 990	2 459	2 536	816	277	6 106	1 900
温州市电线厂	910	987	906	325	78	1 212	1 116
杭州天目铜材实业有限公司	4 048	3 399	3 443	−27	56	4 446	3 787
浙江佳磁线缆有限公司	0	15 533	15 861	1 638	297	7 522	3 813
浙江万马集团公司	123 325	95 813	93 235	23 069	2 878	169 154	110 224
浙江洪波线缆股份有限公司	38 210	38 210	34 820	8 849	206	11 166	6 844
杭州早川电线有限公司	20 031	20 031	17 007	2 198	780	9 627	5 878
浙江万能集团	15 032	15 032	14 551	3 387	285	23 802	16 366
合肥星辰电线电缆有限公司	4 285	3 191	0	306	0	1 702	1 374
安徽欣意电缆有限公司	15 492	17 011	15 270	5 161	370	54 775	30 719
铜陵电工材料厂	14 600	10 482	10 361	1 430	133	2 861	1 903
安徽电缆股份有限公司	14 130	15 165	14 075	9 513	377	7 027	5 053
福州市第二电线厂	1 642	1 562	1 622	759	100	1 225	1 035
济南电工厂	200	160	103	−9	116	1 274	912
开封市金属线材厂	4 898	6 383	6 306	773	325	3 202	2 648
潢川县电线厂	554	611	522	128	126	928	634
河南金博电缆有限公司	1 805	1 805	1 779	64	175	4 629	1 879
丹江口市汉丹电线电缆有限公司	506	583	577	232	101	799	368
长沙电缆附件有限公司	6 863	5 240	5 321	1 857	408	4 130	2 545
广州市 MPC 国际电工有限公司	7 425	6 513	6 513	1 007	359	6 575	3 285
中山市沪中电线电缆厂	421	433	433	132	23	329	236
琼山中电线缆有限公司	1 132	1 132	964	200	45	984	894
江苏宏图高科股份海南通信电缆分厂	6 768	5 175	4 889	216	86	2 970	2 928
重庆鸽牌电线电缆有限公司	10 976	9 388	12 134	1 412	359	3 028	2 508
四川宜汉电磁线厂	266	266	266	34	26	159	80
重庆市涪陵长江博华电缆有限公司	4 851	4 609	3 659	2 069	129	5 921	4 049
贵阳市白云联合电线厂	290	242	242	14	25	316	209
昆明电线厂	469	492	424	−49	147	1 161	872
甘肃长通集团西安电缆有限责任公司	340	365	545	80	428	2 677	1 078
兰州电线总厂	850	535	474	152	86	3 336	999
宁夏天嘉电线电缆有限责任公司	8 056	8 092	8 067	1 693	214	6 534	3 595
新疆五元实业发展中心	3 505	4 674	5 058	490	107	7 258	5 303
工业陶瓷制造业	91 637	83 316	76 658	26 985	11 405	283 010	124 375
大一型企业	63 955	56 494	50 836	17 708	6 344	208 187	87 303
大连电瓷厂	17 598	17 602	15 859	5 933	1 708	30 814	18 335
抚顺电瓷厂	25 302	22 348	20 400	6 048	2 349	102 800	43 249
南京电气(集团)有限责任公司	21 055	16 544	14 577	5 727	2 287	74 573	25 719
大二型企业	15 092	14 572	13 381	5 381	2 121	34 769	19 911
苏州电瓷厂	7 793	8 108	7 184	3 004	769	18 730	11 216
湖南醴陵火炬电瓷电器有限公司	7 299	6 464	6 197	2 377	1 352	16 039	8 695
中一型企业	1 725	1 903	2 075	490	324	2 249	1 101
牡丹江北方高压电瓷有限责任公司	1 725	1 903	2 075	490	324	2 249	1 101
中二型企业	8 683	7 804	7 934	2 724	2 078	28 537	13 121
阳泉高压电瓷有限责任公司	1 307	797	896	630	348	6 293	2 547

（续）

企业名称	工业总产值		工业销售产值（万元）	工业增加值（万元）	全年从业人员平均人数（人）	年末资产总计（万元）	流动资产合计（万元）
	不变价（万元）	当年价（万元）					
安徽省星球电瓷厂	1 360	1 390	1 905	800	450	3 413	1 668
福建恒通电瓷有限公司	3 596	3 062	3 124	320	503	9 049	5 427
个旧市高压电瓷厂	1 440	1 591	1 166	528	528	6 757	2 257
甘肃省安口电瓷电器有限责任公司	980	964	843	446	249	3 025	1 222
小型企业	2 182	2 543	2 432	682	538	9 269	2 939
天津市电瓷电器厂	407	304	288	87	130	2 401	816
重庆电瓷厂	1 775	2 239	2 144	594	408	6 868	2 123
电工用碳素制品业	18 686	15 612	15 207	5 554	1 937	48 192	22 830
大二型企业	5 045	4 312	4 312	927	1 274	27 916	12 792
哈尔滨电碳厂	5 045	4 312	4 312	927	1 274	27 916	12 792
中二型企业	12 577	10 157	10 001	4 281	343	15 190	7 500
上海摩根碳制品有限公司	12 577	10 157	10 001	4 281	343	15 190	7 500
小型企业	1 064	1 143	894	346	320	5 086	2 538
铜川市电瓷电机总厂	1 064	1 143	894	346	320	5 086	2 538
绝缘制品业	96 742	68 084	67 389	20 819	4 883	129 052	57 180
大二型企业	38 082	30 585	30 467	12 230	2 044	70 689	30 936
哈尔滨庆缘电工材料股份有限公司	3 328	3 510	3 442	870	386	4 194	3 070
泰州绝缘材料总厂	33 041	24 985	24 963	10 985	1 258	54 079	24 721
景德镇市电瓷电器工业公司	1 713	2 090	2 062	376	400	12 416	3 144
中一型企业	20 340	12 028	11 565	2 227	430	12 535	5 337
常州绝缘材料总厂有限公司	19 130	10 818	10 740	1 717	365	10 836	3 841
天宁电工绝缘材料有限责任公司	1 210	1 210	825	510	65	1 699	1 496
中二型企业	23 755	12 793	12 967	3 870	849	16 724	6 393
上海电机(集团)有限公司绝缘材料厂	4 301	3 434	3 369	1 087	237	4 478	2 772
上海石棉制品厂	527	502	598	215	85	3 914	915
山东四达工贸股份有限公司	18 927	8 857	9 000	2 568	527	8 332	2 706
小型企业	14 565	12 678	12 390	2 492	1 560	29 103	14 514
双鸭山市华光电瓷电器有限公司	164	176	275	211	142	1 507	1 110
上海电机(集团)公司电机玻璃纤维厂	4 090	3 960	3 941	962	355	3 807	1 747
上海电机玻璃纤维厂关港分厂	1 626	1 626	1 626	265	0	431	197
常州迪尔绝缘材料有限公司	1 282	1 130	1 200	314	108	624	434
东海绝缘材料有限公司	0	1 167	1 206	239	113	2 140	1 667
上海电机(集团)公司云母绝缘材料厂	872	807	802	−92	150	4 387	1 402
山东博山电瓷厂	143	144	75	31	154	5 221	2 012
许昌豫中化工有限公司	5 148	2 402	2 080	240	256	4 551	2 673
衡阳绝缘材料总厂	1 240	1 266	1 185	324	282	6 437	3 273
蓄电池制造业	374 734	269 416	259 700	92 007	11 564	434 551	228 043
大一型企业	109 262	73 534	68 393	21 611	3 030	80 575	48 821
保定金风帆电池有限公司	82 004	57 059	57 082	15 955	2 591	57 122	37 805
上海西恩迪蓄电池有限公司	27 258	16 475	11 311	5 656	439	23 453	11 016
大二型企业	49 933	30 587	29 343	9 036	2 565	104 761	55 644
沈阳东北蓄电池股份有限公司	21 551	14 741	13 656	4 880	991	66 025	39 970
绍兴灯塔蓄电池股份有限公司	6 904	2 842	3 475	711	705	19 102	4 963
重庆万里蓄电池股份有限公司	21 478	13 004	12 212	3 445	869	19 635	10 711
中一型企业	59 969	46 273	43 077	17 209	1 173	60 004	24 071
天津市蓄电池厂	5 870	3 289	3 413	709	419	6 162	2 651
上海德尔福国际蓄电池有限公司	46 899	38 432	34 998	15 370	325	45 656	16 577
梧州市蓄电池厂	7 200	4 552	4 666	1 131	429	8 186	4 844
中二型企业	7 456	4 310	4 199	1 053	398	4 230	1 898
济宁远征电源有限责任公司	7 456	4 310	4 199	1 053	398	4 230	1 898
小型企业	148 114	114 712	114 688	43 099	4 398	184 981	97 609
天津汤浅蓄电池有限公司	13 876	5 167	5 081	1 474	164	7 955	3 885
山西通用集团股份有限公司	0	0	0	0	60	15 126	4 541

（续）

企业名称	工业总产值 不变价（万元）	工业总产值 当年价（万元）	工业销售产值（万元）	工业增加值（万元）	全年从业人员平均人数（人）	年末资产总计（万元）	流动资产合计（万元）
沈阳松下蓄电池有限公司	49 083	33 891	33 550	14 641	1 428	35 264	11 338
光宇延边蓄电池有限责任公司	6 307	4 273	3 700	910	472	4 943	3 513
哈尔滨光宇蓄电池有限公司	40 689	40 689	41 934	20 140	1 100	69 749	44 275
杭州南都电源集团有限公司	28 407	22 726	22 377	3 498	396	30 740	20 444
安徽迅启蓄电池有限公司	6 890	5 502	5 475	1 898	204	3 061	947
青岛蓄电池厂	1 042	641	627	－18	249	9 892	5 990
潍坊中兴蓄电池有限责任公司	734	737	736	215	232	2 303	891
青岛中大康贝尔电池有限公司	1 086	1 086	1 208	341	93	5 948	1 787
电冰箱制造业	13 035	10 298	10 528	775	1 132	442 581	105 680
大一型企业	0	0	0	126	456	411 876	83 311
上海上菱电器股份有限公司	0	0	0	126	456	411 876	83 311
中一型企业	359	359	359	36	45	2 212	1 397
开封电冰箱厂	359	359	359	36	45	2 212	1 397
小型企业	12 676	9 939	10 169	612	631	28 493	20 972
天津海河制冷有限公司	4 137	3 628	3 485	624	267	5 317	3 986
上菱家用电器有限公司	8 539	6 311	6 684	－12	364	23 176	16 986
电风扇制造业	35 754	27 225	27 045	4 838	989	22 413	15 003
大二型企业	35 754	27 225	27 045	4 838	989	22 413	15 003
新会市宝力电器有限公司	35 754	27 225	27 045	4 838	989	22 413	15 003
空调器制造业	490 116	290 743	291 689	52 067	4 103	191 349	113 117
大一型企业	455 217	257 033	260 818	42 864	2 338	152 391	92 389
三菱电机上菱空调机电器有限公司	170 415	100 792	106 337	24 091	791	72 344	46 096
上海日立家用电器有限公司	284 802	156 241	154 481	18 773	1 547	80 046	46 293
大二型企业	12 237	15 237	14 276	4 043	650	21 918	8 021
广东省吉荣空调设备公司	12 237	15 237	14 276	4 043	650	21 918	8 021
中一型企业	17 385	15 861	14 160	4 992	486	10 790	9 312
顺德市申菱空调设备有限公司	17 385	15 861	14 160	4 992	486	10 790	9 312
中二型企业	5 277	2 612	2 435	168	629	6 250	3 395
江苏跃进电器集团公司	5 277	2 612	2 435	168	629	6 250	3 395
吸尘器制造业	484	311	598	－679	222	6 668	3 708
大二型企业	484	311	598	－679	222	6 668	3 708
上海快乐吸尘器厂	484	311	598	－679	222	6 668	3 708
其他电气机械及器材制造业	1 075 802	889 408	873 959	298 368	30 547	1 600 449	975 151
大一型企业	468 640	364 391	364 037	131 833	5 337	859 322	460 327
许继集团有限公司	318 038	307 687	307 043	126 150	4 138	751 097	406 971
佛山精密电工合金有限公司	14 738	11 068	9 536	1 123	193	31 276	10 230
佛山通宝股份有限公司	135 864	45 636	47 458	4 560	1 006	76 950	43 126
大二型企业	164 226	132 656	128 125	34 621	8 496	215 648	129 711
白城通业集团公司	21 580	20 653	20 461	10 090	1 309	42 367	23 571
阿城继电器集团有限公司	23 799	28 654	27 640	8 276	4 016	103 239	67 099
三菱电机上菱微波炉电器有限公司	24 744	15 018	15 227	1 000	322	10 223	4 783
上海红心器具有限公司	5 266	5 147	4 965	666	397	12 819	7 979
南京高精齿轮股份有限公司	53 332	35 279	32 197	7 302	1 095	33 747	18 469
中日电热(厦门)有限公司	35 505	27 905	27 635	7 287	1 357	13 253	7 809
中一型企业	17 070	17 697	16 190	4 602	2 777	31 331	21 008
上海继电器有限公司	6 272	6 817	5 813	1 246	747	15 134	10 141
临沂电力金具股份有限公司	10 017	10 017	9 513	3 113	1 291	9 670	7 097
新乡中州股份有限公司	781	863	864	242	739	6 528	3 770
中二型企业	54 529	49 363	46 111	21 676	3 768	99 681	67 960
阜新封闭母线有限责任公司	2 295	1 965	1 960	420	426	4 068	2 182
大连第一互感器厂	18 104	16 671	16 520	8 656	510	34 186	25 362
大连互感器厂	5 094	4 096	3 712	1 496	382	6 153	4 840
鸡西电缆桥架厂	1 420	1 305	1 250	603	285	7 177	3 952

（续）

企业名称	工业总产值		工业销售产值（万元）	工业增加值（万元）	全年从业人员平均人数（人）	年末资产总计（万元）	流动资产合计（万元）
	不变价（万元）	当年价（万元）					
牡丹江互感器厂	2 585	2 139	2 091	509	316	4 043	2 818
上海惠家电器制造有限公司	5 291	2 609	2 916	180	195	3 235	1 972
南京市华洋电气控制设备有限公司	2 557	2 535	2 482	457	336	3 426	2 830
苏州合金材料厂有限责任公司	5 654	6 259	5 521	750	285	3 620	2 716
海门市东州通信设备有限责任公司	7 225	7 225	5 000	7 704	179	5 898	3 963
青岛电站阀门厂	4 304	4 559	4 659	901	854	27 876	17 326
小型企业	371 337	325 301	319 496	105 637	10 169	394 468	296 145
北京斯普拉格电气有限公司	766	766	766	182	19	989	786
北京市 ABB 电气传动系统有限公司	40 052	40 052	40 052	11 576	124	23 809	22 981
天津市矿山电器厂	581	581	72	112	171	3 332	1 672
天津威乐斯电泵有限公司	362	310	373	109	34	473	416
西门子电气传动有限公司	39 052	39 052	39 052	9 260	164	27 013	23 910
天津科尔摩根工业驱动有限公司	1 335	1 335	1 335	128	52	3 939	1 821
大连第二灯具厂	372	430	354	172	100	1 913	380
大连电瓷配件厂	977	1 188	1 280	506	308	923	538
大连电瓷厂工业综合公司	744	796	804	197	81	414	328
牡丹江汽轮机辅机厂	205	176	206	130	52	302	128
牡丹江第一互感器厂	5 472	5 472	4 952	565	274	6 263	3 279
上海合金材料总厂	619	1 119	1 065	－30	218	6 146	3 805
上海气焊机厂	1 148	1 374	1 302	424	159	992	806
上海伊萨汉考克有限公司	3 745	2 800	2 800	1 047	89	1 998	1 881
上海继电器厂一分厂	640	547	584	－556	69	1 111	1 016
上海宏新电机成套厂	303	303	303	107	48	424	325
上海上机电气自动化有限公司	1 795	1 795	1 655	317	44	275	275
上海伊利诺继电器有限公司	575	729	699	362	59	1 038	1 016
上海万荣继电器厂	166	170	171	113	33	142	124
上海醒狮铜材厂	8 245	4 612	4 064	676	77	1 183	769
上海醒狮特种电磁线厂	3 599	2 215	1 639	689	50	1 236	639
上海电工合金厂	4 002	3 208	3 239	1 001	239	2 695	2 253
上海电熨斗总厂南翔联营厂	249	264	350	58	241	1 194	608
上海威捷红心熨烫设备有限公司	1 798	1 519	1 398	333	87	1 786	1 337
泰兴市开关厂	5 331	5 331	4 731	1 770	497	6 381	4 784
江苏精科互感器有限公司	6 464	5 301	5 044	1 745	278	8 658	3 584
杭州电梯厂	3 140	2 937	2 464	904	258	4 070	2 785
西子电梯集团有限公司	213 590	174 825	173 278	63 798	2 701	233 716	186 025
河合杭州有限公司	16 740	16 740	16 532	7 457	1 687	25 342	11 715
鱼台华福电器机械制造有限公司	521	569	372	192	185	1 544	785
青岛普天电器有限公司	1 102	1 100	1 100	392	370	482	349
淄博市博山防爆电器厂有限公司	1 044	1 076	1 061	370	149	1 542	1 017
淄博市博山低压电器厂	219	210	265	63	308	799	612
威海英维思控制器有限公司	4 362	3 365	3 888	1 039	124	7 977	4 817
漯河市金舟电工器材有限公司	619	530	530	108	98	1 521	537
成都东方凯奇电气有限责任公司	0	1 205	672	－81	96	5 052	2 878
通海电器厂	71	71	71	14	52	1 237	227
宝鸡电力线路工具厂	0	0	0	－5	30	2 996	2 210
天水长城控制电器厂三分厂	441	548	461	164	399	1 237	1 048
天水长城金属材料厂	148	204	206	81	67	296	259
宁夏吴忠市金塔机电工业有限公司	743	476	306	148	78	2 030	1 421

2002年电器工业各分行业工业经济效益综合指数排序

序号	企业名称	工业经济效益综合指数(%)	总资产贡献率(%)	资本保值增值率(%)	资产负债率(%)	流动资产周转率(次)	工业成本费用利润率(%)	从业人员劳动生产率(元/人)	工业产品销售率(%)
	电器工业行业	113.1	6.8	105.5	66.3	0.98	4.6	59 028	97.0
	锅炉制造业	73.8	3.6	107.9	79.3	0.56	1.2	38 487	96.8
1	黑龙江双锅锅炉股份有限公司	220.5	7.3	144.2	47.4	0.42	14.3	171 921	100.0
2	江苏太湖锅炉股份有限公司	219.1	14.6	100.8	67.3	1.21	17.1	132 077	88.4
3	上海克莱德贝尔格曼机械有限公司	189.6	15.8	139.1	74.2	1.31	8.4	124 625	100.0
4	湖北一戴蒙德机械有限公司	185.2	15.2	98.3	63.7	0.76	15.0	90 196	105.0
5	上海宁松锅炉设备有限公司	181.8	18.2	117.1	23.2	1.18	19.9	32 606	100.0
6	无锡华光锅炉股份有限公司	133.3	6.5	118.4	68.8	0.76	10.6	57 003	101.9
7	山东省泰山锅炉压力容器集团总公司	129.1	7.4	97.9	71.2	0.70	9.5	64 772	86.3
8	北京锅炉厂	123.6	0.4	100.0	69.3	0.19	0.0	140 138	100.0
9	上海锅炉附件厂	121.5	10.4	100.3	67.9	1.80	0.1	78 559	100.0
10	上海汇华锅炉附件厂	119.4	10.0	176.9	83.4	3.86	−0.3	34 492	104.0
11	青岛三联金属结构有限公司	118.1	7.7	201.4	90.5	3.29	1.7	35 606	100.0
12	宁波嘉泰热能设备有限公司	116.9	14.4	123.3	59.3	1.39	5.6	23 063	93.8
13	福州福力锅炉有限公司	105.6	5.9	107.4	62.0	0.98	3.3	77 000	0.0
14	上海锅炉厂有限公司	100.9	4.0	100.4	87.8	1.07	0.1	85 263	101.8
15	青岛华泰电力设备有限公司	99.4	6.1	115.4	84.1	1.03	4.9	43 299	95.6
16	湖州炜业锅炉容器制造有限公司	99.2	5.7	183.5	54.2	1.56	−1.1	43 540	105.9
17	南通万达锅炉股份有限公司	98.0	5.9	100.0	50.5	0.98	1.6	55 504	92.9
18	济南锅炉集团有限公司	96.4	3.2	103.6	81.9	0.95	1.7	69 268	100.0
19	温州金欧集团有限责任公司	95.4	3.0	100.3	36.1	1.17	0.3	62 393	101.0
20	临沂锅炉厂	95.4	6.1	110.8	60.9	0.66	4.3	37 690	89.1
21	营口绿源锅炉有限责任公司	93.0	10.4	103.8	48.1	1.43	2.3	21 810	87.7
22	南京市锅炉厂	92.6	4.1	180.1	55.9	0.82	1.7	34 107	102.6
23	北京巴布科克威尔科克斯有限公司	92.2	3.0	114.8	88.0	1.01	2.8	55 708	100.0
24	沈阳锅炉制造有限责任公司	91.7	5.6	0.0	52.5	1.48	6.8	37 672	44.4
25	上海锅炉厂春申分厂	91.3	7.3	101.3	43.3	1.37	4.1	15 990	100.0
26	哈尔滨锅炉厂有限责任公司	90.7	3.9	138.7	73.2	0.63	0.5	57 778	100.5
27	临沂第二锅炉厂	86.5	11.2	102.8	58.2	0.92	2.0	14 729	106.0
28	江西锅炉化工石油机械联合有限责任公司	83.0	1.1	99.4	65.9	0.82	0.1	58 727	100.0
29	福州锅炉厂	81.6	5.3	100.6	74.3	0.94	0.6	41 561	101.5
30	济宁齐鲁工矿设备有限责任公司	78.9	4.9	141.7	54.5	0.77	0.2	27 926	100.0
31	牡丹江双锅锅炉制造有限公司	78.9	5.5	106.4	23.1	0.51	2.4	25 259	96.6
32	湘潭锅炉厂有限公司	75.8	5.5	93.6	73.3	0.93	0.0	37 017	99.0
33	东方锅炉厂	74.6	5.1	103.5	90.0	0.86	0.7	40 863	91.0
34	昆明锅炉有限责任公司	73.5	2.1	217.1	34.7	0.47	2.6	6 295	76.7
35	伊春伊龙锅炉制造有限公司	71.8	7.6	94.9	47.6	1.03	1.9	8 593	77.1
36	上海四方锅炉厂	71.1	3.4	71.4	87.8	0.44	0.2	58 876	78.8
37	太原锅炉集团有限公司	70.4	2.1	173.3	67.6	0.65	0.6	20 265	93.5
38	张家口三北·拉法克锅炉有限公司	69.6	4.5	100.8	49.7	0.54	1.4	20 948	91.9
39	长沙锅炉厂	68.2	5.1	101.4	81.4	0.78	1.2	21 130	106.4
40	兰州锅炉厂	65.9	4.4	101.4	67.8	0.57	1.4	19 924	83.3
41	武汉锅炉集团有限公司	63.8	2.4	108.0	68.4	0.50	0.2	27 365	97.2
42	湖北天元锅炉有限责任公司	62.9	4.8	129.6	78.5	0.62	0.3	24 389	61.2

（续）

序号	企业名称	工业经济效益综合指数（%）	总资产贡献率（%）	资本保值增值率（%）	资产负债率（%）	流动资产周转率（次）	工业成本费用利润率（%）	从业人员劳动生产率（元/人）	工业产品销售率（%）
43	芜湖锅炉厂	62.8	3.1	99.5	67.3	0.30	0.1	28 907	96.5
44	上海四方锅炉集团工程成套有限公司	61.1	0.8	102.3	94.6	0.40	0.5	41 215	100.0
45	开封锅炉厂	60.5	2.6	99.7	62.2	0.72	0.9	13 041	95.0
46	新疆春雨环保设备有限公司	59.7	4.1	101.0	35.6	0.39	1.7	26 700	0.0
47	宁夏三新技术股份有限公司	59.4	2.4	120.8	26.8	0.50	3.3	15 542	0.0
48	云南保山锅炉厂	54.6	2.5	99.3	73.5	0.29	0.0	20 784	98.1
49	郑州锅炉厂	53.5	3.1	90.7	80.3	0.28	0.0	21 994	99.8
50	盐城市锅炉厂	51.1	4.0	94.6	78.6	1.09	−2.5	17 288	94.9
51	济南东风锅炉厂	48.8	3.6	98.8	88.5	0.51	0.1	14 921	82.8
52	新疆东风锅炉制造安装有限责任公司	46.3	1.2	202.8	65.8	0.17	−5.2	20 806	88.5
53	哈尔滨龙江锅炉厂	44.8	1.8	101.8	83.2	0.13	0.0	3 409	144.4
54	新乡工业锅炉厂有限公司	44.4	2.6	101.2	91.1	0.43	0.4	8 333	93.6
55	本溪锅炉有限责任公司	38.1	4.7	−35.7	93.9	0.94	−0.2	17 301	97.0
56	沁阳锅炉厂	29.3	1.4	0.0	110.9	0.30	0.3	14 937	101.4
57	大连锅炉厂	15.3	2.2	71.5	93.6	0.54	−6.6	−693	146.8
58	安阳第一锅炉厂	14.7	5.8	−211.2	97.9	0.64	1.4	10 430	99.0
59	靖江市江星锅炉制造有限公司	11.2	−1.2	0.0	75.7	0.55	−4.7	5 986	108.1
60	西安锅炉总厂	8.6	3.0	0.0	129.2	0.54	−5.5	8 354	99.0
61	柳州市锅炉总厂	5.7	−0.2	89.8	69.5	0.43	−11.3	17 211	94.2
62	新疆天山锅炉厂	5.3	0.9	0.0	0.0	0.19	−6.8	3 741	98.1
63	上海四方锅炉厂第三分厂	−0.6	−7.6	77.2	61.1	1.18	−11.2	17 439	87.4
64	贵州锅炉厂	−2.2	0.8	97.2	49.5	0.25	−12.8	6 564	96.6
65	鞍山锅炉集团有限公司	−13.2	−0.3	86.4	90.8	0.01	−12.1	12 558	80.0
66	广西梧州锅炉股份有限公司	−18.2	1.3	0.0	107.9	0.54	−12.3	12 572	93.9
67	海拉尔锅炉厂	−25.6	0.1	97.1	88.5	0.45	−16.4	5 146	89.8
68	新乡工神锅炉有限公司	−28.0	1.2	35.6	97.6	0.29	−15.1	8 068	99.1
69	山东聊城鲁西化工集团公司锅炉厂	−32.2	−2.5	73.6	85.5	0.25	−15.8	3 738	97.2
70	德州锅炉有限公司	−34.2	0.2	0.0	109.0	0.38	−16.4	9 462	132.1
71	上海工业锅炉厂	−51.6	−4.4	58.4	92.8	0.24	−21.3	25 151	68.6
72	云南省大理工业锅炉厂	−55.2	−6.5	75.7	67.2	0.45	−21.8	7 300	75.3
73	衡阳锅炉厂	−55.9	−5.4	0.0	121.8	0.49	−20.0	22 390	82.7
74	天津盛安锅炉容器有限公司	−70.2	−9.0	0.0	113.6	0.46	−23.2	20 616	127.0
75	武汉市工业锅炉总厂	−106.3	−2.8	−101.4	61.7	0.13	−30.5	2 028	100.0
76	山东济宁蓝天锅炉有限公司	−123.3	−6.7	0.0	121.2	0.29	−34.9	6 669	104.2
77	新疆工业锅炉制造有限责任公司	−140.2	−4.2	0.0	100.2	0.13	−38.9	4 401	78.9
78	济南红旗锅炉厂	−153.3	−4.5	0.0	129.5	0.13	−42.6	6 836	78.0
79	勃利县凯春锅炉容器制造有限公司	−155.8	−8.8	0.0	113.9	0.25	−42.6	−507	142.3
80	西安市阳普工业锅炉厂	−158.8	−15.4	34.2	73.8	0.31	−44.1	13 730	93.1
81	新疆新天锅炉辅机有限公司	−216.1	−5.2	0.0	100.8	0.16	−59.7	15 427	57.7
82	天水锅炉厂	−311.9	−12.6	0.0	0.0	0.01	−85.1	6 967	120.1
83	重庆锅炉总厂	−324.4	−4.2	0.0	116.7	0.02	−84.9	−14 862	93.7
	汽轮机制造业	77.3	3.0	109.7	65.5	0.60	0.3	44 043	96.6
1	浙江诸暨申发轴瓦有限公司	194.8	20.3	103.4	65.5	0.70	27.9	11 953	100.0
2	上海益达机械厂	156.9	12.1	82.0	39.2	1.07	6.7	102 328	100.0
3	杭州汽轮动力集团有限公司	146.3	8.2	110.2	43.2	0.82	11.0	70 138	91.3
4	青岛捷能电工电子集团有限责任公司	115.5	7.8	104.6	60.0	0.83	6.0	50 930	98.8
5	上海电气集体无锡叶片厂	108.5	4.6	102.6	50.3	0.91	3.7	63 379	95.0
6	上海电站辅机厂压力容器分厂	105.5	−3.6	86.8	72.6	0.64	−9.5	190 433	47.5
7	上海动力设备有限公司	102.4	4.4	76.6	70.5	0.62	0.6	87 614	100.1
8	东方汽轮机厂	75.4	3.0	105.4	73.5	0.57	0.7	42 840	100.0
9	哈尔滨汽轮机厂有限责任公司	72.9	2.8	215.9	64.7	0.39	0.4	17 767	89.3
10	青岛汽轮机配件厂	62.2	6.1	78.7	91.5	1.11	0.4	14 833	119.0
11	中州汽轮机厂	61.8	1.8	100.5	38.2	0.58	1.5	14 013	95.8

（续）

序号	企业名称	工业经济效益综合指数（%）	总资产贡献率（%）	资本保值增值率（%）	资产负债率（%）	流动资产周转率（次）	工业成本费用利润率（%）	从业人员劳动生产率（元/人）	工业产品销售率（%）
12	上海汽轮机有限公司	21.6	−2.4	87.5	70.1	0.59	−10.1	39 984	100.0
	水轮机制造业	−22.5	−1.2	77.1	87.3	0.61	−14.8	3 677	98.2
1	乐清机械厂	135.8	14.7	105.2	52.8	2.50	5.0	44 023	90.4
2	浙江金轮机电实业有限公司	130.1	10.2	88.8	66.3	0.73	10.9	47 015	91.3
3	浙江临海机械厂	111.6	12.2	102.0	54.2	1.64	2.6	38 379	102.4
4	政和水轮机制造有限公司	94.8	10.1	97.0	46.2	1.91	2.0	20 483	91.8
5	邵阳资江水电设备有限公司	62.1	2.5	137.8	86.3	0.82	0.2	18 831	108.1
6	重庆发电设备制造有限公司	54.7	2.8	101.0	73.7	0.35	0.1	15 671	109.1
7	地方国营福建省永春水电设备厂	−12.5	−5.7	41.3	74.1	0.87	−12.1	14 218	98.0
8	上海希科水电设备有限公司	−137.4	−3.1	112.3	80.1	0.71	−19.7	−162 938	100.0
9	重庆水轮机厂有限责任公司	−179.9	−7.0	0.0	113.7	0.18	−47.8	−3 190	100.0
	其他锅炉及原动机制造业	180.5	11.1	122.4	33.4	0.93	20.9	53 106	81.4
1	新疆昌峰锅炉有限责任公司	214.8	13.2	106.6	25.8	1.07	26.2	68 179	97.9
2	鸡西太湖锅炉有限公司	47.3	3.7	0.0	60.7	0.57	1.1	31 077	0.0
	发电机制造业	63.0	3.1	85.6	67.7	0.48	−0.6	34 681	93.9
1	福建闽东本田发电机组有限公司	390.1	11.3	100.6	10.3	1.81	9.1	468 043	57.1
2	上海马拉松革新电气有限公司	288.5	21.8	104.1	29.9	1.40	28.3	144 893	98.7
3	浙江临海电机有限公司	135.9	9.3	110.0	52.9	1.20	11.1	42 217	92.3
4	利莱森玛(福州)发电机有限公司	127.9	−5.6	93.0	20.9	11.50	−11.8	51 963	100.0
5	上海汽轮发电机有限公司	127.7	2.2	97.0	54.5	0.72	−2.9	146 572	100.0
6	天津市天发柴油发电设备制造有限公司	115.3	15.0	101.0	35.6	3.83	0.3	15 365	99.7
7	武汉汽轮发电机厂	114.7	3.9	99.7	73.6	0.47	5.5	78 572	98.0
8	北京汽轮电机有限责任公司	103.6	2.3	100.0	50.0	0.50	0.2	90 979	96.7
9	克瓦纳(杭州)发电设备有限公司	102.8	5.1	101.3	57.8	0.84	1.3	70 839	87.0
10	赣州发电设备成套制造有限公司	99.5	9.6	102.5	81.5	1.43	3.4	36 297	98.0
11	北京重型电机厂	85.5	0.7	95.6	36.0	0.33	1.6	60 632	100.0
12	东方电机厂	83.8	4.7	116.9	63.8	0.42	3.2	31 552	98.9
13	淄博牵引电机集团股份有限公司	80.4	7.1	100.7	76.1	0.91	0.9	34 407	97.5
14	汾西机器厂	76.3	12.2	11.1	79.1	0.71	3.6	19 594	97.7
15	神州学人集团股份有限公司	73.5	2.4	98.3	61.1	0.08	3.3	28 512	101.5
16	哈尔滨电机厂有限责任公司	70.6	3.5	146.2	76.2	0.43	0.9	31 166	80.4
17	昆明电机有限责任公司	66.9	3.0	104.5	87.0	0.50	3.5	20 913	92.5
18	云南省玉溪水电设备厂	66.4	4.5	99.8	44.7	0.69	0.2	19 699	97.9
19	江苏海星电机集团有限公司	62.8	2.6	102.3	65.8	0.27	0.0	25 696	116.8
20	潍坊市电机一厂	58.9	4.0	100.1	77.1	0.72	0.0	18 863	92.7
21	杭州杭发集团公司	56.7	1.5	104.9	49.3	0.58	0.2	14 049	94.9
22	天津市天发重型水电设备制造公司	54.6	2.1	104.1	46.1	0.79	0.3	4 194	100.0
23	山西省屯留县	52.0	2.2	86.1	80.3	0.21	2.2	12 013	95.1
24	郑州电气装备总厂	17.6	1.5	90.0	86.8	0.31	−7.1	12 134	112.3
25	福建九州南平电机厂	16.9	1.1	68.5	94.2	0.70	−5.5	9 528	87.0
26	常州牵引电机厂	1.6	−1.7	83.0	79.7	0.84	−11.9	17 629	100.2
27	四川东风电机厂有限公司	−0.2	−2.0	90.4	55.5	0.73	−13.5	15 634	101.6
28	腾冲水电设备实业公司	−12.4	−0.5	97.7	80.7	0.45	−13.6	6 472	91.8
29	湖南零陵发电设备有限公司	−40.5	−2.0	0.0	107.2	0.29	−14.0	−942	100.8
30	湖北发电机厂	−49.8	1.1	0.0	0.0	0.57	−20.6	−8 481	99.3
31	山西平遥工矿电机车厂	−69.4	−5.6	0.0	92.7	0.88	−23.6	9 152	101.6
32	南宁发电设备总厂	−81.1	−3.4	0.0	101.3	0.35	−25.8	6 541	113.1
33	天津发电设备总厂	−115.9	−1.1	94.1	83.4	0.02	−38.5	273	100.0
34	天津阿尔斯通水电设备有限公司	−189.2	−8.4	0.0	102.4	0.33	−40.0	−65 247	100.0
35	上海电气同济燃气科技有限公司	−206.1	−6.6	92.7	0.5	0.11	−60.6	6 222	42.7
	电动机制造业	83.1	5.2	116.9	68.2	0.91	1.7	32 902	96.7
1	上海阿布勃跃进电机有限公司	360.2	34.6	175.3	29.9	1.92	28.5	198 173	99.4

（续）

序号	企业名称	工业经济效益综合指数（%）	总资产贡献率（%）	资本保值增值率（%）	资产负债率（%）	流动资产周转率（次）	工业成本费用利润率（%）	从业人员劳动生产率（元/人）	工业产品销售率（%）
2	浙江卧龙集团公司	317.6	15.8	407.7	34.9	2.25	13.2	225 125	98.2
3	福建万达电机有限公司	313.9	42.8	175.1	38.5	8.30	8.7	115 960	100.0
4	杭州恒力电机制造有限公司	307.0	30.6	221.6	36.8	2.53	23.0	138 901	92.3
5	浙江省金华市电机实业有限公司	280.5	20.4	164.4	56.2	0.69	47.0	19 811	90.1
6	福安市闽东安波电器有限公司	182.9	21.7	157.7	52.0	3.07	4.6	79 414	99.8
7	上海电机厂电机分厂	178.0	10.7	0.0	79.1	2.81	1.1	174 438	105.3
8	重庆电机厂	176.1	23.9	126.4	56.7	1.82	10.4	52 686	100.2
9	嘉兴华年电机有限公司	170.5	20.4	124.2	43.3	2.08	10.6	50 517	94.9
10	无锡华达电机有限公司	169.4	10.8	105.3	29.0	1.08	12.0	88 910	98.4
11	福安市太平洋电机有限公司	161.2	21.9	103.6	54.8	3.59	5.2	44 649	90.8
12	先锋电工厂	154.0	18.4	102.5	56.4	1.65	4.0	80 286	103.1
13	浙江金龙电机股份有限公司	153.0	17.4	146.2	78.5	2.20	8.1	47 519	99.3
14	福建闽东德丰电机有限公司	152.3	16.1	130.0	48.1	2.84	6.4	45 529	96.7
15	浙江嵊州市奥力电机有限公司	148.7	11.9	120.7	39.6	1.03	8.8	70 285	91.8
16	衡水电机股份有限公司	147.4	13.7	109.5	48.2	1.60	7.6	61 538	98.3
17	浙江申科滑动轴承有限公司	145.6	16.8	105.1	52.3	1.20	9.8	42 130	103.0
18	安徽皖南电机股份有限公司	141.0	11.2	147.2	68.5	1.78	2.9	81 157	99.1
19	姜堰市亚方机电制造有限公司	135.8	12.5	109.7	55.1	2.55	3.0	59 807	96.0
20	南阳防爆集团有限公司	125.6	12.8	117.2	74.9	1.29	7.0	42 322	103.2
21	山东诸城市开元电机股份有限公司	124.6	9.7	125.7	38.7	1.52	7.0	38 914	95.7
22	浙江百官机电集团公司	124.5	9.0	103.5	60.2	1.89	3.8	59 192	96.4
23	上海申富电机有限公司	124.3	14.8	100.7	61.7	2.30	2.8	40 613	101.7
24	江苏清江电机股份有限公司	116.6	7.2	105.5	70.2	1.99	2.0	64 412	101.9
25	常州电站辅机总厂有限公司	113.1	12.8	132.5	94.2	1.71	2.5	50 116	97.0
26	广东省东莞电机有限公司	112.8	10.5	101.4	45.4	1.25	3.8	45 925	97.2
27	常州常银电机电器有限公司	111.7	7.7	105.2	27.6	1.86	3.4	40 630	112.9
28	大连洪成电机有限公司	111.4	18.2	0.0	145.2	1.41	5.3	52 237	87.1
29	闽东电机(集团)股份有限公司	110.4	8.2	519.8	94.2	0.29	0.0	19 363	69.6
30	江苏微特利电机制造有限公司	108.5	8.2	126.1	53.6	1.47	3.2	40 911	95.7
31	上海电机(集团)公司劲力制动电机厂	101.9	14.6	81.0	74.7	1.32	4.1	25 040	93.8
32	江苏常恒航海电器有限公司	101.6	7.6	216.4	73.0	1.05	2.6	28 597	96.0
33	江苏远东电机制造有限公司	99.4	9.3	114.3	83.7	1.01	4.5	37 591	90.8
34	湖北省云梦县德立电机制造有限公司	98.5	17.8	111.8	76.8	0.52	0.6	35 000	107.8
35	浙江防爆电机有限公司	95.4	5.9	110.0	94.8	1.39	0.8	65 415	86.3
36	浙江特种电机厂	92.2	6.9	100.9	56.3	1.76	1.6	28 113	99.9
37	浙江调速电机厂	91.4	6.1	100.0	49.9	0.85	0.0	53 569	101.5
38	湖北咸宁市起重电机有限责任公司	88.8	9.1	95.7	68.0	1.81	1.1	24 203	94.1
39	永济电机厂	88.4	6.2	100.6	61.7	1.01	1.1	39 428	102.0
40	甘肃省酒泉电机厂	85.3	7.3	102.2	53.0	0.72	5.4	8 996	98.0
41	北京毕捷电机股份有限公司	85.2	2.1	110.8	44.1	1.18	1.5	42 552	85.8
42	天津市起重电机厂	85.1	6.4	100.5	69.5	1.20	0.3	43 245	83.3
43	地方国营桐乡机械厂	83.8	16.9	0.0	110.1	1.07	2.3	32 599	99.8
44	昆明电工有限责任公司	83.4	2.5	100.7	62.9	1.64	2.0	28 191	98.4
45	上海联合电机(集团)有限公司(本部)	83.1	6.0	100.9	53.8	0.76	2.0	31 113	94.6
46	上海新中电机铸造有限公司	82.4	6.2	99.5	64.1	1.75	0.2	25 164	99.1
47	沈阳电机股份有限公司	79.7	5.1	169.0	59.0	0.50	0.0	28 638	98.5
48	湘潭电机集团有限公司	78.4	3.9	162.1	48.3	0.78	1.4	19 475	94.2
49	天津市大明电机股份有限公司	77.3	3.6	101.8	66.0	1.02	2.8	27 438	70.3
50	佳木斯电机股份有限公司	76.2	6.7	100.5	70.4	1.14	0.3	29 385	81.8
51	钟祥市新宇机电制造有限公司	75.4	4.7	148.3	95.5	0.34	3.9	24 669	92.6
52	西安电机厂	71.0	6.4	111.1	75.3	0.85	0.7	20 692	100.0
53	杭州调速电机厂	69.0	9.5	0.0	70.8	0.67	1.3	27 913	103.9
54	江西电机有限责任公司	68.1	2.6	142.0	70.6	0.87	0.4	17 412	108.0

（续）

序号	企业名称	工业经济效益综合指数（%）	总资产贡献率（%）	资本保值增值率（%）	资产负债率（%）	流动资产周转率（次）	工业成本费用利润率（%）	从业人员劳动生产率（元/人）	工业产品销售率（%）
55	山东红卫电机股份有限公司	61.3	2.9	129.2	73.2	0.62	0.0	18 079	100.9
56	北京市电机总厂	59.8	-0.5	113.8	23.8	0.40	3.5	5 149	98.1
57	西北煤矿电机厂	58.9	6.7	98.0	95.4	0.56	-0.3	19 247	115.4
58	南京耐特机电(集团)公司	57.5	0.0	159.2	66.5	0.76	-4.3	35 492	100.0
59	重庆特种电机厂	57.0	6.1	0.0	104.1	0.65	1.8	34 331	86.2
60	德州恒力电机有限责任公司	56.4	3.9	99.3	85.6	0.76	0.8	17 005	79.6
61	山西防爆电机(集团)有限公司	53.4	1.1	102.6	77.2	0.69	0.1	19 250	90.1
62	天津市石化通用机械研究所	52.8	3.5	0.0	61.0	0.80	3.3	-2 663	117.7
63	上海电机(集团)有限公司革新电机厂	51.9	1.0	97.0	94.9	0.35	-0.7	33 168	108.2
64	兰州电机集团有限责任公司	51.8	5.3	97.9	92.4	0.40	0.0	14 984	98.5
65	黑龙江省富锦拖拉机制造厂	48.9	0.6	96.6	54.3	0.64	0.2	3 161	103.8
66	宁夏电机有限责任公司	47.2	2.8	111.3	78.2	0.27	0.0	11 590	80.1
67	博山电机厂集团股份有限公司	46.2	3.0	94.5	79.8	0.47	0.0	6 919	97.2
68	山西电机制造有限公司	43.4	3.2	99.0	91.4	0.41	0.0	14 313	65.0
69	大连嘉隆电机有限公司	41.6	4.9	117.6	87.0	0.72	-3.8	9 053	107.7
70	安阳煤矿电机厂	41.1	3.1	0.0	0.0	0.38	0.0	8 970	104.0
71	襄樊力特电机总公司	38.5	1.5	88.8	94.5	1.02	-1.5	7 037	100.5
72	济宁华鲁防爆电机有限公司	37.7	7.0	0.0	130.9	0.54	0.0	12 366	86.7
73	大连第四电机厂	36.7	4.7	32.9	94.5	0.57	0.0	12 041	65.3
74	湖北电机厂	31.8	2.6	89.7	60.9	0.45	-4.7	7 849	87.5
75	山东省东明县电机厂	30.6	0.0	0.0	0.0	0.43	0.0	1 392	100.0
76	上海电机(集团)公司五一电机厂	30.6	2.9	93.0	66.5	0.48	-7.4	21 550	94.9
77	合肥三益电机电泵股份有限公司	29.7	1.6	76.1	89.4	0.50	-3.1	14 818	82.8
78	连云港电机厂有限公司	27.1	4.8	-27.5	97.1	0.79	-2.1	17 252	79.2
79	长沙电机厂	26.0	-0.7	40.5	84.7	0.56	-6.4	41 238	81.1
80	大连第二电机厂	25.1	-0.5	83.4	75.7	0.44	-8.2	35 957	90.4
81	浙江齿轮减速电机厂	15.7	-4.0	130.6	35.7	1.16	-14.9	41 054	100.2
82	昆明市电机制造厂	12.1	-1.2	82.7	61.2	1.17	-11.7	15 379	111.6
83	大连电机集团有限公司	11.4	-1.0	25.7	79.3	0.18	-4.8	6 718	115.2
84	临潼电力机械制造有限责任公司	8.0	1.4	64.8	92.3	0.57	-8.3	10 475	100.2
85	贵州永安电机总厂	-5.4	-0.6	75.5	93.3	0.34	-10.7	13 606	91.9
86	上海电机厂有限公司	-11.2	-0.8	15.4	96.4	0.57	-12.5	24 681	102.4
87	国营宝鸡电机厂	-31.2	1.2	0.0	136.4	0.64	-13.5	1 667	76.1
88	上海跃进电机厂	-46.2	-0.9	0.0	119.4	0.22	-14.1	-11 495	98.3
89	新疆屯河电机电器制造有限责任公司	-60.6	-3.6	83.1	71.6	0.25	-24.7	1 003	122.8
90	桂林市第一电机厂	-73.0	-1.4	78.6	86.5	0.19	-27.4	2 615	110.9
91	柳州佳力电工有限责任公司	-76.1	-2.8	27.1	96.2	0.46	-27.4	18 050	91.5
92	佳木斯市佳四电机有限责任公司	-87.9	-6.1	89.5	37.9	0.19	-29.5	-5 600	91.1
93	宜昌力帝内燃发电设备厂	-133.2	-3.6	0.0	109.1	0.07	-36.9	2 039	80.9
94	温州电机总厂	-147.1	-10.5	64.4	73.5	0.17	-44.1	10 484	105.2
95	天津市电机总厂	-168.3	-0.8	97.8	62.0	0.06	-47.7	-19 165	0.0
96	鸡西电机厂	-252.8	-2.7	74.4	82.5	0.02	-74.4	9 496	86.6
97	天津斯波泰克电机有限公司	-295.3	-2.5	91.4	53.7	0.00	-80.1	-20 586	0.0
98	哈尔滨第二电机厂	-301.1	-8.0	0.0	0.0	0.06	-81.5	-8 677	102.2
99	天津斯波泰克潜没电泵有限公司	-326.0	-15.3	0.0	116.5	0.24	-82.3	-1 673	88.0
	微电机制造业	107.8	7.1	108.0	57.3	1.03	6.1	35 790	98.1
1	天津市天虹微电机有限公司	337.9	15.2	120.0	52.8	25.01	2.2	21 490	98.6
2	杭州微电机有限公司	249.7	35.4	124.4	78.3	1.36	26.4	56 088	98.4
3	浙江京马电机有限公司	190.8	20.6	116.5	29.1	2.41	11.1	75 123	100.0
4	天津市永久控制微电机厂	188.2	43.3	126.0	36.3	2.30	8.9	14 133	100.0
5	上海日用友捷汽车电气有限公司	183.5	13.0	111.6	32.0	1.34	10.8	107 276	98.5
6	天津市微电机公司电机研制维修试验厂	168.2	36.1	123.7	44.3	2.50	6.6	16 967	91.5

（续）

序号	企业名称	工业经济效益综合指数（%）	总资产贡献率（%）	资本保值增值率（%）	资产负债率（%）	流动资产周转率（次）	工业成本费用利润率（%）	从业人员劳动生产率（元/人）	工业产品销售率（%）
7	北京敬业电气工程有限公司	123.9	2.9	561.1	33.7	0.98	0.0	15 855	91.5
8	杭州富生电器有限公司	110.6	6.6	127.2	67.9	1.95	1.7	54 394	97.0
9	湖北亿洲微特电机有限公司	107.5	7.5	119.3	83.8	0.89	6.3	42 667	106.3
10	天津市微电机公司第三微电机厂	89.2	27.8	0.0	126.1	1.80	0.4	6 591	103.1
11	南京微风电机厂	83.0	3.0	99.7	44.2	0.67	2.3	39 255	95.0
12	安徽省朝阳微电机厂	79.6	6.1	132.0	64.4	0.49	1.4	27 220	97.5
13	天津安全电机有限公司	77.8	8.5	98.7	38.2	0.90	0.4	20 402	104.9
14	绍兴迪贝机电集团有限公司	70.6	3.2	103.3	50.0	0.63	2.5	15 345	102.2
15	天津市仪表电机厂	32.4	1.0	100.2	83.6	0.11	−0.6	0	100.0
16	许昌市微型电机有限公司	18.5	0.8	0.0	142.7	0.77	−0.2	5 767	50.9
17	天津市微电机公司	−14.2	−0.2	99.1	83.7	0.00	−8.9	2 514	0.0
18	国营红旗机制厂	−38.6	−1.8	0.0	139.9	0.60	−14.4	2 570	86.1
19	武汉微型电机厂	−137.1	−4.3	0.0	119.7	0.11	−35.5	−8 708	68.0
20	天津市第二微电机厂	−332.4	−2.4	100.0	21.4	0.00	−98.6	30 688	0.0
	电动工具制造业	60.8	1.4	96.1	72.5	1.19	−2.2	33 900	96.6
1	浙江摩兴电器有限公司	233.9	13.1	124.2	78.8	1.41	4.9	230 164	108.1
2	浙江华丰电动工具有限公司	125.4	11.1	130.2	71.8	2.11	3.8	49 427	100.0
3	福建日立工机有限公司	121.7	1.7	99.7	44.1	1.46	0.2	109 169	86.8
4	浙江省金华市电动工具总厂	115.1	6.0	130.0	66.1	2.08	4.5	43 250	94.4
5	浙江武义恒友机电有限公司	108.9	7.7	137.8	67.8	2.99	2.5	23 967	95.7
6	湖北省荆州电动工具厂	101.0	4.9	92.5	71.1	2.50	0.0	55 648	92.7
7	山东邹平电动工具厂	57.2	2.4	100.0	50.6	0.44	0.0	5 915	143.8
8	南京工程机械厂	33.6	2.9	0.0	101.6	0.48	0.3	16 269	92.0
9	河北五洲集团有限公司	18.7	2.8	0.0	105.6	1.53	−6.2	13 329	100.7
10	黑龙江电动工具厂	7.5	0.1	0.0	140.6	0.02	0.0	2 810	40.0
11	上海日立电动工具有限公司	−12.6	−4.1	54.1	91.4	0.68	−11.0	10 723	99.9
12	浙江恒丰电器集团有限公司	−54.0	−7.2	91.1	34.5	0.43	−24.9	18 351	102.4
13	青海电动工具有限公司	−67.6	−7.1	89.0	37.4	0.64	−25.1	1 333	68.1
	电工专用设备制造业	−6.6	−1.2	87.7	82.3	0.34	−11.8	10 981	97.0
1	阳泉电工机械有限责任公司	54.9	1.8	100.5	64.2	0.57	0.0	14 008	98.4
2	浙江平湖机械制造有限责任公司	51.7	1.8	97.1	73.5	0.39	0.1	15 090	103.3
3	上海电工机械厂	−29.9	−2.3	78.2	87.9	0.30	−16.0	8 309	95.3
	变压器制造业	121.2	7.1	106.7	66.9	1.02	3.9	75 520	97.7
1	海南金盘特种变压器厂	395.7	26.9	334.7	39.5	1.28	19.4	312 584	99.5
2	福州福荣变压器电器有限公司	352.8	23.0	117.9	30.1	3.02	5.5	360 645	97.3
3	新疆新特顺电力设备有限责任公司	285.4	22.7	145.3	36.3	1.88	12.6	218 754	96.4
4	江苏华朋集团有限公司	266.7	15.8	130.3	48.5	1.84	7.3	245 694	98.2
5	广东增城特种电力设备有限公司	252.2	16.2	117.4	51.7	0.89	13.2	204 961	85.1
6	天津市天变变压器有限公司	241.0	50.7	196.3	38.8	4.12	10.0	26 712	101.3
7	现代达驰电工电气股份有限公司	235.8	21.3	142.1	64.6	2.12	11.3	148 110	98.1
8	开平市海鸿变压器有限公司	235.4	21.3	153.1	92.7	3.05	3.6	195 816	77.8
9	合肥 ABB 变压器有限公司	234.6	8.0	100.5	68.2	1.19	0.1	281 917	100.0
10	新疆特变电工股份有限公司	231.1	9.0	102.1	51.5	1.11	8.2	219 202	102.8
11	青岛变压器集团有限公司	225.3	9.0	135.0	66.8	1.09	7.8	209 106	101.3
12	浙江三变科技股份有限公司	218.9	21.3	119.1	59.2	1.60	8.6	147 497	101.2
13	特变电工衡阳变压器有限公司	218.8	12.8	105.9	64.4	1.78	11.5	158 238	97.1
14	常州华迪特种变压器有限公司	213.7	14.3	106.4	68.5	1.82	8.5	168 374	83.8
15	顺德特种变压器厂	209.4	8.5	83.0	82.0	1.10	2.7	237 555	89.4
16	东莞市变压器厂	207.2	14.2	119.7	63.6	2.89	7.5	137 211	101.2
17	上海 ABB 变压器有限公司	204.1	13.2	108.8	61.9	1.26	7.7	162 656	98.7
18	金曼克电器集团股份有限公司	199.4	7.5	111.8	37.5	0.37	23.1	89 980	97.4
19	杭州钱江电气集团	187.8	16.9	119.4	50.2	1.53	7.6	118 293	95.3
20	南海市樱花电气有限公司	181.8	13.2	211.0	80.1	1.60	7.7	110 970	100.0

（续）

序号	企业名称	工业经济效益综合指数（%）	总资产贡献率（%）	资本保值增值率（%）	资产负债率（%）	流动资产周转率（次）	工业成本费用利润率（%）	从业人员劳动生产率（元/人）	工业产品销售率（%）
21	广西柳州特种变压器有限责任公司	181.1	16.0	159.4	80.6	1.18	13.4	72 136	135.3
22	宁波明升变压器制造有限公司	179.2	16.8	108.9	42.7	1.55	14.4	69 657	70.3
23	北京华泰变压器有限公司	175.6	1.3	206.7	39.5	0.62	2.2	173 935	102.1
24	云南大理变压器厂	173.8	20.4	101.0	60.9	1.79	10.1	68 144	97.7
25	兰州宏宇变压器有限公司	171.1	16.3	114.6	62.2	1.16	12.4	72 606	87.6
26	银川天达电工电器有限公司	169.1	17.8	126.6	58.2	1.67	12.9	49 375	87.2
27	常州东芝变压器有限公司	164.8	6.4	115.4	80.0	1.58	3.4	147 219	101.8
28	浙江江山变压器有限公司	159.9	18.7	124.5	51.5	1.73	10.8	41 245	100.8
29	佛山市变压器厂	159.0	3.8	105.0	74.8	0.77	0.8	178 969	81.7
30	海口威特电气有限公司	156.9	16.0	129.1	39.2	2.32	2.8	86 842	85.8
31	云南通变电器(集团)股份有限公司	155.9	14.4	121.4	58.7	3.01	4.1	71 351	90.5
32	天津市特变电工变压器有限公司	151.4	10.0	112.1	42.0	1.03	9.9	74 158	98.6
33	平顶山市祥瑞电力电器有限责任公司	145.1	23.9	107.2	74.6	1.97	9.0	18 824	100.6
34	云南变压器电气股份有限公司	140.1	10.6	111.2	63.9	0.72	8.5	65 167	118.2
35	长沙顺特变压器厂	125.1	8.2	148.1	38.0	1.16	5.2	57 804	87.6
36	湛江通用电气集团有限公司	120.3	8.8	131.0	75.1	1.72	5.1	48 568	97.4
37	齐齐哈尔市三环变压器有限责任公司	115.8	12.3	133.7	77.1	1.69	4.8	33 349	97.4
38	山东鲁能泰山电力设备有限公司	115.3	10.2	116.6	80.4	1.30	4.1	53 778	103.2
39	福建省闽西天龙变压器有限公司	110.8	15.7	92.0	68.7	1.62	3.5	28 992	96.7
40	常州变压器厂	106.9	5.5	98.8	59.4	0.95	2.6	64 436	99.4
41	包头飞天变压器股份有限公司	106.6	12.1	100.0	70.4	1.09	0.7	57 930	97.9
42	广州市番禺明珠电器有限责任公司	105.5	7.4	109.0	68.9	2.06	1.4	46 597	103.6
43	贵阳新星变压器有限公司	105.4	6.5	250.1	76.2	0.86	4.7	23 841	89.3
44	济南志友集团股份有限公司	105.3	4.4	102.7	53.0	0.78	3.8	59 978	95.0
45	贵阳特种变压器厂	104.5	8.4	105.7	64.7	1.53	2.1	54 782	59.7
46	保定天威集团有限公司	102.6	6.1	89.5	58.1	0.76	4.8	47 698	95.4
47	常德国力变压器有限公司	101.7	5.9	125.2	38.8	1.58	2.0	41 510	102.1
48	上海变压器厂	99.4	4.3	97.1	83.8	0.69	1.1	80 103	103.1
49	山东临清变压器厂	97.4	6.5	98.0	86.1	0.78	6.1	39 426	99.1
50	南通友邦变压器有限公司	96.8	8.2	88.9	77.6	1.64	3.1	36 604	94.2
51	山东省沂南县沂蒙变压器有限公司	94.8	4.7	108.2	90.2	0.86	2.9	57 123	107.7
52	广州特种变压器厂有限公司	93.7	4.0	108.6	27.4	0.46	0.2	62 302	124.4
53	个旧市变压器厂	90.1	8.5	98.0	70.1	1.46	1.0	32 661	105.6
54	菏泽市恒源变压器制造有限公司	86.8	22.5	55.8	80.0	1.27	0.0	13 467	77.6
55	广东省电力局广州电力设备厂	85.7	3.0	111.5	23.8	0.79	−2.0	64 205	102.3
56	合肥金环变压器有限责任公司	84.1	2.9	100.5	32.7	0.95	0.8	48 013	88.8
57	云南省楚雄变压器厂	83.4	5.9	100.5	71.1	1.17	0.7	42 632	75.6
58	江西变压器有限责任公司	83.3	6.0	0.0	81.6	1.04	2.0	59 089	96.1
59	淮阴清江变压器厂	83.2	5.3	101.9	80.8	1.50	0.8	37 489	98.0
60	连云港东圣变压器有限公司	80.4	4.1	100.4	63.6	1.20	0.1	38 071	96.0
61	广州广高高压电器有限公司	80.3	4.0	101.8	77.3	2.08	0.4	29 268	92.3
62	山东沂蒙池田电装有限公司	79.2	10.4	88.1	67.6	0.52	1.1	26 838	92.9
63	武汉变压器有限责任公司	77.0	5.9	100.2	83.4	0.76	0.0	44 469	96.9
64	南阳万方变压器有限公司	72.3	8.3	106.5	83.7	1.00	1.6	13 871	98.7
65	银川变压器有限公司	70.4	5.3	71.1	86.0	1.01	0.2	37 422	100.2
66	淄博市博山调压器有限责任公司	69.1	5.5	100.6	68.6	0.53	0.8	22 496	105.5
67	天津市第二变压器厂	68.2	4.2	184.5	45.5	1.16	−3.1	18 372	96.6
68	保山变压器、电器厂	68.2	4.7	107.1	94.3	1.55	0.3	27 353	76.9
69	北京变压器厂	67.8	1.3	127.4	56.9	0.42	0.9	25 380	99.4
70	陕西汉中变压器有限责任公司	63.2	4.5	100.1	59.6	0.62	0.1	18 487	86.6
71	牡丹江变压器制造有限责任公司	61.9	4.1	83.0	96.4	2.87	−1.2	6 749	105.1
72	临沧变压器有限责任公司	58.7	3.1	92.4	74.4	0.55	−4.3	58 949	57.5
73	锦州变压器股份有限公司	58.4	3.8	96.9	69.1	0.79	−1.6	21 612	105.1

（续）

序号	企业名称	工业经济效益综合指数（%）	总资产贡献率（%）	资本保值增值率（%）	资产负债率（%）	流动资产周转率（次）	工业成本费用利润率（%）	从业人员劳动生产率（元/人）	工业产品销售率（%）
74	天水长城特变有限责任公司	50.5	1.4	0.0	64.4	1.77	－0.1	12 912	90.6
75	太原变压器厂	47.6	1.3	99.1	78.8	0.48	0.0	8 910	113.4
76	大同市变压器总厂	47.0	2.1	100.0	80.0	0.26	0.0	5 698	130.5
77	四川变压器厂	45.2	7.5	60.8	92.2	1.49	－5.8	23 147	104.2
78	宝鸡永兴变压器有限责任公司	45.1	5.1	0.0	88.6	0.50	0.0	20 625	107.3
79	安阳变压器厂	38.3	4.5	0.0	109.2	0.91	0.0	9 538	112.4
80	东明县志远电器有限责任公司	37.1	2.0	96.5	84.2	0.14	0.0	2 139	96.7
81	重庆ABB变压器有限公司	34.6	1.6	87.9	96.8	0.94	－6.1	31 770	100.0
82	贵州永安工贸公司	30.5	0.1	94.1	76.5	0.28	－2.0	9 155	73.4
83	西安互感器厂	20.9	－0.1	88.8	92.3	0.29	－4.1	12 018	90.6
84	陕西铜变实业股份有限公司	16.2	0.9	90.9	62.7	0.53	－9.7	17 238	89.6
85	泰州海田变压器有限公司	15.4	0.8	43.3	97.9	0.75	－5.7	14 292	94.8
86	重庆变压器厂	13.3	－0.7	85.8	88.8	0.38	－9.1	23 167	119.5
87	安庆变压器总厂	1.9	2.8	0.0	119.3	0.96	－8.6	10 891	96.9
88	东北输变电集团长春变压器有限公司	－3.5	－0.8	18.4	99.1	0.78	－8.3	11 497	87.7
89	上海电压调整器厂	－7.7	－0.4	0.0	146.8	0.66	－10.9	25 087	91.9
90	重庆高压电器厂	－8.5	1.2	0.0	137.3	0.59	－10.9	22 591	80.0
91	沈阳变压器有限责任公司	－21.9	－1.2	73.7	85.7	0.40	－13.8	356	104.1
92	黑龙集团公司变压器厂	－40.3	－2.2	0.0	100.6	0.72	－18.8	15 235	136.5
93	勃利三江变压器制造有限公司	－57.5	－0.9	0.0	109.3	0.35	－20.8	10 189	96.9
94	贵州安顺集源变压器有限公司	－80.1	－1.2	87.5	126.2	0.24	－29.8	10 273	105.0
95	天津市变压器总厂	－102.5	－1.7	89.8	80.1	0.05	－30.0	－7 795	0.0
96	湖北变压器有限责任公司	－116.1	－4.7	0.0	118.2	0.38	－34.2	1 615	124.1
97	辽阳易发式电气设备有限公司	－147.5	－5.5	29.6	96.0	0.72	－39.5	－22 560	98.9
98	昆明变压器厂	－199.3	－5.8	35.9	96.4	0.14	－55.7	15 070	38.2
99	上海阿尔斯通变压器有限公司	－265.7	－12.1	179.5	11.7	0.34	－61.5	－105 495	100.0
	电容器制造业	124.5	10.7	113.3	68.9	1.38	5.6	51 780	101.3
1	锦州电力电容器有限责任公司	163.0	14.8	143.4	70.4	1.74	10.5	60 570	103.2
2	无锡电力电容器有限公司	161.7	11.7	118.0	72.0	1.44	7.5	99 000	96.5
3	西安熔断器制造公司	158.6	17.3	105.2	38.1	0.87	13.4	45 254	101.3
4	上虞市电力电容器有限公司	110.6	7.8	103.3	75.0	1.55	1.3	69 013	95.0
5	建德市新安江电力电容器有限公司	107.1	10.9	101.4	77.7	2.14	1.1	46 238	97.7
6	桂林电力电容器总厂	93.1	7.3	98.3	63.8	1.21	0.1	48 729	102.7
7	南京南华电力电容器有限公司	27.2	0.6	95.8	86.0	0.64	－3.5	6 159	89.6
8	牡丹江电力电容器厂	12.0	3.6	0.0	100.2	0.25	0.0	4 715	0.0
	整流器制造业	－1.5	－0.6	87.8	86.7	0.34	－10.2	8 315	104.2
1	上海电阻厂	44.7	2.4	100.8	89.6	0.31	0.6	7 419	102.0
2	上海整流器总厂	32.1	0.4	100.1	92.5	0.24	0.1	－3 679	113.7
3	天津市整流器厂	12.4	0.0	93.9	98.8	0.69	－7.9	13 602	105.9
4	北京京仪椿树整流器有限责任公司	－53.6	－4.8	82.5	61.8	0.44	－25.8	20 949	99.1
	开关控制设备制造业	167.0	12.0	107.5	63.8	1.29	9.6	94 749	96.6
1	上海海通电器成套有限公司	1 884.3	1.6	101.0	77.6	2.21	0.1	3 011 750	100.0
2	北京ABB高压开关设备有限公司	1 089.7	51.8	121.5	30.6	1.77	38.0	1 304 463	99.2
3	厦门ABB开关有限公司	1 089.2	49.1	123.9	46.8	1.81	38.9	1 304 867	98.0
4	西门子杭州高压开关有限公司	662.5	22.9	112.4	53.4	1.42	17.2	827 293	93.1
5	江苏东源电器集团股份有限公司	598.6	57.5	137.3	40.4	25.66	10.1	257 377	98.0
6	上海施耐德配电电器有限公司	589.8	36.4	109.3	48.0	2.13	24.4	607 880	100.0
7	厦门ABB华电高压开关有限公司	523.7	2.4	110.6	67.0	1.34	2.9	760 556	69.6
8	厦门ABB低压电器设备有限公司	478.2	29.9	103.0	59.6	1.53	22.1	471 628	90.5
9	上海西门子开关有限公司	466.6	33.5	125.1	34.3	1.32	28.5	397 856	100.0
10	常熟开关厂	449.4	44.0	142.2	57.3	1.77	47.6	208 225	96.1
11	上海施耐德工业控制有限公司	386.7	39.7	116.2	34.8	2.28	23.9	261 494	102.1
12	正泰集团公司	381.3	38.7	121.9	34.9	6.35	7.2	292 303	100.7

（续）

序号	企业名称	工业经济效益综合指数（%）	总资产贡献率（%）	资本保值增值率（%）	资产负债率（%）	流动资产周转率（次）	工业成本费用利润率（%）	从业人员劳动生产率（元/人）	工业产品销售率（%）
13	上海松下电工自动化控制有限公司	346.0	16.6	120.4	9.8	1.52	17.2	320 641	93.9
14	埃斯梯恩阿特拉斯泰航电子有限公司	339.5	29.6	110.8	32.0	1.67	36.7	146 600	100.0
15	苏州阿尔斯通开关有限公司	318.7	23.0	111.2	36.6	1.13	25.7	211 535	92.5
16	厦门ABB电器控制设备有限公司	317.9	23.7	119.3	76.3	0.86	28.3	201 014	99.6
17	苏州智能配电自动化有限公司	264.9	14.0	222.0	29.0	3.08	2.7	236 364	98.3
18	天正集团有限公司	261.1	30.9	107.1	48.1	3.56	9.5	153 146	97.8
19	杭州红申电器有限公司	256.3	27.5	358.9	42.5	2.14	16.6	82 320	84.7
20	中山市明阳电器有限公司	245.9	23.1	137.8	55.8	2.52	9.8	160 186	100.0
21	深圳市光辉电器实业有限公司	243.4	15.3	155.0	39.8	1.45	13.9	173 684	74.7
22	宁波天安(集团)股份有限公司	230.7	15.5	117.6	50.8	1.00	16.9	146 772	85.5
23	德力西集团有限公司	220.3	27.3	114.9	46.8	3.11	10.5	96 625	96.4
24	宁波耐吉科技股份有限公司	214.0	8.4	101.6	65.8	0.40	22.4	120 439	97.0
25	温州市开元开关厂	213.7	26.5	108.3	62.3	3.55	5.3	115 792	96.8
26	汕头正超电气有限公司	208.3	11.4	102.6	55.0	2.10	1.0	209 825	70.0
27	宁夏力成电气集团有限公司	207.9	10.0	284.4	39.8	1.45	15.5	85 810	105.6
28	江苏汇源(集团)公司	206.8	21.9	107.2	75.3	3.18	5.6	129 221	98.9
29	新疆奎屯市开关厂	203.3	11.9	195.5	40.3	1.10	21.1	64 104	100.0
30	耀华电器集团有限公司	195.0	19.6	100.1	28.7	2.24	11.6	89 647	95.0
31	广州南方电力集团电器有限公司	192.4	11.2	109.1	89.9	1.86	5.9	164 474	100.0
32	新华电器集团有限公司	183.3	18.9	103.4	34.4	2.30	8.6	88 507	98.4
33	江苏鑫富达集团公司	177.7	9.0	272.6	89.1	3.07	3.5	105 983	99.8
34	汕头经济特区南粤电气有限公司	177.1	9.1	107.3	55.8	2.19	2.8	148 188	85.5
35	福州天宇电气股份有限公司	174.0	12.4	78.9	65.9	1.00	5.9	139 002	101.7
36	广东省顺德开关厂有限公司	165.6	12.0	104.6	76.4	1.03	7.2	118 575	94.9
37	万家电器集团有限公司	164.5	8.5	89.6	41.8	1.01	5.3	135 760	91.2
38	金华电力开关有限公司	158.4	13.4	110.7	55.7	1.37	6.9	88 319	100.0
39	广州白云电器设备有限公司	156.4	11.3	113.9	45.3	1.60	10.6	60 258	115.5
40	贵阳开关厂	153.3	22.1	118.4	65.0	5.51	3.4	7 679	102.7
41	江苏长江电器集团有限公司	151.0	7.8	103.1	60.0	0.90	5.5	111 377	100.3
42	中国人民解放军第五七一九工厂	149.8	5.2	122.6	79.6	1.19	9.7	92 694	96.5
43	杭州电器开关厂	148.6	10.0	243.6	37.6	3.21	3.9	41 865	99.8
44	广东珠江开关有限公司	148.6	6.6	101.5	81.6	1.01	1.3	150 060	84.0
45	平顶山天鹰集团有限责任公司	145.2	5.3	92.1	60.9	4.27	2.8	77 728	86.7
46	浙江三辰电器有限公司	138.9	10.4	101.1	57.4	0.90	12.3	44 628	84.7
47	新疆化工开关厂	131.6	14.0	145.3	54.2	2.14	8.3	35 436	0.0
48	昌吉市昌开电器有限责任公司	125.1	8.1	209.3	72.7	1.33	2.9	64 276	79.4
49	山东鲁能泰山开关集团	122.0	8.7	127.5	83.8	1.00	4.5	74 393	89.3
50	常州基腾电气有限公司	120.8	6.9	126.2	75.3	1.95	2.3	69 388	99.7
51	江苏省如高高压电器有限公司	107.9	6.5	25.2	80.4	1.28	5.9	65 391	88.8
52	宁波华通电器集团股份有限公司	102.9	7.7	100.0	60.1	0.91	3.7	47 433	85.4
53	新疆天吉海滨电器设备有限公司	102.1	1.7	36.9	75.7	1.31	1.0	92 509	101.7
54	杭州杭开电气有限公司	101.1	5.3	130.6	57.9	2.42	0.3	39 135	98.1
55	浙江开关厂有限公司	98.4	8.6	117.8	34.1	0.21	4.3	40 251	88.3
56	西安电力机械制造公司	89.9	4.0	101.8	73.3	0.79	2.9	47 346	99.0
57	北京北开电气股份有限公司	88.9	5.8	103.9	74.4	0.66	1.7	49 964	99.7
58	山西长治市防爆电器有限公司	86.9	11.0	119.4	86.6	1.00	2.9	22 196	89.6
59	沈阳高压开关有限公司	83.1	6.6	104.9	74.5	0.64	2.7	29 989	107.2
60	天水电气传动装置厂	81.7	1.3	101.3	98.7	0.80	0.5	69 371	100.0
61	新疆双新电控设备有限公司	81.1	5.4	107.0	70.7	0.86	3.8	18 130	104.1
62	西安新兴电器厂	76.9	2.6	105.1	88.6	1.12	0.6	45 747	99.2
63	天津市电器开关水电设备厂	74.0	5.6	100.3	80.0	1.98	0.1	17 000	104.0
64	北京开关厂	71.5	0.5	157.6	48.6	0.45	0.0	30 909	105.9
65	湖北开关厂	70.9	8.8	51.1	76.4	0.92	0.8	25 338	95.5

（续）

序号	企业名称	工业经济效益综合指数（%）	总资产贡献率（%）	资本保值增值率（%）	资产负债率（%）	流动资产周转率（次）	工业成本费用利润率（%）	从业人员劳动生产率（元/人）	工业产品销售率（%）
66	杭州控制电器厂	69.6	3.7	100.4	71.9	1.91	0.2	12 220	103.2
67	上海东屋电器有限公司	69.1	1.8	100.5	78.8	0.57	0.4	41 915	99.9
68	三明双轮化机压力容器厂	66.2	3.7	100.0	55.3	1.07	0.1	15 980	100.0
69	贵阳电气控制设备厂	64.3	5.6	105.7	91.7	0.67	1.9	18 214	93.4
70	康正电器工业有限公司	63.5	−0.6	97.3	37.2	1.14	−2.3	40 848	90.1
71	厦门协成实业有限公司	63.2	3.2	95.7	38.9	1.33	−2.7	33 827	66.5
72	曲靖电机电器厂	62.6	1.5	234.4	66.6	1.00	−2.5	7 556	100.0
73	常州市常开电气有限公司	62.5	5.8	36.3	98.5	1.51	−2.9	48 192	98.1
74	嘉兴成套电器厂	62.1	3.3	105.5	86.3	0.69	2.3	17 925	84.2
75	永城高压电器厂	57.5	7.0	100.1	85.7	0.87	0.0	8 616	94.9
76	菏泽市牡丹区开关厂	56.6	0.1	157.1	12.9	1.32	0.0	367	75.0
77	天水长城电器集团有限责任公司	56.4	3.3	95.5	84.3	0.60	−0.5	25 145	100.1
78	杭州漏电开关有限公司	55.7	1.4	101.8	67.3	0.69	1.0	14 943	75.3
79	重庆高压开关厂	50.5	2.3	93.2	81.0	0.90	−3.2	27 355	108.5
80	山东济宁开关厂	48.7	4.3	106.0	99.5	0.58	0.1	15 141	81.8
81	上海电器厂	45.8	1.7	104.0	87.4	0.33	2.1	139	102.2
82	兰州市七里河开关厂	42.2	0.5	100.0	42.7	0.38	0.0	8 811	50.0
83	瑞安市万松电子电器有限责任公司	41.4	3.9	99.8	79.0	0.61	−4.1	17 685	96.7
84	南京开关厂	41.3	−0.8	86.5	86.7	0.86	−4.0	34 126	98.8
85	昆明开关厂	37.7	2.3	97.6	62.9	0.71	−4.3	8 409	99.1
86	天水长城低压电器开关厂	37.4	2.0	0.0	0.0	1.08	−6.7	37 829	100.0
87	山西电控设备厂	35.3	1.0	116.7	99.6	0.35	0.4	0	94.2
88	瓦房店防爆电器厂	34.8	2.2	89.6	48.7	0.73	−9.2	35 196	96.0
89	上海电器成套高压开关厂	34.2	1.7	99.5	95.9	0.30	0.0	−19	100.0
90	杭州多摩机电有限公司	33.4	−2.3	91.1	15.8	1.02	−9.1	39 875	100.0
91	靖江市开关总厂	28.3	0.5	97.7	92.0	0.19	−1.0	484	100.0
92	柳州开关电器有限责任公司	15.8	−0.3	89.8	79.3	0.42	−8.2	17 566	104.8
93	上海西门子高压开关有限公司	11.7	−7.9	36.8	93.1	1.97	−8.3	35 967	71.6
94	新疆高压开关厂	6.6	−1.9	0.0	100.5	0.05	−4.6	22 105	100.0
95	天津市开关厂	3.9	−2.1	78.8	89.7	0.29	−11.5	36 587	92.7
96	上海电器成套厂	2.3	−3.9	0.0	108.2	0.34	−17.1	95 709	93.6
97	贵州长征电器集团有限责任公司	2.2	−0.3	106.7	46.9	0.22	−13.7	21 061	98.5
98	新疆电控设备有限责任公司	−6.8	−3.8	73.7	76.8	0.95	−12.5	12 898	100.0
99	上海华通开关厂	−12.5	−0.1	72.3	91.7	0.28	−12.4	12 357	90.6
100	武汉为得福电力自控设备有限责任公司	−25.8	−9.1	40.0	92.8	1.28	−12.3	6 257	100.0
101	青海无线电有限责任公司	−37.4	−69.5	38.6	60.4	0.00	0.0	107 381	76.4
102	西安电器开关厂	−49.2	−6.0	0.0	114.9	0.56	−16.9	13 716	86.7
103	银川华升电器开关有限公司	−63.8	−1.2	57.0	91.9	0.82	−22.9	−4 955	69.7
104	上海华一电器厂	−64.9	−7.8	65.5	76.7	0.41	−25.1	19 853	93.6
105	河南开开电气股份有限公司	−82.7	−4.6	63.4	86.8	0.26	−27.7	2 084	102.8
106	杭州中策电器股份有限公司	−91.0	−1.6	64.7	83.3	0.42	−25.0	−48 189	132.1
107	新乡市低压电器厂	−97.0	−4.6	56.5	93.0	0.16	−28.2	−8 429	88.9
108	个旧市电器厂	−133.5	−5.1	0.0	0.0	0.34	−41.0	2 784	100.0
109	重庆博森电气(集团)有限公司	−141.3	−3.5	0.0	110.3	0.31	−42.7	17 941	92.4
110	威海市输变电设备集团公司	−141.9	−6.1	0.0	141.2	−0.47	−36.1	−5 000	100.0
111	济南开关厂	−168.3	−1.4	0.0	107.3	0.14	−43.9	−2 157	0.0
112	大同市整流器厂	−170.8	−13.6	17.5	96.4	0.05	−41.9	−7 822	100.0
113	阳泉电器厂有限责任公司	−288.9	−37.9	0.0	114.5	0.36	−59.7	0	27.0
	电器设备元件制造业	112.0	8.6	105.1	68.6	1.09	5.0	49 282	96.3
1	上海 MWB 互感器有限公司	491.9	25.0	115.1	49.8	1.14	26.6	485 580	88.5
2	上海电气(集团)上海互感器厂	343.9	34.4	21.7	67.2	1.57	29.0	209 924	107.5
3	上海斯易普电器厂	296.8	49.7	123.8	23.3	3.44	4.9	180 250	100.0

（续）

序号	企业名称	工业经济效益综合指数（%）	总资产贡献率（%）	资本保值增值率（%）	资产负债率（%）	流动资产周转率（次）	工业成本费用利润率（%）	从业人员劳动生产率（元/人）	工业产品销售率（%）
4	天津市机床电器总厂	210.7	19.2	129.4	48.4	0.99	24.5	51 267	89.6
5	天津市百利低压电器有限公司	209.4	7.8	470.6	41.9	5.14	7.1	53 011	77.1
6	长城电器集团有限公司	205.5	23.6	116.0	46.8	3.13	10.7	80 806	99.9
7	三门腾龙电器有限公司	201.0	23.8	88.4	50.6	1.25	19.1	59 762	87.9
8	上海缔屹互感器有限公司	179.2	36.7	92.3	19.4	4.27	2.9	28 677	118.4
9	上海西门子线路保护系统有限公司	168.1	18.8	107.0	25.9	2.05	9.9	55 868	112.5
10	上海人民电器厂	160.7	20.3	143.6	90.2	1.39	12.2	44 972	101.8
11	北京ABB低压电器有限公司	146.1	14.2	0.0	100.4	1.60	3.7	126 138	99.8
12	常安集团有限公司	139.8	9.7	113.4	19.3	1.30	5.3	79 674	99.0
13	天津神钢电机有限公司	139.3	5.7	100.4	21.5	1.26	7.6	80 111	100.0
14	上海第三开关厂	123.7	13.3	163.2	55.8	0.73	6.8	34 395	84.3
15	浙江嘉控电气股份有限公司	117.9	11.7	103.8	56.9	1.18	5.3	42 124	97.0
16	北京北低敬业电工自动化成套配套有限公司	117.8	1.5	0.0	17.0	8.32	0.0	12 000	100.0
17	吴江三联复合材料有限公司	113.7	12.5	91.5	45.0	1.72	1.4	51 321	94.2
18	上海精益电器厂	107.1	9.1	110.9	70.9	1.21	3.5	46 222	99.2
19	中山市泰峰电气有限公司	105.6	8.4	146.7	89.2	1.45	4.2	39 484	96.3
20	黄岩电气开关厂	104.8	12.9	106.6	51.3	1.45	3.2	25 275	94.5
21	天津市第二继电器厂	98.8	15.8	103.8	54.0	1.16	2.4	16 621	94.0
22	北京敬业电工有限公司	98.2	5.5	101.3	72.7	1.28	2.2	52 792	98.1
23	天水二一三机床电器配件厂	93.5	17.3	0.0	92.6	1.85	0.5	41 659	102.0
24	上海电器淘瓷厂	89.5	6.0	89.7	58.9	0.85	0.7	50 929	90.6
25	天水长城自动化研究所	84.3	5.9	100.0	72.4	1.11	0.7	40 700	100.0
26	上海大保避雷器有限公司	84.0	6.3	0.0	28.3	0.78	5.0	33 000	101.0
27	上海金山电器厂	83.5	3.5	100.1	38.9	0.46	0.1	58 546	83.5
28	上海第一开关厂	74.8	4.5	101.5	71.4	0.93	0.5	32 783	97.6
29	天津市低压电器公司一厂	73.7	7.3	111.9	92.3	1.25	2.2	14 472	100.0
30	天津市电瓷电器厂分厂	73.4	5.9	0.0	102.0	0.38	7.7	26 500	100.0
31	沈阳二一三机床电器有限公司	70.6	2.0	70.0	39.2	0.78	−2.5	55 045	103.6
32	上海电瓷厂	69.9	4.8	101.4	65.2	0.72	1.6	15 773	105.4
33	天水长城成套开关厂	69.0	1.3	98.5	74.7	1.18	0.1	34 438	96.2
34	天水长城机电成套设备厂	68.7	5.7	101.4	83.9	0.52	0.5	31 763	100.0
35	天津市机床电器总厂分厂	63.2	7.9	93.8	88.2	0.85	−1.0	24 000	97.7
36	潢川县汇玉电器有限责任公司	61.4	5.6	99.8	72.3	1.18	0.1	6 195	100.3
37	天水长城控制电器厂一分厂	59.1	4.6	97.6	70.3	0.58	0.4	11 385	106.5
38	上海机床电器厂有限公司	56.1	4.0	99.9	69.8	0.60	0.7	6 742	101.6
39	天水二一三厂成套电器厂	55.8	9.2	0.0	103.9	0.88	0.5	23 750	101.7
40	上海立新电器厂	47.1	3.2	100.1	74.8	0.68	0.1	3 965	78.4
41	衡阳市电力变压器厂	46.9	2.9	0.0	128.2	0.89	0.3	36 641	70.6
42	北京敬业电工集团	46.5	1.2	102.8	62.5	0.09	0.8	1 786	104.9
43	天津市天开高压元件开发有限公司	43.8	2.9	0.0	63.4	0.76	−2.2	24 953	95.1
44	昆明电器成套实业总公司	40.9	0.0	97.9	39.8	0.75	−2.5	8 898	91.6
45	天津市低压电器公司	23.4	−3.5	412.9	49.1	0.83	−18.8	27 197	66.2
46	昆明市互感器厂	19.4	0.7	63.7	80.7	0.70	−3.9	3 105	72.2
47	泰州市虹雨电工器材厂	12.1	−0.3	99.1	61.0	0.10	−4.3	−10 272	68.8
48	沈阳低压开关厂	9.5	−8.5	44.6	90.9	0.08	0.0	4 215	98.5
49	昆明市电器开关厂	8.8	−0.4	93.8	75.1	0.55	−11.6	16 200	133.3
50	天津市互感器厂	−10.8	−1.6	82.8	81.3	0.75	−12.6	−3 010	129.3
51	天津市矿山电器厂二分厂	−30.9	−3.3	12.1	88.0	0.52	−13.1	6 778	76.6
52	天水长城控制电器厂二分厂	−45.8	−5.2	18.5	97.8	0.56	−16.8	8 393	100.0
53	西安市起重电器厂	−57.1	−1.6	0.0	100.7	0.18	−18.3	3 767	78.6
54	天水长城电器厂	−92.7	−1.0	0.0	119.8	0.20	−28.1	5 931	70.1
55	泰州市前进机械制造有限公司	−114.3	−5.3	87.9	60.3	0.65	−38.0	−6 100	94.0

（续）

序号	企业名称	工业经济效益综合指数（%）	总资产贡献率（%）	资本保值增值率（%）	资产负债率（%）	流动资产周转率（次）	工业成本费用利润率（%）	从业人员劳动生产率（元/人）	工业产品销售率（%）
56	天津市第二电器开关厂	-147.2	-2.8	69.7	93.5	0.05	-44.3	41	100.0
57	新乡万通电器股份有限公司	-149.5	-3.3	90.5	71.2	0.07	-49.9	9 919	130.1
58	旅顺船舶电器厂	-156.4	-14.1	53.7	78.4	0.68	-44.1	6 493	89.4
59	天津市第三机床电器厂	-189.8	-8.8	0.0	148.8	0.17	-46.3	-517	0.0
60	上海通乐热保护器厂	-204.3	-26.7	0.0	111.3	0.23	-44.6	-3 800	103.2
61	天津市第二电气控制设备厂	-244.0	-9.6	0.0	148.5	0.06	-63.0	691	77.3
62	天水长城低压电器厂元件厂	-285.1	-10.1	0.0	110.5	0.03	-76.4	5 571	134.8
63	天水长城低压电器厂	-303.6	-1.9	0.0	0.0	0.01	-85.3	-6 830	102.2
	工业用电炉制造业	-4.0	0.7	32.7	98.8	0.37	-9.2	13 759	92.9
1	上海电机（集团）公司实验电炉厂	42.9	2.1	96.3	51.7	0.74	-2.7	5 643	98.9
2	天津市高频设备厂	28.8	0.1	99.8	67.7	0.38	-0.6	6 657	0.0
3	湘潭湘机电炉厂	11.0	0.4	78.7	87.1	0.77	-8.9	11 840	107.4
4	开封工业电炉厂	-10.4	-1.2	0.0	128.0	0.56	-7.6	6 566	80.3
5	上海电炉厂	-31.0	-1.9	80.0	91.8	0.15	-14.5	1 054	88.7
6	南京电炉厂	-76.4	-14.2	0.0	0.0	0.58	-24.3	25 500	62.7
7	济南专用汽车厂	-318.7	-8.2	0.0	145.5	0.08	-84.0	-1 598	100.0
	电焊机制造业	56.7	2.5	95.7	72.1	0.81	-1.7	21 374	118.7
1	上海梅达焊接设备有限公司	129.4	11.8	103.6	35.0	1.89	7.5	33 039	106.4
2	云南电焊机厂	92.0	5.7	166.7	35.5	1.45	0.8	19 178	135.2
3	南通三九焊接设备有限公司	87.0	3.0	98.3	80.0	1.42	0.6	53 956	97.8
4	个旧市电焊机厂	74.1	8.2	100.7	24.0	1.22	0.8	5 633	109.5
5	天津市电焊机总厂	74.1	4.9	72.4	83.0	4.66	-0.6	10 757	0.0
6	浙江电焊机厂（有限公司）	64.1	5.4	100.1	67.3	0.57	0.1	19 892	95.3
7	新乡市电气控制设备厂	58.5	7.5	99.7	78.1	0.87	-2.8	19 820	107.4
8	济南电焊机厂	54.4	5.7	96.0	81.5	0.64	0.2	9 188	94.8
9	天津天威电焊机及器材有限公司	53.4	3.9	100.1	38.2	1.42	0.0	11 108	0.0
10	上海电焊机厂	24.7	-0.7	88.3	80.1	0.52	-7.0	20 034	126.5
11	温州电焊设备总厂	19.8	-0.6	101.5	13.7	0.11	-5.7	10 543	70.9
12	昆明电焊机有限公司	-19.0	0.0	96.2	56.3	0.22	-16.2	1 558	105.6
	焊条制造业	102.8	4.7	132.7	59.3	1.47	1.7	49 900	98.3
1	锦州锦泰金属工业有限公司	319.1	9.1	109.4	58.7	1.68	5.0	377 120	84.4
2	天津燕桥焊接材料有限公司	260.6	18.4	111.7	63.6	1.89	20.3	151 556	99.6
3	天津金燕焊接材料有限公司	199.6	16.0	105.4	41.2	1.85	11.8	111 243	100.0
4	上海斯米克焊材有限公司	162.5	11.6	100.4	48.0	2.09	8.2	82 732	101.1
5	四川大西洋集团有限责任公司	144.7	6.1	165.2	32.9	0.92	8.4	73 929	100.3
6	常州长江焊材有限公司	118.8	8.5	102.7	88.9	4.23	0.3	48 786	100.0
7	杭州电焊条厂	118.5	11.4	90.5	71.8	3.29	1.6	39 897	103.5
8	上海焊条熔剂有限公司	107.2	13.3	107.7	53.2	2.33	3.7	31 590	0.0
9	淄博电焊条厂	103.1	16.1	51.0	74.1	1.06	4.2	30 283	101.6
10	厦门鹭光实业总公司	100.3	11.6	102.5	22.4	2.35	0.6	20 442	110.8
11	上海焊接器材有限公司（本部）	90.9	6.1	54.1	66.3	1.58	1.2	44 533	110.8
12	天津大桥集团新疆天山电焊条厂	89.5	5.0	114.7	41.9	2.13	1.6	20 431	101.0
13	南京电焊条厂	79.9	3.5	100.0	44.5	1.84	0.1	26 531	98.8
14	天津市大桥焊材集团有限公司	75.0	4.0	58.8	61.3	2.79	-2.1	23 996	101.4
15	株州电焊条股份有限公司	72.6	2.6	102.7	56.9	1.32	-2.4	42 450	91.4
16	上海中钢焊材有限公司	72.1	3.7	100.1	63.7	1.23	0.1	24 241	103.2
17	天津大桥银川电焊条有限公司	71.0	0.9	94.3	82.3	0.79	-2.0	60 710	104.7
18	锦州天鹅焊材股份有限公司	70.3	0.7	111.3	43.7	2.29	0.2	9 984	93.3
19	酒钢集团兰州长虹焊接材料有限公司	55.4	4.0	104.1	86.1	0.61	0.4	14 345	100.3
20	泰州宇宙焊接材料有限公司	53.8	-0.4	0.0	63.8	3.31	-1.1	3 704	95.9
21	牡丹江电焊条厂	40.6	0.7	100.0	80.8	0.13	0.0	8 879	100.3
22	郑州市电焊条厂	28.4	-0.5	80.5	86.0	1.20	-3.5	3 669	100.5
23	猴王股份有限公司	-208.0	-8.2	0.0	115.6	0.16	-56.9	12 569	95.3

（续）

序号	企业名称	工业经济效益综合指数（%）	总资产贡献率（%）	资本保值增值率（%）	资产负债率（%）	流动资产周转率（次）	工业成本费用利润率（%）	从业人员劳动生产率（元/人）	工业产品销售率（%）
	电线电缆制造业	121.8	7.0	98.3	67.1	1.40	2.8	79 667	97.1
1	上海瑞侃电缆附件有限公司	786.6	19.1	89.4	22.3	0.99	21.4	1 025 382	110.6
2	上海南洋藤苍有限公司	499.5	38.1	143.3	13.2	2.76	23.3	442 685	102.9
3	浙江洪波线缆股份有限公司	424.2	24.3	161.8	55.7	3.26	10.7	429 583	91.1
4	上海上缆神舟线缆有限公司	350.5	45.0	128.7	41.0	2.04	28.4	161 067	90.7
5	汉缆集团有限公司	326.1	18.3	96.8	18.9	3.57	7.1	316 253	99.3
6	上海上缆铜材有限公司	310.7	0.3	0.0	98.4	3.77	0.0	428 000	95.8
7	上海塑胶线厂	298.8	22.8	35.9	63.8	1.34	17.0	246 310	103.4
8	山东阳谷电缆集团公司	259.7	12.9	131.1	53.5	1.47	9.0	238 509	97.5
9	上海阿尔卡特光缆有限公司	258.3	5.6	107.3	35.2	1.13	8.1	274 796	100.0
10	江苏宏图高科股份海南通信电缆分厂	254.6	22.0	609.7	37.8	3.89	14.3	25 128	94.5
11	浙江万能集团	249.0	8.7	732.0	48.7	0.85	7.8	118 842	96.8
12	福州大通机电股份有限公司	244.4	6.1	94.5	55.4	1.05	5.4	272 470	91.6
13	江苏东强股份有限公司	225.5	21.4	155.4	57.2	3.38	5.0	144 403	97.3
14	安徽电缆股份有限公司	214.9	9.5	57.4	78.6	0.98	2.1	252 334	92.8
15	南平市康达电缆有限公司	214.6	13.0	125.9	58.4	2.03	7.2	171 321	78.0
16	佛山市中宝电缆厂	208.7	10.2	101.2	77.7	2.85	0.5	210 061	90.5
17	重庆鸽牌电线电缆有限公司	203.9	33.5	172.9	78.6	4.78	6.2	39 326	129.3
18	上海电线五厂	198.8	25.4	171.2	67.5	2.09	14.2	50 992	102.5
19	杭州华新电力线缆有限公司	195.1	3.4	98.4	35.9	1.30	0.1	226 599	94.9
20	广东电缆厂	192.0	13.9	111.8	63.1	1.71	4.5	152 778	98.9
21	天津市环浦电材有限公司	187.9	32.2	97.9	85.4	2.01	1.4	116 929	105.4
22	长沙电缆附件有限公司	186.6	25.6	120.4	24.3	2.49	11.9	45 512	101.6
23	常熟市电缆厂	184.5	13.4	109.6	43.1	3.59	4.0	114 195	97.3
24	甘肃长通电缆（集团）有限责任公司	181.3	4.0	96.9	63.9	11.50	−1.6	48 706	96.2
25	山东鲁能泰山电缆股份有限公司	180.9	13.2	114.1	48.3	1.36	11.4	97 994	97.0
26	铜陵电工材料厂	180.7	9.4	106.6	70.7	6.09	0.4	107 511	98.9
27	江苏上上电缆集团有限公司	178.9	15.2	54.1	76.6	5.52	1.7	102 069	98.1
28	上海电缆厂十分厂	173.8	11.8	54.7	78.4	1.37	7.2	138 691	98.8
29	上海汉欣电线电缆有限公司	171.1	34.0	158.0	14.9	0.44	0.0	93 541	100.0
30	天津市盛华软线电缆有限公司	169.0	2.8	88.5	76.0	11.48	0.0	29 365	100.3
31	浙江富春江集团杭州电缆厂	166.5	8.6	99.0	72.3	1.88	0.2	159 234	97.2
32	宁夏天嘉电线电缆有限责任公司	159.5	11.6	234.8	81.8	2.52	3.9	79 107	99.7
33	天津金山电线电缆股份有限公司	157.0	15.3	91.6	72.2	1.54	7.3	87 834	87.4
34	天津市奇美电磁线有限公司	150.3	19.4	111.1	35.4	2.83	5.5	40 909	100.0
35	广州市 MPC 国际电工有限公司	147.8	5.8	515.4	46.5	2.06	1.5	28 050	100.0
36	天津昭和漆包线有限公司	146.3	3.5	102.3	8.4	1.66	2.4	126 555	86.8
37	吉林省邮电通信电线厂	144.4	10.5	0.0	50.1	2.65	0.6	119 291	88.8
38	衡阳恒飞电缆有限责任公司	140.3	3.6	509.1	61.8	1.05	0.2	50 189	95.2
39	河南金博电缆有限公司	138.2	2.9	946.3	74.9	1.04	−7.1	3 657	98.6
40	浙江万马集团公司	136.2	7.0	125.8	68.3	0.97	6.8	80 156	97.3
41	重庆电线电缆有限责任公司	135.9	10.7	29.1	80.1	1.49	5.7	94 650	92.0
42	桂林国际电线电缆集团公司	134.1	5.0	104.2	72.1	1.27	0.9	121 017	98.0
43	苏州特雷卡电缆有限公司	133.6	4.6	83.2	53.2	2.01	0.9	112 110	80.4
44	吉林省金辉集团公主岭光电有限公司	130.4	4.6	416.5	66.7	1.31	−0.2	50 522	99.0
45	浙江交联电缆有限公司	129.6	10.7	107.2	59.5	2.17	3.2	59 901	101.3
46	浙江佳磁线缆有限公司	125.8	8.8	98.8	55.8	3.14	1.6	55 145	102.1
47	南平龙旺电缆集团公司	124.2	6.9	149.3	63.6	2.26	0.5	70 726	98.2
48	中山市沪中电线电缆厂	122.1	13.5	98.9	22.0	1.56	2.1	57 304	100.0
49	南昌电缆有限责任公司	121.3	9.4	94.7	39.0	2.09	3.1	56 340	92.8
50	福建南平太阳电缆股份有限公司	120.4	10.9	112.8	80.2	1.60	3.1	63 198	97.2
51	杭州早川电线有限公司	119.8	9.6	110.2	47.1	2.92	4.7	28 176	84.9
52	南宁银杉电线电缆有限责任公司	117.6	9.0	83.7	68.4	2.20	0.2	73 464	96.7

(续)

序号	企业名称	工业经济效益综合指数（%）	总资产贡献率（%）	资本保值增值率（%）	资产负债率（%）	流动资产周转率（次）	工业成本费用利润率（%）	从业人员劳动生产率（元/人）	工业产品销售率（%）
53	昆明电缆股份有限公司	114.4	11.8	105.9	70.4	1.76	3.5	44 866	83.9
54	昆山合成电线电缆厂	111.0	15.4	121.8	68.9	2.24	3.7	11 021	103.2
55	福州市第二电线厂	108.0	7.3	101.3	69.1	1.09	0.2	75 860	103.8
56	天津天明电材有限公司	106.9	5.4	102.0	34.2	1.05	0.7	73 463	100.0
57	安徽欣意电缆有限公司	106.6	2.4	94.3	73.8	0.54	−5.4	139 473	89.8
58	开封市金属线材厂	102.1	11.1	111.4	75.3	0.88	6.0	23 791	98.8
59	黄石电缆有限公司	99.2	5.2	263.8	89.3	2.08	−0.6	33 645	90.4
60	湖北红旗电工集团电线有限公司	97.9	2.5	362.9	85.6	1.73	0.0	16 568	99.5
61	湖北红旗电缆厂	97.5	4.2	133.8	74.7	0.71	0.3	69 389	102.6
62	上海铝线厂虹桥分厂	94.8	−23.7	8.1	93.2	12.88	−1.5	3 102	92.2
63	重庆市涪陵长江博华电缆有限公司	93.9	−0.3	93.1	75.9	0.99	−11.4	160 388	79.4
64	昆明云铜云珠电磁线工贸有限公司	93.0	5.2	107.4	93.5	2.44	0.2	52 086	79.0
65	江西电缆有限责任公司	91.3	5.9	190.6	34.4	1.64	0.4	19 704	98.7
66	天津泰伯电力电缆有限公司	87.7	4.4	113.1	68.4	1.38	−0.5	50383	93.4
67	新疆五元实业发展中心	85.2	3.3	142.7	70.1	1.23	−0.9	45 794	108.2
68	建德新安江电工器材有限责任公司	83.8	7.0	100.1	75.1	2.40	0.2	19 720	100.4
69	上海南洋电缆厂	81.8	5.9	142.4	87.0	0.66	0.1	45 710	97.2
70	温州市电线厂	81.4	10.2	97.7	80.2	0.81	−0.6	41 628	91.8
71	辽源市电缆有限责任公司	78.7	8.6	0.0	76.5	3.20	−0.6	18 141	112.8
72	山西省离石电缆有限公司	77.7	6.1	121.9	57.4	1.55	0.1	18 532	82.6
73	辽宁宝林集团大连金州电缆有限公司	76.7	4.7	103.3	74.8	2.33	−0.7	20 675	100.0
74	云南红河电线厂	73.8	6.5	99.6	66.8	2.01	0.3	4 072	110.8
75	贵阳电线厂	73.1	2.2	101.5	85.5	1.35	0.2	37 981	104.2
76	天津耐克森电磁线缆有限公司	71.1	−4.3	84.9	49.8	2.15	−13.4	118 020	100.0
77	丹江口市汉丹电线电缆有限公司	70.2	3.0	100.8	87.1	1.87	0.4	22 960	99.0
78	北京市电线电缆总厂	67.4	3.9	96.0	95.8	1.12	0.1	37 017	89.6
79	琼山中电线缆有限公司	65.9	−0.5	101.7	83.7	1.18	−0.5	44 444	85.2
80	郑州电缆(集团)股份有限公司	65.8	2.7	90.9	71.8	0.61	0.8	29 286	99.0
81	天津天明线材有限公司	64.8	0.1	130.7	74.0	2.00	−1.0	17 000	98.3
82	无锡电缆厂	64.6	5.4	26.6	87.4	1.59	0.1	28 530	101.5
83	集安电联线缆制造有限公司	64.1	2.6	117.5	79.7	0.27	−0.8	40 543	99.0
84	南通电缆厂	57.1	2.4	80.5	95.0	1.25	−3.8	53 322	74.4
85	武汉电缆集团有限公司	56.1	2.6	100.9	57.5	0.69	0.1	8 780	97.6
86	上海塑胶线厂一分厂	55.6	6.5	0.0	84.5	0.97	2.0	12 367	105.0
87	兰州电线总厂	55.3	1.3	100.2	48.3	0.46	0.1	17 640	88.6
88	河南金龙电缆集团有限公司	55.1	0.3	100.0	41.3	0.23	0.0	22 540	97.9
89	潢川县电线厂	53.3	4.5	101.0	86.1	0.87	0.3	10 167	85.4
90	上海电缆沪缆材料厂	52.9	1.6	81.8	80.7	1.34	−3.8	34 280	98.8
91	广州岭南电缆有限公司	48.2	0.9	97.7	78.7	1.14	−1.6	16 689	86.5
92	四川宜汉电磁线厂	46.2	3.5	92.9	43.2	0.31	−2.5	13 115	100.0
93	嘉兴绝缘材料厂	45.9	1.7	95.1	36.4	1.23	−6.9	29 448	103.1
94	天津市电缆总厂线缆厂	41.6	−1.8	95.4	70.5	1.09	−1.9	9 944	100.6
95	上海中电漆包线有限公司	38.5	4.4	0.0	100.1	1.59	−2.6	17 331	103.6
96	贵阳市白云联合电线厂	32.9	1.3	105.9	54.4	1.22	−6.5	5 600	100.0
97	杭州天目铜材实业有限公司	31.1	4.4	84.0	77.6	0.87	−3.8	−4 839	101.3
98	吉林长通光通信有限公司	18.0	−8.3	85.5	47.9	1.08	−14.6	69 268	93.2
99	天津昭和电材有限公司	8.7	2.2	0.0	103.7	0.43	−7.1	22 484	100.4
100	开封电缆厂	4.8	−1.2	0.0	125.2	0.85	−6.8	15 491	110.4
101	上海电线线材厂	0.1	−2.2	0.0	135.8	1.53	−6.0	−3 506	101.4
102	重庆市涪陵宇达工业有限责任公司	−7.2	1.0	0.0	104.8	1.09	−6.3	6 635	0.0
103	哈尔滨电缆厂	−18.5	2.0	0.0	0.0	0.40	−14.3	4 436	96.0
104	上海电缆盘厂	−20.2	−6.5	0.0	115.8	1.31	−9.9	4 751	100.0
105	郑州电磁线厂	−28.1	−0.6	93.2	69.3	0.26	−19.6	17 039	92.2

（续）

序号	企业名称	工业经济效益综合指数（%）	总资产贡献率（%）	资本保值增值率（%）	资产负债率（%）	流动资产周转率（次）	工业成本费用利润率（%）	从业人员劳动生产率（元/人）	工业产品销售率（%）
106	天津市漆包线厂分厂	−30.4	−0.3	0.0	104.7	0.37	−8.1	−26 875	100.0
107	上海铝线厂	−67.6	−7.2	62.7	82.4	0.44	−23.6	1 349	120.9
108	昆明电线厂	−67.9	−7.9	55.9	83.1	0.56	−21.4	−3 340	86.2
109	天津市电线总厂一分厂	−85.9	−22.1	0.0	0.0	0.97	−20.5	−7 462	116.0
110	上海电缆厂	−134.9	−17.9	0.0	111.3	0.71	−28.9	−25 160	116.2
111	常州市电线电缆厂	−140.7	−94.7	0.0	0.0	0.90	0.0	2 627	101.7
112	泰兴市电工厂	−147.7	−3.7	89.7	58.0	0.12	−47.7	7 069	72.6
113	黑龙江环宇电缆股份有限公司	−209.2	−1.9	102.5	52.5	0.17	−23.1	−240 816	0.0
114	甘肃长通集团西安电缆有限责任公司	−215.1	−22.0	51.3	75.0	0.43	−56.7	1 879	149.3
115	天津市线材厂	−221.8	−0.8	77.1	97.3	0.01	−61.4	412	0.0
116	天津市电缆总厂	−246.7	−1.1	0.0	110.2	0.01	−67.0	−8 718	100.0
117	济南电工厂	−323.1	−11.9	0.0	112.1	0.04	−82.0	−810	64.4
118	天津市电磁线厂	−328.5	−3.0	0.0	104.1	0.03	−85.7	0	0.0
	工业陶瓷制造业	56.3	2.7	115.1	66.5	0.62	−1.9	23 661	92.0
1	牡丹江北方高压电瓷有限责任公司	140.9	7.8	619.6	86.2	1.58	0.0	15 136	109.0
2	湖南醴陵火炬电瓷电器有限公司	99.1	8.0	104.5	45.6	0.76	7.2	17 584	95.9
3	大连电瓷厂	79.8	7.5	101.5	73.2	0.85	0.7	34 737	90.1
4	苏州电瓷厂	76.0	5.3	100.7	66.2	0.66	0.1	39 064	88.6
5	安徽省星球电瓷厂	67.2	8.5	87.6	93.4	1.11	−0.7	17 778	137.1
6	抚顺电瓷厂	63.4	2.0	98.5	58.1	0.50	0.4	25 747	91.3
7	甘肃省安口电瓷电器有限责任公司	54.5	2.9	100.0	79.0	0.69	0.0	17 912	87.5
8	南京电气(集团)有限责任公司	50.5	1.0	190.7	58.8	0.53	−5.6	25 042	88.1
9	阳泉高压电瓷有限责任公司	34.9	0.0	60.4	97.9	0.00	0.0	18 103	112.4
10	重庆电瓷厂	19.1	3.4	59.0	98.5	0.96	−7.1	14 566	95.8
11	福建恒通电瓷有限公司	−14.5	−1.2	0.0	104.7	0.58	−9.4	6 354	102.0
12	天津市电瓷电器厂	−85.1	−6.4	50.6	95.2	0.64	−27.7	6 723	94.7
13	个旧市高压电瓷厂	−95.3	−2.2	0.0	0.0	0.52	−32.9	10 006	73.3
	电工用碳素制品业	111.6	7.9	91.0	62.7	0.67	9.7	28 672	97.4
1	上海摩根碳制品有限公司	235.5	16.8	88.3	17.8	1.36	20.7	124 802	98.5
2	铜川市电瓷电机总厂	24.0	2.0	0.0	120.4	0.32	0.0	10 813	78.2
3	哈尔滨电碳厂	13.2	4.1	93.6	76.7	0.33	−9.3	7 276	100.0
	绝缘制品业	114.2	8.3	88.2	71.3	1.15	7.4	42 635	99.0
1	天宁电工绝缘材料有限责任公司	346.2	38.3	118.1	35.6	0.84	48.2	78 462	68.2
2	山东四达工贸股份有限公司	207.6	21.7	107.9	20.8	3.43	16.8	48 719	101.6
3	泰州绝缘材料总厂	177.8	11.2	95.3	50.4	1.02	14.8	87 319	99.9
4	常州迪尔绝缘材料有限公司	110.9	11.1	265.6	86.4	2.32	−1.1	29 074	106.2
5	上海电机(集团)公司电机玻璃纤维厂	96.4	8.1	102.0	48.2	2.21	1.1	27 093	99.5
6	常州绝缘材料总厂有限公司	87.0	9.4	20.4	88.4	1.97	0.5	47 041	99.3
7	哈尔滨庆缘电工材料股份有限公司	81.0	8.8	100.6	62.4	1.12	0.5	22 526	98.1
8	上海电机(集团)有限公司绝缘材料厂	63.4	4.8	0.0	144.2	1.23	0.3	45 873	98.1
9	东海绝缘材料有限公司	62.8	5.8	101.5	88.5	0.69	0.4	21 150	103.3
10	上海石棉制品厂	62.1	3.0	100.0	75.9	0.45	0.0	25 329	119.1
11	衡阳绝缘材料总厂	38.2	0.6	100.5	96.9	0.28	0.1	11 472	93.6
12	山东博山电瓷厂	34.8	0.4	99.9	59.7	0.06	0.0	2 006	52.1
13	景德镇市电瓷电器工业公司	27.6	0.8	0.0	0.0	0.83	−3.5	9 390	98.7
14	双鸭山市华光电瓷电器有限公司	−6.1	2.1	92.7	79.4	0.20	−10.5	14 831	0.0
15	许昌豫中化工有限公司	−13.8	−0.1	−259.0	95.3	0.42	−0.6	9 371	86.6
16	上海电机(集团)公司云母绝缘材料厂	−94.3	−7.2	83.1	58.4	0.58	−31.6	−6 160	99.4
	蓄电池制造业	168.8	11.2	114.2	54.8	1.18	12.6	79 563	96.4
1	上海德尔福国际蓄电池有限公司	508.1	19.2	121.7	17.7	2.51	31.9	472 908	91.1
2	哈尔滨光宇蓄电池有限公司	331.7	23.8	115.8	46.0	0.89	33.4	183 091	103.1
3	山西通用集团股份有限公司	278.0	1.6	105.7	43.1	23.62	4.2	0	0.0
4	安徽迅启蓄电池有限公司	240.3	16.8	385.3	51.5	5.66	5.3	93 034	99.5

（续）

序号	企业名称	工业经济效益综合指数（%）	总资产贡献率（%）	资本保值增值率（%）	资产负债率（%）	流动资产周转率（次）	工业成本费用利润率（%）	从业人员劳动生产率（元/人）	工业产品销售率（%）
5	沈阳松下蓄电池有限公司	200.5	12.5	113.2	54.1	2.71	12.6	102 528	99.0
6	上海西恩迪蓄电池有限公司	161.8	7.3	101.6	9.3	1.07	6.5	128 829	68.7
7	保定金风帆电池有限公司	155.8	15.1	100.0	57.2	1.65	9.3	61 579	100.0
8	杭州南都电源集团有限公司	145.1	10.5	109.3	70.0	1.16	6.3	88 343	98.5
9	天津汤浅蓄电池有限公司	141.0	8.9	0.0	25.8	1.62	7.6	89 872	98.3
10	济宁远征电源有限责任公司	128.8	5.6	386.3	78.6	2.41	2.0	26 457	97.4
11	重庆万里蓄电池股份有限公司	83.6	5.9	94.7	54.6	0.94	0.5	39 644	93.9
12	梧州市蓄电池厂	76.7	6.3	105.1	62.1	0.93	0.1	26 364	102.5
13	沈阳东北蓄电池股份有限公司	76.2	3.5	139.1	78.4	0.27	−0.1	49 244	92.6
14	天津市蓄电池厂	59.1	4.3	99.4	96.8	1.27	0.0	16 909	103.8
15	潍坊中兴蓄电池有限责任公司	50.2	4.9	82.8	68.9	0.73	−1.5	9 267	99.9
16	绍兴灯塔蓄电池股份有限公司	26.6	0.3	93.0	77.8	0.56	−5.6	10 078	122.3
17	光宇延边蓄电池有限责任公司	22.8	3.5	52.8	93.4	1.17	−7.4	19 280	86.6
18	青岛中大康贝尔电池有限公司	13.7	−2.3	90.0	59.8	0.58	−13.0	36 624	111.2
19	青岛蓄电池厂	−178.6	−6.1	0.0	111.6	0.13	−48.0	−719	97.8
	电冰箱制造业	295.7	5.6	107.2	32.7	0.09	63.6	6 843	102.2
1	天津海河制冷有限公司	61.0	3.8	100.2	86.3	0.92	0.0	23 367	96.1
2	上海上菱电器股份有限公司	41.1	6.9	108.9	28.2	0.00	0.0	2 765	0.0
3	开封电冰箱厂	−87.6	−3.2	0.0	0.0	0.12	−30.0	8 089	100.0
4	上菱家用电器有限公司	−137.9	−16.6	52.6	81.1	0.42	−36.6	−324	105.9
	空调器制造业	163.8	9.7	110.9	52.3	2.29	1.5	126 901	100.3
1	三菱电机上菱空调机电器有限公司	301.9	19.5	130.8	31.7	1.89	4.9	304 564	105.5
2	顺德市申菱空调设备有限公司	152.6	6.7	229.4	54.0	1.54	2.1	102 716	89.3
3	上海日立家用电器有限公司	150.5	4.0	94.5	58.4	3.16	0.1	121 350	98.9
4	广东省吉荣空调设备公司	103.0	8.2	89.7	82.9	1.86	0.5	62 202	93.7
5	江苏跃进电器集团公司	−131.2	−19.8	0.0	101.3	0.59	−30.3	2 676	93.2
	其他电气机械及器材制造业	162.3	8.9	109.3	62.5	1.13	9.6	97 675	98.3
1	北京市ABB电气传动系统有限公司	774.3	35.3	105.8	55.0	2.07	21.9	933 581	100.0
2	西门子电气传动有限公司	515.3	28.9	125.2	60.2	1.63	16.1	564 659	100.0
3	海门市东州通信设备有限责任公司	354.1	12.9	98.4	39.8	1.40	5.5	430 408	69.2
4	西子电梯集团有限公司	313.9	17.9	86.5	61.3	2.08	21.3	236 202	99.1
5	大连第一互感器厂	311.4	17.9	125.5	55.2	0.74	33.3	169 725	99.1
6	许继集团有限公司	277.9	6.8	114.1	60.5	0.94	8.1	304 858	99.8
7	上海上机电气自动化有限公司	207.0	25.8	105.9	53.1	7.43	0.9	72 000	92.2
8	中日电热(厦门)有限公司	202.2	24.0	112.0	21.7	3.29	13.8	53 699	99.0
9	河合杭州有限公司	198.5	14.9	93.2	50.4	1.43	24.4	44 203	98.8
10	上海伊利诺继电器有限公司	191.5	18.0	105.9	50.0	0.66	19.9	61 373	95.9
11	威海英维思控制器有限公司	174.4	9.3	90.2	8.5	0.78	15.6	83 790	115.5
12	上海伊萨汉考克有限公司	172.0	11.2	278.5	93.8	1.66	2.9	117 640	100.0
13	上海宏新电机成套厂	164.4	20.4	124.6	70.4	0.93	17.1	22 250	100.0
14	北京斯普拉格电气有限公司	160.6	10.7	108.1	30.8	1.19	8.2	95 737	100.0
15	上海万荣继电器厂	154.8	27.1	0.0	0.0	1.17	12.3	34 121	100.6
16	南京高精齿轮股份有限公司	141.6	15.3	0.0	68.9	1.90	8.5	66 685	91.3
17	白城通业集团公司	139.1	3.9	300.9	60.4	0.89	2.9	77 079	99.1
18	江苏精科互感器有限公司	132.5	10.1	105.7	59.5	1.41	6.0	62 770	95.2
19	上海醒狮铜材厂	116.2	−5.6	50.4	90.7	6.24	−2.5	87 766	88.1
20	上海醒狮特种电磁线厂	115.4	−3.0	85.7	75.8	2.12	−3.2	137 700	74.0
21	临沂电力金具股份有限公司	114.3	12.2	121.3	64.4	1.16	6.8	24 115	95.0
22	上海电工合金厂	109.7	11.7	103.7	50.8	1.46	2.2	41 887	101.0
23	大连电瓷厂工业综合公司	109.5	20.5	100.5	81.5	2.39	0.1	24 346	101.0
24	大连互感器厂	104.9	8.2	102.3	54.4	0.80	5.3	39 168	90.6
25	佛山通宝股份有限公司	104.9	5.0	101.0	49.8	1.20	4.4	45 323	104.0
26	大连电瓷配件厂	98.6	13.8	99.6	52.0	2.33	0.0	16 429	107.7

（续）

序号	企业名称	工业经济效益综合指数（%）	总资产贡献率（%）	资本保值增值率（%）	资产负债率（%）	流动资产周转率（次）	工业成本费用利润率（%）	从业人员劳动生产率（元/人）	工业产品销售率（%）
27	佛山精密电工合金有限公司	97.3	3.5	132.6	71.0	0.92	2.2	58 202	86.2
28	苏州合金材料厂有限责任公司	93.0	9.2	72.1	51.5	1.98	1.8	26 309	88.2
29	上海气焊机厂	88.3	10.8	94.4	67.3	1.61	0.2	26 686	94.8
30	上海威捷红心熨烫设备有限公司	87.7	7.5	96.6	57.3	1.09	0.7	38 287	92.0
31	青岛普天电器有限公司	85.1	6.6	103.2	88.8	3.11	1.3	10 603	100.0
32	泰兴市开关厂	81.5	5.7	100.0	66.3	1.05	0.9	35 614	88.8
33	牡丹江汽轮机辅机厂	81.3	8.4	100.0	74.4	1.38	0.0	24 923	117.1
34	牡丹江第一互感器厂	77.3	7.0	100.5	67.1	1.47	0.4	20 617	90.5
35	杭州电梯厂	75.9	3.1	98.6	68.7	0.92	1.6	35 047	83.9
36	天水长城金属材料厂	74.5	13.6	0.0	95.4	0.90	4.8	12 015	101.0
37	淄博市博山防爆电器厂有限公司	73.6	6.0	105.9	81.8	1.19	0.7	24 826	98.6
38	上海继电器有限公司	67.9	6.7	101.8	65.8	0.87	0.3	16 683	85.3
39	牡丹江互感器厂	60.5	3.2	100.3	63.9	0.74	0.0	16 104	97.8
40	天津威乐斯电泵有限公司	56.1	0.9	92.6	60.8	0.92	−3.8	31 912	120.3
41	鱼台华福电器机械制造有限公司	48.3	4.5	104.4	85.6	0.66	0.0	10 378	65.4
42	天津科尔摩根工业驱动有限公司	46.5	−1.4	100.3	57.8	0.69	−3.1	24 635	100.0
43	鸡西电缆桥架厂	41.4	−1.0	100.0	95.4	0.27	0.0	21 161	95.8
44	阿城继电器集团有限公司	39.5	2.9	134.9	80.9	0.46	−5.2	20 608	96.5
45	天水长城控制电器厂三分厂	24.1	2.4	94.2	60.0	0.47	−6.2	4 113	84.1
46	阜新封闭母线有限责任公司	22.5	0.7	75.5	51.4	0.91	−7.8	9 859	99.8
47	南京市华洋电气控制设备有限公司	18.8	−0.8	80.5	76.7	0.83	−7.2	13 604	97.9
48	上海惠家电器制造有限公司	17.8	−5.0	91.2	14.1	1.47	−8.6	9 210	111.8
49	宁夏吴忠市金塔机电工业有限公司	16.8	0.3	0.0	104.6	0.41	−2.1	18 974	64.3
50	三菱电机上菱微波炉电器有限公司	12.1	−12.3	44.3	88.8	2.79	−9.1	31 068	101.4
51	天津市矿山电器厂	7.1	0.0	98.7	81.8	0.04	−4.7	6 538	12.4
52	上海继电器厂一分厂	0.1	3.5	100.0	89.2	0.97	0.5	−80 536	106.8
53	大连第二灯具厂	0.1	−1.8	91.5	69.1	0.81	−12.6	17 200	82.3
54	青岛电站阀门厂	−15.9	−2.1	88.4	75.3	0.28	−14.4	10 547	102.2
55	漯河市金舟电工器材有限公司	−22.1	−1.1	0.0	114.2	0.88	−13.0	11 061	100.0
56	新乡中州股份有限公司	−23.4	−0.9	96.6	80.5	0.26	−15.5	3 280	100.1
57	淄博市博山低压电器厂	−23.5	−2.4	0.0	0.0	0.42	−14.2	2 049	126.2
58	成都东方凯奇电气有限责任公司	−47.7	−1.4	81.0	51.3	0.36	−19.6	−8 438	55.8
59	上海合金材料总厂	−64.5	1.2	0.0	133.9	0.27	−21.6	−1 358	95.2
60	上海红心器具有限公司	−69.2	−6.6	25.6	96.4	0.53	−23.8	16 768	96.5
61	宝鸡电力线路工具厂	−71.3	−1.0	0.0	100.2	0.00	−18.1	−1 767	0.0
62	上海电熨斗总厂南翔联营厂	−72.1	−4.4	12.8	96.2	0.26	−23.5	2 386	132.6
63	通海电器厂	−156.5	−2.7	0.0	112.0	0.33	−45.0	2 712	100.0

注：电风扇及吸尘器制造业因行业企业太少没有代表性，故没有列示。

国机械工业年鉴系列

中国电器工业年鉴

China Electrical Equipment Industry Yearbook

2003

第V部分

大事记

大事记

2002年电器工业大事记

1月

7日　由中国社会国情调查局主办、东西部供用电网承办的“首届东西部供用电交流大会”在江苏启东市召开。

三峡左岸电站厂安装间内2台国产的单钩1 200t桥式起重机将重1 900多t的机组转子吊起，在半个多小时内顺利吊装就位。这个落户三峡工地的机组转子是世界上最大的水轮机吊装件，标志着三峡首台机组的大件安装基本完成，从此进入总装阶段。

8日　中国电器工业协会与美国罗克韦尔自动化公司在北京恒基大厦进行了有关标准化交流座谈会。

10日　国家电力公司审计学会在昆明正式成立，该学会是国家电力公司系统内部群众性的学术团体，受国家电力公司领导，接受内部审计学会和国家电力公司审计部的业务指导。

20～23日　中国电器工业协会分会秘书长会在北京召开。各分会秘书长或秘书长代表、部分省市地方电工行业协会代表，以及协会领导、秘书处工作人员等共60余人参加会议。中国机械工业联合会常务副会长、中国电器工业协会名誉理事长陆燕荪、中国机械工业联合会副秘书长李海燕出席了会议，中国电器工业协会副理事长阳贻华、秘书长杨启明，副秘书长刘伯宁、祝远雅共同主持了会议。

20日　云南省代省长徐荣凯宣布，澜沧江上目前最大的水电站小湾电站开工。

21～23日　中国电器工业协会2002年分会秘书长会议在北京西工宾馆召开，各分会秘书长，山西省、山东省电工行业协会的代表以及协会秘书处工作人员65人参加会议，中国机械工业联合会常务副会长陆燕荪就电工行业的发展状况和研究所要做好行业工作发表讲话。中国电器工业协会秘书长杨启明作了2001年工作总结和2002年工作要点的报告，协会秘书处各部门负责人就2002年各项工作做了详细说明。会议分组讨论了2002年工作。会议期间，国家经贸委产业损害调查局副局长王琴华作了关于反倾销、反补贴、保障措施的报告；外经贸部西亚、非洲司司长王汉江作了关于开拓国际市场的报告；外经贸部条法司WTO处处长杨国华作了关于加入WTO的报告；中国机械工业联合会副秘书长宋晓刚作了信息网站建设规划的报告。

23日　西安西北改330kV输变电工程初步设计方案通过了国家电力公司的审查。该变电所建成后将是西北地区科技含量最高，规模最大的330kV变电所。

26日　华仪集团中瑞电气有限公司研制生产的有机复合硅橡胶绝缘子通过了由中国机械工业联合会和国家电力公司联合组织的新产品鉴定会，达到国内同类产品先进水平。

29日　全国电器附件行业产品推介评选揭晓，42种产品获“中国电器工业协会质量可信产品”推介证书。

2月

7日　中国电器工业协会主办的原电工局系统离退休干部春节联谊会在信息院召开。联谊会由中国电器工业协会、中国电工技术学会、中国动力工程学会、中国电工技术研究所4个单位联合举办，共100余人参加。中央企业工委副书记吴晓华到会并讲话。

21～28日　中国电器工业协会秘书长杨启明、副秘书长李锋、方晓燕及有关院所、企业共10人赴台参加“海峡两岸电器行业技术研讨会”。

22日　黄河上最大的电站——拉西瓦水电站通过审查，同意该电站装机容量确定为4 200MW。电站建成后主要承担西北电网调峰和“西电东送”任务。

26日　湖南“西电东送”标志性工程启动，湖南省支持西电东送三峡—广东、荆州—益阳500kV输电工程建设动员会在长沙召开。以此为标志，三峡输电工程的重中之重——三峡—广东输电工程将正式全线开工。

28日～3月2日　受国家质量检验检疫总局执法督查司委托，中国电器工业协会在无锡召开“低压电器企业打假工作座谈会”，中国电器工业协会副秘书长刘伯宁参加了会议。经贸委执法督查司副司长严冯敏出席会议并讲话，认为加强与企业联系和打假，把企业需要与执法部门的职责有机结合起来，是一项有效的打假工作方法。会议一致赞同成立“电器产品联合打假工作网”，主要吸收名优企业作为网员单位。

月内　中国首次出口12.5kW火电设备。由中国机械进出口总公司、上海电气(集团)总公司和深圳中机能源有限公司等3个中国公司联手中标的孟加拉国巴普库利亚燃煤电厂2台125MW火电机组项目合同生效及换文仪式在上海举行。它标志着中国首次向国外出口125MW火电设备的项目正式启动。

3月

1日　青海电价上调。本次电价调价在原电价基础上，总体平均提高了0.012元。

14日　山西省地方电力公司与平朔煤炭工业公司就建设总装机400MW，首期建设2 250MW煤矸石发电举行合资意向签字仪式。

20日 国家标准化委员会发文批复中国电器工业协会，同意由上海电器科学研究所作为IEC/TC109“低压设备的绝缘配合”国内技术对口单位。

25～26日 国家电力公司在北京主持召开了西北电网公伯峡水电送出工程及750kW示范工程可行性研究审查会，经过专家和与会代表的认真讨论、审查，一致通过有关方面提出的设计方案。它预示着国内最高电压等级750kW示范工程取得重要进展。

29日 江苏戚墅堰发电有限公司扩建燃气——蒸汽联合循环机组工程项目通过可行性研究调查。该工程是江苏省首家利用“西气东输”的电力项目，其管道布置将与“西气东输”管道布置一致。

4月

1日 上海市质量技术监督局批准发布的GB31/268—2002《电加热锅炉安全和经济运行管理》强制性地方标准，正式实施。

国家经贸委下发通知，确定了《2002年全国发电量预期调控目标》，2002年，全国发电量预期调控目标为15 250亿kW·h。

12日 国家电力公司发输电部分别以发输电运营[2002]41号、44号文发出《关于下达委托运行维护项目2002年改造计划的通知》和《关于下达长万线及万县2002年改造等项目计划的通知》。

12～15日 由中国电器工业协会主办，上海千鹤电动车有限公司、浙江卧龙集团公司、扬州华富实业有限公司协办的“电动自行车等轻型电动车关键部件发展战略研讨会”在苏州召开。来自全国的34个企业参展。会议由中国电器工业协会副秘书长刘伯宁主持，中国电工技术学会常务副理事长周鹤良、清华大学教授马光龙到会并讲话。会议达成了“从速制订关键部件行业标准”等共识，会议将编印专刊。中国电器工业协会行业部陈金柱、何诗丝参加了会议。

16日 国家质量监督检验总局发布2002年第4号公告，批准79项国家标准，其中电工国家标准1项。

24～27日 中国电器工业协会在西安召开“中国电器工业2002年标准化工作会议”，会议传达贯彻企业标准化工作会议精神，总结了2001年电器工业标准化工作，安排落实了2002年标准化重点工作，同时对电工行业开展技术壁垒的研究等工作进行了讨论。国家标准管理委员会副主任石保权、中国电器工业协会常务副理事长邢玉久、秘书长杨启明、副秘书长李锋、方晓燕等参加了会议，会议代表近60人。

5月

5日 世界瞩目的长江三峡机组心脏——三峡电站4号机水轮机转轮在我国大型发电设备制造基地——东方电机股份有限公司正始开焊。

11日 三峡水电站首台700MW机组的水轮机、发电机主轴在四川东方电机公司启运，这两根庞然大物经四川大件公路，到重庆下船运往三峡工地。这次启运的水轮机主轴其外径最大尺寸为4.16m、高度6.3m、总重量120t。这种尺寸的主轴在国内乃至世界同行业中都属首次加工，精度误差必须在0.03mm以内，经测试结果表明，东方电机公司加工的主轴质量完全满足设计要求。这标志着我国巨型水力发电设备的制造加工能力已经跨入世界领先水平。

陕西银河电力自动化股份有限公司收到国家电力公司科技成果鉴定书，该公司开发研制并应用的“县级电网综合自动化系统”通过技术鉴定。技术专家委员会在听取研制报告、查新报告、测试报告、用户报告和现场考察后，认为该县级电网综合自动化系统项目符合技术要求，并达到国内领先水平。

21～24日 由中国电器工业协会主办，成都电焊机研究所、中国电器工业协会电焊机分会承办的第十六届焊接博览会在青岛举办，中国电器工业协会常务副理事长邢玉久为开幕式剪彩。

29～31日 中国电器工业协会在北京召开了“电工中小企业国际市场研讨会”，106家企业139人参会。会议主题是开拓西亚、非洲、拉美市场。西亚非洲司王汉江司长介绍西亚非洲市场情况，美洲大洋洲司杨石翟处长介绍拉美市场情况，机电进出口司支陆逊副处长介绍加入WTO后我国机电产品进出口政策调整情况，计财司郭进有调研员介绍《中小企业国际市场开拓基金》实施细则，河北电机股份有限公司杨成总经理介绍了开拓国际市场的经验体会。代表们就开拓国际市场提供建设性意见。

31日 国家经贸委召开行业协会工作经验交流会，中国电器工业协会副秘书长苏春代表参会。中国电器工业协会获由国家经贸委行业协会办公室颁发的2001年度先进协会奖牌，交流材料“顺应改革形势，在改革中前进”收人经贸委编的《行业协会工作经验汇编》。

6月

4日 由天津先导机电有限公司开发制作的中国第一台高压磁控软起动装置，在河南省济源钢铁公司正式投运。

8日 中华人民共和国国家经济贸易委员会令第30号《电网与电厂计算机监控系统及调度数据网络安全防护规定》已经国家经济贸易委员会主任办公会议讨论通过后施行。

19日 中国电器工业协会在北京举办全国电工行业第一期“反倾销、反补贴、保障措施理论与实务”培训班。

19～22日 中国电器工业协会在北京举办全国电工行业第一期“反倾销、反补贴、保障措施理论与实务”培训班，中国电器工业协会常务副理事长邢玉久就电工行业开展反倾销工作的目的和重要性讲了话，中国电器工业协会副秘书长刘伯宁作总结并提出了下一步工作要求。

7月

13日 中国电器工业协会变压器

分会第四届会员大会在沈阳召开。大会选举北京变压器厂等 68 个理事单位，沈阳变压器有限责任公司等 17 个单位为常务理事。

16 日 国家经济贸易委员会发布 2002 年第 44 号公告，批准发布 166 项机械行业标准，自 2002 年 12 月 1 日实施，其中电工行业标准 78 项。

29 日～8 月 2 日 中国机械工业科学技术奖电工专业评审工作会议在南戴河召开。出席评审工作会议的有来自电工行业各专业的 17 名专家，中国机械工程学会的梅熠出席会议。

月内 “湘电股份”7 500 万 A 股在上交所成功发行，成为湖南省首家在核准制下通过的上市公司。

8 月

20 日 国家电力公司制定了《关于加强电网安全管理的若干规定》，以进一步加强电网安全管理，确保电网不发生重大事故。

9 月

1 日 三峡工程永久船闸开始进行有水调试。这标志着这座世界上最大的船闸经过 8 年建设，已进入最后调试和验收阶段。

5～7 日 “电工行业采用国际标准座谈会”在北京召开。国家标准化管理委员会副主任石保权、高新技术部部长刘霜秋、中国机械工业联合会副秘书长杨学桐、标准工作部主任王金弟、高工谭湘宁等应邀出席了会议。中国电器工业协会常务副理事长邢玉久，秘书长杨启明，副秘书长李锋、方晓燕参加了会议。电工各专业标准化技术委员会秘书长及各专业研究所标准化负责人近 50 人参加了会议。

会议传达了全国采用国际标准工作会议精神，宣传了我国今后 5 年采标工作的指导思想、采标方针和目标、以及主要任务。杨启明秘书长作了《与时俱进，加快推进电工行业采用国际标准工作》的大会发言。回顾了近年来电工行业采标工作取得的成绩，提出了电工行业“十五”加快推进转化国际标准和产品采标的主要措施。

12～15 日 第 12 届电线电缆行业新工艺、新设备技术交流会在合肥召开，会议进行了大会交流，一些厂家达成意向协议或直接签订供货合同。

29 日 中国电器工业协会低压电器“打击假冒，保护名优”协作网成立大会在北京中国科技会堂召开。协作网的第一批成员单位 18 家，推选常熟开关厂为组长单位，施耐德电气（中国）公司、正泰集团、中国电器工业协会、国家质检总局打假办为副组长单位。设立打假协作网办公室，负责日常工作，办公地点在中国电器工业协会。

中国电器工业协会低压电器“打击假冒，保护名优”协作网在京成立。

月内 国内自行研制的最大容量的 150MW 空冷发电机在东方电机股份有限公司诞生。

10 月

15 日 电力体制改革工作小组第四次会议召开。国家计委上报的《关于发电资产重组划分的请示》获国务院领导批复。

16～17 日 由甘肃电力科技园明珠宏祥高科技有限公司研制的“双作用汽轮机抽气逆止阀”和“大型电站锅炉对空排气阀”两项产品，通过甘肃省经贸委和甘肃省科技厅组织的产品技术鉴定。经专家鉴定认为，两项产品均填补了国内空白，达到国内领先水平。

21 日～11 月 1 日 由国家质检总局、国家认证认可监督管理委和国家标准化管理委员会共同承办的中国国际电工委员会(IEC)第 66 届年会在北京举行。来自国际电工委员会高级官员、各 IEC 国家委员会主席及 63 个成员国的会议代表和专家共 1 800 余人参会。

22 日～11 月 1 日 国际电工委员会(IEC)第 66 届年会在北京召开。由国家质检总局、国家认证认可监督管理委员会和国家标准化管理委员会共同承办的这次会议，是继 1990 年中国承办第 54 届年会以来第二次承办 IEC 年会。来自国际电工委员会的高级官员、各 IEC 国家委员会主席以及 63 个成员国的会议代表和嘉宾共 1 800 人参加了会议。

参加此次大会的中国代表团有 280 人。其中，中国电器工业协会组织电工行业的 140 余名标准化专家代表共参加了 7 个 IEC/TC 技术委员会会议和 23 个 IEC/TC/SC 分技术委员会会议，是电工行业组团参加历次 IEC 年会中会议最全、最多，也是参加人数最多的一次。这些会议的内容涉及高、低压开关设备和控制设备，电器附件，高、低压熔断器，绝缘子，避雷器，量度继电器和保护装置，小型变压器和类似设备的安全，低压电器的绝缘配合，家用电器等技术领域。

24 日 由中国北方机车车辆集团公司牵引电力研发中心牵头组织，大同机车厂、大连机车车辆厂和株洲电力机车研究所共同开发的韶山 7E 型客运提速电力机车通过了铁道部科技成果鉴定。

25～30 日 中国电器工业协会分别同法国施耐德电气公司、美国电气制造商协会(CEMA)进行了标准化技术交流。同时还召开了 5 个国际著名电气公司和 40 余个国内企业参加的技术发展与标准化的高级论谈。

11 月

1～14 日 由 2002 年电线电缆产品、材料及设备展览会电线电缆行业研讨会技术交流会以及行业协会各专业委员会组成的两年一度的中国电线电缆行业盛会在上海广大会展馆召开。

9 日 我国首座商用重水堆核电——秦山三期一号汽轮机首次利用核蒸汽冲转试验一次成功，汽轮机达到了额定 1 500r/min，为一号机组实现并网发电奠定了坚实的基础。

11～15 日 中国电器工业协会电线电缆分会和上海电缆研究所联合在上海举办 2002 年中国电缆行业大会及系列活动，来自国家经贸委的有关领导、国际电缆制造商联合会理事长、著名学者、电线电缆行业和电缆用户行业的专家以及电线电缆企业高层主管共300人参会。

12～15日 中国电器工业协会2002年统计工作会议在桂林市召开。各分会统计工作负责人、桂林市经贸委和有关单位领导共42人参会。

13～16日 2002国际电力电工展在北京国际展览中心举行。此次展览会由中国电力企业联合会和国家电力公司主办，中国电力企业联合会国际合作部承办，来自18个国家和地区的200多个企业参展，阿尔斯通、杜邦、日立、西门子、东芝等国际知名企业均在其中。

12月

1日 国家经贸委批准的《继电保护专用电力线载波收发信机技术条件》等45项电力行业标准，其中《电力建设安全工作规程(火力发电厂部分)》为强制性标准，《采用配电线载波的配电自动化的1～4部分：总则中低压配电线载波传输参数》为标准化指导性技术文件，其余为推荐性标准正式实施。

5日 东方电机股份有限公司与北方国际合作股份有限公司合作，在非州埃塞俄比亚泰可译3台75MW混流式水轮发电机组供货项目投标中，以技术和商务第一的优势战胜来自欧洲、印度及国内等多家发电设备制造商，一举中标。

国机械工业年鉴系列

中国电器工业年鉴

China Electrical Equipment Industry Yearbook

2003

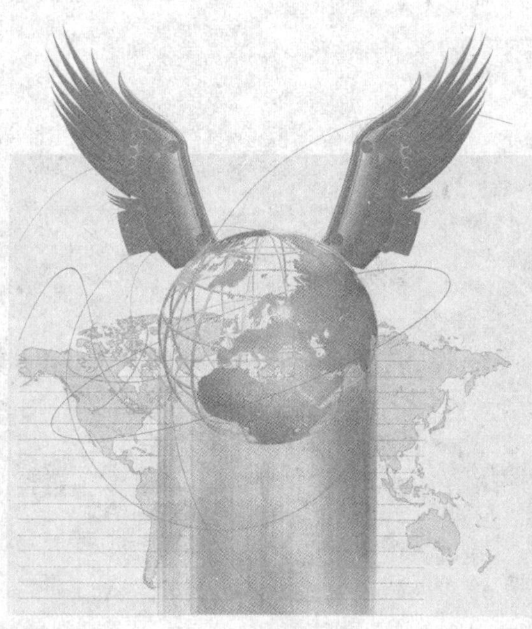

第Ⅵ部分 附录

附录

特约顾问单位介绍

特约顾问单位介绍

中国电工设备总公司

中国电工设备总公司成立于1979年，是集科、工、贸为一体的专业工程承包和设备成套公司，在全球最大225个国际承包商中排名第157位，是在国家工商行政管理局登记注册，自主经营，独立核算，具有法人资格并有对外贸易经营权的全民所有制经济实体。

公司主要承担国内外火力发电、水力发电、输变电、各行业供配电、环境保护节能、工业与民用建筑、建筑智能化、市政公用等工程的总承包，包括咨询设计(公司内设国家甲级综合设计研究院)、设备成套、施工组织、安装调试和技术服务。公司可承担专用设备的研制、为企业引进技术及设备、组织技术交流和合作生产、建设工程及设备招标及进出口贸易、工程监理(公司内设国家甲级工程建设监理资质的专业监理公司)等。

公司拥有国家授予的9项国家最高资质：工程总承包甲级资质；机电设备成套甲级资质；建设工程及设备招标甲级资质；工程设计甲级资质；智能建筑设计甲级资质；三类压力容器设计资质；工程咨询甲级资质；工程造价评估甲级资质；工程建设监理甲级资质。取得了进出口贸易权和对外经济技术合作经营权，1997年通过ISO9001质量体系认证，财务信用评定为AAA级。

公司专业技术人员占80%以上，其中包括一大批工程专家、政府津贴获得者、教授级高工、注册项目经理、注册专业工程师及设计大师等高级技术人员。拥有多项专利技术，是国家技术监督部门确定的全国建筑电气装置标准化委员会挂靠单位，并负责IEC/TC64中国委员会的归口管理工作；负责主编国家部分电力规范和机械行业部分规范；承担国家重大项目的行业评估论证的工作。

公司曾受国家重大技术装备领导小组表彰项目6项，获全国科技大会奖10项，获重大技术装备成果特等奖1项，获重大技术装备成果一等奖1项，获重大技术装备成果三等奖1项，获优秀工程设计金奖1项，获优秀工程设计银奖1项，获优秀工程设计二等奖2项，获北京市长城杯及省市优质工程14项，获星火科技二等奖1项，获机械科技进步奖20项。

公司建立以来，已与世界上60多个国家和地区建立了经济和贸易往来关系。进出口产品涉及各个行业；完成国内外各类工程项目上千个；组织引进技术上百种；并以完善的管理、精湛的技术、可靠的质量、优质的服务获得了客户的信赖。

公司具有雄厚的科研与技术开发能力。在电站成套设备及电机实验站的设计与研究、电站计算机自动控制系统及新型控制装置的研究开发，煤的高效、清洁燃烧及环保技术的开发应用；计算机网络及计算机设备等方面具有很强技术水平和实力。参与了多项："六五"、"七五"、"八五"的科技攻关及大型火电机组自动化系统成套引进国产化工作，取得了多项科研成果。

1979年，中国电工设备总公司代表原机械工业部组织中国300MW、600MW火力发电机组的技术引进和国产化工作，提高了中国发电设备的制造水平。300MW、600MW火力发电机组成为国内目前国家电网的主力机组，该项工作获得了国务院重大技术装备领导小组的表彰。

1984年，中国电工设备总公司与美国通用电气公司签订了LW6000系列燃气轮机合作生产协议。目前，正在参与400MW燃气蒸汽联合循环机组的国产化可行性研究。

公司总承包的上海威钢能源有限公司1×50MW高炉煤气发电工程，由加拿大西岸电力有限公司和上海宝钢集团有限公司建设的环境保护及节能工程。电站装机容量为50MW，配备220t/h BFG锅炉，是利用高炉冶炼所产生的低热值煤气(BFG)作燃料进行发电的电站项目。总承包工程于1998年10月开工，2000年7月通过168h的试运行，按期完成了建设该电站以及随后6个月商业试运行的所有工作，得到用户好评。

土耳其阿迪古泽水电站由世界银行采用国际竞标方式进行招标，公司于1984年4月中标，并负责设备成套和设备安装，装机容量62MW，年平均发电量2.8亿kW·h，电站设计水头116m，额定流量60m3 /s，采用两台31MW立轴混流式水轮发电机组，该水电站于1991年开工，1993年完工。水电站投入商业运行以来，机组及全部设备性能良好，得到业主好评。

公司承担的国内外大型地铁和轻轨建设项目中，伊朗德黑兰地铁1、2号线工程最为显著。为满足伊朗德黑兰城郊铁路公司(TUSRC)电网的电力需求，公司在德黑兰城区不同地区建设5座63/20kV高压变电站和100多km的高压网缆。公司承担的工作包括4座GIS型63/20kV地上变电站(SOUTH站、TEHRANPARS站、ABBAS、ABAD站和AZADI站)及1座地下GIS变电站的设计、制造、工厂试验、供货、安装、试验与调试以及人员培训交钥匙工程。其中4座变电站已经投入运行，该工程荣获北京市科技进步二等奖和中国机械工业科技进步三等奖。

长江三峡工程是世界上最大的水利枢纽工程，总装机容量182 00MW，其单机容量为700MW。公司负责设计了生产三峡主机设备的大型工厂；组织水轮发电机组的技术引进以及550kV GIS的国内外联合投标；作为国家级专家参与了三峡主机制造方案的论证工作；承担了三峡水轮发电机级大件运输论证工作。

从20世纪70年代末开始，为了响应国家改革开放初期提出的“西煤东输”战略，公司先后承担了国家重点工程秦皇岛煤码头二、三、四期工程供电照明系统包括该工程的设计、组织供货、安装指导、人员培训等建设任务，并顺利通过国家验收。目前秦皇岛港已经成为世界上最大的煤炭运输港口，其年煤炭运输能力达到1亿t。该项目荣获了国家重大项目贡献奖以及国家科学技术进步奖。

神华集团河北黄骅港一期工程建设规模为5万t级泊位2个，3.5万t级泊位1个，年外运煤炭3 000万t。公司通过国际竞标承担了黄骅港110kV总变电站的建设任务。该变电站于2001年5月投人运行。

公司还承担了国家重点建设项目烟台港三期工程供电系统以及广西防城港110kV主变电站及110kV线路工程等项目。

吉林省辽源市污水处理工程项目，规模为日处理污水15万t。吉林市污水处理工程项目，规模为日处理污水30万t。以上两项目均使用日本海外协力基金贷款，采用国际招标方式进行招标。公司中标并承担了以上项目所有电气设备、自动化控制设备及工艺设备的供货。其中辽源市污水处理工程项目于2002年9月6日竣工并投产。

江苏长江电气集团有限公司

1. 企业的研发实力

江苏长江电气集团有限公司为国家级大一型企业集团，国家重点高新技术企业，江苏省技术密集、知识密集型企业，是生产高、低压电器以及电力自动化系统的专业厂家。公司始建于1965年，原名为镇江市电器设备厂。现拥有12个制造公司，主要子公司有：江苏长江电器股份有限公司、镇江默勒电器有限公司、镇江霍力克电器有限公司、镇江默勒母线有限公司、南京因泰莱电器股份有限公司等。自1993年以来，分别与德国、荷兰、美国电气公司合资兴办了4个合资企业，生产具有国际先进水平、国内领先水平的中、低压成套开关设备、灯泡、灯具等。厂区占地面积18万m^2，现有员工2 300余人，其中工程技术人员700多人，博士4人，硕士研究生40人，本科生近400人。公司连续6年在全国同行5 000多个企业中，投人、产值、销售、利税均名列前茅。目前，企业规模、产品档次、技术装备、经济效益均居国内同行最好水平之列。

公司每年用于技术研究开发的经费达年销售额的5%以上，每年选派优秀技术人员出国考察、培训，了解、掌握世界最新技术动态，跟踪世界先进水平，寻找合作伙伴。公司先后与西门子、ABB等国际大公司以及欧洲一些有专长的中小企业进行了广泛的技术合作，使公司的技术水平得以迅速提高，开发出来的产品得到用户的青睐，迅速占领市场。实践证明，这是一条行之有效的捷径。公司研发新品的宗旨是：“不是第一，就是惟一”。

另外，公司非常注重人才的培养。一方面强化对员工进行各种专业知识的培训，另一方面，创造条件让员工有受高等教育的机会。公司分别和西安交通大学、江苏大学合办工程硕士班，有学员30多人。

江苏长江电气集团有限公司博士后科研工作站于2000年11月经国家人事部批准成立，将在上海、南京设立分站，招收更多的博士后进站工作。博士后科研工作站的建成，进一步提高了公司自主开发新产品的能力，使技术创新走在同行前列。

公司技术中心于1998年被确认为省级技术中心，现有科研、技术开发、工程技术人员160余人，其中高级工程师16人，高级技师2人，工程师36人，助理工程师及技术员66人；博士4人，硕士生30人，本科生约100人。目前技术中心设有“元器件”、“电器成套”、“信息技术(IT)应用”等3个研究所，建有一个国内一流的试验检测站，拥有从美国进口的大电流发生器、三坐标测量仪，从瑞士进口的部分电磁兼容(EMC)检测设备，从荷兰进口的断路器机械特性测试台，温升试验设备，高低压工频耐压试验台等专业试验设备，模具加工中心等。开发人员将美国EDS公司的UGII软件用于产品的三维设计，即虚拟样机设计，可进行模拟装配，从而大大节省了时间和资金，同时UGII软件也用于大量的模具设计。公司将添购瑞士进口的EMC试验设备、大电流测试系统、温升测试系统等。

上述设备和软件确保了公司科研手段的先进性。

此外，集团公司下属公司——南京因泰莱电器股份有限公司是一家研发、生产制造智能化电器的专业厂家，具有较丰富的经验。

2. 科技产业化能力

江苏长江电气集团有限公司一方面通过兴办合资企业，学习外方的先进技术和管理经验，根据中国国家标准和国情，进行消化、吸收和创新，大力提高国产化率；同时，根据具体的市场特点，与外商进行多形式的技术合作、技术引进，并与国内知名的高等院校、研究院所合作研制新产品，同时也发挥自己的技术力量优势，自行研制新产品，每年均有近10个新产品上市。这些产品均已达到国内先进水平，经专家鉴定，部分产品已达到国际先进水平，有些新产品被列入国家级、省级火炬、星火计划，有的荣获江苏省和镇江市科技进步奖。如：MCC动力及电动机控制中心(2001年通过验收)、GDT系列低压开关柜等为国家级星火计划项目;Ci/ID/IDS全绝缘全封闭配电屏(2001年通过验收)、ID 2000配电屏(2002年5月通过验收)、B(K)、SI(K)箱式变电站等为国家级火炬计划项目;KYN－40.5(Z)/T1600－25智能式户内交流金属铠装移开式开关柜、VG1－10交流高压真空断路器、ZN23－35户内高压真空断路器等获得省科技进步三等奖。此外,B(K)、SI(K)箱式变电站、智能综合数字继电器显示屏等分别获外观设计专利,交流高压真空负荷开关获实用新型专利。

公司借助于分布全国强有力的营销网络,新产品的销售额均占当年销售的70%以上。近5年来开发的30多个高新技术产品,累计实现销售近30亿元。

3. 主要产品

江苏长江电气集团有限公司主要生产智能化中、低压开关柜、母线槽、直流开关柜、数字式继电保护装置、电站综合配电自动化系统、电力系统软件、远方计量系统(可通过电话线、ISDN或移动通信网如GSM等进行通信)、智能化中低压断路器以及移动通信系统用直放站、室内分布天线等。

4. 企业的管理情况

江苏长江电气集团有限公司作为电气行业的排头兵企业,长期以来一直注重创新,创新是企业发展的永恒主题。技术创新、机制创新、销售创新等都走在同行前列。

公司自20世纪80年代开始,经历了低水平发展、快速增长和稳步发展的时期,确立了以智能化中、低压开关柜、断路器、母线槽、数字式继电保护装置、电站综合配电自动化系统、电力系统软件、远方计量系统等为主导产品的方向。企业以市场为导向、以科技为动力,狠抓科技进步和科学管理,使公司规模不断扩大,产值稳步增长,利润交替上升,产值、利税和利润连续多年名列全国同行前列,为我国电力事业的发展和进步作出了较大贡献。

(1)科技进步取得了很大的成绩。企业组建了国内同行中规模最大、自动化程度最高的钣金柔性加工生产线,模具加工中心、计量检测中心、热浸锌生产线等。与国外同行知名公司合作,组建了4个合资企业,生产具有国际先进水平的中、低档开关柜、母线槽、金属卤化物灯等产品,带动了企业整体技术水平和产品档次的提高。技术中心、博士后科研工作站使用美国EDS公司UGII软件和美国仿真软件、分析软件进行新产品开发和设计,自主开发的产品达到国内先进水平。

(2)科学管理得到了很大的成效。企业投资1 000多万元使用美国ORACLE公司先进的管理软件实施计算机集成制造系统(CJ－CIMS),该项目已被列入国家863计划示范项目。企业成功地通过了中国方圆委和德国TUV ISO9001质量体系认证,保证了质量体系的有效运行。此外,集团公司正在实施电子商务系统,2003年底将投入运行。

(3)营销创新有了突破性的进展。企业围绕市场开拓创新,把准市场脉搏、强化市场营销、迅速把企业的科技优势转化为市场优势和发展优势已成为新形势下营销工作的主题。营销工作根据实际情况不断探索新路子,1998年,企业在北京、上海、天津、重庆、昆明等地成立了14个营销分公司和代表处,实行区域化战略,连片开拓市场;企业在南京江宁高新技术开发区创办了南京因泰莱电器股份有限公司,从而充分发挥了地区市场优势,提高了高新技术产品在当地的市场占有率。

(4)人才培养功效显著。企业的竞争归根到底是人才的竞争,企业发展的根本在于人才。公司建立、健全了一套完善的人才培养体系,为人才施展才华创造良好环境,搭好舞台,使人尽其才。拓宽引进人才、培训人才的渠道,筑巢引凤。

加强对人才的管理。教育他们爱厂敬业,和企业共命运,为企业的发展献计、献策、献力。继续从各方面关心、爱护人才,创造更多培训、发展机会,努力提高他们的业务水平。继续办好西安交大工程硕士班,让更多的人有再受教育,尤其是高层教育的机会。

加强职工岗位培训,培养出更多的熟练工人和能工巧匠,全面提高职工队伍素质。鼓励职工搞小创造、小发明,提出合理化建议,并给予奖励。

北京北重汽轮电机有限责任公司

北京汽轮电机有限责任公司成立于2000年10月,由北京重型电机厂(始建于1958年)的主要经营性资产通过“分立式债转股”设立。2003年4月,在北京市工商局登记注册,北京汽轮电机有限责任公司变更为北京北重汽轮电机有限责任公司(以下简称北重),现有在职工2 900余人,其中专业技术人员800余人。北重是我国以大型火力发电设备为主的电工装备制造综合性企业,国家大一型企业,主要生产电站汽轮机、汽轮发电机、电站辅机、交流电动机、汽车改装车及压力容器等机电产品,具有较高的生产、技术和管理水平。北重建厂40多年来,累计为国内外电力用户提供汽轮发电机组23 436MW,机组运行良好。1986年,北重与法国阿尔斯通公司合作生产、引进技术,制造330MW汽轮发电机组,该机组性能良好,在国内市场上取得了骄人业绩,全面提升了企业核心竞争力,促进了企业稳步发展。

1. 坚持科技创新,研发市场需求产品,开拓经营新领域

引进先进技术,加快大容量机组开发。1986年以来,北重通过与法国阿尔斯通公司合作,引进先进技术,已累计生产12套330MW汽轮发电机组并投入运行,而且在消化吸收国外技术的基础上,自行设计开发推进优化型330MW汽轮发电机组。经过努力,终于把优化型330MW汽轮发电机组推向市场。到目前为止,已签约销售优化型330MW机组11套,分别在内蒙古达旗、宁夏石嘴山、江苏杨庄等7大电

厂，正按合同要求组织加工制造。330MW 汽轮发电机组荣获国家经贸委颁发的"国家级新产品奖"，2002 年又被中机质协评为"全国机械工业用户满意产品"。

坚持走产学研相结合道路，率先进入老机组改造市场。在国家经贸委的支持下，北重与中科院、高等院校合作开发了三维气动设计新技术，并用于汽轮机改造，率先进入老型机组改造市场。现已对国内各厂家生产的中小机组共计 40 余套进行了改造，获得成功。改造后的机组效率提高 5%，符合国家能源和环保政策要求，达到同类产品的国际水平。其中 200MW 汽轮机通流部分优化设计及应用荣获国务院颁发的"国家科学技术进步"二等奖。另外，北重根据市场要求，加快中小发电机组和大电机产品系列的开发，相继开发出一批市场需求的热电联供和空冷机组，实行"大、中、小"机组并举。

寻求新的经济增长点，参与国家路桥建设。北重在分析了国家加大基础工业设施建设投资力度、各地为发展经济架桥修路、路桥工程有较大市场的形势之后，将路桥项目做为产品创新的主攻方向，专门成立路桥项目部，跟踪市场，主动出击，争取订单。近 10 年来，已相继参与并完成了广东汕头海湾大桥、湖北三峡西陵长江大桥和宜昌长江公路大桥建设项目。目前正加紧江苏润扬长江公路大桥项目的加工制造，为我国大型悬索桥建设做出了贡献，为企业创效增收，拓宽了市场渠道。

坚持多元化经营，涉足房地产开发领域。北重在发展电站产品核心竞争力的同时，积极拓展经营领域，成立了重厦房地产开发公司，合理利用工厂土地资源，大胆涉足房地产开发市场。西厂二期房地产开发总建筑面积 15.8 万 m^2，住宅建筑面积 13.6 万 m^2，共计开发 10 栋住宅楼，其中 7 栋以流行的板式结构为主，辅以 3 栋塔楼。现已竣工 8 栋住宅楼、7 栋板楼和 1 栋塔楼业主已入住，预计到年底二期房地产开发全部竣工。三期 30 万 m^2 的房地产开发同时进行。北重对房地产市场的成功步入，为企业改革、发展和住宅小区电改、水改提供了资金支持。

2. 坚持管理创新，提高管理水平，向管理要效益

健全质量保证管理体系，确保有效运行。北重不断完善已经建立的质量保证体系，先后通过了北京新世纪质量中心对企业申请 ISO9002 和 ISO9001 质量体系的认证。2000 年企业按照 2000 版标准制定了相关文件，新世纪质量认证中心 对企业进行了质量体系审核复评和综合评价，企业质量管理体系综合标准要求，运行有效。企业通过广泛开展以提高产品的实物质量为重点的多样化质量管理、质量改进活动，如"330MW 机组质量创一流"活动、"精品工程"活动，"无废品、降损失"活动、"质量红、黄旗"竞赛活动和"质量一把手工程"活动等，以及发布实施"质量奖惩条例"，设置了优等品奖、质量改进奖、质量把关奖等；设置了产品质量责任事故、质量管理责任事故处罚项目，体现奖优罚劣，不断增强员工的质量意识、精品意识，促进了产品实物质量的提高。

全面推行预算管理，变事后管理为事前控制，努力降本增效。企业在加强资金管理中，以现金流量为重点，对资本运营的各部门、各环节实施预算编制，对可控成本和费用下达预算指标，纳入经责制考核，严格控制无预算资本性支出和成本费用，最大限度减少资金占用，开源节流，降低成本。技术部门在保证质量和可靠性前提下，在设计中尽可能采用国内配套，减少进口；物资采购、基建技改、设备能源等系统实施比价和招标采购，降低采购成本和工程成本。通过全面推行预算管理，把现金流用好、用活，提高资本运营质量和效率，保证企业各项工作有效运行。

搭建信息管理平台，提高办公自动化水平。为适应科技发展，加快实行办公自动化和数字化管理，企业内部初步建立了计算机局域网信息管理平台，颁布了"局域网安全管理暂行办法"，逐步推广各项应用系统，以快捷、高效保证产品开发、经营管理和信息传递等各项工作的正常运行。目前，以金蝶 K3 管理软件为依托搭建了财务信息管理平台，完成了相关部门的 K3 系统硬件配置、软件安装和实施工作，完成了财务总账系统的原形测试、初始化工作等，使财务总帐系统进入双账并行阶段。K3 财务软件的顺利实施，为企业信息建设打下了良好基础。

坚持以人为本，实施人才战略。企业针对专业技术人员和技术工人匮乏的现状，从企业长期发展需求出发，积极引进人才，招收大中专毕业生充实技术队伍，并搞好专业技术人员的继续教育；招收合同工，充实技术工人队伍。同时，建立高、中层管理者及二级分配绩效考核制度及激励机制，实施基薪、岗薪、效益分配机制，分配政策向技术人员、管理骨干、业务骨干和技术工人骨干倾斜，千方百计把人才留住，为企业发展效力。

3. 坚持制度创新，加快推进企业改革调整

以"债转股"为契机，实如虎添翼建立现代企业制度。北重按照建立现代企业制度的要求，经过不懈努力，到 2000 年实现了银行系统的债权转股权，组建了北京汽轮电机有限责任公司，后变更为北京北重汽轮电机有限责任公司，初步建立了现代企业制度。新公司成立，实现了投资主体多元化，建立了法人治理结构，有效地降低了企业财务费用、资产负债率，使企业在改革发展的道路上迈出了关键性的一步。

大力推进企业改革调整，资产重组，实现了企业消肿瘦身。近年来公司按照北京市相关政策，坚持"精干主体、分离辅助、分块搞活"和"放小、扶小、活小"的原则，落实北京市经委、京城机电控股公司和自行安排的中小企业改制重组、减员分流目标。通过采取改制重组、关闭注销、自然减员等多种措施，共计完成 32 个中小企业改革改制，其中改制重组 17 个，关闭注销 14 个，下转地方 1 个，实现减员 2 000余人，降低人工成本千万余元，使企业消肿瘦身。特别是对市场前景、运营情况转好的中小企业，改制重组为有限公司和股份合作制企业，达到了国有资产有序退出、职工身份转变、党群组织属地管理，促进了企业发展。通过企业一系列改革调整，精干了生产主体，分离了生产辅助，剥离了后勤服务，精减了富余人员，全面再造企业，提高了经济效

益，使企业真正成为适应市场的法人实体和竞争主体。

北重发展战略定位的指导思想是：不攀比企业发展规模，但求效益领先；不满足技术先进，但求技术水平领先；扩大国内市场，开拓国际市场；加快资产重组，建立激励机制；以大中型供热机组为重点，完善品种和系列化；330MW 机组、改造机组创名牌；积极寻求与国内外同行合作；引进先进技术，开发 600MW 级汽轮发电机组。北京北重汽轮电机有限责任公司立足电站设备市场，把具有竞争力、效益好的产品，做得更优更强。

北京北重汽轮电机有限责任公司抓住机遇，改革创新，夯实管理，立足发展，全面推进企业"十五"发展规划的落实，努力再创企业新高。

〔撰稿人：北京北重汽轮电机有限责任公司董事长孟祥聚〕

华仪电器集团有限公司

华仪电器集团有限公司是国家定点生产高、低压开关设备企业，全国科技进步先进单位，浙江省高新技术企业，ISO9001 国际质量体系认证企业，中国电器工业协会高压开关分会常务理事单位。主要生产 40.5kV 及以下成套开关设备、配电自动化开关及终端装置、高压开关元件、电能仪表等产品，主导产品均已入选国家经贸委《两网建设与改造推荐企业目录》。

公司创办于 1986 年，其前身是华仪开关厂，现有员工 1 200多人，工程技术人员占 26%，总资产 3.2 亿元，2002 年工业总产值 7.1 亿元。公司连年获得高速成长，目前，占地 20 万 m^2 的"华仪工业园"已投入使用。公司与日本东芝、韩国日进公司、浙江大学、西安高压电器研究所、电力科学研究院等诸多电力部门建立了长期密切合作关系。公司在全国各主要城市设有 160 多个营销机构，产品畅销全国各地，并出口日本、南非、东南亚等国家和地区。

公司在成立时的主导产品 ZW1—12 型真空断路器已被原电力部指定为重点推广产品，成为国内产量最大的企业。并通过引进日本东芝公司 VSP5 型柱上真空负荷开关和韩国日进公司柱上 SF_6 负荷开关，进入免维护产品的生产领域。公司应用引进技术开发了免(少)维护产品的空气、SF_6 气体、户外环氧树脂固体绝缘的华仪 ZW 系列柱上真空断路器，在技术上居全国领先地位，仅 12kV 真空断路器的产量连续 3 年名列全国第一位，户外真空开关产量占有率达 25%。该系列产品已被评定为浙江省名牌产品。

公司在 1995 年通过与 ABB 公司合作，独立生产 KYN28A—12 嵌装式交流金属封闭开关设备。是国内除合资企业之外最早生产多层折叠、组装、中置式高压开关柜的企业。该产品达到国内先进和 20 世纪 90 年代国际水平。1997 年 8 月顺利通过国家鉴定。目前年产值达 5 000 万元以上。

公司生产 GGD、MNS 等型号性能优良的低压开关柜，2002 年又开发 MCS 型智能化低压开关柜，以适应市场发展的需要。

华仪集团公司已建立浙江华仪自动化公司。生产各种微机继电保护装置和 FTU 馈线自动化终端装置。它们和气体密封环网开关柜等高压开关柜相结合，已开发出一批户内、外智能化高压开关柜。

公司 1998 年从日本东芝公司引进了 FDR 型故障检测器、RTU 远程终端装置，从韩国引进智能化柱上开关和环网柜技术，近年来又开发了自动重合器和自动分段器。免维护柱上真空开关技术，配电自动化终端装置及免维护终端开关已成为公司的高新技术的核心内容。

全电子式电能表是采用先进的微电子技术、计算机技术、现代通讯技术、电磁测量技术、高可靠技术和 SMT 制造技术研制而成的高度智能化的新一代电能表，各项技术指标均符合 IEC 国际标准，并达到 20 世纪 90 年代国际先进水平，是电力部门进行现代化、自动化管理的理想产品。

"科技是第一生产力"。多年来，公司始终依靠科技创新来提高企业的综合实力，每年投入科研开发的资金占销售收入的 5%。并坚持以市场为导向，结合市场需求和技术发展趋势，选择研究开发项目，瞄准世界先进水平，引进高新技术。

公司建有技术研发中心，下设高压电器研究室，成套电器研究室，配电自动化研究室，电能仪表研究室，试验、检测与计量中心等 5 个专业研究室，具有较强的技术创新能力和技术研发水平。公司靠科技创新赢得了发展的先机，同时还巧借"外脑"，与国家电科所、西安高压电器研究所、浙江大学等国内外知名的科研院所、大专院校开展技术合作。与此同时，根据国内外技术发展趋势和国内市场需求，近年来先后引进日本东芝、韩国日进等国外公司的先进技术，并结合本公司技术特点开发出拥有自主知识产权的高新技术产品。

2003 年是公司实施近期规划的第三个年头，在过去的一年里，集团公司实现工业总产值 7.1 亿元，预计到 2005 年工业总产值要达到 10 亿元，工业增加值达 2.9 亿元，销售收入 9.5 亿元，利税总额 2.1 亿元；企业在全国高压开关行业中的排序要从 2001 年的第十位跃居前五位，产品市场占有率从"九五"期间的 1%上升到 3%，户外真空断路器保持全国第一的产量和市场占有率；"十五"期间，集团公司的资本收益保持在 35%以上，2005 年人均产值达 100 万元。

公司始终坚持"质量兴业、科技兴企"的方针，致力于民族工业的振兴。一是未来 3 年每年新产品开发不少于 10 项，每年通过省级鉴定的新产品不少于 8 项；二是产品向智能化、小型化、免维护方向发展，达到国内先进水平、国际 20 世纪 90 年代末先进水平；三是开发 40.5kV 级的户内、户外高压真空断路器和高压负荷开关，开发具有国内领先技术水平的40.5kV、12kV级箱式全封闭组合电器(C－GIS);四是开发配电自动化系统及其终端设备,并达到国内先进水平;五是开发新型弹簧操动机构、新型电子式多功能电能表,并达到国内先进、省内领先技术水平。

此外,公司建成华仪工业园,其主要为2座13 000m^2 的主厂房、7 000m^2 的综合大楼,容纳上千人的生活区;完成成套电器生产整体的技术改造,其设备和工艺装备水平达到国内先进,年产开关柜能力达5 000台;完成高压电器生产流水线(多条)技术改造,该流水线采用铆接机器人和焊接机器人以及自动检漏操动设备,达到国内一流水平;建成拥有高精检测仪器设备的检测和计量中心,使集团公司的检测能力达到国内同行业先进水平,达到国家二级计量单位要求。

江苏华鹏变压器有限公司

江苏华鹏变压器有限公司是国家定点生产电力变压器和特种变压器的专业制造公司,始建于1967年,占地面积17.8万m^2,是中国电器行业100家大型企业之一,公司系国家重点高新技术企业、江苏省高新技术企业,建有博士后技术创新中心和省级技术中心。被评为2001年度全国机械工业质量效益型先进企业,2002年度中国机械行业竞争力之星企业。同时被中国质量检验协会评为全国行业质量·服务诚信示范企业、全国行业质量示范企业。1996年在行业内率先通过ISO9001认证,随后顺利换为2000版,并于2001年通过ISO14001认证,产品连年荣膺"江苏省名牌产品"称号、"华鹏"商标为江苏省著名商标。公司多年来在全国变压器行业综合经济效益排序中名列前茅,江苏省第一位。

(1)S9(10)、SF9(10)、SS9(10)、SFS9(10)、SZ9(10)、SFZ9(10)、SSZ9(10)、SFSZ9(10)系列油浸式变压器,电压等级10～110kV,容量30～120 000kV·A。110kV级油浸式变压器系引进国外先进技术,并结合国际著名制造厂先进技术精心生产的优质产品。产品结构新颖,性能优越,损耗低,噪声小,有效地控制了变压器渗漏油。产品出口柬埔寨、马来西亚、巴基斯坦、埃塞俄比亚等国家,产品得到国外专家的高度评价。110kV产品多次经受了现场运行时短路故障的考验而丝毫无损受到用户的高度评价。

(2)SC系列、SCB系列树脂浇注干式变压器,电压等级10kV、20kV、35kV,容量30～20 000kV·A。该产品具有低噪声、低损耗、低局放、低温升和抗短路能力强的特点。其中SC20kV、SC9－Z－1250/10干式变压器分别获1997、1998年国家级新产品,SC9－Z－1250/10干式变压器在1998年11月通过荷兰KEMA认证,SC9－Z－20000/35干式变压器为亚洲单台容量最大产品。SC10－1250/10三相树脂绝缘干式配电变压器、ZQSC－4000/33三相树脂绝缘移相牵引整流变压器分别荣获2001、2002年度国家级新产品称号。产品规格齐全,各容量段均通过突发短路试验和两部鉴定。

(3)箱式变主要有组合式变压器(俗称美式箱变),是将变压器器身、高压负荷开关、熔断器及高低压连线置于一个共同的封闭油箱内的新型配电设备。公司生产的产品根据国内特点不断完善,目前已成功开发出共箱式、分箱式、有载调压以及智能型等组合式变压器。具有体积小、占地少、安装方便、全绝缘、全密封结构、可免维护、运行安全可靠等特点。预装式变电站俗称欧式箱变,是按一定线路方案将高压开关、变压器、低压开关组合成一体的紧凑型配电设备,具有结构紧凑、外型美观的特点,其外壳采用环保型非金属箱体,抗爆晒,抗辐射,防腐能力强。

(4)DKSC系列接地变压器、XHDC消弧线圈及自动调谐消弧线圈接地装置。

(5)ZQSC系列整流牵引变压器及DY－T系列铁道用变压器。

中国北车集团永济电机厂元件分厂

永济电机厂是隶属于中国北方机车车辆工业集团公司的国有企业,是中国铁路机车电传动装置的研制基地,是为内燃机车、电力机车配套生产电机、电控装置、电力半导体器件的专业化工厂。工厂始建于1969年,位于山西省永济市,占地面积140万m^2,固定资产原价约4.4亿元,职工6 000余人,年销售收入约10亿元。

工厂于1995年12月和1996年9月分别通过了北京新世纪质量体系认证中心和法国BVQI国际质量认证有限公司的现场审核,在国内同行业中首家通过了ISO9001质量保证体系认证,并获得中国、法国及瑞士3国质量体系认证证书和认证标记。几年来通过了历次复审,质量体系不断改进和完善,在2001年完成1994版质量保证体系向2000版质量管理体系换版过渡工作。1999年通过了中国环境科学研究院环境管理认证中心和法国BVQI认证公司的ISO14001环境管理体系认证。2001年12月又通过OHSAS18001职业安全卫生管理体系认证。

永济电机厂元件分厂专门从事电力半导体器件和变流装置的开发与生产,元件分厂现有固资原价2 300多万元,职工240多人,其中专业技术人员50多人,年销售收入约6 000万元。分厂的半导体器件生产大楼面积约8 000多

m^2，其中有半导体生产所需的洁净厂房 1 000 多 m^2，拥有国内外先进的半导体生产设备 3 200 多台(套)，其中有从美国购置的先进工艺装备和从瑞士 LEM 公司购置的晶闸管成套测试设备。

永济电机厂元件分厂凭借雄厚的技术实力和精良的设备，能为用户提供高标准、高质量、高可靠性的产品，从优质服务不断满足用户需求。

永济电机厂元件分厂 1974 年建成投产，生产的第一种产品是用于东风 4 型内燃机机车整流柜的 ZP500－22 型整流管。近 30 年来，不断开发新产品，现在器件产品有整流管、晶闸管、快速晶闸管、双向晶闸管、模块和组合元件等多个门类，电流容量系列和电压级别已齐全，可以满足市场需求。在其发展过程中，不断从国外引进新技术，生产工艺不断改进，生产效率不断提高。

现在，永济电机厂元件分厂生产的器件产品品种及主要参数如下：大功率整流管：200～7 400A/200～6 000V，大功率晶闸管：200～4 700A/200～5 500V，快速晶闸管：200～1 200A/1 200～1 800 V，快恢复二极管：400～1 700 A/1 200～1 800V，双向晶闸管：200～800A/1 200～1 800V，整流管臂对模块、晶闸管臂对模块、混合型臂对模块、单相桥模块、三相桥模块，固态继电器等。这些器件，不仅用于机车变流装置中，还广泛用于电解、电镀、充电电源、冶金等各个工业部门。

永济电机厂元件分厂生产的变流装置，主要用于内燃机车和电力机车，占有国内内燃机车市场约 50%，电力机车市场约 40%。此外，还为地铁、城轨、电镀、冶金等行业，研制了变流装置，产品出口到缅甸、斯里兰卡、越南等国家。为 180km/h 内燃机车组研制了变流装置，为 220km/h 电动车组研制的整流电源、逆变装置、变频电源等，已投入运行。

永济电机厂元件分厂研制并生产的组合式整流管，电流容量大，单只可输出直流 33kA，六只组件电流达 30kA×6，用于直流电焊、碳索、直流冶炼等大电流整流装置，节能效果显著，并能使整流装置的体系减小，结构简化，成本降低，深受用户欢迎。

永济电机厂元件分厂成立 30 年来，技术上取得了长足的进步。1983 年从日本引进地铁斩波调速技术，试制出氟里昂沸腾冷却的斩波机组，送北京地铁装车试运行，通过了运行考核。1985 年从美国西屋公司引进了晶闸管生产技术，通过消化吸收，开发了开管镓扩散技术、冷壁炉烧结技术和冷压焊封装技术等。1989 年从瑞士 LEM 公司引进了晶闸管成套测试设备，测试精度高、速度快，采用计算机控制，测试数据自动打印，运行 10 多年来，累计测试器件 20 余万只，为保证产品测试质量和新产品研制发挥了巨大作用。2001 年从美国引进了喷砂机，使器件台面造型更新为全新的工艺方法。

永济电机厂元件分厂研制的组合元件，逆导晶闸管 7 种产品通过了部级技术鉴定，鉴定认为：这些产品的技术水平属国内先进水平。组合式整流管的结构新颖，荣获 1984 年国家发明奖。后来研制出的高压组合式整流管和组合式晶闸管，分别被授于实用新型专利权和发明专利权，并在多次博览会上获得"金奖产品"证书和奖杯。

永济电机厂元件分厂生产的大功率整流管和大功率晶闸管，其技术参数达到国外半导体公司同类产品的技术水平，可以代替进口产品。

永济电机厂元件分厂的发展战略是立足铁路，面向全国，走向世界。即以机车电传动装置为立足点。继续研制新的机车变流装置和器件，满足铁路运输的需求；同时，依托核心能力，发挥本身优势，面向市场，开发具有市场潜力的新产品，加强营销，扩大国内市场份额，并逐步扩大国际市场。

永济电机厂元件分厂产品的发展方向：大力发展大电流、高电压的器件，在目前已能生产 4in 的大电流整流管和晶闸管的基础上，进一步提高电流和电压水平，目前已国外引进了 5in 7 200V 晶闸管的制造技术，正着手进行研究试制。

IGCT(集成门极换向晶闸管)是在 GTO(可关断晶闸管)基础上做了重大改进的新型器件，其电流容量大，阻断电压高，结构紧凑，便于集成，损耗低，易于串联，在机车交流变频调速装置和其他大功率逆变装置中，有广阔的应用前景，是电力半导体器件的发展方向之一。目前元件分厂与韩国电气技术研究所进行技术合作，正在开展 IGCT 的研制工作。

永济电机厂元件分厂热诚欢迎国内人士到永济来，交流技术，洽谈业务，我们将尽力为您提供方便，满足您的需求。

沈阳高压开关有限责任公司

沈阳高压开关有限责任公司(原沈阳高压开关厂，1995 年改制后更名为沈阳高压开关有限责任公司)是东北电气发展股份公司的全资子公司。始建于 1937 年，是中国最早研究制造高压开关设备的大型专业化企业，是我国高压开关制造业的摇篮。公司占地面积 30 万 m^2，拥有固定资产原价 5.7 亿元，净资产 3.2 亿元，现有员工 2 985 人，其中技术人员 536 人，高级工程师 127 人。

公司拥有雄厚的技术实力，先进的测试手段，优越的生产条件以及严格的质量管理体系，专业工艺处于国内领先水平。产品均达到国家标准(GB)和国际电工委员会(IEC)标准。主要技术参数和技术水平达到国际同类产品水平，在国内处于领先地位。公司于 1996 年在同行业率先通过 ISO9001 质量体系认证。公司主要产品有 SF_6 封闭式组合电器(GIS)、SF_6 断路器、发电机保护断路器、少油断路器和隔离开关等20多个系列、190多个品种、450余种规格。其中引进日本日立公司先进技术，并经消化吸收业已实现国产化的，具有当代国际水平的SF_6产品极具市场竞争力，深受用户欢迎，目前SF_6产品产值已占总产值75%以上，历年配套能力占全国总装机配套能力的1/3。公司是国内已向电力系统提供国产化500kV SF_6封闭式组合电器的惟一厂家，公司252kV SF_6封闭式组合电器市场占有率50%，126kV SF_6封存闭式组合电器市场占有率为30%。1997年，该公司生产出中国第一套国产化500kV SF_6封闭式组合电器，这一成果不仅填补了国内空白，而且使中国高压开关电器制造技术跻身世界领先水平。目前，该产品在地处－47℃高寒地带的伊敏电厂运行良好。1998年，在举世瞩目的长江三峡工程左岸电站高压电器产品设备国际招标中，该公司与国际知名ABB公司合作投标，力克群雄，一举中标，此后，沈高公司开始消化ABB技术、样机研制及商品制造，在引进消化ABB技术上取得丰硕成果，2002年高质量地完成了三峡工程550kV GIS中的2 300m母线的供货任务，并将在2003年下半年完成隔接组合、断路器的供货任务。公司产品遍布全国并远销20多个国家和地区，在国内外市场上享有较高的声誉。

公司始终坚持以市场为导向，大力调整产品结构，大搞技术改造，引进国外先进技术和设备，增强企业综合实力。公司主要工艺制造设备1 100余台(套)，几条专业工艺生产线如罐体制造、绝缘浇注、达克罗表面处理、机械加工等均已达到国内领先水平。2002年公司克服资金紧张、生产周期短，原材料及配套件进厂滞后等困难，完成合同价产值65 020万元，比上年增长20%，实现销售收入55 369万元，比上年增长14.4%，实现利税4 648万元，实现利润1 521万元。

沈阳高压开关有限责任公司经过三期技术改造及消化，引进日立公司、ABB公司先进技术，自主创新，不断发展，已成为我国高压开关设备研究制造基地之一，具有较强的持续发展能力。公司在各级领导和各界朋友的帮助和支持下，竭诚致力于为广大用户提供一流的高科技产品。

浙江福达合金材料股份有限公司

浙江福达合金材料股份有限公司创建于1993年，十年来，以银合金材料为基础，坚持发展创新，使产品应用覆盖高低压电器、电子、制冷、军用等领域，形成复合铆钉型触点、片状触点、粉末冶金触点、异形触点、成套电器触点、银合金线材及钎焊料七大系列、千余种产品。公司注册资金2 180万元，固定资产8 500万元。年生产能力300t。2002年实现销售收入1.2亿元，2003年销售收入预计1.5亿元。连续3年居行业之首，是中国生产电工合金材料最大的股份制企业之一。

2000年公司获ISO9002：1994的质量体系认证，2003年3月顺利通过2000版ISO9001转版认证。2002年取得了进出口自营权，并先后获“乐清市明星企业”、“温州市高新技术企业”、“浙江省质量诚信企业”、“信用AAA级企业”等多项荣誉。公司秉承“以顾客为关注焦点”的经营理念，产品质量与服务深受国内外400余个电气制造商的赞誉。

公司一贯重视技术和人才的引进和设备更新。公司现有员工250余人，其中大专以上学历员工56人，工程技术人员24名，其中教授级高级工程师4人，工程师6人，高级技师3人。并先后聘请了国内科研院校十多位知名专家、教授担任公司常年顾问。2003年聘请世界电触头资深专家Hans Krug博士(德国)担任技术总顾问，引导公司生产技术与国际接轨。从2000年开始，公司连续4年投入大量资金和人力进行工艺技术改造：引进台湾880t卧式自动挤压机和国内先进的三级急冷雾化制粉系统以及高压水雾化设备；建成国内最大的复合铆钉触头生产基地；扩建了有原子光谱仪、日产彩色金相显微镜、分光光度计、体视显微镜、微机粗糙仪、模似电寿命测试机等先进检测仪器的检测中心；公司拥有熔炼、制粉、挤压、热轧、冷轧、拉制、冲制、粉末冶金、内氧化和机械加工等配套齐全的精良设备400余台(套)。

随着生产规模日益扩大和市场对产品质量需求日益严格，以及企业对内要求生产效率的提高，企业越来越感到企业的发展受限于公司自身的管理水平。几年来，建立和实施ISO9000质量管理体系，使公司的产品质量、管理水平、经济效益和综合素质都获得了卓有成效的提升，公司深深地感受到ISO9000体系是企业改善基础管理的好方法。

随着经济全球化步伐的加快，使国内外市场竞争日益炽热。科技进步也深刻地改变着社会和人们的生活，科技创新对国家经济和社会发展越来越起着决定作用。面对这种新形势，企业要生存求发展，只有坚定不移地抓好技术创新。科学技术是第一生产力，技术是企业的未来，这就要求公司从持续发展的战略高度来认识技术创新，实施技术创新。

多年来，公司把技术创新放在引进、消化、吸收和改进上，从2001年起，公司连续三年向乐清市经贸局申请立项，进行了三次较大的技术改造，采用新技术、新工艺、新技术和新设备。

为了提高公司的科技水平，增强市场竞争力，公司所属的“乐清市福达贵金属材料研究所”于2001年向乐清市科技局申报立项了4项新产品：$AgSnO_2$线材、AgZnO片状触头、CuWC触头材料、Ag/Cu复合弹性薄带，经过两年研发已于2003年5月通过浙江省科技局主持的技术鉴定，获得较高评价。其中银氧化锡线材技术性能达到国际先进水平，其余3项达到国内先进水平。CuWC触头材料已获得国家专利。

浙江嘉控电气股份有限公司

浙江嘉控电气股份有限公司是专业生产低压电器元件和电器成套装置的中一型重点企业，2003 年被省经贸委列入浙江省企业信息化试点单位，2003 年 3 月被省工商局等 9 个部门确定为浙江省首批诚信示范企业，2003 年 6 月被浙江省科学技术厅继续评定为高新技术企业。“嘉控”牌断路器 2003 年 8 月被浙江省人民政府继续评定为浙江名牌产品。

公司主要产品有塑壳断路器、漏电保护电器、控制电器、万能式智能化断路器、小型断路器、交流接触器、电气成套装置等，产品被广泛使用于工矿、船舶、建筑、机车、舰艇等五大领域，尤其在国家海军建设、铁道机车、舰船等三大特殊领域配套产品中占有 80t 以上的市场份额。

公司近二年来在市场开拓、产品开发和内部管理上都有了长足进步。浙江省是低压电器产品大省，低压电器检测需求发展迅猛，公司看准了这个商机，公司所属浙江省低压电器产品质量检测站嘉兴分站与省质量技术监督局下属的方圆检测公司经过双方协商，发挥各自优势，组建成立了浙江省低压电器产品质量检验中心，下一步双方投巨资将检验中心建设成国家级检测中心。

公司董事会在综合分析市场环境与企业自身特点，经过慎重考虑后，提出筹建“嘉控科技工业园”的战略设想，以嘉控的品牌优势、技术优势及近 50 年来成熟的制造经验，在工业园内逐步聚集起以嘉控为核心，产品相互配套、不断延伸的企业联合体，形成集高、中、低压电器研发、制造、销售于一体，以嘉控集团为主体，多元发展的开放型特色企业工业园。目前，公司已进行了工业园选址、初步规划设计、土地置换政策咨询等工作，拟分三期实施，总投资为 2.8 亿元，预计 2010 年实现电气主营业务收入 10 亿元，利税 2.7 亿元。

2003 年，公司被列入省经贸委企业信息化试点企业后，公司总经理亲自抓 ERP 实施工作，从进、销、存、主生产计划、财务管理、人力资源管理等整个企业生产过程分步着手实施 ERP，准备 10 月起动整个 ERP 系统，进行试运行，12 月份进行项目验收。

2003 年公司推行了亚铃式管理模式，即把新产品研发和市场开拓作为重点工作。在产品研发上，公司完成了 JXW1－6300 框架式断路器，JXM25H 系列（全系列共 16 个规格）小型断路器，JXM3 系列（共 3 个壳架等级）塑壳式断路器。高分断、小体积舰用断路器等新产品；正在开发的产品有智能型系列产品，包括智能型成套柜。这些新产品项目现已申报国家级和省级技术创新项目。2003 年新产品产值率达 30％以上。

为了使企业快速发展，公司积极寻求与国内外企业合资合作。目前正与新加坡 AFP 公司洽谈，对高、低压成套设备和元器件进行合资办厂；与台湾巧力工业股份有限公司洽谈，在公司内建立高、低压成套电气设备合资企业，总投资 1 000 万美元。

公司 2002 年销售收入 9 316 万元，同比增长 32.48％，为历史最好。预计 2003 年销售收入将突破 1.1 亿元，同比增长 20％以上。2003 年 1～8 月销售收入已达 7 800 万元。2002 年出口额比 2001 年翻三番多，2003 年出口增幅可达 180％，出口销售额达 800 万元以上。

陕西宝光真空电器股份有限公司

陕西宝光真空电器股份有限公司（以下简称宝光股份）位于陕西省宝鸡市，是中国生产真空灭弧室和真空开关设备的重点高新技术企业。宝光股份公司原是一个军工企业，始建于 1970 年，1974 年竣工投产。

宝光股份总资产 51 167 万元，占地面积 47 万 m^2，建筑面积 19.7 万 m^2。企业现有职工 1 448 人，其中工程技术人员 279 人。企业资产信用等级为 AAA。企业拥有国内一流的现代化技术装备和生产线，十多年来，公司一直持续、稳定地向前发展，年平均经济增长速度保持在 20％左右，并多次获得国家、部委和省级优秀企业称号。公司设备先进，工艺成熟，1996 年通过了 ISO9002 质量认证，1999 年升级 ISO9001 认证。宝光股份以科学的管理，优质的品牌，迅猛发展，在中国真空行业独占鳌头，连续多年真空灭弧室和真空断路器产销量均居中国第一。

宝光股份主要产品有：真空灭弧室、真空断路器、开关柜等 6 大类 300 多个品种，产品参数电压等级覆盖 0.38～40.5kV，电流等级 160～4 000A，短路开断电流等级为 2.5～80kA。具有标准化、系列化、小型化、多样化等特点。真空灭弧室年生产能力 17 万只、真空断路器年生产能力 8 000 台、真空开关设备年生产能力 2 000 面。

2002 年实现总产值 36 436.2 万元，销售总额 28 293 万元。企业主导产品真空灭弧室产品产值、销售、市场占有率连续多年保持国内第一，在国内电真空行业内享有很高的声誉。“宝光牌”产品市场占有率达 30％，产销量和技术、质量水平均处国内领先地位，是真空开关行业的排头兵。产品服务于电力、冶金、矿山、石化、铁路、广播、通讯等配电系统，产品遍布国内所有省市，并远销美国、意大利、加拿大、法国、日本、韩国、中国台湾等国家和地区，真空开关设备技术出口美国、韩国等国家。

为了满足日益增长和变化的市场需要，宝光股份利用国家优先发展能源、电力等基础产业的政策，根据市场发展及市场对产品的潜在需求，加强与科研院所横向联合，走产学研相结合的道路。在新产品研制开发与产业结构规划中，与西安高压电器研究所、中国电力科学研究院开关所、中国电力科学研究院农电所、西安交通大学、华中理工大学、清华大学、上海电器科学研究所等科研院所联合开发市场潮流的重点产品(项目)；与国际企业合作，使市场前景好，技术含量高，带动作用大，关联系数高的产品(项目)服务于国民经济发展的需要，并致力于开拓国内、国际两个市场。

近几年，公司一直承担着国家重点新产品和重点项目的研究开发工作。公司研制开发的“组合式高压真空开关设备”项目被列为1996年国家级火炬计划项目；“一次封排技术的真空灭弧室”项目被列为1999年国家级火炬计划；“陶瓷金属化外壳”项目被列入2000年国家级火炬计划；“智能化真空开关设备”项目被列入2001年国家级火炬计划。研制开发的BD390等真空灭弧室、ZN28－12/3150－40真空断路器等22个产品1997～2003年连续被列为“国家级重点新产品计划”，获国家补助经费140万元。公司于1998年7月被陕西省科委认证为高新技术企业；1999年3月被国家科技部评选为“重点高新技术企业(集团)”，这也是国内高压开关行业中惟一获此殊荣的企业。1999年10月，企业研制开发的具有国际同类产品先进水平的“一次封排技术的真空灭弧室”项目，被国家科委评为“1999年国家重点科技项目”，先后被科技部和中国科学院认定为高科技含量产品。2000年宝光股份的“玻璃、陶瓷绝缘外壳真空灭弧室和智能化高压开关设备”项目被列为重大产业化重点项目。“宝光股份”2001年12月24日，在上交所挂牌上市，代号为“600379”。

由于国家火炬和重点新产品计划的实施，极大地推动了国内真空灭弧室及真空开关的迅速发展。迄今为止，公司已联合开发出能代表国内先进水平的五代真空灭弧室主系列化产品；三代真空断路器和真空开关柜系列产品。形成了真空灭弧室、真空开关系列配件→真空断路器、负荷开关、选相开关→真空开关柜→组合电器，逐步到电力电网成套工程一条龙服务的产品结构方案。

成都旭光电子股份有限公司

成都旭光电子股份有限公司是通过ISO9001质量体系认证和国家科技部、中国科学院认定的高新技术企业。注册资本8 260万元，2002年11月在上海证券交易所上市交易，股票代码600353。公司的组成主体国营旭光电子管厂是三线军工企业，始建于1965年，1970年开工投产，1990年由四川广元搬迁至新都，1994年整体改组为股份有限公司。

公司的主营产品有4大系列：①金属陶瓷发射管。包括大功率广播、通讯发射管，微波三、四极管，工业加热管等共5大系列70余个品种，分别参照法国汤姆逊、德国西门子、日本NEC、美国艾码克和荷兰菲力浦等公司的产品标准研制和生产，技术指标达到或接近上述公司产品水平，可与之互换使用，其性价比远优于国外产品。目前，本公司该类产品的技术水平、生产规模及质量档次均处于国内同行业之首。②陶瓷及玻璃外壳真空开关管。包括断路器用真空开关管、接触器用真空开关管和负荷开关管3大类，共170余个品种，均按IEC标准生产，主要性能指标达到或接近国外同类产品技术水平，是当今世界主流产品——陶瓷真空开关管在国内产销量最大、技术水准最高、品种最多的厂家。③高低压配电成套装置及电器元件。主要产品有高压真空断路器，高压电器成套设备及低压电器成套设备系列，照明、动力配电箱系列以及粉末及静电喷涂成套设备等。④消防安全用品。包括计算机火灾报警消防控制系统(含消防应急照明灯系列及红紫外复合探测器)，119城市消防管理网络指挥系统，计算机工业测控系统，紫外火焰监控系列产品等。

旭光牌电真空器件是四川省名牌产品，其中不少产品为国内独家生产，广泛用于雷达、导航、通讯、广播、电视、电力、冶金、铁路、石油、消防、安全防护等领域，曾多次为国家重点、尖端工程配套，在国内外市场上享有良好信誉，除行销全国各省、市、自治区外，金属陶瓷发射管还远销美国、巴西、德国、意大利、英国、韩国及东南亚等国家和地区。

公司经营成效显著，近几年各主要经济指标均以20%以上的幅度递增，先后荣获了全国“五一劳动奖状”、“电子行业优秀企业金桥奖”和四川省“高新科技产业型企业”、“高新技术企业”、“电子及通讯设备制造业最佳经济效益10强”、“省级文明单位”以及成都市“四好企业”等多项奖励和荣誉称号，是省市重点优势企业之一。

西安西开高压电气股份有限公司

西安西开高压电气股份有限公司(简称西开电气)是由原西安高压开关厂(现西安西电高压开关有限责任公司)通过资产重组并作为主发起人，联合南京南瑞继保电器有限公司、许继电气股份有限公司等6个其他发起人共同发起，经国家经贸委批准，于2001年3月12日在西安市高新技术产业开发区登记注册的股份有限公司。公司注册资本17 400万元，主要从事高压SF_6断路器(GCBT、GCBP)、气体绝缘金属封闭开关设备(GIS)的研制、开发、生产、销售及售后服务等业务。公司主发起人西安西电高压开关有限责任公司为中国西电集团的控股子公司，前身西安高压开关厂始建于1955年，是我国第一个五年计划期间国家156项重点工程之一，也是我国输变电行业开发与生产高压、超高压开关设备的重要基地。1985年，西安高压开关厂全面引进日本三菱电机株式会社 SF_6 高压开关产品制造技术，通过近10年的消化、吸收，迅速实现了国产化，并通过产品结构调整，已形成以高压 SF_6 断路器、气体绝缘金属封闭组合电器设备为主导，包括高压隔离开关/接地开关、电流互感器以及中压开关设备和配电装置等较完整的产品结构体系。主导产品GCB/GIS技术水平和制造能力在国内处于领先地位，并达到国际同类产品先进水平。产品结构简单、维护方便、可靠性高，深受用户欢迎。产品不仅在国内市场占有较大的份额，并且出口马来西亚、哥伦比亚、泰国、伊朗、巴基斯坦、新加坡、安提瓜、中国香港等十几个国家和地区。企业于2000年又引进瑞士ABB公司550kV GIS产品生产技术，为举世瞩目的三峡工程提供GIS开关设备。西安高压开关厂成立40多年来，充分发挥国有大型企业的优势，为我国电力工业的发展做出了重要贡献。

企业经过"七五"、"八五"、"九五"技术改造，从德国引进了具有国际先进水平的环氧浇注绝缘件生产线，建成了大型铝、铜件电镀生产线，表面涂装生产线，壳体加工生产线，铝合金铸造生产线，数控加工中心，GIS/GCB装配生产线以及高电压试验站，形成了在国内处于领先水平的高压开关制造工艺体系。其中环氧浇注技术、表面处理技术、焊接技术、铝合金铸造技术、壳体冷翻边技术、高电压试验技术、GIS/GCB装配技术等在国内同行业中处于领先水平。

在经营管理方面，企业始终把提高产品质量放在首位，建立了完善的质量体系、计量检测体系和产品试验体系，先后取得了华信技术检验公司ISO9001质量体系认证证书、美国工厂研究会FMRC的质量体系认证、国家技术监督局的计量体系确认证书和美国工程师学会的压力容器"U"钢印资格证书，企业实验室也取得了国家质量技术监督局中国实验室认可委员会颁发的认可证书。企业也先后荣获"全国质量管理先进企业"、"全国质量效益型先进企业"、"管理进步示范企业"等光荣称号。

企业把信息技术应用作为发展的重要措施，用现代技术改造传统产业取得明显效果。PLC技术已成功应用于GIS工程项目设计中，CAD技术的普遍应用已彻底甩掉手工图板，实现了参数优化、复杂设计计算、三维仿真和模拟装配，大大提高了设计质量、可靠性和工作效率。1995年企业被列入国家首批"863"CIMS工程应用试点企业，1997年企业MIS分系统通过了陕西省科委组织的专家鉴定。公司建立了企业网络和产品管理数据库，实现了产品库存管理、制造数据管理、生产计划管理和车间作业控制，以及工艺信息、销售信息、采购信息、财务电算化等计算机管理体系。

为适应社会主义市场经济的要求，转换企业经营机制，建立现代企业制度，提高企业运行效率和经济效益，公司将生产经营性优良资产，专有技术和商标等无形资产投入西开电气。西开电气成立伊始即被陕西省科学技术厅认定为高新技术企业，企业现有400余名技术人员从事高新技术研发工作，生产的主要产品有72.5～550kV SF_6 气体绝缘金属封闭组合电器(GIS)和72.5～550kV SF_6 断路器(GCB)，品种规格齐全、技术先进，质量可靠，产品多次获国家及省、市技术进步奖。

公司经营宗旨是以市场为导向，以效益为中心，建立和完善公司制度，依靠科技进步，为社会提供优质的高压电气产品和服务，使公司实现最大的经济效益和社会效益，使全体股东获得合理的收益回报。公司将以发展为主题，以创新为动力，深化体制改革，实施产品经营、科技经营和资本经营，努力把西开电气建设成体制现代化、产品智能化、制造自动化、管理信息化、员工知识化、形象标准化的国际一流企业。

平顶山天鹰集团有限责任公司

平顶山天鹰集团有限责任公司是由原平顶山高压开关厂改制的国有独资公司，是我国研制和生产高压及超高压开关设备的国有大型骨干企业，全国三大开关企业之一，河南省重点和优秀高新技术企业。目前集团公司拥有17个子公司、其中有1个上市公司(河南平高电气股份有限公司)，3个中外合资企业。截止到2002年底，公司拥有总资产24.1亿元，净资产2.2亿元，完成销售收入7.5亿元，实现利税0.8亿元，出口创汇323万美元。近几年，集团公司荣获全国"五一"劳动奖状、全国精神文明建设工作先进单位、全国群众体育先进单位、全国绿化和环保先进单位、全国先进退管工作单位、河南省管理示范企业、河南省职工职业道德建设"十佳"单位、河南省民主管理先进企业等称号。

公司主要生产35～500kV SF_6 断路器，63～220kV封闭式组合电器，35～500kV隔离开关，110～500kV接地开关和35～220kV少油断路器共五大系列千余种规格，普遍用于国家各级电网及国家重点工程，并出口到西亚、东南亚、拉美、非洲等国家。公司多种产品曾被评为省优、部优，其中500kV SF_6 断路器获得了国内超高压开关生产领域惟一一块国优金牌。截止到目前，累计销售 SF_6 高压开关产品的市场占有率超过国内同类企业的50%，部分产品各种性能指标均已接近或达到国际当代先进水平。2003年6月6日，集团公司的子公司河南平高电气公司通过了ISO9001：2000版质量管理体系认证。认证证书的获得标志着公司在国际标准发生转换的新形势下，为拓宽销售市场打下了坚实基础。

长期以来，公司始终牢牢把握国内外电力技术和电力工业发展的方向。为此，公司制定了"自主开发与引进技术相结合，适应性开发与战略性开发相结合，产、学、研相结合"的技术创新三项原则，加大了对科技开发的投入，按照

“两头强、中间精”的哑铃型结构，组建了集团公司技术中心，该中心已成国家级的技术中心。1997～2002年公司共有42项新产品通过了鉴定，实现了产品升级换代，其中有5种新产品达到了国际水平，14种达到了国内先进水平，2项填补了国内空白。新产品的迅猛增长，为公司进一步抢占国内外市场创造了有利条件，从而获得了显著的经济效益。仅LW6B－220、LW10B－252两种新产品就为企业创造了近9亿元的产值。新开发的LW10B－500型SF_6断路器还代表全国开关行业，参加了1999年在北京展览馆举行的建国50周年成就展，该产品已成功地打入国际市场。

1998年，公司为了彻底解决资本结构不合理，机制活力不足，债务沉重等深层次问题，先后与南昌科瑞集团、北京亚太公司等民营企业进行了合资、合作谈判。经过不懈努力，1998年10月，公司以优良的净资产做为出资，南昌科瑞集团、北京亚太公司、北京瑞泽公司等3个民营企业以现金为出资额，共同发起设立平顶山平高电气有限责任公司，并于当年12月份正式挂牌营业，这是产业资本与金融资本相结合，国有经济与民营经济相结合的一项宏大、具有战略意义产权制度的改革。这种战略性资产重组，实现了强强联合，优势互补，共同发展的目的。这种战略性重新组合受到国内专家学者的高度评价。1999年公司运营第一年，公司的工业总产值、销售收入、上交利润分别比上年度增长50％、42％和110％。2001年1月，“平高电气”以通过中国科学院、国家科技部“双高”认证的国家级高新技术企业身份在上海交易所发行股票，共募集资金7.3亿元。2001年2月平高电气股票正式上网交易。2002年3月，公司与日本东芝株式会社共同出资2亿元组建的“平高东芝高压开关有限公司”正式挂牌投产，这是河南省第二家与世界500强企业合资企业，也是合资规模最大的合资企业，为公司参与国际竞争，实现规模经营迈出新的一步。2003年9月4日，平高电气和日本株式会社安川电机共同组建平高安川电器有限公司，这是集团公司拉长产品链条积极向中压开关领域拓展的重要措施。

公司通过机制、技术、产权、资本等的方面创新，为公司大发展打开了吸引与培养人才，资金融入与投资，国际间竞争与合作的支持通道，公司将在此基础上大力推进产权制度改革，在集团公司实现投资主体多元化，真正建立起科学规范，运转高效、灵活的混合所有制结构的企业新体制。以“平高电气”为主，加大资本运作力度，整合行业内的企业，延伸和加粗企业的产品链，壮大主业规模和实力，同时审慎地向相关行业、新兴产业和高科技产业发展，不断增强企业的竞争力。

北京北开电气股份有限公司

位于北京大兴亦庄经济技术开发区的北开电气公司，是国家开关行业骨干企业，致力于高、中、低压开关控制设备、超导、机电一体化开关控制设备的研究和制造。所生产的高低压电器、高低压成套设备配电装置及核电站控制设备，广泛应用于国内外。从黄河小浪底工程，到长江三峡工程；从中央电视塔，到北京西客站；从太原第一发电厂，到伊朗阿克电厂，都在使用着“北开”名牌产品。如今的北开已经发展成为拥有员工1 200多人，总资产近10亿元的先进企业。公司先后被评为“全国质量管理先进企业”、“北京知名企业知名品牌”、“北京市绿色企业”和“重合同守信用”单位。获得北京科学委员会颁发的高新技术企业证书并通过2001版国际、国内ISO9001质量体系认证。企业的人均综合效益指标在全国五大开关厂中连续3年排名第一，并进入了北京市工业经济百强行列。

实施新产品开发“八结合”措施，为企业发展注入活力。

在市场经济的洪流中，北开人认识到这样一个道理：企业如果没有适应市场需求的高技术含量、高附加值的产品，就不可能占有市场。于是，在坚持科技与市场、科技与销售、科技与生产连接的基础上，北开电气公司采取了新产品开发的“八结合”措施。

一是分层开发和整体推进相结合。属于技术领先水平的产品。如智能式、充气式产品等，统一由厂级开发，属于市场急需的短平快新产品，由各事业部组织开发。二是产、学、研相结合。对一些科技含量较高的产品，如铁道电气化、110kV真空断路器等，与清华大学、西安交通大学以及科研院校密切联系，共同开发。三是引进与创新相结合。即：既重视引进，又立足创新。主要在技术人员中树立创新思想，提高自主开发能力。北开自行研制的AH开关机械连锁、四极开关等产品，均填补了我国的空白。四是开发与生产相结合。针对企业新产品开发中的零件加工、调试、组装与生产交叉进行的现实，提出了“开发与生产并重”的原则。生产计划与新产品开发计划同时下达，同时进行考核。五是工程技术人员、管理人员和工人相结合。这种不同层次人员“三结合”的方式，使理论与实践得到较好结合，较好地发挥了广大群众的智慧和经验。企业在研制开发LW－110敞开式SF_6断路器以及FC柜等产品过程中，由于集中了不同层次人员的智慧，大大缩短了新产品开发的周期。六是技术攻关课题和超标试验相结合。在开发过程中，加强技术攻关，开发的新产品如3AG2H12等4种新产品都完成了“超标”试验，使技术指标远远超过其他厂家。七是企业效益与社会效益相结合。企业利益服从国家利益和社会效益是国有企业的经营原则。对于国家指令性的产品和多项攻关任务，如有些舰用的配套开关，尽管国家投入少、价格也低，但为了全局利益仍组织优势力量研制与生产。八是长远开发和近期开发相结合。既开发市场急需的产品，同时也将环保型，高智型等产品定为开发目标。

由于采取以上措施，北开电气公司以雄厚的实力参与市场竞争，取得了优异成果。“八五”期间，开发出新产品65

项，新产品占总产值的80%以上，“九五”期间，每年都有数十种新产品面世，每年有收入的3%用于技术发行的革新。新产品的“年年出新”，给北开电气带来了生机勃勃的景象。

目前，北开电气公司开发的产品广泛应用于能源、交通、工矿企业、环保以及船舶和建筑业中。其中成套产品，可提供从380V到126kV等多种成套装置及箱式变电站，直流设备等控制装置，已经应用在火电、水电、核电、污水处理等众多领域；企业生产的元件类产品，可提供从380V低压塑壳到涵盖全部中等级的真空开关及72.5kV、126kV、252kV的高压开关，应用于钢铁、冶炼、石油化工、国防科研等行业，享有“真空开关王国”之美称。另外，北开电气公司还生产各类铁道专用开关。无论在设计、技术性能，还是在实用性方面，均较同类产品有明显优势。阳安线、内昆线、武广线等铁路都广泛使用北开产品。目前，“北开”牌开关已经远销亚非两洲，开始参与世界经济的竞争潮流。

1996年8月和9月，北开电气公司相继获得了GB/T19001－94IDT ISO9001－94标准质量认证证书和GTB/Z9001－96标准机械军工产品质量体系认可证书。1997年8月，再次顺利通过了世界第二大认证公司——SGS国际认证公司的ISO9001质量体系认证，并获得了英国的UKAS证书。1998年，公司又通过了ISO4001的环保体系等认证。质量体系的认证使质量管理工作上了一个台阶，也使企业步入了经济效益和产品品牌的良性循环。为了使质量管理工作长期稳定地进行下去，北开电气公司相继出台了“关于认证后进一步加强质量管理和提高产品实物质量的决定”和“抓住城乡电网改造机遇，适用市场，促进企业发展和加强质量管理提高产品实物质量的决定”，为“北开”名牌的实施打下良好的基础。

“99＋1＝0”的企业管理新理念。数学上，“99＋1＝0”是一个不立的公式。然而，这个公式却是北开电气企业文化的一个重要组成部分。全厂员工都知道这个公式的真实含意：即99件事情都干好了，惟有一件事干不好，其结果等于零；一件产品，99道工序做得合格，一道工序不合格，就是废品。这就是“最差点”决定原理。这个全新的管理理念，体现了企业面向市场的竞争意识，追求完美的严细作风，不断创新和进取精神，以人为本的管理原则。在北开走向完全市场化的过程中，“99＋1＝0”的管理理念具体概括为“五零管理”，即研发零隐患、生产零缺陷、管理零失误、服务零投诉、沟通零距离。

企业文化是推进企业发展的重要能动力。翻开《北开电气文化手册》，不难发现北开电气企业文化建设的全新视点。通过对北开文化科学定格，告诉全体员工和社会公众北开人正在努力的方向——北开人的事业，以开关制造业这一轴心，以电气设备市场为半径，圆中国电力事业现代化一个梦想。企业的历史使命：为客户创造价值，为股东创造利益，为家人创造幸福，为国家创造财富，为社会创造文化；共同价值观是：重现场更重市场，重产量更重质量，重过程更重结果，重知识更重能力，重财富更重财智，重资本更重商誉；北开的企业道德：诚实诚信，公正公平。公司的经营哲学是：用户是恒星，北开是行星。

在北开电气公司的企业文化中，企业的奋斗目标是：打造具有国际竞争力的中国输配电行业旗舰。实现这一目标，分为三步走。第一步：创名牌产品。即实施名牌战略，进一步提高产品质量增加服务附加值，创出响当当的名牌产品；第二步：创驰名商标。即通过创新技术的管理，增加品牌的科技含量，把“北开牌”打造为中国电气市场的驰名商标，为企业进一步扩展经营领域提供强劲的动力；第三步：创名牌企业。即以提高市场占有率、提高品牌影响率、提高文化附加值的驰名商标为支柱，再造流程，全方位提高企业的素质，建成具有较强国际竞争力的名牌企业。经过10年努力，综合效益指数为中国输电行业前三名，员工收益名列北京市制造业前茅。“北开”牌认知率、美誉度、忠诚度大幅度提高，在争创“中国名牌产品”的基础上，力创“中国驰名商标”。

“创新无界，敢问天高”是北开人精神实质所在。公司经过艰苦的努力，已经在“九五”期间取得了巨大成绩。企业收入、人均收入基本实现规划目标。企业对外投资收益显著，形成了与市场需求相适应的产品结构。产品技术水平与国际先进水平相比，由“八五”期间相差20年缩短到目前的5～10年，企业整体补血和竞争力得到提升。

目前，北开电气公司已经拉开了奋战“十五”发展规划的序幕。其指导思想是：以发展为主题，以完善现代企业制度为主线，以高新技术与传统产业相结合为手段，以企业效益最大化为目标，实现企业的可持续发展。公司现已累计实现利税6亿多元，累计实现主营业务收入达45亿元。在公司完成创新主导型发展之后，将进入资本动作、外向发展型成长阶段。到那时，公司将进入一个与国际跨国公司同步发展的时期。一个崭新的、占地面积11万 m^2 并具备现代企业雏形的“新北开”将在北京经济技术开发区生根、开花、结果——结出民族制造业的硕大成果。“开关瞬间彰显品质魅力”，面对新的形势，公司在党的十六大精神指引下，抓住机遇，团结拼搏，铸造品牌，志在一流，以振兴民族经济为己任，为把自己打造成中国制造业的中坚力量，为实现中国电力事业现代化，做出更大贡献！

宁波耐吉科技股份有限公司

宁波耐吉科技股份有限公司作为国家级高新技术企业，从成立之初就牢固树立起“企业生命在于创新”的管理意识，紧紧依靠“技术创高、产品创优、管理创新”的三大法宝，将现代企业的研发机制管理和信息化系统管理提升至主导地位。

1. 积极开发高新技术产品，加快产品结构调整步伐近年来，企业不断加大技术开发力度，按照“高级型、改进提高型、特色型”的要求，不断开发新产品。实施科技计划项目，每年用于技术开发的投入占销售收入的5%以上。通过广泛合作、联合开发、成果转让、引进消化、自行开发等多种形式，共开发国家级产品3项，市级新产品27项；实施国家级火炬计划2项，国家级星火计划4项。使产品结构形成生产一代、研制一代、储存一代、规划一代的有序系列。同时，积极走产、学、研结合的路子，加强横向科技合作交流，根据开关设备小型化、智能化的技术趋势，公司先后与西安高压电器研究所，德国西门子公司等机构进行技术研发合作，在馈线自动化，12kV、40.5kV断路器永磁结构，低压真空断路器，智能高压开关柜及环网开关设备的技术研发上形成了自己的技术特长。公司合作开发产品13项，其中2项填补了国内空白；与法国施耐德公司、印度西门子公司等国际知名电气公司进行技术合作，转让科技成果5项并很快转化为生产力并推向市场。

2. 加大技改投入力度，提高企业装备水平

技改投入以“高投入、高品质、高标准”为起点，以“提高产品档次水平、扩大生产能力、提高经济效益”为中心，坚持“高起点引进、高速度建设、高效益生产”。明确技改前提“以引进关键技术和先进装备为重点”；提出技改方向“实力从产品产业的配套着手，向精加工、深加工延伸”；调整技改领域“适应于产品结构调整，提高和改进工艺，提高加工能力和水平，改善生产工作领域”。自1992年开始，企业引进了行业内先进设备，如全自动钣金柔性加工系统、莱斯焊接机器人、零配件数控机床加工中心，AMADA钣金加工流水线、板件前处理流水线、母排加工流水线、柜体自动喷涂及真空断路器、成套开关柜装配流水线等。

3. 不断优化资源配置，提高现代化管理水平

从1997年至今，公司的管理模式经历了三次根本性的转变。从传统的经验管理转变到现代化企业管理，把经营机制优势转化为规模优势，以达到上水平、增效益的目的。

一方面根据现代企业生产作业方式的需要，通过加强企业管理，理顺各环节的接口。并通过挖潜、完善，达到资源配置更加合理有效，生产运行更加快捷，使企业基本实现高级作业方式的转变。另一方面，积极推广计算机技术。公司于1996年率先在全市成立了计算机辅助设计中心；1997年正式组建了CAD技术应用工程示范点。2002年，公司根据“总体规划、分布实施、效益驱动、重点突破”的实施原则，引入并实施了ERP企业资源管理系统，建立并完善企业的基础数据库和目标管理体系，实现信息资源共享与快速反映，以信息化带动作业流程自动化。即从客户订单、工程设计、生产计划、物资采购和仓库管理，生产过程和控制，财务管理连为一体，实现生产运行过程的高效和协调。

企业经过近十年的努力，积极依靠科技进步，大力发展高新技术及其产业，取得了明显的经济效益。尤其是最近研制开发的运用永磁技术和固封技术的新一代断路器，代表了今后智能化开关设备的发展方向，体现了企业的综合研发能力，为企业的快速发展奠定了坚实的基础。随着新经济时代及全球经济一体化的到来，企业要在激烈的竞争中立于不败之地，必须进一步增强技术创新能力，提升高新技术及其产业的档次和水平。

西安西电高压电瓷有限责任公司

西安西电高压电瓷有限责任公司始建于1956年，是我国电瓷避雷器行业中的大型骨干企业之一，隶属于中国西电集团。2001年9月改制为有限责任公司，注册资金31 865万元，现有职工2 002人，其中：科技人员246人，2002年共实现工业总产值3.8亿元。

“七五”、“八五”期间公司先后成功引进了瑞典ASEA公司油浸纸电容式套管制造技术、美国等温高速喷嘴抽屉窑、日本日立公司ZnO避雷器制造技术和关键设备、瑞典静压干法成形技术及主要设备，并建成大瓷套生产线1条。

公司产品共分为三大类、28个系列、560个品种、1 309种规格的高压电瓷、避雷器、油纸电容式套管、复合绝缘子和高压熔断器。所有产品均采用国家和IEC标准，重点产品还制订了高于国际标准的企业内部标准。产品注册商标为“友谊牌”。

公司于1997年10月顺利通过了ISO9001质量体系认证。2000年再次通过了ISO9001质量体系复审认证。其主导产品棒形支柱绝缘子、避雷器、油纸电容式套管分别被陕西省、西安市有关部门认定为省、市名牌产品。

公司目前正以信息化工程带动生产的自动化和智能化及各项管理工作，通过科技进步与强化管理，努力走出一条质量效益型与规模效益型相结合的发展道路，为我国电力工业的发展作出应有的贡献！

富春江富士水电设备有限公司

富春江富士水电设备有限公司座落在风景秀丽的杭州富春江畔，是由原国家电力公司富春江水电设备总厂和日本国富士电机株式会社共同投资2 500万美元，兴建的公司注册资本为1 800万美元。主要从事水电设备的开发、设计、制造、安装和服务的大型合资企业。

原富春江水电设备总厂是我国研制大中型成套机组的主要厂家，拥有30多年研制技术的积累和100余套机组业绩，在国内外享有盛誉。富士电机株式会社是著名的跨国

公司，在水利电力领域拥有先进技术和诸多业绩，已提供和在制机组近600套。

公司技术实力雄厚，汲取了富士电机株式会社的全部先进技术和管理方法，形成了覆盖开发、设计、制造技术、质量、财务、经营管理等相当规模的网络体系。并从IBM等世界知名公司导入先进的CAD、CAM、CAE等优秀设计、管理软件，开展了PLM(产品生命周期管理)。拥有五轴联动数控铣镗床、16m数控立车、大型数控切割机、具有恒温、恒湿功能的定子线圈制作大型防尘室、微机程控定子线圈模压设备、大型电弧冶炼炉、定子线圈介质损耗自动测定仪等同行业先进的装备，形成了强大的金属加工、结构件、电气、铸件生产制作和检测系统，并通过了ISO9001质量体系认证。

公司具有设计、制造400m以下水头段的1～40万kW各种大中型混流、贯流、轴流、冲击、斜流、蓄能式机组及各种水电站闸门，成套机组及水工金属结构设备年生产能力分别达60万kW和5 000t，已成功地为长江、黄河等六大流域的10余座电站提供了40余台套机组和超大型深孔弧门。

“追求完美品质，满足顾客需求”是公司的质量方针，“产品与人品同在，质量与信誉并存”是公司信奉的准则。

经过艰苦创业，公司在水电领域取得了瞩目业绩。新的世纪，公司仍将以全新的市场经营理念、上乘的质量、合理的价格与优良的服务，立志于治理江河、防洪减灾，让清洁、可再生的水能服务于社会、造福于人类。

锦州锦泰金属工业有限公司

锦州锦泰金属工业有限公司是台湾广泰集团于1992年在中国辽宁省锦州市投资设立的一个焊接材料与焊接、切割设备的综合制造厂，总投资已达2 700万美元。主要生产CO_2气体保护焊丝、药芯焊丝、埋弧焊丝、埋弧焊剂、不锈钢焊丝、不锈钢焊条、高强度铜焊条、低合金钢焊条、纤维素焊条以及硬面耐磨、堆焊、耐侯钢、耐热钢等特种焊条。年销售已达9万t，是目前中国最大的自动化焊接线制造厂。目前产品行销世界36个国家和地区。专业的研发阵容，完备的品质保证体系及精良的检验设备，公司本着“精益求精、客户满意，产品合格率100%”的品质政策，以稳健的步伐，跻身世界“精线”之林。产品已经通过DNV、ABS、CCS、GL、LR、BV等多国船级社的工厂认可，并通过了ISO9002和日本JIS品质体系认证。同时为配合我国焊接自动化的发展，公司又积极研发和推广CO_2气体保护焊机、直流脉冲氩弧焊机、等离子切割设备。现已成为国内首家大型焊接材料与焊接、切割设备的综合制造厂。

2002年3月，西气东输工程建设干线钢管焊接材料项目招标中，通过与国内外多家焊接材料厂家在公开、公正、平等的竞标中，公司以优异的品质和服务一举中标，成为国内惟一一个在西气东输工程招标中中标的CO_2气体保护焊丝的厂家。

为更好地服务于中国焊接业，公司在国内拥有完善的销售与服务网络，分别在华北、华东、华南、西南、西北、东北设立分公司，并在全国设立200多个经销商，可满足客户焊接设备及焊接材料一次购足的需要。

熔化极气体保护焊逐渐取代手工电弧焊将成为焊接的主流，预计未来10年内，实芯焊丝占焊接材料消耗的比例会由现在的10%增长到20%，药芯焊丝由现在的1.3%增长到5%，埋弧焊焊材维持在10%的水平，自动化焊接线最终会成为焊接中的主导产品。公司作为目前中国最大的自动化焊接线制造厂，将在提高我国焊接自动化方面努力作出贡献。

未来我国焊接产业的发展趋势可以概括为一句话，即“发展高效、自动化、智能型、节能、环保型的并适应21世纪新型工程材料发展的趋势的焊接工艺、设备和耗材”。目前，我国的焊接自动化率只有20%左右，我国从20世纪末开始逐渐在各个行业推广气体保护焊，取代手工电弧焊，现已初见成效。在21世纪的前10年，我国的焊接技术仍然是在传统的框架内继续增长与改进，智能型焊接也会在特定领域适当发展。进入21世纪以来，环保成为媒体上热门的词汇之一，重视环保已经为人们普遍接受。焊接一直是高污染的行业之一，改善焊工的工作条件，减少烟尘，已经成为焊接工作者所面临的重要问题。公司已经研制出无镀铜焊丝，实现实芯焊丝的制造工艺从镀铜焊丝向无镀铜焊丝转变，以降低制造过程的环境污染，并减少含铜粒子烟尘对焊工健康的影响。无镀铜焊丝的问世，必将会给焊接业带来崭新的生机。

公司将秉持品质、服务、创新的理念，以焊接整合解决方案为主导，满足用户“一步到位”的焊接设备及焊接材料的需求，为提高中国焊接自动化水平作出贡献。将公司建设成为亚洲乃至世界最大的综合焊接材料与焊接切割设备生产基地是锦泰人的目标。

九江整流器厂

九江整流器厂成立于1968年，注册资金905万元，主营电力电子半导体器件及变流装置的生产、销售与服务，是国内生产整流器的骨干厂家，国家电力电子行业质量承诺单位。1997年10月被认定为省级高新技术企业，2000年12月获江西省CAD应用示范企业称号，2002年5月通过ISO9001:2000质量管理体系国际标准认证。

工厂地处九江市市区的甘棠湖畔，毗邻秀美的庐山；紧靠九江长江大桥这一黄金枢钮，水陆交通十分便利。厂区占地面积36 000多m^2，绿树成荫，是九江市花园式工厂之一。现有在岗职工234名，其中技术人员92名，专职从事产品设计、开发的有53名；高级工程师10名(1人享受国务院专家津贴)。

1. 主导产品情况

工厂自成立以来，产品不断推陈出新。以研制小功率整流管起步，之后产品逐步升级和扩展，功率由小到大，功能由少到多，已形成全功能系列整流元件的生产能力，工艺水平国内先进；同时，整流器的生产从无到有，从普通整流到晶闸管全可控整流，目前主要产数字化的大容量电解电化学用整流设备，并延伸到了微机自动化电力监控领域。

正常工作日内，生产能力可达8 500万元，2003年实际产销量超过6 000万元。

2. 产品品牌状况

工厂于1991年在国家工商行政管理局商标局注册了商标，注册号为568899，“庐山”牌涉及产品范围：半导体器件、半导体电力变流器、低压成套开关设备、电控设备。

3. 市场占有情况

目前，企业产品主要面向国内电冶金、电化学行业中的电解铝厂及化工厂。顾客遍及全国各地(西藏和台湾、香港、澳门除外)。

企业在获得项目招标信息后，立即组织强大的技术营销队伍，积极与甲方及相关方沟通信息，进行技术分析，制定设计方案，编制投标书；得到订货合同后，及时组织产品设计，相关(包括顾客方应用)技术培训，生产和售后服务安排等，争取顾客100%的满意。企业的口号是“顾客需求一经确认，48h内到售后服务现场”。由于坚持“顾客满意”的经营理念，企业得到了国内广大用户的长期认可。

随着近几年电解电化学行业的快速发展，大型整流设备的需求正在稳步上升，国内相关技术和产能也不断成熟和扩大。据电力电子行业统计，2001年全国电解电化学用整流装置的产能达到1.8亿元，总产值近1.3亿元，总需求2.2亿元，出口需求约1 000万元，国内厂家还在保持一个稳步上升的趋势。

同时，1995～2002年工厂的大容量整流器产销量连续8年保持国内前1～2位。2003年企业产品的国内中期市场占有率又超过了60%，产销量再创历史最好水平。

4. 科技开发及技术水平概况

工厂从学习和借鉴日本富士电机公司电解设备的整流技术起步。多年来，公司注重新技术、新工艺的开发，积极与清华大学、华中科技大学、华中师范大学、南昌大学等高校展开横向技术联合，产品不断升级换代，已独自拥有多项应用技术成果，特别是嵌入式现场总线自动化监控系统的开发，极大地提升了整机产品的科技含量和市场竞争力。

工厂于2002年8月专门成立了新产品开发中心，聘请国内著名工科院校资深教授为工厂技术顾问，开发的“整流所及厂站微机自动化电力监控系统”已通过省级专家鉴定，项目产品将现场总线和计算机技术嵌入到整流所及厂站的电力监控中，实现整流现场无人值守和中控室减人值守，达到工厂综合自动化目标，其中试产品获得了用户的积极评价；近期又与该校签订了联合开发“专业组态软件”的技术协议，从而全面展开了“基于现场总线的大型整流设备智能化、网络化的研究与开发”(该项目已列入2003年度江西省科技专项计划)，逐步实现通过INTEL网对用户整流现场进行综合自动化监控和管理的目标。

目前，公司拥有电力半导体器件综合测试中心、自动化监控系统智能仿真实验室、大容量整流试验站、基于CAD设计的32台计算机局域网等先进的开发、试验平台，技术储备雄厚。

现有整机产品所包含的变流及其自动控制技术均为自有技术。这些技术在国内电力电子整流行业中处于领先水平，多项指标达到国际先进，在技术上已逐步具备了竞争国际市场的基础。

5. 企业发展战略及产品发展方向

建成国家级的整流技术中心是本企业的中长期目标。中期计划投入6 000多万元，用于国家领先级的整流核心技术产品研制中心的建设。筹建期2～5年。目前已建成初级的计算机技术模拟仿真平台和新产品中试平台，具体计划正在制定中。

工厂未来的产品将首先依托现有市场优势，加快嵌入式计算机技术、现场总线技术、计算机可编程技术及网络通信技术在整流设备及其控制上的融合、应用，扩大主导产品的国内市场占有率，为进军国外整流技术应用市场积极储备力量。同时，公司注重产品核心技术的应用拓展，强化产品的自动化企业管理理念和全系列变流产品的外延发展，从而逐步形成以核心技术为主导的集成产品和技术优势，引领电力电子技术应用的发展方向。

工厂将在两年内投入近500万元资金进行“整流机组自动控制组件”和“整流系列电力监控组件”等项目的开发，上述技术均属国内领先水平。

南京汽轮电机(集团)有限责任公司

南京汽轮电机(集团)有限责任公司是由原南京汽轮电机厂(创建于1956年)改制而成，是以生产重型燃气轮发电机组、中小型热电联产汽轮发电机组和大中型同、异步交流电动机为主导产品的国家机械工业大型骨干企业，是江苏省和南京市高新技术企业，享有自营进出口权，1997年取得ISO9000国际质量体系认证证书。公司占地面积47.3万m^2，资产总额15亿元，固定资产原值5.39亿元；在岗职工2 704人，其中工程技术人员352人(包括高级工程师79

人)；主要生产设备 1 584 台，拥有 4m×12m 数显龙门铣、Φ3.2m×12m 数控卧车、长 12m 高 5.5m 的 8in 数控落地镗铣床、25t 高速动平衡机等进口设备 116 台，具有很强的大型、精密机械加工能力；产品实验和测试手段完备，建有江苏省大型电机检测中心、汽轮机整机试验台、燃气轮机整机试车站，国家一级计量单位。公司设有燃气轮机研究所，除负责本企业燃气轮机技术研究、产品开发设计任务外，还承担燃气轮机行业管理、国家标准和行业标准制定等多种职能，是国家燃气轮机标准化委员会的挂靠单位。

公司是目前国内惟一具有重型燃气轮机生产、出口和运行业绩的企业。1964 年自行研制生产出我国首台1.5 MW 燃气轮机，1983 年同美国 GE 公司建立了燃气轮机合作关系，1984 年合作生产的范围扩展到生产 6B 型燃气轮机，迄今已合作生产 6B 型燃气轮机 25 套，其中有 10 套出口到中东、非洲地区，机组性能达到同类进口机组水平，单机功率达 42MW，热效率 32%。

公司从 1958 年开始生产汽轮发电机组，多年来致力于15 万 kW 以下各类汽轮机产品的研究发开，逐步建立起完善的产品系列，并可根据用户不同需求进行开发设计和制造，产品遍布全国 30 个省、市、自治区的各个行业，并打入东南亚市场，产品在国内中小汽轮机电站市场占有率一直居于前列。其中小汽轮机的国内市场占有率一直位列前茅。

为给燃气轮机、汽轮机配套，公司还引进了英国 BRUSH 公司的空内冷无刷励磁发电机设计技术，并在此基础上自主研发了多种系列产品和派生产品。

公司自行研制的燃气/蒸汽联合循环用汽轮发电机组在国内处于领先地位，除与本公司的燃气轮机配套外，还与多家国外机组配套。

公司大中型交流电动机品种齐全，主要用于驱动压缩机、水泵、水泥机械等设备。

公司产品朝以下几个方面发展：

(1)燃气轮机。不断完善发展 6 系列燃机，单机功率由 36MW 发展到 42MW，包括低热值高炉煤气燃气轮机的开发研制。不断完善发展 6 系列燃气/蒸汽联合循环发电成套设备，其中 S106B 功率由 52MW 发展到 70MW，S206B 功率由 105MW 发展到 115MW。开发大功率 9 系列燃气轮机，单机功率为 125MW；开发大功率 9 系列燃气/蒸汽联合循环发电成套设备，其中 S109E 功率为 180MW，S209E 功率为 350MW。

(2)汽轮机。继续开发市场上所需的热电联供和垃圾发电用的各种中小型汽轮机机组(50MW 以下)；全面推广先进的全三维通流设计和电液调节技术；开发单机功率 50～150MW 等级的各类热电联供机组和联合循环用汽轮机组。

(3)发电机产品。与燃气轮机、汽轮机的发展同步进行开发，其中大的功率等级主要有 50MW、60MW、150MW 等，发展模拟和数字两种发电机励磁自动调节系统。

(4)电动机。目前，公司主要开发技术含量高、制造难度大的特种电机，诸如变频电机、潜水泵电机、大型设备起动电机、10 000V 以上高压电机，发挥自身优势，形成特色产品。充分利用先进的 VPI 真空压力浸漆技术。

公司先后被授予国家二级企业、国家级安全企业、国家计量先进企业、全国 CAD 运用示范工程，多次荣获原机械工业部文明单位、江苏省先进集体、江苏省质量管理奖、江苏省和南京市文明单位、江苏省和南京市“重合同、守信用”企业、建设新南京有功单位等一系列荣誉称号。

南阳防爆集团有限公司

南阳防爆集团有限公司是我国乃至亚洲最大的防爆电机科研、生产基地，国家机电产品出口基地，河南省高新技术企业，省政府认定的重点培育的大型企业集团，省 50 家重点扶持企业，省信息化重点示范企业，中国电器工业协会防爆电机分会主任单位。

公司下属 39 个单位，其中 8 个子公司，3 个分公司，28 个车间、处室。现有员工 2 248 人，其中专业技术人员 582 人，享受国务院特殊津贴专家 4 人，中国机械工业科技专家 4 人，教授级高工 5 人，省市级学术技术带头人、专业技术拔尖人才 12 人，高、中级职称 289 人。

公司总资产 4.1 亿元，其中固定资产原价 1.69 亿元，净值 8 918.8 万元。2002 年实现工业总产值 3.14 亿元，销售收入 3.25 亿元，实现利税 4 351 万元，出口创汇 482.3 万美元，其中利润比上年增长 228%。

公司主导产品为功率 0.01～30 000kW、电压 380/660V、660/1 140、3kV、6kV、10kV、13.8kV 的大、中、小型各类防爆电机，普通电机，电动发电机，汽轮发电机及防爆风机，配套电器，水泵，工模具，绝缘材料等，共 124 个系列 1 760个品种，621 489 个规格，可以全方位、多层次满足用户需求。产品广泛适用于石化、煤炭、冶金、粮食储运、造船、电站等行业和部门，为我国国民经济建设作出了重大贡献。公司中小型防爆电机国内市场占有率达 25%以上，而大型增安型无刷励磁同步机国内市场占有率达 60%以上，均居国内同行业首位。

公司建有完完善的产品质量保证体系，1990 年曾获机械工业部质量管理奖，1996 年 5 月取得了 ISO9001 质量体系合格证。多年来，公司一直保持“国家一级计量先进单位”称号，1996 年 12 月获得了 ISO9002 完善计量体系合格证书。2002 年，先后通过了 ISO9001：2000 质量保证体系认证及 ISO10012 完善计量体系复评。YAXn、YBXn、Yxn 系列中小型高效电机于 2002 年在国内率先获得国家节能认证中心颁发的电机产品节能认证书。出口的普通系列电机已分别取得美国“UL”和“CCEC”认证、澳大利亚“SAA”认证、加拿大“CSA”认证、欧共体“CE”安全标志，防爆电机相继取得德国“PTB”、挪威“NEMKO”和澳大利亚“SAA”地区美国的“UL”高效及加拿大“CSA”认证和进入欧共体市场的“CE”标志。公司通过正在全面实施的信息化工程，技术开发、生产、经营管理水平得到全面提升，达到与国际接轨的现代化企业制度管理水平。

企业拥有一支包括国内最高防爆电气技术权威在内的实力雄厚的科研队伍，并在上海投资2 000万元设立专门研发机构，引进技术与人才；与清华大学、北京大学、华中理工大学、西安交通大学等著名高校和石化、煤炭行业设计院，郑州机械研究所等国内多家著名科研机构建立了长期密切的科技合作关系，与一些国际知名科研机构及电机制造商保持友好而又广泛的技术交流，为公司发展提供了强有力的技术支撑。公司已形成了比较健全的技术创新体系，现拥有一支实力雄厚的科研开发队伍和较先进的开发设施，具有承担本行业高新科技课题开发能力。在行业中率先成功应用了二维CAD、三维CAD及PDM技术，有效地保证了产品设计的高效与先进。已成功地研制出一批填补国内空白并达到国际先进水平的高新技术产品。

近三年来，公司产品有3项被评为“国家重点新产品”，1项被评为“国家级新产品”，2项被列为国家火炬计划项目，11项被评为省科技进步一、二、三等奖，并获国家实用新型专利11项。

与中科院和北京科技大学专家合作，成功开发的BDK系列高效节能矿用防爆对旋式主通风机，2002年被评为“国家重点新产品”，标志着南防人实现了“主机制造配套供应”零的突破。YAKS710－4 6 300kW增安型三相异步电动机是目前国内研发容量最大的增安型电动机，顺利通过省级科技成果鉴定，具有国际先进水平。该产品的开发成功，使公司在大型电机生产企业中的地位得到进一步提高。公司自主研制成功，具有国内领先水平的YDDC系列电动汽车驱动用电动机，并与清华大学电机研究所合作提出了达到国际先进水平的攻关计划。

公司具有进出口自主权，产品符合国际先进的技术标准，畅销欧美和亚、非、澳洲市场，具有巨大的增长潜力。与美国GE公司、HEMKO公司、澳大利亚CMG公司、PERRY公司、英国BRUSH公司、PEEBLES公司、德国ELEXIE公司、北美电气公司等世界著名大公司建有长期的稳定贸易关系。

公司拥有完备的计算机网络系统，具有高新技术的金属加工和焊接设备，具备国际先进水平的电气产品试验条件和理化实验手段，在产品开发及推广方面有着良好的条件和基础，其中包括已投入使用的北京利码ERP系统、清华同方的PDM系统、以色列的Solidworks—2003三维设计以及引进美国当代最先进的Ansoft电机设计等软件，隔爆试验控制系统、防尘试验装置等，公司具备国际先进水平的生产制造和检测实力，可以承担本行业高新科技课题开发能力。

近年来，公司依靠科技进步，通过企业改制、产品结构调整和市场开拓，经济实力和竞争能力显著提高，产品技术含量高，质量水平优，市场开拓能力强，经济效益好，在国内外市场形成了良好的信誉和较高的知名度。目前，南阳防爆集团新产品供不应求，经营形势良好。目前，公司正在完善创新机制，促进企业实现持续快速发展。

天水长城开关厂

天水长城开关厂是中国输变电开关设备制造行业的大型专业制造厂，是兰州长城电工股份公司（简称长城电工，股票代码600192）的骨干企业。工厂始建于1969年，具有8 000年文明历史的中国历史文化名城——甘肃省天水市，工厂占地面积9.3万m^2，现有职工2 000多人，其中专业技术人员600多人。工厂主要生产0.4～40.5kV高压开关设备、高压电器元件和低压开关柜等产品，具有年产高压开关柜8 000面，高压断路器10 000台的生产能力。产品广泛应用于国家大型电力工程项目和石化、冶金、有色、铁路、煤炭、建材等其他大、中型工业项目，覆盖面达20多个行业，并远销亚、非洲的十余个国家和地区。工厂拥有技术先进的高压电器研究开发中心、设备完备的产品试验室、信息化中心，具备独立开发、研究各类高、低压开关设备的能力。

20世纪90年代以来，工厂先后引进、消化、吸收国外先进技术，研制开发出一系列在国内颇具影响、深受用户欢迎的产品。尤其是推出了一大批科技含量和技术水平较高的开关柜、真空断路器、负荷开关、环网柜、充气柜、数字化开关设备、综合自动化控制系统及变电站微型综合保护装置等新产品，在国内同行业中具有明显优势。现代化的管理理念，先进的工艺，各种进口加工检测设备保证了工厂生产的高压开关柜和断路器等产品全部达到国内先进水平和领先水平，特别是大电流开关设备的技术水平在国内遥遥领先。2000年，工厂的ZN63A—12、ZN65A—12型断路器在国际著名的荷兰KEMA试验所通过了型式试验，初步达到国际一流产品水平。2003年，工厂的KYN18C—12、KYN28A—12型开关柜和ZN63A—12、ZN65A—12型断路器同时荣获中国工业质量管理协会授予的“全国机械工业用户满意产品”称号，成为西北地区惟一获此殊荣的企业。

工厂拥有先进的技术装备和检测手段，主要生产设备实现数控化。工厂先后从美国、芬兰引进了2条具有国际先进水平的板材柔性加工FMS生产线。从德国、英国、日本、西班牙、意大利、瑞士等国分别引进了表面涂饰自动线、数控加工中心、激光切割机、弧焊机器人、母线加工单元、三坐标检测仪、X光机检测装置、断路器可靠性能自动机械操作装置、断路器计算机检测系统等40余台（套）先进的数控加工和检测设备，是国内制造技术和检测手段最先进的中压开关设备制造企业，在国外同行业中也堪称一流。

工厂坚持从严治厂、积极推行现代化管理，采用数字化管理方式，建立了企业(ERP)系统并成功应用于企业生产经营。为满足顾客要求，确保企业产品质量目标和顾客要求的全面实现，工厂在国内同行业中率先建立了ISO9000质量管理体系、ISO14000环境管理体系和OHSAS18000职业健康安全管理体系，成为行业中首家通过"一体三系"认证的企业，并确保了体系的正常运作和持续改进。企业以高质量的产品和一流的管理，在激烈的市场竞争中保持了优势地位。产品市场占有率、销售额和利税实现了稳步增长。企业被国家电力公司确认为200MW、300MW、600MW火电机组主要辅助设备推荐厂商，并在石化、冶金、煤炭、交通等行业中得到广泛推广应用。

2002年，工厂完成订货7 551面，实现销售收入31 832万元，生产高压开关柜5 707面，高压断路器5 991台，完成工业总产值31 000万元，实现利税2 606万元。截止2002年底，本厂已累计生产高压开关柜90 000多台、出口产品达2 500多台，累计覆盖装机容量达到40 000MW，占全国火电总装机容量的30%左右；在国家新增电力工程项目中，本厂供货量占有份额达50%以上。

多年来，工厂先后荣获全国"五一劳动奖状"、"国家二级企业"、"国家一级计量单位"、"国家安全级企业"、"科学技术创新示范企业"、全国机械行业"管理进步示范企业"、全国"精神文明建设先进单位"等荣誉称号。1992年以来，江泽民、朱镕基、邹家华等党和国家领导人先后到工厂视察，给予很高评价。

常州变压器厂

常州变压器厂创建于1958年，是华东地区规模最大的大型变压器生产企业、江苏省高新技术企业和先进管理企业，通过了ISO9000和ISO14000体系认证。工厂占地面积近20万m^2，厂房等建筑面积约10万m^2。在职职工980人，其中技术人员占30%。

1994年由该厂控股与港商合资组建了华迪特种变压器有限公司，专业生产干式变压器；1995年与日本东芝公司合资组建了常州东芝变压器有限公司，中方参股39%，日方控股61%。是国内第一个生产500kV电力变压器的合资企业，专业生产220～500kV超高压特大容量电力变压器，并成为国内用户首选的品牌。2003年工厂在市机电国资公司的帮助下，经过资产重组具备了50万V电缆线生产资质的铝包钢高压电缆线生产能力。

1998年为加快投资母体常州变压器厂自身的发展，全套引进了东芝110kV、220kV电力变压器先进技术，在对引进技术消化吸收的同时，工厂结合"九五"发展计划，完成了3 300万元技改项目，在软件和硬件建设上初步达到了与东芝技术全方位对接的目标，提高了技术水平和生产能力。

进入"十五"期间，工厂确立了培育东芝技术为核心竞争力、争创行业一流企业、建立国内最大的变压器生产基地，产品包括全电压电力变压器，特种变、输变电配套件和电力变配套件等品种的发展思路。近两年，工厂为抓住电力市场蓬勃发展的大好机遇，加快实施了"十五"技改项目，生产能力由800万kV·A提升到1 200万kV·A，实现了以220kV为主导以110kV为基础的产品结构调整，具备了开发特种变和其他输配电产品的研发能力，油箱、线圈等变压器配套件的生产能力在国内首屈一指，并开拓了国际市场。

2002年常州变压器厂及各投资企业的生产总量达到2 300万kV·A，产品覆盖了500kV及以下电压等级的全电压系列产品。销售收入7.6亿元，利润2 500万元，产销率分别增长52%、38%和85%，总量列行业第3位。其中常州变压器厂产量782.25万kV·A，销售收入24 485万元，利润598万元，分别同比增长30%、28%和153%。

2003年，常州变压器厂本部产量预计1 000万kV·A，销售收入3亿元。上半年已完成产量481.53万kV·A，同比增长45.26 %，其中220kV 260万kV·A，同比增长142.22%；销售收入15 372万元，同比增长30%；实现利税645.2万元，其中利润286.4万元，同比增长12%。为加快新品开发，2003年上半年还批量承接和开发了包头东方希望铝业集团6台112 000kV·A/220kV自耦有载整流变压器；开发了适合西部大开发的18万kV·A/220kV三相一体组合变压器。公司还与常州东芝联合开发制造了气体变压器。2003年是工厂完成"十五"技改项目的关键一年，为提升企业生产能力和产品档次，全年确立了十大技改项目，上半年完成了新建气相干燥设备、拓展油箱生产线、提高大容量线圈生产能力、改造铝包钢电缆生产线等8大项目。2003年年底前将完成提升特种变、超高压电力变试验检测手段的技改项目，这些技改项目将为实现企业"十五"发展目标奠定坚实基础。2003年常州东芝预计产量2 000万kV·A，销售收入6亿元。上半年完成产量和销售收入分别达到全年目标的45%，并运用日本东芝技术，自行开发了OSFPSZ－75万kV·A/550kV特大型变压器。这是迄今为止我国变压器制造企业开发生产成功的最高电压等级、最大容量的电力变压器，填补了我国生产该型号变压器的空白。产品各项性能指标均达到当今国际一流水平。

常州变压器厂目前正按照市委、市府的统一布署，加快体制改革，建立现代企业制度，并与日本TMT&D公司(东芝—三菱新设合资企业)达成初步意向，在企业转制后，双方再扩大合资合作，为中国电力事业的发展作出新的贡献。

中国机械工业年鉴系列

《中国机械工业年鉴》

《中国电器工业年鉴》

《中国工程机械工业年鉴》

《中国机床工具工业年鉴》

《中国通用机械工业年鉴》

《中国机械通用零部件工业年鉴》

《中国齿轮工业年鉴》

《中国磨料磨具工业年鉴》

《中国机电产品市场年鉴》

TCL国际电工
低压电器 开关插座 综合布线 智能门锁
S8.0 银韵®系列
三十年前，拥有就是梦想；二十年前，数量就是追求；十年前，质量就是标准；如今，个性化的品位才是生活的选择。TCL国际电工最新精品——S8.0银韵系列开关插座，集多项专利于一身，彰显创新科技，采用时尚宇航流线型设计，魅力尽现。彩色面板随心变换，个性演绎。
S8.0银韵系列，度身定造，品味自我风度。
集多项专利于一身，彰显创新科技
独创双孔压板接线方式，安全有保障
银色装饰框，尽显时尚风格
全进口PC面板材料，防撞、阻燃、抗冲击
宇航流线型扣位面板设计，魅力尽现
多色系可更换面板和装饰彩条，个性演绎
琴键式开关，艺术无处不在
长寿命银触点，锡磷青铜接触簧片
安全保护门设计
S8.0 银韵®系列 荣获首届中国国际设计节“产品创新设计金奖”
本系列产品已获外观专利，请勿仿造，违者必究。（外观专利号：ZL02356984.0）
TCL国际电工(惠州)有限公司
TCL INTERNATIONAL ELECTRICAL (HUIZHOU) CO., LTD.
地址：广东省惠州市河南岸南岸路131号 电话:(0752)2529999 传真:(0752)2528575 Email:el tcl@tcl.com http://www.tcl.com